テクノロジーの世界経済史

——ビル・ゲイツのパラドックス

カール・B・フレイ［著］
村井章子　大野一［訳］

THE TECHNOLOGY TRAP
Capital, Labor, *and* Power *in the* Age *of* Automation

日経BP

THE TECHNOLOGY TRAP

By Carl Benedikt Frey

テクノロジーの世界経済史

——ビル・ゲイツのパラドックス

ソフィーへ、愛をこめて

はじめに

Preface

　未来の歴史家は、なぜ人類は過去から学ばないのかとふしぎに思うかもしれない。歴史を振り返ると、人口のかなりの部分が生計を脅かされるたびに、技術の進歩は激しい抵抗に遭ってきたことがわかる。いままた人間の労働に置き換わる技術が登場し、抵抗が起きそうな気配になっている。二〇一七年のピュー・リサーチ・センターの調査によると、アメリカ人の八五％がロボットの導入を制限する政策に賛成だという。[1] たとえば二〇二〇年の大統領選挙に名乗りを上げた実業家のアンドリュー・ヤン（二〇二〇年二月に民主党の候補指名争いから撤退）は、自動化から雇用を守ることを公約に掲げた。[2] 人々の抱く不安はよく理解できる。人工知能（ＡＩ）、ロボット工学、マシンビジョン、センサー技術などに助けられて、コンピュータは幅広い仕事、それもほんの数年前までは人間でなければできなかったような仕事を次々にこなせるようになってきた。自動化にはトップダウンのプログラミングはもはや必要ない。ＡＩ時代のコンピュータは自分で学習する。コンピュータの世界で不可能とされてきたことが、いまや現実のものになろうとしているのである。

オックスフォードの同僚で友人でもあるマイケル・オズボーンと私はＡＩの進化が仕事におよぼしうる影響を予測し、二〇一三年九月に論文にまとめた。この研究では、アメリカ人の仕事の四七％は自動化されるリスクが高いと予測している。[3] 数カ月後、ジュネーブで開かれた国際会議に招かれ講演をしたのだが、講演後に高名なイギリスの経済学者（仮にビルとしておこう）が近づいて来て尊大な口調でこう言った。「これは結局イギリスの産業革命とそっくりだと言えないかね……あのときだって機械が仕事を奪ったわけではない、そうだろう？」。たしかにその通り。だが、今回もあのときと同じだと指摘したビルがほんとうにどこまで正しいのかに気づいたのは、帰途についてからだった。一部の仕事は姿を消すが、人々は新しい仕事を見つける。いつだってそうだ。だから騒ぎ立てるな、と言いたかったのだろう。だが残念ながら、これは物語の半分に過ぎない。

産業革命が長期的にもたらした経済的便益をビルは示唆したわけだが、この点に関する限り反論の余地はない。一七五〇年以前は、世界の一人当たり所得が倍増するのに六〇〇〇年かかっていた。だが一七五〇年以降は、五〇年ごとに倍増している。[4] だが工業化がどう進んだかということは、また別な話だ。産業革命が多くの労働者に苦痛を強いたことはまちがいない。果たして産業革命がそれだけの犠牲に値したのかという疑問は、後世からみれば答は当然イエスだとしても、じつは経済史家の間ではいまだに議論が戦わされている。当時の多くの労働者は、自分の技能がすっかり無用の長物になり、仕事が消えていくのを目の当たりにした。産業革命がなかったら彼らがもっとよい暮らしを送れたことはまちがいない。機械化された工場が家内手工業に取って代わるにつれて、昔ながらの中程度の賃金の仕事はどんどんなくなり、労働分配率（生産された付加価値のうち労働者が報酬として受け取る比率）は下がり、工場経営者の利益は急増して所得格差が大幅に拡大した。きっと読者は、どこかで聞いたような話だと思われたことだろう。そのとおり。現在進行中の自動化時代は、産業革命の初期にじつによく似ている。産業革命の恩恵が平均的な人々のところにこぼれ落ちてくるまで半世紀待たなければならなかった。だから多くの市民の生活が突然暗転した結果として、機械に対する猛烈な敵意が涌き起こったのも驚くには当たるまい。彼らはあの悪名高いラッダイトと呼ばれる機械破壊運動を開始し、機械化に抵抗するためにできそうなことは何でもやった。現在進行中の自動化があのときと「そっくり」だとすれば、事態は警戒を要する。

本書の主張の一つは単純明快である。技術の進歩に人々がどう対応するかは、所得が増えるか減るかに左右される、ということだ。この問題を考えるとき、経済学者は人間の労働を助ける技術と人間の労働に置き換わる技術とを区別する。[5] 本書では前者を補完技術（または労働補完技術）、後者を置換技術（または労働置換技術）と呼ぶことにする。たとえば望遠鏡を考えてみよう。望遠鏡が発明されると、天文学者は木星の衛星を観測できるようになった。このとき、大勢の労働者から仕事を奪うようなことはしていない。望遠鏡のおかげで、それまでは不可能だと考えられていた新しい研究ができるようになった。対照的に自動織機は、それまで手で織っていた織工に置き換わるものだ。そこで生計を脅かされた織工たちは自動織機に激しく抵抗した。よって、人間に置き換わるような資本財を生み出す技術は反発を招きやすい、と考えることは理に適っている。どんな技術も、普及するかどうかは人間の意思決定次第だ。自分の仕事が奪われると抵抗する集団がいれば、その技術の導入はスムーズには進まない。進歩は必然ではないし、一部の人にとっては望ましくもない。進歩をすることが既定事実のように語られることがよくあるが、技術革新がつねに受け入れられると決まったわけではないのだ。これから見ていくように、技術の受容は、その技術の影響を受ける人々が恩恵を受けられるかどうかに左右されることを歴史は教えている。人間の仕事を奪うような技術革新は毎度のごとく社会不安を引き起こしてきたし、ときには技術そのものに対する強い反感を招いてきた。この意味で、一九八〇年代のコンピュータ革命とともに始まった自動化時代は、機械化された工場が中所得層の多くの職人に置き換わった産業革命に相通じる面がある。あのときと同じくいまも、中程度の賃金の仕事は機械に奪われ、多くの人が低賃金の仕事に移るか、でなければ失業せざるを得なくなっている。

本書ではテクノロジーに対して人々がどんな姿勢をとってきたか、抵抗したのか受け入れたのかを過去数世紀に遡って検証する。そのために、経済学の専門書だけでなく技術革新と人々の対応を扱った歴史書も渉猟した。本書では未来を展望はするが、予想はしない。予想はどうしても予言めくが、経済学者は予言者にはなれないからだ。本書のテーマの一つは、歴史から学んだ視点を示すことにある。かつてウィンストン・チャーチルは「過去を遠くまで振り返るほど未来を遠くまで見渡せる」と語った。[6] つまり未来を見渡すためには、まず過去を振り返らなければならない。産業革命は歴史における決定的な瞬間だったが、その時点でこの革命のとてつもない影響に気づいていた人はほとんどいなかった。いま私たちはもう一つの技術革命のただ中にいるが、幸いにも今回は前回から学ぶことができる。ビルは私たちの研究成果を結局ラッダイトと同じだと片付けた。産業革命と今回の自動化がそっくりだとなれば、機械化を食い止めようとしたラッダイトはまちがいだったということになる。職人たちは感情に任せて判断力を失い、ふつうの人々にかつてない富をもたらしてくれる機械を叩き壊したのだ、と。このストーリーは長期的には正しい。だがケインズの言葉を借りるまでもなく、長期的には私たちはみな死んでいる。技術的な創造性の発揮が無制限に容認された結果、イギリスの労働者階級は三世代にわたって貧窮した。彼らは、大勢の人がゆたかになる日を生きて目にすることはなかった。そう考えればラッダイトは正しかったことになる。

だがその後の世代にとっては、ラッダイトが途半ばで挫折したのは結構なことだった。歴史というものは短期的に作られる。今日下す決定が長期的な未来を形成するのである。ラッダイトが成功して機械化を食い止めていたら、産業革命はどこか他のところで起きていただろう。もしどこにも起きなかったら、経済は一七〇〇年とたいして変わらないままだっただろう。

ここから、本書の第二のテーマが導かれる。人間の労働に置き換わる技術が抵抗され阻止されるかどうかは、この技術で利益を得るのは誰か、社会の中で政治的な力をもっているのは誰かによって決まる、ということだ。産業革命当時、ラッダイトを始めとする集団は労働者の仕事を奪う技術の普及を食い止めようとあらん限りのことをしたが、結局成功しなかった。なぜなら、政治的影響力を持ち合わせていなかったからである。これから見ていくように、産業革命が最初にイギリスで起きた理由の一つは、機械化によって利益を得る側が初めて政治的影響力を手にしたことにある。当時のイギリスでは、土地という固定資産の所有者の優位が、流動資産を持つ商人によって脅かされるようになり、新興の実業家階級を形成する商人たちが次第に政治的に力をつけていった。[7] 工場の機械化は、イギリスが貿易で競争力を維持するうえで不可欠だと考えられたため、政府は商人たちの利益を損ねるようなことはけっしてしなかったのである。だが歴史を振り返ると、技術の進歩が引き起こす政治的対立においては、多くの場合に技術の導入によって支配階級が得るものはほとんどなく、失うもののほうが大きいことがわかる。彼らは、怒った労働者が反政府分子と化すことを恐れる。たとえば一七世紀のヨーロッパでは、政治的影響力を持つようになった手工業者のギルドが生計を脅かすような技術の導入に猛反対した。ヨーロッパ各国の政府が社会不安を恐れてギルドの味方をしたため、そうした技術に投資する経済的インセンティブはひどく乏しくなってしまう。機械化は一部の人々の所得を減らし、社会不安を招き、政治家が望む現状維持を危うくしかねない。よって支配階級はなんとかして機械化を食い止めようとした。これがテクノロジーの罠である。

千年にわたって経済成長が滞っていた理由の一つは、世界がテクノロジーの罠に陥っていたからだと考えられる。労働置換技術は社会を不安定化させかねないとして、つねに激しい抵抗に遭って来た。欧米先進国は二一世紀のいままた、テクノロジーの罠に陥ろうとしているのだろうか。まさかそうではあるまい。だが四年前に本書の執筆にとりかかった時点と比べると、ややその様相が強まってきたことは否めない。自動化にブレーキをかける目的で、アメリカでもヨーロッパでもロボット税が政治の場でしきりに議論されるようになった。しかも産業革命のときとは異なり、先進国の労働者はラッダイト運動家よりずっと政治的影響力を持ち合わせている。アメリカではアンドリュー・ヤンが自動化に対する懸念を表明したし、圧倒的多数の人々が自動化抑制策に賛成している。テクノロジーが持つ破壊的な力は第二のラッダイトを引き起こすのではないか、とヤンは危惧する。「社会不安を引き起こすには自動運転車だけで十分だ……一〇〇万人のトラック運転手が仕事を奪われるだろう。その九四％は男性で、平均的な教育水準は高校卒業か大学一年程度だ。たった一つのイノベーションが暴動を招くことになる。しかも同じことが小売業、コールセンター、ファストフード、保険業、会計事務所で働く人々にも起きかねない[8]」。

だからと言って、運命論や悲観論に陥るべきではない。また、進歩を遅らせたり自動化を制限したりすれば事態は好転すると考えるべきでもない。産業革命は、長い目で見ればすべての人に恩恵をもたらす前例のない大変革の始まりだった。ＡＩもそうなる可能性を秘めている。ただしその将来は、いま私たちがどう取り組むかに懸かっている。いずれはみな恩恵に与るのだからと成り行き任せにするのではなく、この先に待ち構える課題をしっかり見据えるなら、よりよい結果に到達することができるだろう。ヤンは選挙から身を引いたが、コラムニストのラナ・フォルーハーが指摘するとおり、二〇二〇年の大統領選挙で重要な争点の一つが自動化であることはまちがいない[9]。ポピュリスト政治家はグローバル化に反対したように、自動化に対する不安もいとも簡単に煽ってみせるだろう。たしかに自動化時代と産業革命当時には似ている面は多い。そのことは本書を通じて繰り返し指摘するとおりだ。しかし幸いにも、異なる面も少なくない。いずれにせよ、誰しも目の前で起きていることに心を奪われがちなものだし、新しいテクノロジーの魅力と魔力に振り回されていると、これは人類が初めて直面する経験だとつい考えやすい。だが人類の歴史という長い記録のレンズを通して見ると、そうではないことがわかるだろう。

テクノロジーの世界経済史

目次

Contents

第1部

大停滞

PART I. THE GREAT STAGNATION

第2部 大分岐

PART II. THE GREAT DIVERGENCE

第3部

大平等

PART III. THE GREAT LEVELING

第4部 大反転

PART IV. THE GREAT REVERSAL

第5部

未来

PART V.　THE FUTURE

序論

Introduction

進歩というものはすばらしい。止めることができさえすれば。

——ロベルト・ムージル
Robert Musil

織り機が勝手に織るようになったら、奴隷のような重労働はなくなるだろう。

——アリストテレス
Aristotle

六〇〇人の点灯夫がいなかったら、一九〇〇年のニューヨークの夜を照らすものは月しかなかっただろう。長いトーチと梯子を手にした点灯夫たちは、帰り道を急ぐ人々の足下を煙草の火よりはるかに明るく照らす工兵隊のようなものだった。だが一九〇七年四月二四日の夜、マンハッタンの二万五〇〇〇のガス灯の大半は暗いままだった。ふだんなら午後六時五〇分から点灯作業を開始する男たちが、ガス灯を放り出してストライキに行ってしまったからだ。暴力沙汰は報告されていない。だが暗くなるにつれて、ガス会社や警察に市民からの苦情が殺到するようになる。警察官がにわか点灯隊として派遣されたが、梯子なしではうまくいかない。それに大方の警察官は肥りすぎていて街灯をよじのぼるなどできない相談だった。しかも市民はとんと助けにならない。それどころかハーレムでは、警察官がようやく点灯に成功すると、不良少年がするするとよじのぼって消してしまうという新種のスポーツが出現する始末だった。パークアベニューでは、警察官が点けた街灯を消したかどで未成年者が逮捕されている。こうしたわけで、長時間点いていた街灯はほとんどない。午後九時になっても、公共の場で明るかったのはセントラルパーク内を横断する数本の道だけだった。そこには電気の街灯が備わっていたからである。[1]

　その年に点灯夫になった人は運が悪かった。灯油やガスを燃料にするランプには人間による作業がどうしても必要だが、あの神秘的な電気というものが登場すると、点灯夫のスキルはもはや価値がなくなってしまったのである。電気の街灯は街路に光を、人々の心に郷愁をもたらした。多くの市民はいまも若い男が夕暮れになると街灯を灯し、明け方になると消すのだと信じていたものである。ニューヨークでは、点灯夫は警察官や郵便配達夫と並んで市民の生活に密着した職業だった。なにしろ一四一四年にロンドンで初めてガス灯がお目見えしたときから、この職業は存在したのである。そのおなじみの職業が、一九二四年のニューヨーク・タイムズ紙によると「大都市の点灯夫は、あまりに速い進歩の犠牲となった」[2]。ニューヨークで最初の電気灯が設置されたのは一九世紀末だが、ただちに点灯夫が全員お払い箱になったわけではない。すべてのガス灯が電気に置き換わっても、点灯作業はやはり必要だったからである。ただし、根元のスイッチを押すだけだから操作ははるかに簡単になる。点灯夫が長いトーチと梯子を持ち歩く必要はない。結局のところ点灯夫は、進歩の恩恵に与ったとは言いがたい。かつては点灯作業に熟練していれば、一家を養うことが十分に可能だった。それがいまや、この作業はあまりに簡単になりすぎて、学校帰りの子供でもできるようになってしまった。そして歴史が繰り返し示すとおり、作業の単純化は自動化の第一歩である。電気灯が集中制御されるようになると、点灯夫は大量に解雇された。一九二七年にはニューヨークの街灯は電気が独占しており、最後に残った二人の点灯夫が退職すると、この職業は点灯夫組合とともに姿を消す[3]。

トマス・エジソンによる電球の発明が世界をよりよく、より明るくしたことはまちがいない。メンローパークにあるエジソン研究所では、あの大発明の記念日にはいまも石油ランプとロウソクに火が灯される。ウィリアム・ノードハウス（二〇一八年ノーベル経済学賞受賞）が指摘するとおり、シカゴ音楽院からロンドンの庶民院へ、そしてミラノのスカラ座、ニューヨーク証券取引所の立会場へと電気が普及するにつれて、照明のコストは劇的に下がっていった。[4] ニューヨーク市でさえ街灯は電気のほうがはるかに効率的だと認め、点灯夫に早期退職を強要している。一人の点灯夫が一晩に点けられるのはせいぜい五〇本程度だが、電気の中央制御システムなら、スイッチ一つで瞬時に数千本の街灯を操作できるのである。それでも、生計の手段を脅かされた側としては抵抗せざるを得ない。大方の市民にとってスキルは唯一の資本であり、生計を立てていけるのもこの資本があればこそだ。よって新システムにいかに利点があろうとも、電気灯が万人から歓迎されたわけではない。たとえばベルギーのベルビエ市が電気に切り替えると発表すると、仕事がなくなると恐慌を来した点灯夫がストライキを行っている。困った市当局が当面の点灯作業のために臨時作業員を雇うと、点灯夫たちは最後の一本まで街灯を叩き壊すぞと脅した。地元の警察が介入したところ、逆上した点灯夫たちは警察本部を襲撃し、ついにベルギー政府は軍隊を出動させて鎮圧しなければならなかったという。[5]

こうしたわけだから、一部の人が進歩の犠牲になったことはまちがいない。だが二〇世紀を通じて欧米の市民の大多数は繁栄の原動力としてテクノロジーを受け入れていた。テクノロジーのおかげで非常に危険な労働や奴隷のような苦役が姿を消し、労働条件が劇的に改善されたことを認めたのである。機械を使いこなせれば賃金が上がることにも気づいた。それに、新しいモノやサービスが次々に手の届く値段になることで市民は多大な恩恵を受けた。自動車、冷蔵庫、ラジオ、電話といった革命的な技術（ここに挙げたのはほんの一例である）は、ルネッサンスの頃にはヨーロッパの王侯貴族でさえ手に入らなかった。だが一九五〇年には欧米でかなりの普及率に達している。一九〇〇年の平均的な家庭の主婦は、使用人がいて面倒な家事を全部やってくれる上流階級の暮らしに憧れていたものだが、それから数十年のうちに、すべての家庭が電動式の使用人を持てるようになる。洗濯機やアイロンなどの家電製品が退屈な家事の時間を一挙に短縮してくれた。要するに、あの偉大な経済学者ヨーゼフ・シュンペーターが述べたとおり、資本主義の成果とは「女王により多くの絹の靴下を供給したことではなく、その製造に必要な労働時間を減らすことによって、女工たちにも手の届く品物にしたことにある」[6]。

歴史を単純化しすぎる危険性はつねに存在する。それでも、過去二世紀における経済と社会の変化の主要因を一つだけ挙げるとすれば、それはまちがいなく技術の進歩だ。エブセイ・

ドーマーの言葉を借りるなら、技術が進歩しなかったら、「資本蓄積は薪の山にもう一片の薪を載せる」程度にとどまっていただろう。[7] 富裕国と貧困国の所得格差の八〇％以上は技術を取り入れるスピードの差で説明できる、と経済学者は考えている。[8] しかも所得だけに注目するのでは、質的な変化をひどく過小評価することになるだろう。考えてみてほしい。私の曾祖母が生まれた頃は、人間は馬より速い速度で旅することはできなかったのである。それからしばらく経ってからも、蒸気機関車が限界だった。夜の闇から逃れる方法はロウソクか石油ランプしかない。仕事の多くは苛酷な肉体労働だったし、女性が家庭の外で就ける仕事はほとんどなかった。家が女性の仕事場であり、料理をするにはかまどに火をおこさなければならず、火をおこすには薪を割らねばならなかったし、水は川か井戸から汲んで運ばなければならなかった。だから人々が進歩を熱烈に歓迎したのも驚くにはあたらない。一九一五年のリテラリー・ダイジェスト誌の記事は、電化によって「都会ではばい菌に触れることも怪我をすることもまずなくなる。農村の人々は都会に来て休息したり病気を治したりするようになる」と自信たっぷりに予想している。[9] エジソン自身も、進歩の最大の障害が電気のおかげで取り除かれると確信していた。彼の言う最大の障害とは、なんと睡眠の必要性である。夜も明るければ寝ずに研究できるというわけだ。テクノロジーは新しい宗教と化していた。技術の力で解決できない問題などあるはずがない、と。

技術がもたらした途方もない恩恵が判明している今になってみれば、一九世紀前半の経済学者たち、たとえばトマス・マルサスやデービッド・リカードが、技術は人間の生活をさして向上させまいと考えていたことは驚きの事実である。たしかに一九世紀から二〇世紀前半にかけての技術の発展の成果が経済学者の目に留まるようになるまでには、かなりの時間を要した。それでもロバート・ソロー(一九八七年ノーベル経済学賞)は一九五〇年代にすでに、二〇世紀の経済発展のほぼすべては技術によってもたらされると予想している。そして多くの経済学者が、その恩恵が広く共有されたことを検証してきた。サイモン・クズネッツはアメリカで所得格差が縮小したことを発見し、工業化が進むと所得格差は縮小するという理論を構築した。ニコラス・カルドアは、労働者には一貫して付加価値の約三分の二が分配されていると指摘した。またソローは、進歩はあらゆる社会集団に平等な恩恵をもたらすとする理論的な枠組みを考えた。今日になってみれば、これらの楽観論はばかげているように見えるかもしれない。だが一九五〇年代の経済学者には、楽観的になってよい理由がいくつもあった。

技術が創造性を発揮するにまかせておけば、社会全体がよりゆたかにしかも平等になるなら、点灯夫の仕事が奪われたところで何の問題があるだろう？　それに失業した点灯夫にしても、その多くはもっと危険が少なくて報酬のいい仕事をきっと見つけられたにちがいない。たとえ一部の点灯夫が犠牲になったとしても、社会が大多数の幸福のために少数を犠牲にして進歩を受け入れるのは、正しいことに見える。だが、犠牲になるのが少数ではなく大勢だったらどうだろうか。失業した労働者の大半が、もっと賃金の低い仕事に就かざるを得なかったら？　経済学者のロバート・ゴードンの言う「特別な世紀」、すなわち一八七〇―一九七〇年の一〇〇年間は、経済が高度成長を遂げたという点でだけ特別だったわけではない[10]。経済成長に劣らず重要なのは、ほとんどすべての人に進歩の利益が行き渡ったことである。特別な世紀に起きた技術革新の中には労働者に置き換わるタイプもあったが、多くは労働者を助けるものだった。全体としてみれば、テクノロジーは労働者自身の生産性を高めることに貢献し、労働者のスキルの価値を高め、賃金を押し上げる働きをした。機械化によって仕事を奪われた労働者でさえ、それまでより楽で賃金のいい仕事が豊富に出現したおかげで、その中から選ぶことができたのである。だが本書の後半で取り上げるＡＩ時代には、もはやそのようなテクノロジー楽観論を真に受けるわけにはいかない。歴史を振り返っても、そう言える。なるほど黄金時代の経済学者は、当時に関する限りは楽観的になってよかった。だがそれがずっと続くと考えたのはまちがいだった。テクノロジーは少数を犠牲にして大多数に恩恵をもたらすという法則などどこにも存在しない。人口のかなりの比率が技術革新によって取り残されるとしたら、彼らが抵抗するのは当然のことだ。

✿ ✿ ✿

歴史を振り返ると、進歩の代償はその時々によって大幅にちがうことがわかる。人類がいかに飛躍的進歩を遂げたかを示す図1のような単純化されたグラフが度々用いられ、多くの行動を誤らせてきた。だからと言って、このグラフがまちがっているという意味ではない。たしかに一人当たり国内総生産（GDP）は、一〇〇〇年にわたって地面を這いつくばっていた後、一八〇〇年頃を境に爆発的に伸び出した。したがって進歩を平均所得だけで見るなら、次のような結論に到達することになる。「ヒトは一〇万年前に出現した。その後の九万九八〇〇年間は何も起きなかった……ほんの二〇〇年ほど前に突然ゆたかになり始め、どんどんゆたかになった。一人当たり所得は、すくなくとも欧米では年〇・七五％という前例のないペースで増え始め、二、三〇年後にはそれが全世界に広がった。その後もこの傾向が続いている」[11]。

このような通説が広まったのは不幸なことだった。この通説のせいで、一八世紀のイギリスで始まった爆発的成長の期間中、何百万もの人々が変化への適応を迫られたことをつい忘れてしまう。なるほど一部の人々は変化のおかげで大いに潤っただろう。だが機械化が普及しなかったらもっといい暮らしのできた人も大勢いた。図1を見ると、今日では誰もが一昔前の世代よりよい暮らしをしているとか、一八〇〇年生まれの世代は祖父母の世代と比べて

図1　世界の1人当たり国内総生産（GDP）の推移（1〜2008年）

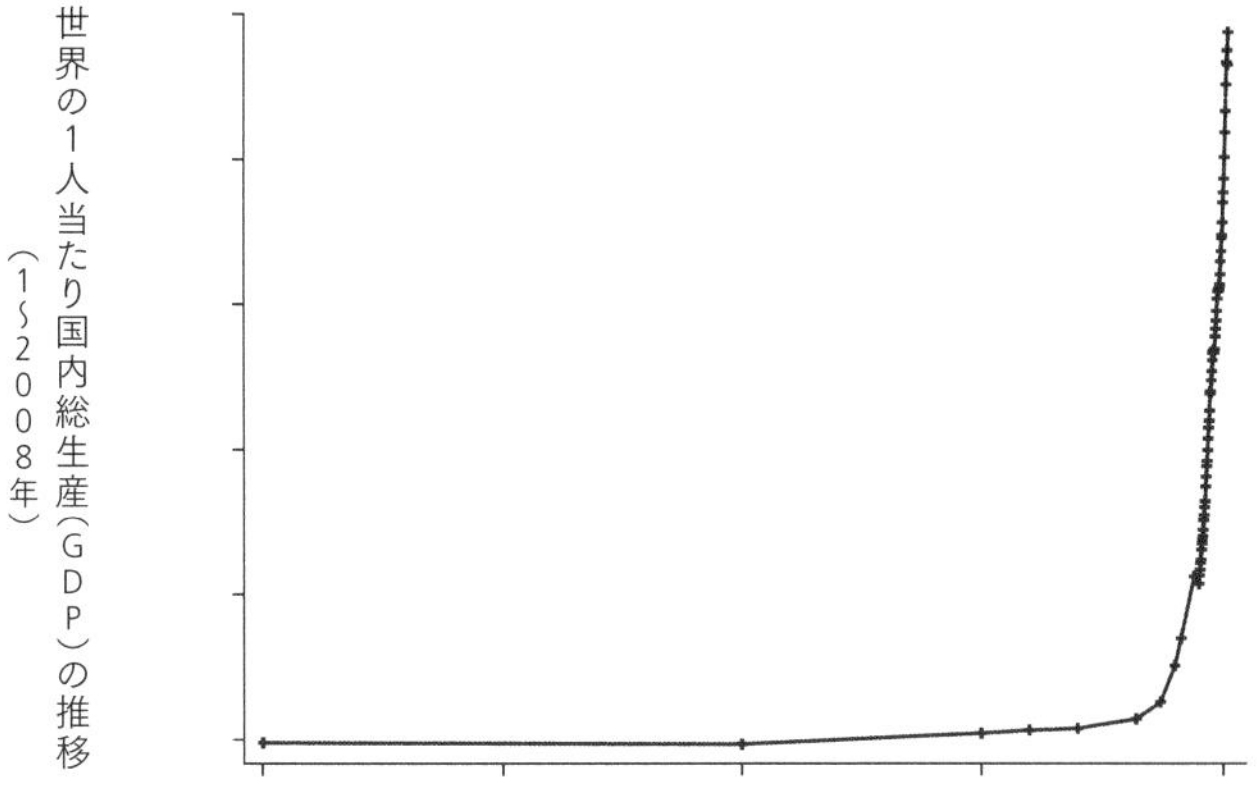

出所：*J. Bolt, R. Inklaar, H. de Jong, and J. L. Van Zanden, 2018, "Rebasing 'Maddison': New Income Comparisons and the Shape of Long-Run Economic Development," Maddison Project Working Paper 10, Maddison Project Database, version 2018.*

生活水準が桁外れに向上した、などと考えやすい。また図1を見る限りでは、一八世紀以前の人類は創意工夫に欠けていたことになる。そうでなかったら、なぜあれほど低成長、いやほとんどゼロ成長だったのか、説明がつかない。だが産業革命前にも画期的な発明やアイデアはいくつも存在していた。本書ではこれから技術の進歩とそれに対する人々の反応に光を当てていく。

図1に見られる「離陸《テイクオフ》」は、工場の機械化と時を同じくして起きた。その遠い源泉はイタリアにあったと言えそうだ。世界最初の工場に導入されたのは撚糸機だが、その原型である絹糸を撚る機械の図面はピエモンテで描かれ、

産業スパイの手によってイギリスにもたらされたという。撚糸機を開発した功績によりトマス・ロウムはイギリス政府からナイトの称号を授けられた。とは言え生みの親がイタリアだったとしても、機械を大規模に活用した最初の国はイギリスである。そして産業革命の起源は絹の生産だったかもしれないが、本格的な始まりは綿織物だった。歴史家のエリック・ホブズボームの有名な言葉にも「産業革命について語るとは綿織物について語ることだ」とある。[12]綿織物の生産が機械化されると、その後は変化が変化を呼び、進歩が自己増殖的に次の進歩を引き起こして近代工業が形をとることになる。だが工業化の初期段階では、技術の進歩に伴って多くの人の生活水準は低下した。一七五〇年以後の一世紀間に出現した言葉がその何よりの証拠である。「工場」「鉄道」「蒸気機関」「産業」という言葉はこのとき登場したが、同時期に「労働者階級」「共産主義」「ストライキ」「ラッダイト」「貧困層」という言葉も生まれている。最初の工場の出現で始まった産業革命は鉄道の建設をもって終わりを告げるが、それが『共産党宣言』と同時期だったことを忘れるべきではない。産業革命は多くの革命的技術を生むと同時に、多くの政治革命をも引き起こしたのである。[13]

それでも、産業革命の重要性はいささかも色褪せることはない。産業革命が人類史上きわめて重要な出来事だったことに変わりはない。産業革命のおかげで、人類はトマス・ホッブズの言う「不快で残酷で短い」人生からついに脱したのである。[14]だがそうなるまでには長い時間がかかった。経済学者のアンガス・ディートンが「大脱出」と名付けたそのプロセスは、庶民の小屋をたちどころにエデンの園に変えたわけではない。[15] 工業化の初期段階では、多くの庶民の人生はより不快に、より残酷に、より短くなった。イギリスの一般大衆の物質的な生活条件や住環境は、一八四〇年になるまで改善の兆しを見せていない。ウィリアム・ブレイクの詩にある「闇の悪魔のような工場」は、工業化の過程で人々に押しつけられた長時間の工場労働とその危険な環境を端的に表現している。[16] マンチェスターやグラスゴーなどの大きな工業都市では、平均寿命は全国平均よりなんと一〇年も短かった。こうした工業都市で工場労働者がもらう賃金は、汚くて不衛生な生活・労働環境に見合っていたとは言いがたい。生産高は増えても、それによる利益はほとんど庶民にはもたらされず、実質賃金は伸び悩み、一部では低下さえした。労働者にとって唯一増えたのは、「闇の悪魔のような工場」で働く時間だけである。進歩の利得の大半は事業家の懐におさまり、彼らの利益率は二倍に跳ね上がった。こうしたわけだから、産業革命が進行中のイギリスにおける食料の平均消費量は、一八四〇年までほとんど増えていない。家計に占める必需品以外の支出の比率は、低賃金の農業労働者と工場労働者の場合、一九世紀前半を通じて下がり続けている。食事が貧しいため、寿命も縮まった。これが、近代の成長の始まった栄光の数十年間の実態である。[17]

イギリスで生活水準が低下したのは、従来の生産システムが駆逐され、機械化された工場に置き換わっていったことが原因である。それまでイギリスの職人たちは高いスキルを誇り、まずまずの賃金を稼いでいた。だが工場が出現すると彼らの所得は消滅してしまう。工場に新しい働き口はあったが、その仕事に就けるのは紡績機の下を這い回って糸くず掃除のできる子供に限られていた。子供は大人の数分の一の賃金で働かせることができたため、労働人口に占める子供の比率は高まる一方だった。つまり産業革命においては子供が現代のロボットの役割を果たしたのである。ごく小さいうちから働くため、交渉力も何も持ち合わせておらず、経営者からみればじつに扱いやすい労働力だった。[18]

機械化が進むにつれて職人のスキルは完全に時代遅れになり、成人男性労働者は窮地に陥る。一八三〇年代には繊維産業の労働力の約半分を子供が占めるようになる。所得の激減、健康・栄養状態の悪化、さらには低賃金の職への転職や移住を強いられ、最悪の場合には失業するなど、労働者階級に押しつけられた社会的費用は膨大だった。劣悪な環境で長時間労働を強いられる子供たちの苦しみは言うまでもない。子供の頃に工場で働かされていたロバート・ブリコーは、取材に応じて、自分の子供にあのような辛い労働をさせるぐらいならオーストラリアに島流しにさせたかったと語っている。[19]とはいえ純粋に経済的な観点から言えば、機械化の最大の犠牲者となったのが子供ではなく職人だったことはまちがいない。産業革命の研究で第一人者のロバート・ランデスは、「機械化はすべての人にこれまでにない快適さと繁栄をもたらしたとしても、一部の人の生計の手段を奪い、また多くの人を進歩の波から置き去りにしたことは事実である」と述べている。[20]

イギリスの人々が生活水準を押し下げるような機械化プロセスをなぜ自発的に受け入れ参加したのかということは、歴史家の長年の疑問だった。だが答は簡単明瞭だ。彼らは全然受け入れてなどいない。イギリス政府は機械化に抵抗する労働者たちと何度となく衝突した。労働者の暴動が成功しなかったのは、国際貿易におけるイギリスの競争優位を損ねかねないような行動に対して、何によらず政府が強硬な対応をとるようになったからである。ラッダイトが一八一一―一六年にやってのけたのは、結局のところ、政府に軍隊を大々的に出動させたことだけだった。各地の暴動を鎮圧するために動員された兵士は総勢一万二〇〇〇人に上る。これは、イギリス軍がナポレオンを敵に回して戦った一八〇八年の半島戦争でウェリントン公が率いた軍勢より多い。

これから見ていくように、一九世紀後半になるまでは、労働者のスキルを脅かすような技術に対する反逆はけっして例外的な現象ではなく、そこかしこで見受けられた。派手なラッダイトに目を奪われがちだが、ラッダイトは当時のヨーロッパと中国で荒れ狂った長期にわたる暴動の嵐のごく一部にすぎない。しかも労働置換技術に対する抵抗の歴史はもっと古くまで遡ることができる。ローマ皇帝ウェスパシアヌス（在位六九―七九年）はカピトリーノの丘まで円柱を運び上げるにあたり、機械の導入を拒絶した。雇用が失われることを懸念したからである。一五八九年にはエリザベス一世が、ウィリアム・リーが発明した靴下編み機に特許を与えなかった。そんなものが普及したら失業が増えると恐れたためである。大幅な省力化につながる起毛機も一五五一年に禁止されている。イギリスだけでなくヨーロッパのどの国でも抵抗運動は激しかった。ヨーロッパの多くの都市では一七世紀に自動織機が禁止されている。なぜなら、禁止しなかった都市（たとえばライデン）では必ず暴動が起きたからだ。支配階級は、機械化に反対する暴徒が反政府分子と化すことを恐れた。これは、ヨーロッパだけの現象ではない。中国で工業化が遅れた原因の一つは、労働者のスキルを脅かす技術に対する抵抗だったと経済史家は指摘する。抵抗は一九世紀の終わりまで続き、輸入されたミシンを中国人労働者が打ち壊したという。むしろイギリス政府は、労働者ではなく機械化の側についた最初の政府だった。そのことが、イギリスが世界で初めて工業化を果たした原因の一つだと考えられる。[21]

✿ ✿ ✿

ビル・ゲイツは二〇一二年に「イノベーションがこれまでにないペースで次々に出現しているというのに……アメリカ人は将来についてますます悲観的になっている」と指摘し、これは現代のパラドックスだと語った。[22] たしかにピュー・リサーチ・センターの調査によると、子供世代のほうが自分たちより裕福になるとまだ信じているアメリカ人は、全体の三分の一をようやく上回るにすぎない。[23] 過去の調査と比べると、以前より悲観的になったアメリカ人が一定数いることはまちがいないようだ。一九四〇年生まれのアメリカ人は九〇％が親世代より裕福になれると信じていたが、一九八〇年生まれの場合は約半分に過ぎない。[24] こうした事実にもかかわらず、アメリカの大統領選挙では「地球上で最も偉大な国」といったスローガンがずっと掲げられてきた。共和党の大統領候補が「アメリカを再び偉大な国に」とぶちあげて勝利したのは、ようやく二〇一六年になってからのことである。すくなくともこの候補者は真実を語っている——裕福になる機会が失われて久しい産業や地域で多くの人がそう感じたことはまちがいない。

産業革命が物語るとおり、ビル・ゲイツのパラドックスはパラドックスでも何でもない。機械化の初期と同じで、今日の労働者も進歩の分け前に与ることはまずできない。それどころか、労働者の多くが進歩から取り残されることになる。機械化の過程で中所得の職人たちが干上がってしまったのとまさに同じように、自動化の過程でアメリカの中流層は機会を奪われつつある。初期の工場の出現で割を喰った人々と同じく、アメリカの多くの労働者もコンピュータ化が進む中でより低賃金の職に転じるか、でなければ失業し、労働人口から完全に脱落してきた。両者の大半は働き盛りの男性である。一九八〇年代までは、製造業に従事するごくふつうの労働者が、大学を出ていなくても中流のライフスタイルを送ることは十分に可能だった。だが製造業の雇用機会が減るにつれて、多くの労働者にとって社会階層を上へ移動する機会は閉ざされてしまう。[25]

それだけではない。自動化の犠牲になる産業や職業はいまのところ地域的に偏っている。だから、一国の合計を表した統計ばかり見ていると、地域格差を見落とすことになる。それでは、片手を製氷機に突っ込み片手を暖炉にかざして、平均すればちょうどいいと言っているのと同じようなものだ。産業革命のときもそうだった。ノーサンプトンシャーの繊維産業が壊滅的打撃を受ける一方で、一八〇〇年の時点では影も形もなかった工場群がイギリス南部の田園地帯に出現した。今回も古くからの工業都市で自動化によって中年男性の雇用機会が奪われ、社会・経済構造が崩壊している。自動化やグローバル化の影響で製造業の仕事のなくなった地域では、失業率が上昇する。税収が乏しくなれば公的サービスが縮小されるため、犯罪が増え、健康状態は悪化する。飲酒に起因する肝臓系の疾患や自殺などで死亡率が上昇する。婚姻率は低下し、片親家庭で育つ子供が増える。こうした子供の将来の見通しは暗い。中所得の仕事がなくなってしまった地域では社会的移動性が大幅に低下し、上の階層へ上がる見込みはまずない。[26] そうなると、人々はポピュリスト政治家に投票するようになる。アメリカでもヨーロッパでも、自動化が進む地域ほどポピュリズムへの傾倒が強まっていることを多くの調査が示している[27]。産業革命のときと同じで、テクノロジー敗者は変化を要求するのである。

それが実際に起きた例を私たちは知っている。一九六五年に世界で初めてコンピュータがオフィスに導入されたとき、哲学者のエリック・ホッファーはニューヨーク・タイムズ紙上でこう警告を発した。「熟練したスキルを持つ人々が存在意義を奪われ、自分は役立たずだと感じる状況は、アメリカにヒトラーを生むのに理想的である[28]」。いささか皮肉なことだが、現実のヒトラーは労働置換技術の破壊力をよく承知していた。一九三三年一月三〇日にヒトラーがドイツ首相に指名された日は、産業革命前に回帰する政策、すなわち機械導入の制限策が発動された日である。その年の選挙でナチス党が五〇%以上の得票率を記録したダンツィヒでは、この政策が優先的に進められた。テクノロジーに起因するいわゆるテクノロジー失業の問題に取り組むために、機械は政府から特別許可を取らない限り工場に据え付けてはならないとの法律が可決され、これに従わなかった場合には重い罰金または工場の閉鎖を政府が命じることができる[29]。同年八月にはドイツ労働戦線を率いるアルフレート・フォン・ホーデンベルクが、機械が労働者の雇用を脅かすようなことはこの先もあってはならないと明言し、こう大見得を切った。「二度と再び労働者が機械で置き換えられることはない」と[30]。

どんな技術が受け入れられるのか

人々の所得が増えたのは、労働を節約する技術すなわち少ない労働投入量で同一の生産水準を実現する技術が数世紀にわたって次々に導入されてきたからだと説明されている。ポール・クルーグマンの発言を引用するなら、「不況、急激なインフレ、内戦など国を貧しくする要因はいろいろあるが、ゆたかにする要因は生産性だけ」ということだ。[31] より少ないインプットからより多くのアウトプットが得られるようになるとき、生産性は向上する。機械の導入で労働生産性が年二・五％のペースで伸びれば、労働者一人当たりのアウトプットは二八年ごとに倍増する。労働者の時間尺度で言えば、定年退職するまでの期間の半分を超えたあたりで一時間当たりの労働の生産物が二倍になるわけだ。このこと一つとっても、テクノロジーの破壊力がよくわかるだろう。だが、生産性の向上がふつうの労働者の所得を増やす必須条件だとしても、生産性が伸びたからと言って必ず所得が増えるとは限らない。それまで働いていた労働者に機械が置き換わる場合には、むしろ所得が減る労働者が出てくる。この事実にもかかわらず、経済学の教科書では技術の進歩を「パレート改善（Pareto improvement）」だとしている。パレート改善とは、他の人の効用を減らさずにある人（あるいは全体）の効用を高められる状態を指す。この場合で言えば、機械が労働者の仕事を奪っても、もっと賃金の高い新しい仕事が同時に全員に提供されるということだ。しかし歴史を振り返ればわかるように、技術の進歩が労働置換型だった場合には、そのようなモデルはまったく成り立たない。置換技術の導入によって物質的な生活水準が押し上げられたことはまちがいないが、それは同時に職を失う労働者の苦痛を伴った。

労働節約型の技術が労働者に痛みをもたらす度合いは、それが置換技術か補完技術かによって異なる。前者は文字通り人間の労働に置き換わり、それまでの仕事やスキルを不要にする。対照的に後者は人間の労働を助け、補い、生産性を高める。あるいは、それまで不可能だった仕事を可能にする。あるいはまた、まったく新しい仕事を創出する。したがって、「労働を節約する」という言葉には二つの意味があることになる。二つの意味は密接に関連するが、けっして同じではない。そして両者のちがいは労働者にとってきわめて重大だ[32]。経済学者のハリー・ジェロームが一九三四年に興味深い指摘をした。一九二九年の鉄鋼生産量を一八九〇年の技術でもって実現しようとしたら、一二五万人の労働者が必要だという。しかし実際には一九二九年には四〇万人で生産している。となれば、八五万人の雇用が失われたのだろうか。もちろん、そんなことはない。大恐慌が始まる直前まで、鉄鋼産業の雇用は増え続けていた[33]。技術が進歩すれば、一トンの鉄鋼を生産するのに必要な労働者の数はたしかに減る。だが鉄鋼の需要が増え続ければ、鉄鋼産業の雇用も増え続ける。労働補完技術は労働者の単位時間当たりの生産量を押し上げるだけで、その製品なりサービスなりの需要が完全に満たされるまでは、労働者は不要にならないのである[34]。このような技術の例は枚挙にいとまがない。たとえばCAD《キャド》という略称で知られるコンピュータ援用設計は、建築家やエンジニアなど高度なスキルを備えた専門家の生産性を高めたが、彼らに置き換わったわけではない。統計解析ソフト(Stata, Matlabなど)は統計専門家や社会科学者の分析能力を高めたが、彼らに置き換わってはいない。またタイプライターは、それまで存在しなかったタイピストという職業を出現させた。

これに対して労働置換技術が労働者にどんな結果をもたらすかを知るには、エレベーターを考えるとよいだろう。エレベーターがなかったらまず高層ビルが存在できないし、エレベーター係という職業も出現しなかっただろう。エレベーターが登場すると、エレベーターの数が増えるたびにエレベーター係が必要になった。初期のエレベーターは止め方がむずかしく、床と水平になったところでぴたりと止めなければならないし、扉の開閉も手動だったからである。しかし自動運転方式のエレベーターが出現すると状況は一変し、エレベーター係は突如として不要になった。私たちは以前にも増してエレベーターを利用しているが、あの箱の中に係員はいない。エレベーターと同じく、いまや機械を操作する仕事の多くがロボットに取って代わられている。つまり工場から出荷される自動車の台数が増えたからと言って、工員の数が増えたとは限らない。よって、労働置換技術が雇用や賃金に与える影響は労働補完技術とは大幅に異なる、と考えるのは理に適っている。だがごく最近まで、経済学者は両者を峻別していなかった。ノーベル経済学賞の第一号受賞者であるヤン・ティンバーゲンの先駆的研究以来、技術の進歩は一義的に生産量を増やす方向に作用すると経済学者は考えてきたのである。この視点から見ると、新技術は一部の労働者をとくに助けることはあっても、労働者に置き換わることはなく、したがって労働者の賃金は下落しない。この見方は、二〇世紀の大半における経済の現実とおおむね一致する。じつのところ、経済理論の多くには経済学者が自分の目で観察した特定の時代のパターンが反映されているのであって、コンピュータ時代が到来する前の一九七四年に発表されたティンバーゲンの研究も、例外ではない。たしかに二〇世紀の大半を通じて賃金は上昇基調にあった。こうしたわけで、あらゆる時代、あらゆる場所に応用できるモデルはほとんど存在しない。このことが、経済分析を困難にしている。

ここ三〇年以上にわたってアメリカの労働市場では多くの労働者の賃金が下がり続けている。この現実を目の当たりにした経済学者たちは、技術革新についてこれまでとはちがう見方をする必要に迫られた。その先鞭をつけたのが、ダロン・アセモグルとパスカル・レストレポである。彼らは技術の進歩を労働補完型と労働置換型に概念化することで、賃金が下落基調の時代も上昇基調の時代も説明できる形式モデルを提出し、この理論的枠組みに従って過去の実態を分析した[35]。機械が人間の仕事を奪うことがあり得るとわかったことは重要な意味を持つ。他の要素で埋め合わせをしない限り、テクノロジーが賃金を押し下げ雇用を減らしかねない、ということになるからだ。生産性が伸び続ければ、経済の中で支出が増えて新たな雇用を生み出すことによって、労働置換効果の一部が相殺され、所得の総額が増えるということはあるかもしれない。だがたとえそうなったとしても、置換技術の負の影響が完全に打ち消されるわけではない。アセモグルとレストレポの枠組みによれば、労働需要を増やし、賃金水準と労働分配率を押し上げるためには、新たな雇用機会の創出が必須である。言い換えれば、労働者がどうやって食べていくかは、駆逐される雇用と新たに創出される雇用とのせめぎ合いに懸かっていると同時に、労働者が新しい仕事にどれほどスムーズに移れるか、ということにも懸かっている。

歴史を振り返ると、新たに登場する技術が労働置換型か労働補完型かは、時代によって、また産業によって大幅に異なり、その結果として平均的な労働者にもたらす影響も大きくちがってくることがわかる。それまで人間がやっていた仕事を機械が完全に肩代わりする場合には、労働者のスキルは無用の長物になる。技術が一部の労働者に置き換わるが他の労働者の生産性を押し上げた場合でさえ、多くの労働者が苦境に陥った。最近ではロボット・エンジニアという新たな雇用が創出されているが、組立ラインで産業ロボットに仕事を奪われた労働者にしてみれば、そんなことは何の慰めにもならない。かつて自動織機が登場したときも、機織り職人を駆逐する一方で自動織機を操作する新たな仕事が出現した。だが織工の所得はただちに激減している。自動織機を扱う技術者が必要なスキルを身につけ、そうしたスキルを求める新たな労働市場が出現して彼らの賃金が上昇するまでには、数十年の歳月を要した[36]。労働置換技術の進歩は、シュンペーターの言う「創造的破壊という絶えず吹き荒れる嵐」としてやって来ることが多い。この嵐は、つねに勝ち組と負け組を生む[37]。いまではたくさんの人が未来を心配し、二〇五〇年には十分な雇用が残されていますか、といった答えられない質問を発する。これは不幸なことだし、的外れでもある。自動化によって古い仕事が姿を消す一方で新しい仕事が創出されるとしても、それは仕事を失った人を安心させるものではない。近代の作家たちは、自動化のジレンマを鋭く見抜いていた。たとえばジェームズ・ジョイスの『ユリシーズ』では、主人公の一人であるブルームがこう呟く。「転轍手の後ろ姿がいきなりぬっと立ち上がった。ブルーム氏の窓側の電車道の電信柱の前。そのまま楽に転換できるような自動装置ができないものかね。でもそうなればあの男は失業か。でもそうなれば別の男が新装置を作る仕事にありつけるのでは[38]?」。

新しい発明によって新しい仕事が生まれるのは結構なことだが、それは「別の誰か」のための仕事だ。その別の誰かは、仕事を奪われた労働者とは全然別種の人間である。産業革命のときも、コンピュータ革命のときも、新たに創出されたのは主として別の誰かのための仕事だったし、新たに必要とされるスキルは、お払い箱になった労働者のスキルとこれ以上ないほどかけ離れていた。産業革命期の両者の天と地ほどの差をみごとに言い表した言葉を紹介しよう。経済史家ギャビン・ライトのものだ。産業革命は「極端な言い方をすれば、天才が設計した機械を馬鹿が動かす経済を出現させた[39]」。たしかにその通り。初期の機械はごく単純なしくみで、清掃や材料の補充などは子供でも十分にできた。その結果、すでに述べたとおり、中所得の職工たちは数分の一の賃金で働く子供に置き換えられてしまう。コンピュータ革命が産業革命とあきらかにちがうのは、機械の世話をする子供すらもう必要がないことだ。コンピュータ制御される機械はすべて自動で動く。それでも、コンピュータ革命が生み出した新しい仕事はある。まったく新しいスキルを必要とする仕事、そう、たとえばソフトウェア・エンジニア、データベース・スペシャリスト、システム・エンジニア等々の耳慣れないカタカナ職業だ。となればコンピュータ革命は、天才が設計した技術を別の天才が活用する経済を出現させたと言えよう。コンピュータは一部の仕事を自動化する一方で、高度なスキルを身につけた技術者の需要を高めた。だから、自動化は機械化の延長線上にあると考えるのはまったくまちがっている。機械化によって機械を扱う中程度のスキルを要する仕事が大量に生み出され、膨大な数の中流層の生活を支えてきたが、自動化はその仕事に置き換わるのである。大雑把な言い方をすれば、幸運にも大学を卒業できた人はコンピュータ時代にうまくやっていける。だが大学を出ておらず、中程度のスキルしか持ち合わせていない人は、まともな仕事を見つけるのがむずかしくなる。産業革命のときも、コンピュータ革命のときも、進歩の犠牲になったのは中所得で中年の労働者だった。彼らのスキルは、新しく生まれた仕事では求められていなかった。

労働置換型の技術革新が出現した場合には、労働者が食っていけるかどうかは別の仕事に就けるかどうかに懸かっている。一八七七年に書かれたヘンリック・イプセンの戯曲『社会の柱』では、産業革命とヨハネス・グーテンベルクによる印刷革命それぞれがもたらした経済の変化が対比されている。重要な登場人物の一人であるベルニック領事が、一九世紀の職人の運命は一五世紀に印刷機が登場したときの写字生の運命と似ていると語り、「活版印刷が発明されたとき、多くの写字生が飢えに苦しむことになった」と言う。すると造船所で働くアウネが乱暴に言い返す。「領事さんよ、もしあんたが写字生だったら、あんなに技術を褒めそやしたかい？」[40]。もっともイプセンの戯曲はあくまで戯曲であって、実際には写字生は印刷機の導入に抵抗していない。第1章でくわしく論じるが、自動織機に仕事を奪われた織工とは異なり、写字生あるいは書記は、むしろグーテンベルクの発明の恩恵に与ったと言える。彼らの多くは写本で生計を立てていたわけではない。したがって、印刷機の出現で所得が減ることはなかった。また実際に写本で生計を立てていた一部の人たちは、印刷すると割高になる短い公文書類に特化したり、製本や装幀の仕事に移ったりした。だから、仕事を奪われた織工たちが一八―一九世紀に自動織機を叩き壊して回ったのに対し、一五世紀後半の写字生が印刷機を打ち壊したという話は聞かない。とは言え、印刷術がどこでも大歓迎されたわけではなかった。下々の者が字を読めるようになったら自分の権勢が脅かされると恐れたオスマン帝国の皇帝バヤズィト二世は、一四八五年に帝国内でのアラビア語の印刷を禁じている。この禁止令はその後長くこの地域の識字率の向上と経済発展を遅らせることになった[41]。だが一八―一九世紀のヨーロッパに野火のように広がった労働置換技術に対する敵意と暴力に比べれば、印刷機の導入に伴うすこしばかりの混乱など何ほどのこともない。

印刷機のケースからは、もっと深い意味を読み取ることができる。代わりになるよい仕事があるなら、人々が機械に抵抗する可能性は低いということだ。どんな場合でも職を変わるのは容易ではない。だが最終的には得るもののほうが大きいと見込めれば、労働市場の荒波に揉まれることも受け入れやすい。これから見ていくように、二〇世紀に入って大量生産による中所得の仕事が爆発的に増えたことが、機械化の進行が妨げられなかった最大の理由である。製造業の仕事はいくらでもある、このことが人々にとって何物にもまさる失業保険となったのだった。この時期には労働補完技術が次々に導入され、生産性がぐんぐん伸びて、労働者階級もゆたかな暮らしを望めるようになる。自動車と電気が新たに巨大産業を形成し、設備投資に回す資本も増え、企業は労働者がよそに行ってしまわないよう（なにしろいい仕事口はほかにもあり余るほどあった）賃金を引き上げ始めたからだ。所得分布の頂点にいる人も底辺にいる人も、生活水準は大幅に向上した。だからこそ中流層の人々は労働市場の激変を受け入れたのである。自分もその恩恵に与れると期待して。

自分の仕事を奪うかもしれないようなテクノロジーに人々が抵抗しなかった理由は、おそらくもう一つある。それは、ほとんどすべての人が消費者としても恩恵を受けたことである。機械化によって仕事を奪われたフォードやゼネラル・モーターズの組立ラインで働く労働者でさえ、自動車が安くなったことでいくらか恩恵に与ったはずだ。ただし機械は、実際に導入された後にモノやサービスの価格を押し下げるのだから、それが労働置換型だった場合には、消費者にとっての利益が生じるのは仕事が奪われた後ということになる。このような場合、仕事を失った人の苦痛や所得減などのコストは、別のまともな仕事に就けるという選択肢がない限り、消費者として得る利益を大きく上回る点に注意しなければならない。たとえば産業革命期の繊維産業の場合、繊維製品が安価になったところで職工たちにとってはさして助けにならなかった。彼らが機械化に猛反発したのはそのためだ。だからと言って、置換技術が長期的に人々に不利益をもたらしたということではない。その逆である。だが長期的には利益をもたらすとしても、目の前の仕事を奪われた人にとってはすこしもうれしくない。最低でも同水準の賃金がもらえる新しい仕事に就けない限り、そう言える。

多くの経済学者は、技術の進歩が短期的に何らかの調整を生じさせることは認めているだろう。だが、その「短期」が人間の一生ほども長いことに気づいている学者はほとんどいない。それに長期的な結果も、実際には短期的な政策の選択次第だ。単によりよい機械が誕生したというだけでは、長期的な成長が保証されるわけではない。ダロン・アセモグルと政治学者のジェームズ・ロビンソンが『国家はなぜ衰退するのか』(邦訳早川書房)で指摘するように、経済にせよ技術にせよ発展が進むのは「自分の既得権の喪失を恐れる経済的負け組や自分の影響力の侵食を恐れる政治的負け組に妨害されない場合」に限られるのである[42]。新しい技術の導入を阻止しようと表立って戦うのは労働者だけだとしても、支配階級が何千年にもわたって労働置換技術の進歩を遅らせて来たことを見落とすべきではない[43]。政治的支配力をすでに握っている者にとって、ほとんどの場合、創造的破壊という不安定化プロセスには何の利益もない。経済的負け組の集団が既存の政治体制を脅かしかねないからだ。著名な経済史家ジョエル・モキイアは、次のように述べている。

「技術の変化はほぼ不可避的に、一部の人をよりゆたかに、他の人をより貧しくする。生産技術の変化をパレート改善とみなすことはたしかに可能ではあるが、現実には他の誰の効用も減らさないという状況はまずない。全員が市場の評決を受け入れない限り、イノベーションを導入するという決定に対して、負け組は市場の外のメカニズムや政治的行動を通じて抵抗することになる[44]」。

「産業革命期のイギリスの強みは、技術革新に対する抵抗がなかったのではなく、政府が終始一貫して積極的にイノベーションの側に味方したことだ……フランスでは技術の進歩に対する抵抗がイギリスより功を奏したように見える。おそらくこのちがいが、産業革命がイギリスで最初に起きたもう一つの理由と言えるだろう[45]」。

私もこの見方に同意する。機械化に対する抵抗運動は例外なく鎮圧すると政府が早期に決定したからこそ、イギリスは世界に先駆けて工業化に成功した。このような決定が下されるにいたったのは、本書でくわしく論じるように、政治権力がある集団から別の集団に移ったことが大きな原因だ。アメリカ大陸の発見で国際貿易や商業がさかんになると、機械化で利益を得る商人階級が力をつけ、土地所有者に対抗するようになる[46]。また世界に目を転じれば、国民国家の間の競争が激化しており、新技術を導入せずに現体制と国力の維持を図ることはむずかしくなっていた。つまり政策転換を迫る外部からの脅威のほうが、暴動を起こしかねない国内労働者の脅威を上回ったということである。労働者が一致団結して抗議運動に繰り出したところで、軍隊が出動したら勝ち目はない。ラッダイト運動家の多くが逮捕され、オーストラリアに送られている。

イギリスでは一八三二年と六七年の二回にわたって選挙法改正が行われ、労働者階級の多くが選挙権を獲得したものの、イギリスを自由民主主義に転換させるにはいたっていない。所有権の重要性が認識される一方で、公民権と参政権のほうは遅れており、土地・家屋の所有などが選挙資格を得る条件となっていた。これではふつうの人々の大半は選挙権が得られない。教育を受けられる人もごくわずかだった。産業革命当時のイギリスが自由民主主義体制だったら、ラッダイトがあれほどかんたんに潰されることはなかっただろう。ノーベル経済学賞を受賞したワシリー・レオンチェフは、こんなジョークを飛ばしたことがある。「もし馬に投票権があって民主党に投票していたら、今日の農場の姿はまったくちがうものになっていただろう[47]」。たしかに。馬に選挙権があったら、トラクターの普及を禁じることができたかもしれないし、ラッダイト運動家に選挙権があったら、イギリスで産業革命は起きなかったかもしれない。言うまでもなく、実際にそうなったかどうかは知る由もない。ただし、多くの市民がもてる手段を総動員して進歩を食い止めようとしたことだけは、わかっている。

本書の構成

本書でこれから検証するように、AI時代になってから、技術の進歩に占める労働置換技術の割合が高まっている。この点を踏まえると、技術の進歩の未来を理解するためには、政治や経済への影響を知る必要が出てくる。技術の進歩によって一部の労働者集団がこの先ずっと不利益を被ると予想されるなら、彼らが自動化に抵抗するのはもっともだということになる。となれば社会不安を恐れる政府が、一部の技術を制限するのももっともだということになる。そう考えれば、長期の視点を短期の視点から切り離すことはできない。長期的にたどるはずの道筋は、短期的な行動で遮断されたり変更されたりすることがありうるからだ。その結果、長期的な繁栄に長く悪影響が出ることも考えられる。

人類の歴史が地域によってまるでちがった経過をたどってきたことは誰でも知っている。経済学者も経済史家も、なぜゆたかになる地域と貧しいままの地域があるのかという問題にずっと取り組んできた。本書はそうした研究ほど野心的ではない。本書では、テクノロジーが何世紀にもわたって未知の領域へと前進していく中で、それぞれの地域の人々がなぜ異なる対応をしたのかを分析する。新しい技術と人々の幸福との関係はけっして一様ではないし、歴史は繰り返すとは限らない。だがマーク・トウェインが指摘したとおり、歴史には何か律動のようなものがある。ちょうどかつての工業化時代のように、いままた中所得の仕事が姿を消し、実質賃金が伸び悩んでいることはすでに述べたとおりだ。二一世紀のコンピュータ技術が近代工業を生んだ機械類とまったくちがうことは言うまでもないが、その経済的・社会的影響は驚くほどよく似ているように見える。産業革命は、長期的には人々を途方もなくゆたかにし、生活水準を大幅に押し上げた。同様にＡＩも、長期的には私たちの生活水準を大幅に押し上げる可能性がある。最近のポピュリスト政治家の台頭はグローバル化の負け組の存在と切り離しては説明できない、とは多くの専門家が指摘するところだが、中流層の賃金水準の低下にはテクノロジーも大きな役割を果たしている。ＡＩがいまよりもっと汎用的になったら、自動化とその影響もさらに広く拡大するだろう。

経済史家は、一七六〇年代にイギリスで起きた技術革新ブームが人々の生活水準を押し上げるまでにあれほど長い時間を要したのはなぜか、という問題をずっと議論してきた。そしていま経済学者は、自動化がこれほどの勢いで進んだのに、ふつうの人々の生活水準がいっこうに上向かないのはなぜかを議論している。この類似性には驚かずにはいられない。本書では、ビル・ゲイツのパラドックスを歴史的視点から見るために、二種類の学問的研究を結びつけることを試みる。一つは農業の発明からＡＩにいたるまでの技術の最前線を追う研究であり、もう一つは技術の進歩に伴う人類の運命をたどる研究である。ここで読者には、網羅的な記述はとうていできないことをお断りしておかなければならない。これほど広い範囲を扱うとなれば、何を取り上げるかを慎重に選択し優先順位を付けざるを得ないからだ。技術の歴史に関する文献は膨大にあり、すべてに目配りすることは手に余る。本書では最も重要な技術革新にスポットライトを当て、労働者が払った進歩の代償が技術の性質によって大きく異なることを歴史を通して示し、二一世紀にはその代償が一段と大きくなっていることをあきらかにしたい。それによって、現在多くの人々が抱いている不満の多くを説明できると考えている。

読者にお断りしておかなければならないことはまだある。それは、産業革命がイギリスで起き、その後の技術革新の多くが主に欧米で出現したこと（ただしこれがいつまで続くかは疑わしい）から、本書の記述は欧米に偏りがちになることだ。はるかに進んでいたイスラム文明や東洋文明に西洋が追いついたのは、ようやく一五世紀になってからに過ぎない。しかし本書が注目するのは産業革命以前と以後の西洋の対比である。また西洋の中でも、前半では主にイギリスを、後半では主にアメリカを取り上げることになる。これは、産業革命が最初にイギリスで起き、続く一九世紀後半のいわゆる第二次産業革命ではアメリカが世界の技術革新を主導したという単純な理由からだ。経済史家のアレクサンダー・ガーシェンクロンは、別の国で発明された既存技術に依存するキャッチアップ型成長と、技術の最前線を未知の領域へと押し広げていくフロンティア型成長はまったくちがうと指摘した。本書が取り上げるのは、後者である。

さらに、もう一つお断りしておかなければならないことがある。重要な技術革新のうち、本書では言及しないものがいくつもあることだ。ほんの一例を挙げるなら、医療技術の開発や新薬の発見がそうだ。これらが人類にすばらしい恩恵をもたらしたことはまちがいないが、本書では取り上げない。本書の目的は、あくまで今日の労働者が直面している問題の解決策を探ることにある。そのため、労働節約型の技術、たとえばＡＩ、移動ロボット工学、マシンビジョン、３Ｄプリンティング技術、モノのインターネット（ＩＯＴ）などに焦点を合わせる。

本書の後半では主にアメリカについて論じることになるが、技術というものはけっして孤立した要素ではなく、社会の一部であることをここで強調しておきたい。技術は社会的・経済的なさまざまな制度や集団に影響を与え、またそれらから影響を受ける。他の工業先進国における過去三〇年間の経済的格差の拡大がアメリカほど顕著でなかった理由は、ここにあると言えよう。とはいえ賃金の伸び悩み、中所得の仕事の消滅、労働分配率の低下は欧米に共通の現象である。そしてそのどれもがテクノロジーの性質と関係がある。所得分布を決定づける要因が多岐にわたることは言うまでもないが、本書が注目するのは循環的な要因ではなく長期的な要因であり、また所得分布の最上位一％ではなくそれ以外の九九％である。そうした視点から歴史を俯瞰してわかるのは、平均的な人々の所得が他のどんな要因よりもテクノロジーの影響を強く受けてきたことだ。

それにしても、過去から学べることがあるし学ぶべきだ、という本書の主張に果たして読者は納得してくれるのだろうか。経済学、経済史いずれの研究者もこの点には懐疑的だ。本書の原稿を読んだ匿名の査読者は、次のように指摘した。

「経済学者はどう見ても〝歴史否定論者〟である。彼らは、過去から何かを学べるとは思っていない。たとえ経済史家による分析の成果であっても、だ。二〇〇八年のグローバル金融危機を予測できなかった（それどころか、意図せず危機の発生に手を貸した）という屈辱的な経験は、経済の歴史に対する並々ならぬ関心を呼び起こした。予測不能でひたすら無秩序に見えた出来事を解明する手がかりを歴史に求めたからだ。だが関心は（そして反省も）一時的で表面的なものに過ぎなかった。一方経済史家は、過去の研究から今日に通じる手がかりが得られても、それを強く主張しようとはしない。彼らは控えめに過ぎる。この状況では、フレイが本書で呼びかけようとする経済学、経済史いずれの専門家も、本書の中心的な提言を警戒するだろう。その背景には、両分野の間では意思疎通さえ困難だという大きな問題が横たわっている。どちらも使う手法は似ているが、経済学者はそれに磨きをかけて精緻化し、自分たち以外のアプローチを認めようとしない。これに対して経済史研究は最先端技術とは無縁のケースが少なくないし、成果が物語の形で提出されることが多い。これほどちがう二種類の読み手に歴史から学べと説得するのは、相当な難事業になるだろう」

それでも私は、歴史は呪わしい事実が次から次へと続くだけのものではないことを、本書を通じて読者に伝えたいと考えている。この決意をここに明言しておく。歴史には大きなパターンがあり、私たちはそれを学ぶことができる。技術の進歩が労働置換型だった場合には、抵抗と社会的混乱が起きる可能性が高いことを歴史は教えている。これに対して労働補完型であって、且つ成長の利得が広く分配される場合には、新技術は広く受け入れられる傾向がある。

以下の章では、経済の歴史を四部に分けて論じる。第1部「大停滞」は三つの章で構成され、産業革命前の技術とその生活水準への影響を取り上げる。第1章では、いまから約一万年前の農業の発明から産業革命前夜までの技術の進歩を見ていく。多くの重要な技術が一八世紀より前に登場したが、ふつうの人々の物質的生活条件を大きく改善するにはいたらなかった。第2章では、産業革命前でも生活水準の緩慢な向上は見られたものの、経済成長の多くは貿易に依存していたことを示す。今日では技術革新、創造的破壊、新しいスキルの獲得によるシュンペーター的成長が見られるが、当時はそうした要因は存在しなかった。第3章では、なぜテクノロジーが成長に寄与しなかったのか、原因を分析する。産業革命以前にもイノベーションはさかんだったが、その多くは労働置換型ではなかったし、そうだった場合には頑強な抵抗に遭い、ときには阻止されている。産業革命を支えた技術がもっと早く登場しなかった大きな理由は、人々の生計手段を脅かすような機械が広範囲で抵抗運動に阻まれていたことにある。政治を動かす力をもっていた地主階級にとって、労働置換技術から得るものはほとんどなく、失うものは大きい。仕事を失う不安に駆り立てられた労働者が暴動を起こし、政府を攻撃しかねないからだ。

第2部「大分裂」は二つの章で構成され、イギリスの産業革命の展開を駆け足で見て回る。産業革命以前の君主たちが機械の破壊力を恐れたのは正しかった。機械化された工場が国内の生産構造を激変させるにつれて、労働者は機械に対する怒りを爆発させていく。第4章では、産業革命を誕生させた技術そのものに焦点を合わせ、そのほぼすべてが労働置換型だったことを示す。第5章では、産業革命の結果として中所得の職人の仕事が姿を消したこと、それによってイギリス国内で大きな分裂が起き、それが衝突の原因になったことを論じる。だが産業革命期には、支配階級にとって機械化によって得るものが大きくなっていた。そこで彼らは機械化を後押しし、民衆に強制的に受け入れさせようとする。労働者がようやく抵抗をやめたのは、産業革命末期の数十年間で賃金水準が上昇し始めてからだった。

第3部「大平等」は三つの章で構成され、ここから焦点はアメリカに移る。一九世紀後半から始まった第二次産業革命によって、アメリカはイギリスと世界から技術の主導権を奪った。第3部の目的は、二〇世紀には技術の最前線で進歩が加速したにもかかわらず、機械化に対する敵意が起きなかった原因を分析することにある。第6章では、第二次産業革命を促した技術革新を概観し、工場と家庭の電化や工業都市への労働者の流入によって労働市場に大規模な変化が起きたことを示す。しかしこうした変化が痛みを伴わなかったわけではない。第7章では、ある種の職業の消滅に労働人口の一部が適応できず、機械化への恐れが再燃した経過を取り上げる。だが、新しい技術が仕事を奪うという懸念がときに高まることはあっても、機械の導入を制限すべきだと考える人はほとんどいなかった。なぜだろうか。先進工業国の中で、アメリカは労働争議が非常に激しかった国の一つである。だが一八七〇年代以降、労働者はたとえ実力行使に出た場合でも、機械を標的にした例はまずない。第8章では、労働者が一九世紀のようなやり方で機械化に反対しなかったのはなぜか、という問題に集中する。この問いに完全な答を出せたとは思っていないが、テクノロジーの性質が答の一部であることはまちがいないと確信する。労働補完技術が次々に登場したおかげで、人々は第二次産業革命が進行中の重工業都市で賃金の高い新しい仕事に就くことができた。テクノロジーが自分たちの利益に適うとわかってくると、労働者の合理的な反応は技術の進歩を遅らせることではなく、進歩への適応コストを最小化することになっていく。機械化に関する限り、労働者は自由放任を事実上受け入れる一方で、福祉や教育制度を整備して適応プロセスの痛みを減らし、失業者の引き受けるコストをできるだけ減らすことを要求する。これが二〇世紀の社会契約となっていった。

第4部「大反転」は三つの章で構成され、コンピュータ時代がテーマとなる。第九章では、自動化時代は一九世紀の機械化時代の延長線上にはないことを示す。むしろまったく逆だ。二〇世紀の最初の七五年間は、「歴史上で最も平等化の進んだ時期」だった。[48] この時期に労働者の賃金は職階を問わず上昇し、カール・マルクスの言うプロレタリアートが中流階級に合流した。言わば平等化資本主義の時代だったと言える。一九七〇年代のアメリカの中流階級にはブルーカラーとホワイトカラーが入り混じっており、その多くはオフィスであれ工場であれ何らかの機械を扱っていた。だがロボットを始めとするコンピュータ制御式の機械は、まさに機械化によって誕生したそうした中所得の仕事をオフィスと工場から奪ったのである。第十章では、全体を俯瞰する視点から仕事の消えた地域へと視点を移す。デジタル技術は世界のすべての人々に恩恵をもたらすと約束されていたが、実際に起きたのは正反対のことだった。コンピュータ革命が始まって以来、新しい仕事は高度なスキルを持つ人材の集まる都市部に集中し、古い工業都市の仕事はひたすら自動化された。その結果、アメリカ社会では地域的な二極化が顕著になっている。また経済格差の拡大に伴い、政治的な二極化も表面化してきた。

第十一章では、賃金の低下した労働者がなぜ賃上げを要求しなかったのか、という問題に取り組む。中位投票者定理からすれば、中流階級の所得が減少し格差が拡大した場合、彼らは所得分配の強化を公約する政党に投票するはずである。そうならなかったのは、この人たちが政治的影響力を失ったからだ。社会的・経済的分離が進み、貧窮した人々はアメリカ社会から次第に置き去りにされるようになった。同時に、戦後の高度成長期であれば大量に工場に雇われたはずの潜在的労働者階級は、次第に労働組合からも主流派の政党からも遠ざかっていった。グローバル化はすでにポピュリスト政治家の標的になっている。だがこの先は、労働人口のうち貿易の対象にならない部門（サービス部門など）で働く人の比率が高まるので、グローバル化の影響から遮断される労働者が増えるだろう。それでも、自動化から遮断されるわけではない。産業革命期と同じく、経済の現在の傾向がこの先数年いや数十年と続くとすれば、グローバル化と同様、自動化もポピュリストの標的になる可能性が高い。

第5部は「未来」と題したが、この先何が起きるかを予想するわけではない。すでに述べたように、多くは労働置換技術と労働補完技術のせめぎ合いに懸かっているだろう。だがいま言えるのは、次の三〇年が過去三〇年と同じではないということだけだ。経済学者は現在のトレンドから将来を推し量る手法をよく使うが、ここではその手法は使わない。かといって、未来の技術的ブレークスルーを予言しようなどという野心は持ち合わせていない。現時点で私にできる最善のことは、発明されたばかりでまだ実用化のめどが立っていない技術にはどんなものがあるのか、調査して吟味することぐらいである。たとえば洗濯婦という職業

図2　アメリカの世帯における洗濯婦の数の推移（1850〜1990年）

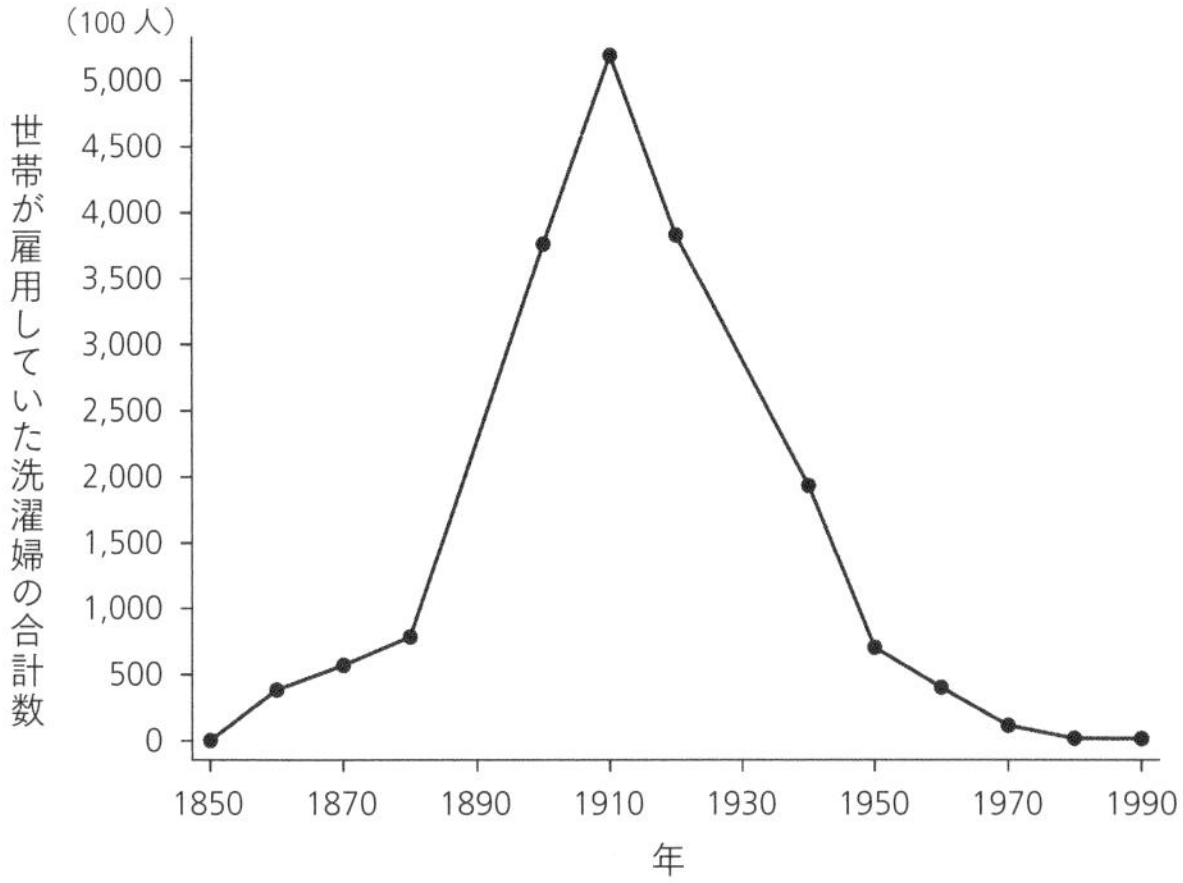

資料：*M. Sobek, 2006, "Detailed Occupations—All Persons: 1850–1990 [Part 2]. Table Ba1396-1439," in Historical Statistics of the United States, Earliest Times to the Present: Millennial Edition, ed. S. B. Carter et al. (New York: Cambridge University Press).*

がかつて存在したが、その雇用数は一九一〇年頃にピークに達している（図2参照）。一九一〇年と言えば、アルバ・J・フィッシャーが世界初の洗濯機ソアーの特許をとった年だ。経済学者が一九一〇年に近い過去から未来を類推したら、今後数十年は洗濯機を作る仕事の需要が潤沢にあると予想しただろう。対照的に技術の性質に注目すれば、洗濯機は洗濯婦に置き換わると予想できたかもしれない。これが第十二章のテーマとなる。

本書を執筆するにあたり、機械学習、マシンビジョン、センサー、AIのさまざまな下位技術、移動ロボットなど最新の技術動向を調査した。その結果、これらの技術の大半は労働置換技術であり、新しい仕事を生み出しはしても、すでに脅かされている中流層の雇用見通しを一段と悪化させるだろうとの結論に至らざるを得なかった。となれば、社会において自動化が労働者におよぼす影響を顧慮せず、技術の進歩を全面肯定する姿勢が貫かれると仮定するのはおそらくまちがっているだろう。現に人々は将来に対しても、自動化に対しても、すでに悲観的になっている。アメリカ人の大半は自動化を抑制する政策に票を投じるようになり、ポピュリストは自動化に対する不安の高まりにつけ込もうとするだろう。つまり今後どうなるかは、政策の選択次第ということになる。そこで最後の第十三章では、技術の進歩にどう適応していくべきか、戦略や方法を提案して締めくくる。

第 1 部

大停滞

PART I. | THE GREAT STAGNATION

職人たちは発明など想像もしないし、考案することも利用することもない。ひたすら市民として兄弟としての愛から身内や隣人を支え、誰に害をおよぼすこともなく職人の仕事を日々こなしていく。

——ボヘミア王ジギスムント
King Sigismund I of Poland

農耕経済が広まった一八〇〇年の世界では、不平等が蔓延していた。一握りの人々が富を独占し、他の圧倒的多数の人々へ少しばかり配分することさえ妨げていた。ジェーン・オースティンは中国製の磁器で供されるお茶と共に洗練された会話が交わされる生活を描いたが、じつは一八一三年になってもイギリスの大半の人々の暮らし向きは、アフリカのサバンナで裸で暮らしていた祖先よりましとは言えなかったのである。大地主は数えるほどしかおらず、貧しい人は数えきれないほどいた。

——グレゴリー・クラーク『10万年の世界経済史』
Gregory Clark, *A Farewell to Alms*

人類の富は、より少ない人数でより多くを生産することを可能にした技術の蓄積だと考えるとわかりやすい。ただし産業革命以前はそうではなかった。人力を機械で肩代わりする技術はまだ普及しておらず、生活水準の技術依存度はきわめて低かったからである。だからと言って、一八世紀になるまで技術が進歩していなかったというわけではない。社会によって技術を取り入れる速度がちがっていたことから、工業化以前にも重要な技術の進歩があったことがわかっている。この事実を何よりも雄弁に物語るのがタスマニアだ。一六四二年に探検家のアベル・タスマンがオーストラリアの南に浮かぶ孤島タスマニアを発見するまで、この島の人々は人類史上で最も長く孤絶された生活を送っていた。当時すでに技術の普及によって人々の生活は大きく変わっていたというのに、タスマニアでは耕作は行われておらず、金属も陶器もなく、それどころか火をおこす道具も石器もなかったのである。[1]

有史以来わかっていることからすると、経済成長を阻んできたのは技術的発明の欠如ではなかったと断言できる。ほんの一例を挙げるなら、風車も、家畜の活用術も、印刷機も望遠鏡も気圧計も機械式時計も、一八世紀以前に発明されている。技術による重大な変革の端緒が産業革命にあるとされるのは、このとき初めて、技術の進歩が平均所得を大幅に押し上げたからだ。いくらか誇張すれば、人類の歴史の九九％は経済面では停滞していたと言える。第1部では、これほど長く停滞していたのはなぜか、解明を試みる。産業革命発祥の地である西洋で技術がどのように進歩し生産に応用されたのかを振り返り、産業革命の場合とは異なり、なぜこれらの進歩が繁栄や生活水準の向上に結びつかなかったのかを考える。言うまでもなく、この点を研究した文献は枚挙にいとまがない。中でも広く支持されているのは、産業革命以前の世界はマルサスの罠に陥っていた、というものである。つまりゆたかになっても増えた人口に食われてしまい、一人当たりの所得はいっこうに増えない。この見方は当たっていなくもないが、イギリスの生活水準が一五〇〇―一八〇〇年に遅々としたペースとはいえ改善されていたことの説明がつかない。さらに悩ましいのは、産業革命と共に登場したさまざまな装置や道具の類いは、一八世紀よりずっと前に開発され普及していてもおかしくなかったのに、そうはならなかったことである。それに一八世紀にしても、独創的と言えるのは蒸気機関だけだった[2]。

産業革命以前の技術の歴史を渉猟すると、ある重要な点が浮かび上がってくる。労働置換技術に対する抵抗があたりまえのように起きていたことだ。一八世紀以前にもイノベーションは活発だったが、労働が資本に置き換わる形をとることはめったになかったし、そうなったときには激しく抵抗された。だからと言って技術が後退したわけではないが、産業革命を導いた労働置換技術がもっと早く出現しなかった理由の一端はそこにあると考えられる。

第1章 産業革命前の技術の歴史

Chapter 1. A BRIEF HISTORY OF PREINDUSTRIAL PROGRESS

産業革命前の社会は、革命後と比べて生産性が劣っていたことはまちがいない。だが人類の歴史を通じて、技術に関する創造性はつねに何らかの形で発揮されていた。最も基本的な技術の多く、たとえば火をおこす道具、狩猟や釣りの道具、野生動物を家畜化する技術、農耕、灌漑、陶器を作り釉薬をかける技術、車輪、糸を紡ぎ布を織る技術などは、有史以前に発明されているのである。これらの発明のなかで最も大きく人々の生活を変えたのは、農耕だ。農耕技術は人類最初の文明を出現させた。バートランド・ラッセルは「文明化された人間は、思慮深さという点で、あるいはもうすこし意味の広い言葉を使うなら先見性という点で、未開人とは異なる。文明人は、将来の喜びのために現在の苦痛を我慢することができる……農耕の出現とともに、この習慣が重要になった」と指摘する。[1]

新石器時代が始まるのはいまから一万年ほど前だが、それ以前の狩猟採集民は食べられるものを見つけるのに必死だった。狩りをするのに計画はいらず、獲物は分け合わなければならない。肉にせよ何にせよ貯蔵する手立てがないので、すぐさま消費するほかないからだ。したがって近代的な意味での所有権は存在しなかったし、そんなものは必要でもなかった。狩猟採集民はチンパンジーとたいして変わらず、一定の場所に住み、縄張り争いはひんぱんにしたが、余ったものを蓄えるということはいっさいできなかったから、所有権を主張すべき財産もなかったのである。農耕すなわち作物の栽培と動物の飼育の発展により、この状況は一変する。穀物を倉に貯蔵すること、食肉となる家畜を飼うことが初めて可能になった。そうなると相当量の余剰を蓄えられるようになり、所有権の概念が発達する。すると、所有権を保護するための社会組織という、それまでに存在しなかったものが誕生することになった。

新石器時代初期の共同社会は、狩猟採集時代と同じように複数の家族で構成されていたが、もはや木の実を探したり野生動物を追いかけたりする必要はなく、全員が農耕に従事した。そこで、主に農耕に必要なものが工夫され開発されるようになる。農耕で必要な道具やスキルは、狩猟採集とはだいぶちがう。木を切り倒すには斧が、土を耕すには鍬が、収穫を刈り取るには鋭い刃のついた鎌が必要だ。新石器時代という名称からわかるとおり、これらの道具はすべて石から作られ、どれも簡素なものである。だが当時の遺跡や記念碑を見ると、最初の文明が出現する前にすでに人々がすばらしい大構造物を作る能力を持ち合わせていたことがわかる。ただ、人々は土地を耕し必要な食料を生産することに大半の時間を費やさなければならなかったから、建設には長い年月がかかった。建設に専念する労働者を養うためには大量の食料の余剰が必要であり、それだけの余剰が生み出されるまでは、大規模な灌漑工事や都市の建設といったプロジェクトは実行不可能だった。やがて農業の生産性は向上し、食物が潤沢に生産されるようになって、都市が拡大していく。そこではさまざまな仕事が生まれ、それで生計を立てる職人が誕生する。高度な技術を持つ職人たちはそれぞれ得意な分野に特化し、彼らの開発する道具や技術のおかげで農業生産高はますます増える。[2]その結果、さらに多くの人が農業以外の仕事に専念できるようになる。こうして高度な技術に支えられた文明が誕生するのである。

　最初の重要な文明は、ミノア文明、メソポタミア文明、エジプト文明である。これらの社会では住人の大半が農夫であり、豆、小麦、レンズ豆、大麦、玉ねぎなどを栽培するほか、牛、豚、羊、ロバ、山羊などを育てていた。重要なのは、生産される食料に余剰があったおかげで、一部の人は農業以外の活動に従事できたことである。こうして建設工事の人夫、職人、商人、兵士が生まれた。また、支配階級（政治家、聖職者、将軍など）の使用人として働く人もいた。農業以外に従事する人の比率が高まるにつれて、発明や工夫の対象は農業以外に移っていった。人間の能力を補い不可能だったことを可能にするという意味で、古代文明から現代に受け継がれた最も重要な補完技術は文字である。文字が発明されたからこそ、情報を記録し、時空を超えて伝えることが可能になった。そのほかに重要な発明を挙げるなら、轆轤《ろくろ》だろう。轆轤は紀元前五〇〇〇年頃メソポタミアに登場した。牛が引っ張る荷車もメソポタミアで紀元前三〇〇〇年には徐々に普及していたが、車輪は分厚い木でできていたため石ころだらけの地面には向かないし、軟弱な地面にはめりこんでしまう。だから、車輪が生産性に与えた影響は微々たるものだった。車輪が発明されてからも長い間、商品の輸送にはロバの隊商が活躍していた。[3]

古代文明が生んだ最も重要な労働節約型技術は、おそらく金属の活用だろう。最初に利用されたのは銅である。強度を高めるための工夫がなされ、錫を加えて青銅が生まれた。青銅器時代は紀元前四〇〇〇年から紀元前一五〇〇年頃まで続いた。また亜鉛を混ぜて真鍮（黄銅）が作られた。金を始めとする軟らかい金属も発見され、貨幣の起源となる。そしてついに鉄が登場する。鉄器時代は紀元前一五〇〇年から紀元前五〇〇年頃まで続く。鉄は広く普及し、古代の鍛治屋たちは鍛えれば強くなることを発見した。金属の発見は、他の技術の進歩をもたらす。それまで木や石で作られていた道具が、もっと耐久性があってもっと自由に加工できる金属で作れるようになったのである。それまでになかった新しい道具、たとえば鋸、大鎌、つるはし、シャベルなども発明された。これらの道具は、冶金術の発展がなければとうてい作れなかっただろう。[4] 労働者を労苦から解放してくれるような機械はまだなかったが、ごく簡素な道具だけでも、労働の負担が大幅に減ったことはまちがいない。「鋤を使う一人の農夫は、地面を掘るのに爪しかない二〇人の農夫より多くの仕事をこなす[5]」。ただし、こうした金属製の道具が人々を助ける一方で、金属加工の進歩は好ましくない結果も引き起こした。鉄製の武器を持った戦士が、石か木でできた武器しかもっていない文明を征服できるようになったのである。ユーラシアの古い文明が一〇〇〇年にわたって続いたのは、支配階級の地位を脅かしかねない新しい技術が登場しなかったことに一因がある。そのような技術によって彼らが失うものは大きく、得るものはほとんどない。鉄が発明され、馬の家畜化が実現したとき、古代文明の支配者は深刻な脅威にさらされることになった。メソポタミア文明を混乱に陥れた遊牧民族は、世界で初めて鉄製の武器を携えていた。ローマ帝国の絶頂期に大プリニウスは鉄について次のように記述している。

「人類にとって最も貴重であると同時に最も悪しき金属である。鉄のおかげで土を掘り起こし、苗床を作り、木を切り倒し、不要な草を刈り、収穫し、家を建て、石を切り出すことができる。だがこの金属は、戦争にも人殺しにも盗みにも使われる。しかも一対一の至近距離だけでなく、投げたり飛ばしたりできる。腕力でも飛ばせるし、発射装置のようなものを使ってもいい。矢の先につけることもできる。このようなものは、人間の頭が考え出した中で最大級に非難に値するものだと言える。[6]」

いま人工知能（ＡＩ）の破壊的影響を懸念し、スティーブン・ホーキングやニック・ボストロムを始めとする学者たちが人間の文明を滅ぼしかねないと述べているのとまさに同じように、産業革命よりはるか前の古代の人々も、小さく孤立した彼らの世界をテクノロジーが滅ぼしかねないと恐れていた。ひとり大プリニウスだけではない。古代ギリシャ・ローマ（紀元前五〇〇年―紀元五〇〇年頃）を通じて、支配階級は直観的に技術の進歩を脅威に感じた。自らの権力を温存したい政治指導者にとって、テクノロジーは必ずしも歓迎すべきものではなかったのである。

伝統の圧迫

従来の研究の多くでは、古代文明において技術はさほど進歩しなかったとされていたが、そのような定説は古代の革新的技術を過小評価しているとの見方が今日では一般的だ[7]。過小評価していた原因は、かつての新技術の大半が経済とは無関係だったことにある。古代史の専門家モーゼス・フィンリーが指摘するとおり、私たちは古代の技術を評価する際に自分たちの価値観を押しつけやすく、古代文明が工業化にほとんど関心をもっていなかったことを忘れがちである[8]。産業革命以降の技術の主要な役割は産業プロセス、製品、サービスの改善にあったため、私たちは技術の進歩とはそういうものだと思い込んでいる。だが古代の技術は、個人の利益ではなく公共の目的のために開発されたものが圧倒的に多い。政治指導者が重視したのは公共事業を推進することであって、生産性を高めることではなかった。公共事業には、支配者の評価や人気を高めて権力基盤を強化する効果が期待できるからである[9]。歴史家のカイル・ハーパーは、「四世紀のローマは、二八の図書館、一九の水道橋、二つの円形競技場、三七の門、四二三の街区、四万六六〇二の共同住宅、一七九〇の大邸宅、二九〇の穀物倉、八五六の浴場、一三五二の貯水槽、二五四の製パン所、四六の娼家、一四四の公共便所を誇っていた」と書いている[10]。

古代文明は、土木工学、水工学、建築技術が発達したことでとくに名高い[11]。「紀元一〇〇年のローマは、一八〇〇年の文明化されたヨーロッパの大都市よりも道路舗装、下水処理、上水道、防火技術が進んでいた」という[12]。導水管は古代ギリシャに最初に登場し、その後ローマで普及した[13]。アッピウス・クラウディウスが紀元前三一二年に整備に着手したローマの水道システムは徐々に拡大し、紀元一〇〇年頃にはローマの家庭には水道が供給されていた、と水道管理官のセクストゥス・フロンティヌスが記録している。セントラルヒーティング・システムが開発され公衆浴場に備えられていたし、床暖房などの暖房技術も進んだ[14]。ローマの大構造物の建設を可能にしたのは、セメントの発見である。設計の自由度を高め、それまで不可能だったことを可能にしたという意味で、セメントは補完技術に当たるといえよう。セメントは、ローマ人の手による唯一の偉大な発明だとされている[15]。それは誇張が過ぎるにしても、ローマ人が工業技術の発展にほとんど寄与しなかったことは事実だ。彼らはけっして技術に関して創造性やスキルに欠けていたわけではない。単にローマの支配者が工業に関心がなかった、ということである。歴史学者ハーバート・ヒートンの言葉を借りるなら、ローマの指導者が手を染めたのは戦争、政治、金融、農業だけだった[16]。クレーン、ポンプ、揚水装置などは、だいたいは建築や水道整備のために付随的に必要になって開発されたのであり、わかっている限りでは、民間部門の生産性にはほとんど影響をおよぼしていない。水工学が灌漑や排水に活用された例はあるものの、民間部門への波及効果はおおむね乏しかった。ある種の収穫機が開発されたことがわかっているが、その記述は紀元五世紀を最後に途絶えており、普及しなかったと考えられる[17]。繊維に関しては、機械化の形跡は見当たらない。糸紡ぎも機織りも労働集約度がきわめて高いままで、紡錘《スピンドル》とはずみ車を使って行う紡糸作業では、織り機一台に糸を常時供給するために一〇人の紡ぎ手が必要だった。ローマ帝国の発明として名高い水車でさえ、平均的な生産性にさしたる影響を与えていない。紀元前一世紀にローマの建築家マルクス・ウィトルウィウスによる水車についての記述が存在し、紀元五世紀まで主に製粉に使われていたことがわかっているが、その製粉にしても、水車の使用は限られていたようである。[18]

もっとも、古代の書き手の多くが機械に言及しなかったという可能性はある。たとえば技術に関する書物を数多く残しているウィトルウィウスだが、一〇冊の著作のうち機械装置について言及しているのは『建築について』と題する一冊だけだ。しかもその半分は軍事用である。軍用装置が重視されていたという事実は、古代文明において技術が経済的利益よりも政治権力の維持・拡張の手段として利用されていたことを物語っている。名高いローマの道路と橋にしても、主に軍事目的で建設されたのだった。[19]『建築について』の後世の評価も、ローマ時代の重要な功績が建築・土木にあったことをよく表している。同書はルネサンス期の多くの思想家や建築家（フィリッポ・ブルネレスキ、レオン・バッティスタ・アルベルティ、ニコロ・デ・ニッコリなど）に多大なインパクトを与えたものの、機械工学分野ではほとんど評価されなかった。レオナルド・ダ・ヴィンチが描いた有名なウィトルウィウス的人体図は、その名が示すとおり、ウィトルウィウスの記述に基づいている。だがダ・ヴィンチは、機械についてのアイデアはウィトルウィウスから得ていない。

機械に関して古代文明が成し遂げた業績は、主として原理や仕組みを理解したことにある。たとえばアルキメデス（紀元前二八七―二一二年）は数学を応用して梃子の原理や流体静力学の原理を発見し、のちにガリレオが成し遂げることの基礎を築き、より複雑な機械の開発を可能にした。[20] また『機械学』（アリストテレスの著作とされてきたが、おそらく後継者の手になるものと推定される）には梃子、車輪、くさび、滑車などが幅広く取り上げられている。ただし応用にはあまり関心がなかったらしく、ごく限られた例しか挙げられていない。古代の書物では歯車、カム機構、ネジなどについての記述もあるが、それらが主に活用されたのは兵器などの軍用装置である。

このように、古代文明では数々の技術の進歩が見られた。にもかかわらず経済面の効果がほとんどなかったのは、発明が物質的な生活水準の向上につながるには、経済的な目的のために生産に活用されることが条件になるからだ。こうしたわけだから、古代には技術の進歩がなかったと考えるのはまったくの誤解である。それどころか、古代は次々に高度な技術が生まれた時代だった。アレクサンドリアのヘロンのような才能ある発明家たちが、世界最初の自動販売機（硬貨を入れるとその重みで栓が開いて聖水が出る）、世界最初の蒸気タービン（アイオロスの球として知られ、蒸気の力で小さな球が回転する)、世界最初の風力機械である風車オルガンなどを発明した。[21] これらの発明はおもちゃのようなものに過ぎなかったにしても、古代の技術の天才たちの片鱗を示していると言えよう。中でも特筆に値するのが、「アンティキティラの機械」と呼ばれる青銅製の歯車式の機械である。アンティキティラはクレタ島の北西部に位置するエーゲ海の島で、機械は一九〇一年に沈没船から発見された。紀元前一世紀頃に制作されたものらしい。物理学者で科学史の専門家でもあるデレク・プライスはこの機械を復元し、天体の運行を計算するきわめて精度の高い世界最古のアナログ式コンピュータだと述べている。そして歴史家に対し「古代ギリシャの技術に対する見方はすっかり改める必要がある。このような機械を組み立てることができた人々は、どんな機械も思いのままに作れたにちがいない」と指摘した。[22]

となればやはり問題は、これほどの技術の進歩が経済発展に結びつかなかったのはなぜか、ということになる。理由の一部は奴隷の存在にある。奴隷がいくらでも使える状況では、労働置換技術を導入するインセンティブは生まれない。歴史家のベルトラン・ジルはこの点について否定的だが、技術的発見がほとんど生産に応用されなかった大きな原因は奴隷の潤沢な供給にあったと私は考えている。[23] それに奴隷制が長く続いたおかげで、古代文明の人口の大半は産業活動に従事する必要がなかった。科学史家のジョン・バナールも、産業革命期のような機械が古代に出現しなかったのは、そのための経済的誘因が存在しなかったからだと述べている。富裕層は高価な手工芸品を買う資力があったし、奴隷は必需品以外何も買えなかった[24]。

もう一つの理由は、技術の進歩がたびたび阻止されたことだ。たとえば大プリニウスは、ティベリウス帝（在位紀元一四―三七年）の治世での出来事として、ある男が割れないガラスを発明したときのことを記している。ティベリウスはこの発明に褒美を与えるどころか、男を処刑してしまったという。ガラス職人たちが怒って暴動を起こすかもしれないと恐れたからだった。技術の進歩を統治者が制限しようとしたもっと直接的な例もある。歴史家のスエトニウスによると、ウェスパシアヌス帝（在位紀元六九―七九年）は労働置換技術の導入を拒んだ。カピトリーノの丘まで円柱を運ぶ機械を発明した男が売り込みに来たとき、皇帝はこう応じた。「それではどうやって民を養えばよいのか[25]」。重くて長い柱を石切り場からローマまで運ぶには数千人の人夫が必要だ。これだけの人夫を雇うのは、もちろん統治側にとって重い負担となる。だが民衆から仕事を奪えば社会が不安定化しかねないことを考えれば、技術の進歩を差し止めて雇用を維持するほうが政治的に好ましい選択肢になる。柱の運搬は労働者に生計の手段を与え、忙しくさせ、社会不安の危険性を抑えることができる[26]。

加えて古代世界では、産業の発展に対する文化的あるいは政治的関心がほとんどなかった。

経済史家のアボット・アッシャーは、古代文明は「伝統に圧迫されていた」ため新技術におおむね無関心だったと指摘する。[27] 古代文明が技術面でも創造性ゆたかだったことはまちがいないが、何かを産業目的で、まして省力化の目的で発明することはまずなかった。だがそのようなイノベーションがなかったからと言って、経済的に立ち後れていたわけではない。経済成長は技術革新だけでなく、ギリシャやローマが得意とした組織、貿易、秩序、法律によっても実現する。実際、古代社会で経済を大きく発展させたのはこれらの制度だった。経済学者のピーター・テミンは、ローマ帝国は市場経済を営んでおり、パクス・ロマーナ（ローマによる平和）の下で地中海貿易は活発化し、生活条件は産業革命前のほとんどの国より上だったと指摘する。[28] とは言え成長が主に依存していたのは貿易である。貿易主導の成長を支えていた政治基盤が崩れると、たとえばローマ帝国の崩壊がそうだが、生活水準は急速に低下した。[29]

暗黒の時代の光

意外なことに、中世に入ると技術の進歩が次第に経済に貢献するようになる。統治者が技術を支配する力が弱まったこと、技術開発の努力が公共部門から民間部門に移ったことが原因である。ローマ帝国の崩壊は古代世界の終焉を意味し、このときから中世が始まったとされている。中世の前半をいまだに「暗黒時代」とみなす歴史家が少なくない。たしかに中世前期（紀元五〇〇—一二〇〇年）のヨーロッパの経済・文化的環境は、古代文明よりも原始的だった。識字率は下がり、法は守られず、暴力が多発し、商業は衰退し、ローマ時代の道路も水道も朽ちるにまかされた。ローマ帝国が崩壊すると封建制が発達し、頂点に国王、その下に貴族、底辺に農民という序列になった。ローマ帝国の頃と比べて国王の権力は弱体化する。封建制はその定義からして、権力が諸侯に分散するシステムだからだ。領主はそれぞれに封土を与えられ、自前の軍隊を持った。農民は保有地と呼ばれる土地に縛り付けられ、無償の労働（賦役）を強いられ、しばしば農奴と呼ばれたが、奴隷とは異なり生産物の一部など財産は持つことができた。ただし制約は多く、領主の許可なく土地を離れることはできなかったし、裁判に訴える権利もなかった。このような制度の下では、何か新しいものを生み出そうとするインセンティブはほとんどなかったと想像される。それでも「ローマ人を踏みとどまらせていた技術の壁を突き破ることに成功した」[30]。たしかに、ローマ帝国のあの壮大な構造物は作られていない。だが中世には強大な軍隊を維持する必要がなかったから、巨額の投資をして道路や橋を作る必要がなかったことを忘れてはいけない[31]。その代わり中世では、現代の基準からすればごくごく控えめではあったものの、経済的な問題を解決する技術の開発に力が注がれた。「アレキサンドリアで発明されたおもしろい玩具やアルキメデスの兵器」ではなく、日々の労苦を減らす技術が開発されたのである。[32]

社会の技術水準が上がる最初の徴候となったのは、外国で開発された技術を模倣し取り入れる意欲が高まったことである。中世前期のヨーロッパは、どうみても技術の最前線にはいなかった。それでも徐々に追いついて行く。[33]中世にとりわけ重要な進化を遂げたのは、農業技術である。労働者の大半はまだ農業に従事していたから、農業分野の発明は、ただちに全体としての生産性の向上に結びついた。ただ、農奴が豊富にいることが技術の発展の阻害要因となったことは否めない。農業改革は何世紀にもわたって徐々にしか進まなかったが、最終的にヨーロッパにおける労働のあり方を変えることになる。

この変革を牽引したのは、畜力を利用する犂の導入と三圃《さんぽ》農法の確立である。[34]犂は人間の労働を助け農業を効率化する補完技術だった。大型で重い犂を動物に引かせる犂耕《りこう》を行えば、ローマ時代には開墾できなかった広大な土地を農業用地として活用できる。しかも犂耕は、耕地面積の拡大に寄与するだけでなく、生産性も大幅に押し上げた。中世史の専門家であるリン・ホワイトが述べたとおり、犂は「人間のエネルギーと時間を動物が肩代わりする農業機械」だったのである。[35]だが多くの発明がそうであるように、犂も新たな課題を持ち込む。それは、犂を引くには多くの家畜が必要になることだった。[36]農耕の畜力依存度が高まれば、家畜の飼料に適した安価な作物を確保する方法を見つけなければならない。その解決策の一つが、三圃農法だった。冬穀―夏穀―休閑保水を順次繰り返す三年単位の輪作で、この中に飼料作物を組み込んで家畜を養いつつ、地力を維持する。従来の二圃農法に比べ、生産性は五〇%伸びたと推定される[37]。加えて、カラスムギなど馬の飼料にとくに適した作物の栽培が強化されたことも、馬の活用に必要な余剰飼料の質的・量的な改善につながった。中世の終わり頃には、三圃農法の導入と農耕馬の活用の間に密接な相関関係が表れるようになる[38]。

補助的な馬具の開発も、中世における馬の活用に大いに役立った。たとえば蹄鉄の発明で、馬を商用輸送に幅広く活用できるようになったほか、軟弱な地盤でも馬を農耕に使えるようになった。あぶみも重要な発明である。あぶみは主に軍用馬のために開発されたのだが、それ以外の場面でも乗り手の安定と快適性の向上に大きく寄与した。とは言え生産性の向上に最も効果的だったのは、肩引法（頸帯式）による引き具の発明である。この発明の重要性を指摘したのはフランスの騎兵隊長だったリシャール・ルフェーブル・デ・ノエットである。古代と中世の引き具を比較し、古代の胴引法（腹帯式）では馬の呼吸を圧迫するため、馬力の八〇%が失われていたという[39]。

こうした技術の進歩の重要性は、どれほど強調してもしすぎることはなかろう。なにしろ一一世紀のイギリスでは、エネルギーの七〇%を動物に依存していたのである。残りは水力だった。馬と牛は併用されていたため、それぞれが生産性におよぼした影響ははっきりしない。ただ、馬に切り替えた地域では生産性が大幅に向上したと言ってもよさそうだ[40]。現代に実験をしたところ、馬と牛では引く力はほぼ同じだが、馬のほうがずっと速いため、一秒あたりの仕事量は五〇％多く、一日につき二時間多く働けることがわかった。輸送における効率改善にも馬と馬具は大きく寄与し、陸上輸送と貿易量を大幅に増やして、市場の拡大と生産性の向上に起因するスミス的成長の実現を促した。中世の引き具と蹄鉄を装着した馬のおかげで、一三世紀の穀物価格は輸送距離一〇〇マイル（一六〇キロ）あたり三〇％の割増しにとどまったと推定される。これは、ローマ時代の三分の一以下である[41]。

畜力に代わる風力と水力の利用は、とくに七世紀から一〇世紀にかけて大幅に進んだ。大型で効率のよい水車がヨーロッパ全土に普及し、さまざまな産業で活用されるようになる。ウィリアム征服王（在位一〇六六―八七年）の命令で行われた世界初の国勢調査・土地測量の報告書「ドゥームズデイ・ブック」（一〇八六年）には、イギリスの三〇〇〇の市町村に五六二四の水車小屋があったとの記述がある。一〇〇世帯につき二つの水車小屋があった計算だ[42]。水車は、毛織物の縮絨、醸造、製材、ふいご、麻紡績、刃物類の研磨などの動力源として活用された。水車の平均的な出力がどの程度だったかはわかっていないが、長い間広く使われていたことからして、その経済的重要性はあきらかだと言えよう。何と言っても、産業革命期を通じてイギリスの主要エネルギー源は水力だったのだ[43]。風力と水力の登場は、古代文明に比して息の長い進歩を可能にした。だから、歴史家の中には中世後期の技術の進歩を「水力と風力による中世の産業革命」と捉える人もいる[44]。

風力は昔から帆船に利用されていたが、風車は古代文明には存在せず、発明されたのはノルマン征服（一〇六六年）の頃になってからである。信頼できる史料に初めて風車が登場するのは一一八五年のことだ。風車が経済的にいかに重要であったかは、その後に巻き起こされた議論をみればわかる。バーチャードという富裕な聖職者が、ある騎士が風車から得た収入について一〇分の一税を払わない、とローマ法王ケレスティヌス三世に直接訴えたのである。騎士のほうは、自分はまったく新しいことに取り組んでいるのだから既存の規則の対象にはならないと主張した。だが法王は一一九五年になるまで、風車からの収入にも一〇分の一税の納税を義務づけた[45]。

全体としてみると、中世ヨーロッパが製造業でも農業でも古代より高い生産性を実現する能力を備えていたことはまちがいない。だが中世における最も革命的な技術の一部、たとえば機械式時計や印刷機は、当時の経済活動にはほとんどインパクトを与えなかった。振り子時計は一三世紀末までには発明されていたが、経済に影響を与え始めたのは一五〇〇年以降にすぎない。中世には家庭に時計があるというケースはまずなく、時計は金持ちの玩具か科学者の使う有用な装置という位置づけだったのである。「一五〇〇年には、ほとんどの町に時計台があった。だが家庭用の時計は富裕層の間に広まっていただけで、ふつうの家に普及するのはもっと後になってからである。一五世紀のニュルンベルクでは時計技術が非常に発達しており、ドイツ中部と南部ではヨーロッパの他のどの地域よりも家庭用時計の普及率は高かった。一五世紀ドイツで作られた時計は世界に先駆けて分と秒を示すことができ、天文学者にも活用された」とアッシャーは書いている[46]。

一方、時計台のほうはいささか事情がちがう。中世後期の町にあった時計台は、経済的な目的ではなく町の地位と評判のために設置されていた。自分の町がいかに進歩しているかを誇示したい富裕な貴族がお金を出して建てさせたのである。だがこれらの時計台は、意図せず経済に役立つことになった。経済史家のラーズ・ボーナーとバティスタ・サヴァニーニは、一四五〇年以前にすでに時計台があった町は、なかった町と比べて、一五〇〇—一七〇〇年にハイペースで成長したと主張する[47]。長期的には時計の成長寄与度は大きかったが、その影響は遅れて現れたということだ。

「町に時計台を建てるのはあくまで評判を高めるためであって、経済的な必要性からではなかった。時計が長期的に何か利益をもたらすとか、何か経済的に有効な用途があるとはまったく期待していなかったのだ。その結果、時計の経済目的での利用は非常にゆっくりとしか進まなかった。市場の営業時間を決めるとか町議会の開始時間を決めるといった時間調整目的での時計の活用は一四――一五世紀から行われていたが、労働時間を計測・管理するといった活用法は一六世紀になってもなかなか進まなかった。つねに時間を意識する文化や思想が定着し、時計の文化が最終的に根付くのは一六世紀半ばになってからである。その過程では、プロテスタント運動（とくにジャン・カルヴァンが時間の希少性を強調したこと）が大きな役割を果たした。さらに一七世紀にはロバート・ボイルやトマス・ホッブズを始めとする科学者や思想家が時計に擬《なぞら》えて世界の営みを説明したり、国家の制度がいかにあるべきかを説いたりした。このゆっくりしたプロセスを見れば、組織や手続きや文化・行動面の補完的なイノベーションが経済成長に結実するまでにかなりの時間がかかったのも驚くにはあたらない[48]」

多くの歴史家が正確な計時が経済の進歩に重要な役割を果たすと指摘している。フランスの歴史家ジャック・ル・ゴフによれば、公共時計の誕生が西洋社会の転換点になったという[49]。またルイス・マンフォードは、工業化をもたらしたのは蒸気機関ではなく機械式時計だとさえ述べている[50]。誇張だと思えるかもしれないが、時計が西洋の暮らし全般を、またとくに労働のペースを変えたことはまちがいない。時間を正確に守る文化は、すでに中世後期から見受けられる。昼間の時間を太陽の位置などを目安にして区切る習慣は時計の誕生前から行われていたからだ。だが日の出から日の入りまでの時間は夏と冬とでは大幅に異なるため、このやり方では長さが一定ではない。中世には日時計や水時計はあったものの、経済活動にさして役に立っていたとは言えない。市場は日の出とともに開き、太陽が天頂に来ると昼休みになる、という具合だった。町に公共の時計が導入されて初めて、時計台の鐘の音に合わせて市場の営業時間が決められるようになる。だから、公共時計は誰にでもかんたんにわかる時間の概念を持ち込むことによって、公的な生活や仕事に多大な貢献をしたと言えよう。そのことが、商業や貿易にも好影響を与えた。消費者、小売商、卸売商の取引はきちんと日時を決めて行われるようになる。重要な会議も時間を決めて開かれるようになり、人々はより計画的かつ効率的に時間を配分しリソースを活用できるようになった[51]。

工業において時計が重要になるのはもっと後で、一八世紀に工場制が出現してからである（第4章参照）。産業革命初期を牽引した紡績機の設計に時計技術者が携わっていたという説は出来過ぎにしても、機械式時計によって労働時間をきちんと決めて周知できるようになった点で、工場制にとって重要な補完技術であったことはまちがいない。工場での労働を円滑に行い労働者の仕事を調整するには、規則性や決められた手順や正確な時間管理が必要だ。また、のちに発展する蒸気機関を始めとする機械類には精密旋盤や計測器具を必要としたが、それらはルネサンス期に科学実験や航海術のために開発されたものだった。時計と時計製造技術が機械・器具類の製作と結びつくことによって、一八〇〇年頃からの飛躍的な進歩が可能になったと言ってよい。この意味で、時計が資本主義の進化に大きなインパクトを与えたと考えたカール・マルクスとマックス・ウェーバーは、まことに正しかった。[52]

金属活字式の活版印刷機をヨハネス・グーテンベルクが発明したのは一四五三年のことである。時計と並ぶ中世後期の画期的な発明だ。従来の木版印刷では印刷するページごとに大きく複雑な版を作らなければならないが、グーテンベルクは文字と記号ごとに金属製の活字を作り、それを並べて版にする方法を考案する。グーテンベルクの発明の偉大さは、本の値段を見ればあきらかだ。従来の三分の一に下がり、多くの人の手に届く値段になったのである。[53] 科学技術史の専門家であるドナルド・カードウェルは、印刷技術の発明は「情報技術における最初の革命だ」と評価する。[54] もっともこれは、グーテンベルクだけの手柄ではない。印刷が経済的に成り立つためには、紙（中国から伝来した）、安価なインク、プレス機（古代のブドウ圧搾機が元になったと考えられる）、それにローマ字といった多くの技術が必要だった。ローマ字はすでにヨーロッパに広まっていたが、二六文字しかないため印刷にきわめて適している。それでも、グーテンベルクの印刷技術が人類史において最も重要な発明の一つに数えられることに異論の余地はあるまい。一五世紀の終わり頃にはヨーロッパ全土に三八〇以上の印刷機があり、大量の本を印刷していた。グーテンベルクの発明から五〇年間で出版された本の数は、それまでの一〇〇〇年間より多かったのである。[55]

グレゴリー・クラークを始めとする一部の経済史家は、印刷機がマクロ経済レベルでの成長に与えた影響は「計測できないほど小さかった」と結論づけている[56]。だが印刷産業が統計に表れないほど小規模だったとしても、ジェレミア・ディトマーの最近の研究によれば、印刷機は一六世紀の都市部の発展の原動力になったという[57]。印刷機が導入された都市では、商売の指南をする本がどしどし印刷されて普及し、外国為替で取引する方法だとか、利子率をどう決めるかとか、利益率をどう計算するかといったノウハウが浸透したからだ。その結果、人々はさまざまな取引のスキルを身につけた。ポルトガル語で初めて算術の教科書（一五一九年に出版）を書いたガスパール・ニコラは、「この本を出版する運びとなったのは、インド、ペルシャ、エチオピアなどの商人と取引するポルトガル商人にとって、このような本が差し迫って必要だったからだ」と語っている[58]。

印刷技術が科学の発展に貢献したのは周知の事実だが、その科学が技術の進歩を支えるようになるのは一九世紀を待たなければならない。一六世紀には、ディトマーが述べたとおり、「印刷媒体が技術革新の伝播に果たした役割はごく限られていた[59]」。その一方で、印刷技術は取引や貿易の促進には重要な役割を果たした。水上輸送の便のよい都市がとくに印刷技術の恩恵に与った事実から、可動式印刷機がスミス的成長を後押ししたことがわかる。ディトマーも、商習慣の新しいノウハウは港湾都市でとりわけ重宝されたので、印刷技術の貢献は大きかったと述べている。より広い意味では、印刷技術の登場によって、学者、発行人、植字工、印刷職人が商業活動に取り込まれるという効果をもたらした。また書店は知識人の集う場所になった。印刷所のある都市には製紙工場や啓蒙思想家や翻訳家も集まってきた。コンピュータ革命（第10章参照）もそうだが、この情報技術の最初の革命も、距離をなくすことはできなかったのである。むしろ、地理的条件の絶対的な力を顕在化させ、集団化さらには都市化を後押しすることになった。だからコンピュータ革命と同じで、印刷革命も世界の格差を拡大する方向に作用したと言えるだろう。

印刷産業は、全体の成長を押し上げるには規模が小さすぎたにしても、印刷業が創造的破壊に見舞われたことはたしかである。印刷技術の発明前は原稿を書き写していた写字生は、自分のスキルが不要になったと気づいた。ではなぜ印刷機はヨーロッパで熱狂的に受け入れられたのだろうか。人々は自分の職が危うくなると猛烈に抗議するのがふつうだった。たとえば一三九七年には仕立屋の抗議を受け、ケルン市はピンの頭を自動で加工する機械の使用を禁じている。また一四一二年には、紡績工のギルドから絹の撚糸機の導入に抗議された市当局が、「この町のギルドに属して生計を立てている多くの人が貧窮しかねない。このため撚糸機はもとより類似の機械もすべて、将来にわたっていっさい設置してはならないことを市議会は決定した」と宣言した[60]。

にもかかわらず写字生が印刷機に抗議しなかったのはどうしてだろう。一つ考えられる理由は、活版印刷がまだ生まれたてだったため、ギルドなどから目をつけられていなかったことだ。歴史家のスティーブン・ファセルが指摘するように、萌芽期の産業の場合、ほとんどの都市でギルドや政府から規制を押しつけられることなく自由に新しい技術や機械に投資することができた。[61] これから見ていくように、ギルドの力が強い土地や産業では、労働置換技術を制限しようとすることが多い。印刷技術も例外ではなく、一六世紀にはパリの写字生ギルドが印刷機の導入に抗議して暴動を起こした。

もちろん、一五世紀に誰もがグーテンベルクの発明を歓迎したわけではない。一四七二年にジュネーブで著述家が、七三年にアウクスブルクでカード製造業が、七七年にリヨンで文具店が抗議したという記録が残っている。だが印刷機が急速に普及したことからして、全体としては抗議はさほど強くなかったと考えられる。ウーベ・ネダーマイヤーは「なぜ写字生の暴動が起きなかったのか」と題する論文の中で、理由は単純だと指摘する。写字生は印刷機の登場で恩恵を被ったというのである。手書きの本の多くは執筆者本人の手になるもので、金銭的な動機はない。写本で生計を立てていたのはごくわずかな写字生や教会だけだった。したがって印刷機は多くの人の仕事を奪ったわけではない。それに仕事のなくなった写字生には、ちゃんとほかに仕事があった。「多くの写字生は、書類、目録、手紙、会議録といった印刷が経済的に見合わない文書の写字をするようになった[62]」。おそらくもっと重要だったのは、印刷機の登場で大量の本が印刷されるようになった結果、新しい仕事が生まれ、多くの写字生がそちらに移ったことである。

当時の人はちゃんとそのことを記録している。リヨンの編集人だったヨハン・トレクゼルは一四九〇年頃に*Expositiones in Summulas Petri Hispani*という本を発行した際、印刷技術によって写字生の仕事はなくなったと記したうえで、「彼らはいまでは装幀や製本の仕事をしている」と書き加えた。[63] たしかに一五世紀末には、写本の仕事のなくなった多くの修道士が装幀や製本に精を出している。中には自分で印刷を始める者もいた。一部の写字生は、退屈な写本の仕事から解放してくれ、より創造的な装幀や製本の仕事を与えてくれた新しい印刷技術を大いに歓迎したという。「新しい技術を受け入れるかと質問されたら、グーテンベルク時代の大半の写字生は迷うことなくイエスと答えただろう」とネダーマイヤーは書いている。[64] 第8章で論じるように、労働置換技術に抵抗する理由が二〇世紀にごく弱かったのも、製造業がハイペースで拡大し、労働者に好条件の代わりの仕事が用意されたからである。だが言うまでもなく、いつもそうだというわけではない。

結局のところ、中世の技術の進歩はおそらく省力化より貿易促進に寄与したと言えるだろう。とくに造船と航海術の進歩、具体的には三本マスト船、操舵櫂から可動舵への進化、羅針盤の発明は、水夫を助け大洋航海を可能にする補完技術であり、発見の時代とそれに伴う国際貿易の拡大を後押しした。三本マストに三角帆を装備し外洋航海が可能なカラベル船の建造は、一五世紀のポルトガルで頂点に達した。ヴァスコ・ダ・ガマ、クリストファー・コロンブス、フェルディナンド・マゼランはみなこのタイプの船で大海原に乗り出し新しい貿易航路を発見している。このときまでに、ヨーロッパは先行するイスラム文明と東洋文明にいくらか追いついていた。そして独自技術のきらめきをいくつか見せながらも外国の技術を模倣しているうちに、ヨーロッパは模倣者から革新者へと変身を遂げたのだった[65]。

閃きあって汗なし

一五〇〇―一七〇〇年に、西洋とそれ以外の地域との技術格差は拡大していった。ヨーロッパはもはや技術後進地域ではない。産業革命のはるか前から、技術の最前線を前へ前へと押し進めていた。中世と産業革命期との橋渡しをしたのがルネサンスである。ルネサンスは中世イタリアで始まり、次第にヨーロッパ全土に広がっていった。当初は文芸運動として始まったが、重要な技術革新も伴っている。とは言えこれから見ていくように、重要な発明はどれも労働者に置き換わるタイプではなかったし、そうだった場合には激しい抵抗に遭った。

ルネサンス期の技術の進歩は、中世後期の最大の発明の一つである印刷技術に負うところが大きい。印刷機が普及し、人類史上初めて大量の技術書が発行されたからである。こうした本を通じてダム、ポンプ、水道管、トンネルなどの詳細な説明やそれを作るための技術などがわかりやすく提供され、知識が蓄積されていった。これらの技術書を読むと、ルネサンス期の偉人たちが力学の実践的な知識をよく理解していたことがわかる。この時期に多くの発明をしたレオナルド・ダ・ヴィンチは、力学とは「数理科学のパラダイスである。なぜなら、数理科学を実用に役立つようにするのが力学だからだ」と述べている。[66] とは言え、理想の姿と実際に導入され実用に供された機械との差は大きく、技術書で解説された発明のうち経済成長にインパクトを与えたものはほとんどなかった。たとえばゲオルク・バウエル（ラテン名ゲオルギウス・アグリコラ）は鉱物学に関する大著『デ・レ・メタリカ』を著し、さまざまな鉱山機械について詳述したし、ヴィットリオ・ゾンカは驚異的に精緻な絹糸の製糸機械を考案し図面を書いている（およそ一世紀後にこれを知ったジョン・ロブがイタリアへ渡り、製糸機械の秘密を盗み出した）。だがこれらの機械も、他の技術文献で取り上げられた機械も、ルネサンス期のヨーロッパでは実用化されなかった。また、イギリス海軍に招かれたオランダ人技師コルネリウス・ドレベルは人類初の航行可能な潜水艇を建造し、ジェームズ一世が見守る中、テムズ川で潜航試験を行っている。潜水艦が実用化される二世紀も前のことだ。テムズ川での試運転は数回にわたって行われたが、海軍はさしたる関心を示さず、開発は打ち止めとなってしまった。[67]

トマス・エジソンが、「天才とは一％の閃きと九九％の汗である」と言ったことはよく知られている。だがこの言葉はルネサンス期のヨーロッパには当てはまらない。むしろ逆だった。閃きすなわちアイデアと図面だけならいくらでもあったが、それが汗とともに試作品につながることはめったになかったのである。だからルネサンスは、技術的には斬新な発想とゆたかな想像力にあふれていたにもかかわらず、実現したものはほとんどなかった時代と総括してよかろう。経済史家のジョエル・モキイアは「発明が実際に組み立てられたときではなく、誰かの頭の中に閃いたときをその発明の誕生日だとするなら、中世は産業革命期に劣らず創造的な時代だったということになるだろう。外輪船、計算機、パラシュート、万年筆、蒸気自動車、自動織機、ボールベアリングはすべてこの時代に考案されたもので、アイデアの歴史を調べる者にとってはじつに興味深い。しかしこれらのアイデアは経済にほとんど影響を与えなかった。どれも実用化されなかったからだ」と述べている[68]。

ルネサンス期の技術について経済学の観点から最も評価できるのは、人類史上最大の発明の一つである蒸気機関への道筋をつけたことである。蒸気機関につながる科学的発明は、ガリレオと弟子のエヴァンジェリスタ・トリチェリから始まった。気圧計の考案である。トリチェリは一六四八年に、大気には重さがあることを発見する。そして一六五五年にはドイツのオットー・フォン・ゲーリケが一連の実験を行い、空気の重さがいかに役に立つのかを人々に示した。その一つが、シリンダーからポンプで空気を抜き取ればピストンは下がるので、ピストンを押し下げるのに重量をかける必要がなくなることである。続いてフランスのドニ・パパンが、シリンダーに蒸気を満たしてから凝縮すれば同じ効果が得られることを発見する。そして一六七五年にごく単純な世界初の蒸気機関を作った。これらの一連の発見がついに結実したものが、トーマス・ニューコメンの蒸気機関である。彼の蒸気機関のルーツは、大気に重さがあるという発見に遡るのである。産業に応用される科学的発見は数多くあるが、ルネサンス期の発見で、単独でこれ以上の影響を後年産業に与えたものはほかにない[69]。

機械の歴史においては、ガリレオの力学の法則の発見は気圧の発見と並ぶ偉業と位置づけられる。古代にはアルキメデスがテコの原理を示したものの、それを応用した機械を考案するにはいたらなかった。対照的にガリレオの力学法則は、すべての機械装置、すなわち滑車、歯車、その他諸々の機構に共通する働きはできるだけ効率よく力を伝えることだと示したのである。ガリレオ以前には、すべての機械を支配する一般的な法則が理解されていなかったため、それぞれの機械には固有のしくみがあるとされていた。このちがいの重要性に気づいたのは、運動学の父と呼ばれるドイツのフランツ・ルーローである。彼は「昔の人々はどの機械にもそれとして固有の世界があり、それぞれに固有のしくみで動くものと考えていた。彼らには全体像が見えていなかった。言い換えれば、今日メカニズムと呼ばれる個別の部品しか見ていなかった。だから粉を挽く機械は粉を挽く機械であり、土を掘る機械は土を掘る機械であって、それ以外の何物でもない。古い本にはそれぞれの機械が徹頭徹尾まったく別のものとして解説されている」と指摘する。[70] しかも力学法則の発見前は、機械について定性的な評価しかできなかった。しかし発見後は定量的な評価が可能になる。経済学的な観点から、ガリレオの力学法則がとくに興味深いのは、効率をめざすようになったことだ。機械の役割は、水や風や動物など自然が与えてくれる力を最も効率よく活用して仕事をこなすことになったのである。[71] だが当時はこのことはすぐには実践されなかった。力学と魔術はしばしば混同され、自然の力を日常の仕事に活用するということ自体がうまく理解されなかった。機械とはだいたいにおいて自然をだますものであって、機械を作るのは魔術師のような人物だと見なされていた。この手の魔術師の伝説はあちこちに伝えられており、たとえばジャック・オッフェンバックのオペラ『ホフマン物語』に登場し、機械仕掛けの精巧な人形を作って若者をたぶらかした発明家スパランツァーニがまさにそうだ。[72]

生産性を向上させる技術の進歩に関する限り、大方の技術が労働の節約より資本の節約になったという点で、ルネサンスは中世の延長線上にあったと言える。技術が進歩した産業の一つが鉱業である。地下坑道にレールを敷いて鉱石を運搬できるようにしたほか、各種のポンプ装置が開発された。[73] おそらく鉱業は、この時期に科学の恩恵に最も多く与った産業と言えるだろう。ガリレオもニュートンも鉱山技術に多大な関心を持ち、坑道の空気循環や石炭の運搬などの問題の解決に取り組んだ。とは言え彼らのアイデアは、鉱山で働く労働者の数を減らすものではなかった。農業における技術の進歩もそうだ。ルネサンス期には農業は最も経済規模の大きい産業分野だったから、農業技術の改良は経済全体の生産性向上に大きなインパクトを与えた。この分野で最も重要な発明は、家畜の飼育法である。小屋に仕切りを導入したほか、新しい飼料作物が開発され、休閑が不要になったことなどが挙げられる。おかげで農家はより多くの家畜を維持し、大量の飼料作物を栽培することが可能になった。どの発明も農夫の数を減らすものではないことに注目されたい。たとえば新しい鉄製の犂は、耕に必要な動物の数を減らし資本の節約にはなっても、農夫を不要にしたわけではない。また、一七〇〇年頃にジェスロ・タルが発明したとされる播種機（種まき機）も、種を広範囲に均等にまけるようにして農地の利用効率を高めたという点で、資本の節約になったと言える。[74]

労働置換技術が出現したときには、繊維産業の場合と同じく強い反対に遭っている。そして政治的支配者により導入を阻止されることが多かった。たとえば生地の厚みを増し風合いをよくするための起毛機は、それまで大人一八人と子供六人でやっていた作業を大人一人子供二人でできるようにしたが、イギリスでは一五五一年に法律で禁止された。だがおよそ一世紀後にチャールズ一世が出した布告を読むと、それでもなお使われている起毛機があったこと、それに対する罰金を巧みにかいくぐる輩が少なからずいたことがわかる[75]。当時の労働置換技術の代表は、聖職者のウィリアム・リーが一五八九年に発明した靴下編み機である。こちらも激しい抵抗に遭った。エリザベス一世はリーに特許を与えることを拒否してこう述べている。「そなたの発明がこの国のあわれな臣民に何をもたらすか考えねばならない。彼らから仕事を奪い、乞食に貶め、破滅に追いやるだろう[76]」。女王のこの決断の背後には、靴下職人のギルドが猛反対したという事情がある。職人たちは、自分たちの技術が無用になることを恐れた。彼らの敵意があまりに強かったため、リーはイギリスを離れざるを得なかった。

労働置換技術に対する抵抗の例は枚挙にいとまがない。繊維産業だけではない。枢密院は一六二三年に針製造機の使用を禁止し、機械で作られた針は廃棄するよう命じている。さらに九年後にはチャールズ一世がバケツの鋳造を禁じた。昔ながらのやり方でバケツを製造している職人の仕事を奪うという理由からである[77]。国や業種を問わず、ヨーロッパではどこでも労働置換技術への反対は強硬だった。多くの都市では一七世紀に自動織機の禁止令を出している。使用を許したライデン市では、一六二〇年に暴動が起きた[78]。ドイツでは、一六八五年から一七二六年までずっと自動織機は全面的に禁止されている。また発明家のドニ・パパンは人類初の蒸気船（蒸気機関で外輪を回した）を作ったが、一七〇五年に怒った船頭たちに打ち壊された。

「当時、フルダとカッセルを結ぶフルダ川の通行は船頭ギルドに独占されていた。パパンはトラブルになりそうだと感づいていたにちがいない。友人でよき助言者でもあるゴットフリート・ライプニッツはカッセル市当局に手紙を書き、パパンにカッセルまでの通行許可を出すよう要請したが……申請は却下された。それでもパパンは航行を敢行した。彼の蒸気船がミュンデンに到着すると、船頭ギルドは地方裁判所に航行差し止めを願い出たが却下されたため、船頭たちがパパンの船に乗り込み、蒸気機関を粉々に破壊した……パパンは貧窮のうちに亡くなり、墓もわかっていない[79]」。

また手工業ギルドは、産業革命前のヨーロッパで市や町の徒弟育成や生産を独占していた。たとえば一七世紀半ばのロンドンでは、労働者のおよそ七五%がギルドに属していた[80]。経済史家のシェイラ・オギルビーは、「産業革命前のヨーロッパでは、経済活動のルールを決めるのは主にギルドだった」と指摘する[81]。ギルドは自分たちのスキルや自己利益を守るために、ときに合法的に、ときに力ずくで、労働置換技術の導入を阻止した。新技術に対するギルドの姿勢については経済史家の間で意見が一致していないものの、技術が自分たちのスキルにどう影響するかによってギルドの姿勢は変わるというコンセンサスができつつある。彼らはけっして技術の進歩全体を食い止めようとしたわけではない。頑強に拒んだのはギルドのメンバーの職が危うくなったときに限られており(抵抗がいつも成功したわけではないが)、技術が恩恵をもたらすときは黙って受け入れていた[82]。ただし経済史家のスティーブン・エプスタインは、資本の節約にのみ寄与する技術や労働者のスキルの価値を高めるような技術の導入は反対されず、労働に置き換わる技術は反対される可能性が高かったとしながらも、個々のギルドの対応は実際には内部の派閥の政治力に大きく左右されたと指摘する[83]。「というのも貧しい職人と裕福な職人では、将来の見通しに決定的なちがいがあったからだ。貧しい職人には資本投資をする余裕がなく、生計を立てる手段は自分のスキルにほぼ限られるため、資本集約的な技術の導入に（多くは仲間とともに）反対することになる。これに対して裕福な職人には、技術の変化を受け入れようとする姿勢がみられた[84]」。

オギルビーは手工業ギルドの活動を数世紀にわたって調査する画期的な研究を行い、政治・経済の状況によっては一部の職人が仕事を奪われても新技術が導入されるケースがあったことを突き止めている。ギルドの中でも強い力を持つ派閥が技術の恩恵に与る場合、弱い派閥を犠牲にしてでもその技術を導入するということが起きたし、強い影響力を持つ商人たちにギルドが押さえ込まれるケースもあったという。また国や都市の支配者が、経済的利益と引き換えに新技術の発明者に特許などの特権を与えるケースもあった。発明者に便宜を図ることと引き換えに直接金銭を受け取る場合もあれば、その技術がもたらす利益の分配を期待する場合もあったという。とはいえ、このように新技術が抵抗に遭わずに受け入れられるケースは稀で、多くの場合ギルドは自分たちのスキルと既得権益を脅かす技術に頑固に抵抗し、だいたいにおいて勝利した。オギルビーは次のように述べている。

「ギルドは、職人の仕事を奪うとわかると、馬で駆動する機械にも反対した。たとえばケルンでは一四九八年に撚糸職人のギルドに抵抗されて、馬で動かす撚糸機が禁止されている。また近世ヨーロッパの大半の都市で、複数の杼《ひ》（シャトル）を備えたフレーム式リボン織機もギルドの反対で禁止された。ただしオランダではリボン織工ギルドで内紛が起き、有力な派閥が織機の導入を支持したため一六〇四年以降は北部で普及している。一六一六年以降はロンドンでも普及した。織工組合の中で政界とコネクションのあった少数派の組合員が、敵対的な職人が抵抗を組織する前にすばやく導入したからである。[85]

イノベーションに対する抵抗運動は、破壊的な製造方法や機械に対するギルドの最も顕著な反応である。ギルドが技術革新を阻んでいるとの不満の声が上がることも少なくなかった。ギルドは新技術を使った生産はすべて禁じようと、公然とロビー活動を行い、ギルドの請願に配慮して君主も領主も市長も禁止令を出すことがたびたびあった[86]」

エリザベス一世とジェームズ一世の時代におけるイギリスの特許と訴訟を詳細に分析した法学者のクリス・デントは、「当時は法律を制定するにあたって支配層が最優先したのは雇用を最大化することだった」と指摘する。[87] この時期の労働置換技術に対する彼らの姿勢は、社会不安を恐れて新技術に反対した点で古代とよく似ていると言えよう。すでに述べたように、中世の封建的秩序の下では権力は各地の領主に分散しており、それらはおおむね独立していて中央の統治は行き渡っていなかった。だが時が経つにつれて君主同士の競争が激化し、戦争に動員するためにより多くのリソースが必要になり、またそのリソースをプールしておくために中央集権化が必要になる[88]。軍事史家のクインシー・ライトは、一五世紀のヨーロッパは五〇〇〇の政治的単位で構成されていたが、三〇年戦争（一六一八—四八年）の頃にはその数は五〇〇前後に減っていたと指摘する[89]。歩兵隊の出現によって、領地を持つ貴族は効果的な防衛力の提供者としての地位を失い、封建制による寡頭政治に代わって中央集権的な君主制が台頭した。政治学者のチャールズ・ティリーは、「戦争が国家を作り、国家が戦争を作り出した」と述べている[90]。一五〇〇—一八〇〇年の三〇〇年間のうち、スペインが戦争をしていた期間は八一％に達する。イギリスとフランスも五〇％以上だ[91]。そして戦争は技術革新の努力を促す。「ヨーロッパでは、相争う勢力それぞれの支配者にとって新技術の導入から得られるものはきわめて大きく、それはまた商業や産業にも発展を約束した……その一方で、敵が技術的に先行することを許した場合に失うものもまた、きわめて大きかった。対決する両者がどちらも絶えず革新的技術を求めていることがはっきりすると、政治権力でもって経済の現状維持と新技術への抵抗を貫こうとする考えは、西洋の人々の頭からおおむね消えてなくなった」と経済史家のネイサン・ローゼンバーグとL・E・バーゼル・ジュニアは論じている。[92]

政府は次第に新技術への抵抗を容認しなくなり、むしろ技術者を支援し、発明家に特許を与え、重要な商業的権益のためには独占も認めるようになる。政府主導で技術のキャッチアップに臨んだ例としては、ロシアの近代化を決意したピョートル一世が有名である。皇帝自身が技術の習得に熱心で、ピョートル・ミハイロフという偽名を使って自らオランダの造船所で働き造船技術を学んだ。だが技術の進化を推進する必要を感じた政府であっても、すべての技術を熱心に奨励したわけではなく、労働置換技術は厳しく取り締まったことはすでに述べたとおりである。したがって総合的にみれば、ルネサンス期のテクノロジーは創造的破壊によるシュンペーター的成長ではなく、市場の拡大、分業、生産性向上によるスミス的成長に寄与したと言える。たとえば航海術は、当時のヨーロッパの大国がさかんに行っていた国際貿易に欠かせないものだった。そのための天文観測機器や羅針盤は船乗りを助ける補完技術となっている。ルネサンス期は、「道具の時代」と呼ぶのがふさわしい。望遠鏡、気圧計、顕微鏡、温度計は当時の技術によって誕生した道具の代表例である。道具はさまざまな目的に活用された。ガリレオは木星の衛星を観測し、オランダ総督マウリッツ・ファン・ナッサウはスペイン軍を偵察し、オランダ軍の船長たちは洋上の敵艦を発見するために望遠鏡を使う、というふうに。発明品の所期の用途は貿易と戦争だったわけではないが、結果的にはこの二つの目的のために大いに活用された。[93]

道具の時代は重要なスピルオーバー効果ももたらしている。道具の制作工房には科学者、職工、熱心な好事家が集まり、新しいアイデアが活発に交換された。工房は、科学と技術の相互作用を円滑化する役割を果たしたと言えよう。カードウェルが指摘したように、「一七〇〇年までには近代技術の基礎ができていたと言って差し支えない。〝技術〟という言葉も一八世紀末までには生まれていたし、〝発明家〟という言葉も今日と同じ意味で理解されるようになっていた」[94]。となれば、なぜ産業革命はもっと早く起きなかったのか、ますます理解しがたくなってくる。

第2章 産業革命前の繁栄

Chapter 2. PREINDUSTRIAL PROSPERITY

ヨーロッパにおける技術の最前線は、一八世紀に大幅に前進した。それでもこの前進が成長と繁栄にどの程度の影響を与えたかということは、いまだに結論が出ていない。たとえばグレゴリー・クラークは、「紀元前八〇〇〇年の消費者が肉を含むもっとたくさんの食べ物を入手でき、もっと広い家に住むことができたら、一八〇〇年のイギリスの労働者がうらやむような生活を送ることができただろう」と主張する。[1]

しかしジェーン・オースティンが描く一八世紀イギリスの上流階級の暮らしを読んだことのある人なら、一部の人の生活水準は狩猟採集生活などと比べられるようなものではないと感じるはずだ。オースティンの『分別と多感』（一八一一年）に登場するブランドン大佐はフェラーズ青年に聖職禄（教区牧師の職）を提供するが、これは年収三〇〇ポンドである。「もっとよい俸給だとよかったのですが、これではフェラーズ氏は執事以上の生活をすることはできますまい。これでは結婚はできないでしょう」とブランドン大佐は気遣う。[2] しかも当時の平均的な農民の年収は、フェラーズ青年の一〇分の一である。フェラーズ青年の収入を『分別と多感』出版当時の上流階級の収入と比較してみよう。この年には第五代デヴォンシャー公の相続人であるハーティントン侯爵ウィリアム・キャヴェンディッシュが成年に達している。第六代デヴォンシャー公となった彼が受け継いだ資産には、四つのカントリーハウス（チャッツワース、ダービシャー、ヨークシャー、アイルランド南部）とロンドンの三つの城館（チジック・ハウス、バーリントン・ハウス、デヴォンシャー・ハウス）、アイルランドの土地とイギリスの八つの郡（これらの地所から上がる年収は七万ポンドに達する）が含まれていた。[3] この断片的な証拠が示す気の遠くなるような所得格差は、統計によっても裏付けられている。一八〇一年におけるイギリスの上位五％所得層は、合計世帯所得（実質ベース）の三分の一以上を得ており、この割合は一八六七年までにさらにいくらか増えた。[4] この年に貴族院を訪れたフランスの哲学者イポリート・テーヌは、こう記録している。「そこにいた主な議員に紹介され、彼らの途方もない財産を知ることができた。最も多い年収は三〇万ポンドに達した。ベッドフォード公爵は土地から毎年二二万ポンドを得ているということだった。リッチモンド公爵は三〇万エーカーのまとまった地所を飛び地ではなく所有している。ウェストミンスター侯爵はロンドンの一区画をまるごと所有しており、現在の長期リース契約が満了するまで年間一〇〇万ポンドの収入が上がるという[5]」。

これほどの不平等がなぜ生じたのだろうか。まず注意すべきなのは、デヴォンシャー公やウェストミンスター侯爵のような富裕な貴族の所得は労働ではなく資本に由来することである。ジェーン・オースティンのイギリスに描かれた所得格差の背後で働いていた決定的な要因は、資本だった。経済史家のピーター・リンダートの推定によると、一八一〇年には人口の上位一〇%がイギリスの富の八〇%以上を保有していたという[6]。この富の大半は土地に関連づけられる。国富の総額は国内総所得のおよそ七倍に達し、農地がその約半分を占めていた[7]。つまり土地所有者の富は、農業という重要な技術がなければ実現しなかったことになる。それどころか農業がなかったら、一八世紀イギリスの地主階級自体も出現しなかっただろう。新石器革命の賜である農業が一万年後の一八世紀になっても社会を支えていたという事実は、技術革新からそれだけ年月が経っても経済活動は基本的に何も変化していなかったことを物語る。大半の人々はなお農業に従事しており、労働置換技術の進歩はほとんど見られなかった。中流層が出現しつつあったにしても、社会的地位と富を支えるのはやはり土地だったのである。

農村生活の愚昧

人類の歴史の大半において、富は存在せず、したがって不平等もなかった。不平等の時代は、新石器革命とともに始まったのである。その後の時代は、食べ物をひたすら探し求めた長きにわたる狩猟採集生活の時代と比べれば、ごく短い。すでに述べたように、肉を保存する技術は何もなかったから手に入った肉はその場で食べるほかなく、したがって食物の余剰などというものは望むべくもなかった。農業が発明されて初めて食糧が保存できるようになり、土地が所有できるようになり、かなりの量の余剰を蓄えることができるようになった。こうした背景から所有権という概念が生まれ、この権利を守るための政治的なしくみにつながっていく。言うまでもなく、先史時代には最初の政治制度がどこでどのように出現したかという記録は残されていない。だが中世ヨーロッパに登場した封建制度では、農民の労働と引き換えに領主が騎士として保護を与えていたことははっきりしている。政治的権威の確立も当初はこうしたパターンをたどって始まったと考えられる。政治的な権威が確立されると社会は安定するが、引き換えに不平等という代償を払わねばならない。[8] ギリシャのミケーネ島から見つかった紀元前一五〇〇年頃の骸骨を調べると、王族の骸骨は平民より五〜八センチ身長が高く、歯の状態が非常によいことがわかった。したがって王族のほうが栄養状態がよかったと考えられる。紀元一〇〇〇年頃のチリのミイラからも、支配階級は病気による骨の損傷が大幅に少ないことがわかった。さらに装身具や金の髪留めなど、富の証となるものも発見されている。[9] ジャン＝ジャック・ルソーは農業の発明によって政治的不平等が始まったと述べたが、この主張が裏付けられたと言えよう。[10]

とは言え、平民もまた農業の出現によって恩恵に与ったのであれば、不平等の代償は小さかったことになる。考古学における重大な疑問の一つは、ふつうの人々の富に農業はどう影響したのか、ということだ。産業革命前の生活水準に関するデータは残念ながらあまりないが、食糧の消費量が一つの重要な指標になることははっきりしている。そして個人の身長は遺伝子に左右されるにしても、人口全体の身長は食糧消費パターンを反映したものになるとして、考古学者は多くの場合に身長を食糧消費量の指標とみなす。[11] とくに人々が貧しく、すこしでも所得が増えたらすぐに食糧需要が急増するような社会では、身長は食糧消費量の代わりとなる指標として妥当と考えられる。考古学者は身長だけでなく、骨や歯の状態など富裕度を表す他の特徴にも注目する。ときに結果にばらつきが出ることもあるが、全体としてみると、新石器時代以降に不平等が始まり、平均的な生活水準は下がったことを入手可能な証拠は示している。

農業の発明によって、人々は絶えず食べ物を探しまわる苦労から解放され、平民の生活は劇的に改善されたというのが長年の通説だった。だが一九六〇年代以降に発見された大量のデータは、農業生活に対するこのロマンティックな見方がまちがっていたことをはっきり示している。狩猟採集生活から農業中心に移行した社会を調べた研究の多くは、移行後の人々の身長は低くなり、健康状態は悪化し、栄養失調が増えたと指摘する。たとえば考古学者のジョージ・アルメラゴスとマーク・コーエンは、農業に移行した二一の社会を調査したところ、うち一九で健康状態の悪化が認められたと述べている。[12] 同じく考古学者のクラーク・スペンサー・ラーソンも、骸骨や歯の病理的な調査から、全体として健康状態は悪くなったと結論づけた。[13] その後に多くの研究が発表されたことを受けて、アルメラゴスらは再調査を行い、やはり農業の導入により成人の身長は低くなり健康状態は全体的に悪化したと確認している。しかも人口全体の身長が低くなる現象は、どの大陸でも農業導入期に共通してみられるという。[14] これらの発見は、狩猟採集生活を営んでいた人々のほうがはるかに多様な食べ物を摂取していたこと、農業の導入に伴って食べる物の種類が限られたために基本的な栄養素の一部が欠けてしまったことを示すデータとも一致する。[15]

農業の出現で生活状態が悪くなったという事実を前に、多くの経済学者、人類学者、考古学者は当惑している。いったいなぜ狩猟採集生活者たちは、わざわざ農業生活に、そう、あの『共産党宣言』で「農村生活の愚昧」と呼ばれたものに移行したのか。[16]一つ考えられるのは、言うまでもなく、農業が必要になったのは人口圧力の結果だという可能性である。氷河期が終わりに近づくにつれて、狩猟採集生活者の人口密度が次第に高まり、食べ物を見つけるのが困難になったと考えられる。[17] たとえば生物地理学者のジャレド・ダイアモンドは、「人口を減らすか食糧生産を増やすことを試みるかの選択を迫られたとき、人類は後者を選び、その結果として飢餓、戦争、独裁に行き着いた」と指摘する。[18] だが、因果関係がこの逆だった可能性も捨てきれない。その場合、農業生産性の向上は一人当たりの所得増はもたらさずに単に人口を増やした、ということになる。農業はより効率のよい技術だからという理由で導入され、当初は人口の大半に所得増をもたらしただろう。だが農業の登場で、子供をたくさん育てることが容易になる。食糧が蓄えられるだけでなく、母親が食料探しに子供を連れていく負担もなくなったからだ。それに、所得が増えればより多くの人間を養えるようになる。こうした次第で人口が急増し、一人当たり所得の増加を打ち消すことになった、というわけである。当然ながら、因果関係がどちらの方向に向かったのかを知る手立てはない。どちらの見立てにもそれぞれにもっともな点はある。いずれにせよはっきりしているのは、農業の導入後に人口が急増したことである。狩猟採集生活者の人口密度は、どんなに高くても一・五キロ四方あたり一人を上回ることはめったになく、だいたいはこれを大幅に下回っていた

図3　**1日あたり名目賃金の推移**(1325〜1775年)(単位：銀のグラム数)

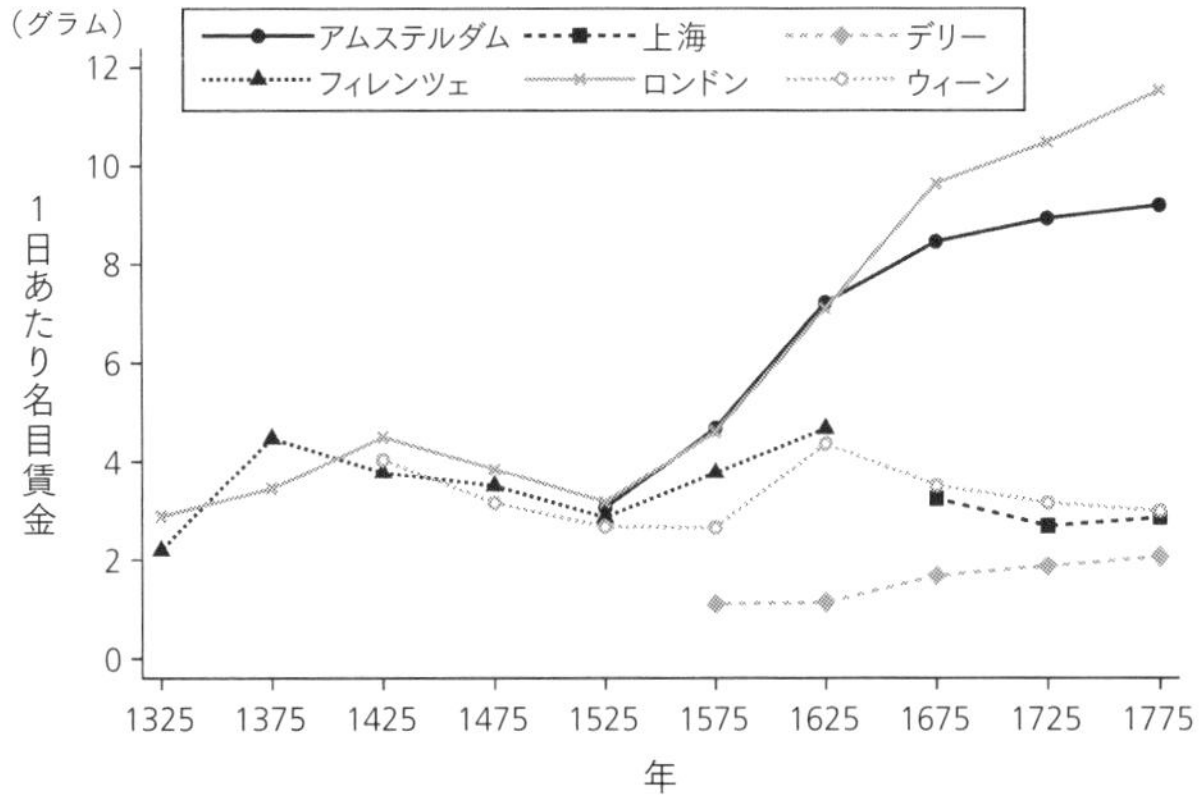

出所：*R. C. Allen, 2001, "The Great Divergence in European Wages and Prices from the Middle Ages to the First World War," Explorations in Economic History 38 (4) : 411-47; R. C. Allen, J. P Bassino, D. Ma, C. Moll-Murata, and J. L. Van Zanden, 2011, "Wages, Prices, and Living Standards in China, 1738-1925 : In Comparison with Europe, Japan, and India," Economic History Review 64 (January) : 8-38*

だろう。だが農業生活者の密度は平均してその四〇―六〇倍に達したと見込まれる。[19]

人口の呪い

よりよい技術が人口の増加しかもたらさなかったという見方はなかなか魅力的だ。というのも、そう考えれば人類の歴史の大半にわたって成長が滞っていた理由も説明がつくからである。他の新たな生産性向上技術の発明も、農業の導入同様、追加的な人口増のみに寄与したと考えるわけだ。この見方の理論的根拠は、トマス・ロバート・マルサスが一七九八年に考案したマルサス・モデルである。このモデルが記述するのは、人間の経済活動を統べる法則が動物社会のそれとまったく同じであるような有機的な社会だ。すなわち人口規模は入手可能な消費資源に依存する。マルサス・モデルによれば、長期的には人々の所得すなわち入手可能な消費資源は、出生率と死亡率のみによって決まる。出生率のほうが死亡率より高ければ、人間の数が増えるため、一人当たりの資源の分け前は減る。逆に疫病や旱魃などで死亡率のほうが出生率より高くなれば、生き残った人はより多くの分け前にありつく。産業革命前にも累積すれば大幅に技術が進歩したにもかかわらず、その導入がなかなか進まなかったため、恒久的な所得増は実現しなかった。人口の調整には時間がかかるため、技術の進歩が短期的には所得を押し上げた可能性はある。だが長期的には、所得増により死亡率が押し下げられ、出生率が死亡率を上回るようになると、人口は増え始める。そして最終的には、技術の進歩によって達成されたのは人口規模の拡大だけとなり、経済成長は止まって所得は最低生活水準に回帰する。[20]

多くの歴史家の見るところ、マルサスはタイミングが悪すぎた。彼のモデルは、まさにそれが成り立たなくなるときに発表されたからだ。産業革命が始まるとついにイギリスは賃金の鉄則、すなわち実質賃金は生活維持に必要な最低賃金に向かうという鉄則を打ち破り、マルサスの罠から脱する。[21] 一部の経済学者や歴史学者は、産業革命以前の世界は人口調整の負の影響で一人当たり所得が伸びないという悪循環に陥っていた、といまも考えている。[22] この見方には一抹の真実が含まれているにしても、マルサス・モデルが産業革命前のすべての社会に当てはまると考えるのは行き過ぎだろう。第一に、産業革命前の社会における出生率と死亡率の変動を決定づけた主要因が賃金ではなかったことが実証研究で確かめられている。[23] 第二に、一部の地域では産業革命前にすでに持続的な所得増が実現していた。[24] 中世後期より前の賃金データはごくわずかしかないが、ローマ皇帝ディオクレティアヌスが紀元三〇一年に価格統制令を布告しており、そこにローマ人の賃金が含まれている。経済史家のロバート・アレンはこの統制令に基づき、ローマの未熟練労働者は生活必需品を買うのにぎりぎりの賃金しか得ておらず、その実質賃金水準は一八世紀の南欧・中欧・アジアの未熟練労働者とほぼ同じだったと推定している。[25] それでも一五〇〇年にはすでに、イギリスとオランダの賃金水準は西ヨーロッパの他の国々からも世界からも乖離し始めた。そして一七七五年までにはロンドンとアムステルダムの労働者の賃金は、他国を大幅に上回っている（図3参照）。

過去の長期にわたるGDP推計に関してはアンガス・マディソンの英雄的な業績があるが、その最新版も同様の傾向を示している。一人当たり所得の伸びは一五〇〇年頃まで大方の国でおおむね停滞していたが、その後にイギリスとオランダで伸び始める。[26] 一七世紀のオスマン帝国では一人当たり所得は七〇〇国際ドル（一九九〇年の物価水準で調整）で、紀元一世紀のビザンチンやエジプトとほとんど変わらない。一七世紀のイギリス、オランダ、スペインは同六〇〇国際ドルだったから、それよりやや上だったことになる。一世紀から一八世紀までスペイン人の平均所得はほとんど増えておらず、一三世紀までは同九〇〇国際ドルで、おおむねイギリスやオランダと同水準だった。だが一三四八年から腺ペスト（いわゆる黒死病）が大流行してヨーロッパの人口の三〇～五〇％が犠牲になり、その後長期にわたって人口減が続いた結果、イギリスとオランダの平均所得の伸びのペースは加速する。[27] ただし、その主因は人口減にあるのだから、経済の成長を過大評価すべきではない。現にイギリスでは人口が再び増加に転じると、一人当たり所得は一四〇〇～一五〇〇年にわずかながら減っている。だが一五〇〇年を境にイギリスとオランダの一人当たり所得は堅調に伸び始め、一八〇〇年までに二倍になり、イギリスは二二〇〇国際ドル、オランダは二六〇九国際ドルに達した。その一方で、ベルギー、ドイツ、ポルトガル、スペイン、スウェーデンを含めヨーロッパの他の国の一人当たり所得はほとんど増えていない。もちろんこれらの推定が正しいとは言い切れないが、賃金やGDPの他のデータも、ヨーロッパの国々の経済は一五〇〇～一八〇〇年に異なる道のりを辿ったことを示している。

発見の時代

一五〇〇年以降に所得が増えたのは、労働置換型の技術の進歩とは何の関係もない。マルサス・モデルが一五〇〇年以前の経済状態をまずまず近い形で示しているとすれば、その後のイギリスとオランダは二世紀にわたってアダム・スミスが示した経済発展の道筋をたどったと言えるだろう。バスコ・ダ・ガマ、コロンブス、マゼランらによる偉大な地理的発見が、持続的なスミス的成長を可能にした。大陸間の貿易が行われるようになり、それまでヨーロッパの人々が見たことも聞いたこともなかった品々が発見され、消費された。砂糖、香料、紅茶、煙草、米などはそのほんの一例である。これらの品物は、それまで人間が存在するとは知られていなかった遠隔地から運ばれてきた。国際貿易がどの程度拡大したかを示すデータは乏しいものの、一六二二～一七〇〇年にイギリスは輸出も輸入も二倍になったとみられる。貿易の規模が拡大したことは、海運の急拡大からも推定できる。一四七〇年から一九世紀前半までに西欧の商船の数は七倍に増えた[28]。植民地の産品や他の輸入品を買えるだけの経済力を持つ人が増えるにつれて、人々はお茶をたくさん飲むようになり、そこにたっぷり砂糖を入れるようになり、贅沢な服を着るようになり、新しく手に入った香料を使った料理を楽しむようになる。このように、産業革命の前に消費革命が起きていたのだった。この革命によって人々の欲望に火が付き、もっとがんばって働いて遠い異国の品々を手に入れようと考えるようになる[29]。

供給サイドで言うと、貿易の急拡大は産業の発展も促した。イギリスでは最初期の工場経営者の多くが貿易で利益を得た商人たちだった[30]。中世から続く伝統的な工房はおおむね地元の市場に向けた製品を作っていたが、起業家精神に富む意欲的な商人階級はあっという間に工業を興し、他の地方や外国向けの輸出品を製造するようになる。経済史家のフランクリン・メンデルスはこのプロセスを「原始工業化」と呼んだ[31]。こうした商工業の繁栄ぶりは統計数字にも表れている。一六八八年に統計学者グレゴリー・キングがイングランドの人口から地価、所得、生産量にいたるまでを推定した有名な著作を発表して以来、歴史学者の間では長らく議論が続いていた。というのも、キングの推定によれば労働人口のうち商人と職人はわずか八％に過ぎなかったからだ。イギリスの貿易の隆盛を考えれば納得のいかない数字である。だが経済史学者のピーター・リンダートとジェフリー・ウィリアムソンが見直しを行った結果、商人と職人の占める比率はもっと高いことが判明する。貿易商人、商店主、職人は合計すると推定三八万四〇〇〇人で、労働人口のおよそ二八％を占めるという結果になったのである。主要産業は引き続き農業だったものの、イギリス経済は産業革命前にしてすでに活況を呈し始めていた[32]。

発見の時代は経済の驚異的成長の時代ではなかったものの、入手可能な大半のデータからはイギリス経済が成長していたことがうかがえる。マディソンの推定によると、一五〇〇〜一八〇〇年のイギリスの成長率は年〇・二一％である[33]。一九九〇年の物価水準で調整している数字なので推定の域を出ないが、他の情報源に基づく推定でも同様の数字になった[34]。疑り深い人はそれでも納得しないかもしれない。そこで、一八世紀には当時の作家たちがイギリスは相対的に裕福な国だと考えていたという事実を挙げておこう。『ロビンソン・クルーソー』で名高いあのダニエル・デフォーは、産業革命前のイギリス全土をくまなく旅して長い旅行記『グレート・ブリテン全島の旅』（一七二四年）を書いた。そこには「労働者は親切で、賃金は高く、パンのためだけにあくせく働く人間はもういない。道端で仕事をしたり、小川の水を飲んだり、ということもない。これほどみなが裕福になったのだから、もしローマ人がほとんど賃金を払わずに建てたような大建造物や舗装道路や水道橋や宮殿や要塞などをイギリスに建造しようとしたら、国庫は空になってしまうだろう」とある[35]。一八世紀のイギリスを観察し、そのゆたかさに感銘を受けたのはデフォーだけではない。『国富論』の北アメリカの状況を書いた一節には「北アメリカはまだイングランドほどゆたかではないが……労働者はたっぷりと報酬を得ているので、子だくさんは重荷になるどころか、両親にとって富と繁栄の源泉になる」（第一篇第八章）とある。また一八世紀イギリスの人々が先行世代より裕福だったことを示す文章もある。「イングランドの土地と労働による年間生産物は、一世紀すこし前、王政復古でチャールズ二世が即位したとき（一六六〇年）と比べてあきらかに大幅に増えている……さらに王政復古のときのほうが、それよりほぼ一〇〇年前のエリザベス一世の即位のとき（一五五八年）……よりあきらかに大幅に増えているのである」[36]（第二篇第三章）。

ジェーン・オースティンの描いたイギリス上流社会では、地主階級の富が産業資本を圧倒していた。これは当時の経済の現実を反映していたかもしれないが、その実態は変わりつつあった。[37]一八世紀が進む間に国富に占める土地の比率は大幅に下がり、さまざまな新しい職業が出現して、新たな商工業階級が形成される。デフォーが「商取引によって富裕になった中間的な種類」と呼んだ階級である。[38]イギリスの経済構造は多くの点でまだ新石器革命を引きずってはいたものの、その傍らで台頭した国際貿易のおかげで、成長の恩恵に与る人の割合が増えていった。しかも商業でのし上がったブルジョワジーの出生率が初めて貧困層を上回り、中流階級がハイペースで増え始める。[39]この中流階級の拡大がその後の経済成長のカギとなる。地主階級は資本から得られる所得に依存し、余暇や文芸など洗練された趣味を磨くことに時間を費やす。対照的に中流階級の世帯はスキルの習得が必要な職業に就き、カネのかかる遊びにうつつを抜かしたりはしない。スミスもこの気質と能力のちがいを認識していた。「商人は自分の資金を主に事業に使って収益をあげることに慣れている。一方、もともとの大地主は収入を主に消費に使ってきている」[40]。親が子供たちの教育や養育に投資するのは、子供たちがよい職業に就くことを期待するからだ。このためブルジョワジーの職業倫理は、「資本主義の精神」とともに次の世代へとしっかり受け継がれて行くことになった。[41]

経済史家のディアドラ・マクロスキーが「ブルジョワの美徳」と呼ぶものは、倹約、誠実、勤勉で成り立っている。[42] こうした美徳によってブルジョワジーは前例のないことを成し遂げたのである。カール・マルクスとフリードリヒ・エンゲルスでさえ、『共産党宣言』の中でこの階級の卓越性を認めている。「ブルジョワジーは、人間の活動がどれほどのことをやれるかを、初めてあきらかにした。彼らは、エジプトのピラミッドやローマの水道やゴシックの大伽藍をはるかに凌ぐ大事業を完成した」[43]。実際、産業革命を主導した人々の多くは、何らかの形で商工業に携わっていた家系の出身である。歴史家のフランソワ・クルーゼは、大規模な事業の創業者で父親の職業がわかっている二二六人について調査した画期的な研究をまとめた。それによると、地主階級や労働者階級の出身者もいるが、七〇%以上が中流階級出身だったという。しかも、その中流階級の大半が貿易と商業で財を成していたことがわかった。[44] となれば、近代資本主義はルネサンス期の新世界の発見とともに始まったとするマルクスの直観は正しかったということになる。

そうは言っても、産業革命前のイギリスのダイナミズムを過大評価すべきではない。小規模工業の出現に伴い貿易主導で経済が急拡大するにつれて、雇用に占める農業の比率が一七〇〇年までに低下したことはまちがいない。だが産業革命前は、農業と手工業の境目はあいまいだった。もともと農村部に出現した手工業は閑散期の事業だったのである。農村部の労働者の多くは兼業で、農作業が減る冬期に糸紡ぎや機織りをしていた。デフォーの描写によれば、彼らは一頭の馬に食物と紡ぐ羊毛を運ばせ、もう一頭に出来上がった織物を市場に運ばせ、牛はそこらで放牧していたという[45]。農業が本業ではないとしても生計の一部は土地に由来し、経済的自立を支えていた。このような家族単位の手工業は家内工業あるいは家内制手工業と呼ばれ、家庭と農作業と工業の区別ははっきりしていない。一八世紀前半のイギリスの労働者のうち賃金労働者は三〇％程度に過ぎず、圧倒的多数は自営だった。つまり農村部の工業を支えていたのは主に小さな工房であって、賃金労働者も多くは自分の家で作業していた。クルーゼの言葉を借りるなら、家内工業が普及したという事実は、製造業の大半が「事業家のいない事業」であったことを意味する[46]。

第3章 なぜ機械化は進まなかったのか

Chapter 3. WHY MECHANIZATION FAILED

シュンペーター的成長がこれほど長いこと見られなかったのはなぜだろうか。数千年の長きにわたって、技術的創造性は庶民の生活水準を押し上げることができなかった。この事実を説明できる単一の理論は存在しない。なるほどマルサスの罠でいくらか説明はつくだろう。つまり、生産性が伸びても人口が増えたため一人当たり所得はいっこうに伸びなかった、ということだ。だが世界の国々がみなマルサスの罠に落ち込んでいたわけではない。前章で述べたように、一五〇〇年以降は生活水準が向上していた。とりわけ発見の時代には、イギリスとオランダで多くの人の生活水準が着実に上がっていた。画期的な技術の導入なくして、こ船のようなことは不可能だっただろう。そもそも国際貿易の発展にしてからが、三本マスト船や羅針盤といった造船技術の進歩なしにはあり得なかった。だがこうした技術の進歩はスミス的成長の原動力にはなっても、シュンペーター的成長を導く役割はほとんど果たしていない。産業革命前の世界では経済成長は量的にもスローペースだっただけでなく、質的にも今日で言う成長とはちがっていた。今日の経済成長は、新技術、雇用改革、新しいスキルや知識などイノベーションを促進する要因に多く依存している。産業革命前の世界でもこのタイプの成長がなかったわけではないが、ヨーロッパの経済の軌道を変えるうえでは二次的な役割にとどまった。技術的創造性があちこちで発揮されていたことはまちがいないのに、いったいなぜ人々の生活は劇的に変わらなかったのだろうか。すぐに思いつく答の一つは、技術的創造性は成長の必要条件ではあっても十分条件ではない、というものだ。いかに天才的なアイデアであっても、実用にいたるまでには緻密な図面の作成、模型や試作品の制作、そして生産というプロセスを経なければならないし、生産性や利便性や繁栄に寄与しなければ意味がない。すでに述べたように、中世は閃きにはあふれていたが、実用化にこぎ着けたものはごくわずかしかなかった。産業革命前の偉大な発明家でもあったレオナルド・ダ・ヴィンチは何百枚もの発明の図面を残したが、ちゃんと機能する試作品はほとんど制作していない。またコルネリウス・ドレベルの潜水艇のように試作品は制作されても、その後の開発が断念された例も少なくない。さらに言えば、技術が実用化されるときは、生活をゆたかにする目的ではなく国力を見せつけ人気を高めるといった政治的な目的のためであることが多かった。ローマ帝国の支配者たちはその代表例である。

ここで見落としてはならないのは、人類の歴史の大半を通じて、技術というものは専門の研究者が問題解決に専念する研究所や研究開発部門のようなところで開発されてきたわけではないことだ。技術開発といったものがもし行われたとしても、それは今日考えるものとはまったくちがっていた。今日ではアイデアを実用化につなげるために科学者と技術者が緊密に協力する。だが産業革命前の世界では、そのような協力はまず行われなかった。たしかにガリレオから始まった科学革命によって科学と技術は結びつくようになり、たとえば大気圧の発見が、産業革命を牽引した蒸気機関の発明につながっている。だが産業革命期に出現した他の多くの技術は、とくに科学の進歩の助けを借りずに発明され、広く実用化されているのである。ではなぜ産業革命以前にはそうならなかったのだろうか。

大きく分けて、二通りの説明が考えられる。技術の供給が不足していたという説明と、需要が限られていたという説明である。ヨーゼフ・シュンペーターは、ある技術が実用に供されるためには何かしらの必要性が存在しなければならないと主張する。[2] これはトマス・マルサスの見方でもあった。マルサスは「必要は発明の母と言われるのはまことに正しい。身体的な欲求を満たす必要性から、人間の精神の最も高貴な努力が始まるのである」と述べている。[3]たしかに産業革命以降の多くの技術の進歩は、必要が脳を刺激するという見方を裏付けるものだ。たとえばアメリカ政府はナチス・ドイツより先に原子爆弾を開発する必要に迫られてマンハッタン計画を発足させた。トマス・セイヴァリはイギリスの炭坑から水を汲み上げる必要に迫られてポンプを発明した。そしてイーライ・ホイットニーは「長年の実践と経験がなければ習得できない職人芸に代わって機械の効率的な動作を実現する」必要性に迫られて交換可能部品という概念を普及させた。[4]今日からすると信じがたいことだが、それまでの機械は一台ずつ熟練工の技で部品をうまく摺り合わせる方式で作られており、部品の寸法精度も低く、交換はほとんどできなかったのである。

産業革命前に技術的創造性が経済成長に結びつかなかった原因を需要サイドに求める説明は、主に労働置換型技術に注目する。労働を機械で置き換えるタイプの技術は、労働に比して資本が相対的に安くないと経済的に意味をなさない。だが産業革命前の世界では、労働より資本が安いというケースはまずなかった。歴史学者のサミュエル・リリーは古代文明を論じた文脈で、奴隷は機械より安かったため、高価な機械を開発し導入するインセンティブはなかったと指摘する。[5]言うなれば、奴隷は多くの意味で産業革命前の時代のロボットだった。ハンガリーでは、領主の下で無給で働く農奴のことをロボトニク（robotnik）と呼んでおり、「ロボット」という言葉はこれに由来する。この言葉はチェコの作家カレル・チャペックの有名な戯曲『R．U．R』（ロッサム万能ロボット会社の略語）の中で最初に使われた。[6]奴隷はおよそ思いつく限りの単調な肉体労働を何でもやっていた。おそらく彼らは、今日のロボットが実行できる物理的な作業よりはるかに多くの作業をこなせたにちがいない。

とは言え古代において奴隷制が技術の進歩を遅らせたという見方には異論が多い。それに、古代はともかく産業革命直前までずっとそうだったと主張するのは行き過ぎだろう。そもそもローマ帝国の奴隷制は紀元二世紀末までにほぼ消滅している。だがローマの奴隷制の終焉は自由の始まりではなく、農奴制の始まりだった。奴隷とは異なり、農奴は自分の労働の生産物の一部をとることが許されるものの、奴隷と同じく多くの制限を課されていた。農奴制は安定した労働の供給と賃金の下押し圧力を意味したのである。しかし一三四八年のペスト大流行で労働力が大幅に不足した結果、イギリスでは農奴制が消滅する。政府はさっそく賃金上昇を禁じる法律を制定し、その効力を維持しようと躍起になった。それ以外の国では、奴隷制と農奴制が長く続いている。アーサー・ヤングの推定によると、アメリカ独立宣言のわずか四年前の一七七二年になっても、世界の総人口のうち自由と言えるのはわずか四％だったという。[7]残る九六％は奴隷、農奴、使用人などだった。

奴隷制がどの程度機械化を遅らせたかを推定するのはむずかしいが、ここで問題なのは、奴隷制（または農奴制）そのものが労働置換技術の導入を妨げたかどうかではない。機械化を促す誘因は、労働者の自由とは無関係で、ひとえに労働コストに懸かっていたからだ。そして産業革命前の社会では、労働コストはあきらかに低かった。安い労働力の潤沢な供給と機械化の遅れとの関係性については、近代の例ではあるが説得力のある研究成果が発表されている[8]。アメリカ南部で奴隷制が長期にわたって維持されたことは、農業の労働集約度がきわめて高かったことを意味する。奴隷は南北戦争中に解放されたが、黒人の賃金水準は低いままだった。ようやく一九二七年のミシシッピ川氾濫を機に、南部のいくつかの郡は他の郡とはちがう道を歩み始めることになる。多くの黒人世帯が氾濫地域を離れて移住してしまったため、農場主は資本集約型農業に切り替えることを決意し、氾濫の影響のなかった地域に先駆けて機械化を進めた。

こうしたわけだから、産業革命期の比較的労働力が安かった時代には、労働置換技術を大々的に導入するインセンティブはほとんどなかったと言えよう。現にロバート・アレンは、産業革命がイギリスで始まったのは、当初はイギリス以外では経済的に見合わなかったからだと主張している[9]。イギリス産業革命への道はペストとともに始まったとアレンは言う。ペストは長期にわたる人口減つまりは労働力不足を引き起こし、労働者が交渉力を持つようになった[10]。農夫が農奴の身分に反抗して自由を求めるようになると、政府が法律で賃金を抑えようとしたにもかかわらず、賃金はついに上昇に転じた。さらにイギリスが発見の時代に貿易で栄えるようになると、賃金の上昇ペースは加速する。このことは新たな問題を引き起こした。労働コストが高くなったら、イギリスはどうやって輸出競争力を維持すればよいのか。ここで決定的な要因になったのが石炭だった、とアレンは指摘する。イギリスの実業家は幸運にも石炭の山の上にいた。[11] 石炭産業が他国に先駆けて発展したことで、イギリスは他の高賃金国（たとえばオランダ）より断然有利になった。エネルギー・コストの低下と労働コストの上昇に直面したイギリスの産業は、機械の導入に踏み切る。これに対してエネルギー・コストが嵩む他の国では、機械化は費用対効果が悪かった。たしかにこの説明は魅力的だが、新たに収集されたデータによると、イギリスの賃金水準は思ったほど高くなかったことが判明している。[12] しかも、イギリスの賃金が相対的に高かったと仮定しても、初期の労働節約型技術、たとえば起毛機や靴下編み機は激しい反対に遭って普及しなかった。

じつは、必要から生じた技術の進歩というものは、産業革命以前にはごくごくわずかだった。ジョエル・モキイアの権威ある研究では、「発明は必要の母である」という表現のほうが産業革命前の発明の状況をよく表す、と指摘されている。[13] 先に需要があって、それに応じて技術が開発されるのではなく、先に単発的に技術が開発され、それまで認識されていなかった欲求や新たな需要が生まれるというわけだ。技術の進歩は多くの場合に予想もしていなかった形でひょいと生まれ、そこから需要が生み出された。たとえばグーテンベルクの印刷機は本や教育や識字能力の需要を創出した。他の発明も、言ってみればひょうたんから駒のようにして誕生している。氷河期の狩猟採集生活者が石灰岩のかけらを発見し、砕いて炉で燃やしてみたとき、この偶然の発見が千年後にガラス窓の誕生につながるとは夢にも思わなかっただろう[14]。同様に、エヴァンジェリスタ・トリチェリが大気には重さがあることを発見したとき、その発見が一連の出来事を引き起こし、最後は蒸気機関の発明につながるとは、想像もしなかったにちがいない。

新しい技術はそれ自体が固有の需要を生むのだとすれば、産業革命前に経済成長が見られなかったのは、技術の供給が何らかの理由で阻まれたということになる。供給サイドに原因を求めるこの説明を裏付ける研究は多く、さまざまな要因が指摘されている。たとえば、冒険的なリスクテークが技術の進歩には欠かせないということは広く知られているが、産業革命前の時代にはイノベーションのリスクがきわめて大きく見返りがきわめて小さかったことはあまり知られていない。市場が拡大して大量生産の時代が到来し、社会的なセーフティネットが整備されるようになると、リスクは小さくなり見返りは大きくなる。一九世紀、二〇世紀には発明によって巨万の富が築かれたが、そのようなことは産業革命前には不可能だった。新技術が開発されても、市場は地元だけだからごく小さいのに、失敗すれば文字通り飢え死にしかねない。また、新技術が多くの地域に広まって活用されれば、どこかでその技術から新たな発明が生まれ、画期的なブレークスルーにつながることが期待できるが、活用が地元にとどまっていればそうした発展も望めない。このような経路依存性が原因で、社会全体が袋小路に入ってしまうケースもある。たとえば北アフリカと中東の大部分ではラクダの荷鞍《にぐら》（紀元前五〇〇―一〇〇年に発明された）が活用され、車輪による荷物輸送への移行が徐々にしか進まなかった。その結果、道路や橋梁への投資が遅れ、インフラの未整備が他の輸送方式の開発意欲を削ぐことになった。とは言え、イノベーションがリスクの大きい賭けであり、技術知識の普及がなかなか進まないような状況でも、多くの地域に着実に伝えられた技術ももちろん存在した。印刷機のような革新的な技術がそうだ[15]。

技術の供給を妨げたさらに重要な要因がある。経済学者は文化が経済成長の阻害要因になりうることを認めたがらないが、実際には信仰は長らく進歩を妨げてきたと言える。モキイアは一七世紀の科学革命が成長に結びつく文化の土壌を作ったと主張した[16]。モキイアの主張を裏付ける事実は多い。迷信を排斥し理性と科学的なものの見方をよしとする文化が技術の進歩には不可欠だった、とマックス・ウェーバーも述べている。だがそのような文化が出現したのは一七世紀後半の啓蒙時代になってからのことである[17]。それに迷信はさておき、産業革命前の知識人の大半は、機械化をよいものとは考えていなかった。彼らは技術の進歩に対して、古代の哲学者と同じ見方をしていた。バートランド・ラッセルの的確な要約によれば、こうだ。「プラトンは、ギリシャの大方の哲学者と同じく、知恵を育むには無為な時間が欠かせず、したがって生活のために働かねばならない者には知恵は持てないと考えていた[18]」。アリストテレスも『政治学』の中で「肉体労働をして生計を立てている者には徳を涵養することはできない」と述べている[19]。言い換えれば、労働、とりわけ肉体労働（機械を作るにはこれが必要だ）は価値のないものだ、と古代の多くの偉大な思想家は考えていたのである。一八世紀イギリスの上流階級の見方も似たり寄ったりだが、中流階級すなわち生産階級の考え方は大きくちがってくる。この変化の中心にあったのは、宗教的信仰の変化だった。技術と宗教の関係はいつの時代にも複雑で捉えがたいものだが、産業革命前のヨーロッパで宗教に一大転換があったこと、それによって技術の進歩に対する姿勢ががらりと変わったことには議論の余地がない。古代ギリシャ・ローマの人々は、自然を神の領域と考えていた。したがって、技術の力で自然を変えようとすることは罪深い危険な行為とされた。だが中世キリスト教が想定したのはもっと合理的な神であり、この姿勢が未来の技術進歩への道を拓いたと多くの歴史家が指摘する。リン・ホワイトは「キリスト教は古代の多神教やアジアの宗教とは異なり……人間と自然の二元論を確立するとともに、人間が適切な目的のために自然を利用することは神の意志だと主張した」と解説している[20]。

「人間が飛ぶことを神が望まれるなら、神は人間に翼を与えたはずだ」という考えがなぜ生まれたのかを跡づけるのは困難だが、ともかくもこうした考え方はあきらかにローマカトリック教会内部からの反抗である。フランシスコ会の司祭だったロジャー・ベーコンは、一三世紀の時点で蒸気船、自動車、飛行機の誕生を想像した。また修道士のマルムズベリーのエイルマーは人工の翼で人類初の飛行を試みた。このとき彼が罪の意識を持っていたとは思えない[21]。ある意味で、聖職者自らが技術開発を促したとも言える。ベネディクト会の教育は中世に大きな影響力を持っていたが、そこでは労働と生産は尊いものであり、救済への道につながると教えていた。だからと言ってキリスト教がつねに進歩に好意的だったわけではない。ガリレオの地動説をめぐる弾圧は有名だ。ガリレオは異端とされ生涯軟禁されることとなる。だから、ローマカトリック教会が科学を抑圧し、それが新技術の追求を阻んだことはまちがいない。しかしすでに述べたように、初期の機械には科学はほとんど関係がなかった。蒸気機関が登場したのは工業化プロセスがだいぶ進んでからで、科学が経済成長の主原動力になったのは一九世紀になってからのことだ。モキイアは次のように指摘する。「産業革命と言うと思い浮かぶような一連の〝新奇な発明品〟はどれも一六〇〇年の知識で十分に制作できるものだった。目につく例外は蒸気機関だけである。これに対して一八世紀後半から一九世紀にかけては経済的生産性にとって科学の相対的な重要性が高まり、一八七〇年以降の第二次産業革命においては科学抜きでは考えられなくなった[22]」。

産業革命の出現を一八世紀イギリスまで待たねばならなかったもう一つの理由として、産業革命前の世界では制度構造がイノベーションを阻止する方向に作用したという見方がある。ダグラス・C・ノースの先駆的な研究に刺激された多くの経済史家が、一六八八〜八九年の名誉革命によって初めてイギリス議会が国王に対して優位になり、産業革命の素地が整ったと主張している[23]。それ以前は、レントシーキング（超過利潤の追求）に走る君主やいわゆる経済的寄生者たちは、自らは生産活動に手を染めずに生産者から利益を収奪していた。だが一六八九年の権利章典の公布をもってゲームのルールが変わる。第四条にははっきりと、議会の承認なしに国王が税金を課すことは違法だと謳われており、国王が勝手に税金を取り立てることはできなくなった。たしかにこの出来事が重要な意味を持つことはまちがいない。だが産業革命が長らく始まらなかった理由を探るにあたっては、技術の進歩全般を遅らせた原因を特定するだけでは十分ではない。すでに述べたように、産業革命前の文化や制度がすべての進歩を阻んだわけではないのである。現に多くの技術が一八世紀になる前に発明されている。産業革命の前と後との重要なちがいは、名誉革命以前の政府は労働置換技術の導入をたびたび阻止しようとしたが、それ以降の政府はそうではなかったことだと思われる。そして産業革命における重要な発明は、どれも労働置換タイプだった。

図4　ヨーロッパ各国議会の活動指数（1188〜1789年）

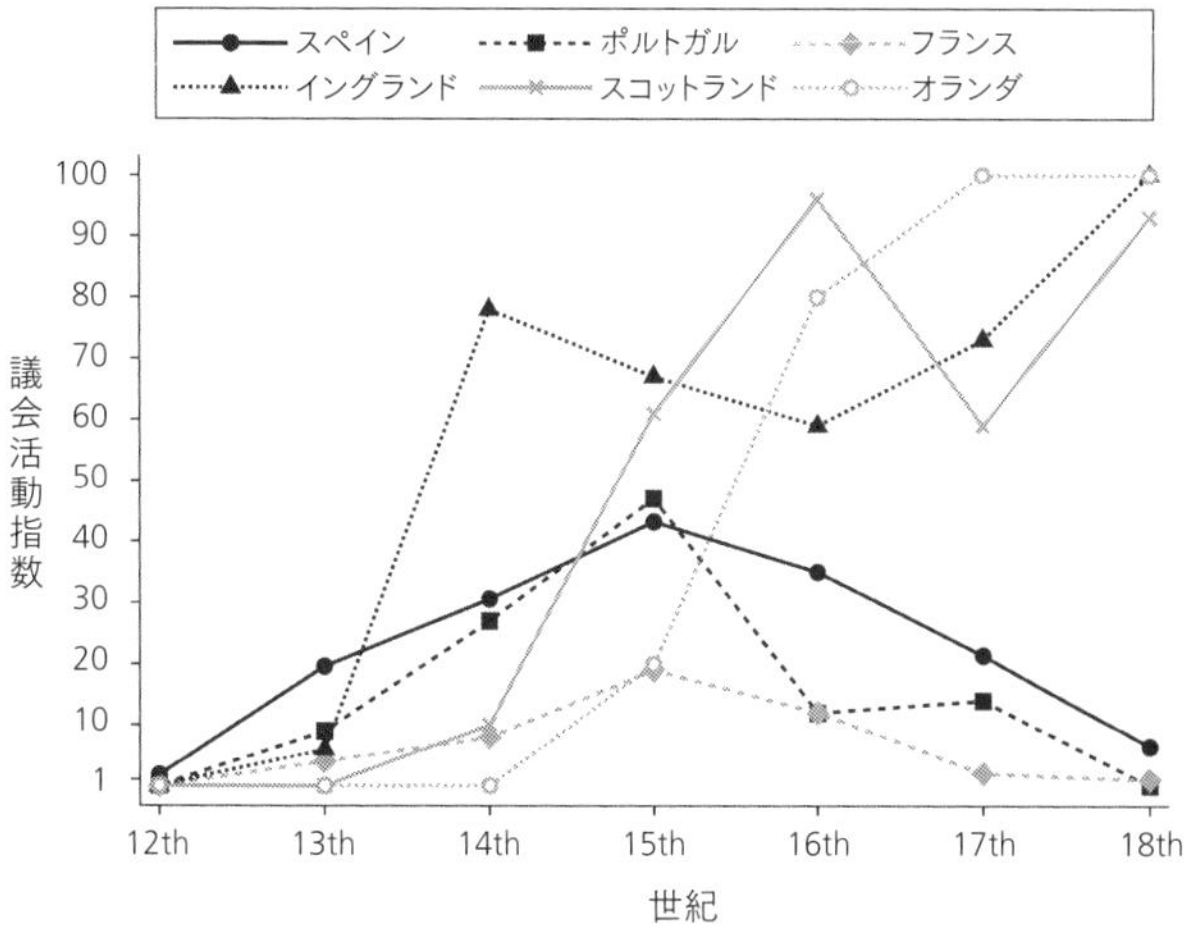

資料：*J. L. Van Zanden, E. Buringh, and M. Bosker, 2012, "The Rise and Decline of European Parliaments, 1188-1789," Economic History Review 65 (3): 835-61.*

注：活動指数は、議会の公式開会期間が1世紀あたり何年だったかを示す指数。0の場合は一度も開催されなかったことを意味し、100の場合は毎年開催されたことを意味する。

産業革命の起源

　では、いつの日か産業革命の出現を可能にするような制度構造の変化はどのようにして起きたのだろうか。説得力のある説明の一つは、産業革命への道は新世界の発見とともに始まった、というものである。ダロン・アセモグル、サイモン・ジョンソン、ジェームズ・ロビンソンは、政治制度が君主に対してきっちりとチェック機能を果たせる国では、国王の力を抑え、大西洋貿易の発展で力をつけた商人たちを後押しして、産業・技術の発展に有利な制度改革が実現したと主張する。[24] その結果、絶対主義色の薄い政治体制の国、たとえばイギリスやオランダではハイペースで経済が成長した。これらの国々では、国王とは利害を異にする商人たちが貿易の利益を主として享受することになった。たとえばイギリスでは、チューダー朝とステュアート朝の君主たちが試みた王家による貿易独占を議会が阻止し、貿易は個人であれ会社組織であれ商人たちが担っている。対照的にヨーロッパの他の国では王族が貿易を独占した。たとえばポルトガルではアフリカおよびアジアとの貿易は王室直属のインド庁が一手に掌握していたし、スペインでもセビリアの通商院が同様の役割を果たし、王家が独占する植民地貿易を管理していた。またフランスでは、商人たちの政治的影響力というようなものは、もしあったとしても弱まっていった。[25] 当初は大西洋貿易で王族とは無縁の商人、とくにプロテスタントの商人たちが活躍したが、結局ルイ一四世がプロテスタント信仰を禁じたため、新教徒の大半がフランスから脱出したからである。[26] 議会が君主を牽制できない国では、貿易は王家の支配下に置かれた。

社会的・政治的対立の多くは、その中心に議会と国王との権力闘争があった。一五七〇年代の八十年戦争（オランダ独立戦争）、一六四〇年代のイギリスの清教徒革命、一七八九年のフランス革命はその代表例である。[27] 北海沿岸諸国でこうした闘争が起き、ヨーロッパの他の地域では長らく起きなかったという事実は、議会の影響力がイギリスとオランダでは強まり、南欧・中欧では弱まったことを意味する。経済史家のジャン・ルーテン・バン・ザンデン、エルジョ・ブーリング、マルテン・ボスカーは、植民地経営をしていた時代のヨーロッパでは一五〇〇〜一八〇〇年に制度の多様化が継続的に進んだと指摘した。[28] 北海沿岸諸国の議会活動が活発化する一方で、他の国では低調になっている（図4参照）。フランスでは、議会の影響力と活動は一五〇〇年代半ばまでは活発化したが、三部会の承認なしに課税する方法を国王が見つけてしまったために衰退した。スペインの場合は、新世界発見に伴い金鉱や銀鉱が発見されたおかげで国王は新たに莫大な収入が得られるようになる。そこで議会の承認が必要な増税をする必要が薄れたため、議会が招集されなくなった。

北海沿岸諸国における議会活動の活発化は、一連の出来事で説明がつく。オランダの場合、大西洋貿易に伴い生じた商業的権益がオランダ人商人とハプスブルク家（現在のオランダ、ベルギーなどを含むネーデルラントはハプスブルク家の領地だった）との衝突の原因になり、一五七〇年代の独立戦争につながっていく。商人たちは独立派の主力となり、北部ネーデルラント七州がネーデルラント連邦共和国（以下便宜的にオランダと呼ぶ）の独立を宣言すると、新しい支配階級を形成した。イギリスの場合は、一六四二〜四九年の清教徒革命（イングランド内戦）において議会派が勢力を伸長して王党派を打破し、チャールズ一世の処刑に至り、共和制を宣言するという政治体制の一大転換が起きた。その後にいったん王政復古となるが、一六八八年には議会派がジェームズ二世の娘メアリーとその夫オレンジ公ウィリアムを招聘。オレンジ公が率いるオランダ軍の前にジェームズ二世がフランスに亡命して名誉革命が成立し、立憲君主制へと移行することになる。二つの革命（イギリス革命と総称される）において議会が勝利したことで、議会内の産業振興に熱心な派閥は一気に力を増した。[29] さらに名誉革命からは一六八九年の権利章典が生まれ、国政に対する国王の裁量権が大幅に制限される。たとえば議会は軍律法を毎年制定し、国王が議会の同意なく常備軍を持つことを禁じた。国王が議会に武力で対抗することは困難になったわけである。さらに王室に拠出する税金の期間を短縮し、国王は新たな取引をするたびに議会を招集して諮らなければならないようにしたことも、議会の政治的影響力の強化に寄与している。このほか、国王が議会内部に味方を増やす操作ができないよう、議席や投票の買収に対しても対策が講じられた。[30]

こうして政治権力は国王から議会に移る。そしてその議会は、商人、とりわけ資本力を持つ商業資本家に好意的になる。商人が議会で多数派を形成するのはむずかしいにしても、商人とプロテスタントの土地所有者の利益を代表するホイッグ党が連立政権に加わったおかげで、商人の権益は保護されるようになる。[31] 一方、土地を持つ貴族（彼らは一八三二年の選挙法改正まで非常に強い政治的影響力を維持した）は、イノベーションや工業化に好意的だったとは言いがたいが、すくなくとも邪魔はしなかった。[32] 理由の一部は、イギリスの貿易が隆盛になったおかげで彼らの富が多様化し、中には工業化から利益を得る立場の貴族もいたことにある[33]。名誉革命は貴族の影響力が次第に衰退していく契機となったのではあるが、貴族院は引き続き地主階級の利益を代表し、その構図は二〇世紀初めまで続くことになる。このようにイギリス貴族は自分たちの政治的影響力をかなりの程度維持できたこともあり、他の階級で起きた社会的経済的な力関係の変化にさほど脅威を感じなかった[34]。

こうしてイギリスの議会は次第に商工業の権益を守る方向で行動するようになり、それに伴って契約の遵守や所有権が何よりも重視されるようになる。アダム・スミスが『国富論』(一七七六年)の中で指摘したとおり、「イギリスでは法律によって、すべての国民に自分の労働の成果を自分で得る権利を保障しており……この保障さえあれば、どの国も繁栄できる[35]」。もちろん、あらゆる制度が経済や技術の発展に有利に働いたわけではない。貧困層が教育を受ける機会は限られていたし、陪審員を務めることも認められない。一八三二年と六七年の選挙法改正後でも、庶民の大半は選挙権を与えられなかった。そのうえ経済に関して議会で下される決定の多くが、重商主義の誤った論理、すなわち貿易はゼロサムゲームだという思い込みに基づいていた。議会が可決した中には機械の輸出を禁じる法律や職人の移住を禁じる法律があったし、国内の商工業を外国との競争から保護する法律もあった。だがイギリスが近代的な民主主義国家にも自由放任経済にもほど遠かったとしても、社会がはるかに多様で寛容で勤勉になったことはまちがいない。ジョン・ロックは一六八九年に「寛容はついに我が国では法によって確立された」と述べている。[36] 人々は表現の自由や職業の自由を謳歌したし、科学的発見や発明にも好きなだけ取り組んでよかった。また商人が次第に地主階級に混ざっていくようになる。「貴族の息子が実業家を見下すことはなくなるだろう。大臣であるタウンゼンド侯爵には、シティで大きな会社を経営する弟がいる」と書き留めている。[37] ヴォルテールはイギリス滞在中に、イギリスの商人について次のように書いた。またダニエル・デフォーは一八世紀初めに各地を旅行し、イギリスの商人について次のように書いた。「商業を営むことは紳士であることと矛盾しない。いやむしろ、イングランドでは商業が紳士を育てるのだ。一世代か二世代あとには、商人の子供、すくなくとも孫は、大商人はもちろん、政治家、議員、枢密顧問官、判事、司教、貴族にだってなれるだろう。高貴な出自や名家の子孫と同じように[38]」。

そのような状況は、北海沿岸諸国以外には見られなかった。実際、イギリスの商人階級の影響力の強さは、大陸欧州と比べると一段と鮮明になる。大陸ではオランダを除き、商工業は端的に言って国王に支配されていた。たとえばフランスでは、ルイ十四世の下で財務総監を務めたジャン＝バティスト・コルベールは、破綻寸前の国家を再建するには産業の発展が必要であり、それには国家の支援が必要だと考えていた。経済の成長と贅沢品の自給自足をめざすコルベールは、すでに多数存在する国営工場に加えて、一六六五年に王立ガラス工場を建設している。ベネチアから輸入するガラス製品に代わるものを作ろうというのだ。工場が稼働するとすぐにガラス製品の輸入は禁止された。フランスでは製造業が三つのカテゴリーに分類されていたが、この分類自体に国王の圧倒的な影響力がうかがわれる。第一のカテゴリーは王室の資金で建設・運営される国営工場だ。そこでは贅沢品が生産され、王室だけに供給される。たとえば有名なゴブラン織り工場では大勢の職人を雇い、国王好みの製品を作り、それらはヴェルサイユやサンジェルマンやマルリの宮殿を飾った。第二のカテゴリーは王室の庇護を受けた民間企業で、国王から正式の認可を得て指定地域で一般向け消費財を製造・販売した。第三のカテゴリーは王室から独占権を受けた民間企業で、特定品目の製造と販売を一手に掌握した。どのカテゴリーもいっさい競争がなく、機械化とも無縁だった。これらの産業が存続できたのは、ひとえに国王の支援を受け、また王室が得意客だったおかげである[39]。

ヨーロッパの君主たちは、産業の発展を奨励しないどころか、積極的に阻止した。神聖ローマ帝国の最後の皇帝にして最初のオーストリア皇帝フランツ一世は、技術の進歩が政治におよぼす影響をひどく恐れ、全力を挙げて経済を農業依存にとどめおこうとした。とりわけ懸念したのは、工場ができれば家内工業の労働者が不要になり、貧民に落ちぶれて都市に集中し、政府に対して暴動を起こすことである。これを避けるべく、フランツ一世は一八〇二年にウィーン市内での工場の建設を禁じた。さらに、新しい機械の輸入や導入を一八一一年まで禁じている。蒸気機関車を走らせる計画が提出されたときに、皇帝はこう答えた。「絶対にだめだ。そのようなものとはいっさい関わりたくない。革命でも起きない限りは[40]」。というわけでハプスブルク帝国の鉄道では長らく馬が客車や貨車を引いていた。

ロシアのニコライ一世も似たり寄ったりである。機械化された工場が普及したら自分の指導力が危うくなると恐れた皇帝は、進歩のペースを遅らせようと、産業見本市の類を禁止する。一八四八年にヨーロッパ各地で革命の嵐が吹き荒れると、モスクワ市内の工場の数を制限する新たな法律を制定し、とくに紡績工場と製鉄所の新規建設を禁じた[41]。またフランツ一世と同じく、鉄道を革命的な技術というだけでなく、革命の実現を助ける技術とみなす。このためロシアの鉄道は、一八四二年より前には、サンクトペテルブルクとツァールスコエ・セロ（皇帝の離宮があった）、パヴロフスク（宮殿があった）を結ぶ短い路線しかなかった。そのうえ鉄道に関する記事は検閲の対象になった。労働者の移動や情報の拡散は支配階級の利益に反する、というわけだ。たしかに、機械化を恐れたロシアの支配階級は正しかった。ニューヨーク・タイムズ紙のサンクトペテルブルク特派員は、一八九五年にこう報じている。「ラ・フェルム煙草工場に機械が導入されると、土曜日に大暴動が起きた。機械が稼働すれば自分たちの仕事がなくなると考えた工員たちは機械を叩き壊し、破片を窓から投げ捨てた[42]」。

第1章で述べたように、イギリス政府にしても長いこと労働置換技術の普及を阻もうとした点ではオーストリア皇帝やロシア皇帝と変わらない。一七世紀にすでにチャールズ一世は起毛機の導入を食い止めようとしていた。だが名誉革命後に状況は一変する。アセモグルとロビンソンが指摘したように「チューダー朝やステュアート朝であれば、パパンも同じような憂き目に遭ったかもしれない。だが一六八八年を境にすべてが変わった。ドイツではなくイギリスだったら、パパンは船頭に船を破壊されることなくロンドンまで航行できただろう」[43]。一六八八年まではイギリスの君主たちが労働置換技術の導入を阻止した例は枚挙にいとまがないのに、それ以降ぱたりと途絶えたことは特筆に値する。大きな原因の一つは、名誉革命を機に議会が商業資本家に味方するようになってギルドが弱体化し、競争が激化したことにある。ギルドは一八三五年の地方自治法によって正式に廃止されるが、それよりずっと前から組合員は減少し影響力は衰えていた。すでに述べたように、ギルドはメンバーのスキルを高めてくれるような技術の進歩は受け入れるが、スキルを不要にするような技術には激しく抵抗する。したがって、労働置換技術に依存する産業革命が始まるには、ギルドの弱体化は重要な前提条件だった。

市場が統合され規模が拡大すれば、ギルドは自然に弱体化する。なぜならギルドの影響力は地元の都市にしかおよばないからだ。都市同士の競争が激しくなれば、ギルドの政治的影響力は薄れる。たとえば起毛職人のギルドは紡績産業では最も力が強いものの一つで、メンバーに高賃金を確保していた。彼らは請願や暴力によって、数十年にわたりイングランド西部への起毛機の導入を阻止することに成功している。だが競争が連鎖的に広がると、事態は様変わりした。ウィルトシャーとサマセットではギルドが起毛機の導入に長年暴力的に抵抗してきたが、グロスターの台頭で抵抗はあっけなく終わる。グロスターの職人たちは起毛機を使ってローコストで生産し事業を拡大するほうが得策だと気づき、あっという間にウィルトシャーとサマセットの仕事を奪ったのだった。[44]バーミンガムやマンチェスターのようにかつては農村だった新興都市は、ギルドの規則から自由だったおかげで、産業革命を牽引することになる。[45]こうした変化を俯瞰するために特許に注目してみよう。一六二〇～一八二三年に申請された特許四二一二件を調べると、外部との競争にさらされた地方は新技術の発明に力を入れていたことがわかる。[46]さらに重要なのは、技術進歩の内容が大きく変わったことだ。経済史家のクリスティン・マクラウドが一六六三～一七五〇年に申請された特許五〇五件を分析したところ、労働置換型の発明はきわめて少ないことがわかった。四五％が労働者のスキルを高めるタイプの技術、三七％が資本の節約になるタイプの技術で、人間の労働に置き換わる技術はわずか二％だった。ところが一七五〇～一八〇〇年になると、労働置換技術の占める比率が四倍に跳ね上がる。[47]発明家は却下されることを恐れて、労働置換技術であることはできるだけ控えめに申請するものだ。それでもこのタイプの技術が大幅に増えたことは、ギルドの衰退を示すもう一つの証拠と言ってよいだろう。

これとは対照的だったのが中国である。ギルドに相当する中国の「行会」はヨーロッパよりはるかに長続きし、思いのままに手工業を支配し続けた。[48] 彼らはヨーロッパのギルドよりずっと力が強く、労働置換技術が導入されそうになれば必ず力ずくで阻止したのである。アメリカ人宣教師のダニエル・ジェローム・マガウアンは一八八六年に次のように書いている。「中国人商人がバーミンガムから真鍮の薄板を輸入し、仙山で錫製の食器を製造しようとした。従来は厚板を輸入し、それをひたすら叩いて延ばす職人たちを雇っていたが、その手間を省こうとしたのだ。だがそうなれば、他の仕事は何もできない男たちに大打撃を与えることになる。この国の最も荒っぽい都市で最も荒っぽい連中の暴動を防ぐために、問題の薄板は香港に戻された。またあるときは、アメリカから来た中国人実業家が性能のいいミシンを輸入した。上流階級向けの靴のフェルト底を縫うためだ。だが父親から受け継いだやり方を守りたい靴屋の息子たちが怒ってミシンを叩き壊したため、実業家はやむなく香港に去った。困窮し孤独になって。また数年前のことだが、進歩的な中国人経営者が蒸気機関を使った紡織工場を建設した。ところが、綿花栽培者が原料の供給を拒んだため、工場は操業できなかった。またフランスから輸入した糸繰り機は時間とお金の節約になるだけでなく、繰り出される絹糸の量と質を飛躍的に高めるため、しばらくの間広東で使われうまくいっていた。その後、養蚕のさかんな地域に中国人実業家が導入したが、地元民に破壊された[49]」。

社会不安を恐れた中国当局はギルドの側につく。イギリス外務省は一八七六年にこう報告した。

「昨年（一八七五―七六年）、当地（上海）で蒸気機関を使った紡績工場の建設計画が立てられた。国産の綿花を使って、現在中国人が手作業で作っているような綿製品を……イギリス製の機械と蒸気の力を使って製造しようというのだ……このニュースが中国の新聞で報道され広く知れ渡ると、綿織物ギルドは態度を硬化させ、当初は乗り気だった中国人投資家は手を引く。残念ながら中国人、とくに綿織物職人に計画を知られてしまったため、計画は打ち切りになった。このまま強行しても、ギルドが圧力をかけ、機械製造の綿織物は購入してはならないとの決議を可決させることは火を見るよりあきらかだからだ……当局は暴動を恐れ、計画の承認も支援も拒否した[50]」。

労働置換技術に対するこうした反抗と「行会」がしぶとく存続したことが、中国の工業化が遅れた一因と言えるだろう。そのうえ国土の広い中国では、都市と都市が遠く離れている。したがって都市間の競争が起こりにくく、行会の勢力範囲が脅かされるケースもめったになかった。一八世紀のイギリスでは都市間の競争がギルド弱体化の一因になったが、中国ではそれがなかったために工業化が遅れた、と経済学者のクラウス・デスメット、アブナー・グライフ、スティーブン・パレンテは主張する。中国がようやく工業化に向かうのは、世界経済に組み込まれた二〇〇年後になってからだった。第一次アヘン戦争が終わった一八四二年に、イギリスは中国の外国貿易を促進する目的で上海、広州など五つの条約港を開港させた。第一次世界大戦が終わりに近づく頃には、開かれた港の数は一〇〇近くに達している。外国製品との競争が始まってみると、中国の技術的な立ち後れはあきらかになり、二〇世紀前半にはさまざまな労働節約型技術がどっと欧米から流れ込むことになった。[51]

イギリスの話に戻ると、ギルドの弱体化は都市間の競争だけが原因ではない。製鉄投資に熱心ないわゆる煙突貴族の台頭と、激化する国家間の競争に迫られての政治的な選択の結果でもあった。一八世紀のイギリスでは、それまで労働者やギルドの肩を持っていた政治体制も司法制度も、発明家に有利な方向に軌道修正し始める。議会は職人たちに不利な決定をたびたび下すようになった。すでに述べたように、イギリス政府の機械化に対するスタンスが変わったのは、商業資本家が政治的影響力を持つようになったことに一因がある。彼らの命運は大英帝国の貿易の繁栄に依存しており、貿易の繁栄は機械化によりイギリスが国際競争力を持てるかどうかに懸かっている。さらに広い視野から言えば、イギリスが貿易立国をめざす以上、保護主義的な経済政策と政治体制の維持はもはや両立しない。国家間の競争が激化する先には戦争の脅威も現実味を帯びてくる。支配階級は、軍事力が経済力に依存していることをよくわきまえていた。

政府が技術革新を擁護する姿勢に転換したことの象徴が、一七六九年に制定された法律である。この法律で、機械の破壊は死刑と定められた。[52] それでも、労働者は全力を挙げて労働置換技術の導入を食い止めようとした（第5章でくわしく述べる）。起毛機の使用を禁じた一五五一年法を議会が撤廃したことがきっかけで、一八一一〜一六年にはラッダイト運動が起きている。だがイギリス政府は技術の進歩に抵抗する試みに対して次第に強硬姿勢を強め、暴動鎮圧のために軍隊の動員も辞さなくなる。一七七九年のランカシャーの暴動後に採択された決議には、機械を叩き壊す連中に対する政府の姿勢がはっきり表れている。「大暴動の唯一の原因は、紡績工場で新しい機械を使ったことだった。しかし我が国は機械によって多大な利益を得る。機械を破壊する行動はその利益を他国に移転し……イギリスの貿易に不利益をもたらす行為にほかならない[53]」。

一方、英仏海峡の向こう側では状況はまったくちがった。イギリスが産業革命へと突き進んだのに対し、フランスでは政治・社会革命が始まろうとしていた。経済史家のジェフ・ホーンが指摘するとおり、フランス革命はフランス政府が抱いていた懸念を現実のものにしたのである。[54] 機械破壊の鎮圧に強硬姿勢で臨んだイギリス政府と異なり、フランス政府は機械化が社会不安を深刻化するのではないかと恐れた。イギリスでは発明家も実業家も政府の後ろ盾をあてにできたが、フランスでは政情が不穏な様相を呈していることもあり、政府による庇護は期待できなかった。歴史家のエドワード・トムスンの古典的名著『イングランド労働者階級の形成』も、ラッダイトの背景には政府の姿勢転換があったと示唆する[55]。だがイギリスのラッダイト運動家たちは反抗的なだけで、革命的ではなかった。対照的にフランスでは、革命の脅威が現実のものとなる。一七八九年にフランス各地で起きた暴動は、イギリスの暴動よりもはるかに効果的だったと言える。パリ市民がバスティーユを襲撃する頃、ノルマンディーのダルネタルでは怒れる毛織物職人の集団が国王の軍隊と衝突し、サンスヴェルの工場地区に押し寄せて機械を壊して回った。同様のことが各地で起き、フランスの工業化の足を引っ張ることになる。建設されたばかりのカロンヌの工場では三〇台の機械が暴徒に打ち壊され、ルーアン郊外では七〇〇以上の紡織機が破壊された。一部の先進的な実業家は反撃を試みたが、群衆の数が多すぎて勝ち目はなかったという。イギリスとは異なり軍隊が暴徒を鎮圧することはなかったし、そもそも実業家たちは政府をあてにしていなかった。政府自体が、暴徒が国全体を混乱に陥れるのではないかと怯えていたのである[56]。こうした政治的不確実性が深刻であれば、機械や工業化に投資しようという気にはならないものだ。こうしてフランスでは経済の発展が妨げられることになる。ホーンはこう述べている。「労働者階級の手による徹底的な社会経済革命の可能性があったため、フランスはイギリスとは異なり、国家も実業家も安全に利益の最大化を図ることはできなくなったし、技術革新に力を入れることもできなくなった……一七八九年の機械化反対運動は革命政治の出現の予兆であり、本来は強圧的なフランス国家が暴動に対してほとんど無力であることを露呈した。革命の嵐が吹き荒れた一〇年（一七八九―九九年）の間、フランスの実業家は労働者階級の暴動の鎮圧を政府に期待することができなかった[57]」。

第1部の結論

一七五〇年以前の低成長は、発明の少なさとか知的好奇心の乏しさといったことが原因ではない。産業革命以前の世界にも重要な発明が少なからず存在した。「アンティキティラの機械」、機械式時計、印刷機、望遠鏡、気圧計、それに潜水艦まで。これらの発明の一部は、産業革命期に次々に登場した「新奇な発明品」よりあきらかに技術的に高度だった。だが技術的創造性にあふれた人々が存在するだけでは、経済の発展は実現しない。まずはその技術が経済的な目的に活用しうること、そして実際に広く普及することが必要である。経済学者のフリッツ・マハループが指摘したとおり、「才能を発揮するのにインセンティブはいらないが、がんばって働くにはインセンティブが必要だ[58]」。産業革命前の時期にも、才能が大いに発揮されたことはまちがいない。だがそれを活かす機械に投資するインセンティブはほとんど存在しなかった。

産業革命前の政治権力を掌握していたのは地主階級である。この権力構造を形成したのは農業の発明だった。農業が発明されて初めて食糧の貯蔵が可能になり、土地の所有が可能になり、個人が余剰をかなりの程度蓄えることが可能になった。こうして所有権という概念が生まれ、この権利を維持する政治機構が必要になる。農民の労働と引き換えに保護を与えるという構造が形成され、世界は平等ではなくなった。そこでは、苦労して技術の進化を求めるより、超過利潤の追求《レントシーキング》のほうが得るものが大きい。支配階級の間には、労働置換技術の導入は労働者の困窮、ひいては社会不安、最悪の場合には政治体制の転覆につながりかねないという懸念が生じる。このため、労働置換技術の導入を阻み、ときには禁止した。政治権力者が技術の進歩から得るものより失うものが大きいと感じるこうした状況が、西洋を長い間テクノロジーの罠に閉じ込めていたのである。この罠に閉じ込められている間、労働者のスキルを陳腐化させるような技術はたびたび暴力的な抵抗に遭った。

だがさまざまな出来事が次第にイノベーションに有利に働く。封建制の衰退と国民国家の台頭、そして国家間の競争の激化を背景に、技術の進歩を押さえ込むことの代償が高いものにつくようになる。技術力が劣る国は技術力に勝る国に追い抜かれ、最悪の場合は征服されかねない。となれば、保護主義的な経済政策は、政治体制の維持と相容れなくなる。言い換えれば、外的な圧力の脅威が、国内の社会不安の恐れを上回るようになったのである。都市間の競争が激化し、機械化の進んだ都市が有力になるにつれて、労働置換技術に猛烈に抵抗してきた手工業ギルドは弱体化した。政府にとっては、ギルドを見限り実業家や発明家に味方することが容易になったわけである。デスメット、グライフ、パレンテは次のように書いている。

「司法からも政治家らも支持が得られなくなると、手工業ギルドは自分たちの職を脅かす新技術に対して暴力的な手段で立ち向かうようになった。それは暴動、示威行動、破壊行為などの形をとり、一九世紀初頭には一段とひんぱんになった。その代表例が一八一一〜一六年のラッダイト運動である。だがこれらの暴力的対応は、力の誇示ではなく、衰退するギルド制度の断末魔の苦しみにほかならなかった……これが実際に起きたことである。ギルドが衰退し労働置換技術の導入が阻まれなくなると、イギリスが大々的な工業化へと突き進み、マルサスの罠を脱け出すのはもはや時間の問題だった[59]」。

以上のように、イギリスの工業において機械化が始まったのは、支配階級が実業家と発明家の側についてからだった。

第 2 部

大分岐

PART II. | THE GREAT DIVERGENCE

一七八〇〜一八五〇年の三世代足らずの間に、人類の歴史において前例のない大規模な革命がイングランドの顔をすっかり変えた。この革命以後の世界はもはや以前とは同じ世界ではない……産業革命ほど劇的な革命はほかにない。おそらく新石器革命を除いては。

——カルロ・チポラ『ヨーロッパ経済史』
Carlo M. Cipolla, *The Fontana Economic History of Europe*

富の増大は、生産に供給された労働力に応じて人口の大半に利益をもたらすように見えた。だがこの富の増大は階級の対立を引き起こす。一方の階級は数が増え、他方は富が増えた。一方は労働が増え、不安定な最低生活賃金で暮らし、他方は文明の高度化の恩恵を全面的に享受した。この状況があらゆるところで顕在化すると、どこでも同じ考えと感情に駆り立てられた運動が起きた。

——ポール・マントー『一八世紀の産業革命』
Paul Mantoux, *The Industrial Revolution In the Eighteenth Century*

機械の普及は、労働者たちの間で猛反発を招いた。産業革命を実現させたテクノロジーは主として労働置換技術であり（第4章）、そのことが抵抗を招いた主因だったと考えられる（第5章）。だが今回は、政治権力は断固として機械化の味方につく。この時期を通じて労働者は政治権力を持ち合わせておらず、いくら抵抗したところで勝つ見込みはなかった。

機械化は、ごく少数の、それもマイナーな発明から始まったように現代人の目には映る。そのマイナーな発明が工場制を確立し、工業が持続的に発展する時代の扉を開き、現代の世界を作った。工場の歴史は、科学の歴史とよく似ている。ガリレオ・ガリレイ、フランシス・ベーコンあるいはルネ・デカルトはたしかに近代科学の父と言えるかもしれないが、近代科学をすべてこの三人の功績に帰すのはばかげているだろう。それと同じで、工場制もリチャード・アークライト、サミュエル・クロンプトン、ジェームズ・ワットだけの功績ではない。そもそも彼らのずっと前から工場は存在した。ただし、決定的なちがいが一つある。それは、カール・マルクスが指摘したように、機械が導入されたことだ。[1]当時のかなり素朴な機械の発明者たちは、みな現代の発明家に匹敵する重要な役割を果たしたのだった。

科学の進化と同じく、工場制の進化もゆっくりとしか進まず、しかも産業や地域によって進み方にばらつきがあった。産業革命が自律的な成長へと「テイクオフ」したという経済学者ウォルト・ロストウの見方は、その後の実証分析によって決定的に覆されている。産業革命はもっと漸進的なプロセスだったことが判明したのである。[2] 産業革命期には成長のペースが全体として鈍かったうえに、工業生産高も革命と言えるほどの急激な増加はまったく示していない。[3] 一七五〇～一八〇〇年の一人当たり所得は、一八世紀前半より速いペースで伸びたとは言いがたい。だが一八七〇年には、イギリスの一人当たり所得は一七五〇年と比べて八二％も増えていた。年成長率は〇・五三％である。現代の基準からすればひどく低いが、産業革命前と比べれば大幅に高い。

産業革命がマクロ経済に与えたインパクトは、革命の名にふさわしいとは言えない。それでも多くの指標が、一七五〇年以降に技術革新が起きたことを示している。まず年間の特許件数が、一七六〇年代には五〇年代の二倍以上に増え、その後も増え続けた。[4] たしかに承認された特許の中には経済効果が甚だ疑わしいものも少なからずある。それでも特許が急増した時期をみると、歴史家T・S・アシュトンの「一七六〇年頃にイギリス全土を新奇な発明品の波が襲った」という言葉もあながち誇張とは言えまい。[5] 産業革命を決定づけるような発明の多くが登場したのもこの頃である。アークライトの水力紡績機、ワットの蒸気機関の分離コンデンサ方式は、いずれも一七六九年に特許を取得した。

これらが経済に革命的インパクトをもたらさなかった理由ははっきりしている。すでに述べたが、すぐれた技術が登場しただけでは経済成長には直結しないからだ。経済が成長するには、その技術が広く受け入れられなければならない。だが産業革命は、最初はごく少数の分野に限られており、それらは全部を足し合わせても経済全体に占める割合はごく小さかった。つまり産業革命の最初期は、けっして全産業にまたがるものではなかったのである。経済史家のマイケル・フリンはこう説明する。「統計からわかるのは、非常に活発な分野がいくつかあり、その経済規模の拡大が重なり合ったということだ。これらの分野が国内総生産に占める割合は一八世紀末の時点でさえ統計的にはごく小さい。だがこれらの分野の成長だけで、経済全体の成長率を二倍に押し上げるには十分だった」[6]。産業革命は繊維産業で始まった。したがってこの産業の労働者は機械化された工場の威力を目の当たりにすることになる。繊維産業の機械化は、以下の章で論じるように、経済史家が「大分岐」と呼ぶ大きな流れを引き起こした。大分岐とは、産業革命後に西洋が他国を圧して富裕になった過程を意味する。だが産業革命の初期には、イギリスの国内でも大分岐が起きていた。事業の利益が急増する一方で賃金は上がらず、所得格差が大幅に拡大したのである。

第4章 工場の出現

Chapter 4. THE FACTORY ARRIVES

驚異の年——ドナルド・カードウェルは一七六九年をこう呼ぶ。この年にリチャード・アークライトとジェームズ・ワットがそれぞれの発明に特許をとったことから、産業革命の始まった年とされる。[1] だが実際には、産業革命の起源はもっと遡ることが可能だ。むしろ産業革命は工場制の進化とともに出現したと言うほうが正しい。工場というものが正確にいつ出現したかはわかっていない。アンドリュー・ユアの『製造の思想』(一八三五年)に初めてこの言葉が登場し、「子供から大人まで多くの階層の労働者が一緒に働き、中央動力装置によって連続的に駆動される製造機械を忍耐強く見て回り、必要な操作をする」ところだと説明されている。[2] 最初の法的な定義が登場するのは一八四四年だ。「機械を駆動させるための蒸気機関その他の動力装置が中庭や住居部分に設置された……建物および土地」を指すものと定義されている。[3] つまり工場制は、動力源により駆動される機械を製造に使用するようになったときから始まったということになる。

工場制を理解するには、それまでの製造方式と対比させて考えるとわかりやすいだろう。一八世紀前半のイギリスでは、家内工業がまだ主流だった。経済史家のポール・マントーが描く工場出現前の労働と生活の様子を読むと、いかに産業革命が時代を大きく変えたかがよくわかる。家内工業では、職人は窓のほとんどない小屋に住んでいる。小屋にはだいたいにおいて部屋が一つしかなく、この部屋を生活空間と作業場の両方に使う。作業スペースをできるだけ広くとるため、家具はほとんどない。作業編成は単純だ。職人の家族の人数が十分に多ければ、作業を分担して何から何まで家族でこなす。たとえば妻と娘たちが糸紡ぎを、男の子が毛梳きを、職人本人が織り機を担当する。別の職人を雇う場合は、彼らも親方と寝食を共にする。職人たちは親方を別の階級とは考えていない。親方は生産工程をすべて管理し、外部の資金には依存しない。原料から必要な道具まですべて自己資金で調《ととの》える。生計の一部は地代に依存するので、家内工業は生計の足しという位置づけであることが多い。生産方式は中世からほとんど変わっていない。

家内工業の生産量の伸びはごくゆるやかだが着実だった。市場が統合されるにつれて、職人にとっては仲介役としての商人の存在が欠かせなくなる。生産したものをイギリス各地に、さらには世界に売りさばいてくれるからだ。職人が生産する生地は染色などの加工をしていないので、そうした加工を施すためにも商人が欠かせない。よく売れるように仕上げてから市場に売り出すために、商人が自ら労働者を雇うようになった。商業資本家の誕生である。雇われる労働者たちはまだ農村部に住んでおり、農業と兼業しながら自営業者として仕事を請け負ったが、次第に生計を商業資本家に依存するようになる。彼らは、収穫が振るわない年には自分の使う道具を交換あるいは修理することができないという悩みを抱えていた。それを知った商業資本家は、道具を提供するようになる。こうして農村部に住んで曲がりなりにも独立していた請負業者は、やがて商業資本家の住む町に集められ、雇われて働く賃金労働者になった。言い換えれば次第に生産手段の所有権を失い、仕事の手順や進め方についても自立性を失って、マルクスの言う労働者階級を形成するようになった。工業化の始まりを特徴づける現象として、ゆっくりだが確実な資本と労働の分離が挙げられる。一七世紀後半以降、分離のプロセスはイギリス全土に広がった。もっとも地域によってちがいはあり、たとえばヨークシャーでは職人の独立性は長いこと保たれたのに対し、ブラッドフォード地方では富裕な商人が工業を牛耳った。だがいずれにせよ、どの地域でも生産方法に変化はなく、機械化はいっさい見られなかった。[4]

では、いつどうして工場制は出現したのだろうか。すでに述べたように、国際貿易がさかんになり、国家間の競争が激しくなったという要因が大きい。これで、新技術の導入を渋っていたら他国に遅れをとり、戦争でも不利になるという状況が形成された。イギリスの場合、賃金の上昇も機械化を促す要因となっている。機械化を進めなければ国際競争力を失ってしまうからだ。輸出依存度の高い生産者は、なんとかして労働コストを減らそうと躍起になった。また国際競争の激化は、政治権力の側にとっても機械化推進の誘因となる。しかも商業資本家には、労働者に置き換わる高価な機械を導入する資本力があった。そして、高価な機械は工場のような生産環境でなければ経済的に見合わないし、技術的にも成り立たない。機械によってはとにかく大きすぎて小屋になど入らなかったし、蒸気機関、パドル炉、絹撚糸機の類が騒々しく危険で、工場環境でないと動かせないのは言うまでもない。[5] つまり工場制の発展は、経済的・政治的インセンティブから推進された技術進化のプロセスそのものだったのである。とは言え、工場制が誰の目にもわかるようにはなばなしく登場したのが一七六〇年代後半だったとしても、もっと前から工場は存在した。一七一八年には、ダービーに絹糸紡績工場があったことがわかっている。五階建ての建物で、三〇〇人が働いていた。

機械の登場

絹糸紡績産業がイギリスで誕生したのは、信教の自由を認めたナントの勅令が取り消され、熟練工の集団がフランスを脱出してロンドン郊外に移住してきてからのことである。初期のイギリスの絹糸紡績産業は、密輸業者が持ち込んだ安価な絹との競争にさらされて苦しい時期を過ごす。イギリスの賃金水準が高かったため、国内の生産者では太刀打ちできなかった。そこで、労働コストを減らす方法を見つけることが急務となる。なんとか絹撚糸機を開発しようと多大な努力が払われたが、あらゆる試みが失敗に終わった。その頃、望みの機械はすでにイタリアにあるという噂が流れたのである。このイタリアの秘密を手に入れようと、一七一六年にジョン・ロブは危険な旅を敢行する。イタリア人聖職者が手を貸した。絹糸紡績工場主の聴罪司祭だったという人物である。この司祭と一緒にロブは機械に近づく計画を練り、気づかれずに機械の図面を書き上げ、絹織物の間に隠してイギリスに持ち帰った。そして一年後にジョンと、必要な資金を出してくれた兄のトマスはダービーの近くに工場を建設する。イタリアから持ち帰った図面に基づいて絹撚糸機が作られ、トマスは一財産築く。しかも産業スパイ行為で財を成したうえに、イギリスへの貢献が認められてナイトの称号まで頂戴した。機械化されたダービーの絹糸紡績工場はたしかに印象的だったにちがいない。だがダービーとストックポートに誕生した工場だけでは、経済全体にインパクトを与えるにはいたらず、絹糸紡績工場は、「小人の時代の巨人」に過ぎなかった。[5]

産業革命の先触れの役割を果たしたのが絹だったとすれば、本格的な始まりを告げたのは木綿である。綿紡績産業は一七五〇年の時点では取るに足らない存在だったが、急成長を遂げてイギリス最大の産業となり、一八三〇年には国内総生産（GDP）の八％を占めるにいたった。マンチェスターを始めとする工業都市が出現したのもこの頃である。そしてイギリスの綿糸生産量は、一七世紀に世界最大だった中国とインドをついに追い越す。一七五〇年の時点で比較すると、ベンガルの綿糸生産量が年間約八五〇〇万ポンドだったのに対し、イギリスはわずか三〇〇万ポンドだった。[7] イギリスが苦戦した理由の一つは、アジアのほうが賃金水準が低いことにある。だがコスト面のこの不利も、やがて有利に働くようになる。国際競争の激化を背景に、機械化を促す誘因となったからだ。

機械化される前の綿紡績は苦労の多い作業だった。細糸を作るには紡錘車と紡錘を、太糸を作るには糸車を用いる。産業革命直前の綿糸製造は三段階の手順で行われていた。まず、原料の綿花から埃や汚れを取り除く。次に繊維を揃えて粗糸にし、最後に撚糸工程を経て糸にする。この三つの工程がすべて機械化された。近代的な綿紡績ひいては産業革命の先駆者となったのは、アークライトである。「アークライトの機械を使った工場は、技術の歴史の領域にはもう属していない。言葉の最も広い意味において経済的な事実となった」とマントーは書いている[8]。アークライトはいくつもの発明をしたが、最大の功績はまちがいなく一七七六年に操業を開始したクロムフォード・ミル二号だ。工場内には一連の工程の中に水力紡績機が据え付けられており、他の綿紡績工場の手本となった[9]。

もちろん、アークライトがたった一人で綿紡績産業を変えたわけではない。彼はたまたまこの産業で成功した実業家の第一号になっただけである。遡ること二〇年、一七四〇年代から五〇年代にかけて、ルイス・ポールとジョン・ワイアットがローラー式紡糸機を開発している。ワイアットはすでにこのときに工場制の可能性に気づいていたが、実行に移すことはできなかった。彼の推定によれば、ローラー式紡糸機は紡糸に必要な労働者の数を三分の二まで減らせるので、利益率を大幅に押し上げることができる。もし名誉革命の前だったら、彼は労働置換効果を用心深く隠していただろう。隠さなかったということは、労働置換技術がだいぶ受け入れられるようになっていたことを示している。とはいえ、すんなり受け入れられるようになったと考えるのはまちがいだ。ラッダイトが起きるのはだいぶ先にしても、一八世紀の労働者も自分たちの生計手段を脅かす機械に対しては容赦しなかった（くわしくは次章で論じる）。失業してもすぐにもっと高賃金の職が見つかるとワイアットがしきりに言ったのも、そのためだろう。「生地商人の売り上げが増えて産業全体が活気づく。機械で得た利益に呼応して貿易は拡大するはずだ。そうなれば人手が足りなくなって、解雇された三三％の労働者の一部を雇うだろう……羊毛の刈り取り、洗浄、梳き、織りにいたるまで、あらゆる工程で人が足りなくなる……こうして労働者は雇用を確保したうえで、機械化前より多くの賃金を手にするにちがいない」[10]。労働置換技術は一握りの実業家を裕福にするだけでなく、イギリス全体を富ませるのだ、とワイアットは力説した。機械がいずれイギリスをゆたかにすると考えた点で彼は正しかったが、彼らの機械は現実には当人をゆたかにすることさえできなかった。ルイス・ポールは債務不履行で監獄送りとなり、機械は他の財産共々差し押さえられてしまう。一七四二年にポールとワイアットが破産すると、彼らの発明はエドワード・ケーブに売却された。ケーブはジェントルマンズ・マガジンの編集長だったが、ノーサンプトンに小さな工場を建設し、水力で駆動するローラー式紡糸機五台を据え付けた。この工場が最終的にアークライトの手に渡るのである[11]。

こうしたわけで、アークライトの成功は輝かしい発明の才能のおかげとは言えない。むしろ、ローラー式紡糸機の実用化を妨げていた数々の技術的なボトルネックを解決した工夫に拠るところが大きい。ルネサンス期の技術とは異なり、一八世紀のイギリスに登場した発明は、一％の閃きと九九％の汗で実現したのである。それに、発明家には共通の目標があった。生産に占める労働コストを減らすことである。ローラー式の紡糸を効率よく実用化したアークライトの水力紡績機は、紡糸工程に要する労働コストを三分の一に減らし、粗綿糸の生産コスト全体を二〇%圧縮したと見込まれる。アークライトの第二の発明である梳綿機もこれに劣らぬ効果を挙げた。ただし水力紡績機と同じく、梳綿機もゼロからの発明ではなかった。特許申請時に異議申し立てがあったことがそれを裏付けている。[12]

このほかに重要な発明として、ランカシャーの織工だったジェームズ・ハーグリーブスのジェニー紡績機が挙げられる。あるとき紡ぎ車が床に落ちても回り続け、言わば自動的に紡いでいるように見えたことからハーグリーブスはこの紡績機を思いついたと言われる。この伝説の真偽はともかく、ジェニー紡績機がきわめてシンプルな構造であることはまちがいない。四本足の上に長方形の木枠が載っており、その一方の側にスピンドル（紡錘）が並んでいる。枠の上部または下部に設置されたホイールを回してスピンドルを回転させ、糸に撚りをかけて巻き取るというしくみだ。発明されたのは一七六四年頃らしい。水力紡績機と同じく、ジェニー紡績機も科学的大発見は何も必要としない。ジェニー紡績機がすぐれているのは、労働者一人で数十本のスピンドルを同時に扱える点である。その結果、従来の紡ぎ車は駆逐されることになった。ジェニー紡績機の価格は紡ぎ車の七〇倍もしたが、それでも水力紡績機よりずっと安い。それにスペースをとらないので大規模な工場も必要なかった。[13]生産プロセスを大幅に変更しなくてよい点も、ジェニー紡績機が広く普及した一つの要因だろう。

ジェニー紡績機は工場制の台頭を直接後押ししたわけではないが、間接的には貢献したと言える。やはりランカシャーの織工だったサミュエル・クロンプトンは子供の頃からジェニー紡績機で糸を紡いでおり、重要な改良を加えた一人である。その成果として一七七九年に開発されたのがミュール紡績機だ。ジェニー紡績機と水力紡績機の両方から着想を得たため、雑種を意味するミュールと名付けられた。ミュール紡績機は当初は家内工業で使われていたが、細くて強い糸を作れることから急速に普及し、工場で大規模に使われるようになる。そして当初は木製だったローラーは水力紡績機と同じく鉄製に進化した。

紡績機が紡ぎ車に取って代わるようになると、手紡ぎ職人は不要になる。したがって当然ながら、労働者たちからは歓迎されなかった。ハーグリーブスが紡績機を発明したらしいという噂が広まると、ランカシャー州ブラックバーンの住民は彼の家に押し入って機械を打ち壊した。労働者が機械を破壊する事件は産業革命初期には日常的に起きていたのである。こうした状況では、機械化で利益を得る側が強い政治的影響力を持ち始めていたとは言え、発明家は自分の機械が人間の労働に置き換わるとか労働の節約につながるなどとは言いたがらなかった。経済史家のジェーン・ハンフリーズは次のように説明している。

「一八世紀前半の発明家は、自分たちの発明が人間の労働を不要にするとはまず主張しなかった。おそらく、地元の雇用に悪影響をおよぼすようなことを宣伝するのは得策ではないと考えたのだろう。発明家たちは、むしろ雇用の創出、とくに女性や子供の雇用創出につながることを売り込んだ。これは、女子供の雇用に切り替えれば雇い主にとってコスト負担が減ることを暗に示している。だが時が経つにつれて、人手を不要にすると発明家が主張しても問題ではなくなった。一七九〇年代になると、特許権保有者は何の遠慮もなく、繊維、金属、皮革、農業、醸造、とにかく何であれ、労働置換型の発明であることを堂々と売り込むようになる。もっとも、労働者が全員不要になるわけではなく、駆逐されるのは主に成年の熟練労働者だった。発明の多くは、腕力や技能の必要性を減らすから未熟練の女子供でも熟練職人の代わりになる、ということが売りだったのである。ジョン・ワイアットが自分たちの発明を擁護するために持ち出した言い分は巧妙だ。ワイアットはまず、法的権利の乏しい女性や子供の雇用を創出すると謳った。さらに、一〇〇人を雇用する事業者はそのうち最高の技能を持つ者三〇人をクビにして子供か障害者一〇人に切り替えられるので、利益が三五%増える。その一方で、教区は貧民の救済をしなくて済むようになるので五ポンドの節約になる、云々。とは言え熟練職人が女子供で置き換えられてしまうことこそ、新技術に対する抵抗の最大の理由だったから、やはり労働置換技術であることを謳うのは勇気がいったにちがいない。そう考えると、公表された以上に労働置換型の発明は多かっただろう[14]」

では、紡績機は実際にどの程度労働者の節約を実現したのだろうか。この点はさかんに議論されてきた。労働コストが削減されたこと、手で紡いでいた労働者が不要になったことはまちがいない。たとえばジェニー紡績機を導入すると、労働が資本に置き換えられるだけでなく、賃金の高い熟練労働者が子供に置き換えられた。アークライトが南部のピーク地方に工場を建設したのも、同地の子供の数が多いことに気づいていたからだろう。なにしろ初期の紡績機は、子供が機械の下にもぐり込んで糸くず掃除をするように設計されていたのである（くわしくは第5章で取り上げる）。当時の辛口の評論家アンドリュー・ユアは、「機械を改良する目的と言えば、成人男性の仕事を女子供に置き換えてコスト削減を図ることだった」と述べている。[15]

言うまでもなく紡績機のメリットは、高賃金労働者を機械と低賃金労働者に置き換えることだけにあるわけではない。子供の割合が増えるにつれて、工場の労務管理を強化できるというメリットもあった。子供たちはみな貧しく、見習いという位置づけで、親元から遠く離れた工場で働かされる。子供が労働力の大半を占めるようになった工場も珍しくなかった。そうなると、大人の場合であれば単に仲間が存在するだけで権利の防波堤の役を果たしたのに、子供ではそれが期待できない。子供たちはしばしば賃金すら払われなかった。法律の保護が得られないのをいいことに、児童労働者の管理にあたって工場監督や職長たちはアメではなくムチばかり使った。大人に比べ子供の労働者は交渉力をほとんど持ち合わせていないため、工場の無慈悲な規則を押しつけるのはいとも簡単だったにちがいない。[16] ハンフリーズが指摘するとおり、「熟練職人を相手にするときに踏まなければならない手順を省略して抵抗を棍棒で押さえ込めるようにする」プロセスの発明には多大なメリットがあった。[17]

一八世紀後半に糸紡ぎが工場制に転換してからも、織るほうはまだ家内工業で手動で行われていた。アークライトの特許が切れてあちこちに紡績工場が建設され、大量の綿糸が出回るようになると、今度は織り手が不足するようになる。この問題を聞きつけた聖職者のエドモンド・カートライトは自動織機の開発を思い立つが、周囲からは無理だと反対された。旧家の出身でオックスフォード大学を卒業し文芸三昧の日々を送っていたカートライトは発奮し、大工や鍛冶屋の助けを借り、数十年かけて自動織機を完成させた。彼はグリムショー兄弟とともに、四〇〇台の自動織機を備えた工場を一七八五年にヨークシャー州ドンカスターに建設する。だが工場は、仕事を奪われると危惧した労働者たちの焼き討ちに遭ってしまう。エリザベス一世の時代であれば、社会不安を恐れる政府はまちがいなく自動織機を禁止していただろう。だが今回イギリス政府はあきらかに発明家の味方であり、発明を禁じるどころか助成金を出している。カートライトが発明の功績に対して議会から一八〇九年に報奨金をもらったことは、自動織機がイギリスの国際競争力の強化に大きく貢献したことの証と言えよう。[18]

自動織機が偉大な発明であったことはまちがいない。カートライトの自動織機は改良を重ねられ、生産性も大幅に向上していく。経済史家のジェームズ・ベッセンの計算によると、一八〇〇年には織工一人が手動織り機一台を使って粗布一ヤードを織り上げるのに四〇分近くかかったが、一九〇二年には自動織機一八台を使えば一分足らずで仕上げられたという。[19] だがその結果、織り職人は犠牲になった。彼らの運命については第5章でくわしく取り上げることにし、ここでは自動織機の導入でほぼ完成した繊維産業の機械化から、輸送産業へと目を転じることにしたい。

鉄、鉄道、蒸気

大方の人が産業革命を牽引したのは蒸気機関だと考えている。たしかにそう考えてまちがいではないが、実際には蒸気機関は工業化のプロセスで遅れてきたエースだった。腕力や馬力から機械への移行が工場制の台頭を決定づけたことはたしかにしても、蒸気機関が経済に与えた影響が顕在化するのは一九世紀半ばになってからである。動力源としての蒸気が水力を圧倒的に上回る優位性を備えていることは疑問の余地がない。水力は何と言っても地理的条件に左右される。マルクスは蒸気機関を最後に登場した原動力だと述べたうえで、「その出力は完全に人間がコントロールすることができる。また、持ち運びができるので都市部で使うことができ、したがって都市部に生産を集中することが可能になる。これに対して水車は農村部に設置するので、全国に点在することになってしまう」と指摘した[20]。そのとおりだが、もっと重要なのは蒸気機関が工場生産に限らず汎用的に利用できる、とくに輸送に応用できるという点だ。コンピュータや電気と同じく、蒸気機関は経済学者が「汎用技術(general purpose technology)」と呼ぶものに該当するのである。

蒸気機関には、一八世紀の他の重要な技術とは異なる点が一つある。他の技術が純粋に工学的な工夫の産物だったのに対し、蒸気機関は科学革命の申し子であって、大気には重さがあるという科学的発見から生まれたことだ。蒸気機関の誕生をもって科学が技術開発の主役に躍り出たのであり、その重要性は時代とともに増していくことになる。大気圧の発見は、はやくも一七世紀後半に軍人のトマス・セイヴァリの手によって最初期の蒸気機関に活用されている。と言っても最初の蒸気機関はポンプとしか言いようのない代物で、ボイラーがタンクと連結されているだけだった。主な用途は銅鉱山からの廃水の汲み上げである。だがセイヴァリは蒸気機関の汎用性に気づいており、鉱山だけでなく、都市や家への水道水の供給、火事の消火、機械類のホイールの回転などにも使えると考えていた。しかしセイヴァリの蒸気機関は、鉱山での使用にすら適さなかった。力が弱く、汲み上げられる深さは一〇メートルが限度だったからだ。一七一二年にはトマス・ニューコメンが大気圧で動作する蒸気機関を発明し、セイヴァリの蒸気機関は退場を余儀なくされる。だがニューコメンの蒸気機関も広く普及するにはいたらなかった。蒸気機関を動かすには大量のエネルギーが必要だったため、工場ではほとんど採用されなかったからだ。一七七〇年になっても、ニューコメンの蒸気機関はもっぱら炭鉱で揚水用に使われていた。炭鉱では当然ながら安価な石炭がいくらでも使えたからである。

蒸気の力が経済的に見合うようになったのは、ジェームズ・ワットが分離コンデンサ方式を発明してからのことだ。シリンダーから切り離したコンデンサに蒸気を誘導すれば、シリンダーを常時高温に保ち、熱量の損失をなくすことができる。[21] とは言え、ワット機関が本格的に実用化されるまでには数十年の歳月と実業家マシュー・ボールトンによる資金援助が必要だった。ワット機関は一七八四年に初めてアルビオン製粉工場で使われている。ボールトン&ワット商会が蒸気機関の販売促進目的で投資した工場である。翌年にはワット機関は綿紡績に応用され、さらに紡毛紡績、製材、醸造、窯業、食品加工、製糖、鉱業へと用途を広げていった。それでも、経済への直接のインパクトはまだごく小さかったと言わざるを得ない。経済史家のG・N・フォン・タンゼルマンは蒸気機関の社会的節約（social savings）を計算し、一八〇〇年におけるイギリスの国民所得は、仮に分離コンデンサ方式が発明されなかったとしても〇・一％少なかっただけだろうと見積もっている。[22] 社会的節約とは、ある新技術によるコスト削減効果が次善の技術をどの程度上回るかを表す数字である。言うまでもなく、こうした数字は仮定の立て方次第で大きく変わる。それでも、一八〇〇年以前の蒸気機関の経済的効果が無視できる程度だったという計算結果は直観的に頷ける。一八世紀には二四〇〇—二五〇〇基の蒸気機関が製造されたが[23]、一八三〇年までは経済へのプラス効果はごくわずかだったと経済史家のニコラス・クラフツも述べている[24]。だがその後、とくに一八五〇〜七〇年には生産性の伸びに大きく寄与するようになる。ただし同じく汎用技術である電気やコンピュータに比べれば、寄与度は小さかった。農業や建設など多くの産業分野が蒸気機関とは無縁だったし、家庭で使われるということもない。しかも電気やコンピュータと同じく、蒸気機関の場合も経済的便益が顕在化するまでにはタイムラグがあった。一つの理由は、水力のほうがかなり長い間蒸気機関より安価だったことである。蒸気機関にはムーアの法則はまったく働かず、一八四〇年代まで多くの工場は相変わらず水力を動力源にしていた。蒸気機関の燃料消費量がようやく大幅に減り、経済的に見合うようになるのは四〇年代が終わる頃からである。

蒸気機関のすばらしい経済効率をはっきりと見せつけたのは、工業よりもむしろ一九世紀半ばの輸送革命である。鉄道が敷かれる前は、産業革命はおおむね地域的な性格にとどまっており、イギリスの大半の地域は革命とは無縁だった。と言っても輸送自体は一八世紀に格段の進歩を遂げている。議会の許可を得て道路建設公団が設立され、徴税や公債発行を行ってイギリスに有料道路網を整備したからだ[25]。道路が整備され、駅馬車が改良されると、長距離旅行に要する時間は大幅に短縮された。一七五〇年代にはロンドンからエジンバラまで一〇～一二日かかっていたが、一八三〇年代には四五時間と驚異的に短くなっている[26]。それでも馬より速く旅行できる人は一人もいなかったし、馬車を仕立てるなどということは一握りの富裕層に限られた贅沢だった。イギリス人の大半は、鉄道ができるまでは、目的地まで歩くほかなかったのである。ありがたいことに、鉄道は駅馬車よりずっと速いうえに安かった。最初の鉄道でさえ、駅馬車の三倍、健脚の人間のおよそ一〇倍の速度を記録している[27]。一八世紀半ばの鉄道狂時代を経て第一次世界大戦が勃発するまで、イギリスは精力的に鉄道建設を続けた。

そうは言っても、鉄道が本格的に実用化されるまでの旅路は長かった。鉄道建設には蒸気機関だけでなく、鉄の精錬技術が必要だった。車両、蒸気機関、機械類、橋梁、そしてレールにも鉄が使われる。一八世紀より前の木炭式溶鉱炉で作られる銑鉄は、高価なうえに脆かった。最初のブレークスルーが訪れるのは一七〇九年、ニューコメンの蒸気機関が誕生する三年前のことである。エイブラハム・ダービーが、木炭ではなくコークス（石炭を蒸し焼きにして不純物を除いたもの）を使って高炉で銑鉄を作る方法を開発した。実際にはダービーがこの方法を発明したわけではないが、費用対効果を大幅に改善した功績は彼にある。

一七〇九―一八五〇年に、銑鉄の平均生産コストは六三％下がったと見込まれる[28]。

ダービーの製鉄法から鉄道の誕生までの道のりを知るには、コールブルックデール製鉄所の歴史を辿るのがよいだろう。ダービー家が三代にわたって経営した製鉄所である。同社の歴史は、産業革命を導いた複数の技術の相互関係を示している点でじつに興味深い。ダービーの製鉄法のおかげで蒸気機関のシリンダーの精度がぐんと高くなり、蒸気機関のエネルギー効率が改善された。そのことが今度は鋳鉄の生産コストの圧縮につながる。一七七四年にボールトン＆ワット商会の蒸気機関がコールブルックデール製鉄所に据え付けられ、一八〇五年には改良品が導入された。この間に鋳鉄生産量は一日一五トンから四五トンへと生産性が三倍に伸びている。また一七五七年までにコールブルックデール製鉄所は、製品を運び出すための二六キロメートルの引込線を敷設していた。一〇年後、木製だったレールを鉄製に替え、世界初の文字通りの鉄の道が誕生する。だからダービーの製鉄法は蒸気機関車を実現しただけではない。そもそもコークス製錬がなければ、レールが生まれなかったのである[29]。

蒸気機関によって人間を乗せた列車の旅を実現するという夢はコールブルックデールから始まったが、この旅が現実のものになるまでにはなお数十年を要した。最初の客車は一八〇五年に登場したものの、引っ張っていたのは馬である。鉄道の誕生以前に、蒸気機関を使ったさまざまな陸上の乗り物が試作された。だが舗装が行き届いていないうえに通行料を課されることがネックになり、どれも不発に終わっている。蒸気機関で牽引する鉄道の発展に貢献した重要な人物の一人がリチャード・トレビシックだ。トレビシックは一八〇三年にロンドン蒸気自動車会社を設立し、ロンドン中心部で蒸気自動車を走らせることに成功する。彼の功績は、蒸気機関の小型軽量化に成功したことだ。分離コンデンサ方式をやめて、輸送目的に適した蒸気機関を開発したのである。だが実用に耐えられる蒸気機関が実現するまでには、ほかにもギアや連結器などさまざまな新しい技術が必要だった。そうした一連の新技術の結晶が、ジョージ・スティーブンソンのロケット号というわけである。ロケット号は世界初の鉄道会社リバプール～マンチェスター鉄道の営業運転用に採用され、客車に乗客を乗せて走ることになる。

一八三〇年のリバプール～マンチェスター鉄道（総延長五六キロ）の開業日は大々的な公式行事として、時の首相ウェリントン公爵アーサー・ウェルズリーも列席している。イギリスの工学技術の勝利を称えるこの日は、しかし、世界初の鉄道人身事故が起きた日でもあった。犠牲になったのは、地元リバプール選出の議員で元閣僚のウィリアム・ハスキソンである。彼は二年前に議会改革に反対して閣僚を辞任したいきさつがあり、列車が時刻表通り停車中に（絶対に乗客は車外に出てはならないと予め警告されていたにもかかわらず）線路に下りてウェルズリーの乗った車両に近づいたのである。おそらく和解しようとしたのだろう。

他の蒸気機関車が接近していることに気づいたときには遅すぎた。ロケット号にはブレーキが備わっておらず、運転手はギアを逆転させるほか手段がなかったが、その手順は複雑で到底間に合わなかったのである。ハスキンソンはその夜のうちに死亡した。

二〇世紀には大西洋航路を飛ぶドイツの旅客輸送用硬式飛行船ヒンデンブルク号が悲劇的な爆発炎上事故を起こし、飛行船の開発に永久に終止符を打つことになるのだが、ハスキンソンの死亡事故が大々的に報道されたにもかかわらず、人々の鉄道熱はいっこうに衰えなかった。待ちに待った長距離輸送の新しい形がいよいよ登場したのだとイギリス中の人々が理解しており、何物もその普及を阻むことはできなかったのである。イギリスの鉄道網は、一八五〇年の時点で総延長一万キロ足らずだったのが、一八八〇年には二万五〇〇〇キロに延びた。評伝作家のサミュエル・スマイルズは鉄道建設について「我が国が成し遂げた最もすばらしい公共プロジェクトであり、政府が過去に遂行した計画すべてをはるかに上回る。いや、これまでの時代に社会が実現したことを全部足し合わせたよりも偉大な業績だ」とまで述べている。[30] 現代のデジタル技術が人々のつながる範囲を広げたように、鉄道も一九世紀の人々の行ける範囲を大きく広げた。鉄道のおかげで本も手紙も新聞も遠くまで速く運ばれるようになり、発明やアイデアもあっという間に広まるようになる。もちろん人間の行動範囲も広がり、労働者はよい仕事を遠くまで探しに行けるようになった。そして言うまでもなく、運送費が下がるにつれて、生産者にとっては市場がぐんと拡大する。地域ごとに比較優位を持つものの生産に特化することも、鉄道網の整備によって初めて可能になった。工場はどんどん大型化して規模の経済を活かすようになり、地方市場を独占していた企業は他の地方との競争に直面することになる。工場が大規模になるほど蒸気機関を導入する経済的メリットも大きくなった。このように鉄道は製造業への蒸気機関の導入を強力に後押しし、ひいては労働集約型産業の隆盛、工業都市への人口集中を導くことになる。

鉄道が経済成長にどの程度寄与したかについては、多くの経済史家が社会的節約の概念を使って推定している。ゲーリー・ホークは初期の研究で、一八六五年の鉄道によるＧＤＰ押し上げ効果を六・〇〜一〇・〇％と見込んだ。貨物輸送だけで四・〇％、旅客輸送は一・五〜六・〇％だという。旅客に幅があるのは、快適さの価値をどう評価するかで変わってくるからだ。だがホークの推定には時間節約のメリットが含まれていないため、控えめな数字になっている。[31] 時間節約のメリットを含めたティム・ロイニックの試算では、旅客輸送による社会的節約は一八六五年の時点でＧＤＰの五％、一九一二年には一四％に達する。またこの期間中に鉄道はイギリス全体の生産性向上のおよそ六分の一を担ったという。[32] これらの数字から推定すると、鉄道時代直前の有料道路の社会的節約は（もともと少なかった）ＧＤＰの一％程度にとどまっていたと考えられる。[33] もっとも、鉄道の経済的利益が顕在化するのは発明からだいぶ経った一八七〇年代以降になってからだった。この頃に三等車の料金が大幅に下がり、これまで旅行など夢のまた夢だった庶民にも旅行が可能になったためである[34]。

つまり、産業革命がその威力を全面的に発揮するようになるまでには一世紀以上の歳月を必要とした、ということになる。蒸気機関と鉄道が経済に大きなインパクトを与えるようになったのは一九世紀後半になってからで、それまでイギリスの多くの地域は産業革命とは無縁だった。とは言え一部の地域や産業はもっと早くから変化を感じ取っていたし、それらの産業の拡大は一八〇〇年頃から統計にもいくらか表れている。それに、当時の人々の多くも産業の勃興に気づいていた。たとえばジャーナリストで議員のエドワード・ベイネス卿は、一八三五年に次のように書いている。「製造業が他に類例を見ない発展を遂げている。その原因が数々のすばらしい発明や発見にあることはまちがいない。古いやり方では一年かけて生産していた糸を、紡績機は一日足らずで紡ぎ出す。綿布の漂白にはこれまで六〜八カ月かかっていたのに、いまは数時間だ[35]」。ベイネス卿のこの指摘を他のどこよりも実感できるのは、綿織物の町マンチェスターだった。

第5章

産業革命と不満分子

Chapter 5. THE INDUSTRIAL REVOLUTION AND ITS DISCONTENTS

ベンジャミン・ディズレーリが若い頃に書いた小説『カニングスビー』（一八四四年）には、登場人物が当時の技術の進歩に目を見張る場面がある。「都会はどこもかしこも機械だらけだ。まちがいなくマンチェスターはいまどこよりもすばらしい町だ」[1]。その頃にはイギリスの綿糸・綿織物のほぼ三分の二が工場で生産されており、人間の腕力に代わって蒸気機関が活躍していた。また最初の旅客営業路線であるリバプール～マンチェスター鉄道は、すでに開通して一〇年以上になっている。近代工業はまさに上り調子だった。だがマンチェスターを始めとする主要工業都市がまばゆい光を放つ傍らで、強い懸念と不満も広がっていた。機械がもたらす恩恵が広く行き渡っていない、という不満である。『カニングスビー』の出版と同じ年に、フリードリヒ・エンゲルスは『イギリスにおける労働者階級の状態』を発表している。マンチェスター滞在中に書かれたものだが、エンゲルスの視点は稼働する機械の群に手放しで感心する当時の人々とはちがう。彼は、機械はふつうの人々の所得を減らし、一握りの実業家を潤すだけだと考えていた。「改良された機械が賃金を押し下げると労働者階級は言い続けてきたが、いまやブルジョワ階級がこれにしきりに異を唱えている……どうやらイギリスの中流階級は労働者の苦しみを無視したいらしい。実業家はもちろんのことだ。彼らは大量の賃金労働者を貧窮させて裕福になった」[2]。技術の進歩に対する労働者と中流階級の見方はまったくちがう[3]。経済史家のデービッド・ランデスは、中流階級と上流階級は望みうる最高の状況に置かれたと書いている。彼らにとってテクノロジーは新しい啓示であり、工場制は進歩という新種の宗教が正しいことの証だった。だが貧しい労働者たち、「とりわけ機械化された産業から取り残された集団や搾取される集団は……あきらかにちがう意見を持っていた」[4]。実業家は機械の威力に驚嘆したが、労働者は機械の導入に度々抵抗した。仕事を失う恐れは次のような詩にも表現されている。

「貧しい労働者たちは　さまよい歩く

見渡せばおなじみの貧困ばかり
国にも、町にも。
機械と蒸気機関は
貧しい人の希望を打ち砕いた
苦しむ失業者たちを
どうか見捨てないでくれ[5]」

低賃金労働者には不満を抱く理由が山ほどあった。労働者階級の状況は一八四〇年代以前と比べてほとんど改善されておらず、むしろ多くの人にとって生活水準は低下していた。マンチェスターやグラスゴーといった急速に発展する工業都市では、平均寿命が全国平均より一〇年も短かった。その全国平均でさえ四〇歳前後だというのに、である。せめて所得が大幅に増えでもすれば、工業都市での劣悪な労働・生活条件もすこしは耐えやすくなったかもしれない。だがそのようなことはまったく期待できなかった。工業都市での賃金は農村部より高く、不健康で汚い環境をいくらかは埋め合わせていたとする史料もあるが、イギリス北部の高い生活費で帳消しになったと考えられる。[6]産業革命期に生産量は前例のない伸びを示したものの、その利益は労働者まで下りて来なかった。[7]一七八〇～一八四〇年に労働者一人当たりの生産量は四六%増えたが、実質週当たり賃金は一二%しか増えていない。[8] 一七六〇—一八三〇年に平均労働時間が二〇%増えていることを考えると、人口のかなりの割合を占める人々の賃金は実質ベースで下がったと考えてよかろう。[9] 産業革命の利益を手にしたのは工業に先行投資した事業家たちである。彼らの利益は二倍に増えた。[10] 国民所得に占める資本の割合が拡大するにつれて、上位五%の所得が国民所得に占める割合は、一七五九年の二一%から一八六七年には三七%とほぼ二倍になったと、ピーター・リンダートは指摘している。[11]

物質的な生活水準のさまざまな計測値も、工業化プロセスの初期には多くの庶民の暮らし向きが苦しくなったことを示している。イギリスにおける一人当たりの食料消費量は一八四〇年代になるまで増えていないことが多くの調査で確認された。[12] 食料だけではない。家計支出に占める必需品以外の割合は着実に減っている。労働者階級の消費が縮小したとなれば、必需品以外の需要増は中流階級によるものだと推定できる。実際、産業革命期には消費格差が急拡大した。一九世紀前半を通じて家計部門の消費全体は増えているのだが、工場労働や農業に従事する集団では、必需品以外を買うことのできる世帯の比率は下がっているのである。[13] 生物学的な指標も、異論はあるものの、物質的な生活水準の低下を示唆している。他の条件がすべて同じであれば栄養状態のよい人ほど背が高くなるとすれば、成人の身長を物質的生活水準の指標として使うことが可能だ。[14] この理解に基づいて行われた調査によると、一八五〇年代前半に生まれた集団は、一九世紀に生まれた他のいかなる集団よりも身長が低いことが確かめられたという。しかも、一九世紀の最初の一〇年に達した身長に再び達するのは、最後の一〇年になってからだということもわかった。[15] 調査によって一時的なパターンのちがいは見られたものの、おおむね一八五〇年生まれの人の身長は一七六〇年生まれの人より低い、という点では一致している。

物質的生活水準の指標としての生物学的な指標を論じるにあたっては、病気や一般的な公衆衛生から切り離して考えることはできない。産業革命期には市民の健康状態の悪化が重大問題と化しており、原因が活発に議論されていた。弁護士で社会改革者のエドウィン・チャドウィックは「イギリスの労働者の衛生状態に関する報告一八四二年版」の中で、健康悪化は環境が原因だと結論づけている。工業化とともに労働者の生活・衛生環境が次第に劣悪になったとし、この問題を解決するには工業都市におけるゴミ処理、下水処理、水道整備が重要だと主張した。一方、エジンバラ大学の高名な医学教授ウィリアム・アリソンは、低賃金が健康悪化の主因だと述べた。失業、所得の激減とそれに伴う栄養失調が健康状態の悪化を招いたという。[16]

どちらの主張もそれぞれに正しい。産業革命がもたらした結果の一つは工業都市の出現だが、そうした都市は見た目が醜悪なだけでなく、人口が密集し不衛生な環境でも悪名高かった。農村部では生活が苦しく雇用機会も次第に減っていたため、労働者は次第に都会に住みつくようになる。一七五〇〜一八五〇年の一〇〇年間で、人口五〇〇〇人以上の都市部の人口が全人口に占める比率は二一％から四五％に上昇した。工業都市の生活状態はじつにおぞましく、経済史家は工場制が都市に罰を与えたと述べている。[17] 一八五〇年になっても、マンチェスターとリバプールの平均寿命はそれぞれ三二歳と三一歳で、全国平均の四一歳を大幅に下回っていた。[18] チャドウィックの指摘はこの差のかなりの部分を説明できているように見えるが、じつは当時の病気の状況は天然痘の予防接種の発明後に大幅に改善されているので、物質的生活水準の低下は実際にはもっとひどかったと考えられる。ただでさえ所得減は栄養状態の悪化に直結し、寿命も縮めることになるのに、そこに環境要因が重なったわけである。平均所得は上昇したとしても、多くの庶民の所得は減少し、中流階級との格差は拡大する一方だった。アメリカでも同じことが起きている。工業化の初期には食料価格のほうが労働者階級の賃金より速いペースで上昇したためだ。アメリカの工業化プロセスを研究した経済史家のジョン・コムロスとブライアン・エイハンは、次のように結論づけている。

「アメリカで構造変化が起きた際、経済が成長に転じたときからアメリカ人の栄養状態は悪化し始めた。この現象は一八三〇年代前半生まれの集団から始まり、一世代以上にわたって続いている。人口の急増、都市化、工業化など経済がダイナミックに変化する中で起きた現象であり、物理的な環境の悪化が原因と考えられる。栄養状態の悪化は、死亡率と疾病率の上昇を伴った。急激な工業化のこうした負の側面はこれまであきらかにされていなかったが、所得格差の拡大、実質食料価格の上昇が一因だろう。食料が値上がりした結果、食用に適さないものも食べるようになるなど、食事の質も低下した。経済が成長すれば生物としての人間も当然よい方向に成長すると考えがちだが、けっしてそうではないのである[19]」

イングランド問題

ふつうの人々がこのようにみじめな状況に陥ったのはなぜなのか。イギリスの賃金が他のどこよりも高いにもかかわらず、当時の多くの人は機械が仕事を奪うと不安に陥っていた。エンゲルスが労働者階級に関する著作を発表するかなり前から、こうした不安は公にされている。たとえば社会調査の先駆者として知られるフレデリック・イーデン卿の有名な著作『貧困の状態』は一七九〇年代にすでに発表されており、救貧院で暮らす人々は、機械化によって不要になった人たちだという。

「毛織物産業に機械が導入されたことについて、多くの人が不満を抱いている。紡糸や梳毛工程の機械化は低賃金労働者から職を奪うだけでなく、国家的な損失だというのだ。この問題に関してこれまでに聞いた意見を総合すると、土地は人が耕すべきであって、犂や馬も使ってはいけないということになりそうだ……紡糸機が人間の一〇倍の仕事をこなせるというのは、多くの人にとって途方もない不運だったと言わねばならない[20]」

工業と農業で機械化が進むにつれて、一九世紀前半を通じていわゆる機械化問題をめぐる懸念が深刻化していった。経済学者の中ではデービッド・リカードが次のように述べている。「労働者階級は、機械の導入は自分たちの利益を損なうと考えているようだ。こうした見方はけっして偏見と誤解に基づくものではなく、政治経済学の正しい原理と一致する[21]」。彼は主著『経済学と課税の原理』（一八一九年）の「機械について」と題する有名な章で、機械の導入に伴いこれといった技能を持たない労働者の需要は減り、いわゆるテクノロジー失業につながるが、そのような失業は短期的なものに過ぎないと理論的に証明している[22]。それでもその後数十年にわたって機械化への不安は膨らむ一方だった。時代の空気を捉えた小説を得意とするチャールズ・ディケンズやエリザベス・ギャスケルなどの作家は、機械化に対する労働者の怨嗟の声を作品に反映させている。ギャスケルの『メアリ・バートン』（一八四八年）は、一八三九～四二年のマンチェスターが舞台である。議会の公聴会に呼ばれた登場人物の一人は、こう証言する。「最後に申し上げたいことがあります。機械を破壊した連中に祝福があらんことを。ジェニー紡績機が登場して以来、いいことなど一つもありませんでした。機械は、貧しい人々を破滅させただけです[23]」。当時の人々は、機械が労働者の賃金、尊厳、道徳、自立、社会的地位におよぼす影響についても懸念を深めていた。一八三九年にマンチェスターの工場を度々視察したディケンズは、自身が幼少時に貧困と苛酷な労働に苦しめられた経験もあって、人々の劣悪な生活環境や労働条件に衝撃を受ける。小説『ハード・タイムズ』(一八五四年)はこのときの印象をもとに書かれた。マルクスは「労働者は道具を使う。工場では、機械が労働者を使う」と述べたが、ディケンズの描く架空の工業都市コークタウンでは「蒸気機関のピストンが、無為のあまり頭のおかしくなった象のように単調に上下運動を繰り返す」。小説では工場での反復作業の単調さが強調され、機械の奴隷と化した労働者の様子が克明に描写される。[24]

一八三〇年代の初め頃から、機械化問題はより広い「イングランド問題の状態」の一部と捉えられるようになる。これはトマス・カーライルが最初に使った言葉で、産業革命期のイギリスの一般的な労働者の状態を指し、著作の表題にもなっている。カーライルは工業化に強く反対し、機械は労働者の状態を悪化させるだけだと考えていた。ピーター・ギャスケル、ジェームズ・ケイ゠シャトルワース卿といった他の社会改革論者も同様の立場で、工場での長時間労働や機械の反復運動に神経を集中させるしくみは労働者の注意力を奪い、道徳心や知性の発達に悪影響をおよぼすと主張している。[25] 工場と対比させて理想的だと描かれるのは、家内工業だ。家内工業は、工業の黄金時代だと讃美される。工業都市の住人とはちがって農村部に住む家族は子供たちの精神的発育に悪影響をおよぼすような外部の要因から遮断されており、親が子供の考えや感情を導くことができる。それに、家内工業は家族が単位であるのに対し、工場にはそれまで地方に散らばっていた労働者が密集しており、新たな貧窮層を形成しているという。[26]

この対比はいささか誇張だとしても、家内工業制の労働者の生活が工場労働者とは大幅にちがっていたことはまちがいない。家内工業では住居と作業場の区別があいまいで、職人は家族と一緒に過ごす時間が長かった。職人たちは自分の必要に応じて働くのであって、職長の命令に翻弄されたりはしない。もちろん長時間働いてはいたが、いつ仕事を始めていつ終わりにするかは自分で決められた。こうしたわけだから、多くの労働者が工場に対して抱いた嫌悪感はよく理解できる。彼らにとって、長時間労働を強いられ自由裁量の余地のない工場は、監獄にそっくりだった。ランデスは、工場制が「必要とし、最終的に作り上げたのは、新種の労働者だった。それは、時計の情け容赦ない要求に従う労働者である」と書いている。[27]

産業革命期の人々にとっての未来は、今日人工知能の未来についてしばしば描かれる終末論的なシナリオとよく似ていた。テクノロジーが善よりも悪を多くもたらす未来である。ギャスケルは、自分が目の当たりにしているのは始まりにすぎないと確信していた。そして、将来には生産は完全に自動化され、雇用は危機的な状況になると予想している。

「現在はまだ繊細な手業を必要とするプロセスにもいずれは機械的な自動装置が導入され、すぐさま人間は不要になるか、機械と競争できる程度の賃金でしか雇われなくなるだろう。そんなことはあってはならない。人間の能力や技は高価でなければならない。機械化を一定限度以上に進めるべきではないし、賃金を最低生活賃金以下に引き下げてはならない……

工場が蒸気で駆動される立派な機械だらけになり、製造に必要なプロセスほぼすべてを機械でこなせるようになり、農業も機械で行われるようになる日は……急速に近づいている。これはけっして非現実的な予想ではない。いま言ったことに含まれているのは、次の世紀に起きる大々的な変革の一部に過ぎない。となれば、こんな質問をしたくなるかもしれない。ではどうすればいいのか、と。災厄を引き受けるしかない[28]」

ギャスケルはけっして過激ではないが、彼の著作はエンゲルスを刺激することになる。エンゲルスは労働者階級のみじめな状況は工場制に原因があると考えた。ともに『共産党宣言』を書いた同志であるマルクスは、のちに『資本論』の機械に関する長い章で、エンゲルスの研究を発展させ、次のように述べている。「機械が産業のある部門に導入されると、不要になった労働者は他の部門に流れ込み、労働力の価値をその実質的な価値以下に押し下げる……最も唾棄すべき目的のために人間の労働力を浪費するという恥ずべき行いがどこよりも横行しているのは、機械の発祥地イギリスである[29]」。

このようにヴィクトリア朝の工業都市は多くの問題を抱えていた。それでも、チャールズ・バベッジ、アンドリュー・ユア、エドワード・ベイネスといった機械化擁護論者は、機械と工場制を強く支持した。たとえばバベッジは『機械と工場制手工業の経済について』の中で、機械は労働者を手助けする点で有益だと述べ、「手仕事においてはさまざまな作業が発生し、誰かの手を借りられれば職人にとっては大いに役に立つ。このような場合、ごく単純な構造の道具や機械は助けになるはずだ……蒸気という強力な動力源の発見によって、この小さな島国の人々には何百万もの手が加わったのである[30]」。さらにユアは、機械が労働者の生産性を高めることに加え、機械の普及によってより高賃金の仕事が創出され、ふつうの人々の生活水準も上がると主張した。

「よい労働者は、機械は雇い主を儲けさせるだけだと不満を言うのではなく……新しい工場の監督者や管理者に出世すると同時に、市場における労働者の需要を拡大させる。この種の上方への階層移動が行われることによってのみ、賃金は上昇するのだ。労働者が誤った考えから起こした暴力的な衝突や中断がなかったら、工場制はもっと急速に発展し、すべての当事者にもっと多くの利益をもたらしていただろう。そして、腕のいい熟練工が裕福な工場経営者になるというよろこばしい事例がひんぱんにみられたにちがいない[31]」

ベイネスも同じ見方だった。彼に言わせると、工業都市の労働者がさかんに騒ぎ立てるのは、主に「想像力と感情が判断力を超えて膨れ上がっている」からだ[32]。バベッジと同じくベイネスも、機械は労働者を助けるものであって置き換わるものではないと考えていたし、機械の助けを借りている労働者階級はみな労働に対して適切な対価を得ているとみていた。そして「労働者がつまらない仕事を押し付けられる代わりに、機械が押し付けられているのだ」と付け加えている[33]。彼は木綿工場で働く労働者二三万七〇〇〇人を調べ、彼らは必需品だけでなく贅沢品もかなり買えるだけの賃金をもらっている、と結論づけた。そして一八一四〜三二年に名目賃金はたしかに下がったが、機械の性能向上により品物が安くなったから、その分を埋め合わせられるという。だがさしものベイネスも、自動織機に置き換えられた織り職人は「都市部でも農村部でも悲惨な状況に陥った。賃金はスズメの涙ほどになり、狭苦しい不衛生な環境で働かなければならなかった」と認めている[34]。

機械化された工場が家内工業に取って代わるにつれて労働者の賃金がどうなったのかを示すデータは乏しい。ただ、すでに見てきたように、経済的な指標も生物学的な指標も産業革命期に伸び悩み、それどころか落ち込んだことがわかっている。これらの指標は、全体としての物質的な生活水準を把握する役には立つが、産業革命は初期には全国的な現象ではなかった。機械が最初に導入されたのは繊維産業であり、したがって工場の威力が最も感じられたのも繊維産業である。経済史家のジェーン・ハンフリーズとベンジャミン・シュナイダーは、機械化された紡績工場がいかに人々を苦しめたか、個人の悲劇にスポットライトを当てた。手紡ぎはイギリス農村部で数十万の成人、多くは女性を雇用していたが、機械化の最初の犠牲者となる。一八世紀後半の機械化が手紡ぎを退場させたときから、農村部の家庭の長い悲劇が始まったとハンフリーズとシュナイダーは語る。手紡ぎ職人の雇用機会が干上がってしまうと世帯の所得は大打撃を受け、長らく回復しなかった。[35]

だが大方の見るところ、産業革命最大の悲劇のヒーローは機織り職人である。一八四六年生まれのウォルター・フリーアの自伝には「自分の生まれる前には機織り職人は労働者階級の貴族だった」と書かれている。[36] しかし機械化の大行進の前に、手紡ぎ職人と同じく機織り職人の技術も何の価値もなくなってしまう。職人の賃金を調べたロバート・アレンは、自動織機の普及は貧困を蔓延させたと指摘する。賃金格差が急拡大しただけでなく、機織り職人がもらえる賃金は最低生活賃金の水準まで落ち込んだ。[37] 機織り職人のケースは、広くイングランド問題の状態を浮き彫りにしたと言えよう。産業革命期を生きた六〇〇人の自伝を調べたハンフリーズの独創的な研究には、手工業の消滅に伴う個人の悲劇が克明に描かれている。[38] そこに書かれている物語は、アレンの調査結果と相通じる。「産業革命期の生活水準の低下は、家内工業制の破壊の結果にほかならない」[39]。機織り職人の詳細な調査を行ったダンカン・ビッセルも、自動織機は「経済史上最大の余剰人員の解雇すなわちテクノロジー失業を生んだ」

と指摘する。[40]一八一六年にはマンチェスター都市圏内のストックポートで、機織り職人の失業率は六〇%に達した。ランカシャー州ダーウェンでは二六年に同六九%を記録し、グラスゴーでは機織り職人五〇〇〇人が職を失い、八四%の手動織機が文字通り無用の長物となっている。[41]

仕事を失った人々が貧窮したことに疑いの余地はない。だが失業がどの程度まで産業革命期の機械化の結果なのかは、じつは判定がむずかしい。統計が不備だという理由もあるが、失業には多くの原因があるからだ。織り職人の失業率がピークに達した時期と不景気が重なっている場合には、失業のすくなくとも一部は景気循環によるものだと考えられる。[42]ジョン・フィールデンは、比較的景気のよかった一八三三年の統計に表れた失業はおそらくテクノロジー失業だろうと推定している。この年のランカシャー州とヨークシャー州で機織り職人の多い貧しい町を対象にした調査では、失業率はおよそ九%だったという。[43]ただ、この失業が一時的なものか恒久的なものかはわかっていない。自動織機の出現で一部地域の機織り職人の職が奪われたとしても、最終的にはどこかほかの場所で職を見つけられたかもしれない。

労働者の移動に関する統計も乏しい。一八五〇年頃の大きな工業都市、たとえばマンチェスター、グラスゴー、リバプールでは、そこで生まれ育った成人は全人口の四分の一程度だったと見込まれる。つまりイギリス人の移動性はかなり高かったということだ。とは言え若くて有能な労働者ほど機敏に移住や転職を選び、三〇代（全国の平均寿命が四〇歳程度だったことを忘れないでほしい）に入った労働者は生まれ育った土地や長年の職業に執着する傾向が強く、たとえ移住するにしても近隣都市だったと考えられる。南部の農村地帯から北部の工業都市への移動はごくわずかだった。[44]

加えて、すでに述べたように工場経営者は安価で従順な労働者を好んだし、工場内の労働も技能を必要としなくなっていたから、産業革命期の労働者の若年化に拍車がかかることになる。一八三五年にユアは、「思春期を過ぎた人間を、農村部出身にせよ手工業出身にせよ、役に立つ工場労働者に転換するのはまず不可能だ」と述べている。[45] 機械のおかげで紡糸は誰にでもすぐにできるし力もいらない仕事になった。児童労働に関して一八三三年に開かれた議会公聴会では、「アークライト、ワット、クロンプトンを始めとする偉大な発明家たちの功績により、大人より子供のほうがまさるという現象が起きている。子供のほうが賃金も低く、物覚えも早い」と証人が述べている。[46] アークライトの最初の紡績工場の工員は小さな子供ばかりだったし、ハーグリーブスのジェニー紡績機は子供一人で八〇〜一二〇個のスピンドルを担当できるように設計されていた。[47] ミュール紡績機でスピンドルの数が増えると、工場で働く子供の数も増えていく。子供と大人の数の比率は、当初は二対一だったのが、やがて九対一にまで達した。[48] 毛梳き作業も事情は同じだった。ユアによると、「工場にはたくさんの梳毛機が据え付けられている……洗って乾燥させた羊毛は梳毛機にかけてほぐして引き延ばすが、この作業に従事するのは一〇歳から一四歳ぐらいまでの男の子だ」という。[49] 一八三〇年代には、労働力に占める子供の比率は繊維産業で二分の一、石炭採掘で三分の一に達していた。[50]

工場経営者にとって、子供は大人に代わる安上がりな労働力である。子供には食事と寝るところをあてがいさえすればいいし、賃金を払うとしても大人の三分の一～六分の一だった。[51] 子供は安いだけでなく、言うことを聞かせやすい。しかも大人の労働者の場合には飲酒が大きな問題になっていたが、子供にはそれもない。ボールドウィン&ワット商会に雇われていたある工員は、給料をもらって飲んだくれてしまい、「次の日に誤った操作をして蒸気機関が暴走した」という。[52] それに子供は長時間働かせることができた。一日の労働時間は一八時間にもおよぶことがあり、昼夜を分たず機械を動かすために交代制で働かされた。食事は一日一回四〇分だけで、しかもその時間を割いて機械の清掃をしなければならない。工場の決まりに従わないと体罰を加えられた。工場検査官による児童労働調査では、子供の過度の虐待は例外的であって常態化していたわけではないとされているが、多くの子供がひどい目に遭っていたことはまちがいない。ダービシャーの繊維工場では、監督官が殴る蹴るの暴行のうえに耳たぶを爪が突き抜けるほど子供の耳をつねったという。子供の頃工場で働かされていた作家のロバート・ブリンコーによると、歯にヤスリをかける、天井から吊るす、髪の毛をむしるといった拷問が行われていたという。いくら何でも工場主がみなこんなことをしていたわけではあるまい。それでも、工場は「この世の地獄」だと述べたベイネスの言葉がすべてを物語っているように思われる[53]。

成人の労働者がこのような扱いを受けることはまずなかった。彼らにとって最大の問題は収入である。機械が労働需要全体を減らすのは一時的だとしても、生計の手段を失った人が以前より高賃金の仕事あるいはもっと安全な仕事に必ず就けるという保証はどこにもないのだ。職人の一部が工場に働き口を見つけられたことはまちがいないが、その間を食いつなぐのは大変だったにちがいない。移住を伴うとなればなおのことである。ノーサンプトンシャー州で行われた調査はこのことを浮き彫りにした。梳毛織物産業の機械化によってノーサンプトンシャーの家内工業は壊滅的打撃を受け、地元の生産者は競争力を失う。ノーサンプトンシャーにおける繊維産業の雇用は一七七七年には全雇用の一一%を占めていたが、一八五一年にはわずか一%まで落ち込んだ。機織り職人と梳毛職人が労働力人口に占める比率はこれ以上に激減している。一七七七年からの二〇年間で地域人口自体も大幅に減っていることから、おそらくは他地域での工場での働き口を求めて大勢が移住したのだろう。ただ、ノーサンプトンシャーの繊維産業の雇用が減るにつれて同州の農業の雇用が急増していることからすると、繊維産業の労働者が低賃金の農業に流入したのかもしれない。そして農業では吸収しきれずに失業率が高まったとも考えられる[54]。

当時は次々に新しい発明があり製造工程が変化し続けていたから、労働者のスキルはあっという間に時代遅れになった。したがって労働者には、進歩の嵐にすばやく適応することが求められる。たとえ失業が一時的だとしても、次の仕事が見つかるまで食べていかなければならないから、仕事のあるうちに少ない賃金から貯金をしておかねばならない。当時のイギリスには政府管掌の失業保険などなかった（制度が確立されるのは一九一一年になってからである）。機械化問題を研究した経済史家のマキシン・バーグは、次のように的確に述べている。「労働者は、男であれ女であれ、地理的にも職業面でも移動の必要に迫られた。これは前例のない事態である。彼らにとって機械は失業を意味した。すくなくとも失業のリスクを意味した。資本が稀少だった時代の失業は、よくても産業間または産業内での一時的な移動を意味し、悪くすれば経済全体に影響をおよぼした。機械は必要なスキルを変化させ、低賃金で未熟練の労働者の導入を伴うことがあまりに多かった……この時期の経済学における考え方の変化は、階級闘争と密接に結びついている。一八二六年のランカシャーにおける機械破壊や一八三〇年のスウィング暴動（小麦栽培地域における農業機械の破壊）を経済学者が重く見たのは、こうした背景があった[55]」

ユアを始めとする機械化擁護論者が、工場がいずれは高賃金の新たな雇用を創出すると考えたのは正しかった。それに、誰もが安い毛織物や木綿の恩恵に与ったことはまちがいない。だが、労働置換技術によって最初にお払い箱になった労働者には何の恩恵もなかった。工業化の利益が労働者をも潤すようになるのは、一八四〇年代になってからである。この点に関しては、労働者自身の反応が何よりも雄弁だったと言わねばならない。産業革命は新しい工場、新しい雇用を生み出したが、同時にラッダイトすなわち機械破壊運動も生み出した。産業革命期を生きた多くの労働者にとって、機械に抵抗するのは合理的な反応だったからである。

ラッダイト

機械化問題をめぐる議論は、短期と長期を分けて考える必要がある。ただちに困窮したのはスキルが無用になってしまった労働者だが、やがて産業革命によってそれまで労働者階級の手に届かなかったものが安価に買えるようになり、また以前より高賃金の新しい雇用機会も創出されている。一九世紀の機械化擁護論者は、機械に抵抗する労働者は理性的な判断力を失い感情にまかせて行動したと述べたが、これはおそらくまちがいではなかろう。そうは言っても、生計の手段を失った労働者にとって、「やがて」がどれくらい長期なのかは大問題だ。技術革新の恩恵を享受できるまで長生きできない年齢の場合には、なおのことである。「やがて」が死ぬまでに訪れないケースは多々あったし、もちろん長期的にはみな死んでいる。機械化による利益は労働者を犠牲にして工場経営者だけを潤すと考えた労働者たちにとって、機械を破壊するのは当然の反応だった。

むしろある経済学者に言わせれば、自分の価値が機械化によって減ってしまうのに、市民が最終的に工業化プロセスに加担したことのほうがふしぎだという。言うまでもなく答の一つは、家内工業の収益力が激減したため、工場で働くことの機会費用が小さくなった、ひらたく言えば工員として雇われるほうがましになったことである。機械化が進むにつれて工業製品の価格はどんどん安くなり、農村部の家内工業ではとうてい太刀打ちできなくなり、生計が立ち行かなくなる。そこで家内工業を営んでいた農村部の労働者は、都会の工場での働き口を探すほかなくなった。だがそれにしても、家内工業でやっていくスキルを持ち合わせていた人たちなのだから、ほかに選択肢があれば何も工場で働かなくてもよさそうなものだ、と考える読者がいるかもしれない。しかし現実には、ほかに選択肢はなかった。そこで一部の労働者は機械化された工場を襲うことになる。だが襲撃はまずもって成功しなかった。すでに述べたように、イギリス政府は工場経営者の側についていたからである。ポール・マントーが指摘するように、「労働者たちの抵抗が計画的であれ衝動的であれ、平和的であれ暴力的であれ、ともかくも成功する可能性は皆無だった。社会全体は確実に機械化の方向に向かっていた[56]」。

機械化の導入をめぐる労働者と政府の衝突は、当時はめずらしいことではなかった。一七六八年五月一〇日、イーストロンドンのライムハウスで数百人の製材職人が製材工場に火を放ち、全焼させた。この製材工場はイギリス初の蒸気機関で稼働する方式で、創立者のチャールズ・ディングリーは王立技芸協会から金メダルを受賞したものである。製材職人たちは、工場のせいで仕事がなくなったと主張した。じつはディングリーは襲撃の四日前に警告を受けていたのだが、愚かにも労働者たちの実行力を見くびっていたのである。押し寄せてきた職人たちに対応した工場の事務員のクリストファー・リチャードソンは、何が欲しいのかと訊ねたという。「工場のせいで、何千人もがパンを食べられずに飢えているのだと口々に叫んだ[57]」。ライムハウス暴動に対するイギリス政府の対応は、工場に火をつけた労働者以上に激越だった。社会不安を恐れて労働置換技術を拒絶した従来の君主の面影はどこにもない。議会は一七六九年法を制定し、機械を破壊した者は死刑に処すと定めたのである[58]。

だが一七六九年法が制定されても、暴動はいっこうに収まらなかった。一七七二年にはマンチェスターで、カートライトの自動織機を据え付けた工場が焼け落ちた。機械が急速に普及していたランカシャーでの一七七九年の暴動も負けず劣らず危険だった。暴動のあった地区に当時住んでいたジョサイア・ウェッジウッド（あの有名な陶磁器メーカーの創業者である）が、手紙に状況を書き綴っている。それによると、ウェッジウッドは通りで数百人の大群衆に遭遇した。そのうちの一人は、機械を見つけ次第叩き壊して来たと自慢し、国中でそうするつもりだと豪語したという。イギリス政府は強硬姿勢で臨み、ただちに鎮圧にかかる。リバプールから軍隊が派遣され、群衆はたちどころに蹴散らされた。ランカシャー暴動後に採択された決議には、機械の導入を規制すればイギリスの輸出競争力を削ぐことになる、とある。この決議は、イギリス政府の論理を明確にすると同時に、商工業者が政治的影響力をつけたことをはっきりと示している。たとえ機械化によって労働者が犠牲になり社会不安が起きるとしても、イギリスの競争優位は死守しなければならない、ということだ。破壊行為は国中に野火のように広がったが、いかなる試みも政府によって次々に鎮圧された[59]。

機械化の拡大を食い止めたい一心の労働者たちは、暴力行為だけでなく議会への陳情も行っている。記録を読むと、カートライトの梳毛機、製紙機械、綿紡績機などさまざまな機械について陳情が行われたことがわかる[60]。だが彼らの試みはことごとくみじめな敗北に終わった。わがイギリスの生命線は貿易である、その貿易で優位に立つには機械が必須だという経営者の論理のほうが、労働者の言い分より議会で説得力があったのである。

とは言え、労働者の不満が完全に無視されたわけではない。下院で毛織物産業の調査委員会が発足し、一八〇六年に報告書が提出されている。このとき服地屋を代表して委員会で証言したランドル・ジャクソンは、あの手この手の論法で、客の好みの服地を作ってくれる職人が機械化で仕事を奪われたと訴えた。[61] 機械の導入を制限するほうが実業家の利益にも適うという主張や、機械は労働者の価値を押し下げ人々を困窮させたという多くの証言にもかかわらず、委員会は楽観的な結論に達している。「機械導入のペースは急激ではなく、労働者の生活困窮や労働者数の減少を引き起こすには至っていない」というのである。[62]

この結論は、イギリスの労働者たちが完全に八方ふさがりの状況に置かれていた事実を冷酷に示している。労働者たちは新技術の普及を食い止められなかっただけでなく、労働置換技術の導入を禁じた古い法律の効力を維持することにも失敗した。一六世紀に制定された起毛機の使用を禁じる法律の継続を二〇年以上にわたって陳情したにもかかわらず、議会は一八〇九年にこの法律を撤廃したのである。暴動は一段と激しくなった。ラッダイトが最高潮に達した一八一一～一六年には、ノッティンガムシャーでは自動編み機が、ヨークシャーでは起毛機が破壊される。どちらも古い技術だが、古いにせよ新しいにせよ、仕事を奪うと目された機械はすべて破壊の対象になった。あちこちで起きた暴動について、ジェフ・ホーンは次のように書いている。

「ラッダイトの名は、レスターで職長から叱責されてストッキング編み機を破壊したとされる見習いのネッド・ラッドに由来する。〝ネッド・ラッド〟またの名を〝キャプテン・ラッド〟あるいは〝ラッド将軍〟を押し立てた労働者たちは、編み機を壊して回った。一八一一年二月初めには、ノッティンガム、レスター、ダービーを結ぶミッドランズ三角地帯でレース編み機や靴下編み機の破壊運動が始まる。ラッダイト運動家たちは地元の圧倒的な後押しを得て、控えめに見積もっても一〇〇回は襲撃を仕掛け、(全部で二万五〇〇〇台のうち) 一〇〇〇台の編み機六〇〇〇~一万ポンド相当を破壊した。ミッドランズの破壊行為は一八一二年二月に下火になるが、すでに一月にはヨークシャーの毛織物工業に飛び火していた。四月にはランカシャーの綿織物工業が続く。工場は、鉄の棒などの武器を携えた群衆に次々に襲われた。参加者の中には機械化の影響を直接受けていない者も大勢いるなど、雑多な人間の集まりだったにもかかわらず、革新的な機械つまり雇用を脅かす機械しか破壊せず、それ以外の機械には手を触れていない。破壊運動にいたった具体的な原因は、地域によっても、また産業によってもちがった。合計すると、第一波のラッダイト運動が与えた損害は一〇万ポンドに達したと見込まれる。その後に一八一二~一三年冬、一四年夏・秋、一六年夏・秋、一七年初めと第二波、第三波が続き、数百台の編み機がさらに破壊された[63]」

だが、次々に展開されるラッダイト運動はイギリス政府に軍隊の出動を促しただけで、どれも不首尾に終わる。労働者たちが置かれた状況は、政治的に見ても絶望としか言いようがない。ラッダイトが勃発した頃、木綿工業の労働者からの訴えを聞く公聴会が開かれたものの、その後に提出された一八一二年の報告書は、政府は国際貿易における優位を危うくするようなことは一切すべきでないと明言している。「木綿製造に従事していた多くの人々の窮状はよく理解したし、深く同情するが、貿易の自由を阻害するような立法措置はとるべきでないというのがわれわれの意見である」[64]。この年に首相に就任したリバプール卿は、不要になった労働者を一時的にでも救済すれば、経済の負担が増えるうえに彼らの移動や転職を妨げるだけだとまで考えていた。ケニオン卿もリバプール卿に宛てた手紙の中で、機械化が加速すれば労働者階級の生活がよくなるとは思えないが、それでも政府としては技術の力を抑えるようなことはすべきでないと書いている[65]。一八一二〜一三年に三〇人以上のラッダイト運動家が絞首刑に処せられたことは、政府の強硬姿勢をよく表すものと言えよう[66]。

多くの歴史家は、産業革命期の機械破壊運動の原因は、労働者が機械の導入に伴う失業と貧困を恐れたことだけではないとみる。破壊行為が頻発したのはナポレオン戦争中と一八〇六年の大陸封鎖令が出ている間だった事実を踏まえ、戦争や貿易の停滞に起因する景気後退の中、所得の減少や長時間労働に加え、選挙権、自由、尊厳の欠如への不満を破壊行為で表現したというのである。たしかに、単に機械ではなく工場制そのものに抵抗したケースも見受けられる。これらの要因は複雑に絡まり合っており、解きほぐすのは容易ではない。それでも、労働者が自分たちの窮状の直接的原因と見なした機械だけを破壊したケースはまちがいなく存在する。たとえばランカシャーでは、糸紡ぎ職人たちはスピンドルが二四本以下の紡績機は破壊せず、それより大型の機械だけを標的にした。また一八三〇年のキャプテン・スウィング暴動にはイギリス全土から二〇〇〇人以上が参加し、農業機械だけを破壊した。一八三〇年九月から一一月末までの間に四九二台の機械が壊されたが、その大半が脱穀機だったことがわかっている。[67] このときもイギリス政府の対応は容赦なかった。軍隊と地方の民兵を動員し、有無を言わさず暴徒を捕え、二五二人に死刑宣告を下したのである（その一部は後にオーストラリアかニュージーランドへの流刑に減免された）。[68] キャプテン・スウィング暴動の原因は長らく歴史家の間で議論されていたが、ブルーノ・カプレティーニとハンス・ヨアヒム・ヴォスは脱穀機の普及に関するデータを見直し、新たな見方を提唱している。すなわち、労働置換技術かどうかが破壊行為や社会不安を引き起こす決定因になるということだ。[69] 労働置換型の機械が導入された場合、暴動が起きる確率は五〇％近く跳ね上がるという。よって経済や社会への不満が背景にあるにせよ、破壊行為に走る決定的な要因はやはり機械それ自体にあったと考えられる。

図5　イギリスにおける労働者1人あたりの実質賃金とGDP(1770〜1900年)

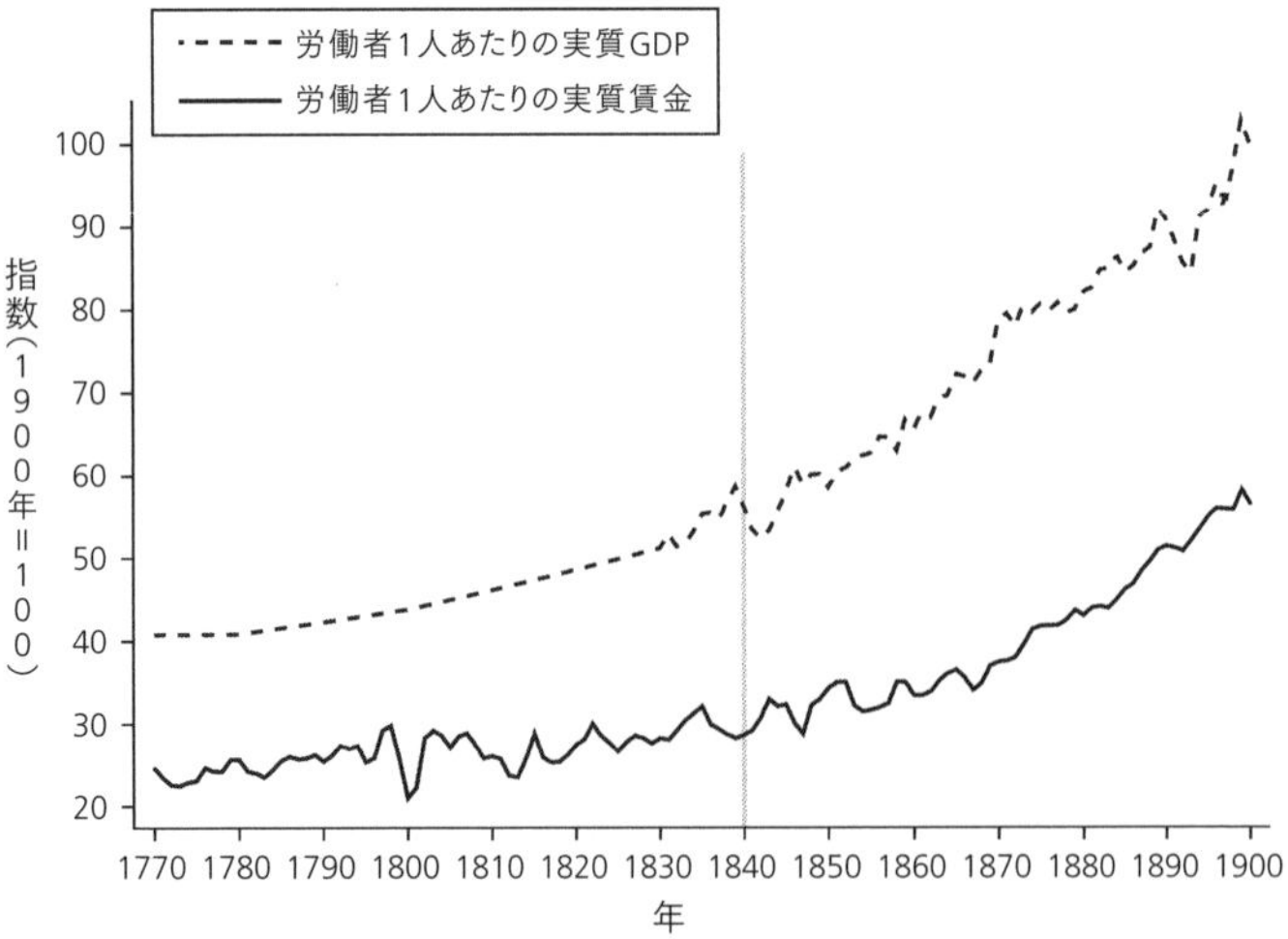

出所:巻末付録を参照されたい。

エンゲルスの休止

エンゲルスは、産業革命期には事業家が「大多数の賃金労働者を犠牲にして裕福になった」と指摘した。この指摘は、彼の観察した期間に関する限り、おおむね正しい。労働者階級が機械化に空しく抵抗するのを尻目に、イギリス経済は前例のない高度成長期を迎えていた。経済理論からすれば、実質賃金が横這いか減っている傍で経済が成長するというのは説明に窮する。だが今日の経済動向を踏まえて、技術の進歩と労働分配率の低下の同時進行を説明するモデルが開発されており[70]、以下で述べるように、産業革命期を理解するうえでもこのモデルが役に立つ。かんたんに言えば、既存の仕事において機械が労働者に取って代わるようなら、賃金は下がり、国民所得に占める労働者の取り分、すなわち労働分配率も減る。対照的に、労働者を助けて補うような技術が導入されるなら、既存の仕事の労働生産性は向上する。あるいはまったく新しい労働集約型の仕事を発生させるような技術であれば、労働需要は拡大する。となれば、産業革命期には導入された技術の大半が労働置換型だったのだから、生産高と賃金の乖離は必然だったということになる。家内工業に従事していた職人は機械に置き換えられ、その機械の世話をするのは低賃金の子供になった。国民所得に占める資本家の比率が高まったという事実は、技術の進歩がもたらした利益の分配が非常に偏っていたことを示す。利益の大半は事業家が手にし、それを新たな工場や機械設備に投資した。この時期をロバート・アレンは「エンゲルスの休止」(Engels' pause)と名付けている。[71]

産業革命期は、産業資本の時代だった。一八〇〇〜四〇年に国民所得に占める企業収益の割合は二倍になる一方で、土地と労働者の占める割合は減少している。この時期に生産高は賃金の四倍のペースで伸びた。だが四〇年を境に状況は変わる(図5参照)。一八四〇〜一九〇〇年には、労働者一人当たりの生産高は九〇%増え、実質賃金は一二三%増を記録している。イギリスにおける労働者と資本家の所得格差が縮まってきたということだ。このことに気づいたのは統計学者のロバート・ギッフェンで、一八八七年のことである。ギッフェンはイギリスに所得税が導入された一八四三年から集計されてきたデータに基づき、富裕層の所得合計が二倍になったこと、それは富裕な個人の数が二倍になったからであることを突き止めた。この時期には労働者の所得合計も二倍になっている。そして労働者の場合は数が大幅に増えたわけではない。つまり、富裕層の場合は富裕な人がよりゆたかになったわけではないが、労働者の場合は各人がよりゆたかになったのである[72]。

ギッフェンの分析結果はとくに驚くべきものではない。イギリス政府はあらゆる業種の労働者からの税収が目立って増えていることにとっくに気づいていた。ギッフェンの発見より二〇年も前に、首相のウィリアム・グラッドストンは議会演説でこう述べている。「ゆたかな人々がよりゆたかに、貧しい人々もよりゆたかになったことは、計り知れないよろこびである……イギリスの労働者の平均的な状況を見ると、農業、鉱工業、職人いずれであっても、過去二〇年間で生計がよりゆたかになったことはさまざまな証拠が反論の余地なく立証している。これは、国や時代を問わず歴史上前例がないと言ってよろしかろう[73]」。

となれば、実質賃金がついに上昇に転じたのはなぜか、という疑問が湧いてくる。この問いに対しては、導入される技術が次第に労働者に置き換わる置換型から労働者のスキルを高める補完型に転じ、成長の原動力が次第に物的資本から人的資本に切り替わったという説明が最も納得がいく。人的資本（具体的にはスキル、知識、能力）の蓄積は、物的資本の場合と同じく、投資とみなすことができる。労働者の生産性と賃金はどちらもスキルと密接に結びついており、教育や職業訓練のコストは将来に賃金の上昇という形で報われるからだ。経済学者のオデッド・ガローは著名な研究論文の中で、一九世紀後半になってようやく技術の進歩が労働者のスキルの需要を押し上げ、人的資本の重要性を高めたと指摘している[74]。人的資本蓄積の指標としてよく使われるのは（多様なスキルの完全な指標にはなり得ないが）、識字率と学校教育の年数である。工業化プロセスの初期には物的資本への投資が急増したが、人的資本の蓄積はほとんど進んでいない[75]。一七五〇～一八三〇年のイギリスの識字率は低いままだった。しかしその後にぐんぐん上昇している[76]。男性労働者が受けた学校教育の平均年数は一八三〇年までは変化がなかったが、二〇世紀初めまでに三倍になる。一方、イギリスの国民所得に占める設備投資の比率は一七六〇年～一八三一年におよそ二倍になり、第一次世界大戦の勃発までその水準が維持された[77]。これらの事実から、一八三〇年代以前は物的資本の需要が高まる一方で労働者は機械に置き換えられ、スキルは不要になったこと、だが三〇年代以降になると人的資本の需要が次第に高まり始めたことがうかがえる。

人的資本の蓄積が長らく行われなかった理由は明白である。需要がほとんどなかったということだ。ランデスが指摘するように、産業革命初期の仕事は、正規の教育をまったく受けていなくてもできるようなものが多かった[78]。工場に雇われるときに字が読めなくても、さほど（あるいはまったく）問題ではなかったのである。もちろん、工場で働くうちに実地で身につくスキルはあっただろう。だがそれは、職人のスキルに比べたらごく低級なものだった。工場制が導入される前は、どの職人も自分が引き受けた仕事は何から何まで精通していなければならなかった、とバベッジはいう。職人の工房には分業など存在しないから、どれか一つの作業に習熟していればよいというわけにはいかない。対照的に工場制の特徴は分業であり、とくにむずかしい作業は一握りの熟練工が担当し、あとの大多数の作業は未熟練工が引き受けることになる。工場制の出現に伴って子供が大量に雇われるようになったのはこのためだ。すでに述べたが、産業革命の初期には労働人口に占める子供（一四歳以下）の割合が急拡大し、一八三〇年代には繊維産業で二分の一、石炭採掘で三分の一に達する。[79] これはイギリスだけの現象ではない。アメリカ北部でも、アメリカ産業革命の初期に子供の割合が急増し、一八四〇年代にピークを打ったことがわかっている。[80] つまりアメリカはイギリスのパターンを一〇年ほど遅れてなぞったわけである。経済学者のローレンス・カッツとロバート・マーゴは当時のアメリカの工業について次のように書いている。「一つひとつの機械は、それまで熟練した職人が道具を使ってやっていた仕事のうち特定の作業のみを実行するように設計されていた。だが個々の機械が限られた特定の用途のためであっても、それらを連続的に並べて稼働させれば、その工程に関する限り職人は不要になる。とは言え機械は勝手に動くわけではないから、操作する人間が必要だ。最初から最後まで自分でできる職人とは異なり、操作員は職人ほどの熟練を必要としない。彼らはこまかく分割された作業を機械の助けを借りてこなす[81]」。工場が家内工業を駆逐するにつれて、アメリカでは中所得の職人の仕事がなくなった、とカッツとマーゴは指摘する。これは、コンピュータによって中所得の仕事がことごとく自動化された今日の状況とひどくよく似ているといえるだろう（第9章でくわしく取り上げる）。ただし産業革命期に中所得の職人に取って代わったのは、コンピュータ制御された機械ではなく、機械の世話をする子供だった。

だが一九世紀が進むにつれて、このパターンが変化してくる。イギリスでは一八五〇年代までに子供の労働参加率が大幅に下がった。おそらく一八三三年工場法で九歳以下の児童労働の禁止、労働時間の制限、監督官や工場医の設置などが定められ、児童労働のコストが増加し、蒸気機関の導入が加速されたことが原因だろう。だがこの因果関係は逆だとも考えられる。まず蒸気機関が一八三〇年代以降に急速に普及し、さまざまな機械が大型化し、作業員により高いスキルが求められるようになった。また機械は大型化とともに複雑化し、機械と人間が互いに補い合う関係が出現した。ピーター・ギャスケルは、このような相補性をすでに一八三〇年代に認めている。「蒸気機関で駆動する紡織機が水力式の織機を駆逐するにつれ、子供ではとても扱えなくなり、工場で働く大人の数が次第に増えていった[82]」。

技術の進歩がいつ労働置換型から労働補完型に転じたのかを見きわめるのは容易ではない。実質賃金が一八四〇年あたりから増え始めたことからすると、そのあたりに変曲点があるのだと考えられる。だが技術の導入は段階的に進んだのだから、転換も段階的だったにちがいない。蒸気機関が経済成長に有意な影響を与え始めるのは一八三〇年代に入ってからであり、この頃に児童労働がピークを打って減少に転じている。最初の鉄道が建設されたのも、一八三〇年代だった。そして一九世紀後半における鉄道網の拡大が人的資本の需要にいっそう弾みをつけることになる。鉄道のおかげで産業革命は地域的な現象から全国規模の現象になり、大型化した工場は規模の経済を享受し、製品を売りさばく市場も一段と拡大した。大きい工場ほど蒸気機関の導入が早かったから、輸送革命はスキル集約型工場生産への移行を後押ししたと言える。蒸気機関の普及に伴って生産性の伸びは加速し、経済全体の成長に伴って労働需要も押し上げられた。実質賃金が生産性の伸びを上回って上昇したのは、幅広い産業で雇用機会が創出されたからである。工場は規模も数も増え、これまでにない新しいスキルが必要な新しい雇用機会が出現した。工場には職長、技術者、修理工などのほかに、会計係、事務員、さらには流通や営業に携わる人間も必要だ。こうしたスキルを必要とする仕事が増えると、当然ながら一定水準以上の教育が求められる。一九世紀後半に識字率が急上昇したのは、こうした需要が背景にあったと考えられる。[83]

人的資本の重要性が高まったことだけで、一八四〇年以降の賃金上昇の説明はつくのだろうか。スキルによる賃金の上乗せ（スキル・プレミアム）は、一九世紀にはごくわずかだったと指摘する向きもある[84]。建設業について調べたある研究は、スキル・プレミアムは認められなかったという。だが当時の建設業は機械化の影響をほとんど受けなかったから、これは当然のことだ[85]。新たなスキルを必要とした産業では、最終的に労働者の賃金にプレミアムが反映されている。一九世紀アメリカの紡織業の賃金を調べたジェームズ・ベッセンは、蒸気機関の導入に伴い自動織機が普及すると、アメリカでもイギリスから数十年遅れで工場労働者の賃金が上昇したと述べている。その理由は単純明快だとベッセンは言う。自動織機の操作には新たなスキルが必要だが、それを身につけるには時間がかかる。さらにそのスキルが賃金に反映されるまでにはもっと時間がかかったということだ。新しい技術は当初は標準化されておらず、自動織機のタイプごとに必要なスキルがちがっていた。だから、ある工場で習得したスキルは別の工場ではあまり役に立たない。しかし次第に機械の標準化が進むと、労働者が身につけたスキルはどこでも通用するようになって、労働条件の悪い工場からは出て行くと脅す交渉力がつくことになり、ついに賃金が上昇に転じたというわけである[86]。

もちろん、長期的な賃金上昇傾向に影響を与えた要因はほかにもある。最低賃金の導入など政府による規則、労働組合の結成などだ。とはいえ、これらの要因は一八四〇年頃のイギリスには当てはまらない。イギリスに最低賃金制度が導入されたのは一九〇九年になってからだし、当時の重要な社会運動だったロバート・オーエンの協同組合運動にせよ、ウィリアム・ラベットが率いたチャーティスト運動にせよ、全国的な労働運動を組織するにはいたっていない。「これらの運動が広く組織化され、一八五〇年以前のイギリスで所得分配に大きな影響を与えるほどになったという証拠はほとんどない」[87]。労働組合の組織率に関する統計が初めて発表された一八九〇年代になっても、イギリスの組織率はきわめて低く、四%程度にとどまっている[88]。よって、賃金上昇の主因はやはり工業化プロセス自体にあったと考えるのが妥当と言えよう。

第2部の結論

イギリス産業革命は西洋とそれ以外の国との「大分岐」の起点になったとよく言われる。だがそれに劣らず重要なのは、初期の機械化がイギリス国内での大分岐を伴ったことだ。「エンゲルスの休止」と呼ばれるこの期間中には、多くの市民の生活水準はいっこうに向上しないどころか押し下げられた。ふつうの人々の懐に技術の進歩の利益がようやくわずかながらも流れ込むまでには、じつに七〇年の歳月を要したのである。たとえば手動織機の織工の収入は、自動織機が普及するにつれて大幅に減ってしまう。産業革命の初期には、経済拡大の利益の大半は資本家が吸い上げていった。

産業革命より前の時代には、君主は怒れる市民による社会不安さらには政権転覆を恐れ、技術の進歩を押さえ込もうとした。創造的破壊によって君主の得るものはほとんどなかったからだ。だが一八世紀になると、イギリスでは新たな産業資本家階級が政治的影響力をつけてくる。イギリスの貿易における競争優位を維持するには機械による効率改善が欠かせなかったから、政治指導者は技術の進歩を後押しする側へとひらりと立場を変える。労働者の福祉が犠牲になることなどおかまいなしだった。政府にとって重要だったのは、国家間の競争に勝つこと、ギルドの政治的影響力を抑えることだった。つまり支配階級にとって、機械化によって得るものは大きく失うものは小さいという、従来とは正反対の状況になったのである。工場制が家内工業制を駆逐し、職人の生計の道が途絶えると、労働者の怒りは機械に対して爆発した。ラッダイト運動は技術の進歩を食い止めようとできる限りのことをしたが、政治的影響力は進歩の恩恵に与る側に握られており、参政権すらない労働者たちの置かれた状況は絶望的だった。

産業革命を考えるうえで重要なのは、短期と長期を区別することである。イギリス産業革命の最後のほうになると、新たな成長パターンが出現する。蒸気機関の導入に伴い生産性が加速的に伸び、ついに実質賃金が上昇に転じたのである。労働組合もなければ、最低賃金保証など政府の介入もない中での賃金上昇の理由は、はっきりしている。産業革命の初期には、技術は腕利きの職人から従来の仕事を取り上げる資本財として進化し、機械化された工場が家内工業制に取って代わった。初期の工場で創出された新たな雇用機会は、子供だった。子供は賃金が安いうえ、交渉力を持っておらず、言うことを聞かせるのも容易だ。中所得の仕事を奪ったという点では、子供は今日の先端的なロボットに当たると言えよう。しかし産業革命の後期になると、大型で複雑な機械が登場し、工場労働者にはより高度なスキルが要求されるようになる。また労働者は仕事を通じて高度なスキルを身につけていった。工場が大型化するほど、必要とされる技術者、熟練工、管理職、事務員の数は増える。とうとう技術革新が労働置換型から労働補完型に変わったのである。労働者のスキルの価値が高まるにつれて、その交渉力も強まる。近代的な成長パターンの到来とともに機械破壊運動が下火になったのはけっして偶然ではない。技術革新から得るものがあるかどうかで、技術に対する人々の姿勢は変わる。第3部以下でくわしく見ていくことにしよう。

第 3 部

大平等

PART III. | THE GREAT LEVELING

失われた仕事に代わる高賃金の新たな雇用機会が創出される限りにおいて、技術革新に抵抗したラッダイト運動家たちはまったくまちがっていたことになる。ヘンリー・フォードはミシガン州ハイランドパークの自動車工場に組立ラインという発明を導入した。その結果、自動車製造に必要とされる平均的なスキルの水準は下がる。初期の車両製造工業の複雑な工程を、小学校を出ていればできるような単純で反復的な作業に分解したからだ。経済的なこのしくみが、膨大な中流階級の出現と、その中流階級に依存する民主政治を支えたのである。

——フランシス・フクヤマ『政治の衰退』

Francis Fukuyama, *Political Order and Political Decay*

技術の進歩で仕事がなくなるという恐怖はいまに始まったことではない。一九三〇年代の大恐慌の際には、チャールズ・ビアードを始めとするアメリカの主だった思想家が、大量失業の原因を作ったとして技術者や科学者を非難した。一九六〇年代前半には、自動化に対する恐怖が再燃する。産業史上初めて、企業のコンピュータ依存度が大幅に高まり、工場ではコンピュータ制御された工作機械が登場したからだ。当時人気急上昇中だったウディ・アレンも自動化をめぐる世間の動揺に気付いており、自分の父親が自動エレベーターで失業したというネタを披露している。

——グレッグ・パスカル・ザカリー「テクノロジーは雇用を創出するのか、破壊するのか、両方なのか？」

Gregg Pascal Zachary, "Does Technology Create Jobs, Destroy Jobs, or Some of Both?"

人々の生活水準が低下の一途をたどり、エンゲルスの休止がずっと続いていたら、機械化の容赦ない推進は可能だっただろうか。言うまでもなく、事実に反する仮定（反実仮想）は検証のしようがない。だが一九世紀前半の労働者が市場の成り行きをおとなしく受け入れる気がなかったことはまちがいない。彼らはあらん限りの手段を使って機械化に抵抗した。では二〇世紀の欧米諸国の労働者は、なぜラッダイトのような運動を起こして、たとえばフォードの組立ラインの導入に抵抗しなかったのだろうか。遺憾なことに、歴史家はこの問題にほとんど関心を払って来なかった。二〇世紀の労働者が抵抗しなかったのは、変化のペースがゆるやかだったからではない。一九世紀後半から蒸気機関の導入が急速に進み、機械化は加速していた。さらに二〇世紀に入って電気が普及し、内燃機関が登場して第二次産業革命と呼ばれるものを支えるようになると、機械化はいよいよハイペースで進むことになる。

ヨーロッパ各国の工業化への歩みはそれぞれに異なるが、いずれにせよイギリスより遅れていた点は共通している。おかげで、すでにイギリスで発明されていた技術を導入してキャッチアップ型アプローチを採用できたことも、各国の道のりが多様化した一因だった。たとえばフランスでは、革命期に民衆が暴徒化する危険が現実のものとなっていたため、労働者が機械を破壊してもイギリスの支配階級のように鎮圧することができなかった。その結果、フランスの工業化は単に遅れただけでなく、イギリスとはまったく異なる道を歩むことになった、とジェフ・ホーンは指摘する。フランスでは国家が強力に介入し、労働者階級と資本家階級の利害を調整する役割を果たした。[1] 一方、ドイツ、正確には当時のプロイセンは、イギリスと同じく、ギルドの弱体化を図ることが工業化推進のカギを握っていた。[2] だがドイツでは工業化の初期段階から教育が重要な役割を果たした点がイギリスと異なる。第5章で述べたように、イギリスで教育の重要度が高まるのは、蒸気機関など複雑な大型機械の導入が進み、作業員にスキルが求められるようになる産業革命の後期になってからだった。だがドイツの場合にはすでにイギリスで発明された技術を導入すればよかったため、初期段階から教育の果たす役割が大きかったというわけである。[3]

だが本書では、国による工業化プロセスのちがいは問題にしない。本書で扱うのは技術の未開の領域を開拓したときの経済成長であり、キャッチアップ型の成長ではないからだ。[4] 一八七〇年代から始まる第二次産業革命では、技術先進国の座をアメリカがイギリスから奪い取り、未開の領域の開拓をアメリカが担うことになる。そこでここからは、アメリカに焦点を合わせていくことにしよう。

第二次産業革命で重要な疑問は、イギリスの第一次産業革命とはまったく逆で、なぜ機械化への抵抗が止まったのか、ということである。もちろん、社会福祉制度が整備されれば、失業の苦しみはいくらか和らぐ。だがアメリカでは一九三〇年になっても、福祉支出（失業給付、年金、健康保険、住宅補助など）は国内総生産（ＧＤＰ）のわずか〇・五六％に過ぎなかった。[5]福祉国家の名に値するようになるのは、大恐慌と第二次世界大戦を経てからのことである。ラッダイト的な機運が高まらなかった要因として、賃金引き上げと労働条件の改善をめざして闘ってくれる労働組合の存在も挙げられよう。自分たちのスキルを不要にしてしまう機械を目の敵にしたかつてのギルドとは異なり、労働組合は機械に怒りを爆発させることはなかった。一八七〇年代以降のアメリカは、工業国としては歴史上最も労働運動が激化した国だったが、それでも機械を標的にした破壊行為はまず見られなかった。なぜだろうか。以下の章で論じていくが、技術が自分たちの利益にかなうと労働者が考え始めたことが最大の原因だろう。それだけで二〇世紀を通じて機械破壊が行われなかった理由を説明するのはむずかしいにしても、労働者の感情を抜きにしてこの問題を論じることはできまい。

新技術は雇用を破壊することもあれば、まったく新しい雇用機会を創出することもあり、既存の雇用の中身をすっかり変えてしまうこともある。だが「新技術」と一言で言っても、その内容はさまざまだ。すでに述べたように、労働置換型の技術の場合、生産性の向上にはつながっても、雇用や賃金に与えた影響を埋め合わせることはできない。対照的に補完型の技術の場合には、生産性を押し上げるだけでなく、それまでになかった仕事、職業、さらには産業を創出する。経済学者のミッシェル・アレクソプロスとジョン・コーエンの研究によると、一九〇九〜四九年におけるアメリカの発明の大半は労働補完技術にあたるという。もちろん新しい仕事の出現のかたわらで消える仕事はあった。だが全体として見れば、新技術が膨大な新規雇用を創出したことはまちがいない。なにしろ自動車、航空機、トラクター、電気機械、電話、家電など、それまで存在しなかったものを製造する巨大な産業が次々に出現したのだ。技術という未知の力が進化するにつれ、求人は増え、失業は減った。[6] アレクソプロスとコーエンの研究では第二次産業革命の屋台骨となった技術を分析し、内燃機関と電気によって創出された雇用が他のどの技術よりも多かったと結論づけている。もちろん労働置換技術も生産性の伸びに寄与するが、当然ながら雇用は増やさない。このことから、内燃機関と電気が創出した雇用はそれまでに存在しなかったまったく新種のものだったと考えられる。ダロン・アセモグルとパスカル・レストレポは、こう書いている。「新しい仕事の……重要性は、第二次産業革命期における技術と組織の変化が雄弁に物語っている。この変化は労働集約型の新しい仕事を生み出した。新技術の導入と運用には、技師、機械工、修理工、運転士、さらにはバックオフィスの事務員や管理職など、新たな人材が必要だった」[7]。

補完技術が高賃金の新しい雇用機会をどしどし生み出すのであれば、置換技術でさえ労働者にとってそれほど忌み嫌うべきものではなくなる。二〇世紀に入って労働市場は浮き沈みが激しくなるが、労働者にとっては悪くない時代だった。アメリカの工場という工場で半熟練職の求人は増え続け、解雇された労働者にも雇用機会は豊富にあった。男たちは屋外での苦役のような仕事に見切りをつけ、もっと快適で賃金も高い工場での仕事に移ることができた。実際、農村部の多くの人々は、置換技術によって農業からお払い箱になったのではなく、煙突が立ち並び好条件の仕事がいくらでもある都市部に自ら進んで移住したのである。同時に、家庭向けのさまざまな電気製品が登場したおかげで、女性は無給の家事労働に背を向け、ちゃんと報酬をもらえる仕事に就くようになる（第6章）。たしかに農場労働者、鉄道電信技手、エレベーター係、沖仲仕たちは仕事を失ったし、とくに一九三〇年代の大恐慌のときは、失業したら次の仕事はまず見つからなかった。だから、機械に対する怒りがたまさか爆発したことはある。そのときでさえ、一九世紀に頻発したような暴力的な破壊行為は稀だった（第7章）。つまるところ労働者にとって、機械化のメリットはあまりに大きかったということだ。製造業の拡大と教育水準の向上が相俟って、大方の労働者は危険が少なく高賃金の仕事に移ることができた。技術の進歩の恩恵を最大限に受けたのは、ふつうの人々だったと言えよう（第8章）。もちろん労働組合が組織されたことも、賃金を始め労働条件全般の改善や転職の円滑化に寄与したにちがいない。また、国の社会保障制度の充実も失業の苦痛を和らげただろう。だが技術的発明が社会にもたらした意味を過小評価すべきではない。重要なのは、技術それ自体がすべての人の生活水準を向上させたことであり、カール・マルクスの言うプロレタリアートがあきらかに中流階級になったことである。となれば、テクノロジーに対して労働者がとるべき合理的な選択は自ずとあきらかだ。機械化が進むにまかせ、自分たちの負担する調整コストをできるだけ小さくすることである。

第6章 大量生産から大衆の中流化へ

Chapter 6. FROM MASS PRODUCTION TO MASS FLOURISHING

トマス・ジェファーソンが一七八六年にイギリスを訪れたとき、アメリカは一〇年前に独立したばかりで、技術的にははっきりイギリスに立ち遅れていた。イギリスの卓越した技術力を象徴するジェームズ・ワットの蒸気機関は、当時驚嘆の的だった。「なんとも偉大な機械だ。きっと広範囲に影響をおよぼすだろう」とジェファーソンは書き留めている。[1] その広範囲の影響はアメリカにもおよぶことになった。アレクシ・ド・トクヴィルは一八三一年にアメリカ旅行をした際、「商業でも工業でもこれほど急速な進歩を遂げた国は、世界広しといえどもアメリカ以外にない」と目をみはっている。[2] かつては後進国だったアメリカは、イギリスに追いついたかと思うと、すぐに追い抜いてしまう。一八六七年のパリ万国博覧会では、世界中がアメリカの技術の進歩を認めた。電信、機関車、ミシンから自動刈り取り機、草刈り機にいたるまで、幅広い技術分野でアメリカは数々の賞やメダルに輝く。次の半世紀間にアメリカの年間特許登録件数は四倍に増え、一八五一年のロンドン万博後には五〇年前の一三倍に達する。一九〇〇年に特許庁で調査を行ったエドワード・W・バーンは、次のように述べている。

「人間の創意工夫と努力が巨大なうねりを形成している。その規模の巨大さ、多様性の複雑さ、思考の深さ、経済効果と恩恵の大きさを目の当たりにすると、これらを存分に活用するにはどうすればいいのかと困惑してしまうほどだ……電気という動力源の出現によって、世界の商工業には新たに大きな領域が開かれることになった。自動車、照明、金属めっき、エレベーターから電気椅子にいたるまで、電気はあらゆるところで使われる。音を立てず、しかし力強く、ひそやかに、しかし効率よく、電気は私たちのために仕事をこなしている[3]」。

二〇世紀の汎用技術を代表するのは、電気と内燃機関である。この二つは工業をあらゆる面で変えただけでなく、平均的な市民の生活も様変わりさせた。カール・ベンツが一八七九年の大晦日に二サイクル・エンジンを完成させ、その一〇週間後にエジソンが電球を発明したのは、経済史における偉大な偶然の一つである[4]。第一次産業革命における驚異の年が、リチャード・アークライトとジェームズ・ワットがそれぞれの発明に特許を取得した一七六九年だとすれば、一八七九年は第二次産業革命の始まりを告げた年だと言えよう。とは言え、ベンツとエジソンという個人の貢献を過大評価すべきではあるまい。彼らは、産業を変えたイノベーションの大波の一部に過ぎなかったとも言える。その大波は、大量生産の時代に最高潮に達する。アメリカの実業家エドワード・フィリンが指摘するとおり、工場制が第一次産業革命の象徴だったとすれば、第二次産業革命の象徴は大量生産だった。[5]

工場動力源の電化

大量生産と言えば誰もがフォード自動車を連想するだろう。ヘンリー・フォードが率いる技術陣は革命的な自動車を作り上げると同時に、電気を工場に導入して先進的な生産方式も構築した。なにしろT型フォードが登場する前は、「大量生産」という言葉さえ存在しなかったのである。だがフォードがミシガン州リバールージュに巨大な工場を建設する頃には、この言葉はすっかり定着していた。大量生産という言葉が初めて公的に定義されたのは、エンサイクロペディア・ブリタニカにヘンリー・フォードの名で項目が掲載されたときである（もっとも、実際に書いたのはフォードの広報担当のウィリアム・J・キャメロンだった）。ただしそれより前の一九二五年にニューヨーク・タイムズ紙日曜版が「ヘンリー・フォード、大量生産を語る」

という特集を組んだことが、大量生産という言葉が広まるきっかけとなった。ブリタニカによると、大量生産はアメリカの発明であり、部品の組み付けに労働者の手腕をいっさい必要としないことが特徴だという。[6] 元祖イギリスの産業革命における工場制と同じく、大量生産を可能にしたのもテクノロジーである。大量生産を実現するためには、寸分違わぬ部品を製造する工作機械を作る産業、工場の機械類を駆動する電動機を作る産業が発展しなければならない。ふつうのアメリカ人が欲しがるような新しい製品が庶民の手の届く値段で洪水のように市場に投入される光景は、この二つの産業が成長しなければあり得なかった。

大量生産は、ある意味で工場制が高度な新技術を伴って発展した延長線上にあると言えるだろう。アメリカでは南北戦争の前から大量生産への歩みが始まっていた、と歴史家のデービッド・ハウンシェルは述べている。製造業におけるいわゆるアメリカン・システムの先駆者として、イーライ・ホイットニー、サミュエル・コルト、アイザック・シンガー、サイラス・マコーミックといった発明家の名前がよく挙げられる。アメリカン・システムとは、大量生産された個別の交換可能部品によって複雑な製品が組み立てられる方式を指す。この生産方式がいかに優れているかを世界に見せつけたのが、一八五一年のロンドン万国博覧会である。博覧会場を訪れたある人は、こんな感想を漏らした。「世界が待ち望んでいたことをアメリカの機械がほぼすべてやってみせた……中でも人気を呼んだのは、コルトのダブルアクション方式の回転式拳銃《リボルバー》だった。殺傷力が高いのはもちろんだが、交換可能な部品で作られているというところがすごい。これが、アメリカン・システムとして知られることになる製造方式の他にない特徴だった」[7]。

もっとも、交換可能な部品というコンセプトはアメリカ人の発明ではない――そのようなコンセプトを発明と呼べるとすれば、の話だが。スウェーデンの科学者クリストフェル・プールヘムが、一七二〇年代に交換可能部品を使って木製の時計を組み立てている。アメリカの製造業がやってのけた偉業は、均質な部品を大量生産できるような精度の高い工作機械を考案したことである。部品が交換可能であるためには、完全に同一でなければならない。完全に同一な部品を大量に生産する能力は、工作機械が改良に次ぐ改良を重ねることによって実現したのだった。

フォードの自動車工場に結実した機械製造技術の大半は、じつは武器製造にルーツがある。工作機械産業が誕生したのも、武器製造の必要に迫られたからだった[8]。コルトは「機械で作れないものはない」と信じており、フォードはこれを実行に移したと言える[9]。コルトの信念は工作機械に対する信頼に基づいているが、これは当時としてはひどく新しい考え方だった。クリミア戦争のさなかの一八五四年に、イギリス議会はできるだけローコストの武器製造方法を調査する特別委員会を設置する。小火器を機械で製造することは可能かという問題を検討するにあたっては、アメリカン・システムが出発点となったのは当然の成り行きだった。そこで、ジョセフ・ホイットワース率いるアメリカ視察団が派遣される。ホイットワースは技術者にして実業家で、マンチェスターで工作機械製造事業を営んでいた。視察団はアメリカの一五都市を訪れ、工場を見て回る。ホイットワースが強い感銘を受けたことはあきらかで、帰国後の報告では「肉体労働者に代わって機械が導入できるところではどこでも積極的に機械が据え付けられていた」と述べている。ただホイットワースは、コルトのように何でも機械化できるとは考えていなかった。熟練した機械工はつねに必要だと委員会で証言している。両者の意見の食い違いは、交換可能な部品が焦点だった。コルトは完全に同一な部品は量産できるから、こまかな調整や擦り合わせをする労働者は不要になると考えていたが、ホイットワースはそこまでの精度は期待できないからやはり手作業で合わせる労働者が必要だとみていた[10]。

めざましい技術的飛躍はそうそうあるものではない。結局、コルトが正しかったことをフォードが証明するまでには半世紀を要した。フォードはコストの最小化と生産の最大化によって無限にも見える消費市場に参入し、この戦略が利益最大化につながることを実証してみせた最初の経営者である。だがすでに指摘したように、この戦略では均質な部品を製造できる高度な工作機械が必要不可欠であり、このことを十分認識しているフォードの技術陣は工作機械の精度を最優先課題とし、専用の機械を開発してのけた。「フォードの機械は世界一だ、誰でもそれは知っている」とこの分野の専門家が認めている。[11] フォードの組立部門では、手作業は完全に姿を消した。一九〇八年に工場から送り出されたT型フォードは、量産の基準をすべて満たした最初の製品となったのである。

部品の交換可能性の問題が解決したあとに残ったのは、組み立てをどうするかということだった。その答えがライン生産方式である。ベルトコンベアの上を組み立て途中の製品が流れてくるので、作業員は動かずに次々に部品を組み付けていけばよい。組み立てラインを常時回転させるためには、工場全体への電力供給が必須条件である。そうなって初めて生産方式の根本的な再編が可能になる。ライン生産方式が初めて導入されたのはデトロイトの北西にあるハイランドパーク工場で、一九一三年のことである。工場には新しい技術が結集しており、高速で作動する高精度の機械を電動機が駆動し、電動クレーンシステムが作業員による運搬の労力をなくし、電気の照明が精密な作業を容易にし、電動ファンが工場の環境をより快適にした。とりわけ重要なのは、電気が動力源になってから、工程の編成や工場のレイアウトがより柔軟になったことである。一九一三年にはT型フォードの組み立てに約一二マンアワーを要したが、一年後には一・五マンアワーに短縮されている。もちろん、個々の部品の製造にも同様の効率化が実現した。

多くの工場には一九〇〇年以前から電気が引かれていたものの、当初は主に照明に使われるだけだった。エジソンがニューヨークの中心にあるパールストリートに最初の発電所を建設したのが一八八二年のことである。それから第一次世界大戦までの間に、電球の改良と発電・送電網の性能向上によって家庭の照明コストはじつに九〇%も削減された。電気照明のメリットを数値化するのは容易ではないが、多くの点でガスにまさることはまちがいない。クリーンな電気照明のおかげで工場はより快適に健康になり、火事のリスクも減り、火災保険料が安くなるというおまけもあった。また電気照明のほうが明るいため高精度の加工が可能になる。このように、電気は経営者にも労働者にもさまざまなメリットをもたらした。電気照明が導入されてから労働者の病気欠勤が五〇%減ったという報告もある。政府印刷局が電気照明かガス照明か労働者に選ばせたところ、全員が電気を選んだのも当然だろう。[12]およそ考えられるあらゆる面で電気の優位は揺るがなかった。ある印刷工場の電気技師は、このように述べている。「従来は印刷機の動力を蒸気機関からベルトで送り込んでいたが、個別の電動機で動かす方式に切り替えたら、動力の膨大な無駄がなくなったうえに、作業が質的にも向上した。印刷不良による紙の無駄が減り、作業場が快適になり、修理の頻度も下がった。それに何より、従来は高速運転するとすぐにガタがきたものだが、そんなこともなくきれいに印刷できるようになった。これはひとえに、動力供給が安定していて、急激に変動したり途切れたりしないからだ。動力供給が途絶えて電動機が止まったことは一度もない。動力供給の中断を心配しなくていいとは、初めてのことだ」[13]。

もっとも、始めのうち電動機はもっぱら電車などの牽引用途に使われており、二〇世紀初頭の時点では、アメリカの工場に据え付けられた機械の動力源はじつは九五％が蒸気か水力だった。だが二〇世紀前半のうちに電力の供給体制が整い、工場の電化が進んで、一九二九年までに動力の八〇％を電動機が供給するようになる[14]。シカゴからメキシコ湾にいたるまで、また東海岸からグレートプレーンズにいたるまで、アメリカは「大規模な動力革命を経験していた……これに匹敵するのは、一〇〇年前のイギリスの産業革命だけだろう」と当時の記録にある[15]。この動力源の転換が「第二次産業革命をもたらした」とニューヨーク・タイムズ紙は一九二五年に高らかに宣言した[16]。

機械の動力源としての電気の利用が遅れたのは、一つには、信頼性と効率の面で蒸気機関や水車を上回る電動機の開発がなかなか進まなかったからである。一八八四年にフランク・スプレイグが世界で初めて実用化に耐えられる直流電動機の開発に成功し、ここから電動機が次第に普及し始める。蒸気機関や水車などの機械駆動方式ではギヤ、シャフト、ベルトなどの摩擦によるエネルギー損失が大きいが、電動機がこの点ではるかにすぐれていることは試運転ですぐに確かめられ、電動機への切り替えは徐々にではあるが着実に進んだ。そして二〇世紀前半に出力がおよそ六〇倍に強化されると普及が加速し、あっという間に他を引き離して主たる動力源の地位を確立する。オーストリア出身の技術者ニコラ・テスラが実用的な交流電動機を開発したことも、普及に弾みをつけた大きな要因だ。これで、基本的にどんな機械も電気で駆動できるようになった。「交流電動機の導入と急速な普及というテスラの貢献は、エジソンの白熱電球の商業化にまさるとも劣らない」と評価される[17]。たしかに、アメリカの生産性の向上への電動機の寄与度は、電気照明をはるかに上回るものだった。電気はついに、明るく照らすだけでなく力強く駆動するようになったのである。

とは言え、電気が生産性向上に結びつくまでにこれほど長くかかった最大の要因は、電気のメリットを最大限に活かすには工場のレイアウトを変える必要があると気づくのが遅れたからだった。「都市の電化が単にガス灯を電灯に、馬車を路面電車に置き換えるだけではないように、工場の電化も単に蒸気機関や水車を電動機に置き換えるだけではない[18]」。電気の導入、工程とレイアウトの再編、近代的な生産管理を三位一体で実行しなければならないのである。経済学者のポール・デービッドが指摘するとおり、アメリカの製造業の生産性が顕著な伸びを示すのは一九二〇年代に入ってからだ。つまり、初めて工場の動力源が電気に切り替わってから二世代近く経っている[19]。ユニット駆動方式の導入が遅れたことが大きな原因で、その経緯については経済史家のウォーレン・デバイン・ジュニアがくわしく述べている[20]。一九〇〇年より前は、巨大な動力源（主として蒸気機関か水車）が工場の中央に据え付けられ、個々の機械にはベルトやシャフトなどのリンク機構を介して動力が供給されていた。工場に電気が引かれても、当初は動力源を大型電動機に置き換えただけで工程の再編は行われず、工場のレイアウトもそのままだった。中央の動力源が始動すると、つながれている機械を使用するかしないかには関係なくベルトやシャフトも動き出す。動力源がダウンしようものなら工場内のすべての機械は停止してしまい、修理が終わるのを待たなければならない。動力源は専用の部屋に鎮座していて、そこから迷路のようなベルトや滑車や回転シャフトが四方八方に延び、すべての機械を駆動するというしくみだ。工場の基本設計は、水力が唯一の動力源だった時代からほとんど変わっていなかった。

電気のメリットを最大限に活かすためには、動力源と個別の機械を結ぶリンク機構をなくすことが決定的に重要である。だがそうなるまでに長い時間がかかった。工場の進化の中間段階で採用されたのが、グループ駆動方式である。いくつかの機械をグループ化し、中型電動機で駆動するやり方で、これならリンクは短くて済む。そしてようやく電気技師たちは、機械を個別に小型モーターで駆動すればベルトやシャフトの類はすべて不要になることに気づく。こうしてユニット駆動方式が導入されると、工場の設計に革命的変化が起きた。かつては動力源を中央に据える必要があったが、ユニット駆動方式では機械をいかようにも配置できるので、流れ作業に都合のいい位置に並べ、ライン生産方式を採用することが可能になったのである。ライン生産方式のメリットを最大限に活かすため、フォードのリバールージュ工場など新しく建設される工場は平屋建てになった。これも、単位面積当たりの建設コストが大幅に下がるなどの利点につながっている。さらに、シャフトなどを天井に這わせる必要がなくなったため、天井クレーンの導入が可能になり、重量物の移動が容易になった。こうした変化の多くは、労働者の削減ではなく資本の節約につながっている。ただし生産現場での人員削減はなくとも、工場建設や機械の修理・保守関連では労働需要が減少する結果にはなった。ハリー・ジェロームは次のように指摘する。

「工業技術の変化は、生産工程に直接携わる労働量を物理的に変えないとしても、他のプロセスに必要な労働量を大幅に減らす結果となった。と言うのも、工場の床面積、原材料の無駄や製品の損傷、投入する燃料、エネルギー、材料、機械類の摩耗や劣化がいずれも大幅に減少したからである。となれば、建設や材料供給に必要な労働者は減る。燃料や原材料の節約も間接的に労働需要の減少につながるし、摩耗や劣化が減れば、保守や修理に必要な人員も減ることになる[21]」。

電化の結果として労働者の待遇はどう変わったのだろうか。くわしくは第8章で取り上げるが、ここでは職場環境の改善に加えて賃金が急上昇したことを指摘しておこう。大量生産のおかげで多くのものが平均的なアメリカの世帯にも手の届く値段になった。そうなれば誰もが欲しがるというわけで製造業は急速に拡大し、工場労働者の需要もどんどん増えるという具合に好循環が始まる。工場の設備投資に資本が注ぎ込まれるにつれて、工場労働者のスキルはますます価値が高くなった。当時の工場労働は機械操作のスキルを要するという点で、今日のハイテク産業の新種の職種にも比肩しうる面がある。しかも工場労働者は現場で実地にスキルを身につける機会にも恵まれていた。歴史家のデービッド・ナイは、「一つひとつの作業が短く区切られていることのメリットは、どれも短時間で習熟できることにある。だから、事実上誰でもフォードで働けるし、そこからよそに移ることも容易だった」と述べている。[22] もちろん労働市場のめまぐるしい変化に伴い、いくらかは調整が生じた。だが全体としてみれば、一九七〇年代まで大方の人は、賃金は上がっていくものと考えることができた。経済学者のフレデリック・C・ミルズが一九三〇年代に指摘したとおり、「機械化が進む中、労働者は新しいやり方を短期間で習得しなければならなかった」ため、必然的にスキルが向上したからである。[23] たとえばガラス産業では、「吹きガラス職人は解雇の憂き目に遭う可能性もあったが……機械化されない製品分野に移すとか、機械操作に転換するといった方法で解決された[24]」。ガラス産業だけでなく多くの産業で、手仕事をしていた職人は機械操作の仕事に転換された。工場の電化が進むにつれて保守や運搬に配置転換されるケースも出てきたものの、機械を使う作業は増える一方だったから、機械化で仕事にあぶれた職人にも高賃金の仕事に就くチャンスはいくらでもあったのである（くわしくは第8章を参照されたい）。第二次産業革命の最大の効果は、ふつうの人々にまったく新しい雇用機会を創出すると同時に、新しい商品をこの人たちに安価に供給したことである。アメリカの家庭にどっと押し寄せた電化製品は、生産者である労働者の消費者としての価値も高めたのだった。

解放する機械

第一次産業革命の主な特徴が工場の機械化だったとすれば、第二次産業革命を決定づける特徴は家庭の機械化だったと言える。一九世紀には蒸気機関が工場を変えたが、家庭には変化はなかった。対照的に電気は家庭にも革命をもたらす。ゼネラル・エレクトリック（GE）やウェスティングハウスといった企業が平均的な市民の手の届く価格帯でさまざまな家電製品を売り出した。アイロン（初めて市場に投入されたのは一八九三年）、真空掃除機（一九〇七年）、洗濯機（一九〇七年）、トースター（一九〇九年）、冷蔵庫（一九一六年）、皿洗い機（一九二九年）、ドライヤー（一九三八年）等々。これらはすべてアメリカ人が発明したわけではないが、アメリカがその最大の市場だったし、アメリカの主婦が最大の恩恵を被ったことはまちがいない。いわゆる家電革命は、家庭を快適で楽しい場所にしただけでなく、主婦を無給の家事労働から解放した。女性が外に出て有給の仕事に就くようになると、アメリカの労働人口は急速に拡大し、家庭の所得は増えて購買力は高まる。エジソンはこうした未来を予想していた。彼は一九一二年にグッド・ハウスキーピング誌にこう書いている。「未来の主婦は、単調な家事労働の奴隷でも僕《しもべ》でもなくなる。それほど多くの家事をする必要がなくなるので、家事に取られる時間が減るだろう。家事労働者ではなくなって家事エンジニアとなり、あらゆる家電製品を駆使するようになる。あれやこれやの電化製品は主婦の世界に革命をもたらし、女性のエネルギーの大半をもっと生産的な広い活躍の場に向けられるようになるはずだ[25]」。

ここで、一九〇〇年のアメリカの家庭を想像してほしい。ほとんどの家には電気が引かれておらず、セントラルヒーティングもなく、おまけに水道も引かれていなかった。（図6参照）。照明はロウソクか石油ランプである。当時の家庭は火事の危険と隣り合わせで、ランプや暖炉から火事になることが珍しくなかった。石器時代に発見された裸火にまだ頼っていたわけだ。セントラルヒーティングが普及する前は、暖をとるのは大方の家庭で暖炉しかなかった。薪か石炭を家の中に運び込み、灰を運び出し、毎日火を起こすのは退屈な仕事である。しかも家を暖めようとする懸命の努力にもかかわらず、ほとんどの部屋は冬の間外と変わらない寒さだった。「断熱材といえば隙間に詰め込んだボロ切れだけだ。部屋の天井近くは暖かく、床はどこもかしこも冷たい[26]」。アメリカの寝室で寒い夜をしのぐ手段といえば、台所のかまどで温めた鉄の塊かレンガをベッドに入れておくことぐらいである。そのうえ水道がないため、ほとんどのアメリカ人にとって木製かブリキ製のたらいに台所で温めたお湯を満たすことが風呂がわりだった。「二〇世紀前半になっても、労働者階級の家庭の主婦は通りの給水栓で水を汲んで家に運ばなければならなかった。農家の主婦が近くの小川か井戸から水を運ぶのとほとんど変わらない仕事だ。料理、皿洗い、風呂、洗濯、掃除など、あらゆる用途の水はどこかから汲んできて家に運び、排水を運び出さなければならなかった」[27]。

農家の女性は農業と家事の両方をしなければならないため、とりわけ過酷な労働を強いられていた。家事に加えて、ニワトリの面倒を見るのは女性だったし、家畜の餌やりもしなければならない。そのうえに畑仕事を手伝うことも多い。農業省が一九二〇年に発表した報告によると、農家の女性の平均労働時間は一日あたり一一・三時間、夏場は一三・一時間に達するという。夏の間は余暇時間が一・六時間しかなく、冬はそれが〇・八時間増えるだけだ。調査に回答した女性の半数が朝は五時に起きている。大半の農家には水道が引かれていないため、朝食の支度をするにも近くの泉かポンプまで水を汲みにいかなければならない。もちろん朝食は（夕食も）電気の助けをいっさい借りずに作るのである。農村地帯に電気が引かれればこうした重労働の一部は解決されるだろう、と報告書は述べている。「農村に電気が普及すれば農作業の時間は大幅に短縮され、また主婦の仕事も非常に楽になるだろう」[28]。だが農村地帯の電化が本格的に始まるのは、フランクリン・ルーズベルト大統領が一九三六年五月二日に農村電化事業の設立を定めた法案に署名してからのことである。この法律によって、民間の電力会社が見捨てていた地方公共団体に政府の予算が投じられた。

家庭に電気が普及するにつれて、家電メーカーはさかんに主婦をターゲットに売り込みをかけ始める(図6参照)。一九三〇年代にインディアナ州マンシーで配られたパンフレットには「電気は無口な働き者」とあり、ゼネラル・エレクトリックの広告では「男の城は主婦の工場」と謳われている。[29] 要するに、無口な働き者の家電製品を召使いに雇えば、退屈な家事に使われていた時間が自由になるというのである。今日ではたいして面倒でない家事も、当時はじつに大変な仕事だったことを忘れてはいけない。たとえば洗濯である。一九〇〇年の時点では、九八%の世帯が洗濯板を使って洗濯をしていた。まず薪か石炭をストーブにくべてお湯を沸かす。そして大きなたらいにお湯を張り、洗濯物を入れて手洗いする。それから絞って干して乾かす。次には、同じく重労働であるアイロンかけをしなければならない。電気のアイロンがない時代には、重い鉄製のこてを使う。すぐ冷めてしまうので、のべつストーブに突っ込んで熱くしなければならない。一九四〇年代半ばに実施されたある調査によると、電気洗濯機を使うと手洗いと比べ三時間一九分の節約になるという。また手洗いの場合には一回の洗濯で一〇〇〇メートル近く歩くことになるが、洗濯機なら一〇〇メートルで済むこ

図6　アメリカの家庭における基本設備と家電の普及率(%)

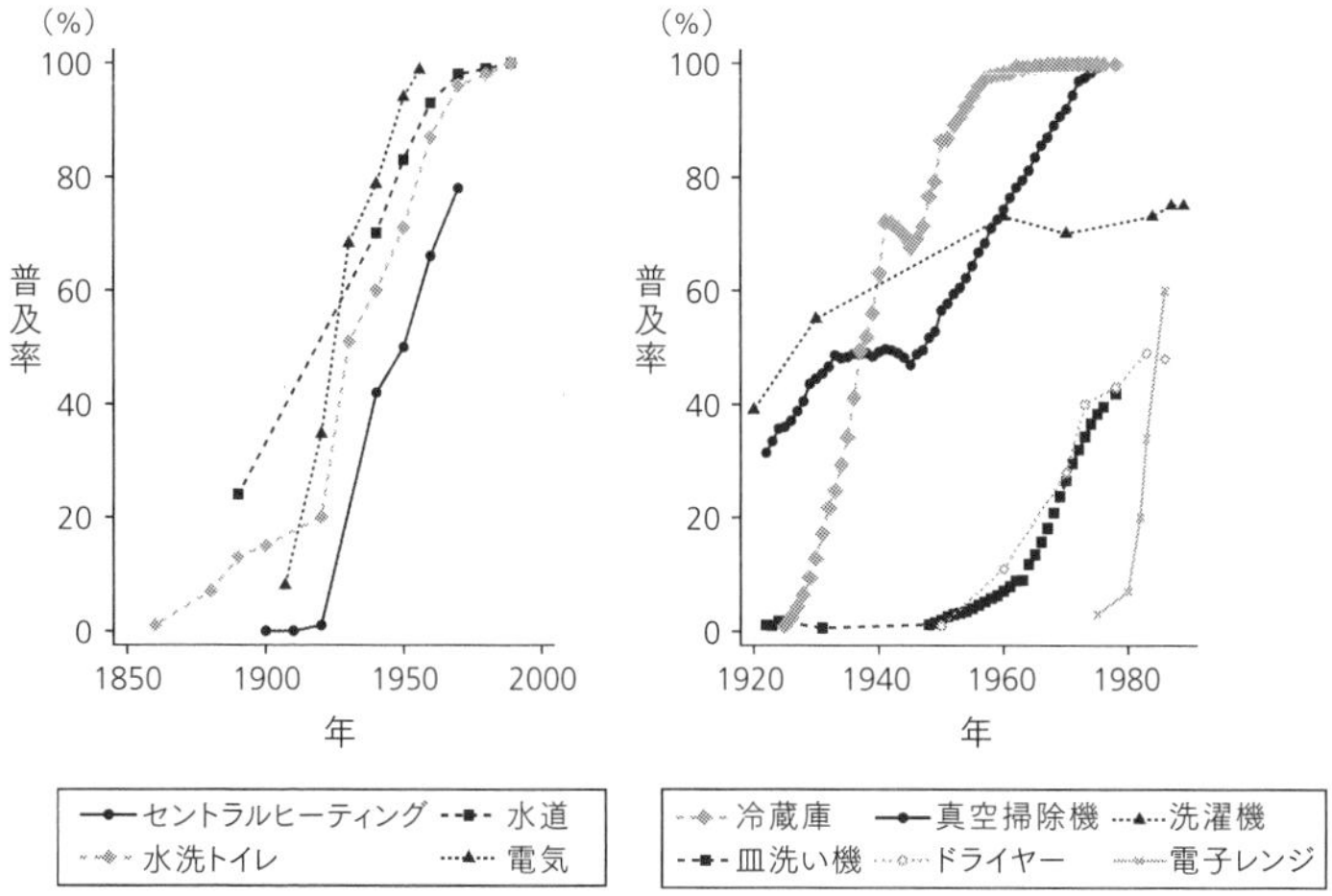

出所：*J. Greenwood, A. Seshadri, and M. Yorukoglu, 2005, "Engines of Liberation," Review of Economic Studies 72 (1): 109–33*

とがわかった。同様に、こては一回の作業に四・五〇時間かかるが、電気アイロンなら一・七五時間で済み、歩く距離もおよそ九〇%短縮された。[30]

特筆すべきは、電気が富裕層にも貧困層にも分け隔てなく普及したことである。もちろん、最初に電化製品を取り入れたのは裕福な家庭だった。だから同じ通りに住んでいても、中世以来の手洗いをしている主婦もいれば、電気洗濯機を使っている主婦もいた。だが時が経つにつれて、電気や水道の普及と並行して家電製品の価格がどんどん下がり、大方の家庭の手が届くようになる。全国電灯協会（NELA）が一九二一年にフィラデルフィアの家庭を対象に電化製品の普及状況を調べたときには、回答者の半数以上が持っていると答えたのはアイロンと真空掃除機だけだった。冷蔵庫の普及はやや遅かったが、これはアイスボックスが安価な代替品だったことが一因ではあるものの、やはり冷蔵庫が高価だったからだ。一九二八年の時点では五六八ドルもした。しかし急速に値段が下がり、三一年に一三七ドルになると、冷蔵庫は驚くべき勢いで普及する。冷蔵庫だけでなく、他の家電も同様の傾向を示している。一九二八年に最も安価な洗濯機には三週間分の所得に相当する値札がついていたが、真空掃除機は一週間分、アイロンは一日分で十分買うことができた。[31]

やがて平均的なアメリカの家庭では「電気で動かないのはカナリアと門番だけ」と言われるようになる。[32] 家電製品の値段が下がって最大の恩恵に与ったのは低‐中所得の世帯だった。富裕層は使用人を雇って面倒な家事や重労働をやらせていたが、ついに低‐中所得層も電気で動く使用人にやらせることが可能になったのである。一九四〇年までには、家電製品の利便性は膨大な数の家庭に行き渡っていた。この頃から、貧富の如何を問わずすべての市民が電気、ガス、水道、下水道にアクセスできるようになる。洗濯機、冷蔵庫、皿洗い機などは価格によって貧困層への普及が遅れることはあっても、大量生産と割賦販売のおかげで大半の家庭が買えるようになっていった。

とは言え、家電革命が家事労働に費やされる時間にどの程度の影響を与えたかということになると、いまだに意見が分かれている。経済学者のスタンリー・レバーゴットによる初期の研究では、一九〇〇～六六年に主婦の家事労働時間は週四二時間も減ったという[33]。これは驚くべき数字だ。だが同じく経済学者のバレリー・ラミーは、レバーゴットの研究では家族と使用人の労働時間が区別されていないと指摘する[34]。ラミーの推定では、コア年齢の女性の家事労働時間は一九〇〇～二〇〇五年に週一八時間しか減っていない。しかも驚いたことに、この減少分は男性の家事労働時間が増えたことで打ち消されるという。家電製品が家事労働を軽減したことはまちがいないのに、費やす時間が減らないとはどういうことだろうか。技術史家のルース・コーワンは、家電に置き換えられたのはそれまで使用人がやっていた家事だけだからだと分析する。一九五〇年代における中流階級の標準的な健康・衛生状態を維持しようとしたら、一八五〇年代の主婦は使用人を三人か四人雇わなければならなかっただろう。だが家電のおかげで一九五〇年代の主婦はそれを文字通り片手でこなすことができる[35]。

一九世紀末から使用人が次第に姿を消していったことはまちがいない。その理由は原始的ながらもさまざまな機械が登場したことと無関係ではないだろう。たとえば「フランス人の円錐洗濯機」なるものがそうだ。これは巨大なバケツ状の洗濯槽に衣類を入れ、中心のローラーについたハンドルを手で押し回す手動洗濯機である。一八六〇年のニューヨーク・タイムズ紙はこの手動洗濯機について次のように論評し、洗濯婦を安心させている。「この機械は労働を軽減し、手荒れを防ぎ、布地の摩耗などの不都合も解消する。だがこれは洗濯婦に代わりうるものではないし、今後もそういうことはないと断言できる。若い女性が自分の労働条件を改善したいなら、こうした機械の助けを借りて家事労働をするとよいだろう」[36]。今になってみれば、洗濯婦がお払い箱になることを恐れたのは正しかったとわかる。とはいえ、電気洗濯機が登場して洗濯婦がほんとうに不要になるまでには半世紀かかった。一九二一年に開催されたピッツバーグ家政婦クラブでは、洗濯婦は「蓄音器で遊んでいる」と家政婦が文句を言い、使用人は「女主人が必要とする仕事をするか出ていく」という新しい決まりを設けるべきだと主張した[37]。

こうした経緯はコーワンの分析をいくらか裏付けるとは言え、家電製品が使用人の仕事を引き受けただけで、家事労働にそれ以上の影響はもたらさなかったと考えるのはまちがいだろう。第一に、家電のおかげで家庭内の単調な重労働は大幅に軽減されたため、多くの女性は子供の世話をするとか勉強をみるといったことに時間を使うようになった。第二に、技術の進化とともに家庭内の清潔さや食事の基準が高くなった[38]。たとえば手軽に掃除ができるとなれば、掃除の回数が増える。洗濯が重労働でなくなれば、こまめに服を替えるようになる。風呂もひんぱんに入るし、「それまでは年に何回か絨毯を引っ張り出して埃を叩き出すだけだったが、毎日絨毯に掃除機をかけるようになる」という具合である[39]。第三に、ラミーの推定は、一人当たりではなく一世帯当たりに換算するほうが妥当だ。一世帯が家事労働に費やした時間は、一九〇〇〜二〇〇五年に三八％も減っている。この期間中にアメリカの平均的な世帯の人数が減ったことはたしかだが、家事労働にも規模の経済が働くことを見落としてはならない[40]。四人家族でも二人家族でも食事の支度の手間はさして変わらないのに、世帯の家事労働時間は減っているのである。調査によると、家電の普及率が高い地域ほど女性の就業率がハイペースで上昇した。このことも、家電が家事労働時間の短縮に寄与したことの証拠になる。二〇世紀における女性の就業率の推移を図7に示した。これを見ると、一九〇〇〜八〇年に五一％も増えたことがわかる。ジェレミー・グリーンウッド、アナンス・シシャドリ、メーメ・ヨリュコグルによる著名な研究では、女性の就業率上昇に家電革命だけで五五％寄与したという[41]。家電が普及するにつれて労働市場に参加する女性は増え、報酬がもらえるうえにおそらくは家事よりやり甲斐のある仕事に就くようになる。かくして多くの家庭が突然ダブルインカムになり、よりゆたかになっていった。

もちろん、女性の就業率が上昇したのは省力化技術のおかげだけではない。文化的・社会的要因も重要な役割を果たしていることは言うまでもないが、それについて論じることは本書の手に余る。はっきりしているのは、当時の社会では女は家にいるべきだという圧力が相変わらず強かったうえに、家電のおかげで家事が楽になったにもかかわらず、多くの女性が

図7　アメリカの25〜64歳の男女別就業率（1870〜2010年）

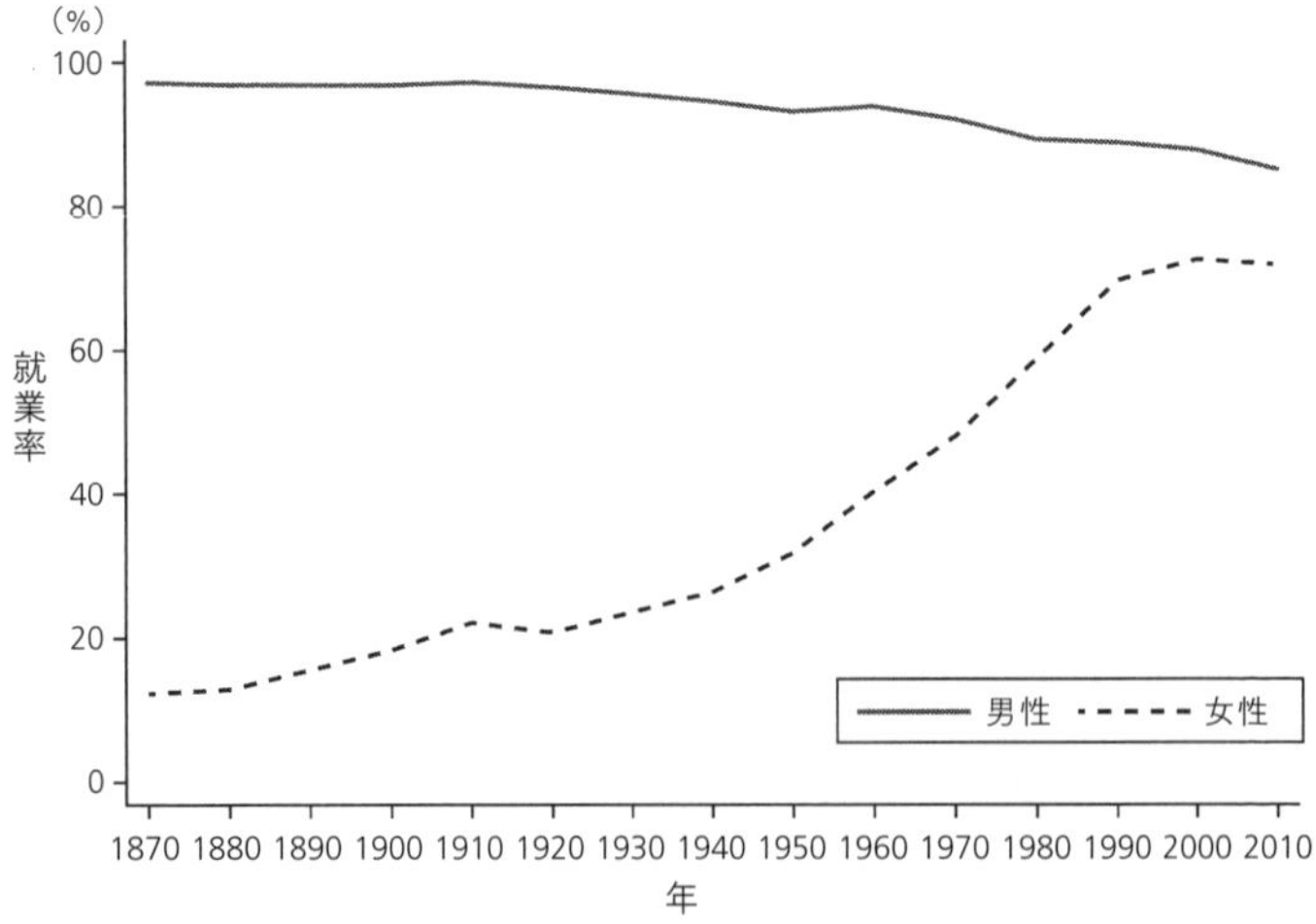

出所：1870-1990：Historical Statistics of the United States (HSUS), Millennial Edition Online, *2006, ed. S. B. Carter, S. Gartner, M. R. Haines, A. L. Olmstead, R. Sutch, and G. Wright (Cambridge：Cambridge University Press), Table Ba393-400, Ba406-413, Aa226-237, Aa260-271, http：//hsus.cambridge.org/HSUSWeb/HSUSEntryServlet; 2000-2010：Statistical Abstract of the United States 2012 (SAUS) (Washington, DC：Government Printing Office), Table 7 and 587.* 以下も参照。*Gordon, 2016, figure 8-1.*

外に出て働くようになったことである。家電の普及によって働く意志と能力のある女性の供給が増えるのと時を同じくして、オフィス機器の登場によって事務員の需要が急増していた。一八七四年に登場したタイプライターのときもそうだったが、さまざまなオフィス機器はオフィスの大型化と女性事務員の需要増に直結したのである。ビンセント・ジュリアーノはサイエンティフィック・アメリカン誌に次のように書いている。

「タイプライターが出現する

と、オフィスの規模は拡大し、数も増え、そこで働く人も増え、仕事も多様になった。オフィスの人員構成にも変化が見られた。女性が工場労働に従事するようになってからも、オフィスワークは男性の仕事だった（ディケンズの『クリスマス・キャロル』に登場するスクルージの事務所の書記を思い出してほしい）。だがオフィスの機械化によって、長らく敬遠されていた男性ばかりの職場への女性の進出が実現する。タイプライターの導入の直接的な結果として、大勢の女性がオフィスで働くようになった[42]」。

だが第8章でくわしく論じるように、事務員の需要が拡大したのはおおむね一九〇〇年よりあと、すなわちオフィス機器がどっと導入され、家庭では家電が普及し、世帯が収入増を求めるようになって女性の社会進出が促されるようになってからである。とくに一九五〇〜七〇年には、新たに一一四〇万人もの女性が事務員になった。この間に男性の事務員は一五〇万人しか増えていない。一九七〇年代には、オフィス機器を操る女性事務員を指してホワイトカラーならぬ「ピンクカラー」という言葉がすっかり定着した[43]。つまり、二〇世紀を通じて就業率が上昇したのは機械化のおかげであって、機械化にもかかわらず、ではなかった。

自動車時代の到来

家庭と工場の大変革は、第二次産業革命の一部でしかない。第二次産業革命はモノとヒトの移動の革命でもあった。経済史家のアレクサンダー・フィールドは、一九一九〜七三年の生産性の伸びは「二つの変革」の結果と捉えることができると述べている。[44] 第一の変革は工場の設計が見直され、動力源としての電気のメリットを最大限に活かせるようになったこと、第二の変革は自動車が登場し、馬に代わる輸送手段として輸送と物流に革命が起きたことである。第二の変革は一九三〇年代から始まり、次第に第一の変革を上回る輝きを放つようになる。とは言えモータリゼーションへの道のりはもっと前から始まっていた。

鉄道網が急速に整備されていたにもかかわらず、二〇世紀以前のアメリカ人は馬に頼り切っていた。たしかに鉄道はモノとヒトを速く安く運んではくれたが、駅から最終目的地までは馬が欠かせなかったのである。[45] 産業革命のずいぶん後まで馬が輸送手段として重宝されたのは、蒸気機関が都市部の輸送には不向きだったことが原因だ。「蒸気機関は都会の通りでは使い物にならない。火花が飛んで火事になる心配があるし、騒音がひどく、煙も出るし、ひどく重いため道路の基礎を傷め舗装にヒビが入ってしまう」[46]。解決策の一つは、地下鉄にすることだった。ロンドンで一八六三年にお目見えした地下鉄は当初は蒸気機関で牽引されていたが、トンネル内に煙がこもって不快なため、輸送手段としてはまったく不人気だった。アメリカには蒸気機関で駆動する地下鉄はついぞ出現していない。一九世紀後半の都市部の交通手段は乗合馬車、ケーブルカー、路面電車などさまざまな方法が試みられたが、ついに一九〇四年にニューヨークに地下鉄が登場する。電気で駆動され、乗合馬車の一〇倍も速い。こうして都市部の公共交通機関が充実したおかげで、平均的なアメリカ人は郊外に住むことが可能になる。その一方で、個人の輸送手段のほうはいっこうに変わらなかった。人々は公共交通機関の路線網と時刻表に縛られ、ちょっとした移動には馬を使った。馬のほうがずっと融通が効き、現代のタクシーのような感覚だったのだろう。だが馬には重大な欠点があった。まず何よりも、遅い。馬車は時速一〇キロ程度である。それに長距離となれば、途中でたびたび馬を替えなければならない。そのうえ、ほとんどのアメリカ人にとって馬は高価すぎた。労働者階級には馬を買う資金も養う資金もなかった。それに都市部の住宅には馬を飼う十分なスペースがない。こうしたわけで通勤に馬車を使えるのは労働人口の五分の一以下で、大半の人は歩くほかなかった。だが馬車の走る道を歩くのは楽しいとは言えない[47]。一九世紀後半には都市部の馬の数は減ってきたけれども、一平方マイルあたり五〜一〇トンの馬糞が散乱していたし、馬の死体が何日も通りに放置されていることもあったからだ[48]。何かにつけて昔はよかったと言いたがる人も、馬糞や死体を処理する職業を懐かしいとは思わないだろう。

一八九五年一一月にニューヨークで新たな雑誌が創刊された。タイトルは「自動車時代《ホースレス・エイジ》」。馬が生まれたてほやほやの自動車には、「馬がいらない」という形容詞がついていたのだった。馬を輸送手段として使うことにはさまざまなデメリットがあったにもかかわらず、当時の多くの人は自動車時代がほんとうに到来するのか懐疑的だった。自動車産業はまだほんのひよっこで頼りなく、[49]一八九五年のアメリカの自動車生産台数はたった四台である。当時馬に代わりうる現実的な個人用輸送手段と言えば、自転車だった。とは言え自転車は、輸送手段として普及したというよりは、自動車への道を切り開く役割を果たしたと考えるべきだろう。[50]そもそも当時の自転車に乗るのはひどく危険だった。マーク・トウェインは『自転車をてなずける』と題する小編で、一八八〇年代のハイホイール・バイクと呼ばれる前輪が極端に大きい自転車（直径が一・二メートルもあった）に挑んだ体験を綴っている。この乗り物がいかに危なっかしいか、最後の言葉を読めば十分おわかりいただけよう。「自転車を買いたまえ。きっと後悔はしない――生きていればの話だが」[51]。一八九〇年代半ばにチェーン駆動方式が考案され、ほぼ同時期にゴムタイヤも開発され、車輪が小さく乗り心地のよい安全な自転車が登場して初めて、自転車は黄金時代を迎える。「誰もが自転車熱に取り憑かれている。自転車産業は黄金郷だとばかり、大勢がこぞって参入した」[52]。しかしサイクリングの流行はアメリカではすぐにすたれてしまう。自転車産業が衰退すると、多くの自転車メーカーは自動車製造に転身した。

自転車は多くの意味で自動車への橋渡しとなった[53]。アメリカの自転車産業の父と言われるアルバート・A・ポープは自動車の台頭を予想し、自動車の開発のために発明家のハイラム・パーシー・マキシムを雇っている。ポープの会社は結局一九〇七年に倒産してしまい、自動車の雄となることはできなかった。それでも自転車産業は全体として、のちに自動車の大量生産で必要となる技術的な解決の多くに寄与したと言える。たとえば高精度に加工されたギヤやゴムタイヤがそうだ。おそらくもっと重要なのは、アメリカ人が初めて馬以外の個人用の輸送手段を経験したことだろう。マキシムは自転車に初めて乗ったとき、すぐさま自動車のメリットに気づいたと語っている。一九三七年の回想によると、「自転車なら、夜中に一人で田舎まで一走りできる。馬車なら二時間近くかかる距離を、自転車は一時間足らずでカバーする。鉄道なら三〇分で行けるかもしれないが、鉄道が運んでくれるのは駅から駅までだけだ。それに運行時間が決まっていて、必ずしもこちらの都合のいい時間とは限らない[54]」。多くの人々が自転車に乗る経験をしたからこそ、便利で安価な個人用輸送手段の需要が形成され、そこから自動車が誕生したのだとマキシムは指摘する。

自動車の開発は一八世紀から始まっていたが、それは蒸気自動車だった。だが数十年におよぶ試行錯誤が重ねられたにもかかわらず、蒸気自動車はついにマスマーケットには投入されずに終わる。蒸気機関は重すぎ、危険なうえに非効率だったからだ。自動車革命は内燃機関の開発を待たねばならなかった。一八六四年にニコラス・オットーが効率のよいガス機関を開発して成功を収めるが、石炭の燃焼ガスを使うため道路輸送には向いていなかった。実用的な自動車が実現するのはガソリンエンジンが開発されてからだが、これをほぼ時を同じくして成し遂げたのがゴットリープ・ダイムラーとウィルヘルム・マイバッハ、そして別の町に住んでいたカール・ベンツである。とうとう道路を走れる車が誕生したのである。だが意外にもしばらくの間は、自動車が電気で走る可能性もあった。「一九〇〇年の時点では、家電が普及したような具合に自動車も電気になる可能性が大いにあった」という[55]。だがいくつもの出来事が重なって内燃機関に軍配が上がることになった。チャールズ・ケタリングが発明したセルモーターによってエンジンの始動が容易になったこと、都市間道路が整備され、長距離走行や速度の点からガソリンエンジンが有利になったこと、大規模油田が発見され燃料価格が下落したこと、フォードのライン生産方式によりガソリンエンジン車の価格は急速に下がったが、電気自動車は下がらなかったこと、などである。

ポープが指摘するとおり、馬の時代は終わりつつあったものの、自動車産業がテイクオフを果たすには道路の整備が欠かせなかった。「都市内や都市周辺だけでなく、全国の道路網が必要だ[56]」。しかしこれは容易なことではなかった。二〇世紀初めのアメリカに存在した道路は、よく言えば未舗装、つまり石ころだらけの泥道だったのである。自動車を買う余裕のある一握りの人にとって、パンクは日常茶飯事だった。二〇世紀前半にバーモント州のある医師が運転手とともにアメリカ横断をやってのけたが、サンフランシスコからニューヨークまで六三日もかかっている。[57]グーグルマップによれば、渋滞がなければ同じ行程がいまでは四〇時間ほどだ。一九二〇年代から三〇年代にかけて道路網が急速に整備され、幹線ルートであれば未舗装区間なしにアメリカを横断できるようになった。都市内でも都市間でも交通量が急増した背景として、土木工学が発達し、道路に加えてゴールデンゲート・ブリッジやブロンクス＝ホワイトストーン・ブリッジなどが完成したことが挙げられる。ガソリンスタンドの数が増えるにつれて、幹線道路沿いに商業施設が進出するようになり、多くの雇用が創出された。[58]一九二〇年以前はそのようなものはいっさい存在しなかったが、一九二八年にはこんな記述が現れている。「数百メートルごとに……ガソリンスタンドがあり、半ダースほどのカラフルなポンプが並んでいる。スタンドの隣にも、次のスタンドまでの間にも、〝ホットドッグ〟と派手な看板を掲げた小さな店が並ぶ。店もスタンドもない区間にはばかでかい野外広告板が設置されてポスターがたくさん貼ってある[59]」。

道路網が整備されたから自動車産業が栄えたのか、自動車が売れたから道路が整備されたのか、学者の間では意見が分かれている。だがおそらくは、この因果関係はどちらの向きも正しいのだろう[60]。自動車の需要が拡大しなければ高価なインフラに投資する意欲は湧かなかっただろうし、道路が凸凹では自動車は普及しなかっただろう。ただし自動車革命が本格的に始まったのは、生産技術の改革により庶民の手の届く値段の大衆車が登場してからのことである。一九〇〇年に現代的な自動車の原型であるメルセデス35PSが完成し、翌年にはアメリカ市場で売り出される。しかし、当時の世界最速記録（時速六五キロ）を持つこの車は、一万二四五〇ドルもした。アメリカの当時の国民一人当たり年間所得のおよそ一二倍である[61]。このため車を買えるのはほんの一握りの大金持ちだけだった。この状況をがらりと変えたのが、あの革命的なT型フォードである。一九〇八年に製造を開始したこのモデルは、当初は九五〇ドルだったが、生産打ち切りとなった一九二七年には二六三ドルまで下がった。国民一人当たりの年間可処分所得に占める率で言うと、一九一〇年の三一六％から二三年には四三％に下がったことになる。この一九二三年にT型フォードのシェアはピークに達し、アメリカで売れた車の半分をT型フォードが占めた。一九二〇年代に月賦販売が定着したこともあって、車への支出が可処分所得に占める比率は押し下げられ、最貧困層以外は誰もが車を買えるという状況になる。車を持つ世帯の比率は急上昇し、一九一〇年には二・三％だったのが三〇年には八九・八％に達した[62]。

車は、自宅から職場への通勤手段として路面電車の代わりになっただけではない。アメリカ人は自家用車で買い物に行き、友人や親戚を訪問し、週末には都会の喧騒を逃れて田舎までドライブした。車によって人々の働き方、暮らし方が変わり、アメリカの都市のあり方も変わった。使い勝手のよい安価な輸送手段が出現したおかげで、都市はもはや単に人口の密集する場所ではなくなり、工業地区、商業地区、都市近郊の住居地区というふうに住み分けができてくる。それまで職場に近いという理由から都心部に住んでいた人たちも、郊外から車で通うようになった。ラルフ・エプスタインは一九二七年に次のように書いている。「地方が都会に近付いただけでなく、都市自体が……周辺地域の一部になった。ニューヨークはもうマンハッタン、ブルックリン、ブロンクスだけではない。ロングアイランド、ライ、ニューロシェルもニューヨークだ。いや、コネティカットやニュージャージーの一部もニューヨークのようなものだ[63]」。

✿ ✿ ✿

都市を変えた自動車は、農業にも革命をもたらした。馬からモーターへの転換は、人力から家畜の力への転換以来の農業の大転換だったことに疑いの余地はない。一九世紀に農業の機械化が製造業に遅れをとったのは、蒸気機関が不定形で不規則な農業環境にまったく適していなかったからだ。それに、大方の農家にとって高すぎた[64]。サイラス・マコーミックが一九世紀に発明した刈取機のようなブレークスルーはあったものの、それを引くのは馬だったのである。

だが輸送において車が馬にとって代わったように、農業においてはトラクターが馬にとって代わる。トラクターを持つ農家の比率は一九二〇年には三・六%だったが、六〇年には八〇%に達した。同時期に農家の飼う馬とラバの数は激減し、二五〇〇万頭から三〇〇万頭になっている[65]（図8参照）。大量の馬をお払い箱にしたトラクターは、経済成長率を大きく押し上げた。経済学者のウィリアム・ホワイトの推定では、一九五四年におけるトラクターによる社会的節約はGDPの八%を上回るという。トラクターは膨大な非効率を一気に排除した。たとえば馬は、せっかくの収穫の五分の一を食べてしまう[66]。さらに馬で一日がかりの距離を一時間でこなすトラックのおかげで、出荷や物流も迅速化した。輸送費用は大幅に減り、アメリカの農家はより大きな市場を相手にできるようになる[67]。農家の供給範囲が広がったことは、農業省の調査でも裏付けられている。一九二一年に中西部の農業地帯（コーンベルト）を対象に行った調査によると、トラックの導入後に多くの農家が農産物の一部または全部について供給市場を変えたという[68]。

自動車が成長を牽引したのは、もちろん農業部門だけではない。一九三〇年代には、運輸・公益、卸売り・小売りが経済全体の生産性の伸びの半分近くを担っていた。そして運輸・公

図8　アメリカの農家における家畜とトラクターの推移（1910〜1960年）

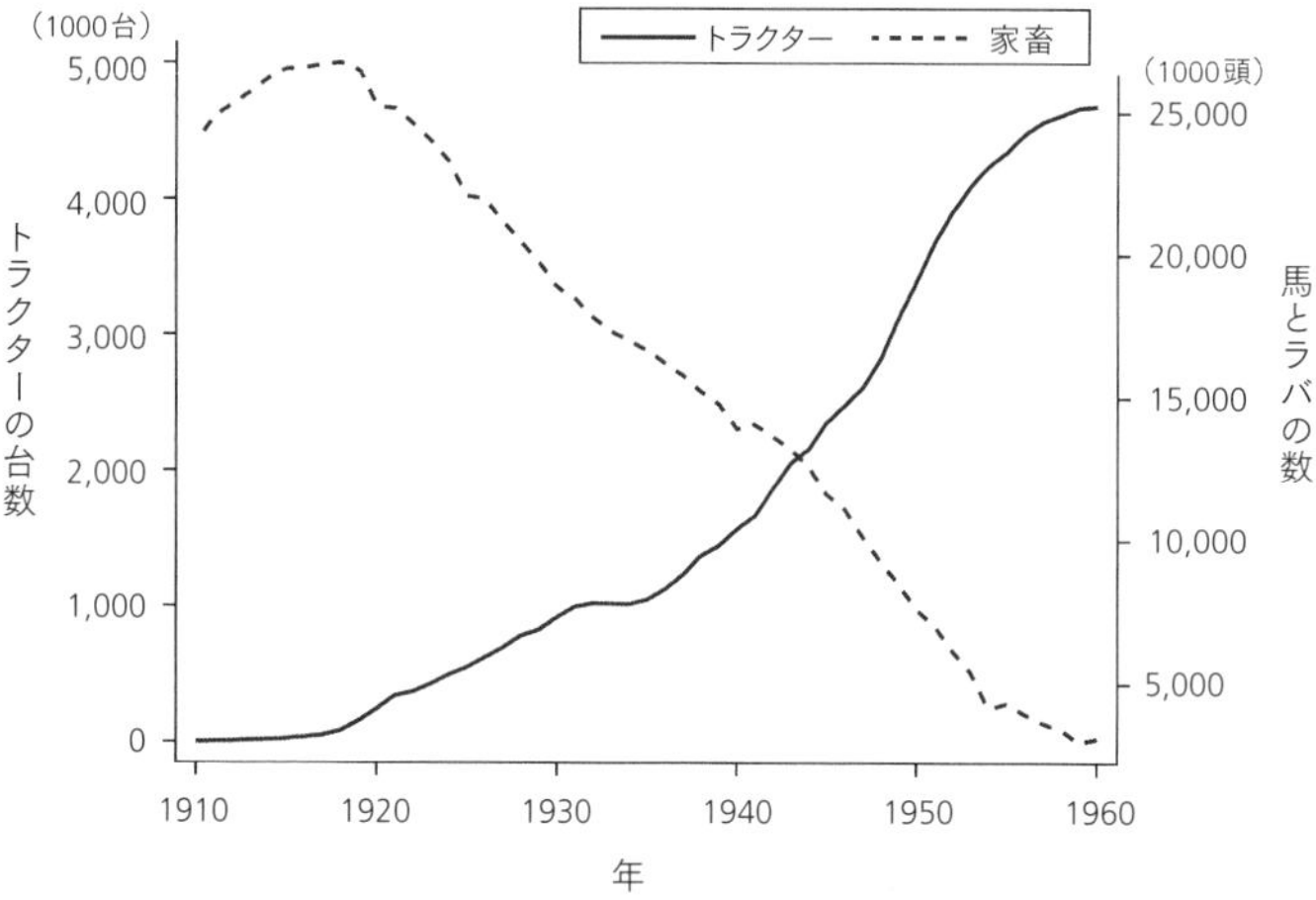

出所：*R. E. Manuelli and A. Seshadri, 2014, "Frictionless Technology Diffusion: The Case of Tractors,"* American Economic Review 104 (4): *1368-91.*

益部門の伸びの約三分の一を占めたのはトラック輸送と倉庫業だったのである。[69] 巨額の道路建設投資のおかげで幹線道路はくまなく舗装され、トラックは大陸を縦横無尽に走り回れるようになっていた。トラックの登録台数は一九二九〜四一年に四五%も増えている。大恐慌の間に企業はトラック輸送による柔軟な物流を存分に生かせるような方式を編み出していった。都市部では百貨店がトラックを使って農村部に商品を届けるサービスを始め、消費者はわざわざ都会に出かけなくても電話一本で品物を取り寄せられるようになる。また短距離輸送では、トラックは馬に代わって物を運ぶ柔軟な手段として、駅、農家、工場、問屋、小売店を結んだ。

戦間期のこうした生産性の伸びは、第二次世界大戦後に一段と顕著になる[70]。このとき最も寄与度が高かったのは、フィールドが指摘する第二の変革、すなわちモータリゼーションによる輸送・物流革命である。とは言え、電気による生産性押し上げ効果が遅れて現れたように、内燃機関による効果がはっきり現れるまでにはタイムラグがあった。その原因の一つは戦争だが、そのほかにインフラ整備が遅れたことが挙げられる。アメリカの道路建設が本格化するのは、一九五六年連邦補助高速道路法が成立してからのことだ。これで初めて、自動車のメリットを最大限に活かせるようになる[71]。それまでは、貨物輸送はトラックより鉄道のほうが効率的だと考えられていた。一九四四年に議会に提出された高速道路に関するルーズベルト大統領の報告書にもそう書かれている。「高速道路計画調査によって集められたどのデータも、トラックの輸送距離は比較的短いことを示している。輸送距離が将来に伸びる可能性を示す証拠は何もない[72]」。いまとなってはまったく的外れの予想だが、第二次世界大戦中はたしかにこの予想はいくらか当たっていた。戦時中の総輸送トンキロに占めるトラックの比率は一九四三年に五・六%まで下がっており、鉄道が七二%を占めている。だがその後は、鉄道の比率は下がり続ける。一九五八年にはトラックの比率は二〇%まで上昇し、州間高速道路網の完成後は一段と伸びが加速する。経済学者は戦後の生産性の伸びに高速道路網が寄与したことを認めており、とくに一九五〇年代〜六〇年代の伸びの四分の一以上を占めたという。ただし八〇年代になると、寄与度は七％まで下がる。[73] トラック輸送の最盛期は、生産性が大幅に伸びた時期（一九四七〜七三年）が終わりに近づく頃と一致する。七〇年代のトラック運転手はアメリカの新しいカウボーイといった風情で、『トランザム７０００』などの大ヒットした映画にも美化されたトラック野郎が登場する。

トラック輸送産業はそれ自体でアメリカの生産性を押し上げただけでなく、広く物流全般にも重要なスピルオーバー効果をもたらした。特筆すべきは、トラック輸送産業の隆盛と呼応してコンテナ革命が起き、戦後の成長を牽引したことである。コンテナリゼーションをもたらしたのは、まさにトラック輸送産業だった。というのも、荷主から荷受人の元まで一度も開梱せずに陸－海の複合一貫輸送を行う方式を考案したマルコム・マクリーンは、トラック輸送会社の経営者だったのである。マクリーンの最初のコンテナ船アイデアルＸ号がニューアーク港からテキサス州ヒューストンめざして出航したのは一九五六年四月二六日のことである。たいしてはなばなしくもない航海だったが、じつはこれこそがコロンブスの新大陸発見と並んで、貿易史における最も重要な出来事だった。鉄道と蒸気船がグローバル化の第一波だったとすれば（この波は第一次世界大戦によって突然終わりを告げた）、コンテナリゼーションは戦後に始まったグローバル化の第二波を支えたと言える。最近の研究によると、コンテナの導入が始まってから最初の五年間で二国間貿易は三二〇%拡大したという。[74]

コンテナは貿易を変えただけではない。コンテナリゼーションは、スミス的成長とシュンペーター的成長の両方の原動力となった。当時の人々は「われわれの大量生産技術の延長が国際貿易の担い手となった」とコンテナリゼーションを称賛したものである。[75] コンテナ輸送の海陸の接点となるコンテナターミナルは、港湾における煩雑な荷役作業を一挙にさばくことによって、港湾労働者の一時間当たりの取扱量を一・七トンから三〇トンへと驚異的に増大させた。[76] もちろん最新のターミナルの建設には巨額の資本を必要とするが、処理スピードが飛躍的に上がるため、コストの大幅減につながる。それに窃盗が減るというおまけもあった。なにしろコンテナ時代到来前のニューヨーク港では、「港湾労働者の日当は一二ドルと家に持ち帰れるだけのスコッチウイスキー」だと言われていたのである。[77] 開封無用のコンテナのおかげで盗みは不可能になり、おかげで保険料も低くなった。

コンテナの普及とともに、アメリカ中の港に変化の嵐が吹き荒れた。この嵐をまともにくらったのが港湾労働者である。「この変化がどこまで行くのか、誰にも予想がつかない。だがともかく、内国貨物であれ外国貨物であれ、箱つまりコンテナに詰めて運ぶというアイデアが途方もなく大きなうねりとなって押し寄せてくることはまちがいない」とニューヨーク・タイムズ紙は一九五八年に書いている。[78] 社会に変革をもたらすようなテクノロジーはどれもそうだが、コンテナリゼーションも万人が歓迎したわけではない。コンテナ時代が到来する前の港は、何千人もの日焼けした力自慢の男たちがごった返し、荷物を船に担ぎ上げたり運び下ろしたりして雑然としていたものだった。だがコンテナリゼーションはこうした港湾労働者を機械で置き換え、荷役作業の大半は整然と並んだガントリークレーンや専用のフォークリフトがこなすようになる。もっとも、港湾労働者は黙って変化を受け入れるような連中ではなかった。一九五八年に国際港湾労働者連盟（ＩＬＡ）ニューヨーク支部長のトマス・グリーソンは、コンテナは多くの港湾労働者を困窮させると主張し、コンテナ荷役を断固拒否する。荷主側との交渉に当たった組合代表者は、「この変化の波の餌食になるようなことは受け入れられない」と述べた[79]。コンテナリゼーションをめぐる労使紛争は、一九六〇年代を通じて何度も再燃している。だが当の組合でさえ、コンテナが自分たちの仕事に与えるインパクトを過小評価していた。グリーソンは六八年にニューヨーク港湾当局にこう報告している。今年のニューヨーク港の荷役量は四〇七〇万マンアワーで前年より三〇〇万マンアワー減少した。コンテナリゼーションの圧力を勘案すると、最終的に二八〇〇万マンアワーまで減少が見込まれる、と。しかし八年後に連邦裁判所が港湾労働者の雇用を保護するとの労使協定を破棄する決定を下したとき、ニューヨーク港の荷役量は一九〇〇万マンアワーに減っていたのである[80]。

とはいえ二〇世紀に急速に普及したテクノロジーは、一部は労働置換型だったものの、多くは労働補完型だった。自動車時代《ホースレス》が失業時代にならなかったのは、馬とちがって人間は新たなスキルを身につける手段を持ち合わせており、機械に置き換えられない領域で新たな仕事を見つけることができたからである。自動車、トラック、トラクターは、人と貨物の輸送や農業における馬の比較優位を激減させ、その結果として馬はどんどん姿を消した。しかし人間の失業は増えていない。たしかに自動車と競合する職種も一部にはあった。たとえば「路面電車の運転手や車掌は、自家用車や路線バスとの競合で苦労した」[81]。その一方で、自動車の運転や修理・保守を行う職種では雇用が大幅に増えている。いまやトラック運転手は、アメリカの多くの州で就業人口ナンバーワンの職業だ（図20参照）。加えて、自動車製造も膨大な雇用機会を創出する。第8章でくわしく述べるように、農業部門で労働需要が減少するのと並行して工業部門で需要が増大したおかげで、農村部であぶれた労働者もすぐに別の仕事に就くことができた。たとえば自動車産業は急成長し、鉄道を抜いてアメリカ最大の雇用主となっている。かつては規模が小さすぎて一九〇〇年の国勢調査では独立項目として扱えてもらえなかった自動車産業が、一九四〇年にはアメリカ最大の製造業にのし上がっていた。自動車産業の雇用は、この産業が誕生してからの三〇年間で、製造業全体を七六五％も上回るペースで増えている[82]。この数字を長期的な視野で比較してみると、いかに大きいかがよくわかる。半導体産業の雇用の増加は、一九五八年に半導体が発明されてからの三〇年間で、製造業全体を一二一％上回るペースにとどまっているのである[83]。アレクソプロスとコーエンの研究も、自動車産業の雇用創出は他のあらゆる工業技術を上回ったことを裏付けている[84]。しかも自動車産業による雇用拡大効果は、部品や保守から建設、運輸、観光、レンタカーなどにも広く波及した。歴史家のデービッド・L・ルイスが一九八六年に書いたように、一九五〇年代、六〇年代の自動車産業の栄光の日々は、もう二度と戻ってこないだろう。それでもこの産業は「いまなお一二〇万人を雇用しており、販売店、ガソリンスタンドその他関連事業の従事者はその数倍に上る。全部をひっくるめれば、自動車関連産業はアメリカ人の六人に一人に仕事を提供しているのである[85]」。

第7章

機械化問題の再燃

Chapter 7. THE RETURN OF THE MACHINERY QUESTION

米国労働総同盟の議長を務めるウィリアム・グリーンは、一九三〇年にニューヨーク・タイムズ紙に次のような寄稿をした。

「今日では我が国の大企業経営者は生産性の伸びや機械化の推進を誇らしく語る……彼らは技術の進歩、経営戦略、科学の進化にご満悦のようだが、トーキー・サウンド・システムで不要になった演奏家、テレタイプに置き換えられたモールス信号技手、新しい製鉄プロセスの導入でお払い箱になった作業員、プレハブ方式になって出番のなくなった大工、電送式《テレタイプ》植字機《セッター》の登場で不要になった印刷工に思いを致すことはあるのだろうか。こうした何千人もの労働者は職を失い、それまですべてを投じてきた職業にはもう二度と再び就けないのだ」[1]

どこかで見たことのあるような内容だ。グリーンのこの記事を読むと、「エンゲルスの休止」を思い出さずにはいられない。エンゲルスは、産業資本家は「大量の給与所得者の困窮と引き換えに裕福になった」と主張したのだった。[2] だが二〇世紀前半のアメリカと、産業革命期のイギリスとの類似性を誇張すべきではあるまい。たしかに二〇世紀にも機械化に対する不安が時折高まることはあった。だが一部の労働者が機械化への適応に苦しんだとしても、エンゲルスの休止は起きていない。次章でくわしく論じるが、賃金は生産性の伸びと並行して上昇し、労働条件は改善され、技術が進化するにつれてアメリカはより平等になっている。組合の指導者たちでさえ、変化のペースを落とすべきだと言わなかったことは注目に値する。産業革命期のイギリス人とは異なり、二〇世紀のアメリカ人は技術の進化に対して公然と抵抗はしなかった。グリーンがさきほどの引用の続きで述べたように、機械化は労働人口の大半に物質的な生活水準の向上をもたらしたからである。この点が産業革命とちがうところだ。産業革命は長期的には社会全体に技術の進歩の恩恵をもたらしたものの、移行期の労働者の苦しみは長かった。グリーンも、スキルが時代遅れになってしまった労働者が被る不利益を問題視する。そして社会が享受する利益の傍らで苦痛を引き受ける労働者を支援すべきだとして、当座をしのぐための解雇手当、週労働時間の短縮、求人側と求職側のより効率的なマッチング・システム、労働者のスキル強化のための職業訓練を要求するとともに、需要を刺激し設備稼働率を引き上げるためには賃金の引き上げが必要だと主張した。

機械化問題を懸念したのはグリーンだけではない。一九三〇年代前半には、機械が労働者の仕事を奪うという話題がラジオのトーク番組や映画や学術会議でさかんに取り上げられた。さらに下院労働委員会では数回にわたり公聴会も開かれている。[3] 機械化に対する不安の再燃が大恐慌と関連づけられることはあきらかだ。大恐慌はテクノロジー失業への不安を一段と募らせたにちがいない。そうは言っても大恐慌が不安の原因になったわけではない。経済史家のグレゴリー・ヴィロルによると、「テクノロジー失業について最初に言及したのは労働長官のジェームズ・デービスだった」という。[4] 大恐慌が始まる二年前の一九二七年に、デービスは次のように述べた。

「ガラス吹き職人のスキルを機械に置き換えるのは不可能だと長い間考えられてきた。だがいまでは、ほとんどどんな形のガラス製品も機械で、それも非常に効率的な機械で作ることができる。ある種のビンなどは、ガラス職人が一個作る間に自動機械は四一個作ってしまう。しかも機械生産なら腕のいい職人の必要はない。機械の操作員一人で腕利きの職人四一人分の仕事をやってのける……こんなふうに革命的変化に見舞われたのは、ガラス産業だけではない。私は若い頃パドラー（溶融した銑鉄を長い棒でかき混ぜる作業員）をしていて、炉の前で汗を流したものだった。製鉄業でも、人間の微妙な塩梅を機械でやれるはずがないとされていた。だが先週、新しい圧延プロセスの操業開始に立ち会ってきたのだが、このプロセスは従来の方式の六倍の効率だという」[5]

だがグリーンもそうだが、デービスにも機械化を差し止めようという気はまったくない。技術の進歩はこれからも続く、とデービスは語る。

「長期的な視野に立てば、むやみに心配する必要はないことがわかる。かつてミシンが登場したとき、縫い子さんは路頭に迷うのではないかと心配したものだが、いまでは彼女たちは、ミシンがなければできない仕事で前以上に立派に生計を立てている。だから、ガラス職人についても心配していない。要するに、人間の苦労を軽減し生産性を高める機械はすべて人類にとってお恵みなのだ。問題なのは、機械の導入によって失業した人が次の仕事を見つけるまでの間だけだ。この期間については、できるだけ痛みを減らすよう手立てを講じなければならない……よく聞いてほしい、この進歩に限界はない。いずれにせよ、新たな富をもたらす手段を制限などすべきではない。労働者がさぼって生産量を減らしてはいけないのと同じで、資本家も大規模な工場を建てた後で操業を停止してはいけない。そんなことをすれば干上がるだけだ。われわれは進み続ける。古い方法や古い機械が時代遅れになったと気づいたら、恐れずさっさと捨て去るのだ[6]」

当時、機械化のペースを遅らせるべきだと本気で主張した人はいない。製造業の雇用が減り始めたようだとうすうす感じていたにもかかわらず、である。生産性に関する二種類の統計が一九二七年五月に発表され、製造業の雇用が一九一九～二五年に減っていたことが判明すると、テクノロジー失業が話題に上るようになる。一九二七年一二月のアメリカ経済学会の年次総会でも、この統計が活発な議論の的になった。経済学者のジョン・D・ブラックが指摘したとおり、「農業、製造業、鉱業、鉄道でこれほど短期間に七％も実際に労働者の数が減ったというのは、信じがたい」からである。[7] それまで多くの専門家は、農業部門から流出した労働者は製造業に流入したと考えていた。

同時期に発表された一連の研究からは、一部の労働者が適応できずにいることも確かめられている。大恐慌前の一九二八年に上院教育労働委員会が「失業した労働者は国内産業にどの程度吸収されたか」を調査するようブルッキングス研究所に依頼した。[8] ブルッキングス研究所は、さまざまな産業で機械化のために職を失った七五四人の労働者を追跡調査した。その結果、一一・五％が一カ月以内に再就職し、五・〇％は一年後も失業中であること、残りの大多数は三カ月以上仕事が見つからなかったが最終的には再就職したことがわかる。別の調査でも同様の結果が出て、移行期のコストが大きいことが確かめられた。経済学者のロバート・マイヤーズは一九二一～二五年にシカゴの衣料品産業で解雇された裁断職人三七〇人を調査した結果、平均失業期間は五・六カ月におよんだこと、一年後に一二・九％はまだ仕事が見つからなかったことを突き止めている。[9]また、労働者の適応力は年齢に大きく左右されることもわかった。四五歳以上で失業した裁断職人の九〇％は仕事が見つからないか、低賃金の仕事に就かざるを得なかったという。その一方でどちらの調査でも、解雇された労働者の約半数は、元の仕事と同程度の賃金の新しい仕事に就いたこと、[10]また、産業革命期のイギリスと同じくアメリカでも、高齢の人ほど新しいテクノロジーになじめないこと、またうまく再就職できた人も、すくなくとも当面は生活が苦しくなったことが確かめられた。

当然ながら、機械化前の仕事に特化したスキルを身につけていた労働者ほど適応に苦しんでいる。たとえば映画技術の進歩によって多くの演奏家が職を失った。いまとなっては驚くほかないが、かつてのサイレント映画を上映する際には劇場付きの演奏家がストーリーに合わせて音楽をつけていたのである（かんたんな指示書は用意されていたようだが、つなぎの部分などはその場で演奏家がアレンジしたらしい）。しかし映画の音声トラックに音楽を入れられるようになると、彼らはまったく不要になってしまう。ワシントンでは、音楽家同盟と劇場主が六〇％の人員削減で合意した。あぶれた演奏家の一部は地方のラジオ局で需要が増えたおかげで仕事にありつくことができたものの、ラジオだけで生計を立てることはむずかしかったようだ。ワシントンの映画館で解雇された演奏家一〇〇人を対象にした調査では、他の分野の失業者と同じく、大多数の人が大幅な収入減に直面したことがわかった。その一方で、劇場付きの演奏家が要らなくなる代わりに、映写技師の需要が増えている。サイレント映画からサウンド版への移行期には「映写技師の地位が上がった。映画館で慣習的に雇われていたボーイがいなくなって免許を持つ技師が上映を担当するようになり、平均賃金も上昇した」という。[11]

ここに挙げた解雇された労働者の調査では、総数については何もわからない。再雇用機会と産業技術の最新の変化に関する全国調査は、技術的要因が失業に与えた影響を調べることが一つの目的だったが、残念ながら決定的な証拠を見つけるには至らなかった。調査を担当したデービッド・ワイントローブが一九三二年に発表した報告書は、テクノロジーの変化が一九二〇年代の雇用におよぼした影響を楽観視する安易な結論に達している。ところがその後の彼自身による分析は正反対の結果になった。機械化は失業の主要因だったというのである。[12] もっとも、経済学者は今日でもテクノロジーに起因する失業の割合を特定できずにいるのだから、一九三〇年代の調査が目的を果たせなかったとしてもふしぎではない。労働経済学を専門とし、大恐慌の際に全国復興庁で働いた経験のあるレオ・ウォルマンは、この種の調査で実証的に統計分析を行うことはむずかしいと指摘する。[13]

それでも当時の経済学者の間では、一時的にせよテクノロジー失業が存在したというコンセンサスが形成されていた。ポール・H・ダグラス、アルヴィン・ハンセン、レクスフォード・G・タグウェルらは、労働市場が硬直的だったために解雇された労働者の再就職が妨げられたと指摘している。加えて移住に伴う費用負担、長年住んだところで築いた人間関係、失業の精神的痛手といったものが適応を一段と困難にしたという。再就職を容易にするためには、持ち家の奨励策や特定のスキルに特化した職業訓練や教育をやめるべきだとダグラスは主張する。また、ある種の失業保険や職業安定所のあり方にも疑義を呈した。適切な政策を欠いているから「失業した労働者は機械化による生産性の向上に抵抗せざるを得なくなるのだ」とダグラスは述べている。[14]

こうした見方が世論形成にどの程度寄与したかははっきりしない。技術の進歩にブレーキをかけるべきだと考えた経済学者はほとんどいなかった。そうは言っても、現に大量の失業者がいてその窮状があきらかにされる中では、何か大胆な政策を講じる必要があった。二〇世紀のアメリカで大胆にも機械化のペースを遅らせようとしたのが、フランクリン・ルーズベルト大統領である。ルーズベルトはニューディール政策の一環として一九三三年全国産業復興法を制定し、二八〇もの規則を導入。うち三六の規則では新規機械の設置を制限している。[15] ルーズベルト政権は労働置換技術に気を取られすぎて、同時期にさまざまな労働補完技術が進歩していることを見落としたのだった。経済学者のミッシェル・アレクソプロスとジョン・コーエンは次のように書いている。

「ルーズベルト政権が新しいテクノロジーの労働置換効果を重大視したのは、彼らが製造業に導入された新技術ばかり注視していたからである。もっと広い分野で新製品が次々に生まれていることに気づいていたら、技術が雇用に与える影響について寛容になれたはずだ。一九三〇年代半ばからアメリカを席巻した消費者向け新商品のブームが不況の一段の悪化を食い止めたというふうに考えることもできたかもしれない」[16]

だがそうはならなかった。機械化問題が問題でなくなるのは、失業の不安が消えてからのことである。一九四〇年になってもなおルーズベルト大統領は一般教書演説で、アメリカは「発明が仕事を奪うより早いペースで仕事を作らなければならない」と述べている。[17] 真珠湾攻撃と第二次世界大戦への参戦によって、ようやく機械化問題はケリがつく。枢軸国を倒すにはアメリカ人全員が全力で働かなければならないからだ。実際、そうなった。

✿ ✿ ✿

だが機械化問題は一時的に消えただけだった。コンピュータの導入がいくつかの企業で始まっただけで、ただちに自動化が仕事を奪うというパニックがメディアで報道されるようになる。朝鮮戦争（一九五〇〜五三年）のあとに景気後退を経験した市民は、失業率の急上昇をコンピュータのせいにした。ロバート・ソローは当時を振り返って、一九六五年にこう述べている。「急速な技術革新と高い失業率が併存した場合、人々が両者を結びつけて考えるのは当然のことだ。一九三〇年代の不況の間、テクノロジー失業がさかんに話題になったのも、その後に話題に上らなくなったのも、何のふしぎもない」[18]。すでに述べたように、この問題がアメリカで最初に取り上げられたのは、大恐慌のときだった。二〇世紀における機械化問題はあきらかに周期的で、朝鮮戦争後に失業率が急上昇すると、再び不安が表面化する。何が不安材料だったのかを特定するのはむずかしいが、一九五〇年代〜六〇年代に人々がよく口にしたのは「自動化《オートメーション》」だった[19]。一九三〇年代の「テクノロジー失業」と同じく、「自動化」に対する不満も戦後期を特徴付ける言葉の一つだと言える。

アメリカでは、自動化が雇用に与える影響に関する総合的な調査が一九五五年に初めて行われ、労働者、産業、政府を代表して二六人の証人が議会の委員会で証言した[20]。この委員会は「アメリカ経済の参加者はみな、進歩、変化、生産性の向上を受け入れ、かつ歓迎している」と結論したうえで、「変化に適応する過程で個人的、精神的、肉体的な困難を抱える人が大勢いるという事実を看過したり否定したりすべきではない」と注意喚起している[21]。機械の使用を制限すべきだとか、自動化は果たして望ましいのか、といった意見を述べた証人はいなかった。彼らが強調したのは、失業や職探しから生じる社会問題にもっと目を向けるべきだということ、年長の労働者はとりわけ再就職が困難である点に配慮すべきだということである。組合の代表者は、賃金引き上げ、労働時間の短縮、退職年齢の引き下げという形で生産性向上による利益をもっと労働者に還元すべきだという従来の主張を繰り返した。だが労働長官のジェームズ・P・ミッチェルはこう答えている。「繰り返すが、技術の進歩の新局面が再調整の重大な問題を引き起こすと考えるべき理由は何もない。科学と発明は絶えず事業拡大の新しい可能性の扉を開いている。古い衰退産業にとってチャンスは減っていくとしても、新しい活気のある産業が地平を切り開いてくれるのだ[22]」。

自動化の影響を懸念したのはアメリカだけではない。国際労働機関（ＩＬＯ）が一九五七年に年次総会を開いた際にも、誰もが関心を持っていたのは自動化問題だった。ＩＬＯの事務局長デービッド・Ａ・モースは、この会議に関するニューヨーク・タイムズ紙への寄稿の中で、次のように書いている。「自動化が目新しい現象でないことは誰でも知っているだろう。何世紀にもわたって機械は人間の生産性を押し上げてきた。自動化について目新しいことがあるとすれば、技術革新のペースを加速させ、社会が進化する可能性を大幅に増やす一方で、さまざまな社会問題を引き起こしていることだ[23]」。一九三〇年代もそうだが、五〇年代も技術革新のペースが上がったという点に特徴がある。モースは、自動化によって解雇された労働者が新しい仕事を見つけられないという問題も指摘してはいるが、全体としては楽観的だ。「よりよい生活、よりよい社会」になる可能性は高まるとみている[24]。

労働者の交渉力を奪ってしまう労働置換技術は当然ながら人々の関心の的となったが、じつはこの問題は見かけほど単純ではない。たとえばエレベーター係を考えてみよう。一九四五年九月二四日のゼネストでは、マンハッタン中の一五〇〇棟のオフィスビルからエレベーター係がいなくなってしまった。勇敢な男が何人か高層ビルの階段登りに挑んだが、大方の勤め人はロビーにたむろしたり所在なげに歩道をぶらついたりしていた。言うまでもなくこれは企業にとってとんでもない無駄で許しがたいことである。こうした事態の再発を防ぐには、エレベーターを早いところ自動運転方式にすることが最適解であるように思われた。

だが手動エレベーターを自動エレベーターに置き換えるには、広く一般の人に受け入れられる必要がある。多くの市民は、最初は自動エレベーターという発想に身震いした。突然エレベーターが止まってしまい、地上何百メートルものところに宙吊りにされたら、どうすればいいのか。誰とも連絡のとりようがなく、誰も助けに来ないとしたら？ こうした心配は今日でも自動運転車をめぐって議論になっている。だが今日の人間のドライバーと同じく、当時のエレベーター係も完全無欠ではなかった。業務中の負傷はしょっちゅうで、ニューヨーク市ではエレベーター係の死亡事故が何件も報告されている。七番街では「開扉操作中にエレベーターが急上昇し、扉上部に挟まれる」事故が、ブロンクスでは「エレベーターと扉の間に引き込まれる」事故があり、どちらも気の毒なエレベーター係は死亡した。[25] エレベーター産業連合は一九五二年に自動エレベーターの導入阻止のための報告書を作成したが、結局最後は、自動エレベーターのほうが手動より五倍も安全だという結論に達している。[26]

トラックやタクシーの運転手が自動運転に置き換わるという事態はまだ起きていない。だが一九五〇年代の人々が、エレベーター係という仕事がじきになくなるだろうと考えたのはまことに正しかった。一九五六年のニューヨーク・タイムズ紙はこう予言している。「もうすぐエレベーター係は、忘れ去られた馬車の御者やトロリーバスの運転手の仲間入りをするだろう」。[27] その年、ニューヨーク市だけで四万三四四〇基のエレベーター（アメリカ全体の約五分の一）が一七五〇万人を運んだと推定され、その移動距離を合計すると月までの距離の半分に達する。だが一九五〇年の時点で三万五〇〇〇人いたエレベーター係は、六三年までに一万人に減っていた。エンパイアステート・ビルはまだ手動エレベーターのあるビルの一つだったが、二〇〇万ドルの投資をすればエレベーター係の人件費や病気休暇中の補充などを含めた経費の節減になるとある記事は指摘している。クライスラー・ビルでは五二基のエレベーターのうち四八基がすでに自動運転に切り替えられていた。不要になったエレベーター係の三分の二はポーターや雑用係に配置転換され、残る三分の一は職探しをする羽目に陥った。[28]

とはいえ自動化をめぐる最大の不安の種は、何と言ってもコンピュータだった。「労働関係の本や雑誌で最大の恐怖といえば……いま使われている大型コンピュータ七五台分の仕事をそのうち一台のコンピュータでできるようになる、と言われていることだった。そして実際にコンピュータの導入で失業者が出始めると、みんな本気で心配し始めた」とアブラハム・ラスキンが一九六一年に書いている[29]。第9章でくわしく取り上げるが、今日の人工知能と同じで、初期のコンピュータは一九六〇年代になっても労働市場にさしたるインパクトを与えていない。いや、一九八〇年代に入るまで雇用への影響はほとんど感じられなかった。それでもコンピュータ導入初期には、雇用が奪われるといった発言がたびたび見受けられる。そうした懸念は政府でも共有されていた。統計処理などはコンピュータのほうが長けていることはあきらかなので、「効率改善を望む気持ちと既得権システムが崩壊する恐れ」の間で揺れ動く輩が多かったようだとジャーナリストのトラッセルは揶揄している。事態を重く見たのは下院である。一九六〇年にジョン・レスキンが議長を務める委員会は、解雇された労働者にはコンピュータの研修を行うことを通知し、仕事を続けられるようなスキルを習得させるべきだと勧告した。雇用が純減を記録した場合には新規採用を凍結し、解雇された労働者で優先的に補充すべきだという提言も行っている。それでもレスキンは、コンピュータ導入を先送りすべきだとは言わなかった[30]。

一九六〇年の大統領選挙では、上院議員のジョン・F・ケネディが自動化のジレンマについて希望に満ちた演説をデトロイトの党集会で行っている。この演説は、一九二七年の労働長官のデービスの発言と相通じるところがある。ケネディは、来るべき自動化革命は「労働者に新たな繁栄の希望を、アメリカにゆたかさをもたらす」と断言した。ただし、「産業の再編や失業率の上昇、貧困の深刻化といった負の面も伴う」ことも認めている。[31] そして大統領に就任すると、労使政策に関する諮問委員会の最初の正式報告が一九六二年に発表された。この報告書は「現在の失業が自動化と技術革新による解雇の結果であることはあきらかだ」としつつも、「現在入手可能なデータからして、これらの原因から労働者を遮断することは不可能である」と述べている。[32] それでもケネディはこの問題から目を逸らそうとはしなかった。一九六二年の記者会見で「自動化の問題をどう受け止めているか」と質問されて、こう答えている。

「過去一〇年にわたり、機械によって解雇され職探しをする労働者のために毎週二万五〇〇〇もの新たな雇用機会が必要になったという事実は認めなければならない。この状況は、アメリカの経済と社会にとって重大な負担となっている……だがわれわれの経済が期待通りに成長するのであれば、失業した労働者のかなりの割合を吸収することができるだろう。とはいえ私は、自動化が人間に置き換わる時代に完全雇用を維持することが六〇年代の重要な国内問題だと認識している[33]」

ケネディ暗殺の悲劇はこの翌年に起きるのだが、自動化の問題がそれで下火になったわけではない。後継のリンドン・ジョンソン大統領は、さっそく技術・自動化・経済成長全国委員会を設置している。ジョンソンもケネディと同じく、自動化を阻むつもりはなかった。委員会設置の法案に署名する際、「テクノロジーはわれわれに新たな機会を創出すると同時に、新たな義務を課す……」と述べている。彼は生産性の伸びの加速に満足する一方で、労働者とその家族が「進歩の不当な犠牲を払うことがない」ようにする義務を強く認識していた。そして「正しく予見し、何が起きるかを理解し、適切に計画を立てて賢く対処すれば、自動化はわれわれの味方になり繁栄をもたらす」と述べている。[34] 一九六六年に発表された委員会報告の大部分は「技術革新が失業の主因だという見方」や、技術がいずれは「ほとんどの仕事を奪い、機械によって自動的に行われるようになる」という恐れが正しいかどうかの検証に充てられていた。[35] ただしケネディの諮問委員会とは異なり、ジョンソンの委員会は一九五四〜六五年の長引く失業が自動化に起因するという結論には達していない。分析によると、「朝鮮戦争後に失業率が高止まりしたのは、技術の進歩が加速したからではない。生産性の向上、労働人口の増加、総需要への不適切な対応の相乗効果による」という。[36] このように結論づけたものの、委員会は自動化が破壊的な要因になりうると判断したのだろう、政府に「最後の雇い主」になること、無料の教育を実施すること、最低所得補償を導入することを提言している。

一九六〇年代の自動化をめぐる議論は、一九二〇年代〜三〇年代のテクノロジー失業をめぐる議論と共通点が多い。三〇年代に全国調査が行われたように、六〇年代にも技術と失業の関係性を検証する調査が行われている。そしてこの調査でもはっきりした結論は出なかった。第二次世界大戦の勃発で失業の不安が消滅したのと同じく、またしても戦争が自動化問題にケリをつけることになる。「自動化は一九六〇年代半ばまでは人々の大きな関心事だった。しかしベトナム戦争で失業率が四％以下に下がると、自動化は日々の話題からもメディアからも姿を消した」とヴィロルは書いている[37]。

とはいえ学者もジャーナリストも、当の労働者が技術の進歩をどう捉えていたのか、ということには言及していない。これまでに述べたように、産業革命当時のイギリスでは、労働者たちは声を上げる手段をいくつも持っていた。議会に押しかけて労働置換技術の導入を阻止するよう陳情するほか、小説や詩で不満を表明することもした。さらに暴力でもって物理的に機械の普及を食い止めようとした。翻って二〇世紀に入ると、ウィリアム・グリーンのような組合指導者が、労働者たちは技術の進歩を阻止することに関心はなかったと証言しているものの、実際にテクノロジーが仕事を奪うと話題になっていた頃に労働者たちがほんとうにそう思っていたのか、直接的な証拠は存在しない。当時の数少ない史料の一つが、大恐慌中にルーズベルト政権に寄せられた一般からの手紙である。手紙の中には、ごくふつうの市民からの政策提言が書かれているものがあり、当時の人々が何を心配していたのかを教えてくれる。ヴィロルは八〇〇通に上る手紙を調査し、政策に言及したものを選び出して分析した[38]。その結果、最も多いのが消費者の購買力を高めるために最低賃金を導入すべきだというもの、次いで物価統制、国債発行、失業保険プログラム、雇用機会の創出だった。政府部門はもっと人を雇うべきだというものもあった。省力化機械の導入を制限すべきだと論じた手紙はわずか五%にすぎない。

ヴィロルの分析対象になった手紙がアメリカ世論を代表するものだとは到底言えない。それでも大恐慌の苦しい時期でさえ、機械化を制限すべきだと考えた人がごくわずかだったことは示唆的である。これだけでは技術の進歩に直撃された人々の意見はわからないが、幸いなことに一九五〇年代、六〇年代には、機械化の渦中にあった労働者の態度や意見を知るために社会学者が熱心に調査を行っている。調査の結果は、本書のテーマを裏付けるものだった。テクノロジーに対する態度は、うまく適応できるかどうかに懸かっている、ということである。たとえばウィリアム・フォンス、エイナル・ハーディン、ユージン・ヤコブソンは、大手公益企業にＩＢＭ７５０コンピュータが導入された事例を調査した。そして「多くの労働者にとっては願ってもないチャンスだったが、失意と幻滅を味わう労働者もおり、末端の労働者や管理職にとっては厳しい試練だった。能力と経験のある者には自分たちの潜在能力を見せつける絶好の機会となったが、その一方で配置転換を迫られる労働者や解雇される労働者もいたことは事実だ」と述べている[39]。

同様の調査が工場についても行われている。フロイド・マンとローレンス・ウィリアムズは二つの工場の労働者を対象に調査を行い、仕事満足度が高いのは高度に自動化された工場で働く作業員のほうであることを突き止めた[40]。汚れ仕事に費やす時間が減り、より多くの責任を任され、他の作業員との接点も多いという。だが移行期にはどうだったのだろう。それについては、フォンスが一九五八年に自動化されたエンジン工場を調査している[41]。その結果、前の工場より自動化されてからのほうが好ましいと回答した労働者が圧倒的に多いことがわかった。重い材料や部品を扱う作業が減り、肉体的に楽になったという。とはいえ、最初から歓迎されたケースばかりではなかった。自動化された製鉄所を調査したチャールズ・ウォーカーは、仕事満足度はうまく適応できたかどうかで大きく異なると指摘する。「同じような特徴を備えた自動化・半自動化工程でも、最初は恐怖や反感を抱く人が多かったが、適応するにつれて満足度が高まった[42]」。新しい作業に慣れるにつれて、考えが変わるということである。

フォンスらは次のように適切に結論づけている。

「フィールドサーチでわかったのは、オフィス・オートメーションが仕事満足度に与える影響は……データ処理部門において仕事の効率が上がった労働者か、他の部署において仕事のなくなった労働者かによって大きくちがうし、コンピューターのサイズやその他の職場環境によってもちがってくるということである。労働者の考えるオフィス・オートメーションの最大の影響は、当然ながら仕事がなくなることだ。一方、仕事のやり方や手順については、一時的に大混乱はするものの、おおむね変化を歓迎している。コンピュータの導入を否定する人はほとんどいなかった。またファクトリー・オートメーションの調査では、自動化の進んだ工場のほうが自動化されていない工場より好ましい職場と評価されていることがわかった。ただし自動化された工場での仕事満足度は、適応の度合いに大きく左右される[43]」

ただし、これらの調査では解雇された労働者の意見を聞いていない点に注意しなければならない。機械に仕事を奪われた労働者が機械を歓迎していないと考えるのは理に適っているだろう。いや解雇がいっさいなくても、現在の仕事がどの程度影響を受けるかによって、テクノロジーに対する労働者の見方は変わってくる。自分の仕事の一部が機械に置き換えられた労働者は、そのうち自分の職自体がなくなってしまうのではないかと恐慌を来す。対照的に新しい仕事が創出されると、労働者はきちんと研修が受けられるのか、うまく適応できるだろうかと不安を覚えつつも、新たな責任やスキル開発にやり甲斐を感じる。このように、テクノロジーに対する労働者の見方は状況次第であり、だいたいにおいて、その技術が労働補完型か労働置換型かにかなり左右されると言っていいだろう。これから見ていくように、二〇世紀の技術の進歩の大半は前者だった。機械化や自動化は既存の仕事において労働者のスキルの価値を高めただけでなく、新しい雇用も創出し、それによって労働者の交渉力を強化し、賃金水準を押し上げた。このことも、二〇世紀にラッダイトがほとんど起きなかった理由の一つとなっている。

第8章

中流階級の勝利

Chapter 8. THE TRIUMPH OF THE MIDDLE CLASS

加速する技術の変化は、アメリカの労働者にどのような影響を与えたのだろうか。機械化が急速に進んだにもかかわらず、二〇世紀のアメリカでは機械に対する暴動は起きていない。すくなくとも、元祖産業革命のイギリスのような規模では起きていない。一九世紀のイギリスで機械の打ち壊しが頻発したことはすでに述べたとおりである。一八七九年はトマス・エジソンが白熱電球を発明した年だが、この年のニューヨーク・タイムズ紙は脱穀機に火を放たれたイライアス・グローブの事件を報道している。一〇日後にグローブの元に手紙が届いた。「機械を作るのをやめないと、次はおまえの命を血祭りにあげる。俺たちは脱穀機を根絶やしにするつもりだ。俺たちの冬と夏の仕事を奪うつもりか」[1]。記事によると他の農家も同様の脅迫状を受け取ったという。だがこの事件以降、アメリカの労働者が仕事を奪われると恐れて機械を壊したという話は聞かない。歴史家のダニエル・ネルソンはこう書いている。

「農業の機械化はけっしてスムーズに進んだわけではない。一八三〇年代には早くも、冬の間ずっと打穀作業に明け暮れていた男たちから、脱穀機に対する抗議が起きている。ときには暴力的な抵抗運動に発展することもあった。一八七〇年代半ばには、労働者の削減につながるハーベスター（収穫機）の出現がたまたま不況と重なったこともあり、一段と激しい反対運動が起きる。一八七八年夏には、ふだんはのんびりした中西部でストライキや暴力沙汰が頻発した。その中心となったのが、当時もいまも小麦の主産地であるオハイオ州だった……だが翌年に景気が回復すると、都市部の労働者が仕事を求めて農村部に来ることもなくなり、危機は過ぎ去った。その後は機械化に対する抵抗はほとんど起きていない」[2]

だからと言って、アメリカの労働運動の歴史がおだやかで平和だったわけではない。著名な労働史家のフィリップ・タフトとフィリップ・ロスが言うには、「アメリカは世界の先進工業国の中で最も暴力的で血塗られた労働運動の歴史を持つ」のだそうだ[3]。だが二〇世紀アメリカにおける暴力的な労働運動が、機械そのものを標的にしたことはほとんどない。ストライキや暴力的な労働争議の原因を調べたタフトとロスの詳細な研究でも、省力化技術が原因とされた案件は一つもないのである。一九〇〇〜七〇年のストライキの原因を調べた他の研究でも、機械化は原因の候補にすら挙げられていない。[4]理由の一つは、二〇世紀には白人に投票権が与えられており、労働者は石を投げたり棒を振り回したりする代わりに票を投じて不満を表明できたことである。そうは言っても、労働者はたびたび低い賃金や劣悪な労働条件に対しては暴力的な抗議運動を展開している。ではなぜ機械化には抗議しなかったのだろうか。最も説得力のある説明は、日々開発される新技術が労働者の大半にとって利益になったから、というものである。

労働組合の誕生によって、紛争解決のメカニズムが確立されたことは事実である。あいにく一九世紀のイギリスの労働者にはそれがなかった。労働組合がイギリスで合法化されるのは一八二五年で、組合加入率は低かったし、ストライキの権利が認められたのは一八七〇年代になってからに過ぎない。[5]二〇世紀の労働組合が機械化に対してどのような姿勢を示したかを見ると、労働者にとっての機械化のメリットがよくわかる。組合の指導者は、労働者が週の終わりに受け取る封筒の厚みが、機械の力に大いに依存していることをよく知っていた。工場の電化・機械化が進み、労働者一人当たりの生産量が増えるほど、賃金は増える。となれば、機械化に抵抗するのはまったく得策ではない。だから彼らが戦ったのは、技術の進歩からの分け前を最大限に増やすためである。組合の観点からすれば、機械化は組合員の要求

（賃金引き上げ、労働時間の短縮、退職年齢の前倒しなど）の多くを叶える手段なのである。長年にわたり全米自動車労働組合の代表を務めたウォルター・ルーサーも、機械化に反対したことはない。彼の主張は明快だ。アメリカの産業の生産性が高まるのと並行して、労働者の購買力を高めるべきだ、ということである。彼は年間所得保証も熱心に要求した。あるインタビューでルーサーは、こんなことを語っている。「労働者が仕事に費やす時間が減り、楽器を演奏したり絵を描いたり科学の研究に打ち込んだりする時間が増える」日がいつか来るというのである。「技術の進歩によって、それは可能だ……将来には自動車産業の労働者は週に一〇時間しか働かなくてよくなり、文化や創作のほうが本業になる。生計のための労働は、まあちょっとした趣味のようなものだ」[6]。テクノロジーはアメリカの労働者の裏庭をエデンの園にするというところだろうか。

労働組合のリーダーの大半は、ルーサーの夢物語に同感してはいない。だが組合員が利益を得る限りにおいて、機械化に反対する理由はないという点では一致していた。労働統計局（BLS）が行った一連のケーススタディでは、組合が機械化の推進でしばしば積極的な役割を果たしたことがわかっている。ある製パン工場では半自動プロセスの導入に当たって組合との団体交渉の場を設け、労働者の配置転換、降格、賃金保証などの問題を解決した。「労働組合の代表者によれば、労働者の間では今回の改革は全体として労働者の利益に適うというコンセンサスができているという……労働者は数年にわたる賃金の引き上げと福利厚生の拡充という形で、工場の生産性向上から利益を得られると組合代表者は考えている」[7]。当然ながら、自動化の推進によって仕事の減った部署から増えた部署への配置転換が行われている。また場合によっては、機械に対応できるスキルの有無によって一部の労働者が降格され、一部は昇格するということも起きた。企業は自動化を計画する場合、予想される解雇、配置転換、降格・昇格などを組合代表に伝えると同時に、賃金の低い仕事に配置転換される労働者に対しては現行の賃金水準を保障するケースが多かった。こうした配慮によって自動化に対する不安は薄らぎ、また組合との取り決めとして定着した。BLSの調査では、組合が関与したケースではすべて、組合員が機械化や自動化を邪魔するのではなく、その恩恵を受け取れるように組合が計らったことが確かめられている[8]。要するに、一部に割を食う労働者がいるとしても、全体としてみればテクノロジーが労働者にもたらす利益はきわめて大きかった。解雇された労働者にしても、会社から補償を得られるケースが多く、移行期の苦労もだいぶ減ったと考えられる。一九世紀とは異なり、二〇世紀の労働者がエネルギーを注いだのは、技術の進歩を阻止することではなく移行期を乗り切るための支援を要求することだった。そしてこの点では組合が大いに役に立った。連邦議会技術評価局は、一九八四年を振り返って次のように述べている。「新技術を導入する際には労使交渉が重要な役割を果たした。アメリカの組合は団体交渉や組織力や政治的戦略にモノを言わせて、新技術がもたらすと予想される労働者への悪影響を最小化しようと試みた。彼らの努力の多くは、変化のプロセスを遅らせることではなく、移行期の調整を容易にすることのほうに向けられた」。

労働者には進歩を歓迎する十分な理由があった。技術革新の波が職場に押し寄せた結果、仕事はより楽になり、危険は減り、賃金は上がったのだから当然である。機械化のおかげで重労働は賃金のよい楽な仕事になったし、またそうした仕事に転職する機会も増えた。農業からブルーカラーあるいはホワイトカラーへ転じた人々が中流階級の基盤を形成する。中流階級は増え続け、しかもどんどん裕福になった。このように一九八〇年代に入る前のアメリカの状況は、産業革命期のイギリスと好対照をなしている。イギリスでは、解雇された労働者は低賃金の仕事に就く以外の選択肢がなかったから、解雇に伴う犠牲は大きかった。家内工業制から工場制に移行したとき、監督官や会計係や事務員や技師などになるためのコストを負担できる労働者はほとんどおらず、スキルのいらない仕事、それこそ子供でもできるような単純労働に甘んじるほかなかったのである。もし当時のイギリスに、もっと危険が少なく、楽で報酬もよい仕事に就く道が開けていたら、労働者の困窮は避けられただろう。翻って二〇世紀のアメリカでは、第二次産業革命のおかげで、中程度のスキルを要する仕事がオフィスにも工場にも潤沢にあった。こうした状況が、失業を恐れる労働者にとって大きな安心材料となったのだった。たしかに、中流階級にのし上がる大波に乗り損ねたアメリカ人がいたことは事実である。その多くは、長年の仕事に特化したスキルだけを身につけた高齢の労働者だった。こうした人たちは適応に苦しみ、賃金の低い単純労働に移り、すくなくとも一時的には生活水準の低下を受け入れざるを得なかった。だが機械化がごく一部の労働者に短期的にもせよ犠牲を強いたとしても、中期的には恩恵に与れるはずだから、大多数の労働者が受けるメリットを考えれば容認できるものとされた。

さらば重労働

おそらく機械化の最大の貢献は、肉体労働をより安全にすると同時に労苦を減らしたことだろう[10]。今日のアメリカ人の多くが働いている空調の効いたオフィスと、一世紀前に大方の市民が働いていた環境とを比べてみてほしい。一八七〇年には、アメリカの労働者のほぼ半分が農業に従事していた。農業は重労働であるうえに、経済的リスクが大きい。自然から収穫を得る以上、豪雨、旱魃、山火事、害虫などに翻弄される。つまり、自分ではどうにもならないさまざまな要因、しかも深刻な経済的打撃を与えかねない要因に対処しなければならない。たとえば一九三〇年代に中西部のグレートプレーンズで頻発したダストボウルと呼ばれる砂嵐は、貴重な表土を大量に吹き飛ばしてしまった。一九三五年四月のブラックサンデーには「黒い吹雪」が連続的に発生し、「東海岸の都市を覆い尽くして昼を夜のようにした」という。[11] 一九四〇年代までにグレートプレーンズは表土の七五％以上を喪失し、農家の所有する耕作地の価値はおよそ三〇％失われた。[12] 気象条件が不確実で予測不能なうえに、けがのリスクがつねにつきまとうため、定期収入を確保することもおぼつかない。暑熱や荒天でも外で働き、助けになるのは家畜だけという状況では、肉体を常時酷使することになる。重労働と危険は農家の宿命のようなものだった。

鉱業はさらに危険だった。坑夫たちは何日も日の差さない地下で働く。電気のない時代には灯油ランプが唯一の光源だった。そのうえ作業は崩落や爆発の危険と隣り合わせだ。肺を冒される者も後を断たなかった。一九世紀後半の採掘現場では、崩落、出水、ガス爆発などによる死亡事故が毎日のように起きていたという。[13] では機械が導入された工場はどうかと言うと、たしかに特段の重労働は機械が引き受けるようになったにはせよ、安全になったとは言いがたかった。機械に起因する労災の統計は整備されていないものの、事故がひんぱんに起きていたことはニューヨーク・タイムズ紙の見出しを見ればわかる。たびたびの報道で見出しがネタ切れになったらしく、一八七〇年代～八〇年代には「機械に殺された」、「機械の中で死んだ」、「機械に引き込まれた」、「機械に押しつぶされた」、「機械に切り刻まれた」といった表現が何度も出てくる。事故はどれも悲惨だが、ランバートビル（ニュージャージー州）

のある大きな製紙工場の経営者は、服がシャフトに挟まれ、「床に激しく叩きつけられて頭が半分吹き飛んだ」という。[14] 同じくニュージャージー州ニューアークのある技師は、エンジンのシャフトに巻き込まれて「原形を留めぬほどつぶされた」。機械の事故だけでなく、爆発や火災もめずらしくなかった。ニューヨーク市内で起きたトライアングル・シャツウエスト工場の火災は、縫製工だった若い女性を中心に一四八人の死者を出し、「ジェネラル・スローカム号の火災事故以来最悪の悲劇」と報道され、長く語り継がれている。[15] 火元は八階で、火が燃え広がるにつれて逃げ場を失った工員が次々に窓から飛び降りて死ぬという悲惨な事態となった。この火災で命拾いはしたものの重傷を負った者もいたが、その後の生活を支えられるような補償金はほとんど払われなかったという。

これに比べると、工場の電化は労働者にとっては天の恵みともいえるものだった。工場は明るくなり、快適になり、そして安全になった。とはいえ電気には電気の危険があり、生まれて初めて電気設備を扱うという移民がよく犠牲になった。「アメリカに来たばかりの一七歳のクロアチア系移民は、濡れた手袋でスイッチを操作し感電死した」と報道されている。[16] それでも全体としてみれば、電気は絶大な安全をもたらしたと言える。工場での事故の大半は、動力を伝えるベルト、歯車、シャフト類が直接の原因だった。これらのものは労働者の指や腕を巻き込み、最悪の場合には生命を奪った。しかしユニット駆動方式が普及し、機械ごとに小型モーターのスイッチを入り切りするようになると、迷路のように入り組んだベルトやシャフト類は姿を消し、事故は激減する。それに電気で動く機械は埃もあまり出さないし、空気も汚さないので、労働環境は清潔かつ快適になった。ガス灯も電球に置き換わり、硝煙やじめついた空気は過去のものとなる。そして自動化が進むにつれて、重労働も減っていった。工場の電化がおおむね労働者に歓迎されたのも当然だろう（第6章参照）。労災に関する総合的な統計データの収集が始まった一九二六年から五六年までの間に、製造業における重大事故の件数は半分に減った。鉱業についても同様の結果が出ている。[17] フォードのリバールージュ工場で働くある工員は、一九五五年にこう語った。「ここまで勤め上げられたのは自動化のおかげだ……若い頃はこの重い代物を自力で運んだものだが、それを続けなければならないとしたら、六五歳まで働くことはとてもできなかっただろう。だがいまじゃ、八〇歳まで働けそうだ[18]」。彼の唯一の悩みは、機械が肩代わりしてくれるようになってから体重が一五キロも増えたことだという。

一九五〇年代、六〇年代に肉体的にきつい仕事が減るにつれ、重量物の運搬や取り扱いに伴う事故が大幅に減った。たとえば紡織機には安全装置が取り付けられ、何かが引き込まれたら自動停止するようになる。同時期にフォードの工場では、自動機械を据え付けてから事故が八五％減ったという。[19] 労働統計局は、「従来は機械のリズムに労働者が合わせなければな

表1 アメリカの労働人口構成の推移（1870〜2015年）

		1870	1900	1940	1980	2015
農業		45.9%	33.7%	17.3%	2.2%	1.0%
ブルーカラー	合計	33.5	38.0	38.7	31.1	21.5
	職人	11.4	11.4	11.5	12.0	8.4
	熟練工	12.7	13.9	18.0	14.7	8.9
	未熟練工	9.4	12.7	9.2	4.3	4.3
ホワイトカラー	合計	12.6	18.3	28.1	38.9	37.3
	事務職	1.1	3.8	10.4	19.2	15.5
	営業職	2.3	3.6	6.2	6.7	6.2
	家事サービス業	7.8	7.6	4.4	0.6	0.0
	その他サービス業	1.4	3.2	7.1	12.3	15.6
管理職・専門職	合計	8.0	10.0	15.1	27.8	40.1
	管理職・個人事業主	5.0	5.9	7.9	10.4	14.7
	専門職	3.0	4.1	7.1	17.5	25.4

出所：*1870 to 1980 from Historical Statistics of the United States (HSUS), Table Ba1033-1046; 2015 from Ruggles et al. (2018). See also Gordon (2016), Table 8-1.*

注：表中の数値は四捨五入してあるため、合計と一致しない場合がある。

らなかった。そのためつねに緊張が生じ、集中が途切れると事故につながっていたと考えられるが、自動化によってそうした事故はなくなった」と分析している[20]。

こうして最も危険で、汚く、つらい労働は機械が引き受けるようになった。千年にわたって農業は最も多くの人が従事する産業だったが、ここ百年足らずの間にアメリカの労働人口のかなりの部分が農場から流出し、工場やオフィスに流入している。表1はアメリカの労働人口の推移をこのうえなく鮮明に示すものだ。一八七〇〜二〇一五年に農業部門の占める比率は四六％から一％まで減っている。この動きは一九〇〇年より前から始まっており、農業従事者が減った分、ブルーカラーとホワイトカラーが増えていることがわかる。数で言うと、農業部門の就業者数は一九一〇年にピークに達し、その後は一貫して減っている。離農が増えた最大の理由は、後段で述べるが、都会にもっと魅力的な仕事が用意されたことにある。そしてそのことが、今度は農業を機械化するインセンティブになった。トラクターは第一次世界大戦後からのろのろと普及してはいたが、一九三〇年代後半から俄然ペースが早まり、三〇年に一六・八％だった普及率が、六〇年には八〇％に達している。

トラクターだけでも、農作業における労働を相当程度軽減したと考えられる。農業省の推定によると、一九六〇年にトラクターは三四億マンアワーの農作業と家畜の世話を軽減したという。これは、農業従事者一七四万人分に相当する。[21] この時点で、農業部門の雇用はピーク時と比べ五七〇万人の純減を記録していた。トラックと自動車にどの程度の省力効果があったかについては、一九六〇年のデータはないが、一九四四年に調査が行われている。それによると、運搬と移動で一五億マンアワー、家畜の世話で一一億マンアワーの時間が節約できたという。[22] 同時に、農家は電動機械の導入で乳搾りのような退屈な労働から解放され、また電動ポンプの導入で灌漑も楽になった。たしかに労働者が完全に不要になったケースも一部にはある。「一九二〇年代半ばには、キャンベルのアイスクリームとミルク工場では加工処理を一連の電動機械で行うようになった。機械同士はパイプで連結されており、原料の生乳は一度も手で触ったり空気に触れたりすることなく、あるプロセスから次のプロセスへ送られていく。生乳からクリームを分離し、熱処理して殺菌し、攪拌し、冷却してボトル詰めするところまですべて機械が行った[23]」。

鉱山の採掘現場でも機械化が進んだ。一九二〇年代には石炭をトロッコに積み込む作業を人間が腕力だけで行っており、当時「今日の産業において最も広く見られる重労働」と言われたものだが、この作業を機械が引き受けるようになる[24]。そしてわずか一〇年のうちに、石炭の荷役量は二〇倍に増えた。ミシガン州の銅山では、「それまでショベルを使って人力で行っていた作業の大半をローダーとスクレーパーが肩代わりした」と一九三〇年代前半に報告している[25]。こうして鉱山や工場の肉体的に過酷な仕事も、背骨の曲がるような農作業も、次第に機械が引き受けるようになる。そして余剰になった労働者は空調の効いた快適なオフィスで働くようになった。表1を見ると、一九四〇年以降に農業人口が減った分、ホワイトカラーが増えていることがよくわかる[26]。ホワイトカラーが増えたのは、オフィス機器が普及したからであって、普及したにもかかわらず、ではない。もちろんタイプライターや計算機の普及で時間は大幅に節約された。しかし、そもそも大量の文書をきれいに清書するとか膨大な計算をこなすといった作業はあまりに時間がかかりすぎて、タイプライターや計算機なしではとうてい経済的には実行不可能だった。だから、オフィス機器がいともたやすくこなす仕事の大半は、おそらくそれ以前は、よほどの必要のない限り行われなかったのだと考えられる。「手紙をすべて手で書き、計算をすべて高い給料をもらう人間がやらなければならないとしたら、手紙の量も計算の量も大幅に減るだろう」とハリー・ジェロームは指摘する。[27]

つまり機械は危険で過酷な重労働から人間を解放すると同時に、電化された工場や空調の効いたオフィスでの新しい快適な雇用を創出した。経済学者のロバート・ゴードンの推計によると、危険で過酷と考えられる仕事の従事者が労働人口に占める割合は一八七〇年には六三・一％だったが、一九七〇年には九・〇％まで下がったという。[28] この種の推計では、機械化によってつらい仕事のつらさが軽減され、つらい仕事自体が減ったことがどうしても過小評価されがちだ。この点についてゴードンはこう述べている。「一八七〇年の農夫は馬かラバが引く犂を押し、雨風や暑熱や昆虫に容赦なく襲われていた。これに対して二〇〇九年の農夫は巨大なトラクターの空調の効いた運転室に座り、GPSのガイドに従って農作業を効率化し、最適の間隔で播種を実行し、タブレット端末から生育状況のレポートや穀物価格の情報を受け取っているのだ。両者を比べるだけで、十分だろう[29]」。

増える雇用、上がる賃金

テクノロジーは仕事をより安全で快適にしただけでなく、賃金も押し上げた。一八七〇～一九八〇年に時間給は生産性の伸びと歩調を合わせて上がっている（図9参照）。もちろん、賃金が上昇した要因はテクノロジーだけではない。本書は長期的な生活水準のトレンドを追うことがテーマであって、短期的な変動は対象ではないのだが、ここでいくつか重要と思われる要因を検討しておこう。実質賃金が二〇世紀前半にハイペースで上昇した一因は、一九一〇年代～二〇年代の厚生資本主義の台頭にある。利益を従業員に分配するという考え方が広がり、企業は従業員をつなぎ止めるためにも賃金を引き上げるようになる。また機械の導入が進むにつれて、機械を操作するスキルの価値が上がったことも重要な要因だった。ライン生産方式を取り入れたフォードでは、単調できつい仕事を嫌って多くの労働者が出て行ってしまい、新人の研修費用も嵩み、何か手を打つ必要に迫られる。そこでフォードは一九一四年に、工員の賃金を従来のほぼ二倍の日給五ドルに引き上げるという思い切った策に出た。当時のフォードは全米自動車生産台数の約半分を占めていたから、「アメリカの賃金の歴史において最も注目すべき出来事」として大いに話題になったものである。[30] フォードは賃上げと同時に新たな福利厚生プログラムも導入した。プロクター・アンド・ギャンブル、ゼネラル・

図9　製造業従事者の1人当たり実質GDPと時間給の推移（1870～2015年）

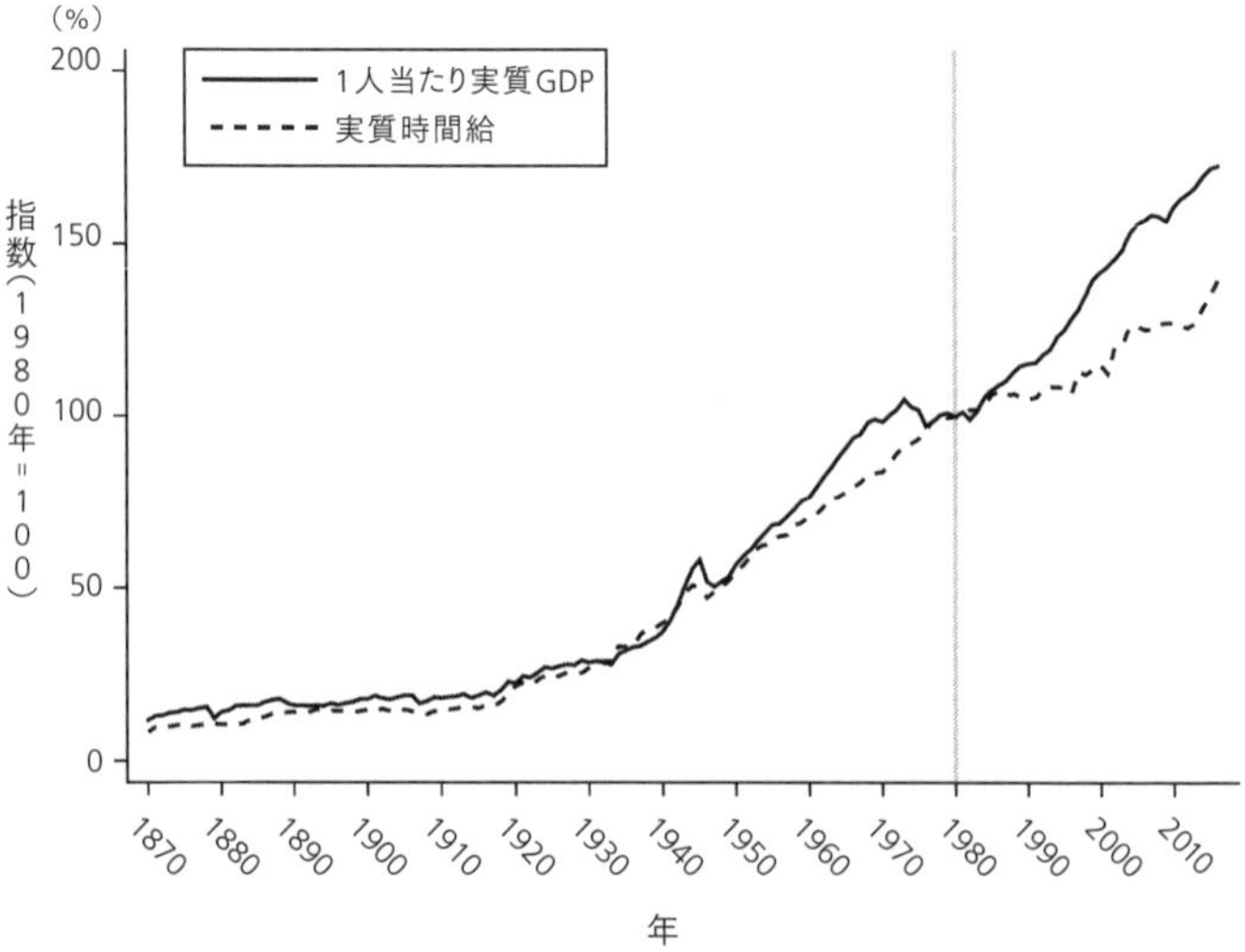

出所：巻末付録を参照されたい。

エレクトリック、グッドイヤー・タイヤといった企業が追随し、こうして生産性の伸びがもたらした利益は、賃金引き上げ、医療保険の拡充や年金プランの導入といった形で従業員に還元されるようになる。労働統計局（BLS）が一九一七年に四三一社を対象に調査を行ったところ、ほぼ全社が福利厚生プログラムを導入済みであることがわかった。[31]

こうした企業の姿勢を利他主義的と評価する向きもあるが、正確には企業パターナリズムというべきだろう。パターナリズムは父権主義あるいは温情主義と訳され、父親が子のためによかれと思って当人の意志を聞かずに決定を下すことに由来する。企業の福利厚生プログラムが無条件で提供された例はめったにない。フォードは社会部門を設置し、ライフスタイルの改善をあれこれと指導した。さらにスタッフが従業員の自宅を訪問し、清潔にしているか、申告通りほんとうに結婚していて扶養家族がいるか、などを確認したという。従業員もしたたかで、訪問日には若い女優の卵を雇って妻の役をさせたそうだ[32]。ともあれ、厚生資本主義が従業員の雇用主に対する期待を押し上げたことはまちがいない。ルイス・ハーツの『アメリカ自由主義の伝統』にもあるとおり、ジェファーソンによる個人の自由という理念の重視、小さな政府、私的所有権といったものがアメリカの文化に深く根付いていった[33]。

歴史家のジェファーソン・カウィーがアメリカ政治史における「大いなる例外」と呼んだ時期への道を開いたのは、おそらく厚生資本主義だったと言ってよかろう。この時期はニューディールに伴う「労働者の経済的権利」の時代と呼ぶこともできる。ニューディール政策は、資本家と労働者の力関係を大きく変えた[34]。一九三三年の全国産業復興法（三五年に違憲判決を受けて失効）には公正競争規約が定められ、最低賃金も規定された。この法律の後を受けた一九三五年の全国労働関係法（通称ワグナー法）では、労働者が団結する（労働組合をつくる）権利と団体交渉その他の団体行動を行う権利が認められた。また労使紛争の仲裁役となる全国労働関係委員会も設置されている。

さらに三八年には公正労働基準法に一日八時間・週四〇時間労働の規定が盛り込まれ、雇用主には時間外労働手当の支払いが義務付けられる。

厚生資本主義とニューディール政策が賃金動向に影響を与えたことはまちがいない。だがいうまでもなく、この二つの要因だけで一世紀にもおよんだ賃金の上昇基調を説明することは不可能だ。労働組合が強力になったことも一つの要因ではあるだろう[35]。組合加入率の高い産業のほうがそうでない産業より賃金の上昇幅が大きかったこと、この傾向は組合が弱体化した二〇〇〇年代後半まで続いたことが多くの調査で確かめられている。このことから、労働組合が交渉力を持ち、賃金の押し上げに一定の役割を果たしたことはたしかだろう。だが結局のところ組合の交渉力は、その組合のメンバーが持ち合わせている能力と経験の価値に大きく左右される。電話交換手がそのいい例だ。一九六八年に電話交換手がストライキを行ったが、ほとんど何の効果もなかった。自動交換機のおかげで、長距離電話も含めまったく混乱は起きなかったからである。「電話システムは問題なく稼働」と報じられただけで、ストライキがあったことすらほとんどの人は気づかなかった。ニューヨーク・タイムズ紙は「ストライキが一〇年前に行われていたら、長距離電話はつながらなかっただろう」と指摘している[36]。だが自動化されていたため、数人の管理職でストライキ中の一六万人の交換手の代役をやすやすと果たすことができた。このように組合員のスキルが時代遅れになってしまえば、組合の交渉力も衰え、せいぜい退職手当の交渉ぐらいしかできなくなる。コンテナの導入で港湾労働者のスキルが不要になったときも、組合にできたのは金銭補償と再訓練を勝ち取ることだけだった。そして港湾労働者の数が減るにつれて、当然ながら組合の影響力も薄れていった。

以上のように、ワグナー法制定後に組合の力が強まったことで、それ以前と比べて実質賃金が上昇した原因の一部は説明できる。だが繊維産業の賃金は、組合が弱小だった一九世紀後半から、小幅とはいえ一貫して上昇していた[37]。結局のところ、組合があろうがなかろうが、労働者の生産性が伸び続けるときには賃金の長期的な上昇が見られるのだし、逆に言えば、生産性が伸び続けるときしか賃金の上昇基調は続かないのである。図9を見ると、一九七〇年代までは時間給と労働者の一人当たりGDPとが仲よく並んで伸びていることがわかる。イギリスと同じくアメリカでも、組合がなくても政府の介入がなくてもこのパターンが見られた。こうした賃金の上昇基調は、二〇世紀の最初の三〇年間に出現した新技術の大半が労働補完型だったこととも深い関係がある。ゴードンは次のように書いている。

「一九四〇年以前、とくに一九二〇〜四〇年の実質賃金の急上昇の原因の一部は、大量の移民の流入が止まったことと、ニューディール政策の下で労働組合の結成が奨励されたことにあるだろう。だが実質賃金を押し上げるのは、究極的には技術の進歩だ。変化の一部は構造的で、危険で負荷の大きい仕事をこなす機械の導入によって、未熟練工が反復的な機械操作を行う機械操作員に、さらに職長や監督官や修理工に引き上げられた。企業はこうした人材の離職を食い止めるべく、賃金を上げるようになる。熟練工が辞めてしまって慣れない新人が入ってくると生産ラインがスピードダウンしかねないからだ。雇用の性質に起きたこうした変化の大半は、自動車産業とそのライン生産方式の台頭がきっかけで起きた。一八七〇年代の地獄のような暗い製鉄所と一九二〇年代のスムーズに流れていくフォードやGEの生産ラインの対比は、まさにこの変化を象徴すると言えよう[38]」

すでに述べたように、第二次産業革命は新しい仕事、新しい雇用を大量に創出した。汎用的な技術が生産性を高め、雇用を増やし、失業率を押し下げた[39]。農業のように生産性の低かった産業も機械化され、多くの人がより生産的で高報酬の仕事に就けるようになって労働者の収入は増え、購買力も上がる。電機産業の発展は、発明の威力、起業家精神の開花、アメリカの労働人口の流動性を見せつけたと言えよう。自動車産業は一九四〇年に鉄道を抜いてアメリカ最大の産業にのし上がっていたが、後に続けとばかり、電機産業は拡大を続ける。部品のサプライヤーも含めれば、アメリカでは数百万人がこの産業に従事するようになった。電気製品は家庭にどっと流れ込み、主婦を多くの家事から解放する。大量生産はそれまで想像もできなかったような産業を、そして雇用を大量に生み出したのである。一九〇五年に行われた新産業の調査では、電機産業全般の賃金水準の高さがとくに指摘されており、大規模なストライキが一度も起きなかったことはこれで説明がつく。当時の電機産業はまだ比較的マイナーで、就業者数は四万六〇〇〇人だった。[40] しかしその後、電話、ラジオ、洗濯機、冷蔵庫、アイロンなどが量産されるようになると、就業者数はうなぎ上りに増えていった。この手の新しい家電に対する需要はとどまるところを知らないように見えたものである。

新しい産業は勢いよく古い産業を追い越して行った。たとえば繊維産業の雇用がピークに達してから一世紀後に、今度は自動車産業の雇用がピークを打っている。それでも古い産業の拡大が止まったわけではない。大量生産によって耐久消費財を含む消費財の価格が下がるにつれて、需要は増える一方だったからだ。[41] ここで重要なのは、生産技術のおかげで生産性の上がった労働者たちは、よりよい賃金を手にするようになって、購買力が高まったことである。労働統計局（BLS）の調査でも、新たな機械が導入されるたびに、より賃金の高い新規雇用が創出されたことが確かめられている。[42] このように新しい産業が発展することは、労働者にとって最高の失業保険だった。機械化によって仕事を失った労働者も、中程度のスキルを必要とする仕事があふれ返っていたため、すぐに次の就職先を豊富な選択肢の中から選ぶことができた。テクノロジーによって消滅した仕事はもちろんある。点灯夫、エレベーター係、洗濯婦がそうだ。だがこうした仕事に従事する人が労働人口に占める比率は、機械化によって生まれる新たな仕事に就く人に比べれば微々たるものだった。

第3部の冒頭で述べたように、農業部門で大量の雇用が消えてなくなったことは事実である。離農した人々はいったいどこへ行ったのか。経済学者のリチャード・デイによる一九六七年の著名な研究論文を受けて、農業部門における省力化技術の爆発的普及の結果、多くの農業従事者が離農を余儀なくされたと長い間考えられてきた[43]。アイオワ州の農業ジャーナリストのオタ・ウェアリンは、一九七一年にこう書いている。「パワフルな農業機械の出現で、農業従事者の数は大幅に減った。農業機械を導入した農家は、投資効率を高めるためもあって耕作面積をどんどん拡大させた。その結果、農業地帯に占める居住面積は激減し、農家と農家の距離は離れる一方になる。農村部では教会、学校、公共施設などが減り、小さな町村は存続の危機に瀕した。現に多くの町や村が姿を消している[44]」。

農村部の公共施設やコミュニティの衰退の一部は、自動車で人々の機動力が高まったことで補えたにせよ、一部の町村が過疎に悩まされたことはまちがいない。それにしても、農業の機械化がその原因だったとは言いがたい。いまでは、デイが機械化の果たした役割を大幅に過大評価していたことがわかっている。彼は綿花の収穫に関して、ミシシッピ・デルタ地帯の綿花の収穫は一九五七年の時点で全面的に機械化されていたと述べたが、実際には機械化率は一七%だった。最近の研究では、手摘みが七九%減ったのはどの州でも賃金がハイペースで上昇したからだと指摘されている[45]。つまり労働者は農業部門から締め出されたのではなく、都市部の高賃金の仕事を求めて自分から出て行ったと考えられる。実際、農業の機械化が始まったのは、ローコストの労働者がいなくなって必要に迫られたという面が大きい。経済学者のリチャード・ホーンベックとサレシュ・ナイドゥは、農業部門からの労働者の流出が農家に機械化への投資を決意させたのだと指摘する。[46]

農村部に電気が引かれ、トラクター、トラック、自動車が導入されると、農家の労苦は大幅に減る。歴史家のウェイン・ラスムセンは次のように書いている。「電気のおかげで、農家はあらゆる種類の有用な装置を動かすことができるようになった。照明はもちろんのこと、搾乳機、飼料破砕機、ポンプ等々。とは言え、アメリカのほぼすべての農家がトラクターやこれらの機械の導入を決意するまでには、戦争、人手不足、農産物価格の上昇、食糧需要の急増といった要因が重なるのを待たねばならなかった」[47]。ほかに高賃金の仕事がいくらでもある状況では、アメリカ人の多くは農業にそっぽを向く。その結果、農業は移民と機械が引き受けることになった。「カリフォルニアのトマトの多くは、政府のブラセロ（短期移民労働者）プログラムで合法的に働く権利を保障されたメキシコ人労働者の手で収穫されていた。このプログラムが一九六四年に終了すると、アメリカ人がこの仕事に就きたがらなかったため、トマト栽培者は深刻な人手不足に直面する……結局、機械化によってこの問題は解決した」[48]。労働者が離農せざるを得なかった場合でも、テクノロジーが原因だったケースはほとんどない。一九二七年のミシシッピ大洪水などのような大災害が起きると、人々は安定した仕事を求めて都会に移住する。一九三〇年代に頻発したダストボウルも、グレートプレーンズの多くの農家に離農を強いることになった。表土の大半が失われてしまっては、農業を続けることは不可能だった。[49] 一部の農業従事者が路頭に迷ったことは事実である。とくに大恐慌の時期にはそうだった。だが全体としてみれば、農場で働いていた人の多くは、大量生産時代が潤沢に供給する雇用機会に惹かれて都会に吸い寄せられたのである。南部の農村地帯からシカゴやデトロイトといった工業都市への大移住は、アメリカ経済史における重要な出来事の一つだ。第一次世界大戦の勃発も、この流れに拍車をかけた。製造業で労働需要が増加したうえに、ヨーロッパからの移民の流入が止まってしまったからである。こうして多くの人々が農場を離れて工場に向かった。[50] そしてこの大移住が農業の機械化を促した。一九一九年のニューヨーク・タイムズ紙では、アイオワ州農業省のアイヴァンホー・ウィテッドがこう説明している。「アイオワ州の農家がようやくトラクターの導入に踏み切ったのは、人手不足という悩ましい問題の解決になるからだ」。ウィテッドによると、四〇年前には大都会などほとんどなく、農村部には労働者が豊富にいて、しかも安上がりだった。だが製造業が発展し、大きな工業都市が次々に誕生し働き手が都市部に流出するにつれて、どの農家も人手不足に直面することになる。トラクターは農家を「窮地から救った[51]」。とは言え、トラクターが熱狂的に歓迎されるようになったのは、安い労働者が払底してからだったことを忘れるべきではない。

第二次産業革命で誕生した煙突の立ち並ぶ工業都市は、農業より安定していて賃金も高い中程度のスキルの雇用機会を大量に創出し、一世紀にわたってアメリカの経済成長を支え続けた。人々が自ら都会へ出て行ったことを示す最も強力な証拠は、一八七九年以降、農業の機械化に抵抗運動がいっさい起きなかったことだろう。すでに述べたように、第二次産業革命以前には、機械に仕事を奪われると恐れた農業従事者が抵抗した例があったが、その後は農業機械の導入に対する反対はまったく起きていない。

大量生産時代の労働市場はめまぐるしく変化したものの、だいたいにおいて労働者の売り手市場だった。生産性が伸びるにつれて、賃金も上昇した。ニコラス・カルドアが一世紀にわたる安定した経済成長を分析して六つの「定型化された事実」を導き出したことはよく知られている。その中には労働生産性が持続的に伸びること、資本と労働の国民所得に占める割合が安定していることが含まれているが、まさにこれは大量生産時代に該当する。[52]

平等な分け前

アメリカは、ゆたかになるにつれて平等になっていった。二〇世紀前半の経済成長がほんとうに例外的だったのは、単に成長スピードが速かったことではなく、それが広く行き渡ったことである。一九〇〇～七〇年はたしかに「史上最大の平等」が出現したと言ってさしつかえないだろう。[53] ほぼ全員の所得が増え、しかも下位層ほどハイペースで増えたのである。この流れの中で最も恩恵がもたらされたのは所得分布の中位層と下位層であり、おかげで所得格差は大幅に是正された。先進工業国はどこもそうだが、アメリカでも最上位層の所得が国民所得に占める割合は小さくなった。産業革命期の経済学者（トマス・マルサス、デービッド・リカード、カール・マルクスなど）はみなひどく悲観的な経済予測をしたのに対し、第二次産業革命直後に生きた経済学者たちはおおむね楽観的だった。すこしばかり楽観的すぎたかもしれない。いずれにせよ、資本家が労働者の窮状を尻目に裕福になるという見方は完全に時代遅れになった。一九五〇年代にロバート・ソローは成長がどの社会集団にも等しい利益をもたらすという均斉成長モデルを発展させ、カルドアは「経済成長の定型化された事実」を推し進めた。それによると、機械化が進んでも労働分配率はおおむね一定で、国民所得の三分の二程度が維持されるという。そしてきわめつけはサイモン・クズネッツである。クズネッツは、どんな経済政策をとろうと不平等は自動的に解消されるというすばらしく楽観的な経済進歩理論を提唱した。[54] こうした楽観論は、たしかに当時は正しいように見えた。シュンペーター的成長がアメリカをゆたかにすると同時に平等にしていたのだから。

だが元祖産業革命当時の悲観的な経済学者も、二〇世紀の楽観的な経済学者も、あいにくなことに普遍的な経済理論を構築したがった。経済学者というものは、時代と場所を問わずあらゆる資本主義経済の発展経路を説明できるような法則を打ち立てることが好きらしい。クズネッツの直感的にわかりやすい理論には、当時の学者が不平等についてどう考えていたかがよく表れている。それによると、経済の発展過程において農業から高賃金の製造業に労働人口が移動することで、工業化の初期段階では所得格差は拡大するという。だが製造業に従事する人が人口に占める割合が大きくなるにつれて、成長の恩恵を手にする人が増え、不平等は次第に減っていく。言い換えれば、技術の進歩が一時的な格差拡大につながることは避けられないものの、いずれすべての経済において繁栄は共有されるということだ。これはまた元気付けられるメッセージではないか。クズネッツは、当時会長を務めていたアメリカ経済学会の一九五四年の総会でこの理論を発表した。そして経済成長と所得格差の関係を示す逆U字曲線はさっそくクズネッツ曲線と命名される。

アメリカの成長はほんとうにクズネッツの言うとおりの曲線に沿って格差の縮小をもたらしたのだろうか。幸いにも、私たちは彼の仮説を実証的にあとづけることができる。元祖産業革命当時とは異なり、クズネッツの理論は膨大な統計データの緻密な分析に依拠しているからだ。ちなみに、このような統計分析が行われたのは経済学史上初めてのことである。クズネッツは最新のデータに基づき、国民所得に占める上位一〇％の割合が一九一三〜四八年に一〇ポイント下がったことを突き止めた[55]。よって、工業化が進んだ段階に入ると格差が縮小すると結論づけたわけである。その後に経済史家が一九世紀全体について所得格差の追跡調査を行ったので、工業化の初期段階では所得格差が拡大するというクズネッツの仮説が正しいかどうかを検証することができる。アメリカについては、ピーター・リンダートとジェフリー・ウィリアムソンによる詳細な分析がある[56]。それによると、独立戦争の勃発（一七七五年）〜南北戦争（一八六一年）の期間に資産所得も労働所得も大幅に格差が拡大したことがわかった。一八三〇年代にアメリカを旅行して回ったアレクシ・ド・トクヴィルも「ごく少数の大資産家がいる」と指摘している[57]。それでもアメリカは、少なくともヨーロッパに比べれば、平等な独立自営農民で構成される国家というジェファーソンの理想に近いように見えた。だがトクヴィルは、この理想が次第に消えているとも述べている。「製造業の貴族階級……が次第にのし上がっているように見える……民主主義を奉じる者はしっかりとこの動向を注視すべきだ。不平等な条件が恒久化し、アメリカに浸透するようなら……民主主義の信奉者はこの点を問題視して行動を起こすことになろう[58]」。

南北戦争が終わる頃には、鉄道王など産業貴族たちの台頭はいっそう顕在化する。この時代はマーク・トウェインとチャールズ・ダドリーの小説『金ぴか時代』（一八七三年）にちなんで金ぴか時代と揶揄される。[59] 第二次産業革命の主役となる産業はまだ誕生していなかったが、鉄鋼、蒸気機関、鉄道はすでに存在し、途方もない富を生み出していた。まるでアメリカは、ジェファーソンの理想からどんどん遠ざかり、古いヨーロッパの世界に逆戻りしたように見えたものである。アメリカは拝金主義に染まり、成り上がりの産業資本家による腐敗が蔓延した。この時期に名を挙げた資本家にジョン・D・ロックフェラー、アンドリュー・カーネギー、J・P・モルガン、コーネリウス・ヴァンダービルトなどがおり、泥棒男爵などと呼ばれた。一八五九年にジャーナリストのヘンリー・R・レイモンドはヴァンダービルトを中世の貴族と比較し、「ライン川沿いの高台の家から見張っていて、高貴な川を商売の場に変え、航行するすべての船から通行料を巻き上げるドイツの年老いた男爵のようなものだ」と評している。[60] たしかに、この頃のアメリカの資本家がどれほどの資産を持っていたのかは想像もつかない。たとえば一八九三年には連邦政府の歳入は三億八六〇〇万ドルだったが、ペンシルベニア鉄道だけで年収が一億三五〇〇万ドルあった。アメリカの鉄道事業をすべて足し合わせれば、政府の予算（今日の標準からすれば、ごくささやかなものではあったが）を軽々と上回ってしまう。アメリカの鉄道会社の収入合計は一〇億ドルである。しかも彼らの債務合計は五〇億ドルで、政府債務のおよそ五倍に達していた。[61]

産業史家の間では、泥棒男爵という呼称がどの程度正確に実態を表しているのかということが長らく議論の的になっていた。当時の人々は資本家の巨万の富そのものを話題にすることはあっても、どういう方法でその富を築いたのかはあまり気にしなかったらしい。だが言うまでもなく、富をどう蓄積したかは大いに問題である。雇用を創出する、人々の暮らしを快適にする、ゆたかにするといった方法で富を築いたのなら、それは社会にとっても有益だ。だが競争を抑圧する、消費者をだます、政府に賄賂を使うといった方法をとったとすれば、社会にとって有害ではないか。ともかくも確実なのはどういう方法を使ったにせよ、彼ら泥棒男爵たちが国民所得に占める割合が急激に膨張したことである。ただし、所得格差の拡大が産業資本のみに由来すると考えるのは誤りだ。

経済学者は不平等を計測するのにジニ係数を使う。ジニ係数は所得などの分布の均等度合いを示す指標で、きわめてわかりやすいという特徴を備えている。たとえば、ある国の国民の所得がみな同じなら、ジニ係数はゼロになる。一人が全部の所得を独り占めしたら、ジニ係数は一である。一般に〇・五を超えると所得格差が大きいと言われる。リンダートとウィリアムソンの研究では、一七七四〜一八六〇年に資産所得のジニ係数が〇・三七〇から〇・四五四になったことが報告されている。資産は集中しやすいので、これは自然なことだ。だが同時期に、労働所得の格差は一段と早いペースで拡大しているのである。労働所得のジニ係数は〇・七〇三から〇・八〇八に上昇した[62]。その原因の多くはブルーカラーの職人の多くが失業し、中所得の雇用が空洞化したことで説明がつく。[63] しかもクズネッツの推測通り、低賃金の農業部門から高賃金の製造部門へと労働者の移動が起きた結果として所得格差が拡大している。一八〇〇～一八六〇年に、農村部と都市部の男性労働者の賃金格差は北部でも南部でも拡大した。続く一八七〇年から第一次世界大戦にかけての時期には、都市化が加速するとともに第二次産業革命によって新しい産業が次々に出現し、熟練工の需要が高まっている。となれば、他の条件が同じであれば全体として格差の拡大は加速したはずだ。ところが驚いたことに、総合ジニ係数で計測した不平等は一八七〇～一九二九年に〇・五前後で推移し、いくらか下がってさえいる。最上位一％の所得が全体に占める比率は九・八％から一七・八％へと急上昇しているにもかかわらず、である。[64]

格差の縮小は、工業化が中間段階に達したことを示しているのだろうか。南北戦争から第一次世界大戦までの時期については、アメリカの所得格差の推移はクズネッツの仮説通りだったのだから、それ以外の時期についても当てはまりそうなものだ。一八七〇～一九一三年に個人所得の合計に比して個人資産の合計が急増したことは、アメリカの所得分布において資産所得の役割が大きいという見方とよく一致するし、実際に最上位層の所得は増え続けている。一九一八年にはアメリカに三一万八〇〇〇の企業が存在し、最上位五％が純利益合計の七九・六％を占めていた。じつはクズネッツが逆U字曲線を発表するより三〇年以上前に、やはり当時学会長を務めていたアーヴィング・フィッシャーがまったくちがう理論を発表している。フィッシャーは一九一九年の基調講演で、当時のアメリカが直面していた最も深刻な問題として不平等を挙げ、不平等がアメリカの資本主義と民主主義の基盤を脅かしていると力説した。「理論上の社会主義のさまざまな形態についてどう考えるにせよ、またある種の社会主義化された産業のあり方をいかに好ましいと考えるにせよ、社会主義集団は階級対立を前面に押し出して力を誇示していることは事実だ……この点を踏まえると、産業をより民主化すれば、すなわち労働者や一般大衆が、偉大な産業は所有面でも経営面でも一部は自分たちのものだと感じるようになれば、不平等感は解消すると期待できる[65]」。

当時フィッシャーらが表明した懸念を考えれば、クズネッツ曲線が熱狂的に迎えられた理由もよく理解できる。クズネッツの仮説が正しいとすれば、再分配など必要ない、資本主義がその発展経路をたどるに任せれば自ずと不平等は解消するのだ……。ほんとうにそうなったのだろうか。カルドアの「経済成長の定型化された事実」仮説には近年疑義が提出されている。そしてクズネッツ仮説もまた一九八〇年以降の事実を説明できそうもない。なにしろ労働分配率は下がり続け、所得格差は拡大し続けているのである（第4部で改めて論じる）。所得格差の拡大が再び起きたという事実はクズネッツ仮説では説明し難い、と力を込めて指摘したのは、あのトマ・ピケティである[66]。

ピケティによると、クズネッツが観察した時期は統計的に異常な時期の一つだという。ピケティの主張はこうだ。資本主義の正常な状態では資産の生むリターンが経済全体の成長率を上回り、資産/所得比率が上昇する。資産は非常に偏って分布しているため、所得格差が拡大する。ピケティの考えでは、資本主義には不平等を自動的に減らすようなメカニズムは内在していない。ただし時折、マクロ経済あるいは政治のショックが均衡を乱すことがある。二度の世界大戦や大恐慌は富裕層の富を破壊した。だから「大平等」の出現は暴力や経済の崩壊や過激な政治的変化の結果であって、クズネッツが想定したような構造変化のおだやかなプロセスの結果ではないという。歴史家のウォルター・シャイデルはさらに踏み込んで、戦争、革命、国家崩壊、疫病といった大規模な災厄だけが、富裕層の富を破壊することによって、石器時代から今日にいたるまで経済の平等化を実現する唯一の要因となってきた、と述べている[67]。

二〇世紀にアメリカを襲った暴力的なショックがヨーロッパに比べればずっと穏やかだったにしても、アメリカの富が打撃を被ったことはまちがいない。アメリカの民間部門の資産合計は、一九三〇年には国民所得の五倍近かったが、一九七〇年には三・五倍を下回っている。ただしその多くが戦争よりも大恐慌によるものだった。当然ながら、ウォール街で暴落が起きると富裕層の所得は減る。金融部門で働く人の所得は大恐慌後に急減したが、それは最上位一％の所得が国民所得に占める比率の急減を正確に映し出していた[68]。こうした流れに政策が無関係だったとは言えない。所得税の最高税率はハーバート・フーバー政権で二五％まで引き下げられた後、フランクリン・ルーズベルト政権で六三％に引き上げられ、その後も上がり続けて一九四四年にはなんと九四％に達しているのである[69]。とは言え、税による再分配が行われた後だけでなく、前にも、格差は縮小している。たしかに最上位一％の所得が減ったことは、戦争、不況、最高税率の引き上げである程度は説明がつく。しかし格差の解消は最上位層でだけ起きたわけではない。残り九九％、とくに所得分布の中位層と下位層の所得動向にマクロ経済あるいは政治的ショックがどのような影響をおよぼしたかは、残念ながらはっきりしない。大半の人の所得は資産ではなく労働に拠るからだ。

いくつかの短期的な出来事がアメリカ人の賃金平準化に寄与したことはまちがいないが、それで、全部の説明がつくかと言えば、そうではない。一九三三年に連邦最低賃金制度が導入されたことは、最下位層との差を縮める役に立っただろう。だがリンダートとウィリアムソンが示したとおり、格差縮小は、所得分布のすべての層で起きている。移民制限政策といった政府の介入も賃金格差の縮小に寄与したと言えるだろう。移民はおおむね低スキルしか持ち合わせておらず、また移民の大量流入は労働人口の拡大を意味する。一九二四年の割当移民法がアメリカ人未熟練工の賃金を押し上げるとともに労働人口の伸びを鈍化させ、賃金格差全体を縮小したという説明は、なかなかもっともらしい。だがじつは、同時期にヨーロッパでも賃金格差の縮小は起きている。となれば、アメリカ固有の要因ではなく、ちがう要因が働いたことになる。たとえばアメリカでは一九四二年の時点で全国戦時労働委員会がすべての賃金を統括していたが、委員会が四五年に解散してからも賃金格差は安定的に推移した。このことから、賃金関連の政策が与えた影響は限定的だったと考えられる[70]。

クズネッツ曲線が発表された当時の現状と完全にマッチしていたように、ピケティの主張も時代に影響されていた可能性が高い。クズネッツ曲線は、アメリカがこのまま資本主義の針路に従っていればジェファーソンの理想を実現できるのだと示して、強力な政治的説得の武器となった。たしかに当時はそう見えた。機械化によって生産性が向上するのと並行してふつうの市民の賃金は上昇し、アメリカは平等な国になっていった。一方、大ベストセラーになったピケティの研究は、一九八〇年以降の経済の実態に基づいている。不平等が受け入れがたい水準に達したことは大方のアメリカ人が認めるだろう。それだけでなく、アメリカ経済が本来の資本主義のあるべき経路から逸脱していると感じる人も多いはずだ。時間給の推移は生産性の推移から次第に乖離しているのだから、無理もない（図9参照）。

資本主義の発展が国や時代によって異なる経路をたどる理由の一つは、労働者の交渉力と関係がある。すでに述べたように、アメリカではニューディール後に労働組合が力を持つようになった。経済学者のヘンリー・ファーバーらが示したように、組合組織率が高いと賃金格差は小さくなる。[71] もう一つの理由は、テクノロジーがその時々に異なる影響をもたらすことだ。あるときは技術の進歩によって労働者が機械に置き換えられ、賃金に下押し圧力がかかり、資本分配率が上がる。しかし別の場合には技術の進歩は労働者を助け、生産性を押し上げ、労働分配率が上がる。技術の進歩と所得分布との関係は一様ではない。不平等を拡大する技術もあれば、縮小する技術もある。それは、その技術が労働補完型か置換型かに大きく依存し、さらに、適切なスキルを備えた労働者の供給が需要と釣り合っているかどうかにも左右される。

結局のところ、大方の人にとって、所得の源泉は物的資本や金融資本ではなく、人的資本である。労働者の資産とは自分自身のスキルなのだ。スキルが人的資本を構成し、労働者はそれを使って生計を立てる。人的資本が所得分布にどう関わっているかを知るのはむずかしくない。多くの実証研究によって、労働所得の変動の七七％が個人の属性に起因することが確かめられている。[72] 第10章でくわしく述べるが、教育や職業訓練が適切に行われないと、社会集団全体が成長軌道から脱落してしまうこともある。

入手可能なデータの多くは、一八七〇～一九七〇年の技術の変化はおおむねスキルに有利に働いたことを示している。つまり、未熟練労働者に比して熟練労働者の賃金を押し上げる方向に作用した。だが技術の変化が熟練労働者の需要を相対的に増やしたのだとすれば、なぜ賃金格差が拡大しなかったのだろうか。大平等が出現した説明を与えたのは、ヤン・ティンバーゲンの先駆的な研究である。この研究でティンバーゲンは「テクノロジーと教育の競争」として不平等のパターンを概念化した[73]。さらにクラウディア・ゴールディンとローレンス・カッツの実証研究は、ティンバーゲンの説明が一九七〇年代までのアメリカの賃金格差のパターンによく当てはまることを示した[74]。それによると、技術の進歩が熟練労働者に有利だとしても、賃金格差が必ず拡大するとは限らない。人的資本のリターンもまた、需要と供給に左右されるからだ。熟練労働者の供給が需要に見合っている限りにおいて、熟練労働者と未熟練労働者の賃金格差は拡大しない。だから、短期的な措置や政府の介入が大平等にいくらか寄与したとしても、最大の要因であって、かつ最もよくデータに裏付けられている長期的平等化の要因は、アメリカの労働者全体のスキルの底上げだったと言ってよい。全体のスキルが高まったことで、スキルに対する賃金の上乗せ（スキル・プレミアム）が減ることになった[75]。その背後にあったのは、労働補完型の技術の進歩と教育の浸透である。一九一五〜六〇年のスキルの供給は需要を年ベースで約一％上回り、賃金格差の縮小に寄与した。対照的に一九八〇年以降はスキルの需要が供給を大きく上回っている[76]。

スキルに対する需要の一部は市場のメカニズムによって満たされるものの、その供給は教育政策に拠るところが大きい。また、教育・訓練へのアクセスを強化するさまざまな制度や機関も重要だ。技術革新の恩恵が広く共有されるようにする基本的な制度は、公教育である。公教育制度はすばらしい発明だと言えよう。アメリカの教育史において、一九一〇～四〇年は高校進学率が飛躍的に高まった時期である。一九一〇年には高校を卒業する若者は全体の九％に過ぎなかったが、三五年には四〇％に達している。一九〇〇～七〇年に中学校教育が浸透して教育年数が七〇％伸びたことが大きい。公教育制度の導入は州や地域によってばらつきがあり、早く導入した地域では社会の安定化、人種や宗教の均質化、所得と富の格差縮小、富の拡大などが見られた。社会資本と金融資本が人的資本の形成を助けたわけである[77]。

高校進学率が高まった理由は単純明快で、需要があったからだ。第二次産業革命期には、親が子供にしてやれる最高の投資は教育になる。一八九〇～一九二〇年にホワイトカラーの仕事に就くには高校卒業資格が必要だった。ホワイトカラーになれば、高卒資格を必要としない仕事の二倍の賃金を手にすることができる。こうしたわけで、高校は職業ひいては人生のトレーニングキャンプの様相を呈してくる。一八七〇年になっても、多くのアメリカ人がまだ農業に従事しており、製造業の従事者も古い産業革命の産業、つまり繊維産業で働く人がほとんどだった。これらの仕事はほとんど訓練を必要としない。当時、小学校以上の教育を必要とする仕事に就いていたアメリカ人は、ほんの一〇％ほどである。児童労働もまだ存在していた。一九世紀末時点で女性と子供の時間給は成人男性のほぼ半分だったにしても、教育の機会費用（子供を学校へ通わせることによって失う収入）は小さくなかった。その頃には多くの州で小学校が義務教育になっていたが、企業が児童労働に依存していることを勘案して義務教育化をためらう州もあった。その結果、主に南部では児童労働が根強く残り、裕福な家庭だけが子供を学校に通わせたため、不平等は次世代に受け継がれていくことになる。

第二次産業革命の大きなメリットの一つは、機械が高度化してスキルの要件が上がり、教育の機会費用を押し下げたことである。自分の子供を農業の労苦から解放してやりたいと考える人々にとって、高校卒業資格は高賃金の仕事に就くパスポートとなる。実際にも、多くの仕事で高卒資格が必須になっていった。簿記係、事務員、管理職などのオフィスワーカーになれば高水準の賃金が保障された。ブルーカラーで高校を出ている人は珍しかったが、高校を卒業していれば、第二次産業革命とともに登場したさまざまな中スキルの仕事（電気技師、自動車修理工、機械修理工など）を選ぶことができた。一九〇二年にディクリー・トラクターのある役員はこう述べている。「事務職は高卒以上の資格が必要だ……工場でもできるだけ高卒が望ましい[78]」。一九二〇年までには、労働人口の四分の一が高卒以上の資格が必要な職業に就いている。ゼネラル・エレクトリック（GE）など大手テクノロジー企業は、実習生にも最低でも高校在学中であることを条件とした。スキル要件は高くなる一方だった。たとえば石油産業では、戦後になってから生産現場でも検査業務でも要求される教育水準が上がり、一九四八年には製油所の管理職はすべて高校卒業が必須となっている。さらに五三年には生産現場の応募者に対して試験が導入された。「記憶力、集中力、観察力、指示の理解力」を見極めるためだという。高校二年生程度の数学の試験も行われた[79]。

航空産業に自動予約システムが導入された当時を調べた調査によると、やはり技術の進歩に伴ってより高度なスキルが求められるようになったことがわかる。アメリカでは航空旅客輸送量が増加の一途をたどり、一九五七年には年間五〇〇〇万人を超えた。一〇年間で四倍以上の増加である。これでは、手動方式では予約を捌きされない。新たな自動システムの導入によって仕事の中身はがらりと変わり、集中的な訓練が必要になった。

「システムが導入されている間に訓練インストラクターの養成クラスが開講された……各社はこの訓練に十分な時間をかけ……その後、インストラクターの指導の下で予約係の実地訓練が実施された。実地訓練終了後に二六～三三時間の座学がある……また、新しい予約システムの保守要員として技術者七名が採用された。以前は航空会社の無線装置の修理工だった人たちで、実際に装置のあるところで作業をしていた。それがいまや、空調が効いて騒音も遮断されたコントロールルームが新しい仕事場になったのだ。彼らはもう作業着は着用しない。直接機械に触るのは、テスト運転のときか、システムがダウンしたときだけだ。技術者はシステム・メーカーによる特別な訓練を受け、その後も六カ月にわたり週一回の追加訓練を受けた……予約システムの自動化に伴い、データ処理と解析を行う新しい専門職も設けられた。この職に就いたのは、システム・エンジニア五名だ。彼らはすでに専門的な教育を受けたプロフェッショナルで、航空会社のさまざまな事務処理業務の電子化やシステム開発にも携わった。彼らの年収は、初任給が七〇〇〇ドルだ。システム・エンジニア職に就くには大学卒業レベルの学歴と航空会社でのさまざまな経験が求められる。興味深いのは、五人のうち四人までが、大学で経営学や社会科学を学んでいたことだ。彼らはみな、会社でさまざまな職種を経験していた[80]」。

資本主義のさまざまな大理論とは異なり、ティンバーゲンの「テクノロジーと教育の競争」は堅固な実証研究に基づいている。彼は、アメリカにおける格差拡大の経過に他の要因が入り込む可能性を排除しない。マクロ経済ショック、労働組合、税制、金融規制といったものは、どれも不平等の形成と関係がある。じつはクズネッツやピケティの初期の研究でも、そうした要因の存在が指摘されている。クズネッツは、資本主義の発展に伴い長期的には所得格差は自動的に解消するというあのひどく楽観的な理論を進める前に、経済的なショックが重要な役割を果たす可能性を明確に認識している。またピケティは、エマニュエル・サエズとの共同研究でこう述べた。「一九七〇年以降に起きたことは、その前の逆U字曲線の続きだった可能性がある。新たな産業革命が起きて所得格差が拡大し、その後イノベーションから恩恵を受ける労働者が増えて、ある時点で格差は縮小する……一九世紀末に起きた産業革命や二〇世紀後半に起きたコンピュータ革命といった技術革命期についての説明は、他の時期についての説明よりも富の形成に好意的なものになりやすい[81]」。

所得分配の推移を検証したブランコ・ミラノヴィッチの研究も、このピケティの指摘を裏付ける。ミラノヴィッチは新たな技術革命のたびに格差の拡大と縮小が繰り返されるとして、クズネッツ曲線に代えてクズネッツ波形を提唱した。彼の研究は、産業革命期のイギリスの所得格差の推移が、コンピュータ革命期のアメリカにおける推移と驚くほど似通っていることを示した[82]。となれば、第二次産業革命におけるアメリカではなぜちがうパターンになったのか、という疑問が湧く。答えは、技術革命の性質がちがえば当てはまる経済モデルもちがうからだ、ということだ。テクノロジーと教育の競争というモデルは、二〇世紀最初の七五年間にはよく当てはまった。だがこのモデルがうまく説明できるのは、技術の進歩が労働補完型のときだけだ。一方、イギリスの産業革命では、最初の七〇年間にみられた技術の進歩は圧倒的に労働置換型であり、しかも多くの人はうまく適応できなかった（第4〜5章参照）。この点で、次章で取り上げるコンピュータ革命はイギリスの産業革命とよく似ている。

第3部の結論

産業革命は中流階級を生み出したわけではないが、その拡大を後押しする役割を果たした。工場制の普及により産業資本主義が台頭し、商工業ブルジョワ階級が勢力を伸長する。だが産業革命の歴史は、資本の勝利というだけではない。「ホワイトカラー」という言葉が初めて登場したのは一九世紀前半だった。このことから、工業化が加速するにつれて労働市場も急速な変化に見舞われていたことがわかる。

イギリスの産業革命では熟練職人の仕事が機械に奪われ、その機械の世話をするのは女子供で十分だった。機械化された工場が広がるにつれて、中所得の職人の仕事は完全に消滅してしまう。家具職人、時計職人、靴職人などあらゆる種類の職人が工房をたたんだ。だが工場の規模が拡大すると、管理職や事務職が必要になる。こうしてホワイトカラーの仕事は一八五〇年以降増え続けた。一九世紀半ばになると、ホワイトカラーの仕事で生計を立てる比較的裕福な家庭が出現する。彼らは中流階級と呼ぶことができるだろう。機械化が進むにつれて賃金は二極化し、ホワイトカラーの賃金水準は上昇して、工場労働者すなわちブルーカラーの賃金水準から乖離し始めた。つまり労働市場は、職人に不利に、ホワイトカラーに有利に変化した。新たな資料によると、アメリカではホワイトカラーの賃金が南北戦争の前からすでに上昇基調にあったことが確かめられている[83]。

このように一九世紀後半には、大規模化する工場で人事管理や経理や仕入れなどさまざまな複雑な仕事をこなすホワイトカラー職がどっと増えて、中流階級が膨張した。彼らの社会における地位やゆたかさを知りたければ、アメリカ東海岸の古い工業都市の通りをマサチューセッツ州ケンブリッジからコネティカット州ハートフォードまで歩いてみるといい。「ニューヨークの特徴的なブラウンストーンを張った建物や、東海岸の都市に建てられたイタリア風の館、あるいはクイーン・アン風の瀟洒な建物に最初に住んだのは中流階級の人たちだった」[84]。とはいえアメリカの人口に占める中流階級の割合はまだ小さかった。職業統計からおよそのパーセンテージを推定してみると、第二次産業革命が始まった一八七〇年の時点では、管理職や専門職に就いていた労働者は全体の八%に過ぎない（二九九ページの表1参照）。

工場労働者の賃金水準はホワイトカラーよりかなり低かった。それでも、かつて職人から仕事を奪った機械は、当時はなお操作員を必要とした。機械を動かしていたのは、誕生したての工業都市に流れ込んできた労働者階級の人々だった。アメリカの都市部への労働者の流入が始まったのは、ちょうど工業化が始まる一八〇〇年代の初め頃である。その後一〇〇年にわたり、工場での働き口を求めてヨーロッパからの移民やアメリカ内陸部からの移住者が続々とやってきて、労働者階級は増え続ける。工場が必要とする操作員は「機械に置き換えられた職人ほどのスキルはない。職人は最初から最後まで一つの製品を作り上げることができる。一方、機械操作員は機械を使っていくつかの作業のセットを反復して行う」[85]。彼らは工場で実地に機械の操作法を身につけていった。初期の紡糸機は子供が世話をするように設計されていたが、蒸気機関の導入によって機械が大型化すると、スキルを備えた操作員が必要になる。第5章で論じたように、エンゲルスの休止は、熟練職人を子供に置き換えるような技術の変化が起きている間ずっと続いた。イギリスの労働者がたびたび機械に対して暴動を起こしたのはこの時期である。だが産業革命に遅れてやってきた動力源である蒸気機関が登場すると、事態は変わる。蒸気を動力源にする機械は大型化、高度化、複雑化し、成人労働者のスキルが必要になったからだ。そうした機械が増えれば、設計し、据え付け、操作し、保守をする人間がその分だけ必要になる。こうしてホワイトカラーに遅れはとったものの、ブルーカラーの賃金水準も一九世紀後半には上がり始める。それでも、彼らの子供たちが中流階級にのし上がることはまずなかった。一九世紀後半には、ホワイトカラーとブルーカラーの住む世界はきっぱり分かれていたのである[86]。労働者階級の人々は、せめて自分の子供たちには中流の生活をさせてやりたいものだ、と憧れるのがせいぜいだった。ところが第二次産業革命によって、その夢が叶うようになる。

二〇世紀を特徴付けるテクノロジーのおかげで、工場労働者は一九世紀前半の上流階級をも上回るライフスタイルを謳歌できるようになる。給湯システムやセントラルヒーティングはすでに一八八〇年代初め頃から裕福な家庭には導入されていたが、二〇世紀前半には次第に労働者階級にも手が届くようになった[87]。同時期に多種多様な家電品がアメリカの家庭に供給されるようになり、労働者階級の主婦の負担を一気に軽くする。量産品は当然ながらマスマーケットをターゲットにしており、自動車も例外ではなかった。自動車もあっという間に庶民が買えるようになる。一九五〇年代のアメリカの自動車風景を描いたゴードンの説明を読むと、すでに誰もが自動車を持てるようになっていたことがわかる。

「キャデラック、リンカーン、クライスラー・インペリアルは、古い名家の遺産相続人や大企業の重役の乗る車だった。ボンネット横の四つ穴（ベンチポート）が特徴的なビュイック・ロードマスターは部長クラス、三つ穴のビュイック・センチュリーは地方の小売店主やレストラン経営者向けだ。さらに下位の車種にはオールズモビルやポンティアック、シボレーがあった。シボレーは毎年アメリカのベストセラーになる車で、いたるところで目にする。この車を買いたがるのは新興の労働者階級だ。憧れの中流階級にのし上がろうとする彼らは、郊外の分譲住宅に住み、最低でも一台、多くは二台の車を買う余裕があった[88]」。

労働者階級は、技術の進歩から得た利益のおかげで消費者として潤沢な購買力を手にするようになったわけだが、それだけではない。もっと重要なのは、二〇世紀の機械化が主に労働補完型だったことである。機械に仕事を奪われた労働者ももちろんいたが、アメリカのブルーカラーの賃金水準が前例のない上昇ぶりを示す中、その大半がまずまずの再就職先を見つけることができた。「第二次世界大戦後の三〇年間、工場労働者の賃金は上がり続け、一家の主人の稼ぎで質素な家、車一台、食べ物と衣服がふんだんにあるライフスタイルを実現できるようになる。休暇にはキャンピングカーで旅行に行けるようにもなった。アメリカの労働者階級の所得と消費は、次第に中流階級の下位層に届くほどになったのである」[89]。ベビーブームは、若い家庭が未来について楽観的になったことの表れでもあった。この楽観主義はモノやサービスの需要を一段と膨らませ、製造業の拡大を後押しし、労働集約型の新しいサービスを生むことになる。この時期には、高校を出た若い男はまともな賃金の払われる安定した仕事に就くことができた。当時のアメリカ経済は、ブルーカラーの労働者が賃金所得だけで中流階級のライフスタイルを送れるだけのチャンスを提供していたということである。最盛期の中流階級には多種多様なホワイトカラーとブルーカラーが含まれていた。こうして所得分布の広がりが圧縮され、ケネディ大統領のあの有名な言葉「上げ潮はすべての船を持ち上げる」が飛び出すのである[90]。マルクスの言うプロレタリアートが中流階級に加わり始めたことも、労働者が機械化に抵抗しなかった一因となった。

アメリカでも機械への抵抗がなかったわけではないが、それが第二次産業革命の到来とともに終息したのは意味深長である（機械化に対する最後の抵抗は一八七九年だった）。一九世紀には機械に対する暴動がたびたび起きたのに対し、二〇世紀には起きていない。その原因は一義的にはテクノロジーの性質にあったにしても、ほかにも重要な原因があった。アメリカに民主主義が根を下ろし始め、一八二〇年代にはすべての白人男性に参政権が与えられたことはその一つである。これで、暴力ではなく投票によって政治に声を反映させられるようになった。また社会保障制度の拡充は失業の痛みを和らげるのに役立つ。だがアメリカの場合、それが実現したのは大恐慌と第二次世界大戦の後になってからである。さらにまた、公教育の普及も労働者に地位向上に効果的だ。高校を出た若者に対する需要は多く、また彼らは労働市場の激変にも柔軟に対応することができた。しかし長年のスキルが不要になってしまった年長の労働者にとっては手遅れである。さらに、労働組合が結成され、賃上げや労働条件の改善を要求して交渉できるようになったことは、抵抗運動が下火になった大きな要因だろう。ただここで注目すべきは、労働組合は低い賃金や劣悪な労働条件に対しては暴力的に抗議しても、新しいテクノロジーにはまず反対しなかったことだ。この点は、かつてのギルドと大きくちがう。労働者が不満をぶちまけるのは、機械に対してではなかった。労働者は組織化され、政治的影響力を増大させても、機械化にブレーキをかけさせようとはしていない。これは要するに、技術の進歩がもたらす恩恵が大きくて、抵抗する理由がなかったことを意味する。

第 4 部

大反転

PART IV. | THE GREAT REVERSAL

産業革命以降、機械化は物議を醸してきた。機械の導入で生産性が高まり、一人当たりの所得が増えた。だが、職を追われるリスクや賃金が低下するリスク、成長の果実がすべて資本家の懐に入るリスクも浮上した。……今度はロボットが雇用・賃金・平等を脅かす存在となっている。……経済史を振り返れば、労働者にとって長い苦しい時期が何度もあった。私たちもいま同じような局面にあるのか、考えてみる必要がある。……ラッダイトなど機械化に反対した人々は、進歩に敵対した非合理な存在として描かれることが多いが、そうした人々は新しい機械の導入で恩恵を受けられる見込みはなく、機械化に反対したのは理に適っていた。

――ロバート・C・アレン「仕事の未来のための歴史の教訓」
Robert C. Allen, "Lessons from History for The Future of Work"

二〇世紀の最大の成果の一つが、多様でゆたかな中流階級の創出だったことはまちがいない。だとすれば、アメリカ社会で中流階級と呼べるような人々の生活がいま急激に悪化しているのは大問題と言える。先ほどの第3部では、テクノロジーが中流階級の興隆に大きく貢献したことを見た。この第4部では、テクノロジーが中流階級の衰退を促していることを見ていく。すでに指摘したとおり、賃金の推移は複数の要因で決まるが、歴史の大きな流れを俯瞰すれば、テクノロジーが圧倒的に重要な要因となってきた。たしかに一九八〇年以降の驚異的な格差の拡大には、金融業界の規制緩和やスーパースターの莫大な報酬といったテクノロジー以外の重要な要因も影響している。しかし、そうした要因が関わってくるのは、おもに「上位一%」の台頭を説明する時だ。だが、それよりもさらに大きな流れがある。中流階級の衰退だ。中流階級がゆたかな生活を維持していれば、富裕層との格差が広がっても、これほど深刻な問題にはならなかっただろう。格差の拡大自体についてはさまざまな議論が交わされているが、最大の悲劇は、労働者の多くが現実に実質賃金の減少に見舞われていることだ。コンピュータの時代は富裕層が活気づいているが、それは中流階級の凋落という犠牲の上に成り立っているのである。

図10 学歴別の実質週当たり賃金(フルタイム、通年雇用) 1963～2015年

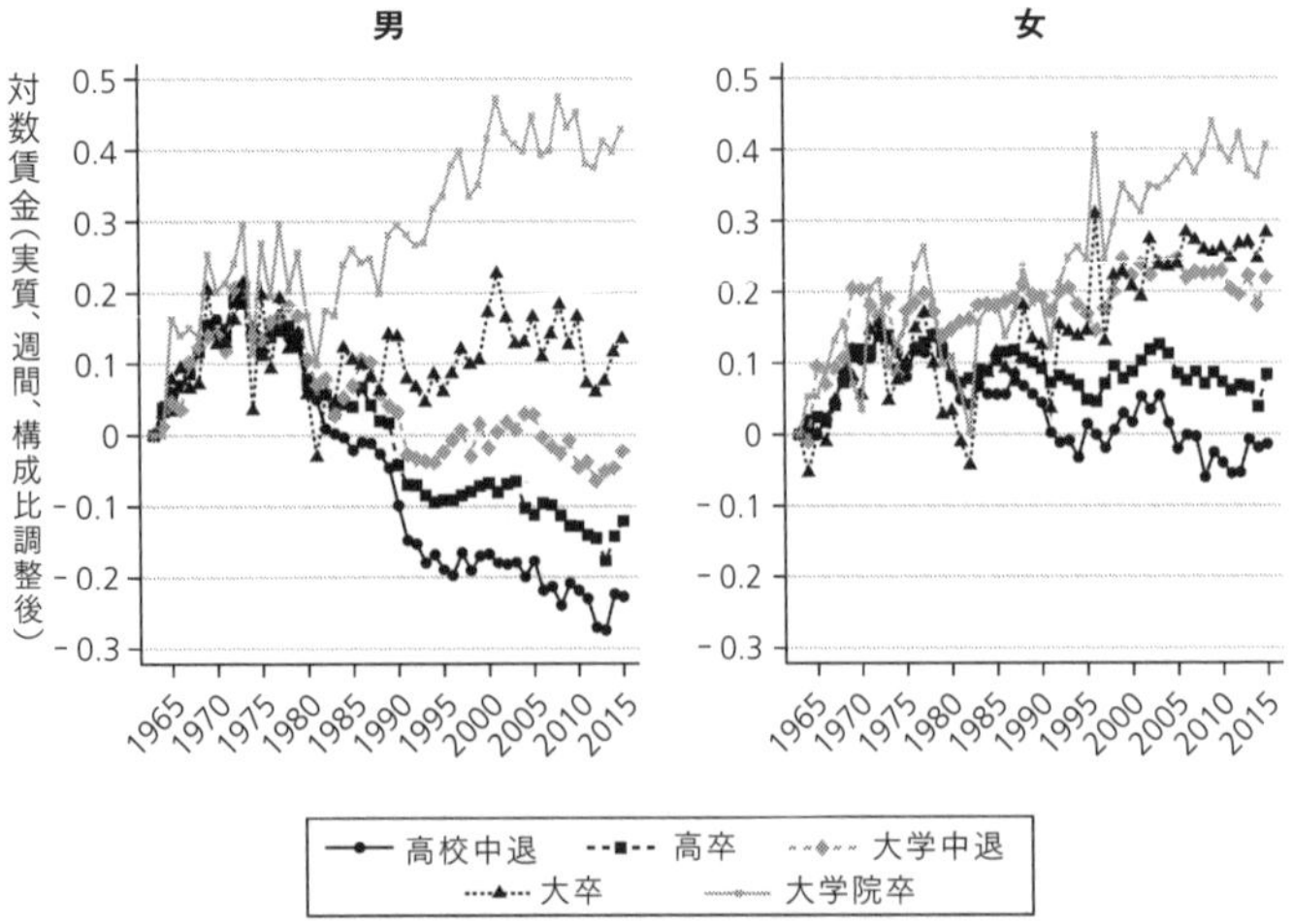

出所: *D. Acemoglu and D. H. Autor, 2011, "Skills, Tasks and Technologies: Implications for Employment and Earnings," in Handbook of Labor Economics, ed. David Card and Orley Ashenfelter, 4: 1043-171 (Amsterdam: Elsevier).*

注: 人口動態調査とデービッド・オーター提供のDOファイルのデータを利用して、2009～15年のデータを追加した。

ヤン・ティンバーゲンの先駆的な業績以降、経済学者は格差を「テクノロジーと教育の競争」という視点で考える傾向がある。「スキルに有利な技術変化」と呼ばれるテクノロジーの変化では、新しいテクノロジーの導入で、スキルのない労働者の需要よりも、相対的に高度なスキルのある労働者の需要が増える。そうなると、スキルのある労働者とスキルのない労働者の格差が拡大する。こうした事態を避けるには、スキルのある人材をテクノロジーが生み出す

需要に負けないペースで、教育制度を通じて供給しなければならない。第8章で見たとおり、「大平等」の時代は、スキルのある労働者が需要を上回るペースで供給された結果、高スキル労働者と低スキル労働者の賃金格差が縮小した。一九八〇年以降の賃金格差の拡大は、スキルのある労働者の報酬が市場原理で急増したことや、ハイテク経済の発展で必要になったスキルの需要を教育制度が満たせなかったことを反映しているだけかもしれない。だが、もし経済の発展が「テクノロジーと教育の競争」に過ぎないのなら、スキルのある労働者が賃金面で他を引き離しても、スキルのない労働者の賃金が下がることはないはずだ。格差は拡大するかもしれないが、誰もが賃金の上昇を（上昇ペースは異なるにせよ）期待できるはずだ。図10に描き出された「大反転」は、ダロン・アセモグルとデービッド・オーターが最初に指摘した。[1] この図を見ると、一九七〇年代までは、学歴を問わず、すべての人の賃金が上がっていた。だが、一九七三年の第一次石油ショック後は賃金が下がり、その後約一〇年にわたってすべてのアメリカ人の賃金が停滞した。大反転がはじまったのは一九八〇年代。高卒者以下の賃金の下落が再びはじまり、その後三〇年連続で下落が続いた。図10を見ると、賃金が下がっているのはおもにスキルのない男性労働者だ。自動化時代の幕開けがなければ、工場で働いていた人々である。

第9章
中流階級の衰退

Chapter 9. THE DESCENT OF THE MIDDLE CLASS

コンピュータの時代は、労働市場の光景を変えただけではない。テクノロジーの進歩に対する経済学者の考え方も変えた。ダロン・アセモグルとパスカル・レストレポは最近、「労働補完技術」と「労働置換技術」のせめぎ合いという視点で、三四〇ページの図10に表れた賃金の傾向を最もうまく説明できると論じている。労働補完技術が普及した世界では、「テクノロジーと教育の競争」という進歩観が成り立つ。つまり、新しいテクノロジーが一部の労働者の能力を引き上げ、新しい作業をこなせるようになる結果、生産性が上がり、賃金も上がる。一方、労働置換技術の世界では逆の結果が出る。新しいテクノロジーの登場で、一部の労働者がこなしている業務や仕事のスキルが不要になり、賃金に下落圧力がかかる。

一九六〇年代、経営学の神様と呼ばれたピーター・F・ドラッカーは、自動化とは、かつて機械化として知られた現象を今風に言い換えた言葉に過ぎないとして、どちらも手作業を機械に置き替えることを意味すると論じた。[1] たしかに、これまで見てきたとおり、二〇世紀の最初の七五年間は、人間に取って代わる技術の登場で一部の労働者のスキルが不要になった。ごく一部の例を挙げてみても、点灯夫、沖仲仕、エレベーター係は自分の仕事がなくなるのを目の当たりにした。だが、自動化の時代は、機械化の時代と区別する必要がある。ドラッカーが経営論を書いていたころは、すべての労働者の賃金が上がっていた（図10参照）。それもそのはずで、コンピュータが普及する以前は、機械の自動操作ができなかった。生産ラインを稼働させるには、機械を操作する人間が必要だったのである。そのため、事務員やブルーカラーといった中程度のスキルが要る職種が爆発的に増え、仕事を奪われた人も、それまでにはなかった、じつにさまざまな選択肢の中から職業を選べた。工場の機械もオフィスの機器も、労働者の生産性を上げる労働補完技術であり、労働者の懐に入る賃金が増えた。その意味で、コンピュータ革命は二〇世紀の機械化の延長ではなく、むしろ反転と言える。コンピュータ制御の機械は、第二次産業革命が創出した機械の操作員向けの大量の雇用をものの見事に不要にしたのである。かつて大量生産産業に流入し、まずまずの賃金を貰っていた労働者は、いま職を追われている。

コンピュータにできること

アダム・スミスは『国富論』（邦訳日本経済新聞出版社）でイギリスのピン工場の分業に着目し、仕事を細かい業務に分割することで、初期の工場が飛躍的な効率化を実現できたことをみてとった。スミスが目にしたのは、人間の労働者間の分業だったが、自動化の時代に入ると、新たな分業が生まれる。人間とコンピュータの分業が可能になったのである。一九四六年に初の電子式コンピュータが登場するまで、人間とコンピュータという区別は意味をなさなかった。コンピュータとは、もともとは「計算をする人」という意味であり、おもに基礎的な計算能力のある女性が就く計算係という職業だった。[2]

人間とコンピュータの分業でポイントになるのは、コンピュータがどのような業務を人間より効率よくこなせるかだ。第12章で取り上げる人工知能（AI）の時代が到来するまで、コンピュータ化できる業務は、おおむね定型作業に限られていた。理由は簡単で、コンピュータ制御の機械が人間に対して比較優位を持つのは、プログラマーが「ルール」に基づくロジックを使って記述できる作業だからだ。つい最近まで、技術的に自動化が可能だったのは、一連のステップに分割できる作業、「この場合はこう」と一つ一つ手続きを指定できる作業だった。たとえば、住宅ローンの審査では、明確な基準に基づいてローン申請の可否を決める。審査の「ルール」がわかっているから、人間をコンピュータで代用できる。[3] だが、職業によっては、業務（タスク）の一部しかルールがわからない場合がある。ATMの存在が物語るように、預金の受け入れ・引き出し業務は簡単にルール化できるため、銀行の窓口係の代わりにコンピュータを使うことができる。だが、顧客の苦情にどのように対応するのか、明確なルール化はむずかしい。当然のことながら、銀行はこうした状況を活用して業務を再編している。窓口係は、もう預金の出し入れを担当する事務員ではなく、融資や金融商品について顧客に助言する「リレーションシップ・マネージャー」となっている。お金の出し入れが自動化された結果、窓口係は非定型的な業務を担当することになったのである。

コンピュータ革命の前夜まで、住宅ローンの審査など、多くの職業は本質的にルールに基づいて運用されていた。アメリカ人の大多数は、いまも経済学でいう「定型職」で働いている。一九七四年、アメリカのマルクス主義者ハリー・ブレイヴァマンは、定型職には人間性を奪う性質があると指摘し、工場制度の誕生以降、そうした定型業務が根強く残っていると論じた。「資本主義の生産様式で、最も古いイノベーション原理が製造の分業だった。こうした分業は、いまなお何らかの形で産業組織の根本原理となっている」[4]。こうしたブレイヴァマンの主張は、古くからある懸念を蒸し返したものに過ぎない。すでに見たとおり、マルクス主義者でないピーター・ギャスケルやケイ＝シャトルワースも一八三〇年代に、機械の反復動作が労働者の注意力を奪い、モラルや知的能力に悪影響をおよぼすと訴えていた。大量生産時代を生き抜いたブレイヴァマンは「アメリカのフォード化」で業務の定型化が加速したと主張する。機械作業はますます細かく分割され、労働者の仕事が機械の動作と化した。ベルトコンベアーで労働者に作業が送られてくるのだ。こうした専門化でアメリカの工場は生産性が大いに高まったが、労働者の仕事は単調さを増した。その意味では、工場の自動化は、ありがたいことだと考えられなくもない。コンピュータ制御の産業ロボットを導入すれば、機械の操作に人間が直接介入する必要がなくなるかもしれないからだ。機械の番をする専門の労働者を置かなくても、ある日突然、多くの定型作業をロボットに任せ、精度を高められるかもしれない。自動化の進展で、これまでよりも複雑でクリエイティブな職業が増えている。数学者のノーバート・ウィーナーが力説したように、コンピュータは「人間の人間的な利用」を可能にする。[5]

問題は、アメリカの中流階級の多くが、こうした機械の番をする「頭を使わない」「低級」とされる定型職に就いていたことにある。多数の調査によると、こうした定型職は、スキル分布でも所得分布でも圧倒的に中間層に集中していた。[6] コンピュータ制御の機械で定型業務の必要性が薄れていくと、アメリカの中流階級は自分の仕事がなくなっていくことに気づいた。一九七〇年の時点でも、国内労働者の半数以上がブルーカラーや事務員として働いていたのである。お金持ちになった人はごくわずかだが、多様で相対的にゆたかな中流階級を支えていたのが、こうした職種だった。そして、おそらくさらに重要な点を挙げれば、こうした職業の大半は高卒でも就けた。[7] ブレイヴァマンは、機械化でスキルのある労働者の需要が増えたとの見方に反論している。裏づけとなるデータはほとんど示していないが、たしかに「仕事が定型化され、必要とされるスキルが増えた」という説は言葉の上では矛盾をきたしているようにみえる。二〇世紀に登場した定型職の多くが、それほど頭を使う仕事ではなかったことは事実だが、第8章で見たように、重工業の機械類は複雑になり、オフィス機器も多様になった。そのため、スキルのある操作員の需要は確実に増えたのである。

図10に描かれた大反転は、おもに、機械の番をしていた労働者のスキルがコンピュータの導入で無価値になった結果だと言える。定型作業が次から次へと自動化の対象になるにつれ、こうした労働者は恵まれた転職先を探すのがむずかしくなっていった。とは言え、電化や蒸気機関の導入と同じく、コンピュータの導入も一夜にして実現したわけではない。労働市場に影響が出はじめたのは、初の電子式コンピュータが誕生してから数十年後だ。コンピュータの性能を数世紀にわたって追跡したウィリアム・ノードハウスの壮大な研究によると、コンピュータの性能が最初に急激な向上を遂げたのは第二次大戦前後のことだ。[8] 演算コストは

一九〇〇年代に実質ベースで一・七兆分の一に低下した。最大の飛躍を遂げたのが二〇世紀後半だ。このタイミングは当然とも言える。プログラムが組める最初の完全電子式コンピュータ「ENIAC」が誕生したのが一九四六年。一年後にはトランジスタが発明された。ただ、ENIACがいかにすぐれものであったとしても、とてもオフィスで使える代物ではなかった。真空管が一万八〇〇〇本、抵抗器が七万個あり、重さは三〇トンである。汎用コンピュータではあったが、主な目的は砲撃射表の計算だ。すでに指摘したとおり、コンピュータは一九五〇～六〇年代に自動化に対する不安をとくに煽る存在となったが、今日の自動運転車やAIが世間を騒がしているように、「コンピュータに仕事を奪われる」という当時の不安も、ごくわずかな初期の導入事例に基づいたものに過ぎなかった(第7章参照)。たとえば、一九五八年に開かれた全米小売商協会の年次大会では、新型のコンピュータや商品処理システムが大反響を巻き起こしたが、実際に購入する出席者はほとんどいなかった。コンピュータはまだあまりにも大型かつ高価で、広く普及するには至らなかった。[9]

ENIACはコンピュータ革命の口火を切った象徴的な存在と言って差し支えないが、自動化時代の到来を告げたのはパソコンだ。[10] タイム誌が「今年の人」に代えてパソコンを「今年の機械」に選んだのは一九八二年である。アメリカでコンピュータの導入がはじまったばかりのころだ。タイム誌はこう記している。「トランジスタとシリコン半導体のおかげで、コ

図11　演算コストの低下と定型職の消滅（1980〜2010年）

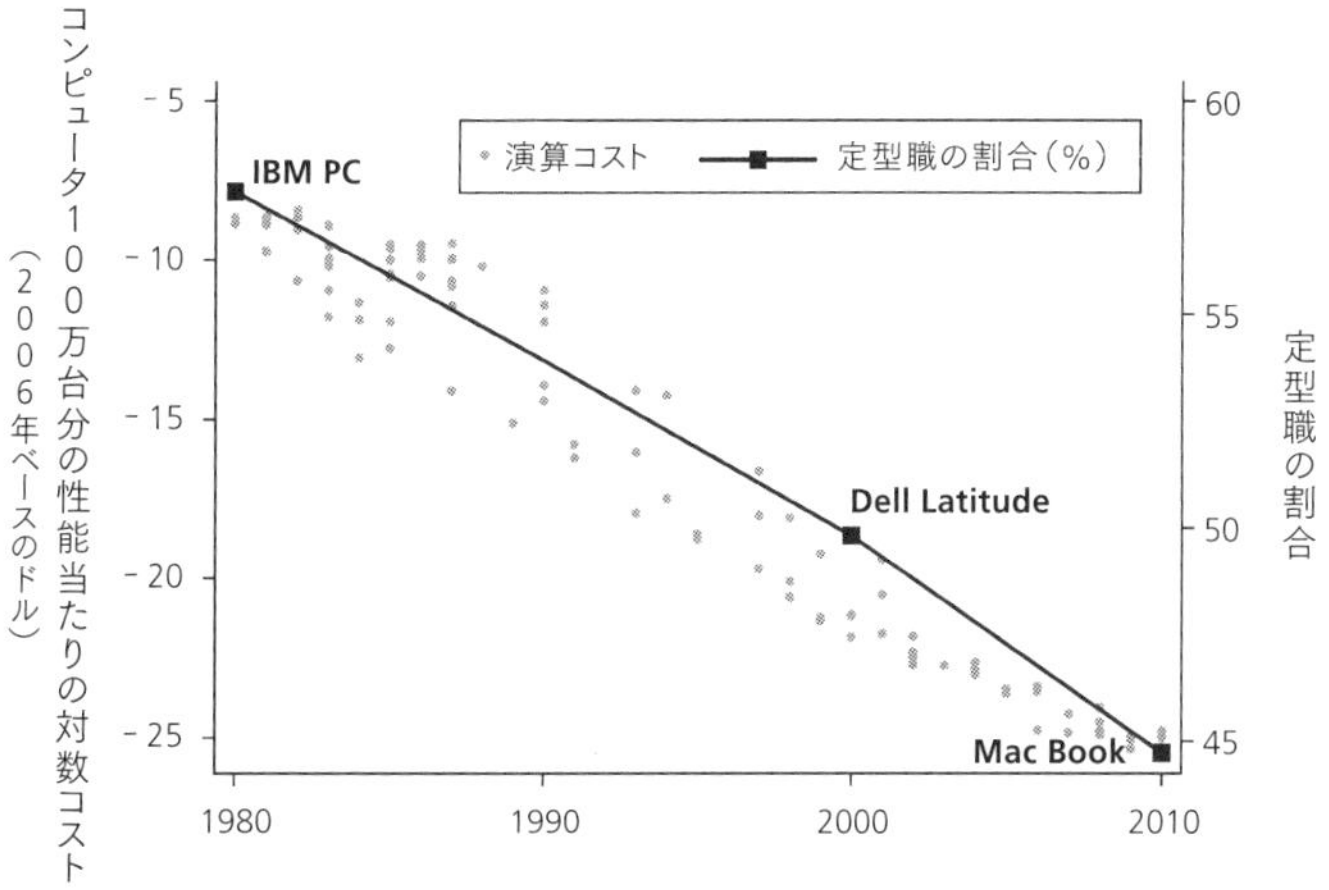

出所：*C. B. Frey, T. Berger, and C. Chen, 2018, "Political Machinery: Did Robots Swing the 2016 U.S. Presidential Election?,"* Oxford Review of Economic Policy *34 (3): 418-42; W. D. Nordhaus, 2007, "Two Centuries of Productivity Growth in Computing,"* Journal of Economic History *67 (1): 128-59; N. Jaimovich and H. E. Siu, 2012, "Job Polarization and Jobless Recoveries" (Working Paper 18334, National Bureau of Economic Research, Cambridge, MA).*

注：この図は演算コストの低下に伴い、定型職がどの程度縮小してきたかを示す。点はすべて新しいコンピュータ技術が導入された年と、そのコストを表している。

ンピュータは小型化と低価格化が劇的に進み、大衆の手に届くものになった。……ＥＮＩＡＣは四八万七〇〇〇ドルしたが、ＩＢＭの最上位機種のパソコンは約四〇〇〇ドルで買える。一部のディスカウント店では、ベーシック版のタイメックス・シンクレア１０００が七七・九五ドルで売られている。あるコンピュータの専門家は、こうした傾向を次のように説明している。自動車産業がコンピュータ産業と同じような発展を遂げていれば、ロールスロイスは、いまごろ二・七五ドルで手に入り、燃費は一ガロン当たり三〇〇万マイル（一リットル当たり一二八万キロ）に達しているはずだ[11]」。

当時、アメリカの製造業上位五〇〇社で、ワードプロセッサへの移行でお払い箱になったタイプライターは全体の一〇%に過ぎなかった。コンピュータを頭脳とするロボットも、全国の単純作業や汚れ仕事の一部を肩代わりするようにはなっていたが、ロボット化が進んだ産業は数えるほどだった。アメリカの工場で一九八二年に稼働していたロボットは六三〇〇台。このうち五七%はゼネラル・モーターズ（GM）、フォード、クライスラー、IBMの四社で利用されていたものだ[12]。だが、一九八〇年代以降は、コンピュータ制御の機械に移行する定型業務の割合が増えていく。コンピュータがより小さく、より安く、よりパワフルになるにつれ、定型職は減りはじめた（図11参照）。ただし、いまとなってはあきらかなことだが、その結果到来したのは、一九五〇～六〇年代に多くの人が予想した大量のテクノロジー失業ではなかった。一部の仕事では自動制御機械が労働者に取って代わったが、その一方で新しい仕事も生まれたのである。反復が多い組立作業ではロボットが労働者の代わりを務めたが、機械のほうもプログラミングやプログラムの書き換えができる人材を必要としたし、ときには機械の修理ができる人材も必要となった。ロボット・エンジニアやコンピュータソフトのプログラマーといった職業は、まさに自動化が産み落としたものだ。こうして、古い仕事が侵食され、新しい仕事が生まれていく。たとえば、航空便の自動予約システムが導入されると、「売上管理表に一件一件売上を記入するという単純な定型作業や、表示板を利用して空席を示すという煩雑な手法は廃止された」[13]が、その一方で営業職が拡充されている。「『事務員』という肩書が『営業担当』『サービス担当』に代わった。二人の従業員が『スペシャリスト（予約情報担当）』と『スペシャリスト補佐』に昇格した」[14]。

ただ、個々の職業の浮き沈みに注目するだけでは、職場のさまざまな変容を当然見落とすことになる。そうした変化の多くは、職業の内部で起きているのだ。一例を挙げれば、秘書という職業は消滅していないが、職務内容は一九七〇年代とはかなりちがう。コンピュータ革命がはじまる前、労働統計局（BLS）は秘書の役割をこう説明していた。「秘書の業務は、経営者を定型作業から解放し、経営者がより重要な仕事に専念できる環境を整えることにある。大半の秘書は、タイピング、速記、来客への対応が仕事だが、組織のタイプが違えば、こうした業務にかける時間も変わってくる」[15]。今度は、労働統計局が二〇〇〇年代にまとめた秘書の説明をみてみよう。コンピュータ時代の影響がはっきりみてとれる。「全米のオフィスへのテクノロジーの普及は続いており、秘書の役割は様変わりした。オフィスの自動化と組織の再編を背景に、秘書は、かつて管理職や専門職が行っていたさまざまな業務を引き受けるようになっている。現在、多くの秘書は、新入社員の研修やオリエンテーションを担当したり、インターネットでリサーチをしたり、オフィス向けの新技術をどう運用するかを学んでいる。ただし、こうした変化が起きているものの、中核業務は以前とほとんど変わらない。オフィスの事務管理の実行・調整、社内や顧客への確実な情報伝達である」[16]。秘書だけでなく、他の多くの職種についても同じことが言える。たとえば、一九七〇年代のアメリカの男女は、銀行の窓口係として預金の受け入れ・引き出し業務を行い、よい暮らしを送ることができた。さきほど見たとおり、窓口係の仕事はなくなっていないが、必要とされるスキルは激変し、異なるタイプの人材が求められている。

ただ、言うまでもないことだが、ＥＮＩＡＣが登場した当時の一部の予想に比べれば、労働者はそれほど悲惨な状況には陥っていない。コンピュータに移行する定型職の比率は増える一方だが、他の分野では人間の労働者が比較優位を保っている。理由の一つが、経済学者のデービッド・オーターが「ポランニーのパラドックス」と名づけた現象だ[17]。エンジニアが乗り越えがたいと感じる自動化の大きなハードルは、哲学者マイケル・ポランニーの有名な言葉にうまく集約されている。「人間は言葉で表せる以上のことを知っている」[18]（第12章ではＡＩで可能になったポランニーのパラドックスの攻略法をくわしくみていこう）。人間は、自分自身でもはっきり説明のできない「暗黙知」という大きな情報の貯蔵庫に、四六時中頼って生きているが、コンピュータのコードで、そうした知識を記述するのは至難の業だ。ポランニーの指摘を分かりやすく説明するため、反復の多い組み立て作業を新しい自動車の設計、作曲、感動的なスピーチと比較してみよう。名曲や感動的なスピーチを編み出すルールを明確に定義するのは容易なことではない。そんなルールなど存在しないからだ。アーティストなど、クリエイティブな仕事に就いている人は、つねにルールを打ち破り、新しいルールを生み出している。ポランニーの洞察は、自動化を考える上できわめて重要になる。人間には直感的にできるが、明確なルール化がむずかしく、自動化が困難な業務が山ほどあることを教えてくれるからだ。クリエイティブな発想や問題の解決、判断、常識が必要とされる活動については、私たちもそれとなくスキルを理解しているに過ぎない。だが、経済学的にみてさらに重要な点だが、ポランニーの指摘からは、人間の一部のスキルをコンピュータで補強できることもわかる。情報の保存・加工といったコンピュータ技術を活用すれば、人間はこれまで以上に生産的に問題を解決し、生産的に意思決定を下し、生産的に分析することができるのだ。コンピュータの導入で、こうした作業に欠かせないインプットのコストは下がっており、コンピュータを使う仕事では、人間の生産性が上がっている。[19] 一九七〇年に法律図書館のないアイオワ州グリネルに住んでいた弁護士は、法律の調査をするため、隣町まで車を飛ばす必要があったはずだ。コンピュータの時代には、車を出さなくても、法律データベース「ウエストロー」に接続すれば、デジタル化された判例法、州法、連邦法、行政法などを調べられる。実際、大半の専門職ではコンピュータの導入で専門家のスキルが高まった。たとえば、ボストンに住む心臓病専門医スティーブン・ソルツ氏の診察室がどのような進化を遂げたのか、考えてみよう。

「二〇〇一年九月、ソルツ医師はハロルドさんという高齢の男性患者の心エコー図を撮った。ハロルドさんは軽い心臓発作を起こしていた。糖尿病を併発しており、無症候性心疾患という標準的な検査では見つからない病気にかかっていた。ソルツ医師が一九七〇年代初めにボストンのブリガム病院で研修を受けていた頃は、心エコー検査装置はオシロスコープのような機器で、心臓の血流や心臓弁の状態について入手できる情報は限られていた。時が経つにつれて、コンピュータが発展すると、心エコー検査装置は、血流、閉塞、心臓弁の逆流など心臓の機能のほぼあらゆる側面を完全な二次元画像で把握できるようになった。ソルツ医師は、この画像を使ってハロルドさんの心臓の前壁全体が機能不全を起こしていることを突き止めた。ソルツ医師は、ハロルドさんにバイパス手術かステント治療を受けさせるため、外科医を紹介する。いずれかの治療を受ければ、ハロルドさんは長生きし、快適な人生を送ることができる。コンピュータ画像のおかげで、ソルツ医師の診断能力は上がったのである[20]」。

エンジニアがコンピュータにできる領域を広げていくに伴い、テクノロジーの発展は、複雑な問題解決やクリエイティブな思考など、高等教育を必要とするスキルが重宝される方向に一貫して進んでいった。相対的に単純な作業はコンピュータが肩代わりしてくれるからだ。ロバート・ライシュは一九九一年に発表した古典的著作『ザ・ワーク・オブ・ネーションズ』（邦訳東洋経済新報社）で労働市場の変遷を調べているが、ライシュによれば、職業は大きく三つのタイプに分けられる。今後有望とされるのが、ニューエコノミーの恩恵を受けるマネージャー、エンジニア、弁護士、科学者、ジャーナリスト、コンサルタントなどの知識労働者で、これをライシュはシンボリック・アナリストと呼んでいる。[21] こうした人々はコンピュータの時代に例外なく分析の生産性が高まった。残る二つのタイプが、定型職と対人サービスだ。すでに指摘したように、定型職はコンピュータへの移行が徐々に進んでいる。一方、対人サービスのほうは数が増えている。実際、大半のアメリカ人が働いているのは、ハイテク産業や高度な専門サービス業ではない。ソフトウェア会社、法律事務所、バイオテクノロジーのベンチャー企業などに直接雇われている人は、ごくわずかだ。それでも、こうした職業は多くの人々の生活を支えている。今日のハイテク企業は、第二次産業革命時の製造業に比べると、低スキル労働者を雇用する機会はすくないが、ハイテク企業に間接的に雇われている人は多い。というのも、ハイテク企業の社員は、低スキル労働者が提供するさまざまなサービスを買っているのだ。アメリカのシンボリック・アナリストは地元で買い物をし、ヘアスタイリスト、バーテンダー、ウエーター、タクシー運転手、店員の生活を支えている。こうした職種はバイオテクノロジーやソフトウェア開発とは違って、驚異的な技術発展は遂げていないかもしれないが、「大半のアメリカ人が働いているのは、こうした職場であり、そうした人々の運命は、海外に輸出できる財やサービスを売る労働者に、どこまで自分の時間を売れるかにかかっている[22]」。

もしポランニーのパラドックスが自動化の唯一のハードルなら、残存する雇用の大半はシンボリック・アナリストで占められるはずなのに、なぜこれほど多くの職業がまだ成り立っているのか。第二の理由はロボット工学者ハンス・モラベックの名を冠した「モラベックのパラドックス」で説明される。コンピュータは人間が楽々とこなせる多くの作業を苦手とするが、反対に人間には困難きわまりない多くの作業をこなすことができる。この事実を指摘したのが、モラベックのパラドックスだ。「知能テストやチェッカー（西洋版の囲碁）で大人を負かすといったことは、コンピュータにとってさほどむずかしくはない。だが知覚や運動といったことになると、一歳児のスキルを身につけることさえむずかしく、場合によっては不可能だ[23]」。コンピュータはチェスの世界王者マグヌス・カールセンを楽々と打ち負かせるかもしれないが、対局後に駒を片づけ、正しい場所にきちんとしまうという作業はできない。人間が掃除機を使ったほうが、認知や器用さや機動性の面で、コンピュータ制御の機械よりもまだまだ効率よく動ける。今日のコンピュータは、情報の保存・加工では人間をはるかに上回る能力を発揮するが、木に上ったり、ドアを開けたり、テーブルのコーヒーカップを片づけたり、フットボールをすることはできない。なぜか。人間の無意識の感覚運動力は何百万年もかかって脳内で進化を遂げており、真似をするのはきわめてむずかしいというのが有力な説だ。人間は子どものころから、歩いたり、物を認識して操作したり、複雑な言語を理解できる。こうした四歳児でもマスターできる基本的な能力をコンピュータに習得させるのは、エンジニアリング上、最大のハードルの一つであることがわかっている。

　モラベックのパラドックスで自動化がむずかしいスキルの多くは、コンピュータが導入されても価値が上がっていない。これがポランニーのパラドックスとの決定的な違いだ。この二つのパラドックスに起因するエンジニアリング上の問題をなかなか打開できないからこそ、労働市場はこれまでのような流れをたどってきたのである。コンピュータの導入でシンボリック・アナリストは以前よりもゆたかになり、自動化のむずかしい対人サービスの購入に回す所得を増やした。一方、定型職の自動化は、高卒向けの求人が減ることを意味する。このため、生産性の高い自動化された産業から、生産性の低いサービス業（ビルの清掃員、庭師、保育士、受付係など）に労働者が流れる傾向がある。[24] 残念ながら、これは大量の労働者が、生産性の上限が低い業界に流れ込み、結果的に賃金面でシンボリック・アナリストに追いつけないことを意味する。たとえそうだとしても、テクノロジーが停滞している職種も賃金は上がると予想する経済学者もいるかもしれない。高い生産性と高い賃金を求めて転職する労働者を引き留めるために、経営者が賃上げを迫られるという説だ。だが、これまで見てきたとおり、高卒以下の男性の賃金は、過去三〇年間、減少が続いている。これは言い換えれば、そうした男性のスキルを活用できる転職先の選択肢が狭まっていることを意味する。オーターとともに、このパターンを最初に指摘したのが、先駆的な著書『新しい分業』を二〇〇四年に発表したマサチューセッツ工科大学（ＭＩＴ）の経済学者、フランク・レビーとリチャード・マーネインだ。

「コンピュータが経済成長の行方を決める一因となったことを受けて、まったくタイプの異なる二つの仕事の数が増えている。賃金が大きく異なる二つの仕事である。相対的に重要度が増しているのは、ビルの清掃員、カフェテリアの店員、警備員といったワーキングプアの就く仕事だ。だが雇用の伸びが大きいのは、マネージャー、医師、弁護士、エンジニア、教師、専門技術者といった所得分布で上層に位置する職業である。後者の仕事は三つの点が際立っている。給与が高く、幅広いスキルが必要で、大半の人がコンピュータを使って生産性を上げている。『ビルの清掃員が増え、マネージャーが増える』というこの職業構造の空洞化に多大な影響をおよぼしているのが業務のコンピュータ化だ[25]」。

二人の研究はアメリカに注目したものだが、こうした二極化はアメリカだけの現象ではな

図12 ヨーロッパ16ヵ国の雇用の二極化(1993〜2010年)

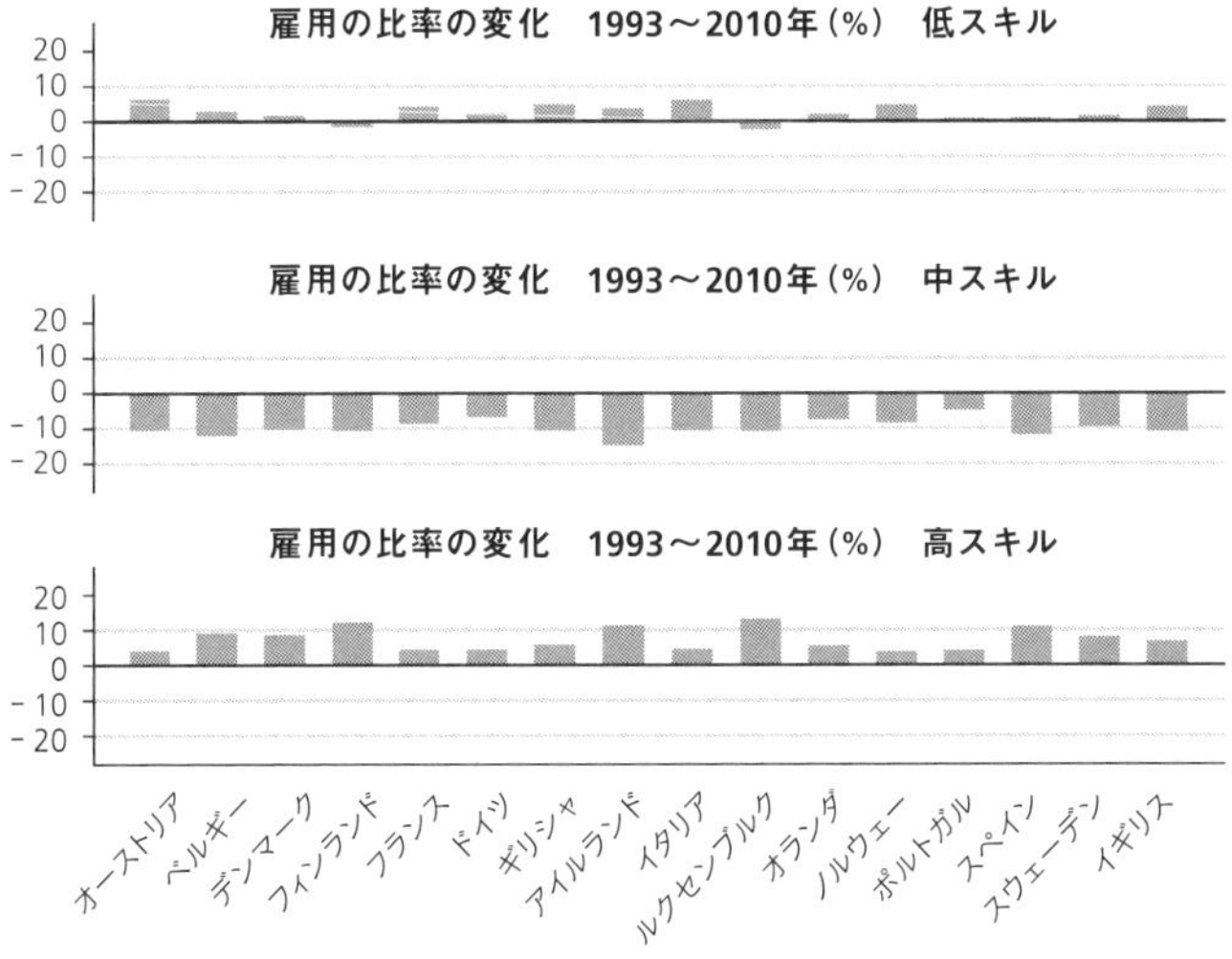

出所：M. Goos, A. Manning, and A. Salomons, 2014, "Explaining Job Polarization: Routine-Biased Technological Change and Offshoring," American Economic Review 104 (8): 2509-26.

い。図12をみればわかるように、中間層の空洞化は先進国の労働市場に広く見られる特徴だ。こうしたスキル・所得分布の最上位と最下位で雇用が増えるという流れは、大卒者と高卒者の格差を広げる要因となっている。

知的能力による格差

「中流階級」「労働者階級」といった言葉は、産業革命に付随して起きた根本的な変化を表すためにつくられたものだが、こうした言葉は最近とみに問題含みになってきている。バラク・オバマ大統領は、就任後初の一般教書演説で「中流階級」という言葉を一〇回使ったが、「労働者階級」という言葉を使ったのは、ジョセフ・バイデン副大統領が「(ペンシルベニア州)スクラントンの労働者階級の出身だ」と発言したときの一度きりだった[26]。製造業の雇用消滅は、労働者階級とみなせる人が減少したことを意味する。学歴が高卒以下の人の大半は、もう工場では働いていない。若年労働者が加われるような安定した労働者階級は存在しないのである。このため、労働者階級という言葉は蔑称として避けられるようになってきており、今では「中流階級」が、超富裕層と極度の貧困層を除くほぼすべての人を指す言葉として用いられている[27]。

もちろん、「中流階級」という言葉は、いつの時代も弾力的に使われてきた。工業化の初期には、おもに商工ブルジョアジーを指したが、その後の数百年で定義が広がり、「労働者階級」と重なるようになった。溶接機械の作業員など、ブルーカラー労働者は、二〇世紀半ばには「比較的安定した、そこそこ稼げる職業」と思われていたのである。戦後の黄金期の労働者階級の暮らしぶりは、カール・マルクスとフリードリヒ・エンゲルスが一世紀以上前に描いた生活とは大違いであり、中流階級のライフスタイルを満喫していた。だがロボットの時代が到来すると「労働貴族」のポストは減っていく。一部のごくまれな例外を除けば、中流階級になれるのは大卒の労働者だけだ。ライシュが言う「シンボリック・アナリスト」とその他大勢の違いは、ほぼすべてのシンボリック・アナリストが大卒の資格を必要とする点にある。所得分布の下層・中間層から事務職やブルーカラー職が姿を消したことで、高卒の若者が職に就ける可能性は、大卒より高校中退者のほうに近い。このため、社会学者の間では、一九八〇年以降の社会階級を分類する上で、職業ではなく、大卒かどうかを重視する傾向が強まっている。[28]

広く実証されていることだが、ニューエコノミーで成功する人と、相対的に学歴の低い人の格差の拡大要因となっているのが教育だ。労働者が自動化にどう対応してきたかをみれば、このパターンがいっそう際立つ。分析スキルのある労働者は、多様化が進む高給職にキャリアアップしていくが、価値のあるスキルを持たない労働者は零落して、以前よりも賃金の安い、低スキルのサービス業で求職活動をしている。戦後の高度成長期は、組み立てラインの労働者が失業しても、まだ同様のスキルを必要とする別の定型職を探すことができた。だがコンピュータ革命後は、定型職で働いていたアメリカ国内の失業者が、新たな定型職に転職できる可能性は大きく低下している。[29] とくに高卒以下の工員は求人が減り、低スキルの仕事を求める「下をめざす」競争に身を落としている。

たしかに機械の操作員という仕事が減った一方で、高いスキルを必要とする新しい仕事が生まれた。数値制御（NC）工作機械を設計するにはコンピュータのプログラマーが必要だ。自動化の第一波がアメリカの自動車工場に押し寄せた一九八五年、ウォールストリート・ジャーナル紙は、ミシガン州リボニアにあるフォード・モーターの変速機工場で機械の操作員として働くローレンス・マクズカさん（三七歳）の話を取り上げている。マクズカさんは工場で機械の操作を担当する傍ら、夜間大学に通い、コンピュータ・サイエンスの学位を取った。自動化の波が押し寄せると、マクズカさんは中程度のスキルが必要とされる組み立てラインの仕事をやめて、その工場で「最上級の仕事」の一つとされていた製造専門の技術者になった。マクズカさんは一時、フォードを退社してコンピュータのプログラマーになることも考えたが、フォードが生産のコンピュータ化に向けた新構想を発表したため、新たな職務を引き受けることにしたのである[30]。

問題はマクズカさんが典型的な例ではなく、例外的な存在だったことだ。大学でコンピュータ・サイエンスなどを専攻する工員はほとんどいない。このため、自動化に伴い、定型的なスキルや肉体的な力を必要とする仕事が減ると、ブルーカラー労働者はますます弱い立場に追い込まれた。実際、経済学者のマティアス・コーツ、ニール・ジェモビッチ、ヘンリー・シューは、定型職の減少でとくに被害を受けたのが、高卒以下の働き盛りの男性だったと分析している。多くの人は、調理、庭師、警備員など低賃金のサービス業に転職することで糊口をしのいだ。定型職が減れば、スキルのない男性は好待遇の仕事にステップアップする可能性よりも、条件の悪い仕事に就かざるを得ない可能性や、場合によっては失業者となる可能性のほうが高い[31]。

自動化の悪影響は、賃金低下という形だけではなく、労働市場の一部のグループで無職の人が増えるという形でも表れている。定職を持たない働き盛りの男性（二五～五四歳）の比率は、ここ数十年で確実に増えた（図13参照）。男性が労働市場から脱落していることについては、経済学者の間で需給どちらの要因が相対的に大きいのか議論が続いているが、需要サイドの要因が大きいとの見方が総意になりつつある。二〇世紀に入ると、社会福祉制度、配偶者の就業、社会規範の変化といった諸々の要因を背景に、「働かない」という決断を下すようになった男性が増えたことはたしかだが（図7も参照）、二〇〇〇年以降に増大した失業の大半は、非自発的な失業とみられている。経済学者キャサリン・エイブラハムとメリッサ・カーニーが男性の失業に関する文献レビューを行ったところ、二〇〇〇年以降に男性（二五～五四歳）の就業者が減少した主な原因は、貿易とロボットだった[32]。

一方、女性の場合は事情がだいぶちがう。よく知られているように「ピンクカラー」（女性事務員）の大躍進は、事務作業のコンピュータ化が進んだ二〇〇〇年代末に終わりを迎えた（図13参照）。ほんの数十年前まで、鉄道大手のアムトラックに電話で指定席の予約を入れれば、女性のオペレーターが対応してくれた。いまアムトラックに電話をすると、「オ電話アリガトウゴザイマス。アムトラックノ販売担当デス」という録音されたメッセージが流れる。だが、

図13　学歴別の労働参加率（25〜54歳、1976〜2016年）

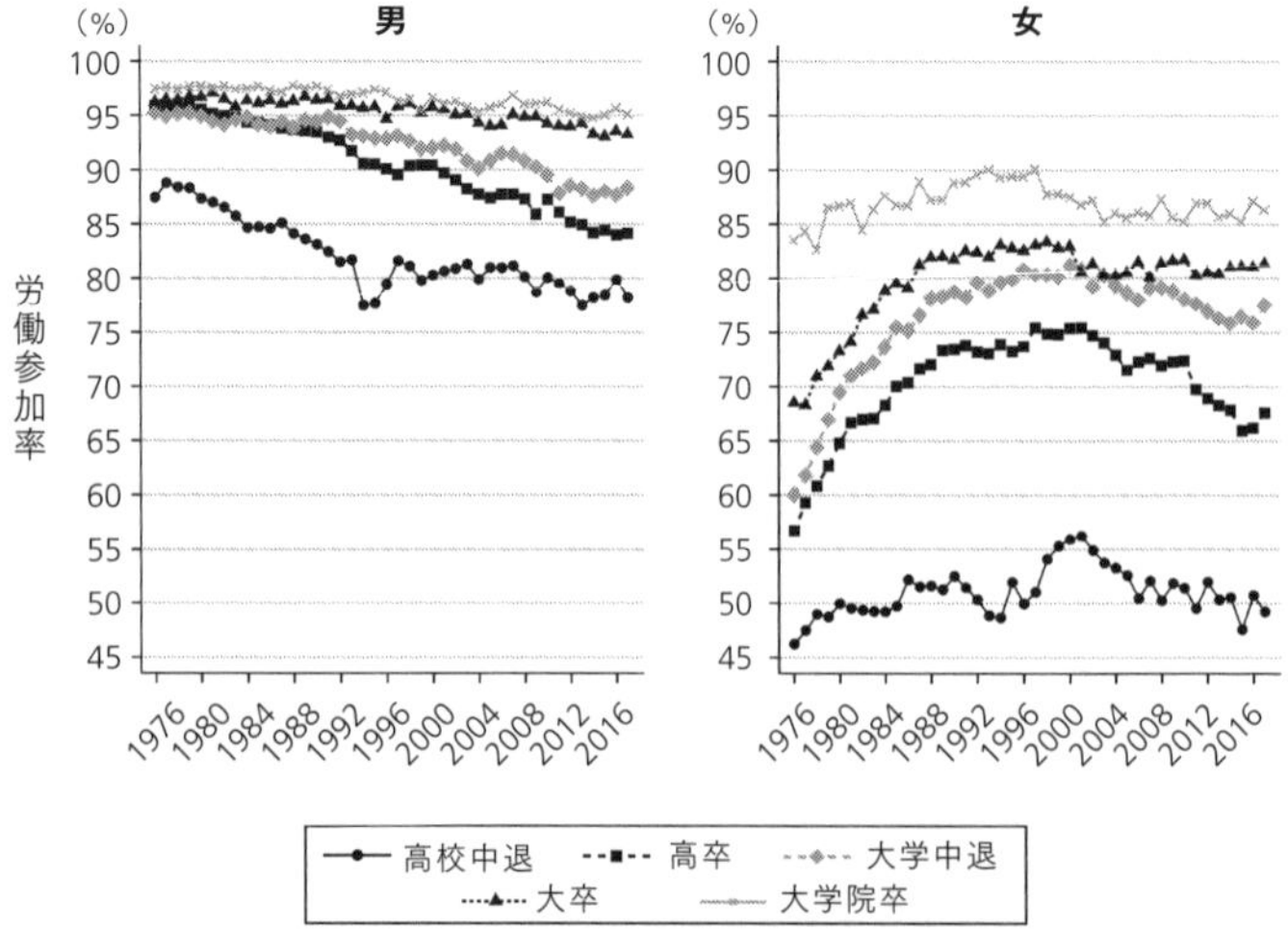

出所：*1963-91：Current Population Survey data from D. Acemoglu and D. H. Autor, 2011, "Skills, Tasks and Technologies：Implications for Employment and Earnings," in Handbook of Labor Economics, ed. David Card and Orley Ashenfelter, 4：1043-171 (Amsterdam：Elsevier). 1992-2017：author's analysis using data from S. Ruggles et al., 2018, IPUMS USA, version 8.0 (dataset), https：//usa.ipums.org/usa/.*

女性は増加傾向にある対話型の仕事に男性よりもはるかに順応している。これは女性のほうが対話や社交が得意だという神経科学の研究結果とも一致する。[33]低賃金のサービス業は伝統的に女性の比率が高かったが、多くの女性は、そうした仕事に逆戻りするのではなく、専門職や管理職にステップアップしている。また、女性は男性よりも大学を卒業している可能性が高く、結果的に男性よりもコンピュータ時代にマッチしたスキルを身につけている。実際、男性はコンピュータ制御の機械に仕事を奪われるリスクが高まっているが、女性のほうは仕事でコンピュータを使う機会が増えている。[34]専門職で働く女性の比率が上がり、男性中心のブルーカラー職が衰退する中、多くの女性はキャリアアップという点で同年代の男性を追い越している。もちろん、賃金面で男性を追い抜くのはまだ先の話だが、潮目は変わっている。アメリカの三〇歳以下の女性の経済力は、同年代の男性よりも高い。例外は高スキルの男性が集まる三大都市圏のみだ。

こうした流れは数十年前から続いているが、近年は汎用ロボットなど新しい技術の導入で、流れが加速している。汎用ロボットは自動制御のため、人間の操作員は不要だ。さらに、プログラムを書き換えれば、溶接、組み立て、梱包など製造業のさまざまな業務をこなせる。この点で汎用ロボットは、ある特定の目的のために設計された単機能ロボットなど、他のコンピュータ制御の機械とは区別すべきだ。

残念ながら、単機能ロボットについては体系的なデータが依然すくないため、テクノロジーの導入が男性の失業にどのような影響をおよぼすかを分析にするには、汎用ロボットのデータに頼るしかない。国内経済へのロボットの浸透度を過小評価することにはなるが、それでもこうしたデータは貴重だ。ダロン・アセモグルとパスカル・レストレポの推計によると、アメリカでは一台の汎用ロボットで約三・三人分の仕事をこなせる。ロボットの導入が進んでいる産業（自動車、エレクトロニクス、金属製品、化学など）で、ブルーカラー労働者が自動化の勢いをとくに強く感じているのは当然としても、ロボットが採用されている職場では、労働者がほぼ例外なく賃金低下と雇用の減少に見舞われている。予想にたがわず、とくに失業が多いのが高卒以下の労働者だ。また、男性労働者がロボットに置き換わる確率は女性の二倍に達する。[35]

以上の推計値は一九九三〜二〇〇七年を対象としたものだが、国際ロボット連盟がまとめた汎用ロボットの導入に関する統計によると、アメリカの製造業ではリーマン・ショック時の大不況（二〇〇七〜二〇〇九年）後も、ロボットの普及が続いており、稼働中のロボットの数は二〇〇八〜二〇一六年にかけて五〇％近く増加した。無論、ロボットが人間に取って代わっても、別のテクノロジーが雇用への影響を相殺している可能性はある。すでに指摘したとおり、コンピュータは付随的に新しい仕事を生み出しており、労働者のスキルも補強してくれる。だが、近年の技術発展については、全体として労働者の職を奪う傾向が強まっていると考えざるを得ないデータがある。図10で見たとおり、高卒以下の男性の実質賃金は一九八〇年代以降、低下が続いている。もちろん、海外への雇用流出といった他の長期的な要因が一部影響していることも考えられるが、テクノロジーが労働者に取って代わる傾向が強まっていることを示す、さらに直接的なデータもある。経済学者のデービッド・オーターとアンナ・サロモンズが二〇一八年に発表した経済協力開発機構（ＯＥＣＤ）加盟一八ヵ国を対象に行った大掛かりな調査によると、自動化を生産性の向上、特許の件数、汎用ロボットの導入などどのような基準で計測しても、自動化に伴い労働分配率（生産された付加価値のうち労働者が報酬として受け取る比率）は低下している。この調査によると、テクノロジーの変化が労働者を不要にする労働置換型に転じたのは、一九八〇年代にコンピュータの普及が進んでからのことで、二〇〇〇〜〇九年は労働分配率に対する悪影響が一段と顕著になった[36]。

「エンゲルスの休止」の再来

ただ、自動化時代には先例がないわけではない。第5章で見たとおり、産業革命では中間所得層の仕事が空洞化し、労働者の賃金に下落圧力がかかった結果、格差が急激に拡大した。イギリスの産業革命は「エンゲルスの休止」として知られている。この時期は工場の機械化で家内工業が消滅し、イギリス経済全体は飛躍を遂げたものの、多くの市民の家計の見通しが悪化した。イギリスの産業革命は、未曾有の生産増加を記録したが、経済成長の恩恵が滴り落ちてきた人はごくわずかだった。労働者一人当たりの生産高は平均週給の三倍以上のペースで増加した。中間所得層の職工の仕事が減る一方で、資本家の利益率は倍増した。産業革命の果実は資本家の懐に入ったのである。資本家が労働者を犠牲にしてゆたかになったというエンゲルスの主張は、エンゲルスが目撃した時代については、おおむね正しかった。こうした「エンゲルスの休止」が終わったのは一八四〇年頃になってからだ。

エンゲルスがいま生きていれば、コンピュータの時代について、どんなことを書き残すだろう。いまの西側先進国の労働環境は、どう考えても「闇の悪魔のような工場」とはかなり様相を異にしている。だが、一人当たりの生産高と労働賃金の推移は、当時と酷似しているようにみえる。アメリカでは一九七九年以降、労働生産性が時給の八倍のペースで上昇している。[37]国内経済の生産性が大きく向上したにもかかわらず、実質賃金は停滞し、失業者が増えている。その結果、労働分配率が減っているのである。資本分配率は拡大の一途をたどっており、労働分配率がここまで低下したケースは珍しい。労働者の報酬をまとめた公式統計には、企業の最高経営責任者（CEO）や、音楽界、スポーツ界、メディア界のスーパースターの報酬も含まれており、平均的な労働者の懐に入る所得の比率は実際にはさらに少ない。産業革命の初期もそうだったが、経済成長で恩恵を受ける層は、所得分布の下から上へ、労働者から資本の所有者へとシフトしている。戦後の労働分配率は六四％前後だったが、一九八〇年代以降は低下が続き、二〇〇七〜二〇〇九年の「大不況」後に戦後最低を記録した。近年は平均五八％前後で推移している。[38]先に掲載した図9も同じ傾向を描き出していた。労働生産性と労働賃金の乖離が広がりはじめたのは一九八〇年代だ。しかも、これはアメリカだけの現象ではない。たとえば、経済学者のルーカス・カラバルブーニスとブレント・ニーマンは、一九八〇年代以降、大半の国で労働分配率が激減したという実証研究をまとめている。二人によると、原因はコンピュータの価格低下だ[39]。

企業利益の拡大と労働分配率の低下は、中所得層の定型職（機械の操作員、簿記係、住宅ローンの審査係など）が自動化されたことや、労働者が低所得のサービス業（ビルの清掃員、ウエーター、受付係など）に転職したことと関係していると考える根拠は十分にある。国際通貨基金（ＩＭＦ）が二〇一七年にまとめたリポートによると、「先進国では、技術の発展（投資財の相対価格の長期的な変化で計測）と、業務の定型化の第一波が、労働分配率低下の最大の原因となった[40]」。ＩＭＦは中程度のスキルを持つ労働者の取り分がとくに激減したと指摘しているが、これはコンピュータ制御の機械が中流階級の職を奪い、労働市場の空洞化が進んだという説と一致する。

テクノロジーの変容は、所得格差を示す「ジニ係数」の長期的なトレンドにも映し出されている（図14参照）。ブランコ・ミラノヴィッチが指摘するように「この革命（コンピュータ革命）は、一九世紀初期の産業革命同様、所得格差の拡大をもたらした[41]」。資本分配率が歴史的な高水準に達し、一般市民の賃金が停滞したのはこの時期だけではない。すでに見たとおり、どちらの革命もテクノロジーが中所得の労働者に取って代わった歴史の一コマと言える。コンピュータ革命で格差が拡大したのは、おもに、新技術の導入で高スキルのシンボリック・アナリストが高い報酬を得る傍ら、資本分配率が上がったためだ。同時に、中所得の定型職が

図14 イングランド・イギリスとアメリカの所得格差（1688〜2015年）

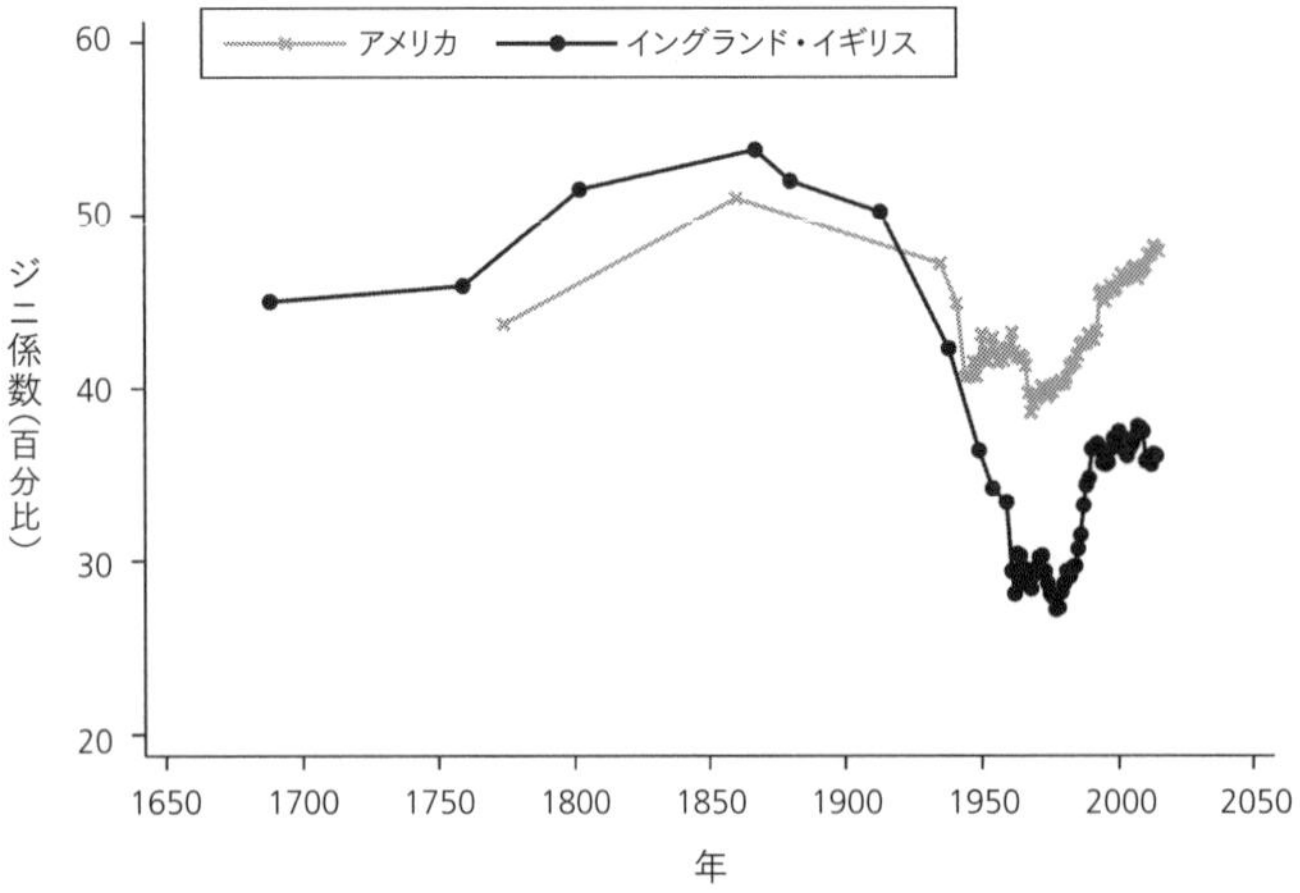

出所：巻末付録を参照されたい。

減り、スキルのない労働者が低賃金のサービス業に流入したことで、賃金格差が広がった。産業革命も同じだ。テクノロジーの変化で家内工業の中所得層が職を追われ、たくさんの職人が苦汁をなめた。その傍らで、低所得の工場労働や、生産を管理・運用する高所得・高スキルのホワイトカラーといった雇用機会が創出されたのだ。実際、経済学者のローレンス・カッツとロバート・マーゴは、今日のコンピュータが労働市場におよぼしている影響と、一九世紀に工場の機械化が広がった影響の類似点を指摘している。[42]

これまでのところ、新しいコンピ

ュータ技術は、多くの人が恐れていた広範な失業にはつながっていない。自動化に伴い製造業や肉体労働では雇用が失われたが、それを相殺する形で、新しい仕事が登場したほか、モノが安く買えるようになったことで、買い手と売り手が恩恵を受け、個人消費全体が増えている[43]。だが、コンピュータ技術の導入で中流階級の規模は縮小した。低スキル労働者の賃金に下落圧力がかかり、労働分配率が減っている。そして、産業革命の例が示すとおり、たとえ新しい仕事が増えているにしても、労働者が必要なスキルを身につけ、新たに登場した仕事にうまく移行するには長い時間がかかりうる。しかも新しい仕事にはまったく別種の人材が必要とされることが多い。仕事の内容が変わった場合もそうだ。オフィスの自動化の事例を調べたケース・スタディによると、コンピュータを導入した企業では、定型業務担当の事務員が削減される一方、「新しいシステムの運用・プログラミング担当といった相対的に高収入のポストは比較的少数」しか設けられない[44]。こうした、相対的にかなり高いスキルが求められる新しいポストの人選では、適性試験が用いられる。「選ばれたのは、おもに関連業務で……勤務経験のある二〇代後半の大卒男性[45]」で、三〇代以上やリストラ対象の部署で不要になった人が、新たなポストに採用されるケースはまれだった。自動化では中年以上の労働者がとくに不利になるケースが目立つ。

労働者に取って代わる労働置換技術の導入で、それまでの労働者のスキルが不要になると、人口のかなりの層で経済力が低下する。その過程で付随的に新しい仕事が生まれるかもしれないが、新しいスキルの習得には時間がかかるし、そうしたスキルが賃金に反映されるのは何年も後になることが多い。産業革命を論じた際に指摘したが、自動織機の作業員の賃金が上昇に転じたのは、手で織っていた織工が駆逐されてからだいぶ経ってからだ。織工の現代版と言える植字工も、やはりこの点をまざまざと示している。コンピュータのメリットの一つはファイルをメモリーに保存できることだ。これにより、一度タイプした文章のまちがいを直すために一からタイプし直すという面倒な作業が不要になった。この技術発展は、植字工の仕事と賃金に相当な影響をおよぼした。ジェームズ・ベッセンの推計によると、植字工・印刷工として働く人は一九七九年の一七万人から一九八九年には約七万四〇〇〇人に減少した。賃金の中央値はインフレ調整後で一六％低下した。「国際活版印刷労組の組合員は激減し、交渉力が大幅に低下したため、一九八六年に別の労組と合併した[46]」。

コンピュータ出版により、文章をすべてタイプし直すという面倒な作業が不要になると、組版のコストが下がり、需要が増えていく。組版業務の多くを引き受けるようになったのが、パソコンを活用するＤＴＰ（デスクトップ・パブリッシング）デザイナーやグラフィック・デザイナーだ。こうした職種は引く手あまたとなった。だが、移行にあたっては、労働者がページ・レイアウト・プログラムなど、グラフィック・デザイン・ソフトの学習を迫られる。植字工がグラフィック・デザイナーの仕事をどこまでこなせたのか、判断できるデータはないが、グラフィック・デザイナーと植字工では必要とされるスキルが大きく異なる。グラフィック・デザイナーに転職できた植字工は、ほとんどいなかったのではないか。何とかグラフィック・デザイナーになれた人も、賃金は上がらなかった。デザイナーの平均賃金は低迷が続いたのである。ベッセンはこう説明する。

「グラフィック・デザイナーの平均時給は近年、インフレ調整後で停滞が続いている。実際には、すべてのタイプのデザイナーをひっくるめると、一九七〇年代以降、賃金は下落している。平均すると、デザイナーの賃金は植字工の賃金をわずかに上回るが、中央値で見ると、二〇〇七年のデザイナーの時給は一九七六年の植字工の時給を約一ドルしか上回っていない。デザイナーは、この技術の恩恵をほとんど共有できていないようにみえる。たくさんのスキルを習得し、いろいろな仕事をこなす平均的なデザイナーは、なぜ賃金が上がらないのか。それは、デザイナー業界のテクノロジーと仕事のやり方が、絶えず変化しているとみられるからだ。植字工に取って代わった印刷デザイナーの一部は、ウェブ・デザイナーに取って代わられた。ウェブ・デザイナーの一部もモバイル・デザイナーに取って代わられている。テクノロジーの変化に伴い、出版のあり方は絶えず変化しており、そうした変化が起きるたびに、新しい専門スキルの習得が必要になる。スキルは学校で教わるのではなく、おもに経験や知識の共有を通じて習得するのだ。デザイナーは新しいソフト、新しい規格を毎年学んで、時代についていかなければならない。数年前はＦｌａｓｈを学び、今はＨＴＭＬを学んでいる。おそらく来年は、また別のものを学ぶことになる[47]」。

機械の登場で仕事上のスキルが不要になると、労働者がそれまで自分の仕事のために築き上げてきた人的資本への投資が、産業全体でみて無駄になる。製鉄所を解雇された人が翌朝から床屋として再スタートを切るのは不可能だし、専門職や管理職やエンジニアに転職できるスキルのある人もまれだろう。新しい人的資本を蓄積するコストが高ければ、その分だけ移行に時間がかかる。たとえレストラン、ホテル、ガソリンスタンドといった低スキルのサービス業であっても、ある程度のスキルは必要だ。どんな仕事でも、ほぼ例外なく経験が物を言う。だが、絶え間なくハイテク化が進む経済で、稼ぎのよい仕事に移るためのコスト――新しい人的資本を獲得するためのコスト――が跳ね上がっていることはまちがいなく、これが大卒と高卒以下の格差を固定する要因になっている。また、これから見ていくように、その人がどこに住んでいるのかも、教育と同じくらい重要だ。適応に一番手間取っているのは、さびれていく町や都市に住んでいる低スキルの労働者なのである。

第10章

広がる格差

Chapter 10. FORGING AHEAD, DRIFTING APART

先に見たとおり、「エンゲルスの休止」は市民が急激な変化を目の当たりにした時期だった。職場だけではなく、人々が住む地域社会も様変わりした。実際、一九世紀初めにはピーター・ギャスケルなどの論者が社会批判を展開し、産業の機械化で社会にどのような影響が出るのかが、人々の議論の的になった。ギャスケルが一八三三年に発表した『イングランドの製造業で働く人々　その精神的・社会的・肉体的状況』は、そうした議論の先駆けであり、フリードリヒ・エンゲルスが後にイギリスの労働者階級の状態について執筆するきっかけにもなった。ギャスケルは人力と蒸気機関の争いが危機的な段階に近づいているとし、機械化が「社会組織の枠組みそのもの」[1]を変えつつあると訴えた。工場制の導入により、農村部の家内工業の職人が失職したばかりか、イギリスの新興工業都市に社会的弱者という新たな階級が生み出されている——。「あらゆる機械を動かす動力源として蒸気機関が使われるようになって、どの産業も物理的・精神的条件が非常に似通ってきた。こうして家内労働は抹殺され、仕事を奪われた人々は都会へ大量に流入し、家庭は崩壊した」[2]。

これから見ていくように、かつて工業化で勃興した工業都市の多くは、コンピュータ革命のあおりで没落している。産業革命もそうだったが、コンピュータ革命が個人・家族・地域社会にもたらした社会的な帰結は暗鬱きわまりない。アメリカ国内の製造業の雇用は一九七九年で頭打ちとなり、その後七〇〇万人以上の雇用が消滅している。そうした帰結をとくに強く実感しているのが、ブルーカラー労働者が密集していた国内の工業都市や重厚長大の旧来型産業だ。原因が自動化であれグローバル化であれ、中流階級の雇用が衰退した地域では、さまざまな社会問題が浮上している。一九九〇年代、社会学者のウィリアム・ジュリアス・ウィルソンは、仕事が消滅したスラム街の研究で多大な注目を集めた。ウィルソンが大掛かりな調査やフィールドワークを通じて到達した結論はこうだ。「仕事のない地域は、貧困な地域よりも悲惨な運命をたどる。人々が貧しいながらも仕事にありついている地域の環境は、貧しいうえに職のない地域の環境とはまったく異なる。都市中心部のスラム地区が今日抱える問題の多く、すなわち犯罪、家庭の崩壊、福祉や社会的つながりの欠如などは、基本的には仕事がないことに起因する」[3]。ウィルソンの研究は、経済の再編と郊外化に苦しむ黒人スラム街に着目したものだが、こうしたスラム街の問題の多くは、いま白人の労働者階級が住む地域にも共通している。

仕事がなくなるとき

アメリカのすべてを体現している町や市といったものは存在しないが、おそらく、それに最も近いのがエリー湖の湖畔に位置するオハイオ州ポートクリントンだろう。社会学者・政治学者のロバート・パットナムは著書『われらの子ども　米国における機会格差の拡大』（邦訳創元社）で、ポートクリントンで過ごした一九五九年の高校時代を振り返っている。当時、ポートクリントンは中流階級のブルーカラー労働者の住む町で、ほぼあらゆる点でアメリカ社会のみごとな縮図と言えた。パットナムの回想によると、同級生の親世代は無学で、まるまる三分の一が高校さえ出ていなかった。だがそうした家庭も、町の誰もと同じように戦後の繁栄を謳歌していた。「クラスメートの父親は、地元の自動車部品工場の組み立てラインや、近くの石膏鉱床、地元の軍の基地、家族経営の小さな農場で働いていた」[4]。それでも、当時のテクノロジーの変化は人間の能力を向上させる労働補完型であり、失業している世帯や経済的な不安を抱えている家庭はごくわずかだった。ポートクリントンには裕福な家はほとんどなかったが、経済的に困窮している家も非常にすくなく、そうした貧困世帯の子どもも人並みの生活を送っていた。家庭環境がどうであろうと、スポーツや音楽、演劇といったさまざまな課外活動に参加し、「金曜の夜は町中の人がフットボールの試合に集まっていた」[5]。あれから五〇年。パットナムの同級生も、両親を追い越して大きな飛躍を遂げた。同級生の四分の三は親よりも教育水準が高く、圧倒的大多数が経済的にゆたかになった。おそらく最も目を引くのは、あまり裕福でなかった家庭の子のほうが、地位や教育水準の比較的高かった家庭の子より、めざましい出世を遂げたことだ。家庭環境が相対的に不利だった子も、裕福な子に負けず劣らず、上に行けるチャンスがあったのである。

だが今日、ポートクリントンの「アメリカンドリーム」は「分断の悪夢」に姿を変えている。次の世代の子どもたちは、まったくちがう現実に直面しているのである。親がシンボリック・アナリストのような職業に就いていた子どもは、いまも順調な生活を送っている。親が工場に勤務し、つつましい生活を送っていた家庭の子は、いまも上に上がれない。パットナムが指摘するように、努力次第で出世できるという「下から上への社会的移動性」が崩れた原因は多々あるが、原因の一つが、ポートクリントンの繁栄を支えていた製造業という土台が揺らいでいることにあるのはまちがいない。稼ぎのよいブルーカラー職が減ると、婚外出産が急増し、子どもの貧困が蔓延した。「下から上への移動性」が反転したのである。ブルーカラー労働者は地元で買い物をする傾向が強いため、他のさまざまなサービス業の雇用を支える存在でもある。このため、ブルーカラー職が消滅すれば、地元のサービス業は打撃を受ける。そうなれば、商店街はシャッターを下ろし、人々が町を離れる。働き口がなくなると、多くの人々が明るい未来を求めて、失意のうちにポートクリントンを去った。「ポートクリントンは一九七〇年までの三〇年間で人口が五三％急増したが、一九七〇～八〇年代に突如として停滞期に入り、その後一九九〇年からの二〇年で人口は一七％減った。通勤時間がどんどん長くなり、疲れ切った労働者は他の地域で仕事を探した。私が若いころに繁華街にあった店は、ほとんどが空き家になり、放置されている。町の郊外にファミリーダラーやウォルマートといったディスカウント店ができたことや、ポートクリントンの消費者が次第に財布のひもを締めるようになったことが一因だ」。

残念ながら、ポートクリントンの話は、アメリカで起きている典型的な事例と言える。戦後の高度成長期には、ポートクリントンのように、製造業を土台にまずまずの繁栄を謳歌していた地域がたくさんあった。製造業は、発展する安定した社会と、底辺から這い上がるチャンスを人々に与えていたのである。だが、アメリカ国内のブルーカラー労働者は、もう一九五〇～六〇年代のような就労機会には恵まれていない。彼らが住む地域社会も変わり果てた。政治学者のチャールズ・マレーは著書『階級「断絶」社会アメリカ』(邦訳草思社)で、戦後のポートクリントンならゆたかな暮らしを送れたふつうの中流階級のアメリカ人が、社会全体から取り残されるケースが増えており、そうした層が広がっていると指摘している。マレーはこの点をわかりやすく説明するため、人口動態調査のデータをもとに統計上の架空の町「フィッシュタウン」を設定した。フィッシュタウンという名前は、ペンシルベニア州の実在の町(白人のブルーカラー労働者が圧倒的多数を占める)に由来する。架空の町フィッシュタウンに住むのは、全員が高卒以下の白人だ。仕事がある人はブルーカラー職、対人サービス、低賃金の事務員として働いている。共通しているのは、スキルが不足しておりニューエコノミーの世界では競争に勝てないという点だ。マレーが的確に指摘するように、「経済のハイテク化が進めば、その分テクノロジーを改良・活用できる人への依存度が高まる。このため、すぐれた知的能力を最大の売りにする人々が引っ張りだことなる」[7]。そこでマレーは「知的能力の高い国内エリート層の繁栄」と「労働者階級の苦境」という格差の拡大を浮き彫りにするため、「ベルモント」と呼ぶもう一つの架空の町を設定する(ベルモントはマサチューセッツ州ボストン近郊に実在する上層中流階級が集まる郊外住宅地だ)。架空の町ベルモントの住人は、ロバート・ライシュが言うシンボリック・アナリストと多くの共通点があり、コンピュータ化の恩恵を受けている。最低でも学士号を持っており、ハイテク産業や高スキルの専門職で働き、快適で裕福な暮らしを送っている。

✿ ✿ ✿

マレーはその上で、戦後の好景気が終わった後、フィッシュタウンの住人に何が起きたのかをくわしく検証する。一つ懸念される傾向は、予想にたがわず、就業者の減少である。

一九六〇年の時点では、フィッシュタウンとベルモントで就労状況に大差はなかった。週四〇時間以上働く成人がすくなくとも一人いる世帯は、ベルモントが全体の九〇%、フィッシュタウンも八一%だった。ところが二〇一〇年になると、両者のギャップは劇的に広がっている。すくなくとも一人の成人が週四〇時間以上働いている世帯は、ベルモントではまだ八七%あったが、フィッシュタウンでは成人の就業率が激減し、同世帯は五三%まで落ち込んだ。

失業が増えたフィッシュタウンでは、犯罪も増えた。連邦政府の受刑者調査(一九七四〜二〇〇四年)によると、州立刑務所と連邦刑務所に収容されている白人受刑者の約八割はフィッシュタウンのような斜陽の町出身だ。ベルモントの出身者は二%未満である。[8] したがって、白人の犯罪・収監の増加は一つの層——労働者階級に集中していることになる。ウィルソンによると、黒人の間でひとり親世帯の比率が増えている原因は失業だが、白人のブルーカラー労働者の間でも、まったく同じように婚姻率が下がっている。[9] 高卒以下の白人女性の婚外出産は、一九七〇年の時点ではまだ全体のわずか六%だったが、四〇年後にはこの比率が四四%に跳ね上がった。フィッシュタウンでは現在、生みの親がそろった家庭で暮らす子どもは、全体の三分の一に過ぎない。これは重大な問題だ。というのも、ひとり親世帯の子どもは、将来出世できる確率が格段に低いのである。実際、経済学者のラジ・チェティらは、将来「上に行ける」かどうかを予測する上で、最も精度の高い指標となるのが家庭環境だと指摘する。ひとり親世帯の比率が高い地区ほど、子どもたちが将来出世できる可能性は低い。[10]

マレーは、コンピュータ革命がフィッシュタウンの苦境につながったとは考えていない。失業の原因は、労働倫理の低下と福祉への依存にあると分析している。こうした失業・犯罪・婚姻率のパターンについては、学者の間で経済面・文化面どちらの要因が相対的に重要かという議論がいまなお続いているが、双方が重要だと強調することが一番妥当ではないかと思える。だが、そうしたパターンの大部分が、経済の変化で説明できることはまちがいない。フィッシュタウンの住人は、貿易や技術変化のために就労機会が減っているグループにあきらかに該当する。フィッシュタウンの社会問題の多くは、労働市場の推移と直接結びつけることが可能だ。たとえば、犯罪は違法行為の予想費用・便益と関係がある。[11] 労働者の予想収入が減れば、刑務所送りの機会費用も減る。このため、驚くにはあたらないが、歴史を振り返ると、犯罪のほうが相対的にもうかるようになると、犯罪に手を染める人が増えている。たとえば、イギリスの工業化で一九世紀に工場が機械化され、労働者のスキルが不要になると、年配の労働者（とくに職人）が、経済的な利益を求めて犯罪に走るケースが目立ちはじめた。[12]

失業は循環的、一時的に起きることが多い。だが、貿易や技術変化に伴う低スキル労働者の賃金低下は、過去数十年続いており、短期の失業よりも、長期にわたって犯罪行為に影響をおよぼす公算が大きい。実際、経済学者のエリック・グールド、ブルース・ウェインバーグ、デービット・マスタードが、求人の減少と犯罪の関係を調べたところ、前者が後者の原因となっていたことがわかった。失業と賃金低下があいまって低スキル労働者の犯罪率を上げていたのである。三人が分析した期間（一九七九〜九七年）では、低スキルの男性の賃金が二〇％減り、窃盗犯罪が二一％増えた。[13]

フィッシュタウンの住民の苦境はこれ以外にもある。見た目にはわかりにくいが、雇用情勢と直結する問題だ。今日ではどの社会階層でも結婚しない人が増えているが、フィッシュタウンの婚姻率が著しく低下した原因は特殊だ。仕事がなくなってしまったのである。アメリカの白人で婚姻率が最も高いのはスキルのある男性で、これは一八八〇年代以降、一貫している。[14]国内では、製造業の好景気が終わるまで、高スキル労働者とブルーカラー労働者の婚姻率の差が縮小傾向にあったが、その後、そうした傾向は反転した。縮小傾向が続いていたのは労働市場でブルーカラー労働者の立場が強まっていたころだ。ハイテク化が進む今日の経済では、労働市場で立場が弱まったブルーカラー労働者の婚姻率が下がっている。事実、経済学者のデービット・オーター、デービッド・ドーン、ゴードン・ハンソンは、ブルーカラー職の消滅で結婚市場が不安定になり、婚姻率が低下したと指摘する。労働市場の見通しが悪化すると男性の結婚がむずかしくなったが、一因として考えられるのが、ブルーカラー男性の失業や経済的地位の低下だ。だが、それにも増して深刻な問題がある。工場職の消滅に伴い、若年男性と女性の死亡率の差も拡大しているのだ。仕事がなくなると、若年男性が早死にする傾向が強まる。[15]

これは他の複数の研究結果とも一致する。一九八〇年代初期の景気後退時に人員を削減したペンシルベニア州の工場の事例を見ると、解雇された労働者は年収が四〇％以上減少し、その後六年経っても平均年収は解雇前の水準を二五％下回っていた。[16]だが、解雇がもたらすのは所得の減少だけではない。死亡するリスクも大きく上がるのだ。経済学者のダニエル・サリバンとティル・フォン・ウェヒターが人員削減で解雇された労働者を追跡調査したところ、解雇された人は、解雇後に短期死亡率が五〇〜一〇〇％上昇している。[17]解雇の影響は時とともに低下するものの、中年男性の平均余命は一年半短くなった。これは四〇歳で標準体重を一八キロ上回っている場合の死亡リスクに匹敵する。このため、二〇一五年にプリンストン大学の二人の経済学者、アン・ケースとノーベル経済学受賞のアンガス・ディートンが、白人中年層の死亡率上昇というショッキングな事実を発見した際も、当然のように「白人労働者階級の就労機会が長期にわたって減少したことが影響したのではないか」と考えた。白人中年層の年間死亡率は、何十年にもわたって下がり続けていたが、二〇〇〇年以降は上昇に転じている。中間層から落ちこぼれたことが大きなストレスになったというのが二人の見立てだ[18]。死亡率の上昇は、心臓病や糖尿病など一般的な死因ではなく、自殺やアルコール・薬物の過剰摂取が原因だった[19]（こうした死を「絶望死」と呼ぶ）。

実際、主観的な幸福度に関する調査を見ると、失業を経験した人は幸福度が大きく低下する。これは他のさまざまな要因（所得や教育など）について調べた調査結果と照らし合わせてもそうだ[20]。失業で最も精神的なダメージを受けるのは男性で、とくに働き盛りの男性ではそうした傾向が顕著に見られる[21]。広く引用されている論文では「離婚や離別といった重大事も含め、失業は他のいかなる要因よりも幸福度を低下させる」とまで指摘されている[22]。しかし、健康や幸福度が雇用情勢と密接な関係にあることを示す有力なデータはあるものの、ケースとディートンが実証した最近の「絶望死」の急増については、テクノロジーと貿易による雇用喪失がどこまで原因になっているのか、まだ結論は出ていない。アメリカではオピオイド系鎮痛剤の過剰摂取や依存症が広がり、公衆衛生や社会福祉に影を落とす深刻な国家的危機に発展している。アメリカのオピオイド危機が、絶望死の増加傾向の一因となっていることはまちがいないが、失業増大がもたらした帰結もその一因となっているのではないか。疑問の余地がないのは、中所得の雇用消滅が物質的にも精神的にも耐えがたい苦しみを引き起こしており、中流階級という大集団に壊滅的な打撃を与えていることだ。

新しい職業が生まれる場所

アメリカ社会の格差は、所得の不均衡だけの問題ではない。所得格差の拡大よりもはるかに心配なのが、労働市場の大きな集団の暮らし向きが軒並み悪化し、主観的な幸福度も低下したまま置きざりにされていることだ。そうした層は一般社会から切り離される傾向が強まっており、現状を把握することもむずかしくなっている。フィッシュタウンとベルモントで起きたことは統計上の虚構ではあるが、地理的二極化の進行というすでに実証された事実を裏付けるものだ。最近、アメリカ国内の格差のパターンを検証した著名な社会学者ダグラス・マッセイとジョナサン・ロスウェル、サーストン・ドミーナは、二〇世紀最後の四半世紀で、知的能力に基づく一種の階級アパルトヘイト（隔離）が全米に浸透しはじめたと指摘する。仕事がなくなっていく世帯に立ちはだかる現実から遮断されている大卒の親とその子どもが増えている。こうした大卒と高卒以下の格差の拡大は、地域社会の棲み分けに限った話ではない。[23] さらに広範な変化が都市間でも起きているのだ。ここで関連してくるのは、どの地域で新しい仕事が登場しているのかという問題だ。

一九八〇～九〇年代には、正反対のことが予想されていた。専門家はワールド・ワイド・ウェブ、電子メール、携帯電話の登場で立地はすぐに無関係になり、地理上の制約は過去の遺物になると公言していた。[24] アルビン・トフラーのような未来学者は、距離の消滅でいずれ都市は廃れるとまで予測していたのだ。[25] 二〇〇五年にベストセラーになったトーマス・フリードマンの『フラット化する世界』（邦訳日本経済新聞社）の初版本の表紙には、地理的な分断が過去のものになった世界が描かれている。[26] こうした論者は、情報技術（ＩＴ）の登場で対面コミュニケーションが不要になり、マンハッタンやシリコンバレーといった物価が高い場所に企業や人々が密集しなければならない時代は近く終わりを告げると宣言していた。ところが現実には、複雑なやり取りの多くは繊細微妙で、現代的なコンピュータをもってしても、テクノロジーを介して行うのは無理がある。ハーバード大学の著名な経済学者エドワード・グレイザーが当時から指摘していたように、デジタル・コミュニケーションと対面コミュニケーションは、一方が他方の代わりになるものではなく、互いに補完しあう存在だと考えるのが一番いい。[27] ＩＴの高度化で関係を維持できる人の数が増えた結果、直接会う機会が増えている。ニューヨークは、コンピュータ革命を受けて工業都市としての強みは失ったが、イノベーションで競争優位に立った。知識労働（つまりアイデアを発展させ、輸出する仕事）に特化する都市は、生産性が高まったのである。

場所が依然として重要なのは、距離の近さという価値に立脚する「集積の経済」が存在するためだ。働く人は職場の近くに住みたい。企業も優秀な人材を確保でき、取引先に近い場所を探す。親はよい学校の近くに住みたいと考えるし、高齢者もよい医療サービスを受けられ、気候が快適な場所がいいと思うかもしれない。要するに、集積という概念を突き詰めると、モノ・人・アイデアの移動コストを下げたいという欲求に帰着する。[28] 輸送コストが大幅に低下したおかげで、企業の立地を決めるうえでモノの輸送コストの重要度が以前より大幅に下がったことは言うまでもない。では人・アイデアの移動コストのほうはどうだろう。デトロイトをはじめとする工業都市は、自動化時代がはじまる前、まだ製造業の雇用が拡大していたころから、地盤沈下がはじまっていた。生産拠点を五大湖周辺から、非組合員を雇用できるサンベルト地帯（アメリカ南部の諸州）に移す動きが出はじめたことが一因だ（サンベルト地帯では、従業員に労組加入を義務づける労使協定が禁止されている）[29]。ただ、自由に場所を選べたことがあだとなり、ハイテク化する経済で貴重きわまりない存在となったすぐれた人・アイデアの移動コストを引き下げることがおろそかになったのではないか。実際、そうしたことが進行していたのである。

経済学者のエンリコ・モレッティは、著書『年収は「住むところ」で決まる　雇用とイノベーションの都市経済学』（邦訳プレジデント社）でカリフォルニア州の二つの町について面白い話を紹介している。話は一九六九年にさかのぼる。ヒューレット・パッカードがシリコンバレーの中心部メンローパークである若いエンジニアを採用しようとしたが、エンジニアはその職を断り、そこから車で三時間かかるバイセリアという中規模の町に移住した。当時は、高度な専門職で働く人の間で、都会から比較的小さな町に移り住む動きが広がっていた。そのほうが家族とよりよい生活を送れると考えたのだ。メンローパークもバイセリアも、その時点ではゆたかな中流階級が多く、犯罪率や学校のレベルも大差はなかった。メンローパークに住む人の所得は平均より高かったが、全米では格差の縮小が進んでいた。

ところが今日、メンローパークとバイセリアは別世界となっている。シリコンバレーは世界のイノベーション産業の中心地に成長したが、バイセリアは見る影もない。大卒労働者の比率が全米で二番目に低く、所得は伸び悩んでいる。犯罪率は高く、上昇傾向にある。[30]そして、これは例外的な事例ではないのだ。

「（これは）全米に広く見られる傾向だ。アメリカの新しい経済マップでは、住民だけでなく地域社会の格差も広がっている。『正しい』産業と確固とした人的資本の基盤がある一握りの都市は、優良企業が集まり、賃金も高い。だが、その一方で『間違った』産業を抱え、人的資本の基盤も限られる都市がある。そうした都市は、将来性のない仕事と平均賃金の低迷から抜け出せない。この格差——私は『大分岐』と呼ぶ——がはじまったのは一九八〇年代である。住民の教育水準で国内各都市の特徴が決まりはじめたころだ。……同時に、アメリカの地域社会では人種差別が減り、学歴と所得で住民が差別される傾向が強まっている[31]」。

こうした傾向はコンピュータ時代にはじまった。たしかに、会計など一部の専門サービスは、離れた場所から電子的に提供できるようになった。だが、コンピュータ技術が生み出した新しい職業は一極に集中している。ここからわかるのは、生産のスキル集約度が高まり、場所の重要性が増しているということだ。この点を裏づけるように、一九八〇年代以降は新しい職種が誕生する場所が劇的に変化している。職業分類は一〇年ごとに更新されるため、一〇年前にはなかった新しい職業を特定できる。私が経済史家のソー・バーガーと共同で調査したところ、コンピュータ革命前は、新しい職業にまだ定型職があり、高スキル労働者が集まる都市では新しい職業が登場していなかった。ところが一九八〇年代に入り、コンピュータ・プログラマー、ソフトウェア・エンジニア、データベース管理者といったさまざまなコンピュータ関連の職業が増えると、早い時期から知識労働に特化していた都市が、新しい職種の創出で比較優位を持つ傾向が確実に強まった[32]（図15参照）。その後の追加調査では、新しい職業だけでなく、新しい産業の発祥地に関するデータでも、同様のパターンが確認できた。二〇〇〇年代に入って初めて公式統計の分類に登場した新業種は、オンライン・オークション、ウェ

図15　アメリカの知識労働と新しい職種の創出（1970〜2000年）

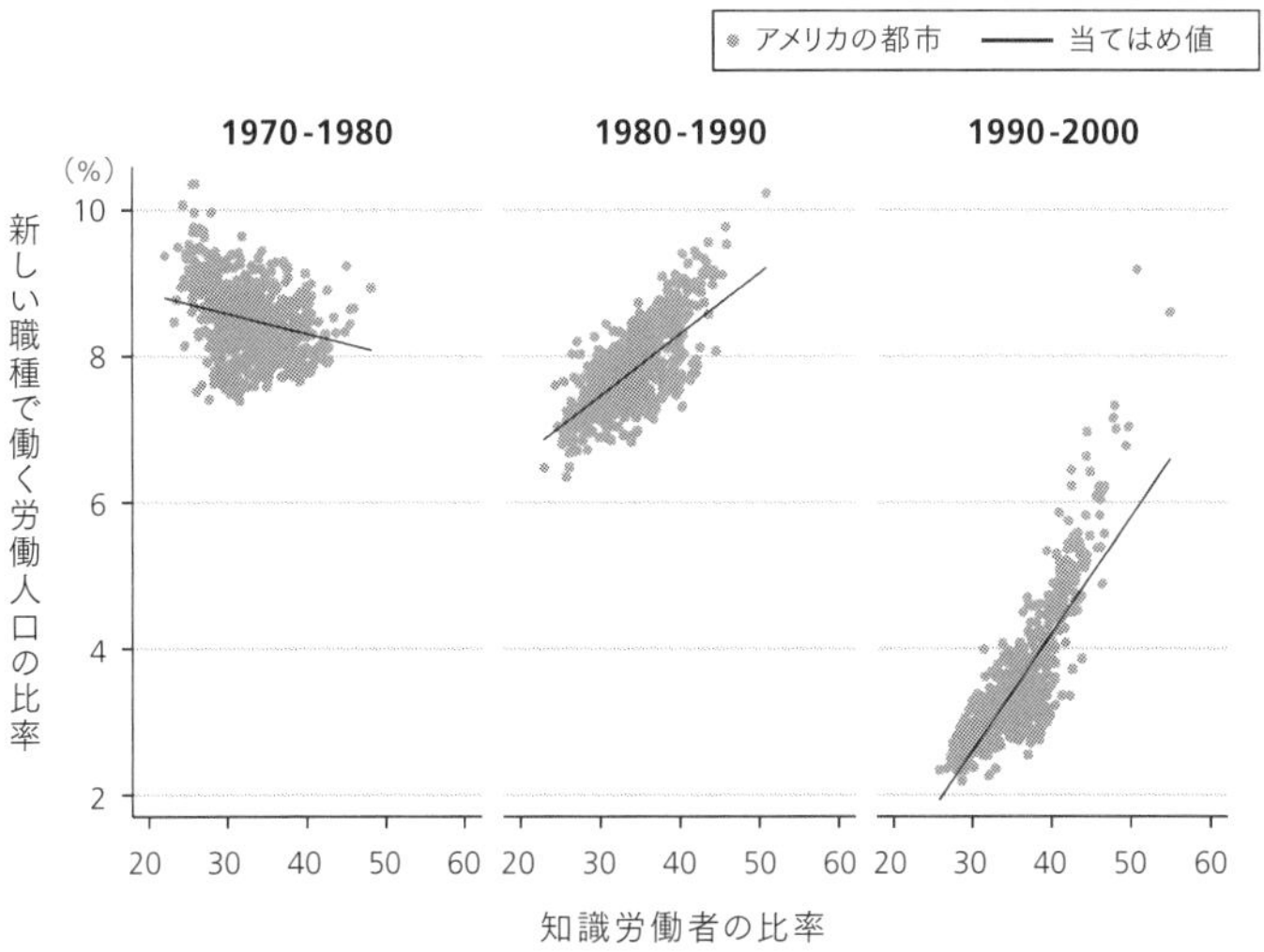

出所：*T. Berger and C. B. Frey, 2016, "Did the Computer Revolution Shift the Fortunes of U.S. Cities? Technology Shocks and the Geography of New Jobs," Regional Science and Urban Economics 57 (March): 38-45; J. Lin, 2011, "Technological Adaptation, Cities, and New Work," Review of Economics and Statistics 93 (2): 554-74.*

注：この図は、全米321の都市について、各年代の初めには存在していなかった職業で働く各都市の労働者の比率と、各年代初めの「知識労働者」（抽象業務がある職業で働く人）の比率を示している。

ブデザイン、動画・音声ストリーミングなど、おもにデジタル技術の関連産業だ。皮肉なことに、未来学者がかつて世界をフラット化すると予想していた、まさにその技術が世界の高低差を広げているのである。デジタル産業は高スキル労働者が集まる都市に極端に集中している。[33]

　デジタル技術の最先端を行く、こうしたハイテク企業の拠点の選び方は、対面コミュニケーションがいかに貴重かを示す何よりの証拠と言える。「シリコンバレーは現在、産業集積の典型例となっているが、これは最先端のテクノロジーが地理的な接近を不要にするのではなく、地理的な接近を促していることを示している」[34]。こうした見方の裏づけとなるのが過去二〇年の歩みだ。電子的な長距離通信の手段が豊富に存在するにもかかわらず、シリコンバレーのような集積地の地位は揺らいでいない。むしろ、新たに登場した職業はスキル集約度が一段と高まっており、どこに拠点を置くかが以前にも増して重要になっている。たしかに一九〇〇年代の大半の期間では、所得が平均以下だった地域が相対的にゆたかな都市や地域に追いつく現象が見られた。経済学で最も頻繁に引用されている文献の一つであるロバート・バローとサヴィエル・サラ＝イ＝マーティンの論文によると、コンピュータ革命に先立つ一世紀は、アメリカ全土で所得の収斂が持続的かつ急ピッチに進んでいた[35]。アメリカだけでなく、ヨーロッパでも、戦後の数十年間にわたって国内の大収斂が広範かつ持続的に進んだ。だが一九八〇年代に入ると、所得の収斂はストップする。知的能力による棲み分けが広がったことが背景だ。ハーバード大学の経済学者ピーター・ギャノングとダニエル・ショアグは「アメリカの地域間の所得収斂はなぜ停滞しているのか」と題した論文で、昔は貧しい地域からゆたかな地域に人々が移住することで所得の収斂が進んでいたと指摘している。労働者の流入が続くゆたかな地域では賃金の伸びが抑えられ、貧しい地域は人口の流出で賃金が上がるという構図だ。ところが、スキルのある都市に新しい仕事が集中し、土地の利用規制が厳しくなると、この流れに異変が起きた。好景気に沸く都市で生活費が上がり、低スキル労働者に移住という選択肢がなくなった。その一方で、高スキル労働者の移住は続いたのである。[36]

ではなぜ、企業は人件費や地価の安い地方に移らないのか。それはイノベーションを起こす企業が、そうした社風を持つ企業や優秀な人材のそばにいたいと考えるからだ。経済学者のジャイルズ・デュラントンとディエゴ・プガは、イノベーションを育む場としての都市を的確に概念化した。創業間もない企業はそうした育成の場で試行錯誤を繰り返す必要がある。[37]イノベーションが生まれるこの段階では、アイデアの交換から大きなメリットが得られるが、密度の高い都市で近くに関連企業があれば、アイデアの交換がしやすい。そうなると、相対的に高スキル労働者が集まる都市の需要が高まることになる。こうしたイノベーションの育成都市は、新たな雇用を生み出す孵化器（インキュベーター）の役割を果たす。試作品を開発して業務の標準化が進めば、地価が安く生産費を下げられる場所に移転したほうが経済的だ。つまり、新しい仕事はいずれ他の地域に拡散する。イノベーションの育成都市で大量の雇用が創出されても、地理的な拡散ペースのほうが速ければ、各地域の雇用は収斂する。だが、新しい仕事が拡散するのは業務が標準化された後だ。そしてコンピュータ時代が幕を開けてからは、標準化された仕事はアメリカ国内には拡散していない。自動化されたか、海外に流出したかのいずれかだ。好景気に沸くアメリカの都市はイノベーションを育成している。残りの仕事は、海外に流出するか機械が肩代わりしているのだ。

機械が仕事を補強するのではなく、仕事を奪っている地域は、衰退している地域と言える。図16を見ると、汎用ロボットの導入には地域差があるが、これはテクノロジーの進歩について一つの単純な事実を物語っている。他の経済的な傾向もたいていそうだが、自動化もすべての場所で同じように同じペースで起きるわけではない。アメリカ国内のロボットの半数以上は、わずか一〇州に集中している。その大半は東部の中心であり、男性の失業と生活への不満が最も多い地域だ。[38] 実際、ミシガン州だけでアメリカ西部全域にほぼ匹敵するロボットが導入されている。そしてロボットの導入に地域差があるように、失業もアメリカ全土で一様に増えているわけではない。失業した中年男性の比率はミシガン州フリントでは五一％だが、バージニア州アレクサンドリアはたった五％だ。経済学者のベンジャミン・オースティン、エドワード・グレイザー、ラリー・サマーズは最近、働き盛りの男性について地域別の失業状態を細かく調べた。ここであきらかになった事実の一部は、とくに予想外ではないかもしれない。まず、平均すると教育水準が高い地域では、男性の就業率が相対的に高い。[39] また、耐久財の製造業が伝統的に重要な雇用創出源となっていた地域では、男性の就業率が相

図16 アメリカの産業ロボットの地域分布(2016年)

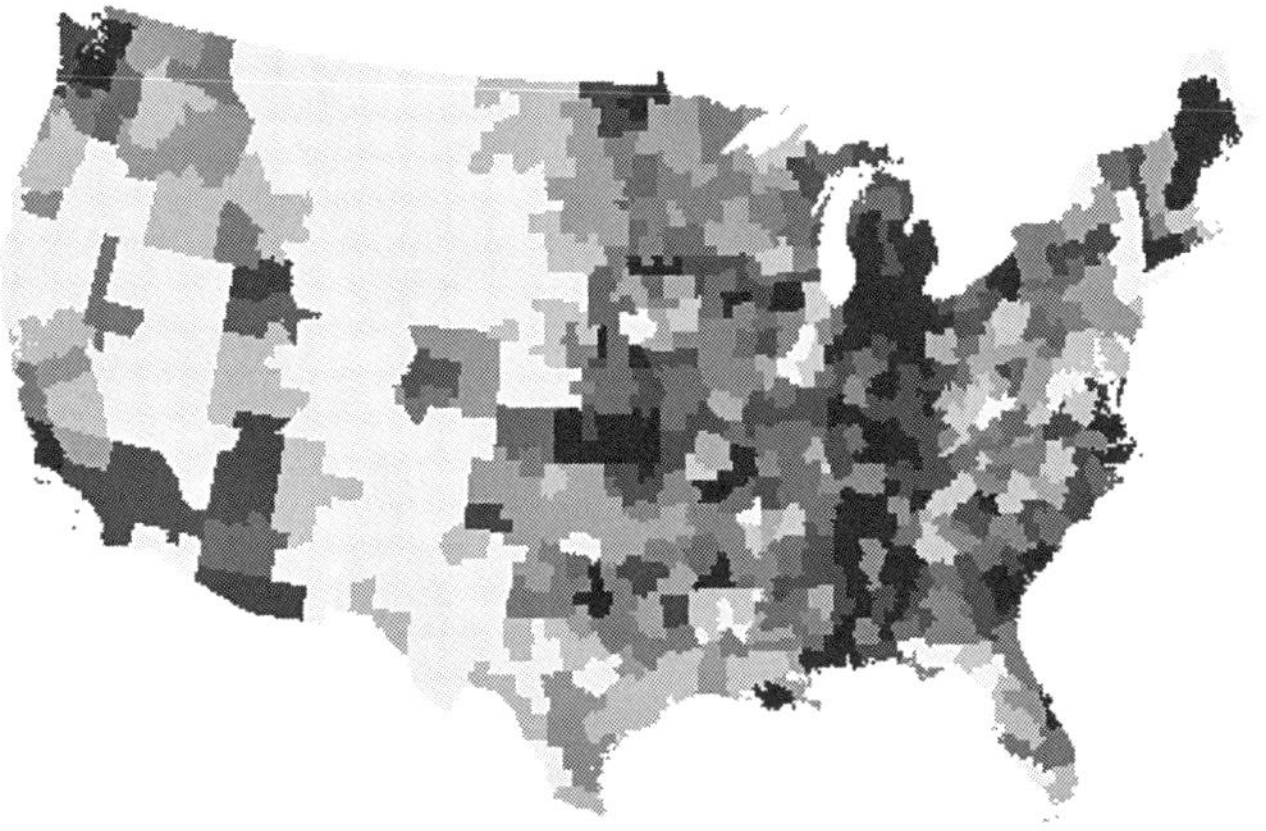

出所:International Federation of Robotics (database), 2016, World Robotics: Industrial Robots, Frankfurt am Main, https://ifr.org/worldrobotics/; S. Ruggles et al., 2018, IPUMS USA, version 8.0 (dataset). https://usa.ipums.org/usa/.

注:この図は、2016年のアメリカの労働者1000人当たりの産業ロボットの数を示している。色が濃い地域ほどロボットの導入数が多い。郡の境界線はIPUMS NHGIS (www.nhgis.org)による。

対的に低い。実際、さきほど指摘したようにコンピュータ革命の幕開け以降は、新たな仕事の圧倒的多数が高スキル労働者の集まる都市で創出されている。一方、製造業の定型職に特化していた地域は、自動化で逆の結果が出ている。つまり自動化は新しい雇用を生むのではなく、労働者に置き換わっているのである。

アメリカでは雇用の創出・消滅に大きな地域差があり、コンピュータ革命に伴い国内に高低差が生じている。新しいハイテク分野の仕事が登場した地域は、地元のサービス業が活気づいている。モレッティの推計によると、ある都市でハイテク分野の新しい雇用が一人増えれば、別の五人の雇用を支える需要が生み出される。一方、ブルーカラー職の消滅した地域では、地元経済が疲弊している。モレッティによると、製造業の雇用が一人減ると、地元のサービス業で一・六人分の雇用が失われる。[40] こうした流れは、高スキル労働者が集まる都市が繁栄する一方で、旧来型の工業都市がさびれていることを意味している。一九七〇年の時点ではボストン（マサチューセッツ州）やミネアポリス（ミネソタ州）といったスキルの高い労働者が集まる都市よりも、クリーブランド（オハイオ州）やデトロイト（ミシガン州）のほうが平均所得が多かった。だが、ここ数十年で形勢は変わり、スキルの高い労働者が集まる都市が躍進し、工業都市や製造業の町がすたれている。グレイザーの言葉を借りれば、「こうしたパターンが続けば、アメリカはこれまでにも増して不均衡になるのではないか。ゆたかで繁栄するスキルのある地域は世界を舞台に互角に戦い、スキルのない貧しい地域には絶望感が広がる[41]」。

第11章

政治の二極化

Chapter 11. THE POLITICS OF POLARIZATION

社会の組織に亀裂が入り、中流階級の収縮がはじまると、自由民主主義に何が起きるのだろうか。歴史を振り返れば、貧富の格差が極端に広がった社会では、寡頭政治やポピュリスト革命が発生しやすくなることがわかる。多くの政治学者が指摘するように、広範な中流階級は安定した民主主義になくてはならない柱だ。実際、なぜ自由民主主義がもっと早く実現しなかったのかは、極端な格差が根強く続いたことで一部説明できる。産業革命以前の社会では富裕地主層が参政権の拡大にいっこうに関心を示さず、一方の貧困層は飢えをしのぐことで精一杯だった。参政権に大いに関心を持つ中流階級が存在しなかったため、民主主義の要求が盛り上がらなかったのだ。バリントン・ムーアの古典的著作『独裁と民主政治の社会的起源』（邦訳岩波文庫）は、おそらく「ブルジョアジーなければ、民主主義なし」[1]という単刀直入な言葉で最もよく知られている。この断定は多くの批判を浴びたが、ムーアが指摘したかったのは、ブルジョアジーが必ず民主主義を生み出すということではない。民主主義の成立には富裕地主層の退場が不可欠だったと言っているのである。工業化が民主化の下地となったイングランドがその例だ。

社会学者は昔から、経済発展と民主主義の間には密接な関係があると指摘しているが、なぜそうした関係が成立するのかは現時点で明確な答えが出ていない。ただ、工業化に付随して新しい社会階層が生まれ、この層がゆたかになるにつれて参政権の拡大を求めはじめたというのが有力な説だ。フランシス・フクヤマは『政治の衰退　フランス革命から民主主義の未来へ』（邦訳講談社）で、産業革命により社会の根本的な性格が変わり、古い独裁体制への反発が起きた様子を生き生きと描いている。[2]民主主義の台頭は、平等を重視する価値観の伝播とまちがいなく大きな関係があるが、そうした価値観は何もないところから生まれたわけではない。産業革命ではじまった根本的な変化は、持続的な経済成長を生み出しただけでなく、社会の構成も劇的に変えた。とくにブルジョアジーや工場労働者階級といった新しい社会階層を生み出して、動員したのである。このように、フクヤマが描いた自由民主主義への道のりはマルクスの社会階級論を起点にしている。マルクスによれば、旧来の封建体制から最初に生まれた社会階級がブルジョアジーだった。この階級には貿易で財をなし、工場制すなわち産業革命に多額の投資をした町の商人が含まれる。工業化で動員されたのがマルクスの言う二つ目の階級、プロレタリアートだ。農村を去り、新たに出現した工場都市に移り住んだ人々である。この二つの階級は封建制の下では参政権がなかったが、ゆたかになり結束が増すにつれて参政権の拡大を求めるようになった。民主主義を求める圧力が出現したのである。[3]

フクヤマはこう記している。

「工業化の進展で農民が農村を去り、労働者階級に入ったことで、二〇世紀初めには労働者階級が最大の社会集団となっていた。商取引の拡大を背景に、中流階級に入る個人の数が増えはじめたのである。この流れは、まずイギリスとアメリカで、次いでフランスとベルギーで起き、一九世紀終盤までにはドイツ、日本など『後発発展国』にも波及した。そしてこれが、二〇世紀初めに起きる激しい社会的・政治的対立の下地となった。……ポイントは社会で民主主義をとくに強く望んでいるのは一つの特定の社会集団――中流階級であるということだ[4]」。

民主主義と中流階級　駆け足で見る小史

マルクスはプロレタリアートとブルジョアジーの対立が社会革命につながると予測していた。だが現実には、工業化に伴い労働者は中流階級に組み込まれ、中流階級が拡大していく。とは言え、ラッダイトの暴動など機械化に対する反乱は、ブルジョアジーと平均的な労働者のめざすところが初めからかみ合っていなかったことを物語っている。一つのあきらかな原因がエンゲルスの休止だ。この期間は労働者が工業化の果実を摘み取れなかった。実際、「資本主義は過剰生産型の恐慌を招き、機械化された産業が労働者から剰余利益を搾取するため、ごく一部の人がゆたかになる一方でプロレタリアートが困窮する」というマルクスの信念は、当時の状況ではかなりの説得力があったと思える。マルクスは格差の拡大が続けば、いずれ総需要が不足し、資本主義の崩壊につながると予測していた。こうした恐慌を防ぐには、プロレタリアートが革命を起こして生産手段を所有し、機械化の果実を再分配するしかないというのがマルクスの主張だった。エンゲルスの休止が長期化していれば、何らかの形でマルクスの予測が現実のものになっていた可能性は十分にある。だが幸いなことに、そうしたことは起きなかった。

第5章で見たように、状況は一九世紀半ばから変わりはじめた。マルクスが指摘するように、近代的な経済成長のパターンが現れたのである。イギリス産業革命の最終局面では、蒸気機関の導入で生産性に弾みがつき、実質賃金もそれに足並みを揃える形で上がりはじめた。技術変化の性格が変わり、人々が新しいスキルを身につけたことが背景だ。これまで見てきたとおり、労働補完型の技術変化は労働者の交渉力と共生関係にあるが、労働者に取って代わるタイプの技術変化は反対の方向に作用する。エンゲルスの休止の時期は、生産現場で初期の紡績機械がスキルのある職人に取って代わった。家内制工業が少しずつ姿を消し、工場に新しい仕事が生まれたが、初期の紡績機械は子どもが番をできるしくみになっていた。

だが蒸気機関が普及し、複雑な機械が登場すると、スキルのある職人を子どもで代用するという単純作業化の流れが断ち切られる。大型機械を導入した工場では、相対的にスキルと体力のある労働者が必要になり、技術の変化は労働置換型から労働補完型にシフトした。これにより、労働者のスキルは年を追うごとに価値が上がり、労働者の交渉力が高まった。その結果、労働者の懐に機械化の果実が入りはじめたのである。因果関係を立証するのはむずかしいが、機械化に反対する幅広い抵抗運動が終わった理由を近代的な経済成長パターンの到来と切り離して説明するのは、それにも増してむずかしい。すでに指摘したように、その後は労働者や労働者の加入する労働組合が、機械化のメリットに疑問の声を上げることはまれになった。

近代的な経済成長のパターンは、労組も大規模な政府介入もないところで生まれたが、だからと言って労働運動の重要性を否定すべきではないだろう。マルクスの社会革命が実現しなかったもう一つの理由は、欧米で工業化が進んだ時期に労働者が労組を通じて団結し、民主主義や賃上げ、安全な労働環境、そして富と所得のさらなる再分配を求めはじめたことにある。労組の政治部門は、機械化については事実上レッセフェール（自由放任主義）を受け入れたが、税金を財源とする福祉制度の創設も求めた。一九世紀半ば以降、工業化は労働者に好循環をもたらした。機械化で労働者の経済力が上がり、労組の交渉力が上がる――この二つの流れが相互に補強し合う形で進んだのである。労働補完型の技術変化で労働者のスキルの価値が上がった結果、労働者の交渉力も上がった。労組はこうした状況をうまく利用して、正式な団結権と参政権を求める労働運動を扇動した。

たしかに、法の支配と普通選挙権という自由民主主義の二つのパーツは明快な政治目標であり、ごく自然な流れとして、異なる集団にも支持される傾向があった。[5] イギリスでは、商工業ブルジョアジーが私有財産の法的保護と自由貿易政策のほうに関心を示し、一九世紀に自由党の支持基盤となった。一方の労働者階級は民主主義のほうに関心を示した。イギリスの普通選挙権導入に向けた長い道のりの起点になった一連の改革、その第一弾が一八三二年の第一次選挙法改正だ。これはまさに「イギリス史の大きな転換点」と言え、民主化の進展や重要な経済改革（一八四二年の個人所得税導入、その四年後の穀物法廃止など）を促す一つの契機となる[6]。議会改革は政党対政党の争いとなっており、のちに合流して自由党を結成するホイッグ党と急進派が賛成、トーリー党の議員はおおむね反対していた。このため、議会で第一次選挙法改正を通すには、ホイッグ党が下院で過半数を占める必要があった。議会の権限拡大と国王の権限縮小を通じて自分たちの立場を強化する――これが、のちに自由党を結成する面々の大きな目的だった（もっともホイッグ党の一部の議員は、時とともに参政権の拡大それ自体を支持するようになったが）。自由党陣営に共通していたのは、個人の自由拡大、国王・教会の権力抑制、そして何よりも自由貿易への支持である。だが、選挙に勝てたのは労働運動のおかげだ。経済学者のトーケ・アイトとラファエル・フランクは「改革に前向きなホイッグ党は、スウィング暴動がなければ、一八三一年の下院選で過半数議席を確保できなかっただろう[7]」と指摘している。スウィング暴動とは脱穀機に仕事を奪われることを恐れた農業労働者が引き起こした社会不安だが、これにより民主化のプロセスが動き出した。政治学者が指摘するように、社会の混乱を懸念した支配階級が、参政権の拡大に動いたのである[8]。これまでの選挙でホイッグ党を支持していなかった有権者・後援者が議会改革を掲げる候補に投票した。アイトとフランクによれば、そうした機械化に対する反乱があったからこそ、改革派が議会で多数派を占めることができたのである。

一八三二年の第一次選挙法改正は、とても労働者階級の勝利と呼べるものではなかった。財産のない人には、まだ参政権が与えられなかったのである。だが、民主化の流れを軌道に乗せる上で労働者が一役買ったことは事実だ。このとき以降、自由党もトーリー党も選挙で票を争うため、参政権の拡大を進めていくことを迫られた。これは有権者に占める労働者の比率が、ゆるやかに拡大していったことを意味する。こうした流れに拍車をかけたのが、労働組合の普及をめざす運動であり、これが労働党の台頭につながる。労働党は最終的には自由党を押しのけ、トーリー党に対抗する最大の野党になったのである。だがトーリー党は、労働党が台頭するはるか以前の一九世紀半ばから、すでに支持基盤を富裕地主層から新興中流階級に移していた。歴史家のガートルード・ヒンメルファーブが指摘するように、ベンジャミン・ディズレーリが一八六七年の第二次選挙法改正を決断した背景には、トーリー党は国民の政党であり、さらに幅広い層にアピールできるという信念があった。[9] この第二次選挙法改正では、男性の約四〇%に参政権が与えられた。

　参政権の拡大が続くと、欧米先進国の労働者は新たに手にした選挙権を使って福祉国家政策や社会政策に関する法律に賛成票を投じていく。ピーター・リンダートの『拡大する公衆』によると、一八八〇〜一九三〇年にかけて有権者が増えた民主国家では、課税が増え、社会移転支出（貧困層、高齢者、病人、失業者への支援など）が増えていった。[10] 二〇世紀以前、福祉予算が少なかったのは、労働者に選挙権がなかったことが一因だ、とリンダートは説得力のある論証を展開している。イギリス政府は、エンゲルスの休止が続いた産業革命の初期には、福祉予算の縮小まで行っているが、第一次選挙法改正前の時点ですでに、他国とは比べものにならないほど手厚い貧困対策を導入していた。労働者の参政権がなかったことを考えると、これはいささか不可解に思えるかもしれない。なぜ地主は国内総生産（GDP）の二％に相当する税金を払って貧困層を助けていたのか。当時、そのようなことをしていた政府は皆無で、過去にもそのような例はなかった。

リンダートは、経済史家ジョージ・ボイヤーの業績を踏まえながら、こう説明する。季節労働者に依存していた農村の地主は、安い労働力を確保するため、農業労働者が地元から流出する事態を避けたいと考えた。貧民救済は、イギリスの新興工業都市への労働者の流出を食い止める役割を果たしていたのである。だが、新たに登場した商業階級の政治的発言力が増すと、事態は変わった。第一次選挙法改正では都市部の商工業者にも参政権が与えられた。資本家は停滞した農村に労働者をとどめておく制度には、何らメリットを感じなかったのだ。つまり、救貧法の盛衰は、政治的発言力という手段を行使できる集団の自己利益に左右されていたと言える。

✿ ✿ ✿

一部の人々の間では、富裕層が経済力を駆使して民主主義を自分たちの目的に捻じ曲げるとの懸念が絶えないが、その一方で、大多数の有権者が民主的な課税権を通じて富裕層の富を収奪するという懸念も存在する。政治思想家アレクシ・ド・トクヴィルは、一八三五年に発表した『アメリカのデモクラシー』（邦訳岩波文庫）で、普通選挙権とは「貧困層にその社会の政府を引き渡す」ものであり、貧困層が富裕層の富を再配分することにつながると指摘している。ほぼすべての国では、市民の大多数が財産を所有していないというのがその理由だ。[11]政治学者のジェイコブ・ハッカーとポール・ピアソンの言葉を借りれば、「トクヴィルの観察は、楽観的な誤解のないまぜになった現代的表現を纏《まと》い、政治学者による所得再分配理論の先鞭をつけた」[12]。政治学者と経済学者の双方に絶大な人気を誇る「中位投票者定理」は、多数決の投票制度で決定的な役割を果たす浮動票投票者または中位投票者が結果的に政治を動かし、再分配政策を実現するという説を前提にしている。中位投票者はまずまちがいなく所得が全国平均より低いため、政府を通じて所得の再分配を求める。したがって、この理論では「格差が広がれば、再分配も増える」という単純な予測にたどり着く。[13]

お察しのとおり、現実にはさまざまな場所で非常に異なる政治的な流れが起きている。参政権と福祉予算は無関係ではないが、参政権の拡大は必ずしも再分配の強化にはつながらない。参政権の拡大と福祉予算の関係は複雑なのである。たとえ自由民主主義の社会でも、有権者には一つ一つの問題について個別に投票する権利はない。選挙で選ばれた代表に投票を託すしかないが、選挙で選ばれた代表は多種多様な問題で票の取引を行う。アメリカはイギリス君主の権力集中に反旗を翻す革命から生まれ、平等と庶民による自治という理念のもとに建国された。この精神のもと、アメリカはごく初期のころからヨーロッパ諸国に比べてはるかに広範な参政権を実現していた。一部の州では一八二〇年代には白人男性の普通選挙権が成立しているが、トクヴィルが懸念したような所得再分配型の課税・歳出政策が浸透することはなかった。たとえば、大恐慌前の連邦政府の貧民救済が国民所得の〇・六％を超えたことは一度もない。貧困層向けの民間支援もごくわずかだった。一八九六年には、ニューヨーク慈善組織協会を創設したジョセフィン・ショー・ローウェルでさえ、はっきりと貧民救済に否定的な見方を示している。「(貧民の)困窮は、肉体的であれ精神的であれ道徳的であれ、生まれ持った欠陥が原因だ。……救済は悪だ——どんな場合も。必要な場合でさえ悪だと思える。なぜ悪なのか。救済によってエネルギー、独立性、産業、自己努力が損なわれているというのが理由の一つだ[14]」。

ではなぜ、ワーキングプアは再分配の強化を求めなかったのか。理由の一つとして、アメリカが民主化の初期に独自の問題を抱えていたことが挙げられる。その後の数十年間で登場した政党組織は、新たに選挙権を獲得した教育水準の低い貧困層という集団から票を集める必要があった。そうした票を集める上で最も威力を発揮したのが、仕事の斡旋など、個人的な便宜を図るという手段だった。こうした「縁故主義」は事実上、政府のあらゆるレベルで幅を利かせるようになる。ワーキングプアは、短期的にはおいしい思いをしたが、長期的には損をした。というのも、一般市民が票と引き換えに個人的な便宜を図ってもらったことで、ヨーロッパに登場したような労働党や社会主義政党を通じて再分配の強化や国民皆保険などを要求しようという流れに有権者を巻き込むことが格段にむずかしくなったのである。[15]共和党も民主党も、長期的な政策を訴えるのではなく、短期的な見返りを与えることで労働者階級の個人から票を集めた。歴史家のリチャード・エストライヒャーが主張するように、アメリカでは縁故主義の台頭が一因となって、社会主義が普及しなかったのである。[16]

縁故主義の問題に終止符を打った「進歩主義時代」の改革政策をここで取り上げるわけではない。ここで指摘したいのは、一九世紀の縁故主義を見ると、安定した民主主義で中流階級がどのような役割を果たすのかという、より重要なポイントが浮かび上がることだ。教育水準の低い貧しい有権者は、自力では政治的に大きなことを成し遂げられない。再分配型の課税・支出政策を実現できるかは、中流階級の有権者が低所得層に一体感を感じるかどうかに左右される。このため、中所得層と低所得層の有権者が長期にわたって分断されれば、共通の政治目標の追求がむずかしくなる。一九世紀のように格差が蔓延していると、中流階級とワーキングプアとの一体感が薄れる。言い換えれば、技術の進歩などの負け組になった人々に補償する方向で人々が政治的に団結しやすいのは、中流階級の人数が多いときである。それはつまり、補償の必要が乏しいときだ。このため、リンダートが指摘するように、「中流階級の有権者が、公的支援の受給者と思われる人を見て『自分も（もしくは、自分の娘や家族全員も）ああなるかもしれない』と思えば、それだけ公的支援の財源となる課税に賛成票を投じることになる」[17]。参政権に大いに関心を持つ中流階級が厚みを増さなければ、新たなタイプの「中流階級の政治」への道は開けない。

大恐慌が起きる前は、一般市民の賃金がめざましい上昇を遂げていた。製造業のフルタイム労働者の年収は一九〇〇〜二八年に五〇％以上増加した。輸送・建設業の労働者も同様の賃金上昇を経験している。上層に位置するホワイトカラーと同じく、経済成長の果実を摘み取っていたのだ。周知のように、大恐慌に付随してニューディール政策が導入され、福祉国家が台頭した。だがニューディール政策と福祉国家を支えていたのは、中流階級（ホワイトカラー）と労働者階級の一体感だ。その後の数十年は、労働者が中流階級に仲間入りし、一体感は強まる一方だった。ロバート・パットナムが生き生きと描いている一九五〇年代のポートクリントンの生活からもわかるように「工場労働者の子どもも、親が専門職の子どもも、同じような家に住み、学校や地域社会、ボーイスカウト、ガールスカウト、また教会の集まりで無意識のうちに混じり合った……。みんな互いのファーストネームを知っていた」[18]。ポートクリントンはこの点で特殊な事例ではなかった。当時、工場労働者とその家族が、ホワイトカラー労働者の家族と同じ通りに住むことはあり得たのである。「中流階級の政治」の土台になっていたのは、こうした中流階級の生活だった。ロバート・ゴードンはこう説明する。

「経済格差が事実上なかったというのは、政治的にみてとりわけ重要な事実だ。戦後のアメリカは、戦前のアメリカとは状況が異なり、労働者階級は存在せず、労働者階級の政治も存在しなかった。その代わり、厚みを増していく中流階級のための中流階級の政治があった。背伸びした高い目標と高い自意識。そして、そうした至福の状態に達した人よりもさらに多くの人が中流階級と見られたいと感じていた。ドイツの政治学者ヴェルナー・ゾンバルトは一九〇六年、アメリカの社会主義は〝ローストビーフとアップルパイ〟の上に築かれていると記している。ローストビーフとアップルパイはアメリカのゆたかさの象徴だ。不動産を所有し、見た目はブルジョア、政治は中道という中流階級が戦後の時代に増えたことを踏まえれば、ゾンバルトはけっして間違っていなかった。一九四〇年代から七〇年代までは、ブルーカラーとホワイトカラーが抱いていた目標と実際の成果があきらかに重なっており、多様で安定した中流階級が平等な体験をしていたことを象徴している」[19]

このように、騒然とした二つの世界大戦と大恐慌から抜け出したアメリカ人は、いつの間にか極端な政治の二極化が終わっていたことに気づいた。労働者は機械化でスキルの価値が上がり、着実に所得が増え、手にする特権も大きくなった。増えていくパイは、労働者と資本家の間で平等に分けられたのである。戦後の高度成長期は、賃金が急増し、着実に利益が伸び、雇用が保証されて安定し、労働争議が減った時期と言える。一般市民の生活水準は向上が続き、多くの労働者やその子どもたちが中流階級の暮らしを満喫できた。フクヤマの言葉を言い換えるなら、マルクスが描いた共産主義の楽園は工業化が進んだ世界では実現しなかった。マルクスの言うプロレタリアートが、厚みを増す中流階級に仲間入りしたからだ。中流階級の興隆はアメリカに好循環をもたらし、経済と政治の収斂が足並みを揃える形で進んだ。中所得の仕事に流入する労働者が増え、政治的にも中道になる人が増えた。

政治学者のロバート・ダールが一九六一年に発表した代表作を、次の問いではじめたことは有名だ。「ほぼすべての成人に投票権があるが、知識、富、社会的立場、また当局者との接触の機会や、その他の資源が不平等に分配されている政治制度では、いったい誰が統治しているのか」[20]。ダールは同書で一九五〇年代後半のコネティカット州ニューヘイブンの権力構造を検証し、政治権力が広く分散されているという結論を出した。ニューヘイブンは、そして事実上アメリカは、中流階級の中位投票者が運営していたのである。同じく重要な点だが、経済的に互いに接近したアメリカ人は、政治的にも互いに接近するようになった。一九〇〇〜

七五年は、上下両院で穏健派の民主・共和党議員の比率が増え、両党で強硬派議員の数が減っている。「二〇世紀半ばの民主・共和党は、政治的に中道な有権者を取り込むため、チークダンスをしていたと言っても差し支えない」[21]。

✿ ✿ ✿

最近、ダールの問いを改めて検証した政治学者のラリー・バーテルズはこう指摘する。「(この問いの)重要性が……増している。そして過去半世紀でアメリカの経済・政治が激変したことを受けて、ダールの出した結論の適切性に疑問が浮上している」[22]。過去数十年で経済格差は急激に拡大したが、なぜ中位投票者定理の予測とは異なり、再分配型の課税・歳出政策は急増しないのか。政治的な発言力と再分配の間に関係があるなら、後者が増えるはずではないか。だがアメリカの失業・住宅・家族手当や現金給付は一九八〇年以降、GDP比で伸び悩んでいる[23]。

なぜか。低所得層が将来の所得増加を予想し、税率を低く抑えたいと考えていることが一因ではないかという指摘があるが、これは腑に落ちない。すでに見たとおり、アメリカ人は一世代前に比べて自分や子どもの将来について格段に悲観的になっている。このため、政治学者の間では、ごく自然な流れとして、ダールが観察したような多元的民主主義が崩れたのではないかとの見方が出はじめている。急速にゆたかになっている少数のエリートが経済力を通じて政治的な利益を手にしているのではないか、との見方だ。とくに懸念されるのは、経済格差の拡大を背景に、政治制度が一般市民のニーズに反応しにくくなっており、それが経済格差の固定化につながっている点だ。中流階級が縮小するにつれて、連邦議会の穏健派議員の数も急激に減っており、政治が二極化している。「保守とリベラルは、ほぼ完璧に共和党と民主党の同義語になった[24]」。経済の二極化と政治の二極化の関係は、激しく行き来を繰り返す「ダンス」にたとえられるが、言い得て妙である。経済格差が政治の二極化を促し、政治の二極化が経済格差を促す。そうなると、テクノロジー・貿易・報酬慣行の変化といった政治以外の変化から生じうる格差の是正がむずかしくなる[25]。

これに関連して、もう一つ懸念されるのが、富の集中が進んだことで、民主主義の正当性が揺らいでいることだ。たとえば、選挙戦に巨額の資金がかかるようになったことを受けて、当選した議員は経済力を持つ人物にますます依存するようになった。だが、アメリカの平均的な労働者の政治的発言力が低下した原因には、一握りの富裕な個人の利権だけでなくもっと幅広い利害関係が絡んでいる。さらに懸念されるのは、企業のロビー活動費が大幅に増える一方で、労組の加入者が減っており、「労働者の権利を政治のプロセスに組織的に反映させるという重要なメカニズムが揺らいでいる[26]」ことだ。わかりやすい例として、最低賃金の目減りを考えてみよう。最低賃金の引き上げについては、民主・共和両党の支持者の間で以前から幅広い支持があることが、多数の調査であきらかになっている。二〇〇六年と二〇〇八年の選挙戦で実施された共同議会選挙調査（CCES）では、最低賃金の引き上げに賛成か反対かを七万人近いアメリカ人に訊いている。民主党支持者の九五％は、所得水準にほぼかかわりなく、最低賃金の引き上げに賛成と回答した。共和党の支持者は、低所得層の約七五％が引き上げに賛成、年収一五万ドル以上では賛成が四五％にとどまった。こうした調査結果はたくさん出ており、「最低賃金の引き上げに対する広範な一貫した支持を踏まえると、実質ベースの最低賃金が一九六〇年代以降、著しく低下していることには、ただただ驚くしかない」[27]。だが、ジャーナリストのマリリン・ジーワックスが指摘するように、最低賃金の引き上げは、世論調査では支持されているものの、実際にこの問題で政治家に接触する有権者はほとんどいない。その一方で「一流のロビイストは、賃上げが企業利益の目減りと雇用創出能力の低下につながると繰り返し議会に訴えており、そうしたロビイストから情報を得ている飲食店や中小企業のオーナーは活気づき、組織化を進めている」[28]。これに加え、労組も衰退しており、労働者の立場は弱体化している。一九四九〜二〇一三年の実質最低賃金の変動（前年比）を分析したバーテルズによると、実質ベースの最低賃金は、民主党政権下のほうが共和党政権下よりも四〇〜五五セント高かったが、最低賃金の動向は、政権政党より労働組合の組織率に左右される[29]。

労働者の不安に対処する上で最低賃金の引き上げが一番効果的だと言っているわけではない。最低賃金が上がれば、自動化に向けた流れも進むため、労働者が受ける恩恵は長続きしない可能性がある[30]。だがバーテルズの分析からは、より重要なポイントが浮かび上がる。幅広い支持を得ているはずの最低賃金の引き上げが実現していない――これは労働者が政治的な影響力を失いつつあることを物語っている。周知のとおり、組合組織率がピークに達したのは一九五〇年代半ば、工場とオフィスへの機械の導入で高卒以下の労働者のスキルが上がり、それにしたがって経済力も高まった時期だ。これにより、労組の力はさらに増した。技術の進歩で労働者のスキルが無価値になり（点灯夫、沖仲仕など）、それに伴い組合が衰退するケースもあったが、そうした組合の加入者は労働人口全体からみれば微々たるものだった。

二〇世紀半ばに単一で最大の産業だったのは自動車だ。全米自動車労組（UAW）は機械化などの重要な設備投資については経営陣の決定に譲歩する一方、賃上げ、多額の年金、医療保険など組合員のためにさまざまなものを勝ち取った。一九五〇年、UAWのウォルター・ルーサー委員長は、フォーチュン誌が「デトロイト条約」と呼ぶことになる協定をゼネラル・モーターズ（GM）と締結した。フォード、クライスラーとも同様の協定を結んだ。ストを見送る代わりに、組合員の賃上げや休暇の拡大などを手中に収めたのである。この一連の協定は、第二次産業革命で誕生した他の多くの大量生産産業の団体交渉にも影響をおよぼした。だが、社会学者のアンドリュー・チャーリンはこう指摘する。

「一九五〇年代の労働者は、強力な労組をバックに経営陣を信頼し、高賃金と将来の退職年金の見返りとして生産ラインで途切れなく働くことを約束したが、今日の労使は信頼関係を構築できておらず、大きな約束はできない状況だ……。労組は弱体化しており、教育水準の低い若い成人の圧倒的多数は、組合をうまく組織できる職場には勤務していない。労使の協定がないので若い成人は好待遇を受ける権利も、忠実に働く義務もない……。まるでウォルター・ルーサー委員長をはじめとする一九五〇年代の組合指導者が絶賛した『デトロイト条約』が、広範な相互不信に入れ替わったかのようだ[31]」。

二〇世紀半ばの労働組合は、労働者の政治的な発言力を一つにまとめ、低スキル労働者の社会的なつながりを築く場となっていた。たとえば、ロバート・パットナムは組合員の数が減るにつれ、労働者の社会資本が減っていったという説得力のある主張を展開している[32]。また、組合が代表する労働者のタイプも変わった。加入率がピークに達した一九五〇〜六〇年代は、相対的に低スキルの組合員が多かったが、いまの組合員は組合に加入しない高スキル労働者に引けを取らないスキルを持っている[33]。

政党政治でも、スキルのない労働者の声を代弁する動きが減っている。一九五〇〜六〇年代は、高卒以下の中流階級が左派系の政党の支持基盤となっていた。実際、トマ・ピケティは選挙後の調査をもとに、この時期のフランス、イギリス、アメリカの左派政党が再分配の強化を支持していたこと、そして、こうした政党に投票した有権者は限られた教育しか受けていなかったことをあきらかにしている。だがその後、伝統的に労働者を支持基盤にしていた社会民主党系の政党は、相対的に教育水準の高い有権者との連携を強めている。ピケティによると、こうした流れにより、二〇〇〇～二〇一〇年代は複数のエリート政党が共存する体制が生まれ、教育水準の高いエリートがニューレフトに投票する一方、富裕層が右派政党に票を投じている[34]。

このように、スキルのない労働者は主要政党から切り離される傾向が強まっている。労働者の交渉力と政治的発言力を高め、スキルのない労働者同士の社会的なつながりを生み出す場となってきた労働組合も下り坂だ。同時に、知的能力による棲み分けの影響で、シンボリック・アナリストが労働者階級の暮らしにじかに触れる機会も減った。別々の地域社会に住んでいるため、顔を合わせることがないのだ。経済的な格差の拡大は、未熟練労働者がゆたかな人々からますます隔離されていくことを意味する。このため、地域によって支持政党が大きく割れるようになった[35]。

グローバル化、自動化、ポピュリズム

政治家はスキルのない何百万人もの市民の声に反応しなくなってきており、そうした市民の政治的な利益は取り上げられないか、まったく無視された状況だ。「この工場はあと百年経ってもここにあるだろう」——大統領に就任するバラク・オバマは二〇〇七年、ウィスコンシン州ジェーンズビルのGM工場でエネルギーに満ちあふれる演説を行ったが、GMは翌年この工場を閉鎖する。[36] 工場の閉鎖後、オバマ政権の自動車地域社会・労働者評議会の会長が一度ジェーンズビルを訪れたが、大規模な支援や救済計画の発表は見送られた。二〇一二年、ウィスコンシン州の州都マディソンの選挙集会で演壇に立ったオバマ大統領は、沸き立つ聴衆を前に「自動車産業が再びトップに立った」と宣言するが、ニュースでたまたまこの演説を見たジェーンズビルの市民は「この人はいったい何を言っているのか」と首をひねったはずだ。エイミー・ゴールドスタインの言葉を言い換えれば、ジェーンズビルでそうした発言を繰り返すのはためらわれたはずだ。[37]

スキルのない人々の就労機会が減っていることや、そうした人々の声に政治が反応しにくくなっていることを受けて、ポピュリズムや被差別弱者の側に立つと主張するアイデンティティ・ポリティクスが勢いづいている。ドナルド・トランプは二〇一六年の大統領選で、考えられる限りほぼすべての集団から激しい怒りを買ったが、おそらく一つの集団だけは別だ

った。白人の労働者階級だ。大統領選の結果については、経済的な困窮ではなく、支配階級としての白人の地位低下に対する不安が背景だと論じられている。政治学者のダイアナ・C・マッツによれば、「多くの点で、不況よりも集団の危機感のほうが、はるかに手ごわい相手となる。集団の危機感とは現実の出来事や苦しみではなく、心理的なものであるためだ[38]」。だがこの説明は、アメリカの白人が、就労機会の減少をきっかけに自分自身や自分のアイデンティティが脅かされていると感じるようになったという事実を見過ごしている。いつの時代も、労働者階級は単なる経済的な分類を超えて文化的な意味を付されていた。製造業の時代、組み立てラインの単調な重労働で働く男性工場労働者は、どうすれば自分の仕事にプライドを持てるのか自分なりに考える必要に迫られた。社会学者ミシェル・ラモンは、その答えが「規律のある自分[39]」というアイデンティティの確立だったと論じているが、この説明はうなずける。朝早く起きて、工場に行き、何時間も、来る日も来る日も同じ定型作業をこなすには自己規律が必要だ。一家の生計を支え、毎週毎週、給料袋を家に持ち帰るには自己規律が要る。ラモンは一九九〇年代にインタビューした男性のブルーカラー労働者が、自分の規律は国内の他の集団の規律とはまったくちがうと主張することにも気づいた。ブルーカラー労働者から見ると、大卒のエリートやシンボリック・アナリストは信用ならない。誠実さに欠け、出世のためなら何でもする人間だからだ。また白人のブルーカラー労働者は、黒人とも距離を置いている。彼らからみれば、黒人は規律がなく、社会福祉に頼って生活することがあまりにも多すぎる。

労働者階級につきまとう「白人」のイメージには、歴史的なルーツがある。アンドリュー・チャーリンはこう説明する。

「多くの労組は黒人を勧誘しなかった。黒人を勧誘した労組でさえ、黒人の支部は切り離されることが多かった。アメリカ労働総同盟（AFL）が一八九〇年代に最強の労組となったとき、サミュエル・ゴンパース会長は傘下の労組に黒人の加入を認めるよう訴えた。経営側が低賃金の黒人労働者を使えば、白人労働者の立場が弱まるというのが理由だ。だがAFLは口先だけで、黒人の加入を促す行動はとらず、全米機械工協会など黒人の加入を認めない団体の加盟を許した。致命的な選択である。こうした経緯で『労働者階級』という言葉には、白人というイメージがつきまとうようになり、このイメージは一九世紀から二〇世紀後半まで払拭されなかった[40]」。

いま失業が蔓延している「ラストベルト」（中西部などの斜陽化した工業地帯）の工業都市では、「規律のある自分」というアイデンティティの維持がむずかしくなり、労働者の潜在的な不満が表面化している。さまざまな研究からわかることだが、人々のやる気や主観的な幸福度を高める上で重要になるのは相対的な所得だ[41]。かつて白人のブルーカラー労働者は自分が出世の階段を上ってきたと感じていたが、いまの白人労働者は自分が取り残されていると感じている。社会学的な調査である「総合的社会調査」（GSS）によると、近年の状況をどう受け止めているのか、また将来に希望を抱いているのか不安を抱いているのかは、人種によってかなりの差がある。この調査では一九九四年以降、アメリカ人に次のような質問をしている。「あなたの両親が今のあなたの年齢だったころに比べて、自分の生活水準はどう変わったと思いますか。親世代より（1）はるかによくなった、（2）ややよくなった、（3）あまり変わらない、（4）やや悪くなった、（5）はるかに悪くなった」。高卒以下の人をみると、否定的な回答をした黒人の比率は一九九四年以降下がっているが、否定的な回答をした白人の比率は劇的に上昇している[42]。こうした受け止め方の変化を踏まえれば、なぜ白人の労働者階級がトランプに魅力を感じるのかをかなりの部分まで説明できる。

「教育水準の低い労働者の間では、人種間の緊張がいまも続いている。白人労働者は知らず知らずのうちに、黒人労働者に対する敵意という長い歴史をそうと意識せずに利用している。一九世紀終盤から二〇世紀初めの工業化の時代は、白人の労組がアフリカ系アメリカ人の加入に抵抗する傾向が広く見られた。たしかに、そうしたあからさまな人種差別は目にみえて減っている。公民権立法、姿勢の変化、教育の普及などを受けて、アフリカ系アメリカ人労働者の相対的な立場は改善した。労組指導者が『黒人人種《ニグロ》』を十把ひとからげに批判する光景は一九〇〇年にはよく見られたが、いまでは想像さえできない。だが、『白人』と『労働者階級』のつながりはいまだに健在だ。……筆者がインタビューした白人男性は、前の世代に比べて労働市場の先行きに希望をもてなくなったと感じていた。たしかにそのとおりだ。ブルーカラー労働者全般の雇用が減る中、白人労働者は自分たちの特権的な立場が弱くなったとは考えずに、黒人に不当に仕事を奪われていると感じている」[43]。

周知のように、トランプ陣営は選挙戦で国内エリート層を攻撃する傍ら、人種をめぐって挑発的な発言を繰り返した。一部の有権者がトランプの罵詈雑言に魅力を感じたのは事実であり、トランプがラモンの言う「労働者階級のアイデンティティ」に語りかけていたのはまちがいない。たしかに、トランプが選挙戦で取り上げた課題の多くは、移民などの問題を中心とするものだった。だが、もしスキルのない人々に高給の職がふんだんにあり、スキルのない人々の賃金が上昇していたとすれば、トランプの戦術はあそこまで成功を収めただろうか。低スキル労働者の賃金にかかっている下落圧力については、どのように計測しても、移民よりテクノロジーとグローバル化の影響のほうが大きい。データによると、むしろ移民は低スキル労働者の賃金水準をさして圧迫することなく雇用とイノベーションを増やし、生産性を押し上げてきた[44]。そして“Make Amerinca Great Again”(アメリカを再び偉大に)というスローガンは、あきらかに第二次産業革命で誕生した工業都市に住む人々——かつては繁栄していたが、いまは絶望感が広がる工業都市に住んでいる人々──をターゲットにしている。社会的移動性を例にとろう。自分にはアメリカンドリームを実現できるチャンスがあるのか。これは、ほぼ誰もが強い関心を寄せる問題だろう。ところが、所得を増やせるかどうかは、その人がたまたま生まれ育った場所に大きく左右される。アメリカの大都市を例に挙げれば、国民所得分布の下位二〇%の家庭に生まれた子どもが上位二〇%に到達できる確率は、ノースカロライナ州シャーロットで四・四%、カリフォルニア州サンノゼで一二・九%と幅がある[45]（一二・九%は低いと思われるかもしれないが、所得分布を五つの区分に分割した場合、一世代で別の区分に移動する確率が二〇%を超えることはない。下位二〇%の子どもが上位二〇%に這い上がれる確率が二〇%ある場合、他のどの子どもにも引けを取らないチャンスがあることになる）。社会的移動性は、人種隔離の長い歴史がある南部の都市がいまなお最も低い。だが、オハイオ州クリーブランドやミシガン州デトロイト、グランド・ラピッズなどの工業都市も、状況は似たりよったりで、労働者が出世の階段を上れるチャンスはおそろしく低い。なぜこうしたチャンスの格差が生じるのか。アメリカンドリームが悪夢に転じた場所には、いくつかの共通点がある。ひとり親世帯の子どもが多く、地域の犯罪率が高い。所得格差が大きく、中流階級が衰退している。つまり、先に取り上げたチャールズ・マレーの「フィッシュタウン」の特徴をなす社会問題を数多く抱えているのだ。

アメリカのブルーカラー労働者は不満には事欠かない。すでに指摘したように、家計へのしわ寄せを実感しており、離婚した人もいれば、健康を害した人もいる。トランプの支持者が、さまざまな有権者の寄せ集めであり、高所得層が不釣り合いに多いことは事実だが、経済学者の間では、機械や中国人に仕事を奪われた白人労働者階級の経済的な不安を背景に、トランプが選挙戦を有利に進めたとの見方が多い。この説明は直感的にうなずけるだけでなく、実証的な裏づけもある点が魅力だ。アメリカの政治は、トランプ主義が登場する以前から、グローバル化を受けて二極化が進んでいた。低スキル労働者の雇用見通しが悪化した選挙区では、極端なイデオロギーを持つ候補が得票を伸ばしている。二〇〇一年の中国の世界貿易機関（WTO）加盟以降、グローバル化の波にさらされている選挙区では、民主・共和を問わず、穏健派の現職が敗れ、イデオロギー的に極端な候補が当選する例が増えている[46]。トランプも当然、グローバル化を選挙戦の大きな柱に据え、二〇〇〇年のジョージ・W・ブッシュの得票結果と比較すると、中国からの輸入品がとくに脅威となっている地域で予想にたがわず最大の票を上積みした[47]。しかし、最も悪者扱いされることが多いのはグローバル化だが、自動化も「労働貴族」が住んでいた地域社会の崩壊を促す原因になっている。生産拠点をアメリカに戻したところで、脱工業化の過程で消滅した高卒以下の中流階級向けの膨大な数の仕事を取り戻せるわけではない。水面下でグローバル化を促す要因にもなったコンピュータ革命を受けて、低スキル労働者の就労機会全体が減っているのである。定型作業は途上国の一部でも消滅している。[48]

アメリカでは、こうした流れが数十年前から続いていたが、これまでは他の要因のせいでそうした流れが目につかなかった。たしかに多くの男性ブルーカラー労働者は実質所得の減少に見舞われたが、働く女性が増えたため、一部の世帯では所得の増加が続いていた。女性は二〇〇〇年まで男性の労働力不足を補う存在となっていたのである。だがその後、女性の労働参加率の伸びは反転した。とは言え、不安を和らげる要素はもう一つあった。中流階級はテクノロジーの変化がもたらす現実を日々実感していたが、それを埋め合わせる形で低所得層に住宅ローンの補助が出ていたのである。このため、所得が減っても消費にはおおむね悪影響が出なかった。これを可能にしたのが中国からの資金流入だ。二〇〇七年に住宅バブルが崩壊するまでは、低スキルのアメリカ人でさえ、自分の生活水準が向上しているという幻想を抱くことができた。[49] くわえて、低スキル労働者向けの工場職の消滅が進んでも、同時に住宅ブームで建設業の雇用拡大が進み、雇用の消滅があまり目につかなかったという側面もある。つまりは、過度な低金利とそれに伴う住宅バブルで覆い隠されていたブルーカラー定型職の消滅という長期的な傾向が、大不況で露呈したのである。[50]

たしかに、大不況自体が全米の雇用縮小に直結したことは事実だ。だが、工場が閉鎖された地域でも、その後は失業者が減っている。問題は、多くの仕事が戻ってきた一方で、高給の仕事は戻ってきていない点にある。二〇〇八年にGMの工場が閉鎖されたジェーンズビルの市民は、大不況後にどのような経験をしたのか。エイミー・ゴールドスタインが町の様子をみごとに描写している。

「さて、大不況が統計上終わってから七年半経ったジェーンズビルは、どうなっているのか。予想外に好調と言える面もあるし、そうとも言えない面もある。答えは計測方法によって変わってくる。ジェーンズビルがあるロック郡の直近の失業率は、今世紀初め以降で最低の四%弱と著しい改善を遂げた。働いている人の数は大不況前と同じだ。物流センターができたほか、郡内のベロイトには食品大手のフリトレーやホーメルフーズなどの工場があり、人を雇っている。もっと遠くで働いている人もいる。これはグッドニュースだ。だが、仕事のある人全員が十分な稼ぎを得て期待どおりの快適な生活を送っているわけではない。ロック郡の実質賃金は、GMの組み立て工場閉鎖後、下落している。……最近の雇用関連の大きなニュースを挙げてみると、一ドルショップのダラー・ゼネラルが町の南側に物流センターをつくることを決めた。市政府もジェーンズビルとしては過去最高の一一五〇万ドル規模の景気対策を導入する。ダラー・ゼネラルは当初三〇〇人前後、最終的にはおそらく五五〇人を雇う必要があると説明している。ここ何年かで最大の雇用創出となる見通しだ。たいていの仕事は時給が一五～一六ドルだ。ＧＭの従業員が工場閉鎖時にもらっていた二八ドルを大きく下回るが、最近のこの町の相場としてはまずまずだ。先日、ダラー・ゼネラルが採用説明会を開いたときは三〇〇〇人が足を運んだ。仕事や賃金アップを求める人がまだまだ多いことがわかる[51]」。

このような街はジェーンズビルだけではない。ラストベルト各地で中所得の仕事が消滅したまま戻ってこない現象が見られる。そして近年の自動化技術の進歩を踏まえれば、仕事が戻ってくる可能性は以前にも増して低下しているように思える。二〇一七年、ワシントン・ポスト紙はオハイオ州ウィルミントンに関する記事を掲載した。旅行作家のノーマン・クランプトンが執筆した『アメリカの小さな町一〇〇傑』で取り上げられた白人が圧倒的に多い町だ[52]。トランプは大統領選で二度、この町を訪れたが、その甲斐はあった。ウィルミントンは"Make Amerinca Great Again"が単なるスローガンから町の希望に変わった場所だ。ここでは二〇〇八年にドイツの配送大手ＤＨＬが施設を閉鎖し、人口一万二五〇〇人の町で七〇〇〇人分の雇用が消滅した。自宅の裏庭でカスタムナイフ（手作りナイフ）をつくっているマイケル・オマチアリーさんは、ＤＨＬで発送業務を担当していたが、二〇〇八年に解雇された。いまの所得は当時の半分だ。だが現状を考えれば、うまくやっているほうだ、とオマチアリーさんは感じている。「この町には（ＤＨＬの施設閉鎖で）離婚した人もいるし、家を失った人もいる。この町で家を売っても、いくらにもならない……。町の繁華街は貴重な場所だったが、それもなくなってしまった[53]」。町の大きな希望は、ウィルミントンがアマゾンの配送流通センターになるかもしれないことだ。問題は「ロボットをたくさん使うので（ＤＨＬと）同じ人数は雇わないことだろう[54]」とオマチアリーさんは語る。

オマチアリーさんは自動化で職を奪われたわけではないが、ロボットが導入されれば運の悪い低スキル労働者の仕事がますます減るという考えは正しい。低スキル労働者向けの高給の仕事がふんだんにあった戦後の好況期に解雇されていれば、いまほど厳しい状況には追い込まれなかったはずだ。自動化時代が幕を開けるまでは、労働市場に波乱が起きても、労働者は最終的には得るもののほうが大きいと考えて現実を受け入れていた。だが近年、そうした見込みは薄れている。トランプが圧勝したオハイオ州では、二〇〇〇年以降、三五万人分の工場職が消滅し、おそらく他のどの州よりも中流階級が縮小した。いまの最大の雇用主はヘルスケア産業だが、消滅した工場職に比べると、賃金が見劣りすることが多い。年間所得の中央値（インフレ調整済み）は、二〇〇〇年の五万七七四八ドルから二〇一五年には四万九三〇八ドルに減少している。オハイオ州の工場で稼働するロボットはミシガン州に次いで全米で二番目に多く、これが年間所得減少の一因となっている。

すでに指摘したとおり、アメリカの工場で利用されているロボットの数は、大不況以降五〇

％増加している。ロボット革命は基本的にはラストベルトに見られる現象であり、トランプが共和党に最大の貢献をしたのもこの地域だ。トランプの選挙戦に弾みをつけたラストベルトは、もともとは評論家や政治アナリストが「青い壁」と呼ぶ民主党の支持基盤の一角を占めていた。ラストベルトのすべての工業都市がトランプに投票したわけではないが、自動化を推進する産業が支配的な選挙区ではトランプが圧勝している。ロボットに仕事を奪われた人も、また、ただ単にロボット化で転職のチャンスが減ったという人も、トランプを支持した可能性が高い。私がソー・バーガー、チンチー・チェンと共同で実施した研究によると、もし国内工場のロボット数が二〇一二年の大統領選当時から増えていなければ、ミシガン州、ペンシルベニア州、ウィスコンシン州では選挙の流れがヒラリー・クリントンに優位に傾き、民主党が過半数を確保していたはずだ。私たちはグローバル化や移民など、さまざまな説明を考えてみた。事実に反する仮説から導き出された結果には注意が必要だが、自動化のレベルと投票パターンの間に関係があることはあきらかだ。トランプが、一九九二年以降の大統領選で一貫して民主党が制覇していた三州で勝利を収められたのも、自動化と投票パターンの関係を考えれば十分に説明がつく。[55]

したがって、技術発展がときに暴力を伴う抵抗運動を引き起こすことは、一九世紀初頭だけでなく、現在でも明確きわまりない事実だと言える。当時もいまも、抗議活動を駆り立てているのは、就労機会が減っていくという心の奥底にある不安だ。トーケ・アイト、ガブリエル・レオン、マックス・サッチェルは最近の共同研究で「イングランド北部の元鉱山労働者やアメリカ中西部の工場労働者の現状は、一八三〇年代初期に脱穀機に仕事を奪われた農民と似ていなくもない」[56]とした上で、次の点にも触れている。スウィング暴動を引き起こしたのは、脱穀機に仕事を奪われるという不安だったが、現状に不満を持つ農民が近隣で暴動があったことを知ると、暴動は他のさまざまな地域に波及した。つまり、情報の伝播が労働者の不安を増幅したのである。[57]こうした波及効果は、今日のほうが格段に大きい。スウィング暴動が起きたのは、鉄道網や電報網が整備される前で、情報は徒歩・馬・馬車で伝える必要があった。このため、おもに市場《いちば》や市《いち》での情報交換を通じて暴動が波及したのである。ところが、ソーシャルメディアの時代は、情報の拡散ペースが劇的に上がっている。よく知られているように、フェイスブックなどが利用している人工知能（ＡＩ）は、ユーザーの好みを把握しており、結果的にユーザーの政治的な信念や偏見を強める要因になっている。トランプ陣営が有権者の不満を得票につなげる上で、ソーシャルメディアが重要なツールになったことはまちがいない。それは、フェイスブック利用者の個人情報を不正利用したとされるイギリスの政治コンサルティング会社ケンブリッジ・アナリティカをめぐる不祥事でもあきらかだ。だが当時、ソーシャルメディア自体は有権者の不安の種にはなっていなかった。

新たなラッダイト

グローバル化は、政治討論の舞台中央に引きずり出された。二〇一六年のアメリカ大統領選では、バーニー・サンダースとドナルド・トランプの双方が自由貿易協定を選挙戦の大きな柱に据え、徹底的な批判を加えた。グローバル化で労働市場の一部にしわ寄せが及んでいたことが、トランプの勝因の一つになった。トランプは、現行の自由貿易協定では貿易相手国が優遇され、アメリカの労働者が犠牲になっていると訴えて協定の再交渉を公約に掲げたが、グローバル化のせいで負け組になったと感じていた有権者が、この公約に魅力を感じたのは当然と言える。トランプの貿易批判はたしかに行き過ぎだったが、多くの工場労働者とその家族が、特に中国のＷＴＯ加盟後、価格競争の帰結を強く実感していたことはまちがいない。グローバル化は、すべての船を持ち上げる上げ潮ではなかったが、それは自動化も同じだ。経済学者のダニ・ロドリックはこう指摘する。「既存の社会契約を骨抜きにした衝撃波は、けっしてグローバル化だけではない。脱工業化と地域・所得格差については、どのような基準で見ても、自動化と新しいデジタル技術のほうが大きな影響をおよぼしている[58]」。

ロドリックは、なぜグローバル化が政治の場で標的になり、自動化はならないのかについても、説得力のある主張を展開している。「貿易が政治の場でとくに突出しているのは、もう一つの格差の主因であるテクノロジーとは違って、不公平感が生じることが多いためだ[59]」。格差の原因が不公平な競争にあるなら、不満の度合いは大きくなる。技術改良で古いものが廃れても、誰も文句をいう筋合いはない。「ローソクメーカーの仕事がなくなるから、電球を禁止しようと言えば、ほぼ誰もがそんな馬鹿な話はあるかと感じるはずだ[60]」。だが、企業競争の基本ルールが異なる国——労働者の交渉権が抑圧され、児童労働が横行し、欧米の社会契約や制度上の取り決めに反している国——に生産を委託して競争する企業は、反発を招く公算が大きい。グローバル化も自動化も、しわ寄せを受けるのは同じ層の人々だが、そうした人々はグローバル化をあまり快く思わない。中国やベトナムといった国々の企業が貿易ルールに違反し、アメリカの法規制では違法になる条件で競争しているからだ。別の言い方をすれば、自動化は所得の再分配につながるからこそ問題視されない。政策介入や市場の取引も、ほぼ例外なく、何らかの形で所得の再分配を伴う。技術発展は二世紀以上にわたって労働市場に絶えず波乱を巻き起してきたが、ロドリックが指摘するように「長い目でみれば再分配の効果が平等に行き渡り、結果的には誰もが得をすると考えられる場合、私たちは足元の所得変動に目をつぶる公算が大きい。だからこそ、技術の進歩は、たとえ一部の人が短期的に立ち直れないほどの打撃を受けても、途切れることはないと考えられる[61]」。

とは言え、技術のタイプを区別する必要がある。もし人々が技術の進歩で最終的にはゆたかになれると感じれば、波乱が起きても受け入れる可能性が高い。だが、技術の発展で転職先の選択肢が少しずつ減っていき、今後数十年は所得の増加を見込めないと感じれば、テクノロジーの威力に抵抗する可能性が高まる。すでに見たとおり、工業化の初期は、誰もが得をしたわけではなく、ごく当然の流れとして、しわ寄せを受けた人は新しい技術の導入に激しく抵抗した。エンゲルスの休止は最終的には終わったし、非常に長い目でみれば、一般市民は格段にゆたかになった。だが機械に仕事を奪われた人の多くは、成長の果実をまったく摘み取れなかった。いまの私たちも、再び労働者が不要になる技術変化の時代に生きている。ロドリックはこう指摘する。「ロボット工学、バイオテクノロジー、デジタル技術といった分野で新たな発見が相次ぎ、実用化されれば、潜在的にさまざまなメリットがあることは疑問の余地がない。……多くの人は、世界経済がまたもや新技術の爆発的な拡大期を迎えるのではないかと感じている。問題はこうした新技術の大半が、労働節約型の技術だという点にある[62]」。

結局のところ、自動化の帰結であれ、グローバル化の帰結であれ、また他の要因の帰結であれ、市民が市場の審判を必ず受け入れる保証はない。そして多くの市民が最近の技術進歩を快く思わないのもまったく無理のない話だと言える。二〇一八年五月二三日、ラスベガス料理人労組の組合員二万五〇〇〇人のほぼ全員がストライキに賛成票を投じた。賃上げに加え、ロボットに職を奪われないよう雇用の保証を求めたのである。ラスベガスのホテルで料理人として働くチャド・ニーンオーバーさんは「自分の仕事がロボットに奪われないようストに賛成した。……技術が発展することはわかっているが、働く人が追いやられ、取り残されることがあってはならない」と主張する。同労組の財務担当幹部も「仕事を改善するイノベーションは支持するが、雇用を破壊するだけの自動化には反対だ。この業界は人間味を失うことなく、イノベーションを実現しなければならない」と語っている[63]。

もっと広範な調査をみてみよう。ピュー・リサーチ・センターが二〇一七年にアメリカの成人四一三五人を対象に実施した調査によると、回答者の八五％が作業の自動化を危険な仕事に限定する政策を支持した。このうち四七％は「強く」支持すると答えている。また回答者の五八％は「たとえ機械のほうが性能がよく安上がりであっても、機械に置き替える仕事の数を制限すべきだ」と主張している。失業者に対する責任は誰がとるべきかという質問では意見が分かれたが、約半数は「たとえ大幅な増税が必要になっても」政府が責任を負うべきだと答えた。民主党の支持者は政府の役割拡大に賛成することが多く、共和党の支持者は個人の責任だと考える傾向が強かった。それでも、民主党支持者の八五％、共和党支持者の八六％が自動化は危険な仕事や健康を害する仕事に限定すべきだと考えている。そしておそらく読者もお察しのとおり、仕事が減っている労働者グループは自動化の制限を支持する傾向が強い。高卒以下の回答者では一〇人中七人が、機械で代用できる雇用の数を制限すべきだと回答した。大卒者で同じ見解を示したのは一〇人中四人だった。[64]

歴史を振り返ればわかるように、政治指導層は政治不安につながりかねない技術発展を阻止することがある。[65] すでに見たように、産業革命がはじまる前に絶大な政治権力を握っていた君主は、急速にゆたかになっていく商業階級と権力を分け合うことになるのではないかと危惧していた。そして、君主は下からの脅威も警戒していた。労働者が機械に仕事を奪われれば、社会や政治の混乱につながると懸念したのである。たしかに、そうした懸念は一九世紀に入ってもかなりの期間払拭されなかったが、国民国家間の競争が激しくなると、支配階級の計算が変わった。第3章で見たとおり、ギルドの弱体化と国際競争の激化が進むと、他国に攻められるという「外からの脅威」のほうが、国内の「下からの脅威」よりも大きくなった。競争が広がると、技術発展を阻止しようという意欲が低下したが、これは「技術で立ち遅れれば外国からの侵入を受けやすくなる[66]」ことが大きな理由だった。

イギリス政府はなぜ、技術発展で中所得の労働者が犠牲になるにもかかわらず、新技術を導入するイノベーターの側につきはじめたのか。最大の理由は貿易競争力への懸念だ。また、経済が発展しなければ強力な軍事兵器を開発できないことも認識していた。つまり、機械に対する反乱という内からの脅威よりも、外からの脅威のほうが大きく感じられたのである。イギリスではラッダイト運動が各地に広がるなか、機械化に苦しむ綿産業労働者の問題を取り上げる請願委員会が相次いで開かれた。請願委員会が一八一二年にまとめた報告書からは、労働者の苦しみに理解を示しながらも、技術発展を後戻りさせることはできないと判断した政府の決意がうかがえる。すでに見たとおり、一八一二年に首相に就任したリバプール卿は、労働者を救済すれば、労働者の再配置が遅れ、イギリスの競争力低下につながると確信していた[67]。

一九世紀の政府は、技術発展の流れを止められないとは考えていなかった。むしろ、ラッダイトなどの集団が機械化を阻止しないよう、かなりの武力を投入しなければならなかった。労働者階級のほうも機械化は不可避とは考えておらず、機械の普及に反対する抗議活動を次々に起こした。もしラッダイト運動が成功を収めていれば、工場の機械化で家内制工業が廃れることはなかったはずだ。その場合、イギリスで産業革命がはじまっていなかった可能性が非常に高い。

過去数十年、競争が緩和したことはない。産業革命をもたらした一因が貿易面の競争だったように、コンピュータ革命も欧米の高い人件費と国際競争の激化が原因となった側面がある。日本と韓国の台頭、また直近では中国の台頭を背景に、アメリカ企業は「生産の海外移転か自動化か」という選択を迫られている。GEのケンタッキー州ルイビル工場の労組指導者だったドナルド・ベネットは一九八四年、ニューヨーク・タイムズ紙にこう語った。「自動化が必要だった。自動化しなければ工場全体がなくなっていた。足元で一部の雇用が失われているが、ここに工場を維持するため、ある程度の変化を受け入れざるを得なかった。地元の仕事がどこか別の場所に流出する事態は絶対に避けたかった」[68]。最近では、中国でさえ低コスト競争に備えて自動化を進めている。中国はいま産業ロボットの世界最大の市場だ。

テクノロジーの世界トップの座を争う競争は、近年むしろ激しさを増している。スーパーコンピュータはコンピュータ界の巨象だが、最速のスーパーコンピュータはもうアメリカにはないというと、一部の読者は驚かれるかもしれない。これは一大事だ。というのも、最速のスーパーコンピュータを保有する国は、他のさまざまな分野でも最前線に立てるのだ。だからこそ、ホワイトハウスの科学技術政策局は、スーパーコンピュータが「経済競争力、科学の発展、国家安全保障に不可欠だ」と指摘しているのである[69]。二〇一五年、オバマ政権はこの分野でアメリカのリードを守るため、スーパーコンピュータの研究開発に専念する「国家戦略コンピューティング・イニシアチブ」を立ち上げた。だが、こうした努力にもかかわらず、いま世界最速のスーパーコンピュータは中国にある（訳注：二〇二〇年八月現在、理化学研究所と富士通が開発した「富岳」が世界一の座にある）。アメリカはプレッシャーを感じている。アメリカのすべての歴代政権が知っているように、テクノロジーの勢力図が変われば、政治力も変わるのである。

だが、中流階級が縮小している自由民主主義では、政治不安という内からの脅威がこれまでにも増して高まっている。そしてポピュリズムが広がるなか、低スキル労働者の不安も無視できなくなってきている。たとえ政府が国際競争に伍していくつもりでも、いまグローバル化に抵抗しているポピュリストたちは、今度は自動化を制限する政策を扇動するかもしれない。自動化は必然だと言い切ることはできない。政府は自動化がもたらすチャンスと課題を政治的に利用することが可能だ。たとえば、技術革新を抑圧しなくても、一部の技術の利用を制限することはできる。雇用を守りたいという強い政治的な意思があれば、生産性を犠牲にして雇用を優先する政策を導入できるかもしれない。パリを散歩すれば、何十店舗もの本屋を目にすると思うが、これは値下げした書籍の無料配送を禁じる「反アマゾン法」がこのほどフランスで成立したことが一因だ。この法律は、独立系書店の競争を促して「書籍の多様化」を図るというフランスの政策の一環である。[70] フランスは雇用を維持するため、生産性と消費者の利益を犠牲にすることを選んだ。

この例を挙げたのは、反自動化を掲げる政策を支持しているからではない。歴史が示すとおり、労働節約型技術と生産性の向上は、長期的な生活水準の向上に不可欠な前提条件だ。産業革命前はなぜあれほど経済成長率が低かったのか。一因は、労働者のスキルを無価値にしかねない技術に抵抗が起きたからにほかならない。ポイントは、テクノロジーの途切れない発展がつねに許される保証はないということだ。自動化が政治の場で標的になることは十二分に考えられる。二〇世紀は機械への抵抗が非常にすくなかった人類史上まれにみる時代だった。政党は時とともに特定の集団の利益を代表するようになる傾向が強いが、有権者の構成が変わり、新しい経済・社会問題が浮上すれば、新しい政治課題が浮上することも事実だ。政治家は自らの判断で動く人間であり、有権者の不安を踏まえ絶えず行動方針を変えることで支持者を集め、権力の確立をめざす。そして今日、そうした有権者の不安の一つが自動化にあることはまちがいない。実際、イギリスでは労働党のジェレミー・コービン党首が、ロボットに課税して自動化のペースを落とすことを公約に掲げている。自動化が労働者の雇用を脅かしているというのがコービンの主張だ。[71] 韓国でも文在寅（ムン・ジェイン）大統領が雇用への影響に配慮し、ロボット工学と自動化への投資に適用していた優遇税制をすでに縮小している。[72]

アメリカでは、二〇二〇年の大統領選に出馬したアンドリュー・ヤンが自動化を選挙戦の柱に据える方針だった。ただ、ロボットに直接課税するのはむずかしいと感じ、自動化を進める企業に特別付加価値税を課すことを提唱していた。[73] 自動化を選挙戦の柱に据えている候補は少数派だが、ポピュリストの発想はいくらかでも弾みがつけば一気に広まることが最近の事例からわかっている。鉄鋼・アルミ製品に関税をかけるというトランプの公約には、ラストベルトの有権者にアピールしたい地元の民主党議員からも称賛の声が出ている。たとえば、民主党のシェロッド・ブラウン上院議員はこのほどロイターに「これは歓迎すべき動きだ。閉鎖されたオハイオ州各地の製鉄所はこれを長年待ち望んでいたのだ。自分の仕事が中国の不当な利益追求の次の標的になるという不安をいま抱えている製鉄労働者もそうだ」と語っている。[74]

将来、労働市場が貿易の影響から保護されるようになり、労働置換型テクノロジーの影響がさらに顕著になれば、ポピュリズムの標的が今後数年で変わるかもしれない。中国はすでに製造大国としての地位を確立しており、海外に委託できる仕事はすでに米欧から流出している。流出した仕事が大量に戻ってくることはないだろう。それは有権者もいずれ理解するはずだ。鉄鋼に関税をかければアメリカに仕事が戻ってくると考えている人たちは、ヨーロッパの製鉄所に行ってみるといい。オーストリアでは一四人の従業員で年間五〇万トンの鋼線を生産できる。同国の製鉄所を訪れた人は「ほとんど人影がなかった。せいぜいのところ三人の技術者が薄型パネルで生産を監視していた」と語っている。[75]

アメリカ人の大半は、貿易の対象にならないサービス業で働いているため、貿易の直接的な影響を受けにくくなっているという側面もある。ノーベル経済学賞を受賞したマイケル・

スペンスと、サンディ・フラッシュワヨによると、一九九〇〜二〇〇八年の全米の雇用増加分のうち、なんと九八％は貿易の対象にならないサービス業だった可能性がある。[76]だが、これから見ていくように、ＡＩと自動運転技術の台頭は、貿易の対象にならない仕事のかなりの部分がいまや自動化される可能性を示唆する。オバマ大統領の退任時の言葉を引いておこう。「次の経済の波乱は海外からくるのではない。容赦ない自動化のペースで多くの素晴らしい中流階級の仕事が時代遅れになることからくる[77]」。

第４部の結論

中流階級は、おもに産業革命と第二次産業革命を背景に発展を遂げたと言える。一九世紀半ばからコンピュータ時代の幕開けまでは、技術変化を受けて中流階級に仲間入りする労働者が着実に増えた。この点でコンピュータ革命は一世紀にわたる機械化の延長ではなく、完全な反転だったと言える。工場やオフィスへの機械の導入に伴い二〇世紀に創出された雇用は、近年自動化の影響で縮小している。こうしたアメリカ経済の再編は中流階級に有利には働いていない。一九八〇年代以降の数十年の動きは、多くの点で一九世紀初めに似ている。一九世紀初めは工場の機械化で同じような労働市場の空洞化が起き、労働者の賃金に下落圧力がかかった。労働分配率が低下し、平均的な人々が苦汁をなめたのである。最近はポピュリズムが盛り返しているが、高卒以下の中流階級が所得の反転に見舞われていることを踏まえれば、それほど理解しがたいことではない。ブルーカラー世帯（とくにこれまで出世の階段を上ってきたと感じていた世帯）はいま、自分たちが脱落したと感じている。もし下層中流階級の賃金が上がっており、高給の仕事がふんだんにあるなら、ポピュリズムが魅力的に映るとは考えにくい。

無論、コンピュータ革命が起きた時点でテクノロジーの時計の針を止めていれば、いまのアメリカはもっとゆたかになっていたと言うつもりはない。ラッダイト運動にもかかわらず産業革命が進行したことは、ありがたいことだったと考えることもできる。そして産業革命同様、自動化の時代も、とくに消費者が莫大なメリットを受けている。その一方で、やはり産業革命同様、自動化の時代は経済・社会組織が根底から再編され、労働市場の大きな集団がしわ寄せを受けている。たしかに、一九世紀初めとの類似点を強調し過ぎるのは禁物だ。いまのアメリカ人が「闇の悪魔のような工場」に転職するとは考えにくい。また、現在「貧困層」とされる人々の生活苦は、ラッダイト運動のときほど厳しくないと思われる。二〇一一年、ヘリテージ財団は「エアコン、ケーブルテレビ、Ｘｂｏｘ：今日のアメリカの貧困とは何か」と題する挑発的なリポートを公表し、アメリカの貧困層の物質的な生活水準が過去一世紀で格段に上がったことを的確に指摘した。かつては贅沢品だった革新的な商品があらゆる世帯に普及しているのである。「二〇〇五年、政府が貧困層と定義する典型的な世帯には車一台とエアコンがあった。娯楽機器としては、カラーテレビ、ケーブルテレビもしくは衛星テレビが二台、DVDプレーヤーとビデオデッキ。とくに男の子がいる家庭ではXboxやプレイステーションといったゲーム機もあった。キッチンには冷蔵庫、コンロとオーブンに電子レンジ。他にも洗濯機、乾燥機、天井扇風機、コードレス電話、コーヒーメーカーといった便利な設備を保有していた」[78]。とは言え、ラッダイト運動に加わった人も曽祖父母の時代には手に入らなかったさまざまな消費財を利用している。

「遺言書などの記録を調べる定量的な研究を行った歴史家は、耐久消費財（時計、家具、玩具、書籍、敷物、馬車、宝石、食器、コーヒー・紅茶を淹れる道具一式、絵画、その他の室内装飾品など）の増加が、一六八〇〜一七二〇年の間にピークに達したと結論づけている。こうした商品の大半は、おもに中流階級の持ち物であり、実際こうした商品を持っていることが中流階級の証しだった可能性もある。だが一八世紀には、こうした商品が労働者階級の手に届くようになった。おそらく所得分布で下位二〇％を占めるスキルのない貧困層、農業労働者、乞食は別だったかもしれないが」[79]。

今日の低所得層が、ルネサンス期の君主でも手に入らなかった多くのものを利用できるという事実は、過去数世紀の目を見張るような物質的進歩をまちがいなく物語っている。ヨーゼフ・シュンペーターは、資本主義の成果とは女王により多くの絹の靴下を供給したことではなく、「その製造に必要な労働時間を減らすことによって、女工たちにも手の届く品物にしたことである」[80]と論じている。だが、だからと言って、中流階級の収縮とその生活状態の問題や、値段の下がらない多くの必需品の問題を看過してよいということにはならない。たとえどれほどテレビや電子レンジやスマートフォンやコンピュータを所有していようと、インフレ率は一部の労働者の賃金上昇率を上回っており、医療・教育・住居費は多くのアメリカ人にとって高額なサービスになりつつある。かつてまちがいなく中流階級だった多くの世帯は、いま貧困とは言えないにしても、家計が苦しいと感じている。その一因はまさに、多くの消費財の値段が下がっていることにある。一見矛盾するようだが、アメリカ人の大半は消費者であると同時に生産者でもあることを忘れてはならない。自動化と海外への生産移転で消費財の生産コストが下がっているのだ。労働置換型へと技術が変化する時代は、製品の低価格化とは裏を返せば、かなりの労働者が労働市場で苦境に立たされるリスクがあることを意味する。これは産業革命の初期に起きたことであり、自動化時代に再び起きていることでもある。たとえ一九世紀後半の工場の機械化と同じように、自動化も長い目でみれば再分配の効果が平等に行き渡り、技術の発展がいずれはすべての船を押し上げる上げ潮になると仮定したとしても、一部の人々にとって、短期とは一生を意味する可能性がある。

第 5 部

未来

PART V. | THE FUTURE

未来はどうなるのか。……これまでのコンピュータ利用の歴史を振り返ると、コンピュータ化という基本的な流れや、経済の各分野へのコンピュータの応用という点でイノベーションのペースは落ちていない。おそらく人間を除けば、コンピュータとソフトウェアは究極の汎用技術だ。経済生活のほぼあらゆる側面に浸透し、経済生活のほぼあらゆる側面を根底から変える力を秘めた技術である。現在の改良ペースを考えると、コンピュータは人間の脳の複雑さと情報処理能力に近づいていく。おそらくコンピュータが究極の業務委託先であることがあきらかになるはずだ

――ウィリアム・ノードハウス「二世紀にわたるコンピュータ利用の生産性向上」

William Nordhaus, "Two Centuries of Productivity Growth in Computing"

たしかに一九世紀初めのラッダイトは声を上げたし、同じ志を抱いて後に続いた人々もその後数十

年にわたって声を上げ続けた。だが、自分たちの運命を少しでも変えられるという期待はまず持てなかった。当時の民主主義には依然としてかなりの制約があり、大衆の生活水準はまだまだ低かった。このため、たいていの人は必要最低限のニーズを満たすだけで精一杯だったのである。その後、状況は大きく変わった。今日では西側先進国のほぼすべての個人が、すくなくとも原理的には、政治・経済・文化という社会のすべての領域に参加する権利を持てると期待できるようになった。定期的に行われる選挙で投票するだけではなく、市民運動など「参加型民主主義」を通じて声を上げられる――仕事に就くだけでなく、経済成長の果実を分かち合える――と期待できるようになったのである。これが「期待の民主化」だ。

――マニュエル・トラジェンバーグ「次の汎用技術としての人工知能：政治経済学的な視点」

Manuel Trajtenberg, "AI as The Next GPT: A Politcal-Economy Perspective"

デンマークの物理学者ニールス・ボーアは、かつて「神は物理学者に簡単な問題を与えてくれた」と皮肉交じりに言ったと伝えられている。科学革命以降、科学の知識は着実に蓄積され、自然科学の予測手段が大きく向上した。ところが、経済学では逆のことが起きている。物理法則は時間と場所を超えて働くが、経済学をはじめとする社会科学では、境界条件が時間とともに変わる。経済予測の精度がピークに達したのは、経済成長率が低く、場合によってはゼロだった産業革命前の時代だったことはまずまちがいない。

実際、技術の発展は進化のプロセスをたどるため、長い年月が経ってもなお有効な理論を唱えるのは不可能だ。これまで見てきたとおり、自動化の対象になりうる分野は、時とともに着実に増えている。とは言え、現在のコンピュータにこなせる仕事は、当面の工学的問題によって制限されており、その問題が何かはわかっている。第9章で見たように、一九八〇年代以降は大量の定型職が消滅したが、労働統計局（BLS）はすでに一九六〇年代の時点で次の点を指摘していた。「機械化の進展で単調な定型職が大量に生まれるかもしれないが、自動化はそうした傾向の延長ではなく、反転である。自動化では、まさにそうしたタイプの仕事が減り、より高いスキルを求められる仕事が生まれるはずだ」[1]。労働統計局はコンピュータにできることに着目し、「大反転」が起きる二〇年前にこの反転を予測していたのである。テクノロジーが導入されて広く普及するには時間がかかるため、現時点ではまだ不完全な試作段階にある技術を検証することで、いまの仕事が将来どこまで自動化の影響にさらされるのか推測することができる。

次の三〇年がこれまでの三〇年と同じだと仮定している経済法則は存在しない。テクノロジーに何が起き、人々がどう対応するかで状況は大きく変わってくる。今後、潮目が変わり、労働補完型の一連の技術革新で中流階級向けの新しい仕事が大量に創出される可能性はある。だが、過去数十年の実態を踏まえると、逆の流れが予想される。政策を通じて流れを止めない限り、足元の傾向がすくなくともしばらくは続くと考える根拠は十分にある。中流階級の雇用が今後どうなるかは、コンピュータに何ができ、何ができないのかに決定的に左右される。人間と機械の分業は絶え間なく変化している。最近の人工知能（ＡＩ）の飛躍的な発展により、史上初めて機械が自分で学習できるようになった。次の自動化の波をしっかり把握するため、まずはＡＩ時代のコンピュータに何ができるのか、具体的に見ていくことにしよう。

第12章 人工知能

Chapter 12. ARTIFICIAL INTELLIGENCE

近年、人工知能（ＡＩ）の行く手を阻んでいた多くの障壁を吹き飛ばしたのが、データベースの拡大、ムーアの法則、「賢い」アルゴリズムといった猛烈な進歩の嵐だ。こうした技術発展により、自動化が定型業務の枠を超え、新しい予想外の分野に広がったことは、過去一〇年で特筆すべきことだと言える。従来型のルールに基づくコンピュータの時代では、自動化の対象は演繹的な命令に限られており、プログラマーが命令を記述する必要があった。ところがＡＩは、私たちには明快な説明がむずかしい作業（車の運転やニュースの翻訳など）を自動化する方法を自ら編み出し、すくなくとも部分的にポランニーのパラドックスを解決してくれる[1]（第9章参照）。根本的な違いを挙げれば、一連の命令をプログラミングして作業を自動化するのではなく、データのサンプルや「経験」を通じてコンピュータに「学習」させるプログラムを組むことが可能になったのである。作業のルールがわからなくても、統計と帰納的な論理展開を利用して機械自体に学習させることができるのだ。

ＡＩはハイテク産業以外ではまだ実験段階にある。だが最先端のＡＩ研究は着実に進んでおり、コンピュータが潜在的にこなせる一連のタスクは増えている。おそらく最も有名なのは、「ディープ・マインド社が開発した「アルファ碁」が二〇一六年に世界最強のプロ棋士イ・セドルを打ち負かした事例だろう。セドルの敗北で、人間は古典的なボードゲームで最後まで保っていた競争力を失ったのである。チェスの世界では、その二〇年前に人間がコンピュータに敗北している。読者もご存じのとおり、一九九六年、チェスの世界王者ガルリ・カスパロフはＩＢＭのスーパーコンピュータ「ディープブルー」と対戦し六局中三勝一敗二分で勝利したが、翌年の再対局では歴史的な敗北を喫した。

チェスに比べると、囲碁の複雑さは際立っている。碁盤は一九×一九だが、チェス盤は八×八だ。一九五〇年、数学者のクロード・シャノンは、機械にチェスをさせるプログラムについて独創的な論文を発表した。シャノンの証明によると、チェスの手数《てかず》は少なく見積っても宇宙で観測可能な原子の数よりも多いが、囲碁の手数はその二倍以上に達する。[2] 実際、宇宙に存在する一つ一つの原子が独自の宇宙であり、その中にわれわれの宇宙に存在する原子と同じ数の原子が含まれると仮定しても、合計の原子数は囲碁の合法手よりもまだすくない。こうした無限とも思える複雑な手があるゲームでは、最強の棋士でもこの複雑性を意味のあるルールに落とし込むことはできない。そのかわり、プロの棋士は「複数の碁石が何もない空間を囲む」[3]ときに表れるパターンを認識することで勝負に臨んでいる。すでに指摘したとおり、フランク・レビーとリチャード・マーネインが二〇〇四年に名著『新しい分業』を発表した時点では、人間はまだパターン認識で比較優位を保っていた。[4]当時のコンピュータは、パターン認識で人間にはとうてい太刀打ちできなかった。だが、いまは太刀打ちできるのである。

アルファ碁が人間に勝ったという事実よりもはるかに重要なのは、どうやって勝ったのかという点だ。IBMのディープブルーは、ルールに基づくコンピュータ時代の産物であり、チェスに勝てるかどうかは、プログラマーがさまざまな局面を想定して「この場合はこうする」というルールをどこまで明確に記述できるかにかかっていた。ところが、アルファ碁の分析システムは明示的なプログラムが組まれていない。プログラマーが事前に指定したルールに従うのではなく、機械自体が人間の暗黙知を模倣し、ポランニーのパラドックスを回避するのである。ディープブルーはトップダウンのプログラミングで動いているが、アルファ碁はボトムアップの機械学習アルゴリズムである。大量のデータセットを活用して試行錯誤を繰り返し、自らルールを推定する。学習の過程では、まず過去のプロ棋戦の棋譜を読み込み、自己対局を数百万回繰り返すことで着実に性能を上げていく。訓練用のデータセットは一六万人のプロ棋士が遭遇した三〇〇〇万局面で構成されている。たとえプロ棋士が一生をかけても、ここまでの経験を積むことは絶対に不可能だ。これこそエリック・ブリニョルフソンとアンドリュー・マカフィーが「チェス盤の残り半分」と呼ぶ倍々ゲーム、指数関数的な発展である。[5] 科学誌サイエンティフィック・アメリカンが驚嘆しているように、「一つの時代が終わり、新しい時代が幕を開けつつある。アルファ碁の土台にあるメソッドと、このほどの勝利は機械知能の未来にとてつもない意味合いを持つ[6]」。

ディープブルーはチェスでカスパロフを打ち負かしたかもしれないが、皮肉なことに、チェス以外のタスクならカスパロフが勝っていたはずだ。ディープブルーにできたのは一秒間に二億局面を読むことだけだった。一つの特定の目的のために設計されたコンピュータだったのである。一方のアルファ碁は、およそ無限とも思えるタスクに対応できるニューラルネットワーク（神経網の意。脳の学習プロセスを模したアルゴリズム）を土台にしている。ディープ・マインド社は、このニューラルネットワークを使って「ビデオ・ピンボール」「スペース・インベーダー」「ミズ・パックマン」などアタリ社の約五〇種類のビデオゲームで、すでに人間を超えるプレイスキルを実現している。[7] もちろん、ゲームのスコアを最大化するため、プログラマーが命令を記述しているのだが、何千回もの試行を繰り返すことでアルゴリズムが最良のゲーム戦略を学習した。アルファ碁やその汎用バージョンであるアルファゼロは、当然コンピュータとのチェス対局でも勝利を収めている。アルファゼロは四時間の学習で最強のコンピュータを打ち負かした。

アルファ碁の勝利といった近年の進歩を大きく支えているのが「ビッグデータ」と総称される、指数関数的に増えていくデータセットだ。情報をデジタル化すれば、ほぼコストゼロでデータを保存・送信できる。ありとあらゆるものがウェブブラウザー、センサー、その他ネットワークで結ばれた機器を通じてデジタル化されており、毎日何十億ギガバイトというデータが生成されている。デジタル形式の書籍、音楽、絵画、地図、文章、センサー信号などが巨大なデータ群を形成し、現代の原材料となるのである。デジタルでつながっている世界人口の比率は増える一方で、ますます多くの人が世界に蓄積された知識の多くにアクセスできるようになった。これは、こうした知識のデータベースに情報を追加できる人が次から次に増えるという好循環も意味する。何十億人もの人がオンラインで交流し、デジタルの記録を残していくが、アルゴリズムはこうしたデータを利用して自らの経験に変えていくのである。シスコによると、世界のインターネットの情報通信量は今後五年で三倍近く増え、二〇二一年までに年間三・三ゼタバイトに達する見通しだ。[8] これはいったいどの程度の情報量なのか。カリフォルニア大学バークレー校の研究によると、世界のすべての書籍に含まれる情報量は約四八〇テラバイト、人類がこれまで発した言葉を文書化した場合の情報量は五エクサイバイト。[9] テラバイトは二の四〇乗、エクサバイトは二の六〇乗、ゼタバイトは二の七〇乗バイトだ。

データはまちがいなく「新しい石油」とみなすことができる。ビッグデータが増えれば、アルゴリズムの性能が上がる。アルゴリズムに学習データを与えていけば、翻訳、音声認識、画像分類などさまざまなタスクの処理能力が向上する。たとえば、人間が翻訳した文書をデジタル化した「コーパス」(対訳データベース)に蓄積していけば、アルゴリズム翻訳がどこまで正確に今の人間の翻訳を再現しているのかを以前よりも判断しやすくなる。国連の報告書は必ず人間の手で六ヵ国語に翻訳されているが、これは機械翻訳の学習データが増えることを意味する。[10] データの供給が増えれば、コンピュータの性能が上がるのである。

グーグル翻訳は大量のアルゴリズムを駆使しているが、ムーアの法則に従ってコンピュータのハードウェアが飛躍的に進歩していなければ、これほど広く活用されるようにはならなかっただろう。コンピュータを構成する多くの要素のスペック――処理スピード、半導体の集積率、ストレージ容量など――は過去数十年で指数関数的に向上している。たとえば、人工ニューラルネットワーク（人間の脳内にあるニューロン＝神経細胞のつながりを模倣した複数の演算ユニット層）の構想は一九八〇年代からあったが、演算リソースによる制約で性能は芳しくなかった。このため、つい最近まで機械翻訳は人間による大量の翻訳から一語一語、フレーズを解析するアルゴリズムを基盤にしていた。だが、こうしたフレーズベースの機械翻訳にはいくつかの重大な欠陥がある。とくに、アルゴリズムが細部に注目するため、全体の文脈を見失うことが多かった。この問題を解決したのが、演算ユニットの層を増やした人工ニューラルネットワークを利用する「深層学習」（ディープ・ラーニング）だ。こうした進歩により、機械翻訳で複雑な文章構造を以前よりも正確に理解できるようになった。このシステムは「ニューラル機械翻訳」（NMT）と呼ばれ、かつては訓練と翻訳の推論の双方で演算コストが高かったが、ムーアの法則による進歩と利用できるデータセットの拡大で実用化が可能になった。

機械翻訳については、深層学習に特有の欠点がないわけではない。大きな問題の一つは、まれにしか出てこない単語の翻訳だ。たとえば、日本語で「一期一会」と入力すると、NMTでは「フォレスト・ガンプ」と翻訳される可能性が高い。一見奇妙に思われるかもしれないが、これは映画「フォレスト・ガンプ」の日本語のサブタイトルが「一期一会」であることが原因だ。「一期一会」は、そう頻繁に出てくる単語ではなく、他の文脈ではあまり使われない。だが、機械学習の専門家はこうした問題をすくなくとも部分的に解決するクリエイティブな手法を編み出した。単語を小さな単位に分割するのである。グーグルの研究チームは二〇一六年、「単語の構成単位」とニューラルネットワークを利用して、旧式のフレーズベースの機械翻訳との比較で誤訳の比率をトータルで六〇％減らしたと科学誌ネイチャーで報告している。[11] グーグルのNMTはまだ人間の翻訳には劣るが、その差は縮まりつつある。

AIは蒸気機関、電気、コンピュータと同じ汎用技術であり、さまざまな分野に応用できる。経済学者のイアン・コックバーン、レベッカ・ヘンダーソン、スコット・スターンによると、AIはこれまでおもにコンピュータ科学誌で紹介されていたが、現在は応用分野の雑誌で取り上げられるケースが劇的に増えている。二〇一五年時点の推定では、AI関連のすべての出版物のうち三分の二近くはコンピュータ科学以外の分野で発行されたものだ。[12] これはAIが次々にさまざまなタスクに応用されている現状とも一致する。機械翻訳で有望な成果を出している技術と同じ技術で、画像認識などの視覚的なタスクもこなせるのである。こうしたアルゴリズムは、画像の一つ一つのピクセル（画素）から出発して、幾何学模様のようなきわめて複雑な特徴を認識できるようになっている。

画像認識は近年、指数関数的な発展を遂げている。画像分類のエラー率は二〇一〇年の三〇％から二〇一七年には二％に下がった。[13] こうした技術は多くのケースでまだ実験段階だが、期待が持てる成果もすでに出はじめている。たとえば、ドイツではベルリンにあるズュートクロイツ駅を行き交う人々を特定する自動顔認識技術の実験が成功し、治安対策に活用されている。ドイツのトーマス・デメジエール内相によると、不鮮明な画像にもかかわらず、正しい人を認識できた確率は七〇%、誤認したケースは一%未満だった[14]。顔認証ができるAIと同じタイプのAIでは、病気の診断ができることもあきらかになっている。医学誌ネイチャー・メディシンに発表された新たな研究によると、AIではすでに病理画像を利用してさまざまな肺がんのタイプを区別できる。しかも精度は九七%だ[15]。また、二〇一七年にネイチャー誌に掲載された別の記事によると、ニューラルネットワークとデータセット（一二万九四五〇件の臨床画像）を利用して、有資格の皮膚科医二一人とAIの診断精度を比較したところ、AIはすでに人間のレベルに達していた。「（アルゴリズムは）実験に参加した専門家全員と同じ精度を両方のタスクで実現し、人工知能が皮膚科医に匹敵する皮膚がんの分類能力を持つことがあきらかになった。深層ニューラルネットワークを搭載したモバイル端末を使えば、皮膚科医の診察室が診療所以外に広がる可能性がある。二〇二一年までには六三億人がスマートフォンに加入すると予想されており、世界中の人が命にかかわる診断サービスを低コストで受けられるかもしれない[16]」。

機械の性能が向上しているのは翻訳や診断の分野だけではない。人の話を聞き取る能力も上がっている。音声認識技術が驚異的なスピードで発展しているのだ。二〇一六年、マイクロソフトは会話を文字に起こす能力がついに人間のレベルに達したと発表した。二〇一七年八月には、その後音声認識能力がさらに進歩し、エラー率が六％から五％に低下したとの研究論文を同社のＡＩチームが公表している。[17] 画像認識技術で医師に代わって診断業務ができる可能性があるように、音声認識技術とユーザーインターフェースの発展で、人間に代わって一部の対話業務を機械がこなせる可能性がある。読者もご存じのとおり、アップルのシリ、グーグル・アシスタント、アマゾンのアレクサは、人間が自然に行う動作で直感的に機械を操作できる「ナチュラル・ユーザーインターフェース」を採用して、音声を認識し、意味を解釈し、適切な応対をしている。クリンクという会社は、人間の言葉を機械で処理する「自然言語処理」と音声認識技術を活用して、マクドナルドやタコベルなどファストフード店のドライブスルーの窓口で使う新しいＡＩ音声アシスタントを開発中だ。[18] 二〇一八年には、グーグルがコールセンターのスタッフの仕事を代行するＡＩ技術を開発していると発表した。バーチャル・オペレーターが顧客の電話に応対するという。アルゴリズムではまだできないことを顧客が要求した場合は、自動的に人間のオペレーターに転送される。この場合、別のアルゴリズムが会話の内容を分析してデータのパターンを特定し、バーチャル・オペレーターの性能改善につなげる。[19] テクノロジーが進化すれば、労働市場に多大な影響がおよびうる。アメリカ企業は数十年前から雇用の海外移転を進めているが、それでも国内六八〇〇ヵ所のコールセンターで二二〇万人のアメリカ人が働いている。中小企業でもさらに数十万人が同じ仕事をしている。[20]

✿ ✿ ✿

とくに飛躍的な発展を遂げているもう一つの分野が自動運転だ。国防総省国防高等研究計画局（DARPA）は二〇〇四年、「グランド・チャレンジ」と銘打った初の無人車レースを開催した。DARPAは旧ソ連が初の人工衛星スプートニク一号を打ち上げたことに対抗して一九五八年にドワイト・アイゼンハワー大統領が設立した機関だ。無人車レースの目標は、カリフォルニア州モハーベ砂漠の一四二・〇マイル（二二九キロメートル）を人の手助けなしに一〇時間で走破することだった。ところが、一番遠くまで走れた車も七・一マイル（一一キロ）で走行不能になり、スタート地点にたどり着けない車も複数あった。優勝賞金一〇〇万ドルはお預けとなったが、二〇一六年には世界初の自動運転タクシーがシンガポールで客を乗せている。

近年の自動運転の発展は、ビッグデータと賢いアルゴリズムのおかげだ。いままでは自動生成した完全な道路地図を車に保存することが可能になり、ナビゲーション問題を単純化できる。またアルゴリズムによる自動運転では、降雪などの季節要因が昔から大きなハードルになっていたが、過去の降雪時のデータを保存することで、ＡＩでこの問題に対応できるようになった[21]。ＡＩの研究者によると、道路工事など、走行環境の大きな変化もアルゴリズムで認識可能だ[22]。私のオックスフォード大学の同僚であるエンジニアリング専攻のボノロ・マシベラ、ポール・ニューマン、イングマー・ポスナーは大規模な共同研究で次のような結論を出した。「したがって（自動運転車は）路上や駐車場などで車が動いているときに人に遭遇するリスクに備えることができる。人間のように状況を動的に把握できる感覚を身につけたと言える[23]」。

自動運転車はまだ初期の段階だが、さまざまな場所に配置されつつある。一部の農業用車両、フォークリフト、貨物自動車はすでに自動化されており、最近では病院が食品・処方薬・試料を運ぶために自動運転ロボットを使いはじめている[24]。二〇一七年には英豪系資源大手のリオ・ティントが、豪ピルバラ地区の採鉱場で利用する自動運転の運搬トラックを二〇一九年までに五〇％増やし、操業を完全自動化する方針を示した[25]。ただこれまでのところ、自動運転車の利用は、倉庫・病院・工場・鉱山など、構造化された環境に限られることが多い。自動運転車が遭遇しうるさまざまな物体や状況をコンピュータのプログラムである程度まで予測できる場合、自動化はそれほどむずかしくない。何かが接近してきた場合、「この場合はこうする」という明確なルールを使ってプログラムで簡単に停止や減速を指示できるからだ。とところが、大都市の公道など構造化されていない環境では、遭遇しうる状況の数があまりにも多いため、そうした手法では、ほぼ無限とも思える数のルールをつくらなければならない。

近年は、安価で高性能なデジタルセンサーとAIを組み合わせることで、構外でも完全自動運転車を利用できる見通しが立ちはじめてきた。現在、自動車メーカーは、大量のセンサーを搭載した車を人間に何百万マイルも運転させ、アルゴリズムの学習用データを集めている。アジェイ・アグラワル、ジョシュア・ガンズ、アヴィ・ゴールドファーブが指摘するように、「車外のセンサーで検知する環境データを車内の人間の運転上の決断（ハンドル、ブレーキ、アクセルの操作）と結びつけることで、AIは毎秒入ってくる周囲のデータに人間がどう反応するのか予測することを学んだ[26]」。ただ、すべてのAIモデルの限界としてあきらかなのは、訓練データにはない新たな状況が生じた場合にAIが予測にてこずるという点だ。そして市街地の交通では、自動車は絶えず新しい状況に遭遇する。そのため、状況の複雑さを減らすというアプローチが一つの方法として利用されている。テキサス州フリスコではドライブAIという会社が自動運転のミニバンで配車サービスを行っているが、走行範囲は特定のオフィス街・商店街に限っている。エンジニアは人間の運転手の真似をさせる代わりにタスクを単純化することを選んだ。すべての乗り降りは決まった場所で行う。「乗客はアプリを使ってミニバンを呼び、一番近くの停留所に行く。そこで待っていればミニバンが迎えに来る[27]」。

周知のように、自動運転はめざましい発展の道のりを歩んでいるが、これはいばらの道でもある。二〇一八年、アリゾナ州テンペの道路を自転車で横断していた女性がウーバーの自動運転車にはねられ死亡するという悲劇的な事故が発生、安全性に対する懸念はもとより、自動運転の先行きに対する根本的な懸念が浮上した。だが、これと同じたぐいの同様に悲劇的な失敗は、過去の輸送技術でも自動運転に劣らず頻繁に起きている。第4章で見たように、一八三〇年のイギリスの鉄道開業式典では、列車が急停車できず、議員が重傷を負って死亡する事故が起きた。この事故は、ほぼすべての国内メディアで報じられたが、鉄道技術の導入に待ったがかかることはなかった。また、トラクターの普及に弾みがつく直前の一九三一年には、ニューヨーク・タイムズ紙がニュージャージー州サマービルで四歳の男の子がトラクターにひかれて亡くなったと報じている。別のトラクターが爆発して複数の死者が出たとの報道もあった。[28]だが、自動運転技術の開発が進むこの瞬間にも人間が運転する車で事故が起きていることを思い起こす意味はある。アメリカ運輸省道路交通安全局（NHTSA）が委託した調査によると、自動車事故の九二・六％は人間の運転ミスが原因だ。[29]犠牲者の数もすくなくない。二〇一三年だけを見ても、世界全体で一二五万人が自動車事故で亡くなっている。死者はアメリカだけで三万二〇〇〇人に達する。[30]このため、たとえ完璧ではなくても自動運転の肩を持つことは可能だ。すくなくとも人間の運転は完璧ではない。

自動運転は、まだ対応のむずかしい状況が残されている。とくに歩行者や自転車が行き来する混雑した都市部では、事態を複雑にする要因が増える。シンガポールの自動運転タクシーには、事故のリスクを最小限に抑えるため、緊急時に運転を代わるセーフティードライバーが同乗している。こうした試みは重要だ。自動運転の土台となるＡＩシステムには、車に搭載したセンサーで収集する何百万キロにおよぶ現実世界のデータが必要となる。また、大切なのはデータ量だけではない。高速道路や中西部の田舎町で運転するのと、マンハッタンで運転するのは大違いだ。これはアルゴリズムによる自動運転でも、人間による運転でも何ら変わりはない。したがって、アルゴリズムに都市部での運転の練習をさせることが、無人運転の時代に向けた重要なステップとなる。

とは言え、進歩のペースが速いのは、複雑な要因がすくない市街地以外の場所での運転だろう。二〇一五年五月、ダイムラーベンツは初の自動運転大型トレーラーの公道試験を行った。認可を出したのはネバダ州だ。当面は複雑な状況を避けるため、高速道路でのみ走行させる。また、コロラド州では二〇一六年一〇月、自動運転のセミトレーラーがバドワイザーのビール五万缶を州内のフォートコリンズからコロラドスプリングズまで運ぶことに成功した。車両は州間高速道路を一六一キロ自動走行し、市街地に入ると人間の運転手がハンドルを握った。

こうした成果に対する反応はまちまちだ。アメリカでは現在、一九〇万人が大型トラックやセミトレーラーの運転手として働いている。自動運転トラックが「解雇の津波」をもたらすという不安が広がっているが、今後数年はその心配はないだろう。[32] こうした懸念については、技術の導入の妨げになるのは技術的な問題だけではないという点も思い起こす必要がある。これまで見てきたとおり、労働者の将来の選択肢が減る場合、人間を不要にするテクノロジーには抵抗が起きる。この問題はまた改めて立ち返ることにしよう。

✿ ✿ ✿

当然の話だが、自動運転が登場としたとは言え、輸送業や配送業で働く人全員が、いま失業の危機に見舞われているわけではない。経済学者のロバート・ゴードンなど、ＡＩに懐疑的な論者が指摘するとおり、たとえ「アマゾンの配送車が家の前まで荷物を届けてくれても、どうやって玄関まで運び入れるのか。私が留守だったら誰が荷物を運んでくれるのか」[33] という問題がある。その一方で、一見するとさらに複雑そうにみえるエンジニアリング上の問題が巧みなタスクの再設計で解決されてきたことも事実だ。ロボット工学者のハンス・モラベックが指摘するように、コンピュータは人間が楽々とこなせる多くの作業を苦手とするが、反対に人間には困難きわまりない多くの作業をこなすことができる。これはいまも変わらぬ真実だが、エンジニアはこの「モラベックのパラドックス」(第9章参照)の解決に向けて着実に前進している。ポイントは単純なタスクをさらに単純にすることにある。

実際、多くの人が誤解しているが、作業を自動化するには、いまその作業を担当している労働者の手順を機械で正確に再現する必要はない。自動化では作業の単純化がカギを握ることが多い。たとえ最先端のロボット工学を駆使しても、中世の職人の手さばきと手順を再現するのは無理だろう。生産を自動化できたのは、これまで体系化されていなかった作業を工場向けに分解し、単純化したからにほかならない。工場の組み立てラインは、職人の工房の非定型作業を反復作業に変え、その反復作業はロボットが登場すると自動化が可能になった。同様に、洗濯婦の仕事を自動化できたのは、薪を割り、戸外から水や薪や石炭をストーブまで運び、衣服を手洗いするために必要な動作を行える汎用ロボットを発明したからではない。点灯夫の仕事を自動化できたのも、街灯に登れるロボットを開発できたからではない。

現代の業務の単純化の一例がプレハブだ。[34]「建設現場では通常かなりの適応力が求められる。物が不規則に配置されていることが多く、天候によってさまざまに変化する作業環境に適応しなければならない。ところがプレハブでは、建築物の一部を工場で組み立て、建設現場に輸送するため、これまで必要とされていた適応力がおおかた不要になる。環境を一定に保ち、業務の変化を抑えることで、建設作業の多くをロボットで行えるようになった。この手法は普及が進んでおり、とくに日本で活用されている」[35]。建設現場だけではない。小売業でも、巧みなタスクの再設計が希望の持てる成果を上げている。たとえば、アマゾンが買収したキバ・システムズは、倉庫の床にバーコードを貼るという単純な手法で倉庫内の移動の問題を解決した。ロボットがバーコードを読み込み、現在位置を正確に把握できるのだ。エンジニアはタスクの巧みな再設計で「ロボットにできること」という既成概念を打ち破っている。

一九九〇年代後半、小売業界はコンピュータ化で弾みがついたが、その後すぐに壁にぶつかり、生産性が伸び悩んだ。商品は以前と変わらず、工場から倉庫に運び、小売店舗に納入した上で、最終消費者に届けなければならない。貨物輸送は「本質的に非生産的な活動だ。配送運転手は渋滞したでこぼこ道を運転し、駐車スペースを探し、ドアのチャイムを鳴らして、顧客の反応を待つ必要がある」[36]。アマゾンはこうした問題に対処するため、(渋滞した道路を迂回できる)ドローンを使った配送の実験を進めている。ロバート・ゴードンが提起した「アマゾンの配送車が家の前まで荷物を届けてくれても、どうやって玄関まで運び入れるのか」という問題に立ち返ると、今後、多くの商品が車以外の手段で届けられる可能性が急速に高まっているように思える。たとえば、ロンドンではスカイポーツという会社がすでに屋上のスペースを買い取り、ドローンの発着場とする計画を進めている。また二〇一八年三月には、アマゾンが人のしぐさに反応する宅配ドローンの特許を取得した。この技術は「飛行ロボットが、付近にいる人や玄関先で到着を待っている顧客とどうやってコミュニケーションをとるのか」という問題を解決する助けになるはずだ。「(アマゾンが取得した)特許によると、ドローンは、『よく来たね』と親指を立てて歓迎するしぐさや、絶叫して激しく腕を振るしぐさなど、人のしぐさに反応して行動を調整することができる。運んできた荷物を降ろしたり、飛行ルートを変えて墜落を防いだり、人に質問して配送を中止することができるという[37]」。

エンジニアはAIの力を借りて店舗内の省力化を進める巧みなテクノロジーも開発している。レジ係の仕事を消費者に押しつける面倒なセルフサービス方式のレジではない。一例がアマゾンの直営小売店「アマゾン・ゴー」だ。これは典型的な「労働者に取って代わる技術」と言える。現在、全米では約三五〇万人がレジ係として働いているが、アマゾン・ゴーに行けば、レジ係は一人もいない。セルフサービス方式のレジさえない。入店した顧客はスマートフォンをかざし、買いたい商品を持って外に出る。アマゾンが駆使しているのは、近年進化を遂げているコンピュータ・ビジョン(コンピュータを使った視覚情報処理)、深層学習、センサーだ。こうした技術で顧客を追跡し、顧客が選んで店外に持ち出す商品を識別する。客が店を出るときに、〝改札〟を通過したクレジットカードに代金を請求し、「アマゾン・ゴー」アプリにレシートを送る。ワシントン州シアトルに出店した初の試験店舗は、複数の客やものを追跡する際に問題が生じ、開店が遅れたが、いまではシアトルで三店舗、イリノイ州シカゴで一店舗のアマゾン・ゴーを営業している。二〇二一年までにあと三〇〇〇店を出店する計画だ。海外ではテンセント、アリババ、ＪＤドットコムといった企業も、同じ目標を掲げてＡＩへの投資を進めている。

ＪＤドットコムなどの中国企業は、無人物流センターへの大量の投資もはじめている。上海にあるＪＤドットコムの物流センターでは、イメージ・スキャナー（画像読み取り装置）に誘導された機械が、家電製品を中心とするあらゆる商品を処理している。「荷物は高速のベルトコンベアーで移動する。物流センター中に張り巡らされた機械のアームが荷物を適切なベルトコンベアーに乗せ、ビニールや段ボールで梱包し、自動走行する円盤型の機械に乗せる。この機械は巨大なチェス盤のような床を走行して荷物を運び、床に空いた穴に荷物を落とし入れ、布袋に詰める。布袋はコンピュータ制御の車輪つきの棚が回収し、トラックに搭載する。トラックは顧客が注文をクリックしてから二四時間以内に大半の商品を届ける[38]」。ＪＤドットコムは現在、アジア全体で約一六万人を雇用しているが、今後一〇年で人員を八〇〇〇人以下に削減する意向をあきらかにしている。人員削減後の仕事は、これまでとはまったく異なるスキルが要求される見込みだという[39]。

なぜ物流センターはいまも多くの人を雇っているのか。大きな理由は、注文に応じて商品を取り出す作業が依然としておおむね手作業で行われていることにある。複雑な知覚とマニピュレーション（手先を器用に動かす）というタスクでは人間がいまも比較優位を保っている。だが最近は、ここでもＡＩの活用で多くの突破口が開けている。近年のめざましい進歩を示しているのが、イーロン・マスクが設立した非営利団体オープンＡＩ（カリフォルニア州サンフランシスコ）で開発された五本指のロボット・ハンド「ダクティル」だ。「各面にアルファベットが書かれた立方体の積み木をダクティルに渡して、特定の文字を見せてくれというと（たとえば赤のO、オレンジ色のP、青色のIなど）、ダクティルはその文字をこちらに見せてくれた上で、五本指で器用に積み木をぐるぐると回転させる」[40]。これは人間にとってはたやすい作業だが、ポイントは、ダクティルがＡＩの力を借りて試行錯誤を繰り返し、おおむね自力で新たなタスクを学習できたことにある。

ただ、ロボットが有能なマニピュレータになるには、さまざまな物を識別して区別することも学習しなければならない。この分野でつい数年前まで最先端の技術を誇っていたマシンの代表格が「グリッパー」だろう。これは二本の指で物をつかむ機械で、五本指よりもはるかに制御が容易だ。このグリッパーは、ドライバーやケチャップ瓶といった一般的な物を識別して、手でつかんで分類することができる。だが、いままで見たことがない物にでくわすと、もうお手上げだ[41]。商品数が限られている物流センターなら問題ないかもしれないが、何千点もの商品を取り扱い、しかも次から次に新しい商品が入ってくる物流センターの場合、ロボットにはどんな商品でも取り出せる能力が必要になる。そうしたロボットをＡＩを使って開発しているのが、カリフォルニア大学バークレー校のロボット工学研究所オートラボだ。「バークレー校の研究者は一万点以上の物の物理特性をモデル化し、それぞれの物を取り出す最適な方法を識別した。その後、ニューラルネットワークと呼ばれるアルゴリズムを使って、ロボットにこのデータをすべて分析させ、各商品をどのように取り出すのが最適かを学習させた。以前は、研究者がロボットの実行するすべてのタスクをプログラミングする必要があったが、いまのロボットはこうしたタスクを自己学習できる。たとえば、プラスチック製のヨーダの玩具があれば、ロボットはグリッパー（物をはさむ道具）を使ったほうがいいと判断する。一方、ケチャップ瓶があった場合は吸着カップを選ぶ。このロボットは、大型の箱いっぱいに無作為に詰められた商品について、こうした作業をこなすことができる。完璧ではないが、ロボットが自分で学習するので、昔の機械よりは改良ペースが格段に速い[42]」。

つまり、知覚と手作業というタスクでは、ロボットはまだまだ人間のレベルに達していないが、構内の物流センターという環境では、物をつかむというタスクの処理が実用化レベルまで高度になりつつある。商品や荷物をパレットから取り出し、段ボール箱などに入れるといった作業だ。製造工場にロボットが導入されたように、製造以外の分野にもロボットが少しずつ進出している。今日の物流センターの自動化は、おそらく一九八〇年代の工場自動化の時代と同じレベルにあるのではないか。

たしかに、いま取り上げたＡＩ技術の多くはまだ不完全な試作品だ。だが忘れてはならないが、すべての技術は初めは不完全だった。たとえば、最初の電話機は多くの人の目に馬鹿げたものに映った。受話器から聞こえてくる見えない相手の声に応対するというのは、過去のどんな伝達手段にもなかった異質な体験で、違和感があったのだ。サイエンティフィック・アメリカン誌は電話が登場したころの記事で、くだらない発明であり、人々の役に立たないと酷評している。「聞き手がいるから話し手の威厳がある。鉄の塊に話しかけるのは馬鹿げているように思える」[43]。いま振り返れば、こうした批判はピント外れに思えるかもしれないが、初期の電話は一本の電線でつながっており、音声が非常に不明瞭だった。「一八七八年、当時発明された電話は科学者のおもちゃの域を出ていなかった。電話を使うには、元気な変人のように声を張り上げて雑なつくりの送話口に話しかけなければならない。相手の声は、キーンというものすごい金属音とブーンという雑音の向こうから、かすかに聞こえるか聞こえないかといった程度だった」[44]。ところが、ほんの一〇年で技術は格段に期待の持てる水準に進化する。一八九〇年、タイム誌の記者はアメリカ電話電信会社（ＡＴ＆Ｔ）から招待を受け、長距離電話の通話状態を取材した。試験通話で通信技術を披露したのは同社のＡ・Ｓ・ヒバード総監督だ。「三〇〇マイル（四八三キロ）先のボストンに電話がかけられ、楽しい会話が続いた。相手は若い女性で、すぐに秘伝仏教の最新動向についてハイテンションで話をはじめた。女性の声はふつうの会話と比べてそれほど声を張り上げている感じはなく、相手の気持ちが完璧に伝わってきた[45]」。

新しい波

自動化の対象になる仕事は次から次に増えている。だが、具体例をみているだけでは、将来どこまで自動化が進むか、またどんなタイプの仕事が影響を受けるのかを予測することはできない。このため、私とオックスフォード大学の同僚マイケル・オズボーンは二〇一三年に「雇用の未来：仕事はどこまでコンピュータ化の影響を受けるのか」という論文で、自動化のネックになっているエンジニアリング上の短期的な課題を洗い出すという試みに着手した。いまの仕事が近年のＡＩの発展でどこまで影響を受けているかを推測するためだ。すでに指摘したとおり、つい最近まで、コンピュータが比較優位を持っていたのはルールに基づく定型業務のみで、その他の作業は人間のほうがうまくこなせた。

定型職は一九八〇年代に大量消滅がはじまったが、一部の経済学者はそのだいぶ前に、コンピュータに何ができるかを見極めるという単純な手法で、人間が不要になる領域を正確に言い当てていた。労働統計局（ＢＬＳ）が一九六〇年に行ったあるケース・スタディでは「変化で悪影響を受けた従業員の八〇％強は、次のような定型職に従事していた。記録の転記・チェック・管理、文書整理、計算、表の作成、キーパンチ（データを手作業で紙製パンチカードに記録する作業）や関連する機械操作。残りは管理・監督・会計業務である[46]。ただ、もし仕事の未来を予測するという分野にノーベル賞があれば、一九六〇年に「企業：機械で経営されるようになるのか」という論文を初めて発表したハーバート・サイモンが受賞していたはずだ[47]（サイモンは経済組織の意思決定プロセスに関する研究で実際にノーベル経済学賞を受賞している）。サイモンは明確な体系化はしていないものの、テクノロジーの動向に注目し、驚くほど正確に先を読んでいた。コンピュータが工場やオフィスの多くの定型業務を肩代わりするようになると考えたのも正しかったし、商品・プロセス・全体管理の設計に関わる多くの仕事は消滅しないという予測も正しかった。また、対面サービスで働く人口の比率が増えるとも予想していた。要するに、中流階級の雇用の空洞化が起きる数十年前に、おおむね正しく空洞化の発生を予想していたのだ。

いま問うべき問題はこうだ。ＡＩ時代のコンピュータには何ができ、何ができないのか。自動化の妨げになっているエンジニアリング上の問題を洗い出すのは、もちろん経済学の範囲を超えている。そのため、マイケルがこの問題についてしばらく前から研究を進めていたことは、私にとって幸運だった。経済学者が技術変化を研究しようとする場合、どうしても後手に回りがちだ（サイモンは経済学だけでなく、コンピュータ・サイエンスでも高く評価された学者だった）。私には研究所で進められているプロジェクトの最新情勢をすべて把握することなど、とてもできなかっただろう。だが、マイケルはアルゴリズムの開発に携わり、いまのコンピュータにできるタスクの範囲を広げた実績がある。

私たちはサイモンを見習って、人間がどの領域でまだ比較優位を保っているのかを見極めようと考えた。「ＡＩが人間を凌駕するスーパー・インテリジェンスは実現するのか」「将来どのような大発明が起きるのか」といった答えの出ない問題に取り組むのではなく、地平線上に見えるテクノロジーに注目することにしたのだ。産業革命がはじまった頃、経済学者のトマス・マルサスはこう記している。「まったく予想もされず、期待もされなかったことが、世の中ですでにたくさん発見された。……しかし、そういう発見を、過去の事実からの類推や示唆にたよることなく、予言できたら、その人はまさしく予見者とか予言者と呼ばれてもよいが、けっして学者ではない」[48]。ここで論じたテクノロジーの多くは、まだ試作段階だが、市場への投入が予測できないわけではない。まだ不完全な技術だが、すべての技術革命は不完全な技術からはじまった。初期の蒸気機関は鉱山の排水にしか利用されなかったが、その作業でさえとくにうまくこなせたわけではない。だが、発明家のトマス・セイヴァリ、トマス・ニューコメン、ジェームズ・ワットは全員、蒸気機関が汎用技術であることを見抜き、さまざまな応用方法を編み出した。すでに指摘したとおり、ＡＩも汎用技術であり、知的作業と手作業の双方ですでに実用化が進みつつある。

ＡＩの潜在的な応用範囲はあまりにも広いため、私たちはまず、コンピュータがまだうまくこなせない仕事と、近年の技術発展が限られている分野に注目することにした。たとえば、機械のソーシャル・インテリジェンスの最先端技術を垣間見るため、チューリング・テストを取り上げよう。これはＡＩのアルゴリズムがどこまで人間らしい会話をできるかを調べるテストである。毎年実施され、最も人間の反応に近いと判定されたチャットボット（音声またはテキストによる自動応答システム）にローブナー賞が授与される。審査方法は簡単で、審査員がアルゴリズム、人間の双方と同時にコンピュータを使ってテキスト形式で会話する。審査員は会話の内容をもとにどちらが人間でどちらがアルゴリズムかを判定する。私たちは二〇一三年の論文で「高度なアルゴリズムでも、現時点では審査員に人間らしさを感じさせることはできない」と指摘した。[49] ところが、その一年後のテストでは審査員の三三％が「ユージーン・グーツマン」というプログラムを人間だと判断した。これを受けて、一部で私たちが加速度的な進化を過小評価しているとの声が出た。だが、そうした主張はユージーン・グーツマンの性能を過大評価している。ユージーン・グーツマンは英語を第二言語とする一三歳の少年という設定だ。このアルゴリズムは、ある時点で人間のソーシャル・インテリジェンスを簡単なテキストで巧みに再現できるようになるかもしれない。だが、多くの仕事は対人関係と個人間の複雑なコミュニケーションを中心に成り立っていることに注意しなければならない。プログラマーは上司や顧客と相談し、相手が何を望んでいるのかを明確にした上で、問題を洗い出し改善方法を提案する。看護師は患者・家族・地域社会と協力して、どうすれば心身の健康を増進できるかを考え、実行に移す。資金集めの担当者は寄付してくれそうな人を探し出し、そうした人と関係を築いていく。心理療法士は人間関係に悩む顧客の相談に乗る。天文学者は共同研究を主催し、研究結果を会議で報告する。こうしたタスクはどれも、コンピュータの能力をはるかに超えている。

また、多くの仕事では今までにない新しい優れたアイデアを出すといった独創性が必要だ。調査データによると、ごく一部の例を挙げても、物理学者、アート・ディレクター、コメディアン、最高経営責任者（CEO）、ビデオゲーム開発者、ロボット工学のエンジニアといった仕事には、すべてそうした要素が関わってくる。[50] 自動化について言えば、今後の課題は目新しいものを生み出すことではなく、意味のある目新しいものを生み出すことにある。コンピュータでオリジナルの楽曲を作曲する、小説を執筆する、新しい理論や新しい商品を開発する、絶妙なジョークを飛ばす――こうしたタスクを実現する上で理論上必要になるのは、人間に匹敵するゆたかな経験というデータベースと、アルゴリズムの繊細さを比較評価する確固たるメソッドだけである。アルゴリズムに交響曲のデータベースを読み込ませ、良し悪しをラベルづけして、独自の組み合わせを生み出すことは十分可能だ。特定の作曲家を彷彿とさせるさまざまなスタイルの音楽を作曲するアルゴリズムも、すでに登場している。だが人間は、関連する過去の作品からアイデアを生み出すだけではない。人生のさまざまな局面で積んできた経験を活かしているのである。

すでに見たとおり、構造化されていない環境でアルゴリズムが雑多な物への対応を迫られる場合は、依然として多くの課題が残されている。視界に物が散乱した状況で物や物の特性を識別するといった一部の知覚タスクは、打開が困難であることが判明している。知覚の底深さ、幅広さという点でロボットはまだ人間に追いついておらず、手作業をこなすのは一段とむずかしくなる。人間なら汚くて洗う必要のある鉢と植木が植わっている鉢を簡単に区別できるが、ロボットはまだそうしたタスクで人間を真似ることがむずかしい。このため、ビルなどの清掃員といった多くの仕事は自動化がきわめて困難だ。たしかに、床を掃除するといった個々のタスクをこなす単機能ロボットは存在するが、ゴミを探して捨てることができる多機能ロボットは存在しない。工場や物流センターといった制御された環境では、タスクの巧みな再設計を通じてエンジニアリング上の一部の課題を迂回することは可能だ。だが家となると、話は別である。ゴミを識別するといったむずかしい知覚タスクに加えて、「人間の手足のように柔らかく、柔軟に動いて、触覚も活用できるマニピュレータの開発でさらなる問題[51]にぶつかる。アルファベットを書いた積み木をぐるぐる回す、既知の物をグリッパーでつかむ、さらにはAIを使って各商品をどのように取り出すのが最適かを学習させるといった非常に単純なタスクでは、近年進歩が見られるものの、さまざまなものを手先で操作する能力は、高度なロボット工学を駆使してもまだまだ限界がある。大半の産業用マニピュレータは、こうした課題を回避して設計されているのである。

私たちはこうしたエンジニアリング上のハードルを念頭において、二万件にのぼる職務記述書[52]をもとに、自動化の対象になりうる職業を調べることにした。こうした詳細な情報には難点が一つある。多くのデータ処理が必要になるのだ。このため、個々のタスクを一つ一つ検証するのではなく、AIの専門家集団がそれぞれの職業に必要なタスクを踏まえて「これは自動化できる」「これは自動化できない」と判断した七〇の職種をサンプルとして抽出した。これが機械学習の専門家が言う「訓練用のデータセット」になる。各職業の業務内容は千差万別だが、その一方で共通する一連の特性もある。私たちのアルゴリズムは、そうした特性を踏まえて自動化できる職業の特徴を学習し、別の六三二の職業について、どこまで自動化される可能性があるかを予測した。したがって、最終的な職業のサンプルは七〇二となった。アメリカ人の九七％はこの職業のいずれかで働いている。

分析にＡＩを使ったのは、時間と労力を節約できるからだけではない。今回の分析では、アルゴリズムのパターン認識能力が人間とは比較にならないほど優れていることを思い知らされた。私たちはウエーターやウエイトレスの仕事は絶対に自動化の対象にならないと考えていたが、アルゴリズムの判断は違った。私たちにはとても真似できない総合的な視点でウエーターと他の仕事の類似点を分析し、ウエーターが自動化の対象になると予測したのである。果せるかな、最初の分析から数ヵ月後、私たちはマクドナルドが自動注文機の導入を計画していることを知った。レストランチェーンの「チリズグリル＆バー」で注文用タブレット端末の導入のめどが立ったことを知った。ファミリーレストランの「アップルビー」が一八〇〇店舗でタブレット端末を導入することもわかった。そして二〇一六年には、ほぼ完全に自動化された新しいファストフード店「イーツァ」が開店した。顧客はｉＰａｄの端末で商品を注文し、巨大な自動販売機の前で数分待つ。そうすると、できたてのキヌアサラダが出てくる。自動販売機の裏では調理スタッフが料理をつくっているが、ウエーターは一人も雇われていない。

もちろん、だからと言ってすべてのウエーターが不要になるわけではない。サービスの一環として人間のウエーターに対応してもらったほうがいいという場面はすくなくない。今回わかったのは、ウエーターの仕事は理論的には自動化できるということだ。実際に自動化が

図17　自動化されるリスクが高いポストの割合（主な職種別）

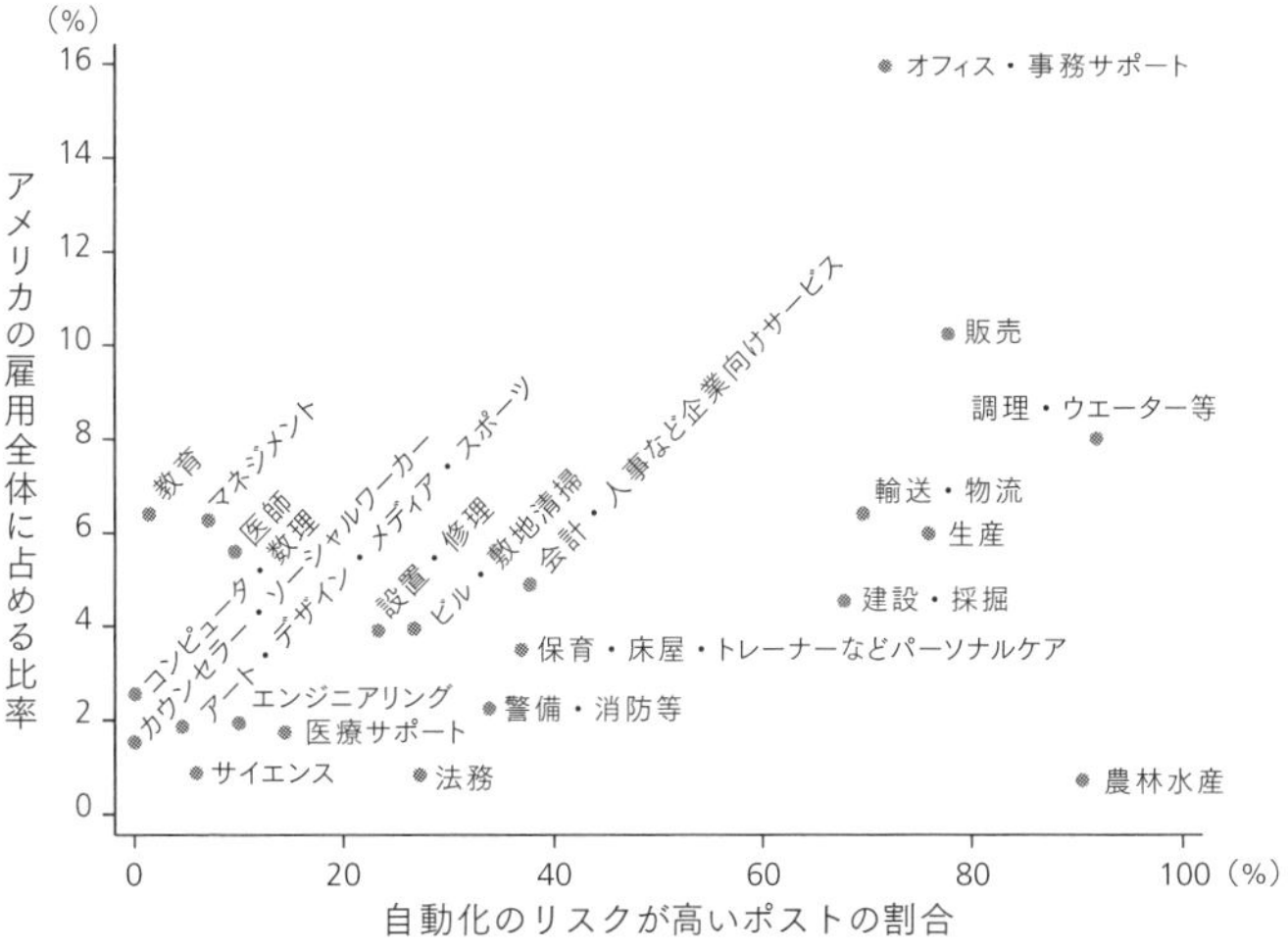

出所：*C. B. Frey and M. A. Osborne, 2017, "The Future of Employment: How Susceptible Are Jobs to Computerisation?,"* Technological Forecasting and Social Change *114 (January): 254-80.*

進むかどうかを決める要因については、このあとで取り上げよう。

図17は主な職種について、自動化されるリスクと職業人口の比率をグラフにしたものだ。自動化のリスクが高く、働いている人も多い職種には、オフィス・事務サポート、生産、輸送、物流、調理、小売りが挙げられる。総合すると、私たちのアルゴリズムの予測では、アメリカ人の仕事の四七%は自動化の対象になりうる。つまりコンピュータ制御機器の最新の状況やアルゴリズムに読み込ませるデータ量を踏まえると、技術的に自動化可能な仕事がすべての仕事の四七%を占める。こうした仕事の大半に共通しているのは、高い教育

図18　自動化のリスクがある仕事（所得・学歴別）

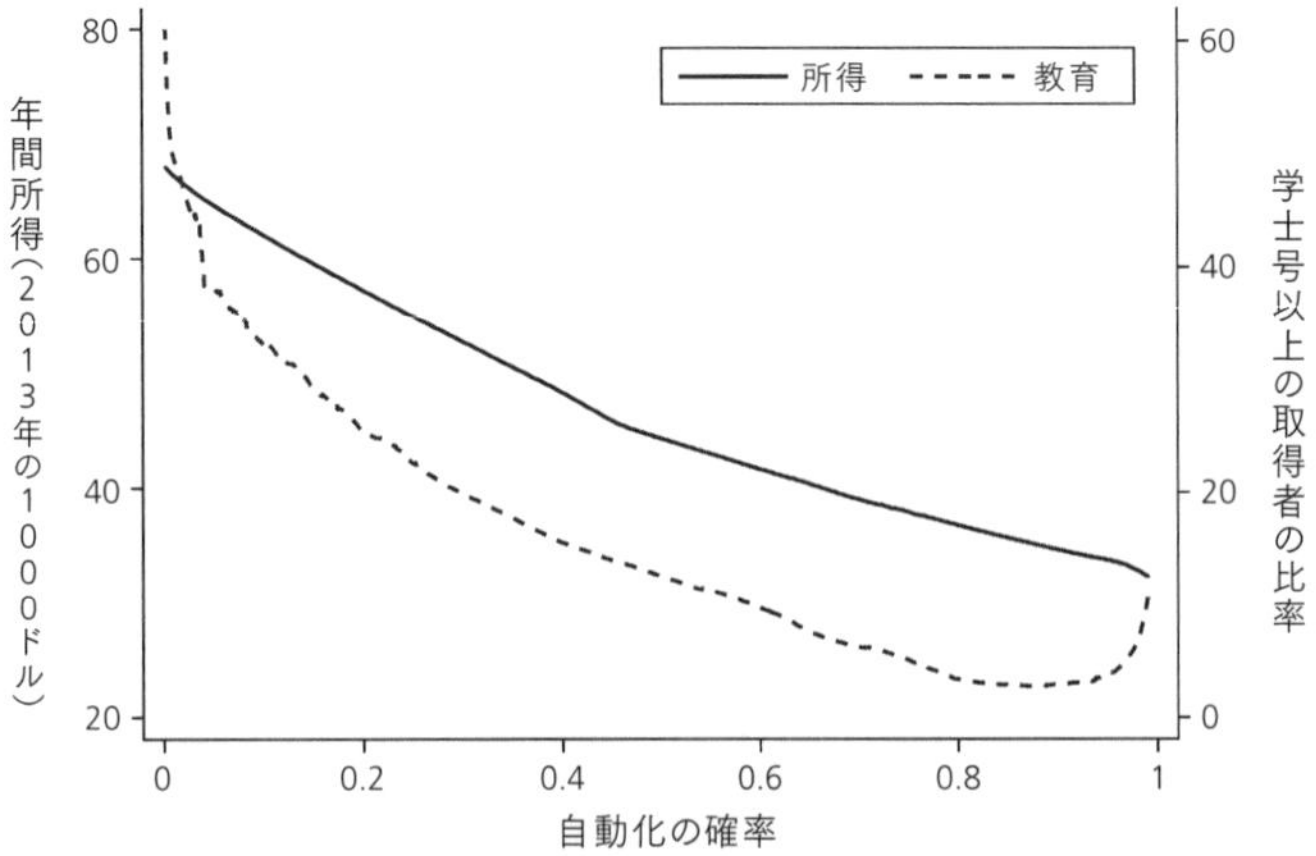

出所：*C. B. Frey and M. A. Osborne, 2017, "The Future of Employment : How Susceptible Are Jobs to Computerisation?,"* Technological Forecasting and Social Change *114 (January) : 254-80.*

注：ある職業が自動化できる確率と、その職業の年収・学歴の中央値をグラフにした。賃金が高く学歴が高い職業は、平均すると自動化の影響を受けにくいことがわかる。

水準を必要としない低所得の仕事だという点である（図18参照）。

私たちが最初の論文を発表して以降、数多くの研究が行われ、やや異なる結論が出ている。たとえばＯＥＣＤの研究では、不要になるリスクのある職種は全体の一四%、不要にはならないが大きな変化に見舞われるリスクがある職種は全体の三二%という結果が出た[53]。ＯＥＣＤは、私たちが業務（タスク）ではなく職種に注目した結果、自動化の対象範囲が過大に推計されたと主張しているが、それは誤解だ。私たちは各職種に必要な業務を踏まえて、自動化できる職業を推定した。ＯＥＣＤ

はその点を見過ごしている。私たちの推定では、たとえ診断などの業務でアルゴリズムの利用が普及しても、医師という職業は自動化の対象にはならない。またAIのアルゴリズムで短信を量産できるからと言ってジャーナリストが自動化のリスクにさらされることもない。私たちの研究によると、ジャーナリストも医師も一部の業務は自動化の対象になるが、職業自体が自動化の対象になる心配はない。ではなぜ推定結果にこれほどの差が出たのか。説明として考えられるのは次の二点だ。OECDが使った職業データは、私たちのデータほど詳細ではなかったのではないか。また、OECDは私たちの訓練用データセットを活用しているが、OECDのモデルの精度が悪かったのではないか。[54]

ただ、大きな違いはあるものの、さしてスキルが必要ではない職業が最も自動化の対象になりやすいという結論は一致している。[55] バラク・オバマ政権の大統領経済諮問委員会（CEA）が私たちの推計を使って、自動化のリスクがとくに高い職種を賃金別に分類したところ、時給二〇ドル未満の職種の八三％は不要になるリスクが高かったが、時給が四〇ドルを超える職種ではこの比率が四％にとどまった。[56] これはこうした傾向に歯止めをかける他の要因が出てこない限り、低スキル労働者の労働市場での立場が引き続き悪化することを意味する。第9章では、定型職の自動化の第一波で多くのアメリカ人がまずまずの稼ぎを得ていた中流階級の職を追われ、低賃金のサービス業に流入したことを見たが、そうした低スキルの仕事の多くがいまや自動化のリスクに見舞われており、次の波ではすでに所得の減っている中流階級の賃金にさらに下押し圧力がかかりかねない。「こうした現象は一部がすでに現実になっている。たとえば買い物に行くと、レジではなく自動精算機を通すし、カスタマーセンターに電話すれば自動オペレーターと話すことになる」[57]。オバマ政権でCEA委員長を務めたハーバード大学のジェイソン・ファーマンはこう述べている。

したがって、高スキルの仕事が自動化されるという通説は誤解だと言える。マーティン・フォードはベストセラーになった『ロボットの脅威　人の仕事がなくなる日』（邦訳日経ビジネス人文庫）で「弁護士、ジャーナリスト、科学者、薬剤師といった多くの専門職の雇用は、高度化する情報技術にすでに侵食されており、追加で教育を受けても、スキルを磨いても、必ずしも将来の仕事の自動化から身を守る有効な手立てとはならない」[58]と記している。たしかにフォードが指摘した職業には、自動化できる業務が一部あるが、自動化できない業務もたくさんある。たとえば、弁護士の請求書の記録を最近分析したダナ・レミュスとフランク・レビーは、AIや複数の関連アプリを直ちにもれなく導入すれば（実際に導入される可能性はきわめて低いが）、弁護士の労働時間の約一三％分の業務を代行できると試算している。労働時間の大半を占めているのは法律文書の作成、事実関係の調査、交渉、出廷、顧客への助言といった業務だ。二人が説明するように、弁護士の仕事に必要なのは予測能力だけではない。「弁護士はクライアントの状況・目的・利害関係を把握し、どうすれば法律に基づいてクライアントの利益を最大限実現できるかをクリエイティブに考える必要がある。時にはクライアントが提案した行動方針に反対し、相手を説得しなければならない。こうした業務は往々にして人とのやりとりと感情的知性が必要になるため、すくなくとも当面は自動化できない」[59]。幸いなことに私たちのアルゴリズムも、弁護士は自動化のリスクが低いと予想していた。

アマラの法則

自動化の対象になる範囲も重要だが、どの程度のペースで自動化が進むのかという別の問題もある。私たちの予測はサイモンの予測と同様、コンピュータに何ができるのかに着目するという単純な手法に立脚している。そしてサイモン同様、変化のペースについてはあえて予想していない。変化のペースは、技術そのものにとどまらないさまざまな予測不能な要因に左右される[60]。とは言え、私たちはいまの仕事の四七%がすぐに自動化されるとは、もちろん予想していない。すでに強調したように、自動化のペースはさまざまな要因に左右されるだろう。結論を言えば、ここで取り上げた試作品段階のテクノロジーがすべて同時に到来することはないだろう。導入がスムーズに進むこともないとみられる。規制、消費者の好み、労働者の反発など、さまざまな要因が導入のペースを決める。期待が膨らんでも落胆に変わるケースが多いのはこのためだ。未来学者ロイ・アマラの有名な言葉だが、「私たちはテクノロジーの影響を短期的には過大評価し、長期的には過小評価する傾向がある」。実際、このアマラの法則は過去の技術発展の歩みを理解する上でよい手引きとなる。

歴史のレンズを透かして見ると、現在進行中の自動化の対象範囲は、一部で言われているほど膨大なものにはならないだろう。一八七〇年、アメリカの労働人口の約四六％はまだ農業で働いていたが、いま農業で働く人は労働人口の約一％だ[61]（表1参照）。農業労働者の需要を減らした主因はトラクターである（第6章、第8章参照）。ガソリンエンジン式のトラクターが登場したとき、当時の人々は多くの農業労働者が解雇されると予想したものだ。だが実際には、トラクターの導入ペースを予想するのはそう簡単ではない。

トラクターの導入を阻んだ壁は多かった。第一に、機械が複雑になるにつれてスキルの高い操作員が必要になった。当初、農場経営者はトラクターの購入を見合わせた。他の農場の労働者が必要な操作スキルを身につけるのにどの程度の時間がかかるのかを見極めたかったためだ。一九一八年のニューヨーク・タイムズ紙は「トラクターは下手な運転手には使いこなせない。……トラクターを購入する農場にとっては、どうやってトラクターを購入するかより、どうやって一流の運転手を確保するかが問題になるケースが多い[62]」と伝えている。この年、ニューヨーク州立農業大学は、スキル不足を解消し導入に弾みをつけるべく、トラクターとトラックの運転手を養成する三週間の講座を開設すると発表した。第二に、トラクターは他の汎用技術と同じく、応用分野によって導入スピードに差があった。「最初期のモデルは小穀物（粒の小さい穀物）の耕作・収穫にしか使えなかった。技術が汎用化され、トウモロコシ・綿花・野菜のような、すじまき作物（畝に沿って種をまく作物）にも使えるようになりはじめたのは一九二〇年代後半になってからだ」[63]。機械が発展した後の段階になって初めて登場した利用法もある。

第三に、トラクターの普及が進んでも、農村部には安い労働力が大量に存在したため、機械化は長い間、経済合理性がなかった。ただ、第二次産業革命で高給の工場職が次々に増えていくと、多くの労働者が農場を去り、都市部に向かった。これは農場の機械化を後押しする一因にはなったが、それでも多くのケースではトラクターはまだ経済的に割に合わなかった。トラクターを導入したのは、おもに賃金労働者を使う大農場だ。多くの低所得の農家はリスクを極度に嫌い、高価なトラクターに投資するのではなく、馬を使った耕作を続けることを選んだ。たとえ耕作地を広げることができなくてもである。トラクターを現金で購入できず、ローンを利用する場合も、やはり返済負担が重く、導入は進まなかった。一九二一年、ニューヨーク・タイムズ紙は国内の農場にはまだ一七〇〇万頭の馬がいるが、トラクターは二四万六一三九台しかないと指摘し、導入の遅れに懸念を示した。同紙は農業の生産性を高めるため、後押しが必要だと書いている[64]。後押しが実現したのはその一〇年後だ。一九三〇年代、一〇年にわたる大恐慌にもかかわらず、ついにトラクターの導入に弾みがついた。一因は、商品金融公社や農業金融局の設置といったニューディール政策だ。これにより、価格面のリスクが抑えられ、金利が下がり、農家が現金を使えるようになった[65]。

✿ ✿ ✿

アマラの法則はコンピュータ革命にも当てはまる。一九五〇〜六〇年代は自動化の普及を懸念する声が上がったが（第7章参照）、コンピュータはあまりにも大型かつ高価で、一九八〇年代まで広く普及することはなかった（第9章参照）。たしかに多くの企業はコンピュータの性能に驚愕したが、実際に購入した企業はごくわずかだった。リスクを嫌う農家が高価なトラクターの導入に二の足を踏んだように、企業もコンピュータはコスト負担が重すぎると考えたのである。そして、そう考えたのは正しかった。コンピュータ化にようやく弾みがつくと、予期せぬ問題が持ち上がる。一九八七年、経済学者のロバート・ソローは「コンピュータ時代の到来はいたるところで実感できる。だが、生産性の統計には表れていない」と首をひねった。同じ年、ウォールストリート・ジャーナル紙は「企業は自動化をまずは小幅に導入し、不具合を修正した上で大規模な投資に乗り出すという戦略だ」と報じている[66]。AT&Tのエンジニアリング担当取締役はこう説明する。「シリアル食品『ウィーティーズ』を年間三〇〇〇万箱生産しているなら、自動化を進めてもそれほど多くの問題は起きないが、競争の激しい市場で商品の入れ替わりが激しく、商品寿命が短い場合は絶対に気をつけたほうがいい[67]」。

重要なのはテクノロジーの性能だけではない。コンピュータを通じて生産性を上げるには、それに見合った組織・工程・戦略の変更が必要になる。自動化の初期は従業員の訓練や再訓練に予想以上の時間がかかることが多かった。多くの企業は、機械・コンピュータ・高度なソフトウェアをうまく連携させる上で何が障害になるかを完全には理解していなかったのである。経済学者のエリック・ブリニョルフソン、ティモシー・ブレスナハン、ローリン・ヒットがさまざまな研究で一貫して指摘しているが、コンピュータ技術への投資は、それに見合った組織の変更が行われたときに生産性に寄与することが多い[68]。一九八〇年代のコンピュータ革命は、文書の作成や生産業務管理など個々のタスクの生産性改善が中心だったが、従来の作業工程のほとんどは手つかずに残された。一九九〇年、かつてコンピュータ・サイエンスの教授だった経営学者のマイケル・ハマーが著名な論文「仕事のリエンジニアリング‥自動化するな、破壊せよ」をハーバード・ビジネス・レビュー誌に発表し、既存の工程を効率化するために自動化を利用しても生産性は向上しないと指摘した[69]。そうしたことを目指した経営者は最初からつまずいたのである。自動化の潜在力を完全に引き出すには、作業の流れと事業のプロセスを分析・再設計し、顧客サービスの改善と運転コストの削減につなげる必要がある――これがハマーの主張だ。一九九〇年代半ばにはフォーチュン五〇〇社の大半がリエンジニアリング（業務改革）を計画していると表明した。[70] コンピュータが生産性に寄与しはじめたのもこのころだ。

コンピュータ化とそれに伴う組織の再編は、企業をどう動かすかを考え直す必要があったため、緩やかなプロセスをたどった。これは大量生産時代に起きた「グループ駆動方式」（中型モーターで一群の機械を動かす方式）から「ユニット駆動方式」（個々の機械に小型モーターを搭載する方式）への移行とまったく同じだ。つまり、一九八〇年代後半の生産性の謎は、一部の人にとっては謎でも何でもなかった。経済史家は過去にも同じような話を聞いたことがあると感じていたのである。工場の電化の歩みを研究したオックスフォード大学のポール・デービットによると、電化の効果が生産性統計に表れたのは、トマス・エジソンが初の発電所を建設した一八八二年からおおよそ四〇年後だ。第6章で見たように、電気という神秘的な力を利用するためには、工場の編成方法を見極めるために実験を重ねたうえで、工場を再編成し、ユニット駆動方式に移行する必要があった。このため、電化を通じた生産性の向上が実現したのは一九二〇年代に入ってからだ。[71] デービッドは、コンピュータ主導の生産性向上も同じような流れをたどると予測してみせたが、予測は的中した。一九二〇年代と一九九〇年代の共通点はじつに興味深い。両年代とも汎用技術（一九二〇年代は電気、一九九〇年代はコンピュータ）の応用が爆発的に増え、生産性がみごとに向上した[72]。汎用技術の普及が生産性の向上につながったというのが経済学の定説だ。一九九六〜九九年の生産性の伸びと一九九一〜九五年の生産性の伸びを比較すると、前者の伸びの約七割はコンピュータ技術で説明できる[73]。一部の限られた業種だけではなく、きわめて幅広い業種で生産性が向上し、卸売・小売・サービス業が大きなメリットを受けたのである。汎用技術が威力を発揮したことがうかがえる[74]。

ＡＩがコンピュータにできることの領域を広げたのは、つい最近のことだ。このため、自動化による生産性の向上がピークに達するのはまだ先だと考える根拠は十分にある。先に指摘したように、汎用ロボットはすでに導入されており、生産性の向上に大きく貢献しているが、導入はまだおおむね重工業に限られている[75]。また、より広い視点に立てば、ＡＩはいまも揺籃期にある。マッキンゼー・グローバル研究所が二〇一七年に企業の幹部三〇〇〇人を対象に行った調査によると、ハイテク産業以外でのＡＩの利用は依然として初期段階だ。ＡＩを本格的に導入している企業はごくわずかで、投資対効果、つまり投資して見返りが得られるかどうかが不透明だとの回答が目立った。また、ＡＩの利用例一六〇件以上のうち、商業化されているのは一二％に過ぎなかった[76]。

生産性が二〇〇五年以降伸び悩んでいることはよく知られているが、テクノロジーが実験段階にある局面では、そうした現象が見られることがある。[77] テクノロジーを通じた生産性の向上には長い時間がかかり、開発の初期段階ではコストばかりがかさむ。新たな発見があっても、試作品の開発から商業生産までには何年もかかることが多い。こうした事情で、新しいテクノロジーが開発されても、経済指標に反映されるまでにはタイムラグがある。「先に取り上げた自動運転の例は、技術の導入と生産性向上の間にタイムラグが生じうることを示すさらなる事例となるのではないか。自動運転の導入で、いま自動車の生産・運転で働いている人材のプールに何が起きるか考えてみよう。生産サイドでは、まず研究開発・AI開発・新しい自動車工学に取り組むため、雇用が増えるだろう」[78]。たとえば、ブルッキングス研究所の試算によると、二〇一四〜一七年の自動運転への投資は約八〇〇億ドルに達したが、初期の導入事例はごくわずかだった。[79] ある推定によると、これはこの三年間の労働生産性を年〇・一％押し下げる要因になった。[80] こうした点を踏まえると、将来の生産性の向上を予測する上で今の生産性の伸びは参考にならないと経済学者が考えていることも、うなずける。[81]

たしかにスマートフォンやインターネットは、かつての電動機やトラクターとは比べものにならないスピードで普及している。だが、消費者向けの財やサービスの普及を、生産現場で利用するテクノロジーと比較してもあまり意味はない。後者には生産工程の再編成が必要になるが、前者にはその必要がない。また、自動化の是非を判断する企業は、エンジニアリング上の課題を克服できるかどうかだけではなく、技術面以外にも「間接費がどの程度発生するのか」「十分な市場規模はあるのか」「今の機械を撤去するコストはどの程度かかるのか」「新技術を導入するための資金調達コストはどうか」といった問題に加え、（経済学者のハリー・ジェロームが指摘するように）「労働者が反発するリスクや、場合によっては対外的なイメージ、また規制導入の可能性まで」[82] 考慮しなければならない。ＡＩの時代は自動化に必要な設備投資のコストが大幅に減ると考える人もいるかもしれないが、機械学習のシステムを導入するには、それに見合った多額の投資が必要になる。グーグルのチーフエコノミスト、ハル・ヴァリアンはこう指摘する。

「まず必要になるのは、関心のあるデータを収集・整理するデータ・インフラ、つまりはデータのパイプラインだ。たとえば、小売業者ならＰＯＳデータ（商品が販売された時点の情報）を収集し、そのデータをコンピュータにアップロードしてデータベースを構築するシステムが必要になる。その上でそうしたデータを他のデータ（在庫データ、物流データ、またおそらくは顧客データ）と組み合わせることになる。データ・インフラを構築する上では、こうしたデータのパイプラインの建設が最も労働集約的かつコストのかかる作業となることが多い。というのも、さまざまな企業が過去に構築した独自のシステムは相互接続がむずかしい場合が多いからだ[83]」。

また、データは「新しい石油」かもしれないが、データだけではなく、スキルと訓練がネックになることがすくなくない。

「私の経験では、問題はリソースの不足ではなく、スキルの不足だ。データがあっても、それを分析できる人がいない会社は、データを使いこなせない。社内に専門知識がなければ『どのようなスキルが必要で、スキルのある人材をどのように探して採用するのか』という問題で賢明な判断を下すのがむずかしくなる。競争力を高める上では、有能な人材を雇えるかどうかがまちがいなく死活問題となる。だが、データを広く入手できるようになったのは比較的最近で、この問題がとくに深刻化している。自動車メーカーなら自動車づくりのノウハウのある人材を雇えるだろう。これは自動車メーカーの得意分野だ。だが、有能なデータサイエンティストを採用できる専門知識が社内にあるかどうかはメーカーによって異なる。そうした新しいスキルを持つ人材は少しずつしか供給されないため、メーカーによって生産性に差が出ることが予想できる[84]」。

以上のような理由で、アマラの法則はＡＩにも当てはまる可能性が高い。自動化の実現には無数の補助的な考案や調整が必要になる。一九九〇年代後半の生産性の急上昇でコンピュータ技術がどのような役割を果たしたかを研究しているエリック・ブリニョルフソンは、ＡＩ

の導入もこの点で以前と同じような流れをたどる公算が大きいと考えている。ブリニョルフソンは二人の経済学者ダニエル・ロックとチャド・シバーソンとの共同論文で、ＡＩを導入して潜在力をフル活用するには、一九九〇年代のかつてのコンピュータ同様、技術自体の改良だけでなく、それに見合った大量の投資と多くの実験が必要だと主張している[85]。過去の例では、この段階で経済は生産性が伸び悩む調整局面に入っていた。

✿ ✿ ✿

イギリスの産業革命もきわめて似たような流れをたどった。経済史家のニコラス・クラフツによると、ジェームズ・ワットの蒸気機関が生産性に大きく貢献したのは、発明から約八〇年後だ[86]。技術者のジョン・スミートンは、ワットが一七六九年に特許を取得した技術を検証し、「これほど複雑な機械を十分な精度で製造できた手段や職人は過去に存在しなかった[87]」と断言している。この技術の完成度を高めるためには、補完的なスキルの開発が必要になったが、それでも一〇年後には実業家のマシュー・ボールトンとワットという二人の天才の協力で、蒸気機関は商業的な成功を収めた。スコットランドの商人で統計学者のパトリック・コフーンは一八一五年に書いた書簡で「過去三〇年のイギリスの製造業の発展を振り返ると、驚嘆、驚愕せざるを得ない。その急激なペースは……とても信じられるものではない。蒸気機関の改良、いやそれ以上に、精巧な装置と、資本とスキルの力によって、そうした設備が毛織物・綿製品の多数の製造業者の手に届くようになるとは、まったくの想定外だった[88]」と言い切っている。だが、それでもしばらくの間は、水力のほうがエネルギー源として割安で、蒸気機関が生産性の向上に寄与することはなかった。

たとえマルサスが一八〇〇年に現代的な統計ツールを与えられたとしても、来たるべき生産性の急上昇を示唆するデータはなかなか入手できなかっただろう。技術革命の初期の段階では、足元の生産性の伸びを検証しても、将来の生産性の伸びはなかなか読み取れない。検証すべきは足元の生産性ではなく、研究室で何が起きているかだ。マルサスはこうした見方を軽視し、結果的に将来を予測できなかった。マルサス自身が一七九八年の『人口論』で断言しているように、「われわれが将来を見通すときの基礎である過去の経験を捨て去るなら、そしてさらにまた、過去の経験とまったく矛盾するような推測をしてもよければ、われわれは茫漠たる荒野に投げ出されたも同然だ。そこでは、どれだけナンセンスなことを考えてもよい。……機械の力をまったく知らない人は、その効果のほどを推量することもできまい[89]」。

もちろん、マルサスが『人口論』を執筆していた時点では、シュンペーター型の成長モデルは知られていなかった。いまの私たちは過去の経験から、イノベーションが加速している時代には研究室で起きていることのほうが、将来の生産性を予測する上で参考になることも知っている。偉大な発明は経済に莫大なメリットをもたらすかもしれないが、それには長い時間がかかることが多い。一方で、こうした予測手段に欠点があることも認めざるを得ない。新しいテクノロジーが登場しても、それが普及するかどうかはわからないのだ。たとえマルサスが産業革命につながった一連の新奇な発明品にもっと注目し、第一機械時代（ファースト・マシン・エイジ）がひたひたと迫っていることに気づいていたとしても、あれほどまでの猛烈な普及を予想できただろうか。すでに見たとおり、歴史を振り返れば、労働者を不要にするテクノロジーには憤った職人が激しく抵抗し、社会不安を恐れる政府がそうした技術の利用制限を打ち出すことが多かった（第3章参照）。マルサスも指摘しているとおり、イギリス政府がイノベーターの側につきはじめたのはつい最近のことだ。

今後に目を転じれば、これまで同様、労働者の抵抗と世論の反対で変化のペースが鈍る可能性がある。一部の経済学者も反発が起きるリスクを指摘しはじめている。ハーバード大学のレベッカ・ヘンダーソンは最近行われた全米経済研究所（NBER）主催の会議でこんな警鐘を鳴らした。「世論がAIに反発し、普及ペースが劇的に鈍る現実的なリスクがある……。生産性は急上昇するかもしれない。うまくいけば毎年数万人が交通事故で亡くなっている現状に終止符を打てるかもしれない。だが〝運転〟は、最も職業人口が多い仕事の一つだ。何百万人もの人が解雇されはじめたらどうなるのか。……私は移行期の問題について、組織のレベルでも社会のレベルでも懸念している[90]」。こうした社会的な影響はすでに実感されつつある。先に指摘したように、「エンゲルスの休止」の再発でポピュリズムが勢いづいており、自動化自体に対する考え方が変わりつつあるように思える（第11章参照）。ＡＩがどこまで浸透し、市民がどこまで解雇に反発するのか。この二つが相まって将来の生産性の伸びを左右することになる。貿易の政治経済的な側面を無視して、今後のグローバル化が労働市場におよぼす影響を分析しても、誤解を招く結果しかでないだろう。たとえば、将来グローバル化が労働市場にどのような影響をおよぼすのかは、トランプ政権の対中貿易戦争と切り離して分析することはできない。同じことが自動化にも言えるのではないか。自動化の進展につれて、抵抗が強まることが懸念される。これまで見てきたとおり、歴史を振り返れば、機械が人々の雇用を脅かし、その結果、政府が社会不安を危惧する場合、純粋に政治的な理由でテクノロジーの導入が阻まれるケースが多い。

もしアマラの法則が成り立たなくなるとしたら、ラッダイト運動の精神の復活による可能性が高い。

仕事と余暇

自動化が阻止されず、途切れなく発展すれば、仕事は足りなくなるのだろうか。一般市民の間では、高性能の機械が普及すれば賃金の下落と失業率の上昇で勤労世帯の生活が崩壊するといった悲観論が広がっている。その一方で、テクノロジーの普及で新しい余暇の時代が到来し、労働時間が減り、遊ぶ時間が増えるといったユートピア的な見方もすくなくない。どちらの説も目新しいものではない。そしてどちらの説も、長期的にみれば、これまでのところ誤りだったか、すくなくともかなり極端な予測だったことがわかっている。技術の発展で労働者が苦汁をなめたエピソードはもちろんあるが、仕事が消滅するという不安はいつの時代も行き過ぎだったし、誰もが仕事から解放されて充実した余暇のある人生を送れるという見方も行き過ぎだった。

ジョン・メイナード・ケインズが一九三〇年に発表した「孫の世代の経済的可能性」という論文で、機械化が史上例のないスピードで進んでいることを指摘したのは有名だ。ケインズは、省力化の手段を見つけ出すペースが速すぎて、労働者の新たな用途を探すのが追いつかなくなるため、テクノロジー失業が広がると予想した。この論文は一九二〇年代の急激な生産性の向上を踏まえたものだ。たしかに当時は、調整面の問題に見舞われ、機械化がまたもや問題視されていた（第7章参照）。それでもケインズは、長期的には楽観的な見方を捨てなかった。技術が人類の経済問題を解決し、生存競争で勝ち残るという人類の目標が不要になるとし、そのかわり余暇をどう過ごすのかが大きな問題になると指摘した。一世紀後には人々が週一五時間の勤務を楽しんでいるだろうと予想している。[91]

機械化がかつてないペースで進展しているというケインズの見方は正しかったが、その後の展開はかなり違った。たしかに先進国では労働時間が減り、以前よりも休暇を取れるようになった。また、平均寿命の長期化で退職後の人生も長くなった。だが、人々がゆたかになって「余暇に充てよう」と決めた時間は、一般に考えられているほど増えてはいないし、すくなくともケインズの予測を大幅に下回っている。これはアメリカの過去一世紀の仕事と余暇の推移を研究した経済学者のバレリー・ラミーとネビル・フランシスが突き止めたことだ[92]。たしかに一九〇〇年の時点では、製造業の典型的な労働時間は週五九時間前後に達していた。だが一九〇〇年当時、製造業で働く人はまだ総労働人口の二割程度に過ぎず、製造業の労働時間は他の産業よりはるかに長かった[93]。政府の職員や農業労働者を含めると、一九〇〇年のアメリカ人の労働時間は平均で週五三時間前後だ。これが二〇〇五年には週三八時間前後に減っている。だが、労働者一人当たりの労働時間の変化だけに注目していると、人口に占める労働者の割合が一世紀前から増えているという事実を見過ごすことになる。つまり、働く女性の比率が増えているのだ(第6章参照)。労働参加率の上昇を調整しても、労働時間はけっして著しく減少してはいない。ラミーらによると、一人当たりの週平均労働時間は一九〇〇年から二〇〇五年までに四・七時間しか減っていない[94]。

しかも、労働時間の減少はすべて若年層と高齢者で起きている。二五～五四歳の週平均労働時間は逆に増えているのだ。とは言え、男性の労働時間は減っており、労働時間の増加分はすべて女性の社会進出によるものだ。若年層の労働時間が減った理由は単純明快で、学校に行く子供が増え、教育を受ける期間が延びたためだ。第二次産業革命の時代に子供がゆたかな生活を送るには教育が必要だと農家が気づいたのである。高齢者の労働時間が減ったのもうなずける。一九三五年に社会保障法が制定され、全米に公的年金制度が導入されるまで、たいていの高齢者は倒れるまで働かなければならなかった。民間の年金制度を利用できた人はごくわずかだ。年金を受け取る人が次第に増えていくと、退職年齢に達した人は突然、余暇のある人生を楽しめるようになった。これはどちらかと言えば、雇用の拡大につながった。新しい活動的な有閑階級の需要に対応するため、老人ホーム・ゴルフ場・ショッピングセンターを建設する一大ブームが起き、北東部から気候が温暖な南部のサンベルト地域に移住する大量の退職者を受け入れる「リタイアメント・コミュニティ」（高齢者の街。アリゾナ州サンシティなど）が形成された。

ラミーとフランシスは、有給の週間労働時間、学校で過ごす時間、家事の時間などを考慮に入れて、人生に占める余暇の平均時間を一世紀にわたって追跡した。一四歳から各集団の予想死亡年齢まで、各年齢の週間平均ベースの余暇の時間を推定したのである。[95] 二人の試算によると、余暇の平均時間は一八九〇年の週三九・三時間から二〇〇〇年には週四三・一時間に増えた。増加分の大半は平均寿命の長期化という歓迎すべき事実によるものだ。二人の研究ではケインズの生産性に関する予測も検証できる。ケインズは労働生産性が一世紀後には四倍から八倍になると予想していたが、第二次世界大戦という予測不能な出来事があったにもかかわらず、生産性の予測はかなり正確なものだった。現在の生産性は一九〇〇年時点の九倍近くに達している。ただし、余暇の時間は二〇〇〇年までに一〇％しか増えていない（図19参照）。ケインズが論文を執筆した一九三〇年との比較では、労働生産性は五倍になったが、余暇の時間は三％しか増えていない[96]。

断っておくが、ケインズは機械化可能な範囲をけっして過大評価していない。ケインズが「農業、鉱業、製造業の生産をすべて、これまでの常識と比較して、わずか四分の一の労働で達成できるようになるだろう」[97]と考えたのはおおむね正しかったと言える。その三六年後、経済学者のロバート・ハイルブローナーは、一九六〇年代の自動化をめぐる論争のさなか、こう述べている。

「農場と工場という歴史的に最も重要な職場では、労働置換効果が雇用創出の効果を上回っていると言える。……鉱業では（農業と同じく）生産が急増しているにもかかわらず、農業と同じ労働者の絶対数の縮小が見られる。一九〇〇年の時点では八〇万人が地下の採掘や露天掘りで働いていたが、一九六五年はわずか六〇万人だ……。したがって、投資による労働置

図19　アメリカの1時間当たりの国内総生産（GDP）と1週間当たりの余暇の平均時間の推移（1890〜2000年）

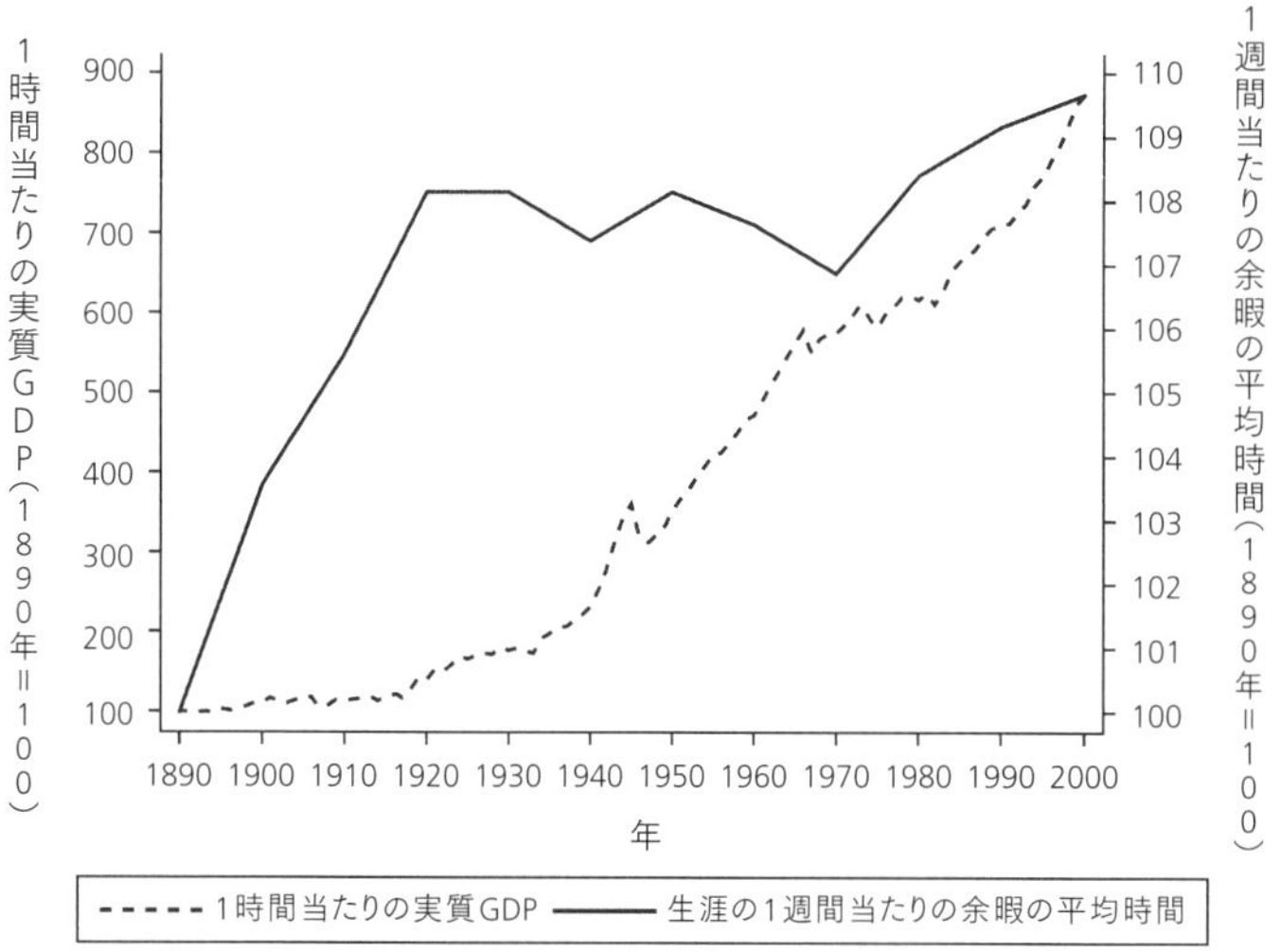

出所：*V. A. Ramey and N. Francis, 2009, "A Century of Work and Leisure,"* American Economic Journal : Macroeconomics 1 (2) : *189-224. See figure 9 for data on GDP per hour.*

換効果が雇用創出効果を上回る可能性があることは議論の余地がないように思える。現実にも多くの主要産業でそうしたことが起きている」[98]。

　もちろん、ハイルブローナーは農業と鉱業で労働者が解雇されても、労働市場から完全に撤退するわけではないことを十分認識していた。実際、女性の社会進出が続くにつれ有給で働く人の比率は増えた。家事の機械化が進んだため、女性は蓄音機、ラジオ、テレビなどが生み出す新しい娯楽の可能性を存分に活用して、これまでになかった余暇の時間を自宅で楽しむこともできたはずだ。ところが、女性は労働市場に進出して有給の仕事に就くことを選んだ。女性だけではない。もし二〇一五年の平均的なアメリカ人労働者が、一九一五年と同じレベルの平均収入を稼げればそれで十分だと考えるなら、現代技術の助けを借りて、年に一七週だけ働けば望みを叶えられる。[99] だが、たいていの人はこうしたトレードオフに魅力を感じない。むしろ、新しい商品やサービスへの需要は、生産性の向上とともに増えている。労働節約型技術により、すくない人数で多くのことができるようになったが、たいていの人は余暇の時間を増やすより生産的な仕事に就くことを望んでいる。

ハイルブローナーは、将来、二重の懸念があると論じていた。今度悪影響を受けるのは農業と製造業の仕事だけではない。自動化に伴いサービス業も人員が余剰になると懸念している。そして労働者が提供するサービス自体もいずれ供給過剰に転じると予想していた。

「だが重要な点がある。今日のテクノロジーはサービス業にも侵入しているようにみえる。いまでは一人の秘書と一つの機械で作家の作品をタイピングし、体裁を整えることができる。……テクノロジーはホワイトカラー階級の仕事のスキルまで深く浸透するかもしれない。その場合、仕事にあぶれた新たな難民はどこに向かうのだろうか。……人口の大半を精神科医、芸術家など、どんな職業でもよいので雇用できると考えてみよう。それでも雇用には上限があるのではないか。理由は単純明快で、市場で掘り起こせる商品・サービスの総需要には上限があるとみられるからだ[100]」。

総需要に飽和点があるかどうかは議論の余地があるが、私たちの「基本的なニーズ」がすべて満たされた場合、所得が増えても主観的な幸福度は上がらないはずだ。この点を検証するため、経済学者のベッツィ・スティーブンソンとジャスティン・ウォルファースは、幸福度が所得と相関しなくなる上限所得はあるのかを調べた。複数のデータセットを分析し、「基本的なニーズ」をさまざまに定義し、幸福度を測る複数の指標を活用した結果わかったのは、現時点では飽和点の存在は確認できないということだった。二人はさまざまな国の主観的な幸福度の平均水準と一人当たりのＧＤＰを比較したが、幸福度と所得の関係は途上国でも先進国でも同じだった。また各国の国内を見ても、さまざまな所得層で同じ関係が成り立っていた。たとえば、アメリカでは年収がたとえ五〇万ドルに達しても、幸福度は所得と相関する。[101] つまり飽和点があったとしても、まだ到達していないのである。

一九六六年、ハーバート・サイモンはハイルブローナーの見解に対し、「経済的な問題だけを取り上げれば、いまの世代と次の世代の世界が抱える問題は希少性の問題であり、ありあまるゆたかさではない」[102]と反論した。サイモンの主張が正しく、その後も大きな変化はないと結論づけたくなる。自動化が必ず失業につながるという悲観論も、自動化で余暇の人生を楽しめるという楽観論も、これまでのところ、いずれも間違っているように思える。今後の見通しについては、ある専門家が次のように的確にまとめてくれている。

「自動化で労働時間の短縮は避けられない。私たちが思い描いているタイプの技術発展は、仕事をシェアしなければ失業が広がるという不安を映し出していることが多い。だがその一方で、技術の発展により、まったく働かずに遊んで暮らせる新しい時代が到来するというユートピア的な見方も負けず劣らず多い。労働者が追加の所得より労働時間の短縮を選ぶかどうかは、働く人が余暇と所得の相対的な価値をどう判断するかに左右される。生産性と生活水準が徐々に向上していることを踏まえると、余暇のほうが選ばれやすいと考えられるが、実際にどうなるかはまったく予測不能だ。労働時間の短縮と重労働の軽減のおかげで、身体的苦痛や過労による健康障害や、家庭生活、社会参加に困難をきたすケースは減るにしても、その一方で消費生活の物質的水準は上がっていることを考えると、先行き不透明感は増す一方だ。将来、製造業などで働く人がどのような労働時間を選ぶのか、私にはわからない。興味深いことに、近年は相当なレベルの完全雇用が実現しているが、アメリカの非農業部門では平均労働時間がほとんど減っていない。……いまの労働者は追加の余暇よりも追加の所得のほうに総じて高い価値を置く方向に傾いているようだ。だが、これがいつまで続くのかはわからない[103]」。

これは一九五六年初版の労働統計局（BLS）の報告書の抜粋である。いまの私もまったく同じことを書いていたかもしれない。機械化は過去一世紀で著しい進歩を遂げ、生産性は急激に向上したが、アメリカ人が余暇に充てる時間はあまりにもすくない。これはじつに驚くべきことだ。

✿ ✿ ✿

とは言え、比較的最近の現象で注目すべき傾向が一つある。歴史を振り返ると、ワーキングプアは自分や家族の生活を支えるため、相対的に長時間労働を強いられていた。経済史家のハンス・ヨハヒム・フォートによると、イギリスの平均労働時間は一七六〇年の週五〇時間から一八〇〇年には週六〇時間に増えている。[104] これは労働者階級の物質的な生活水準が悪化した「エンゲルスの休止」の時期に当たる。一方で、ジェーン・オースティンの小説に描かれている有閑階級の生活もこのころの話だ。洗練された会話と文学を中心に回るエリート層の生活である。ところが最近は、戦後の高度成長期なら工場に押し寄せていたような人々があまり働かなくなってきた。新たに登場した知識階級のエリートと比べても働いていないのである。経済学者のマーク・アギーアとエリック・ハーストによると、教育水準が特に低い層は、シンボリック・アナリストよりも余暇の時間を「楽しむ」ようになってきている。労働省の「アメリカの生活時間調査」を見ても、いまのアメリカでは大卒者のほうが高卒以下の人より一日二時間ほど長く働いている。[105] こうしたパターンについては、労働者階級に入りたくてもなかなか仕事が見つからないという単純な説が最有力視されている。第9章で見たように、自動化が進んだ結果、スキルのない労働者の就労機会はまたもや悪化している。賃金低下と就職先の減少で仕事をあきらめて福祉に頼る生活を選んだ人もいるかもしれないし、求職活動に苦戦している人もいる。

大量のコンピュータがついに職場に導入されはじめた一九八三年、ノーベル賞経済学者のワシリー・レオンチェフはこう指摘した。「鉄鋼・自動車産業の失業者全員を再訓練してコンピュータを操作できるようにしたら何が起きるのだろうか。……コンピュータが不足するだろう。……今後はますます多くの労働者が機械に仕事を奪われる。この新しい産業が求職者全員を雇用できるとは思えない」[106]。これほど多くの仕事がいまだにあるのは、コンピュータが労働者向けの新しい業務を生みだしたことが一因だ（第9章参照）。だが、こうした業務はおもに高スキル労働者向けの仕事だった。この点が第二次産業革命の時代との違いだ。当時の技術変化で付随的に生まれた新しい業務は、中程度のスキルを持つ労働者向けの仕事だった。だからこそ、中流階級は仕事が増え、賃金も上がっていたのである（第8章参照）。コンピュータ時代の産業は、前の時代の重工業ほど中流階級向けの就労機会を創出できなかった。

ＡＩの技術は今後どのような新しい仕事や業務を生み出すのだろうか。正確な予測は不可能とは言わないが、困難だ。だが、経済学者のフレデリック・バスティアの見解をある程度まで受け入れるべきだろう。一八五〇年の名エッセイ「見えるものと見えないもの」でこう書いている。「経済の領域では、行為、習慣、制度、法律が一つの結果を生み出すだけでなく、一連の結果を生み出す。そうした結果のうち、すぐに現れるのは最初の結果だけだ。最初の結果だけが原因と同時に現れる。これは見える。他の結果は次から次へと現れる。これは見えない。もし予見できれば、ありがたいことだ」[107]。機械について言えば、人に取って代わるというのが最初の目に見える結果だ。見えないのは、機械が生み出す新しい仕事である。いまアメリカにある仕事のうち、産業革命がはじまった一七五〇年時点に存在していた仕事はほとんどない。そして、いまある仕事の多くは一九七〇年代の公式な職業分類にさえ記載されていなかった。ロボット・エンジニアも、データベース管理者も、コンピュータ・サポート・スペシャリストも。一九八〇年から大不況までに創出された雇用の約半数は新しいタイプの仕事だ[108]。

見えないものは、いつの時代も未知のものなのだろう。だが、要求されるスキルが高まっていくという二〇世紀の流れが、ＡＩの技術で反転するとは考えにくい。実際、次の自動化の波で消滅する可能性が最も低い職業は、一部の例外を除いて、高スキルの仕事だ。二〇〇〇年時点で存在していなかった新しい産業を調べてみると、大半はデジタル技術に関連しており、雇用されている人の大多数が大卒の資格を持っている（多くはサイエンス、技術、エンジニアリング、数学の学位だ)[109]。このため、次の自動化の波は過去のコンピュータ技術と似たような影響をおよぼすとみられるが、影響を受ける人は増える公算が大きい。戦後の高度成長期なら工場で働いていたような人々は、コンピュータ革命以降、すでに就職先の選択肢が狭まっている。小売り、建設、輸送、物流も自動化にさらされるようになってきており、こうした産業で働く人々の選択肢はさらにすくなくなる可能性が高い。たとえ次の三〇年が過去三〇年と同じ流れをたどるとしても、何の慰めにもならない。最近の自動化では、複数の労働者グループで失業率が悪化し、高卒者以下の賃金に下落圧力がかかっている。エリック・ブリニョルフソンとアンドリュー・マカフィーもベストセラーになった『ザ・セカンド・マシン・エイジ』(邦訳日経BP社)で同じような見解を示している。「技術は途方もないペースで進み、一部の、それも大勢の人間を置き去りにする。……ある種の能力やスキルを備えた人やしかるべき教育を受けた人にとっては、最高の時代が来るだろう。この人たちはテクノロジーを駆使して価値を創出し、その対価を得ることができる。だが『ふつうの』能力やスキルしか持ち合わせていない人にとっては、最悪の時代になるだろう。コンピュータとロボットを筆頭に、デジタル技術はすさまじい勢いでふつうのスキルと能力を獲得しつつある」[110]。

今日、アメリカの大半の州で最も労働人口が多いのはトラック運転手だ(図20参照)。たしかに、経済学者のオースタン・グールズビーが指摘するように、もしトラック、バス、タクシーの運転手として働いている三五〇万人全員が一五年間で自動運転に職を奪われるとすれば、毎月一万九〇〇〇人強が仕事を失うことになる。二〇一七年のアメリカでは毎月五一〇万人が離職する一方、平均で五三〇万人分の雇用が創出されている。グールズビーのシナリオでは、自動運転が導入されても離職率は〇・四%弱しか増えない。[二二] しかも一五年間で全員が職を奪われる可能性はきわめて低い。技術の導入はけっしてスムーズには進まないし、タクシーの完全自動化には、長距離トラックの完全自動化とは比べものにならないほどの時間がかかるだろう。心配なのは、労働市場の複数の大きな集団で選択肢が一貫して悪化していることだ。仕事を奪われたトラック運転手が、絶え間なく激変する労働市場で比較的たやすく再就職できたとしても、いったいどんな仕事に、どの程度の賃金で転職できるのかを考える必要がある。転職先の選択肢が魅力に欠けるなら、働くこと自体を選択するだろうか。

　中西部のトラック運転手がシリコンバレーのソフトウェア・エンジニアに転身するとは考えにくい。ビルの清掃員になるのかもしれないし、駐車場や住宅やビルの敷地内で草刈りなどをする整備員の仕事にありつくかもしれない（私たちの推定では、どちらの仕事も次の自動化の波にはさらされない）。もしビルの清掃員に転職すれば、年収はトラック運転手時代の四万一三四〇ドル（二〇一六年の中央値）から二万四一九〇ドルに減る。どうにかして敷地内を整備する仕事をみつけたとしても、年収は二万六八三〇ドルだ。ことによると社会福祉士に転職して年収

図20　アメリカの各州で最も労働人口が多い職業（2016年）

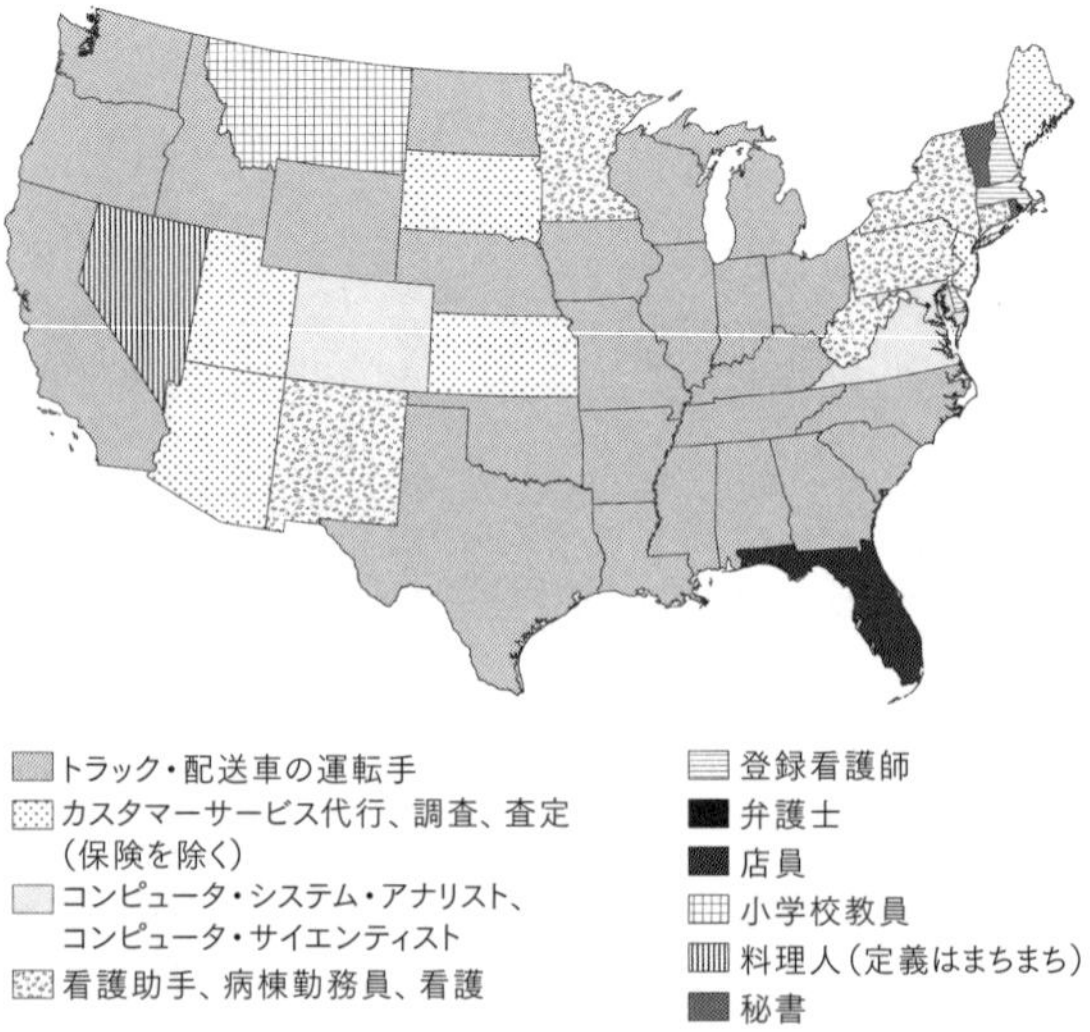

出所：*S. Ruggles et al.*, 2018, IPUMS USA, *version 8.0 (dataset), https://usa.ipums.org/usa/*.

四万六八九〇ドルを稼ぐかもしれない。ただし、社会福祉士になるには大卒の資格がいる。

　レオンチェフは以前、馬に投票権があったら農場から馬が消えることはなかったのではないかと冗談を言ったことがある。もちろん、アメリカの中流階級が農場で働く馬と同じ運命をたどっているわけではないが、アメリカ人が賃金の低下を黙って受け入れるとは考えにくい。自動化による所得の減少が一時的なものなら、自動化を前向きに受け入れるかもしれない。だが何年経っても、何十年経っても所得が元に戻らないと思われる場合は、抵抗する可能性が高まる。実際、市場の審判に不満を持つ個人は技術の阻止をもくろんだり、市場以外のメカニズムや政治運動を通じて再分配の強化を要求できる。第3章ではラッダイトをはじめとする集団が、自らの生活を脅かす機械の導入に激しく抵抗したことを見た。暴動だけではなく、議会に請願書を出し、労働者に取って代わる技術の導入を制限するよう政府に訴えた。だが政治的な影響力がなく、勝算はなかった。いまの労働者は政府に求める水準が高まっているだけではない。参政権もあるのだ。

第13章 ゆたかな生活への道

Chapter 13. THE ROAD TO RICHES

技術の発展はもうすぐ終わりを迎えるのではないか。こんな見方が折にふれて浮上してきた。産業革命の原動力となった産業（繊維、鉄道輸送、蒸気機関を動力源とする製造業など）に陰りがみえはじめた一九世紀末には、資本主義制度が崩壊したと断言する声が一部で上がった。[1] 同様に、大恐慌の際もマルクス主義者が資本主義では持続的な経済成長を実現できないと主張し、アルヴィン・ハンセンなど非マルクス系の論者もイノベーションの低迷などを受けてアメリカ経済が長期停滞期に入ったと予測した。「鉄道や自動車といった革命的な新産業が……成熟期に達し、成長が止まったとき（どんな産業もいずれはそうなる運命にある）、経済全体が深刻な停滞に見舞われるはずだ……。巨大な新産業が力尽きれば、何か別の同じ規模のものが現れるには相当な時間がかかるかもしれない」[2]。

最近ではロバート・ゴードンが『アメリカ経済　成長の終焉』（邦訳日経BP社）で今後の成長について同じように暗鬱な見方を示している[3]。現代の人工知能（AI）、モバイルロボット工学、ドローンといったコンピュータ革命の副産物の発達は、二〇世紀初期の大発明には見劣りするというのだ。今後、生産性が黄金期の水準に達するかどうかは知るすべがないが、地平線上に見えるテクノロジーを視野に入れると（第12章参照）、イノベーションの途切れない発展が許されれば、生産性は再び上向くと私には思える。問題はこうした技術の多くが労働置換技術であり、低スキル労働者の賃金をさらに圧迫するとみられることだ（図18参照）。

自動化の時代が幕を開ける前、アメリカの成人労働者の半数以上はブルーカラー職や事務職で働いていた。こうした職業が高卒者以下の中級階級の生活を支えていたのである。こうした仕事は過去三〇年で着実に数が減り、高卒以下の多くの人が低所得のサービス業で仕事を探している（第9章参照）。そして現在、こうした職種――低スキル労働者の避難所とされていた職種――の多くも、ＡＩに肩代わりされるリスクに見舞われており、低スキル労働者の雇用の見通しは一段と悪化している。この点を踏まえると、心配なのは生産性の伸び悩みではない。私の考えでは、技術自体よりも政治経済の分野にもっと深刻な課題があるように思える。優れた経済学者にして歴史家であったデビッド・ランデスが言うように、「たとえ科学者やエンジニアの創造力で古いアイデアに代わる新しいアイデアが必ず生まれると想定したとしても……そうしたアイデアの活用を任された人間がアイデアを賢明に利用する保証はまったくないし、人間関係など経済以外の外部要因のために、じつに素晴らしいしくみが台無しになることはないという保証もまったくない[4]」。

自動化に伴う勝ち組と負け組の格差拡大を放置すれば、自動化で直撃を受ける個人の負担とは比べものにならないほどの深刻な負担が社会に生じかねない（第10章参照）。すでに経済格差の拡大で政治面の分断は深まっており、自由民主主義という基礎構造自体の真価が問われている（第12章参照）。二〇世紀には所得が着実に増加することがあたりまえだったため、人々はいまも物質的な生活水準は向上するものと期待している。だが、自動化の時代は、中流階級の賃金上昇率が生産性の上昇ペースを下回っており、政府がそうした期待に応えるのがむずかしくなっている。ポピュリズムが勢いづいている主因も、政府が成長の果実を広く分配できないことにある。実際、高卒以下の賃金は三〇年以上にわたって低下しており、そうした長期的な傾向が先の大不況で露呈した（第12章参照）。フランシス・フクヤマが指摘するように、「先進国の民主主義の未来は、中流階級の消滅という問題に対処できるかどうかに左右される[5]」。

行く手に横たわっているのは、社会の深刻な調整不良という問題だ。どのように対応するのがベストなのか、判断は容易ではない。自動化の弊害を大げさに言い立てれば、自動化の負の側面を過度に懸念する声が広がりかねない。一方で、自動化の影響力を軽視すれば、個人的・社会的費用を最小限に抑える予防的な対策が疎かになり、結果的にごく自然な流れとして、人間の仕事を奪うテクノロジーへの反発が起きるおそれがある。[6] 次の自動化の波に働き手がどう反応するのか。もし歴史が参考になるのなら、産業革命の時代は移行期に多くの市民が放置され、結果的に技術発展に対する激しい抵抗が起きた（第5章参照）。イギリス政府は、進歩の大波に巻き込まれ逆上して機械を壊した職人と何度か衝突した。だが、すべての地域でそうした激しい抵抗が起きたわけではない。旧救貧法が現代社会への移行を助けた地域もある。経済史家のアブナー・グライフとムラート・イイギュンによると、福祉制度で貧困層が手厚い保護を受けていたイングランドの一部の地域では、技術変化に対する市民の抵抗が相対的にすくなく、社会の混乱も限定的だった。[7] 数こそすくないが、当時の一部の識者も、社会や政治の混乱を避けるため、技術発展で負け組になった人に補償することが重要だと考えていた。フレデリック・イーデン卿は一七九七年の著書で、機械が「社会全体の富の増進」につながると的確に指摘する一方で、「（機械化により）製造業で働く多くの個人が失業し、場合によっては塗炭の苦しみを味わう」と予想していた。「（機械化が）個人にもたらす不利益を軽減し、和らげるために、ぜひとも実現可能な範囲内で」救貧法を適用すべきだと主張し、適切な対応を怠れば、工業化以前のような機械への反発が起き、社会の停滞につながると訴えていた。[8]

　第11章で指摘したように、救貧法の適用例が一時増加したのちに減少した背景には、政治権力が地主階級から新しい都市部のエリート層にシフトしたという事情があった。都市部のエリート層は農村部にとどまる貧困層を支援するメリットを感じず、工場で働く労働者を必要としていたのである。だが救貧法の適用例の減少は「技術発展で人類に明るい未来が開ける」という見方がすくなかったことにも起因している。工業化は国益のために奨励され、イギリスが貿易で他国に負けない環境を整えるため手放しで推進された。イギリスではマルサス派がだいぶ前に力を失っていたが、マルサスのロジックは健在だった。マルサスの同世代の人もその後の世代の政治経済学者も「経済が成長しても人口が増えれば一人当たりの分け前が必ず減る」と信じていたのである。こうした信念から一つ引き出されたのが「所得を再分配して工業化のメリットを広く共有すれば、まちがいなく不幸を招く」という主張だった（第2章参照）。トマス・マルサスもデービッド・リカードも貧民救済には猛反対し、貧民を救済しても貧民の支援にはつながらず、子どもが増えるだけだと信じていた。[9] いまの私たちは、もう少し事情をわきまえている。

二〇世紀に入ると、労働者に押し付けられた調整コストを軽減すべく政府が配慮するようになった。労働組合は、政治部門も含め、事実上テクノロジーを成長の原動力として受け入れたが、その一方で社会のすべての成員が安心して暮らせる福祉制度の導入を求めた。個人の所得があらかじめ定められた下限以下にはならず、したがって損失が限定されるような社会。工業化で新たに創出された富をもっと社会保障費に回し、生活が苦しくなった人々への補償をこれまでより行いやすくする社会を求めたのである。すでに指摘したとおり、マルクスの予言した社会革命が実現しなかった大きな理由の一つは、労働者がテクノロジーの恩恵を受けはじめ、その結果、テクノロジーが自分たちの幸福の源泉になると正しく見抜いたことにある。蒸気エンジンの導入やその後の電化に伴い、労働者は新しい仕事が増え、賃金が上がり、最終的には機械の操作に必要なスキルを身につけた。だが、社会革命が起きなかったもう一つの理由は、政府が下からの革命のリスクを抑えたことにある。参政権の拡大、福祉国家の創設、勢いを増す変化への適応能力を高める教育制度の導入を通じて、下からの革命のリスクを抑制したのである。このため、いま起きつつあるＡＩ革命でも、当然のこととして、同じような規模の資本主義の刷新を求める声が上がっている。

何ができるのか

歴史を振り返ると、労働者にとって最悪の時代は、労働置換型の技術変化が起き、生産性も伸び悩んでいる。もし私たちも含め一部の人々が考えているように、ＡＩの技術が素晴らしいものになるのであれば、私たちは長期的にもっと楽観的になってもいい。ダロン・アセモグルとパスカル・レストレポが指摘するように、すばらしい技術は平凡な技術よりも労働者をはるかに幸福にする。私たちがさらにゆたかになり、人間が提供するモノやサービスの需要が増えるためだ。[10]実際、コンピュータの導入で生産性が一時的に急上昇した一九九五〜二〇〇〇年は、その前後の時期と比べて賃金の上昇ペースが速かった。だが、生産性の伸びはむろん高いに越したことはないが、労働置換型の技術の場合、賃金の伸びが生産性の伸びを下回り、その過程で一部の労働者が所得を失うおそれがある。たとえ他の経済分野で新しい雇用が創出されてもだ。これが近年起きていることであり、工業化の初期に起きたことでもある。[11]

いまの全米の失業率は四％前後。ロボットは増えているが、仕事がすぐになくなる気配はない。だが、自動化の影響で大勢の人々の賃金が低下しており、一部の人は労働人口から脱落している。とくに厄介なのは、労働人口から外れ、失業者にはカウントされない元労働者の比率が増えていることだ。ニコラス・エバースタットは著書『無職男性』で、いまの傾向が続けば二〇五〇年には二五〜四五歳の男性の二四％が無職になっていると推定する。とくに失業が多いのが、ハイテク化する一方の経済で競争できるスキルのない高卒以下の男性だ。[12]こうした人々は自動化のあおりで所得が低下しており、必要なスキルがないため、新たに登場する高給の職に就く資格もない（第9章参照）。

いまの傾向が今後数年にわたって続けば、自動化による勝ち組と負け組の格差は一段と拡大する。そして、それが現実になると考える根拠は十分にある。すでに指摘したように、いまある仕事を自動化できるかどうかを調べてみると、大卒の資格を必要とする職種の大半はまだ自動化がむずかしい。だが、レジ係、調理係、コールセンターのオペレーター、トラック運転手といった多くの低スキル職は消滅するとみられる（ただし、消滅する時期はきわめて不透明だ）。一方で、引き続きＡＩにはこなせない低スキル職もある。フィットネスクラブのトレーナー、ヘアスタイリスト、コンシェルジェ、マッサージ師など、対人スキルやコミュニケーション能力を中心に成り立っている多くの対人サービス業は、まだ自動化の心配はない。[13]

将来どのような仕事が登場するのか、正確に知るすべはない。産業革命が到来したとき、多くのイギリス人が電信技手、機関士、鉄道整備士になるとはだれも予想できなかったはずだ。いまの未来学者も、ＡＩが生み出す職種については、これまで同様、予測手段が限られている。公式な雇用統計も、新しい職業を把握するという点ではつねに後手に回る。新しい職種は職業人口が一定の水準に達するまでデータに記載されないからだ。その点、ビジネス向けSNSの「リンクトイン」などの情報を見ると、すくなくとも現時点でどのような職種が誕生しているのかがわかる。一部の例を挙げれば、機械学習エンジニア、ビッグデータ・アーキテクト、デジタル・マーケティング・スペシャリスト、アンドロイド・デベロッパーといった仕事だ。[14] その一方で、ダンス系エクササイズ「ズンバ」のインストラクター、フィットネスクラブ「ビーチボディ」のコーチといった仕事も見つかる。[15]

テクノロジーがますます高度化する世界では、スキルを習得すれば見返りが増えるという傾向は消滅するより強まる可能性が高い。AIもコンピュータ同様、高いスキルが必要な仕事を生み出すとみられるが、その過程で、まだ自動化がむずかしい対人サービス職の需要が増えるはずだ。すでに指摘したように、最近の雇用創出の多くは、いわゆる雇用の乗数効果を中心に成り立っている。コンピュータがソフトウェア・エンジニアやプログラマーといった仕事を生み出し、そうした人々の職場や生活圏で対人サービス職の需要が増えているのだ（第10章参照）。このため、高スキルの仕事が豊富にある地域は、低スキル労働者の賃金も相対的に高い。カリフォルニア州サンノゼのフィットネスクラブのトレーナーやエアロビクスのインストラクターの二〇一七年の平均年収は五万七二三〇ドル。ミシガン州フリントでは三万五五五〇ドルだ。もちろん、さまざまな要素があるため単純な比較はできない。サンノゼがあるベイエリアの生活費がフリントより高いのは事実だ。だが、ベイエリアのほうが娯楽施設が多く、健康的な生活を送れ、公共サービスも充実している。犯罪率も低い。これも事実だ。

このため、自動化は二重苦を意味する。中流階級の労働者が機械に仕事を奪われた地域では、地元のサービス業の需要も減る。スキルの高い地域と低い地域の差が急激に広がることで、高スキル労働者と低スキル労働者の格差が一段と拡大する。ソフトウェア・エンジニアリングの奇跡で繁栄するベイエリアと、別の地域で開発された新しいテクノロジーの導入で労働者が苦しむラストベルト。中流階級の仕事が干上がった多くの地域では、所得の消滅がさまざまな社会問題を生み出している。犯罪の増加、未婚率の増加、健康状態の悪化（第10章参照）。周知のとおり、こうした問題の多くは、世代間の社会的移動性が低いと増える傾向にある。同じ問題が次の世代にも受け継がれるため、後々まで地域社会に禍根を残すことになりかねない。この点を踏まえれば、ポピュリズムの魅力は理解できなくもない。成長の中心地から疎外され、絶望の地から抜け出せない人々の怒りを代弁してくれるからだ。

本書で伝えたいのは、こうしたことは以前にもあったということだ。マキシン・バーグの言葉を思い起こす必要がある。産業革命では「労働者は、地理的にも職業面でも移動の必要に迫られた。これは前例のない事態である」。機械は「失業を意味した。すくなくとも失業のリスクを意味した」「よくても産業間または産業内での一時的な移動を意味」した。しかし何よりも次の点を心に留めておかなければならない。「一八二六年のランカシャーにおける機械破壊や一八三〇年のスウィング暴動を経済学者が重く見た（ことからわかるように）この時期の経済学における考え方の変化は、階級闘争と結びついている」[16]。

エンゲルスの休止は、最終的には終わりを迎えた。労働補完型の技術が救いの手を差し伸べ、労働者が新たなスキルを習得した。だがそれまでには三世代にわたるふつうのイギリス人が、生活水準の悪化を強いられた。幸い、いまの政府は技術変化がもたらす社会的費用を以前よりも責任をもって引き受けられる。現実問題として、働き盛りの無職男性の比率が増え、高卒者以下の経済力の低下が続くなか、ＡＩを通じた自動化の進展が短期的にどのような変化をもたらすのか、慎重に考える必要がある。生産性の向上でパイが増えれば、理論的には誰もがゆたかになれる可能性がある。課題は技術の分野ではなく、政治の分野にある。私たちをゆたかにする巨大な潜在力を秘める一方で、労働者を混乱に陥れる恐ろしい力を持つＡＩ。この点を踏まえれば、短期の問題には政府が慎重に対処すべきだ。イギリスの産業革命を生きた多くの人々にとって、短期とは一生を意味した。

アメリカの財務長官を務めたラリー・サマーズはこう指摘している。「確実なことはほとんどないが、後退するより前進したほうがいい。つまり技術の進歩は拒絶するより受け入れたほうがいい……。この点をめぐる議論の行方が、今後一〇年の先進国の政治を決定づけることになるのではないか」[17]。テクノロジーの罠を逃れるには、政府が生産性の向上に弾みをつける政策を導入する一方で、労働者が自動化の荒波を乗り越えられるよう助け舟を出す必要がある。自動化の社会的コストに対応するには、教育制度の大改革、移住を支援するバウチャー制度、転職を阻む障壁の緩和、社会や経済の格差につながる建築規制の撤廃、税額控除を通じた低収入世帯の所得底上げ、機械に仕事を奪われた人々への賃金補償、次世代への悪影響を緩和する幼児教育への投資――が必要だ。それでは、具体的に何ができるかをもう少し細かくみていこう。

教育

もし人々が機械を使って競争するなら、機械に対する反発は減るはずだ。歴史を振り返ると、労働者は急激な技術変化に教育を通じて対応してきた。経済学者のクローディア・ゴールディンとローレンス・カッツが二〇〇八年に発表した名著『教育とテクノロジーの競争』によると、二〇世紀の最初の七五年間はアメリカ経済が堅調に推移し、教育が普及したが、これは偶然の一致ではない。前者はすくなくとも部分的には後者の結果だった。二人は、アメリカが二〇世紀に覇権を握ったこと、二〇世紀が人的資本の時代だったことは歴史の偶然ではないと指摘している。「近代化が進む時期の経済成長には、教育を受けた労働者、マネージャー、起業家、市民が必要だ。近代的な技術を発明し、刷新し、導入して維持していかねばならない。舵取りには有能な労働者が必要だ。さまざまな意味での急激な技術発展が二〇世紀の特徴だった。アメリカ人は世界で最高の教育を受けていたため、発明や起業家精神、また最新技術を利用したモノやサービスの生産で、どの国よりも有利な立場に立てた」[18]。

第8章で指摘したが、アメリカの労働市場の動向は、一九八〇年までは「テクノロジーと教育の競争」という視点でうまく説明できる。一九八〇年以降は、労働者を不要にする労働置換型の技術変化が次第に増えていった。だが、こうしたタイプの技術変化では教育の重要性は低下するのではなく、むしろ高まる。学歴によって自動化への対応に大きな差が出たことは第9章で見た。中程度のスキルが必要な中所得の仕事が干上がりはじめると、低所得のサービス業におちぶれたり、労働人口から脱落する人が出てきた。その圧倒的大多数は高卒以下の市民であり、大卒者のほうはキャリアアップするケースが目立った。

低スキルの仕事は消滅していないが、すでに指摘したように今後の自動化の対象になりやすい。一方、大卒の資格を必要とする職業はまだ相対的に安泰だ。将来の仕事がどのようなものになるのか、具体的にどのようなスキルが必要になるのかは何とも言えないが、新しいスキルの習得を妨げる原因の一部はわかっている。ほぼまちがいなく最大の政策課題と言えるのは、調査で次々にあきらかになっているように、家庭環境の不利な子どもは判で押したように学校の成績が悪いということだ。読者もご存じのとおり、早い段階で計算や読み書きといった基本的なスキルを習得できなかった子どもは、学年が上がっても同級生についていけないケースが多い。そもそもなぜそうしたスキルを習得できないのか。低所得世帯の子どもが、家での読書や何気ない会話など、親が大学を出ている家庭ではごく当たり前の知的な刺激を往々にして受けていないことが一因だ。また、所得分布の上位二〇％に入る家庭では、子供の課外活動や教材（書籍、コンピュータ、音楽のレッスンなど）に下位二〇％の家庭の七倍のお金をかけていることもわかっている。[19] そうなると、自動化で多くの親が所得を失えば、その子どもたちも、将来の可能性が狭まることになる。経済学者のジェフリー・サックスらによると、ＡＩにはいまの世代の仕事・賃金・貯蓄を減らすリスクがあるだけでなく、結果的に将来世代の貧困を招くリスクもある。[20]

政府は公平な環境を整備するために幼児教育への投資を大幅に増やすべきだ。家庭環境が不利な子どもと、相対的に家庭環境がよい子どもの知識と能力の差は早い時期に広がり、一生続く傾向がある。このため、質の高い幼児教育への投資を積極的に進めるほうが、後の段階で差を縮める政策より効果が高く、経済的にも望ましい。実際、貧困層の子どもに就学前の教育を受けさせれば、費用対効果が高い。ノーベル経済学受賞のジェームズ・ヘックマンらの研究によると、就学前の子どもに特別な教育を施す「初期介入」は長期的に劇的な威力を発揮する。成績の大幅な向上、健康状態の改善、生産性の上昇、犯罪の減少を通じて、年七〜一〇％の投資リターンを実現できるという。[21] 科学雑誌「サイエンス」に発表されたアーサー・レイノルズらの研究も同じ結論に達している。この研究は、シカゴで導入されている幼児教育制度「親子センター教育プログラム」に参加した一四〇〇人以上を二五年間にわたって追跡調査したものだが、この制度に参加した人は、参加しなかった人に比べて、学業・所得・薬物乱用・犯罪の面でいちじるしく良好な実績を残しており、男性や、親が高校を出ていない子供に長期的な効果が見られた。[22] 推計はむずかしいが、現状ではどのような基準で見ても、社会全体がチャンスの格差であまりにも大きなコストを被っている。経済学者の推計では、子どもの貧困がアメリカ経済におよぼすコストは年間の総額で五〇〇〇億ドルだ。これはＧＤＰの約四％に相当する。生産性の伸び悩み、犯罪率の増加、医療費の拡大でこうしたコストが発生するのである。[23]

もっとも、こうした研究ではいずれも以下の事実を説明できない。チャンスの格差はほぼ確実に将来のイノベーションのペースにも一定の影響をおよぼす。経済学者のアレクサンダー・ベルらは、なぜ一部のアメリカ人が他の人よりもイノベーション力があるのかを分析する先駆的な研究に乗り出した。特許の記録から一二〇万人の発明家のデータを調べたところ、低所得世帯の子どもは、たとえ高所得世帯の子どもと試験で同じ成績を収めていても、発明家になる可能性が格段に低い[24]。進級するにつれてイノベーション力のギャップが広がるのは「低所得世帯の子どもが、時間の経過とともに高所得世帯の子どもに着実に後れをとるからだ。おそらく学校や子どものころの環境の差が原因ではないか」と分析している[25]。

また、チャンスの格差が悪影響をおよぼすのは経済だけではない。民主主義にも悪影響をおよぼす。二〇～二五歳の大卒者は政治を論じたり、官僚と接触したり、ボランティア活動などに参加するケースが際立って多い。どんな形であれ市民活動とはまったく縁のない高卒者は大卒者の二倍以上に達する。民主主義への参加という点でも、大卒者のほうが二倍から三倍、国政選挙で投票する可能性が高い[26]。おそらく、さらに懸念すべきことに、政治学者のカイ・シュロズマン、シドニー・ヴァーバ、ヘンリー・ブレイディの研究によると、政治に参加するかどうかについては、世代間の影響力が増しており、子供が親の政治参加度を受け継ぐ傾向がみられる。つまり、教育水準の高い親や裕福な親は、子供の就職の可能性だけでなく、政治参加度にも影響力を発揮する[27]。これはよく知られたジレンマにつながる。ロバート・ダールが言うように「あなたが国の政治に関する平等な発言権を奪われたとしよう。この場合、あなたの関心事が、発言権のある人の関心事と同じ注目を集める可能性は非常に低い。発言権がなければ、誰があなたの声を代弁してくれるだろう[28]」。実際、低スキル労働者の政治的発言力が低下したことで、自動化への不満に対処するのがむずかしくなっている。主流派の政治家はもう低スキル労働者の声を代弁してはくれない（第11章参照）。

再訓練

すでに就職しているが、自分の仕事がＡＩに奪われるリスクのある人には、どんな支援ができるのだろうか。職業訓練で失業を減らすという考え方は広く普及しており、急激な技術変化への対応で多用されている。自動化への不安が高まった一九六〇年代は、職業再訓練が国の優先課題となった。ジョン・Ｆ・ケネディ大統領は一九六二年の一般教書演説で「働く意欲のある健康な若い労働者が、機械化、工場移転、鉱山閉鎖によって持ち合わせていた唯一のスキルの価値を失い、再就労できないような無駄をなくさなければならない」として労働力開発訓練法（ＭＤＴＡ）の制定を議会に求めた。[29] ＭＤＴＡは一九六二年三月一五日に成立した。自動化で取り残された多くの労働者を訓練・再訓練する連邦政府初の職業訓練制度となった。その後、すぐに訓練対象も広がり、一九六三〜七一年に約二〇〇万人のアメリカ人が受講した。受講者はその後どうなったのか。経済学者のオーレイ・アッシェンフェルターは一九七八年にＭＤＴＡの評価に乗り出した。だが明快な答えは出なかった。この制度は当初、とくに呑み込みが早い層の再訓練を重視し、その後、呑み込みが遅い層に軸足を移したが、後者では多数の脱落者が出た。この制度に参加した労働者の所得が上がった形跡は一部で見られたものの、アッシェンフェルターは費用対効果があったかどうか、判断はむずかしいとの結論を下している。[30]

ＭＤＴＡ以降、連邦政府はさまざまな雇用・職業訓練制度を導入しているが、多くの制度は効果の判定が困難だ。訓練期間中の逸失利益の算出がむずかしいこと、大半の訓練制度でコストに関するデータが乏しいこと、また、たいていの場合、受講後数年の結果しか追跡調査を実施しておらず、たとえ所得に対する効果があったとしても、時間の経過とともに効果がどの程度薄れたのか判断できないことが理由だ。[31] 最近、文献レビューを行った経済学者のバート・バーナウとジェフリー・スミスは「総合的に判断すると、最近のデータを見る限り、効果はまちまちだが、やや失望を招く結果が出た」と結論づけている。[32] 政策面の結論としては、成人の再訓練という考え方を否定すべきではないが、実証実験を行わないまま大掛かりな職業訓練制度に過度な期待を寄せるのは賢明とは言えない。試行錯誤を通じて、実地の経験からどのような分野で何が効果的なのかを見極めるという戦略をとるべきだ。もちろん、職業訓練以外にも興味深いアイデアはいくつかある。たとえば、メイン州とワシントン州ですでに導入されている「生涯学習口座」では、自分の訓練に自己投資する低所得者に優遇税制を適用している。参加資格のある人は、この制度の下で年間最大二五〇〇ドルを自己投資できる。このうち最初の五〇〇ドル分については五〇％、五〇〇ドルを超える分については二五％の税額控除が各年度に適用され、税金の払い戻しを受けられる。戻ってきたお金は、失業への対応や広い意味でのキャリアアップなど、自分のキャリアのさまざまな段階で訓練目的に利用できる。だがこうした制度を拡大するのであれば、その前にどの程度の効果があるのかを慎重に見極める必要がある。

さらに広範な教育・職業訓練制度の大改革が必要かもしれない。ハーバード大学のクレイトン・クリステンセンは、人によって学習のニーズはちがうのに、なぜ画一的な学校の授業を一定期間受けなければならないのかと強く訴えている。産業革命の余波で登場した工場型の教育モデルは次第に多くの次元に広がった。授業時間は増え、学習対象は広がり、学校に通う期間も伸びた。たしかにこれは悪いことではない。だが、人生の後半でつねに最新のスキルを習得しなければならないとすれば、もっと柔軟な教育制度が必要になる。標準化された課程を完全に履修するという形ではなく、学習プロセスを細かく分割して、学生が自分で習得したいスキルや能力を一覧表から選ぶという形も考えられる。たとえば、いまなら「大規模公開オンライン講座（ＭＯＯＣ）」を活用して、最新のスキルを学びたい人にモジュール化（分野ごとに個別化）した教育を提供できる。自分のペースで履修することも可能だ。

賃金補償

再訓練で誰をも救えるわけではないことも認めなければならない。人生の後半で解雇され、自分のスキルが不要になった人は、たとえ賃金が下がっても低スキルの仕事に就くほうが楽だと感じるかもしれない。すでに指摘したように、解雇された人の多くは転職後に所得が大きく下がることがさまざまな調査で一貫してあきらかになっている。特に年配の人はその傾向が強い。解雇され、「転職しても賃金が大幅に下がる」という人には再訓練も失業保険も救いにはならない。だが、低賃金の仕事への転職を余儀なくされた人に賃金を補償すれば、自動化で生活水準が悪化する人を減らすことができる。そうなれば、まったく働かないよりも低スキル職で働いたほうが収入が増えることになり、仕事をしない低スキル労働者の割合を減らせる可能性が高い（第９章参照）。アメリカでは現在、貿易調整支援制度（ＴＡＡ）の一部として賃金補償が導入されている。ＴＡＡは海外からの輸入で悪影響を受けた特定産業の労働者を支援するための連邦政府の制度だが、対象は年収五万ドル以下の五〇歳以上の労働者に限定されている。この制度を拡充し、すくなくとも自動化など、所得の長期的な減少につながりうる混乱の原因にも対処すべきだ。経済学者のロバート・ラロンドの言葉を借りれば「民間市場には自然災害や火災に備える保険があるが、中年の労働者が職を失い賃金の回復が見込めない事態に備える保険はない。これは市場の失敗であり、政府が是正すべきだ[33]」。

税額控除

大衆紙では、自動化や脱工業化で生じる個人の損失に歯止めをかける手段として、「ユニバーサル・ベーシックインカム」（すべての国民に対して最低限の所得を保障する制度、ＵＢＩ）がさかんに論じられている。もちろん、技術変化とはまったく関係なく、ＵＢＩを支持する声もあるが、これはお勧めできない。ＵＢＩはロボットの導入に対する不満を抑える切り札となるのか——これがここでの論点だ。ＵＢＩはミルトン・フリードマンの「負の所得税」という昔からある発想と密接な関係があり、要は働いても働かなくても最低限の所得が保障される。働けば追加の所得を得られるというしくみだ。これはそもそも、ＵＢＩを導入すればいまある他の福祉制度が不要になるという発想で考案された。そのような形で導入すれば、有権者が大幅な増税を進んで受け入れない限り、不公平感が増すというのが難点だ。というのも、いまある福祉制度の目的は所得分布の下位に位置する貧困層を助けることだが、ＵＢＩ（これはすべての国民が給付金を受け取れる）を導入すれば、所得の再分配を受ける層が、事実上、所得分布の上方に広がることになる。ただ、もっと根本的な話をすれば、「困窮していない人に資源を移転するのはおかしい」と感じる有権者が大半を占めていたからこそ、いまのような福祉国家が登場したのである。[34] つまり、ＵＢＩを実現するには有権者の態度と政治を大きく変える必要があるのだが、過去数十年で経済・政治面の分断が急激に広がったことを考えれば、それはまず無理だろう。経済的な棲み分けが広がったことで、他の所得層の現実をじかに知る機会が減っており、階級間の一体感は弱まっている（第11章参照）。

もしＡＩの導入で大量失業の現実的なリスクが生じた場合は、有権者の態度が変わるかもしれない。だが、当面は広範な失業が差し迫った課題になる兆しはない。すでに見たように、あらゆる領域の人間の仕事がＡＩに置き換えられるまでにはまだ長い時間がかかる。地平線上にみえる新しい技術が一斉に到来することもないだろうし、一夜にして導入されることもないだろう。また、歴史を振り返れば明々白々だが、仕事がなくなるという不安はいつの時代も杞憂に終わっている。今回はちがうと考えるなら、すくなくとも理由を説明できなければならない。だが自動化への不安が広がった一八三〇年代、一九三〇年代、一九六〇年代、二〇一〇年代など過去の事例を見るにつけ、技術はこれほど進歩したが、議論はほとんど深まっていないと嘆息せざるを得ない。私はこの本を執筆するため、さまざまなリサーチを行ったが、過去の自動化をめぐる議論にはなかった、「今回はちがう」という根拠を一つも見つけることができなかった。

もう一つの誤った主張は「人間は働くのが嫌いだから福祉国家よりＵＢＩのほうが望ましい」というものだ。たとえば、一九七〇年、ＵＢＩの導入を強く訴えていた労組指導者のウォルター・ルーサーは、将来、労働時間が減り、音楽や絵画や科学研究に没頭できる時代が来ることを待ち望んでいた。ゆたかになるにつれ、労働時間が減り、自己実現のために充てる時間が増えると主張していたのである。だが、たいていの人は自分の仕事に充実感と意義を感じている。一方で、テレビの視聴時間と個人の幸福度は逆相関の関係にあることが多くの研究であきらかになっているが、時間の使い方に関する調査を見ると、就労機会が悪化している低スキル労働者は、余暇の時間の多くをテレビの前で過ごしている[35]。人類学者のデービッド・グレーバーは『ブルシット・ジョブ　クソどうでもいい仕事の理論』（邦訳岩波書店）というウィットに富んだエッセイで、たいていの人が自分の仕事は無意味だと感じながら働いていると指摘しているが、大規模な調査では正反対の結果が出ている[36]。また、国や時代を問わず、働いている人は働いていない人より幸せな生活を送っていることがさまざまな調査で一貫してわかっている[37]。オックスフォード大学のイアン・ゴールディンが指摘するように、「個人は仕事を通じ、所得だけではなく、存在意義、地位、スキル、ネットワーク、友情を手に入れる。所得と仕事を切り離し、自宅にいる人に報酬を与えれば、社会腐敗の温床になる[38]」。

このため、仕事の有無や収入にかかわらず、国民全員に補助金を支給するＵＢＩよりは、補助金の対象を経済力が落ちている低所得労働者に絞るほうが賢明だ。ＵＢＩは以上のような理由でいまなお物議を醸しているが、後者の政策には幅広い支持が集まっている。たとえば、ジョージ・Ｗ・ブッシュ政権で大統領経済諮問委員会委員長を務めたグレン・ハバードは最近、ワシントン・ポスト紙に寄稿し「経済成長はすべての船を持ち上げる上げ潮になると考えている陣営は、経済成長だけでは全員が恩恵を受けられない場合、どうなるのかという問題と向き合う必要がある」[39]と主張し、低所得層に職業訓練や子供の教育に使えるバウチャーを支給することを提案している。ハバードは「給付つき勤労所得税額控除（ＥＩＴＣ）」の対象拡大も提唱した。

このＥＩＴＣは、働いている低所得層に限定した負の所得税で、すでに成果が出ている。複数の研究によると、この制度を利用した人は手取りの所得が劇的に増加した。制度の拡充でひとり親の復職も増えた。ＥＩＴＣを利用している世帯の子どもも、算数・国語の成績が上がり、大学への進学率が上昇するなど、幸福度と学業という点できわめて大きなメリットを受けている。[40]このため、当然とも言えるが、ＥＩＴＣ制度が充実した州では世代間の社会的移動性も高まっている。[41]社会学者のレーン・ケンワーシーは「ほんの数千ドルの現金を支給するだけで、とくに支援を必要としている子どもたちに、一生涯続く大きな後押しができる」との研究報告をまとめている。[42]

以上の理由で、ＥＩＴＣを拡充すべきだ。第一に、子供がいる低所得世帯への給付を増やせば、不利な環境にある子供が上に行けるチャンスが高まるという点で公平な環境づくりに役立つ。第二に、受給要件を満たす子どもがいない人への給付金は現在、最低限に抑えられているが、こうした人々への支援を増やす意味はある。すでに見たように、大卒者と高卒以下の人の格差は今後も広がる可能性が高い。このため、政府が低賃金職の報酬を底上げし、勤労意欲の向上と格差是正につなげる必要がある。これはＥＩＴＣやそれと同等の制度で実現が見込める。もし過去の例が参考になるなら、低スキル労働者の労働参加率上昇という形でコストの一部を補えるだろう。

職業に関する規制

これとは別に、転職を容易にする一連の政策も必要になる。転職を阻む規制は生産性、賃金、格差に悪影響をおよぼす。もちろん、医師や看護師といった職業を免許制にする意味はある。だが、専門職の数が増える中で、免許を取得した人にしか有料の専門サービスの提供を認めないというアメリカ政府のやり方は問題だ。たとえば、テネシー州では七日間の訓練課程を履修し二回の試験に合格しなければ、美容院で客にシャンプーをすることはできない。全米では法律上免許がなければ働けない人の割合が一九七〇年の一〇％から、二〇〇八年には三〇％近くに増えている。[43] 免許の取得には人的資本への多額の投資と免許料が必要となることが多い。このため、機械に仕事を奪われたアメリカ人が免許の要る仕事に転職する可能性は低く、免許を取得した人も別の仕事に移ることはすくない。また、免許の要件は州によって（場合によっては郡によっても）大きく異なることが多く、免許が必要な仕事で働いている人が転居先で免許を取り直すという追加投資を迫られることも珍しくない。このため、当然の話とも言えるが、免許制の仕事が多い地域では失業率も高いことが経済学の研究でわかっている[44]。

また、従業員が同業他社への転職を一定期間見合わせることに同意する「競業禁止条項」の活用も多くの州で増えており、こちらも事業を拡大している企業に移りたいエンジニア、サイエンティストなど専門職の転職を阻む要因となっている。シリコンバレーが成功を収めた最大の理由は、気軽に転職できることだという指摘は多い。たしかに、ゴードン・ムーアとロバート・ノイスがフェアチャイルド・セミコンダクターを飛び出し、一九六八年にインテルを設立したのは、シリコンバレーの歴史にとって決定的な瞬間だった。よく知られているように、カリフォルニア州のコンピュータ業界全般、とくにシリコンバレーは、全米のどの地域と比べても格段に転職率が高い[45]。なぜか。雇用契約に誓約条項を盛り込むことを一切禁じた一八七二年のカリフォルニア州民法典のおかげだというのが一つの有力な説だ。だからこそ、ムーアとノイスがフェアチャイルドの退職後にすぐにインテルを設立できたというわけである[46]。

経済学者のスティーブン・クレッパーによると、最盛期のデトロイトの自動車産業の繁栄を支えていたのも、同じようなダイナミズムだった。この点でデトロイトの発展とシリコンバレーの発展には多くの共通点がある。[47] デトロイトがあるミシガン州も、競業禁止条項を長い間禁じていた。ところが、一九八五年のミシガン州の反トラスト法改正で同条項が解禁される。私とソー・バーガーの共同調査によると、ミシガン州では、これを受けてテクノロジー面のダイナミズムが低下した。法改正がなかった似たような州と比べてコンピュータ関連の新しい仕事に転職する人が伸び悩んだのである。[48] つまり、競業禁止条項の解禁が、イノベーションの中心地としてのデトロイトの地位低下に拍車をかけたと言える。したがって、具体的な効果は不透明だが、過剰な職業免許制度の是正と競業禁止条項の撤廃を検討する価値はある。

転居

アメリカの都市にとってコンピュータ革命は諸刃の剣となっている（第10章参照）。高スキル人材が集まる都市は、スキル集約度の高いコンピュータ技術をうまく活用し、その後の繁栄を築くことができた。一方、アメリカの問題の多くは、ロボットが中流階級の仕事を奪っている地域に集中している。将来に目を転じると、対面コミュニケーションの代替技術（ウェブ会議など）によりよいものが開発されたとしても、物理的に近くにいなければ生まれない自然発生的な出会いが不要になるわけではない。デジタル・コミュニケーションはすくなくともどちらか一方が必ずあらかじめ予定を立てなければならず、職場で起きるタイプのランダムな交流は離れた場所では起きない。むしろ、AIの導入で生産のスキル集約度が高まれば、場所の近さという価値も高まる可能性が高い。このため、地理上の制約はさらに強まるだろう。

歴史を振り返れば、移住とは都市が貿易・テクノロジー面の衝撃に適応するためのメカニズムだった。労働者が移住した地域では、第二次産業革命に付随して新しい産業が生まれ、中程度のスキルが要る高給の工場職が大量に創出されていた。この「大移住」では、何百万人というアメリカ人が南部を去り、シカゴやバッファローといった繁栄する工業都市に移住した。農業労働者も農場を去り、ピッツバーグやデトロイトなど好景気に沸く都市に移った。生産性の高い地域に次々に人が押し寄せた結果、所得の地域格差が縮小した。だが今日、移住はかつてのような格差是正の機能を果たしていない。シンボリック・アナリストはいなお非常に転居が多いが、コンピュータ革命の幕開け以降、低スキル労働者が移住する可能性は低下している（第10章参照）。一因は金銭的理由かもしれない。たとえ高スキル労働者の集まる都市のほうが働き口が多くても、移住は投資であり、前払い金が必要だ。このため、転居に補助金を出すメリットはある。この点については経済学者のエンリコ・モレッティが説得力のある主張を展開している。[49] 転居に使えるバウチャーを支給すれば、失業者がどこか別の地域で就職し、所得の地域格差が縮小するという形で元が取れるかもしれない。一部の人は、そのようなバウチャーを支給すれば、さびれた地域からの人口流出に拍車がかかり、ますます悲惨な状況に陥りかねないと反論するだろうが、そうした地域に残る人も、仕事にありつけるチャンスが増えるというメリットを受ける公算が大きい。

住宅および用途規制

もう一つのジレンマは、魅力が増している高スキル労働者の集まる都市では住居費が上昇し、手ごろな価格の住宅が減ることだ。この問題に対処するため、新規の雇用が創出されている地域では住宅の供給を増やす必要がある。そのためには一部の用途規制（最低敷地面積の制限、高さ制限、集合住宅の禁止、時間のかかる許認可手続きなど）を減らさなければならない。用途規制は、繁栄する地域で生活できる人の数を事実上制限していると言える。ニューヨークやベイエリアといった活力みなぎる土地では、新規の住宅供給が厳格に規制されており、ハイテク産業が生み出す経済成長に参加できる労働者の数が事実上、制限されている。その結果、ハイテク企業も住居費の上昇で人材確保がむずかしくなっている。だが、さらに深刻なのはミシガン州フリントで失業した人がボストンで仕事を見つけても、住居が高すぎて住めない。すでに指摘したように、自動化の次の波では、多くの低スキル職が不要になるが、自動化がまだきわめて困難な対人サービス業は多岐にわたる。そうした仕事は、お金に余裕のある人が多い高スキル労働者の集まる都市で創出されると考えるのが自然だ。

用途規制は、経済成長の鈍化、雇用縮小、賃金低下、所得の地域格差拡大といった複合的な影響をもたらしている。経済学者の試算によると、そうした住宅規制がなければ、アメリカ経済の規模はいまよりも九％大きく、平均的な国内労働者の平均年収が六七七五ドル増えていた。[50] 土地の利用規制撤廃には、別のうれしい副次的な効果もある。トマ・ピケティの実証研究によると、資産格差の驚異的な拡大は、ほぼすべて住宅に起因している。[51] 土地の利用規制に伴う住宅価格の上昇が一因になっていることはまちがいなく、そうした規制を廃止すれば問題の一部を解決できるはずだ。[52]

高スキル労働者の集まる都市の拡大・発展を阻む障壁を撤廃すれば、社会的移動性を高める一助にもなる。ラジ・チェティ、ナサニエル・ヘンドレン、ローレンス・カッツによると、ある人が九歳でオークランドからサンフランシスコに移り住めば、大人になったときにサンフランシスコの所得水準には届かないとしても、格差を半分以上詰めることができる。[53] 用途規制はランダムに分布しているのではなく、所得の高い都市とその近隣に集中しているため、相対的に貧しい地域で生まれた人はさらに不利になる。つまり、用途規制により、低所得層が社会資本や優れた学校の多い地域から締め出されているのである。

規制の撤廃にはノベーションを促せるというメリットもあるだろう。イノベーション力のある人が多い地域で育った子供は、早くからイノベーションを身近に感じ、自分自身もイノベーション力のある人間になる確率が格段に高い。これは将来どのような分野でイノベーション力を発揮するかにも影響することがわかっている。たとえば、シリコンバレーで育った人はコンピュータ分野でイノベーション力を発揮する可能性が高いし、ミネアポリスなど医療機器に特化した地域で育った人は医療関連技術でイノベーション力を発揮する可能性が高い[54]。

輸送インフラ

高給の職が多い労働市場と住居費が安い地域を結ぶ輸送インフラがあれば、好調な地域経済の恩恵に与れる人が増える。さびれた地域（仕事が干上がり、住居費が安い地域）と発展している地域（仕事が豊富にあり、住居費が高い地域）を結ぶ地下鉄や高速鉄道があれば、所得の地域格差の是正につながるだろう。そうしたつながりができれば、さびれた地域のサービス業も活気づくはずだ。人々は収入の多くを地元で使うからだ。現在、カリフォルニア州の低所得地域（サクラメント、ストックトン、モデスト、フレズノ）とベイエリアを結ぶ高速鉄道を建設する動きが出ているが、経済学者はこの計画の潜在的なメリットを指摘している[55]。カリフォルニア州の多くの住民が住居費の安いフレズノにとどまったまま、サンフランシスコに通勤できるようになる可能性がある。

将来的には新しい輸送技術を利用して、はるかに離れた遠隔地を結べるかもしれない。空気抵抗や摩擦のない真空チューブを鉄道が走る「ハイパーループ」技術を導入すれば、遠隔地に超高速で移動できる可能性がある。たとえば、ハイパーループ・トランスポーテーション・テクノロジーズ社はこのほど、オハイオ州クリーブランドとイリノイ州シカゴを結ぶさまざまなルートについて実行可能性調査を行うことでイリノイ州運輸省と合意した[56]。現在通勤するには車で片道五・五時間、公共輸送機関で七・一時間かかるが、ハイパーループが実現すればこの通勤時間を二八分に短縮できる。ある日突然、長距離通勤が可能になるかもしれない。

再開発

残念ながら、あまり成果を期待できないのが、個人ではなく地元産業に的を絞った地域密着型の政策を通じて、さびれた都市を再開発する計画だ。たしかに、こうした政策で新たな雇用の誘致に成功した事例はあるが、そのために相当なコストがかかっている。たとえば、一九九〇年代には疲弊した都市部や農村部が「再開発重点地区（エンパワーメント・ゾーン）」に指定され、助成金や企業向けの税額控除といった優遇措置を通じて地元の雇用を増やした。だが、新しい雇用を一人分創出するのに推定一〇万ドルのコストがかかっている。[57] 地域社会を再活性化する大規模なプロジェクトは、その地域の持続的な成長を生み出すとしても、他地域に投入されるはずだった資源を横取りしたと言える。この種の試みでアメリカ史上最大の規模となったのが、大恐慌のさなか、一九三三年に成立したテネシー川流域開発公社（ＴＶＡ）法だ。同公社はテネシー川流域で経済の近代化を急ぎ、製造業を誘致するため、電気など将来性のある新しいテクノロジーを導入し、ダム、広域道路網、六五〇マイルにおよぶ運河の建設など大規模な公共事業を進めた。こうした対策はテネシー川流域にとってはたしかにプラスだった。雇用への好影響は二〇〇〇年前後まで見られ、その後、効果に陰りが出はじめたものの、他の同じような地域に比べれば急ピッチな経済成長を維持していた。だが、テネシー川流域で製造業の雇用が創出された分、他の地域で雇用が減少した。これは不都合な真実と言える。というのも、連邦・地方政府は地域密着型の政策に毎年推定九五〇億ドルを投じているが、これは失業保険支出を大幅に上回るのである。[58]

くわえて、いまは製造業の自動化が進んでおり、物的資本への投資を重点的に進めても、地元経済が受けるメリットは以前よりも格段に減っているとみられる。出遅れた地域で成果が期待できるのは、リソースを人的資本への投資に回す政策だ。経済学者によれば、大学がある地域は、教育を通じてはもちろん、他の地域から大卒者を呼び込むことによっても、高スキル労働者を供給できる。[59] たとえば、大学設立のために各州に公有地を与えた一八六二年のランド・グラント法（モリル法）では、複数の大学が設立され、労働生産性が八〇年間で推定五七％上昇した。[60] また、言うまでもないが、人的資本はその人が移住しても一緒についてくる。物的資本はその場にとどまる。

最後に

一九世紀半ば、カール・マルクスとフリードリヒ・エンゲルスは、機械化が続けば労働者階級の困窮も続くと予想したが、イギリスはちょうどその前後にようやく「エンゲルスの休止」から脱した。たしかにそれまでは二人の言うとおりだった。産業革命を受け、多くのイギリス人の生活が悪化した。だが、進歩が続いてもそうした流れが続くという二人の考えはまちがっていた。二人もその他大勢同様、テクノロジーの魔力に愚弄されたのである。

労働者が苦しんだ時代は長く続いた。だが、そうした時代でさえ終わりを迎えた。本書で言いたいのは、いまの経済の流れが無限に続くということではない。それどころか、ＡＩの導入に伴う生産性の回復で、私たちが平均的にみてゆたかになり、労働者を駆逐する労働置換技術の悪影響も一部打ち消せると楽観できる根拠は十分にある。だが過去の歴史がすこしでも参考になるなら、それまでには何年も、場合によっては何十年もかかりうる。いまは潮の変わり目にあり、これからは労働補完技術の波が押し寄せ、広い目でみれば労働者は新しい仕事で輝きを取り戻せる可能性があるとは言えるが、そんなことを言っても、適切なスキルを持たない中流階級にとっては、たいした慰めにはならないだろう。ＡＩが一世紀前の自動車産業のように巨大な新産業を付随的に生み出すとしよう。だがヘンリー・フォードが発明した組み立てラインでは、複雑な業務が小学校卒の人でもこなせるような単純なタスクに分解されたのに対し、もう三〇年以上もの間、テクノロジーの変化は大卒の資格が要らない新しい仕事をほとんど生み出していないのである。技術がどんどん高度になる世界では、自動化の幕開け前なら工場に押し寄せていたような人々に新たな雇用が提供される可能性は低い。

　幅広い中流階級を生み出した経済秩序と、そうした経済秩序に依存していた中流階級の政治は廃れつつある。大不況が起きるまでは、中流世帯にかかっていた自動化の圧力は覆い隠されていた。低利融資が高卒以下の人の賃金低下を埋め合わせる形となり、消費にはおおむね悪影響が出なかったのである。住宅ブームは建設業の大量の雇用創出にもつながり、製造業の雇用喪失を一部相殺する形にもなっていた――住宅バブルが崩壊するまでは[61]。つまりは、一貫して続いていた中流階級の賃金低下が大不況で露呈したのだ。そうしたこともあって、比較的最近になってポピュリズムが台頭した。

将来に目を転じれば、自動化による勝ち組と負け組の格差はさらに広がる可能性が高い。次の波が押し寄せるのは製造業の仕事だけではない。輸送、小売り、物流、建設分野の多くの低スキル職にも自動化の波が押し寄せる。したがって、長い目でみれば楽観できる根拠は十分にあるが、そのためには短期的な変化にうまく対処できなければならない。自動化で負け組になる人々は、ごく当然の論理として反発するだろうし、そうした人々が反発すれば、短期的な影響を長期的な影響と切り離して考えることができなくなる。人間のスキルを脅かすテクノロジーには長い抵抗の歴史があること、また近年グローバル化への反動が起きていることを踏まえると、自動化は必然だと言い切ることはできない。たしかに、一九世紀のラッダイトと違って、いまの人々はテクノロジーのおかげで二〇世紀に誰もがゆたかになったことを知っている。二〇世紀の最初の七五年間は機械化の進展に伴い、すべての層で賃金が上がっていた。だが今後数年間、テクノロジーですべての船を持ち上げることができないとすれば、テクノロジーの変化が幅広い層に受け入れられると決めてかかるわけにはいかない。「エンゲルスの休止」の時代と比べれば、人々の期待値は高まっている。投票権もある。そして、すでに変化を求める声が出はじめている。

自動化がもたらすありとあらゆる社会的な課題に、たった一つの政策で対応することなどできない。まことに遺憾なことだが、一連の複雑な問題を一見たやすくみえる方法で解決できると訴えれば、目先の選挙には勝てるかもしれない。だが、遅かれ早かれ現実が追いついてくる。穏健派の保守派・リベラル派はあやうい綱渡りを迫られている。自動化の影響を大げさに言い立てれば、大量失業の不安を煽り、間違った政策対応、ポピュリズム政党の躍進、ことによるとテクノロジー自体に対する反発を招きかねない。だがその一方で、政府が自動化の社会的コストを糊塗すれば、不信感が募る。政府は長い間、グローバル化のコストを軽視してメリットを重視することを選んできた。たしかにメリットは大きかったが、個人や社会にのしかかるコストへの対応を疎かにしたことで、主流派の政治家は信頼を失った。政府は自動化で同じ過ちを犯してはならない。リスクはこれ以上ないほど高まっている。

いま迎えつつある新しい時代では、すべての仕事が機械に奪われると考えている読者もまだいるかもしれない。もちろん、それが正しいかどうかいま知るすべはない。最初の産業革命でも、第二次産業革命でも、最終的にはすべての人が恩恵に与った。だがいまのところ、「今回はちがう」ことを示すデータはない。いま私たちが進んでいる道のりは、イギリスの産業革命でたどった道のりに酷似しているようにみえる。工業化でその後何が起きたかは誰もが知るとおりだ。だが、たとえ今回はちがうと想定しても、今後の課題がテクノロジーの分野ではなく政治経済の分野にあることは変わらない。テクノロジーが仕事をほとんど生み出さず、莫大な富を生む世界では、分配が課題になる。結局のところ、テクノロジーにどのような未来が待ち受けていようと、その経済的・社会的影響を決めるのは私たちなのである。

謝辞

Acknowledgments

もし本書を一つの創作物とみなして頂けるのなら、まちがいなく「組み換え型」の創作物と言えるだろう。本書では多くの学者が取り組んできた膨大な研究を活用している。思えば、本書を執筆する長い旅がはじまったのは学生時代、父クリストファーが出張土産に二冊の新しい本を買ってきてくれたときのことだった。一冊はジョエル・モキイアの『ゆたかになる手段』(*The Lever of Riches*)、もう一冊はクレイトン・クリステンセンの『イノベーションのジレンマ』(邦訳翔泳社)だ。この本を読んで、長期的な繁栄は技術革新が起点になっていることがわかった。だが、進歩には往々にして経済・社会の混乱がつきまとうことも、はっきり思い知らされた。このテーマに生涯関心を抱くようになったのは父のおかげだ。

四年におよぶ執筆期間中、多くの方々にお世話になった。この本はシティグループの潤沢な資金援助がなければ書き終えることができなかった。とくにシティのアンドリュー・ピットト氏とロバート・ガーリック氏に感謝したい。両氏の純粋な知的好奇心がなければ、このプロジェクトは実現しなかった。また、指南役として数々の思慮深いコメントをくれたプリンストン大学出版局の担当編集者サラ・カロ氏にも心から感謝したい。チンチー・チェン氏は勤勉なリサーチ・アシスタントとして素晴らしい仕事をしてくれた。本書の原稿のさまざまなバージョンに目を通してくれた長年の友人ソー・バーガー氏には本当に感謝している。また、原稿の全文もしくは一部を読み、貴重きわまりないコメントを下さったイアン・ゴールディン、ローガン・グレアム、ジェーン・ハンプリーズ、フランク・レビー、ジョナス・リューンベルグ、ジョエル・モキイア、マイケル・オズボーン、アニル・プラシャーの各氏にも感謝したい。

何よりも、私の家族は、本書の執筆も含め、仕事に没頭する私をずっとやさしく支えてくれた。家族のおかげで私は正気を保つことができた。

- Woirol, G. R. 2012. "Plans to End the Great Depression from the American Public." *Labor History* 53 (4): 571-77.
- Wolman, L. 1933. "Machinery and Unemployment." *Nation*, February 22, 202-4.
- World Bank Group. 2016. *World Development Report 2016: Digital Dividends*. Washington, DC: World Bank Publications.
- World Health Organization. 2015. "Road Traffic Deaths." http://www.who.int/gho/road_safety/mortality/en.
- Wright, Q. 1942. A Study of War. Vol. 1. Chicago: University of Chicago Press.
- Wrigley, E.A. 2010. *Energy and the English Industrial Revolution*. Cambridge: Cambridge University Press.
- Wu, Y., M. Schuster, Z. Chen, Q. V. Le, M. Norouzi, W. Macherey, M. Krikun, et al. 2016. "Google's Neural Machine Translation System: Bridging the Gap between Human and Machine Translation." Preprint, submitted September 26. https://arxiv.org/abs/1609.08144.
- Xiong, W., L. Wu, F. Alleva, J. Droppo, X. Huang, and A. Stolcke. 2017. "The Microsoft 2017 Conversational Speech Recognition System." Microsoft AI and Research Technical Report MSR-TR-2017-39, August 2017.
- Young, A. 1772. *Political Essays Concerning the Present State of the British Empire*. London: printed for W. Strahan and T. Cadell.
- Zhang, X., M. Li, J. H. Lim, Y. Weng, Y.W.D. Tay, H. Pham, and Q. C. Pham. 2018. "Large-Scale 3D Printing by a Team of Mobile Robots." *Automation in Construction* 95 (November): 98-106.

Haven, CT: Yale University Press.
・Wallis, P. 2014. "Labour Markets and Training." In *The Cambridge Economic History of Modern Britain, 1:178-210, Industrialisation, 1700-1870*, edited by R. Floud, J. Humphries, and P. Johnson. Cambridge University Press.
・Walmer, O. R. 1956. "Workers' Health in an Era of Automation." *Monthly Labor Review* 79 (7): 819-23.
・Weber, M. 1927. *General Economic History*. New Brunswick, NJ: Transaction Books.(邦訳は、マックス・ウェーバー『一般社会経済史要論』上下、黒正巌訳、岩波書店)
・Weinberg, B. A. 2000. "Computer Use and the Demand for Female Workers." ILR Review 53 (2): 290-308.
・Weinberg, E. 1960. "A Review of Automation Technology." In *Impact of Automation: A Collection of 20 Articles about Technological Change*, from the Monthly Labor Review, 3-10. Washington, DC: Bureau of Labor Statistics.
・Weinberg, E. 1956. "An Inquiry into the Efects of Automation." *Monthly Labor Review* 79 (January): 7-14.
・Weinberg, E. 1960. "Experiences with the Introduction of Office Automation." *Monthly Labor Review* 83 (4): 376-80.
・Weingrof, R. F. 2005. "Designating the Urban Interstates." Federal Highway Administration Highway History. https://www.fhwa.dot.gov/infrastructure/fairbank.cfm.
・White, K. D. 1984. *Greek and Roman Technology*. Ithaca, NY: Cornell University Press.
・White, L. 1962. *Medieval Technology and Social Change*. Oxford: Oxford University Press.
・White, L. 1967. "The Historical Roots of Our Ecologic Crisis." *Science* 155 (3767): 1203-7.
・White, L. A. 2016. *Modern Capitalist Culture*. London: Routledge.
・White, W. J. 2001. "An Unsung Hero: The Farm Tractor's Contribution to Twentieth-Century United States Economic Growth." PhD diss., Ohio State University.
・Wiener, N. 1988. *The Human Use of Human Beings: Cybernetics and Society*. New York: Perseus Books Group.
・Williamson, J. G. 1987. "Did English Factor Markets Fail during the Industrial Revolution?" *Oxford Economic Papers* 39 (4): 641-78.
・Williamson, J. G. 2002. *Coping with City Growth during the British Industrial Revolution*. Cambridge: Cambridge University Press.
・Wilson, W. J. 1996. "When Work Disappears." *Political Science Quarterly* 111 (4): 567-95.
・Wilson, W. J. 2012. *The Truly Disadvantaged: The Inner City, the Underclass, and Public Policy*. Chicago: University of Chicago Press.
・Woirol, G. R. 1980. "Economics as an Empirical Science: A Case Study." Working paper, University of California, Berkeley.
・Woirol, G. R. 2006. "New Data, New Issues: The Origins of the Technological Unemployment Debates." *History of Political Economy* 38 (3): 473-96.

British Industrial Revolution. Boulder, CO: Westview Press.

- Twain, M., and C. D. Warner. [1873] 2001. The Gilded Age: A Tale of Today. New York: Penguin.
- Twain, M. 1835. "Taming the Bicycle." The University of Adelaide Library, last updated March 27, 2016. https://ebooks.adelaide.edu.au/t/twain/mark/what_is_man/chapter15.html.
- Ure, A. 1835. *The Philosophy of Manufactures*. London: Charles Knight.
- U.S. Bureau of the Census. 1960. D785, "Work-injury Frequency Rates in Manufacturing, 1926-1956," and D.786-790, "Work-injury Frequency Rates in Mining, 1924-1956." In *Historical Statistics of the United States, Colonial Times to 1957*. Washington, DC: Government Printing Office. https://www.census.gov/library/publications/1960/compendia/hist_stats_colonial-1957.html.
- U.S. Congress. 1955. "Automation and Technological Change." Hearings before the Subcommittee on Economic Stabilization of the Congressional Joint Committee on the Economic Report (84th Cong., 1st sess.), pursuant to sec. 5(a) of Public Law 304, 79th Cong. Washington, DC: Government Printing Office.
- U.S. Congress. 1984. "Computerized Manufacturing Automation: Employment, Education, and the Workplace." No. 235. Washington, DC: Office of Technology Assessment.
- U.S. Department of Agriculture. 1963. 1962 *Agricultural Statistics*. Washington, DC: Government Printing Office.
- Usher, A. P. 1954. *A History of Mechanical Innovations*. Cambridge, MA: Harvard University Press.
- Van Zanden, J. 2004. "Common Workmen, Philosophers and the Birth of the European Knowledge Economy." Paper for the Global Economic History Network Conference, Leiden, September 16-18.
- Van Zanden, J. L., E. Buringh, and M. Bosker. 2012. "The Rise and Decline of European Parliaments, 1188-789." *Economic History Review* 65 (3): 835-61.
- Varian, H. R. Forthcoming. "Artificial Intelligence, Economics, and Industrial Organization." In *The Economics of Artificial Intelligence: An Agenda*, edited by A. K. Agrawal, J. Gans, and A. Goldfarb. Chicago: University of Chicago Press.
- Vickers, C., and N. L. Ziebarth. 2016. "Economic Development and the Demographics of Criminals in Victorian England." *Journal of Law and Economics* 59 (1): 191-223.
- Von Tunzelmann, G. N. 1978. *Steam Power and British Industrialization to 1860*. Oxford: Oxford University Press.
- Voth, H. 2000. *Time and Work in England 1750-1830*. Oxford: Clarendon Press of Oxford University Press.
- Wadhwa, V., and A. Salkever. 2017. *The Driver in the Driverless Car: How Our Technology Choices Will Create the Future*. San Francisco: Berrett-Koehler.
- Walker, C. R. 1957. *Toward the Automatic Factory: A Case Study of Men and Machines*. New

- Szreter, S., and G. Mooney. 1998. "Urbanization, Mortality, and the Standard of Living Debate: New Estimates of the Expectation of Life at Birth in Nineteenth-Century British Cities." *Economic History Review* 51 (1): 84-112.
- Taft, P., P. Ross. 1969. "American Labor Violence: Its Causes, Character, and Outcome." In *Violence in America: Historical and Comparative Perspectives,* edited by H. D. Graham, andT. R. Gurr, 1:221-301. London: Corgi.
- Taine, H. A. 1958. *Notes on England, 1860-70.* Translated by E. Hyams. London: Strahan.
- Tella, R. D., R. J. MacCulloch, and A. J. Oswald. 2003. "The Macroeconomics of Happiness."*Review of Economics and Statistics* 85 (4): 809-27.
- Temin, P. 2006. "The Economy of the Early Roman Empire." *Journal of Economic Perspectives* 20 (1): 133-51.
- Temin, P. 2012. *The Roman Market Economy*. Princeton, NJ: Princeton University Press.
- Thernstrom, S. 1964. *Poverty and Progress: Social Mobility in a Nineteenth Century City.* Cambridge, MA: Harvard University Press.
- Thomas, R., and N. Dimsdale. 2016. "Three Centuries of Data-Version 3.0." London: Bank of England. https://www.bankofengland.co.uk/statistics/research-datasets.
- Thompson, E. P. 1963. *The Making of the English Working Class.* New York: Victor Gollancz, Vintage Books.
- Tilly, C. 1975. *The Formation of National States in Western Europe*. Princeton, NJ: Princeton University Press.
- Tinbergen, J. 1975. *Income Distribution: Analysis and Policies.* Amsterdam: North Holland.
- Tocqueville, A. de. 1840. *Democracy in America.* Translated by H. Reeve. Vol. 2. New York: Alfred A. Knopf.（邦訳は、トクヴィル『アメリカのデモクラシー』全４巻、松本礼二訳、岩波文庫）
- Toffler, A. 1980. *The Third Wave.* New York: Bantam Books.（邦訳は、アルビン・トフラー『第三の波』徳岡孝夫訳、中公文庫）
- Trajtenberg, M. 2018. "AI as the Next GPT: A Political-Economy Perspective." Working Paper 24245, National Bureau of Economic Research, Cambridge, MA.
- Treat, J. R., N. J. Castellan, R. L. Stansifer, R. E. Mayer, R. D. Hume, D. Shinar, S. T. McDonald, et al. 1979. *Tri-Level Study of the Causes of Traffic Accidents: Final Report*, vol. 2: Special Analyses. Bloomington, IN: Institute for Research in Public Safety.
- Tolley, H. R., and Church, L. M. 1921. "Corn-Belt Farmers' Experience with Motor Trucks." United States Department of Agriculture, Bulletin No. 931, February 25.
- Tucker, G. 1837. *The Life of Thomas Jefferson, Third President of the United States: With Parts of His Correspondence Never Before Published, and Notices of His Opinions on Questions of Civil Government, National Policy, and Constitutional Law*. Vol. 2. Philadelphia: Carey, Lea and Blanchard.
- Tuttle, C. 1999. *Hard at Work in Factories and Mines: The Economics of Child Labor during the*

In *Historical Statistics of the United States, Earliest Times to the Present: Millennial Edition*, edited by S. B. Carter, S. S. Gartner, M. R. Haines, A. Olmstead, R. Sutch, and G. Wright. New York: Cambridge University Press.

- Solow, R. M. 1956. "A Contribution to the Theory of Economic Growth." *Quarterly Journal of Economics* 70 (1): 65-94.
- Solow, R. 1987. "We'd Better Watch Out." New York Times Book Review, July 12.Solow, R. M. 1965. "Technology and Unemployment." *Public Interest* 1 (Fall): 17-27.
- Sorensen, T., P. Fishback, S. Kantor, and P. Rhode. 2008. "The New Deal and the Diffusion of Tractors in the 1930s." Working paper, University of Arizona, Tucson.
- Southall, H. R. 1991. "The Tramping Artisan Revisits: Labour Mobility and Economic Distress in Early Victorian England." *Economic History Review* 44 (2): 272-96.
- Spence, M., and S. Hlatshwayo. 2012. "The Evolving Structure of the American Economy and the Employment Challenge." *Comparative Economic Studies* 54 (4): 703-38.
- Stasavage, D. 2003. *Public Debt and the Birth of the Democratic State*: France and Great Britain 1688-1789. Cambridge: Cambridge University Press.
- Steckel, R. H. 2008. "Biological Measures of the Standard of Living." *Journal of Economic Perspectives* 22 (1): 129-52.
- Stephenson, J. Z. 2018. "'Real' Wages? Contractors, Workers, and Pay in London Building Trades, 1650?1800." *Economic History Review* 71 (1): 106-32.
- Stevenson, B., and J. Wolfers. 2013. "Subjective Well-Being and Income: Is There Any Evidence of Satiation?" *American Economic Review* 103 (3): 598-604.
- Stewart, C. 1960. "Social Implications of Technological Progress." In *Impact of Automation: A Collection of 20 Articles about Technological Change,* from the Monthly Labor Review, 11-15. Washington, DC: Bureau of Labor Statistics.
- Stokes, Bruce. 2017. "Public Divided on Prospects for Next Generation." Pew Research Center, Spring 2017 Global Attitudes Survey, June 5. http://www.pewglobal.org/2017/06/05/2-public-divided-on-prospects-for-the-next-generation/.
- Strasser, S. 1982. Never Done: *A History of American Housework.* New York: Pantheon.
- Sullivan, D., and T. von Wachter. 2009. "Job Displacement and Mortality: An Analysis Using Administrative Data." *Quarterly Journal of Economics* 124 (3): 1265-1306.
- Sundstrom, W. A. 2006. "Hours and Working Conditions." In *Historical Statistics of the United States, Earliest Times to the Present: Millennial Edition Online*, edited by S. B. Carter, S. S. Gartner,M. R. Haines, A. L. Olmstead, R. Sutch, and G. Wright, 301-35. New York: Cambridge University Press.
- Swetz, F. J. 1987. *Capitalism and Arithmetic: The New Math of the 15th Century.* La Salle, IL: Open Court.
- Syverson, C. 2017. "Challenges to Mismeasurement Explanations for the US Productivity Slow-down." *Journal of Economic Perspectives* 31 (2): 165-86.

bridge:Cambridge University Press.

・Scheidel, W. 2018. *The Great Leveler: Violence and the History of Inequality from the Stone Age to the Twenty-First Century.* Princeton, NJ: Princeton University Press.（邦訳は、ウォルター・シャイデル『暴力と不平等の人類史　戦争・革命・崩壊・疫病』鬼澤忍他訳、東洋経済新報社）

・Scheidel, W., and S. J. Friesen. 2009."The Size of the Economy and the Distribution of Income in the Roman Empire." *Journal of Roman Studies* 99 (March): 61-91.

・Schlozman, K. L., S. Verba, and H. E. Brady. 2012. *The Unheavenly Chorus: Unequal Political Voice and the Broken Promise of American Democracy.* Princeton, NJ: Princeton University Press.

・Schumpeter, J. A. 1939. *Business Cycles.* Vol. 1. New York: McGraw-Hill.（邦訳は、シュンペーター『景気循環論　資本主義的過程の理論的・歴史的・統計的分析』全5巻、金融経済研究所訳、有斐閣）

・Schumpeter, J. A. [1942] 1976. *Capitalism, Socialism and Democracy.* 3rd ed. New York: Harper Torchbooks.（邦訳は、シュンペーター『資本主義、社会主義、民主主義』上下、大野一訳、日経BPクラシックス）

・Scoville, W. C. 1960. *The Persecution of Huguenots and French Economic Development 1680-1720.*Berkeley: University of California Press.

・Shannon, C. E. 1950. "Programming a Computer for Playing Chess." *Philosophical Magazine* 41 (314): 256-75.

・Shaw-Taylor, L., and A. Jones. 2010. "The Male Occupational Structure of Northamptonshire 1777-1881: A Case of Partial De-Industrialization?" Working paper, Cambridge University. Simon, H. 1966. "Automation." *New York Review of Books,* March 26. https://www.nybooks.com/articles/1966/05/26/automation-3/.

・Simon, H. [1960] 1985. "The Corporation: Will It Be Managed by Machines?" In Management and the Corporation, edited by M. L. Anshen and G. L. Bach, 17-55. New York: McGraw-Hill.

・Simon, J. L. 2000. *The Great Breakthrough and Its Cause.* Ann Arbor: University of Michigan Press.

・Smil, V. 2005. *Creating the Twentieth Century: Technical Innovations of 1867-1914 and Their Lasting Impact.* New York: Oxford University Press.

・Smiles, S. 1865. *Lives of Boulton and Watt.* Philadelphia: J. B. Lippincott.

・Smith, A. [1776] 1976. *An Inquiry into the Nature and Causes of the Wealth of Nations.* Chicago: University of Chicago Press.（邦訳は、アダム・スミス『国富論 国の豊かさの本質と原因についての研究 上下』山岡洋一訳、日本経済新聞出版社）

・Smolensky, E., and R. Plotnick. 1993. "Inequality and Poverty in the United States: 1900 to 1990." Paper 998?93, University of Wisconsin Institute for Research on Poverty, Madison.

・Snooks, G. D. 1994. "New Perspectives on the Industrial Revolution." In *Was the Industrial Revolution Necessary?,* edited by G. D. Snooks, 1-26. London: Routledge.

・Sobek, M. 2006. "Detailed Occupations? All Persons: 1850-1990 (Part 2). Table Ba1396-1439."

- Rifkin, J. 1995. *The End of Work: The Decline of the Global Labor Force and the Dawn of the Post-market Era.* New York: G. P. Putnam's Sons(邦訳は、ジェレミー・リフキン『大失業時代』松浦雅之訳、阪急コミュニケーションズ)
- Robinson, J., and G. Godbey. 2010. *Time for Life: The Surprising Ways Americans Use Their Time.* Philadelphia: Penn State University Press.
- Rodrik, D. 2016. "Premature Deindustrialization." *Journal of Economic Growth* 21 (1): 1-33. Rodrik, D. 2017a. "Populism and the Economics of Globalization." Working Paper 23559, National Bureau of Economic Research, Cambridge, MA.
- Rodrik, D. 2017b. *Straight Talk on Trade: Ideas for a Sane World Economy.* Princeton, NJ: Princeton University Press(邦訳は、ダニ・ロドリック『貿易戦争の政治経済学　資本主義を再構築する』岩本正明訳、白水社)
- Rognlie, M. 2014. "A Note on Piketty and Diminishing Returns to Capital," unpublished manuscript. http://mattrognlie.com/piketty_diminishing_returns.pdf.
- Roosevelt, F. D. 1940. "Annual Message to the Congress," January 3. By G. Peters and J. T. Wool- ley. The American Presidency Project. https://www.presidency.ucsb.edu/documents/annual-message-the-congress.
- Rosenberg, N. 1963. "Technological Change in the Machine Tool Industry, 1840-1910." *Journal of Economic History* 23 (4): 414-43.
- Rosenberg, N., and L. E. Birdzell. 1986. How the West Grew Rich: *The Economic Transformation of the Western World.* London: Basic.
- Rostow, W. W. 1960. *The Stages of Growth: A Non-Communist Manifesto.* Cambridge: Cambridge University Press（邦訳は、W.W. ロストウ『経済成長の諸段階　一つの非共産党宣言』木村健康他訳、ダイヤモンド社）
- Rothberg, H. J. 1960. "Adjustment to Automation in Two Firms." In *Impact of Automation: A Collection of 20 Articles about Technological Change*, from the Monthly Labor Review, 79?93. Washington, DC: Bureau of Labor Statistics.
- Rousseau, J. J. [1755] 1999. *Discourse on the Origin of Inequality.* Oxford: Oxford University Press.（邦訳は、ジャン＝ジャック・ルソー『人間不平等起源論』中山元訳、光文社古典新訳文庫）
- Ruggles, S., S. Flood, R. Goeken, J. Grover, E. Meyer, J. Pacas, and M. Sobek. 2018. IPUMS USA.Version 8.0 [dataset]. https://usa.ipums.org/usa/.
- Russell, B. 1946. *History of Western Philosophy and Its Connection with Political and Social Circumstances: From the Earliest Times to the Present Day.* New York: Simon & Schuster(邦訳は、バートランド・ラッセル『西洋哲学史　古代より現代に至る政治的・社会的諸条件との関連における哲学史』全3巻、市井三郎訳、みすず書房)
- Sachs, J. D., S. G. Benzell, and G. LaGarda. 2015. "Robots: Curse or Blessing? A Basic Framework." Working Paper 21091, National Bureau of Economic Research, Cambridge, MA.
- Sanderson, M. 1995. *Education, Economic Change and Society in England 1780-1870.* Cam-

ー『暗黙知の次元』高橋勇夫訳、ちくま学芸文庫）
・Prashar, A. 2018. “Evaluating the Impact of Automation on Labour Markets in England and Wales.” Working paper, Oxford University.
・President’s Advisory Committee on Labor-Management Policy. 1962. *The Benefits and Problems Incident to Automation and Other Technological Advances.* Washington, DC: Government Printing Office.
・Price, D. de S. 1975. *Science Since Babylon.* New Haven, CT: Yale University Press.
・Putnam, R. D., ed. 2004. *Democracies in Flux: The Evolution of Social Capital in Contemporary Society.* Oxford: Oxford University Press.（邦訳は、ロバート・パットナム編著『流動化する民主主義　先進 8 ヵ国における社会資本』猪口孝訳、ミネルヴァ書房）
・Putnam, R. D. 2016. *Our Kids: The American Dream in Crisis.* New York: Simon & Schuster.（邦訳は、ロバート・パットナム『われらの子ども　米国における機会格差の拡大』柴内康文訳、創元社）
・Rajan, R. G. 2011. *Fault Lines: How Hidden Fractures Still Threaten the World Economy.* Princeton, NJ: Princeton University Press.（邦訳は、ラグラム・ラジャン『フォールト・ラインズ「大断層」が金融危機を再び招く』伏見威蕃他訳、新潮社）
・Ramey, V. A. 2009. “Time Spent in Home Production in the Twentieth-Century United States: New Estimates from Old Data.” *Journal of Economic History* 69 (1): 1-47.
・Ramey, V. A., and N. Francis. 2009. “A Century of Work and Leisure.” *American Economic Journal: Macroeconomics* 1 (2): 189-224.
・Randall, A. 1991. *Before the Luddites: Custom, Community and Machinery in the English Woollen Industry, 1776-1809.* Cambridge: Cambridge University Press.
・Rasmussen, W. D. 1982. “The Mechanization of Agriculture.” *Scientific American* 247 (3): 76-89.
・Rector, R., and R. Sheffield. 2011.“Air Conditioning, Cable TV, and an Xbox: What Is Poverty in the United States Today?” Washington, DC: Heritage Foundation.
・Reich, R. 1991. *The Work of Nations: Preparing Ourselves for Twenty-First Century Capitalism.* New York: Knopf（邦訳は、ロバート・ライシュ『ザ・ワーク・オブ・ネーションズ　21 世紀資本主義のイメージ』中谷巌訳、東洋経済新報社）
・Remus, D., and F. Levy. 2017. “Can Robots Be Lawyers: Computers, Lawyers, and the Practice of Law.” *Georgetown Journal Legal Ethics* 30 (3): 501-45.
・Reuleaux, F. 1876. *Kinematics of Machinery: Outlines of a Theory of Machines.* Translated by A. B.W. Kennedy. London: MacMillan.
・Reynolds, A. J., J. A. Temple, S. R. Ou, I. A. Arteaga, and B. A. White. 2011. “School-Based Early Childhood Education and Age-28 Well-Being: Effects by Timing, Dosage, and Subgroups.” Science 333 (6040): 360-64.
・Ricardo, D. [1817] 1911. *The Principles of Political Economy and Taxation.* Reprint. London: Dent（邦訳はリカード『経済学および課税の原理』上下、羽鳥卓也他訳、岩波文庫）

- Nye, D. E. 1990. *Electrifying America: Social Meanings of a New Technology, 1880-1940.* Cambridge, MA: MIT Press.
- Nye, D. E. 2013. *America's Assembly Line.* Cambridge, MA: MIT Press.
- Oestreicher, R. 1988. "Urban Working-Class Political Behavior and Theories of American Electoral Politics, 1870-1940." *Journal of American History* 74 (4): 1257-86.
- Officer, L. H., and S. H. Williamson. 2018. "Annual Wages in the United States, 1774-Present." MeasuringWorth. https://www.measuringworth.com/datasets/uswage/ http://www.measuringworth.com/uswages/.
- Ogilvie, S. 2019. *The European Guilds: An Economic Analysis*. Princeton, NJ: Princeton University Press.
- Oliner, S. D., and D. E. Sichel. 2000. "The Resurgence of Growth in the Late 1990s: Is Information Technology the Story?" *Journal of Economic Perspectives* 14 (4): 3-22.
- Olmstead, A. L., and P. W. Rhode. 2001. "Reshaping the Landscape: The Impact and Diffusion of the Tractor in American Agriculture, 1910-1960." *Journal of Economic History* 61 (3): 663-98.
- Owen, W. 1962. "Transportation and Technology." *American Economic Review* 52 (2): 405-13.
- Parsley, C. J. 1980. "Labor Union Effects on Wage Gains: A Survey of Recent Literature." *Journal of Economic Literature* 18 (1): 1-31.
- Patterson, R. 1957. "Spinning and Weaving." In From the Renaissance to the Industrial Revolution,c.1500-c.1750, edited by C. Singer, E. J. Holmyard, A. R. Hall, and T. I. Williams, 191-200. Vol. 3 of *A History of Technology*. New York: Oxford University Press.
- Peri, G. 2012. "The Effect of Immigration on Productivity: Evidence from US States." *Review of Economics and Statistics* 94 (1), 348-58.
- Peri, G. 2018. "Did Immigration Contribute to Wage Stagnation of Unskilled Workers?" *Research in Economics* 72 (2): 356-65.
- Peterson, W., and Y. Kislev. 1986. "The Cotton Harvester in Retrospect: Labor Displacement or Replacement?" *Journal of Economic History* 46 (1): 199-216.
- Phelps, E. S. 2015. *Mass Flourishing: How Grassroots Innovation Created Jobs, Challenge, and Change*. Princeton, NJ: Princeton University Press.（邦訳は、エドマンド・フェルプス『なぜ近代は繁栄したのか　草の根が生み出すイノヴェーション』小坂恵理訳、みすず書房）
- Phyllis, D., and W. A. Cole. 1962. *British Economic Growth, 1688-1959: Trends and Structure.* Cambridge: Cambridge University Press.
- Piketty, T. 2014. *Capital in the Twenty-First Century*. Cambridge, MA: Harvard University Press.（邦訳は、トマ・ピケティ『21 世紀の資本』山形浩生他訳、みすず書房）
- Piketty, T. 2018. "Brahmin Left vs. Merchant Right: Rising Inequality and the Changing Structure of Political Conflict." Working paper, Paris School of Economics.
- Piketty, T., and E. Saez. 2003. "Income Inequality in the United States, 1913-1998." *Quarterly Journal of Economics* 118 (1): 1-41.
- Polanyi, M. 1966. *The Tacit Dimension*. New York: Doubleday.（邦訳は、マイケル・ポランニ

Human Biology 9 (3): 284-301.

・Murray, C. 2013. *Coming Apart: The State of White America, 1960-2010*. New York: Random House Digital.（邦訳はチャールズ・マレー『「断絶」社会アメリカ　新上流と新下流の出現』（橘明美訳、草思社））

・Mutz, D. C. 2018. "Status Threat, Not Economic Hardship, Explains the 2016 Presidential Vote." *Proceedings of the National Academy of Sciences* 115 (19): 4330-39.

・Myers, R. J. 1929. "Occupational Readjustment of Displaced Skilled Workmen." *Journal of Political Economy* 37 (4): 473-89.

・Nadiri, M. I., and T. P. Mamuneas. 1994. "Infrastructure and Public R&D Investments, and the Growth of Factor Productivity in U.S. Manufacturing Industries." Working Paper 4845, National Bureau of Economic Research, Cambridge, MA.

・Nardinelli, C. 1986. "Technology and Unemployment: The Case of the Handloom Weavers." *Southern Economic Journal* 53 (1): 87-94.

・Neddermeyer, U. 1997. "Why Were There No Riots of the Scribes?" *Gazette du Livre Médiéval* 31 (1): 1-8.

・Nedelkoska, L., and G. Quintini. 2018. "Automation, Skills Use and Training." OECD Social, Employment and Migration Working Paper 202, Organisation of Economic Co-operation and Development, Paris.

・Nelson, D. 1995. *Farm and Factory: Workers in the Midwest, 1880-1990*. Bloomington: Indiana University Press.

・Nicolini, E. A. 2007. "Was Malthus Right? A VAR Analysis of Economic and Demographic Interactions in Pre-Industrial England." *European Review of Economic History* 11 (1): 99-121.

・Nichols, A., and J. Rothstein. 2015. "The Earned Income Tax Credit (EITC)." Working Paper 21211, National Bureau of Economic Research, Cambridge, MA.

・Nordhaus, W. D. 1996. "Do Real-Output and Real-Wage Measures Capture Reality? The History of Lighting Suggests Not." In *The Economics of New Goods*, edited by T. F. Bresnahan and R. J. Gordon, 27-70. Chicago: University of Chicago Press.

・Nordhaus, W. D. 2005. "The Sources of the Productivity Rebound and the Manufacturing Employment Puzzle." Working Paper 11354, National Bureau of Economic Research, Cambridge, MA.

・Nordhaus, W. D. 2007. "Two Centuries of Productivity Growth in Computing." *Journal of Economic History* 67 (1): 128-59.

・North, D. C. 1991. "Institutions." *Journal of Economic Perspectives* 5 (1): 97-112.

・North, D. C., and B. R. Weingast. 1989. "Constitutions and Commitment: The Evolution of Institutions Governing Public Choice in Seventeenth-Century England." *Journal of Economic History* 49 (4): 803-32.

・Nuvolari, A., and M. Ricci. 2013. "Economic Growth in England, 1250-1850: Some New Estimates Using a Demand Side Approach." *Rivista di Storia Economica* 29 (1): 31-54.

- Mokyr, J. 1992a. *The Lever of Riches: Technological Creativity and Economic Progress.* New York: Oxford University Press.
- Mokyr, J. 1992b. "Technological Inertia in Economic History." *Journal of Economic History* 52 (2): 325-38.
- Mokyr, J. 1998. "The Political Economy of Technological Change." In *Technological Revolutions in Europe: Historical Perspectives,* edited by K. Bruland and M. Berg, 39-64. Cheltenham: Edward Elgar.
- Mokyr, J. 2000. "Why 'More Work for Mother?" Knowledge and Household Behavior, 1870? 1945." *Journal of Economic History* 60 (1): 1-41.
- Mokyr, J. 2001. "The Rise and Fall of the Factory System: Technology, Firms, and Households Since the Industrial Revolution." *Carnegie-Rochester Conference Series on Public Policy* 55 (1): 1-45.
- Mokyr, J. 2002. *The Gifts of Athena: Historical Origins of the Knowledge Economy.* Princeton, NJ: Princeton University Press.（邦訳は、ジョエル・モキイア『知識経済の形成　産業革命から情報化社会まで』長尾伸一他訳、名古屋大学出版会）
- Mokyr, J. 2011. *The Enlightened Economy: Britain and the Industrial Revolution, 1700-1850.* London: Penguin. Kindle.
- Mokyr, J., and H. Voth. 2010. "Understanding Growth in Europe, 1700-1870: Theory and Evidence." In *The Cambridge Economic History of Modern Europe,* edited by S. Broadberry and K. O'Rourke, 1:7-42. Cambridge: Cambridge University Press.
- Mom, G. P., and D. A. Kirsch. 2001. "Technologies in Tension: Horses, Electric Trucks, and the Motorization of American Cities, 1900-1925." *Technology and Culture* 42 (3): 489-518.
- Moore, B., Jr. 1993. *Social Origins of Dictatorship and Democracy: Lord and Peasant in the Making of the Modern World.* Boston: Beacon Press.（邦訳は、バリントン・ムーア『独裁と民主政治の社会的起源　近代世界形成過程における領主と農民　上下』宮崎隆次他訳、岩波文庫）
- Moravec, H. 1988. *Mind Children: The Future of Robot and Human Intelligence.* Cambridge, MA: Harvard University Press.
- Moretti, E. 2004. "Estimating the Social Return to Higher Education: Evidence from Longitudinal and Repeated Cross-Sectional Data." *Journal of Econometrics* 121 (1-2): 175-212.
- Moretti, E. 2010. "Local Multipliers." *American Economic Review* 100 (2): 373-77.
- Moretti, E. 2012. The New Geography of Jobs. Boston: Houghton Mifflin Harcourt. Morse, H. B. 1909. The Guilds of China. London: Longmans, Green and Co.（邦訳は、エンリコ・モレッティ『年収は住むところで決まる 雇用とイノベーションの都市経済学』安田洋祐解説、池村千秋訳、プレジデント社）
- Mumford, L. 1934.*Technics and Civilization.* New York: Harcourt, Brace and World.（邦訳は、ルイス・マンフォード『技術と文明』生田勉訳、美術出版社）
- Mummert, A., E. Esche, J. Robinson, and G. J. Armelagos. 2011. "Stature and Robusticity During the Agricultural Transition: Evidence from the Bioarchaeological Record." *Economics and*

元訳、日経 BP クラシックス）

・Marx, K., and F. Engels. [1848] 1967. *The Communist Manifesto*. Translated by S. Moore. London: Penguin.（邦訳は、マルクス、エンゲルス『共産党宣言』大内兵衛他訳、岩波文庫）

・Massey, D. S. 2007. *Categorically Unequal: The American Stratification System*. New York: Russell Sage Foundation.

・Massey, D. S., J. Rothwell, and T. Domina. 2009. "The Changing Bases of Segregation in the United States." *Annals of the American Academy of Political and Social Science* 626 (1): 74-90.

・Mathibela, B., P. Newman, and I. Posner. 2015. "Reading the Road: Road Marking Classification and Interpretation." *IEEE Transactions on Intelligent Transportation Systems* 16 (4): 2072-81.

・Mathibela, B., M. A. Osborne, I. Posner, and P. Newman. 2012. "Can Priors Be Trusted? Learning to Anticipate Roadworks." IEEE Conference on Intelligent Transportation Systems, 927?932. https://ori.ox.ac.uk/learning-to-anticipate-roadworks/.

・McCarty, N., K. T. Poole, and H. Rosenthal. 2016. *Polarized America: The Dance of Ideology and Unequal Riches.* Cambridge, MA: MIT Press.

・McCloskey, D. N. 2010. *The Bourgeois Virtues: Ethics for an Age of Commerce*. Chicago: University of Chicago Press.

・Mendels, F. F. 1972. "Proto-industrialization: The First Phase of the Industrialization Process."-*Journal of Economic History* 32 (1): 241-61.

・Merriam, R. H. 1905. "Bicycles and Tricycles." In *Census of Manufactures, 1905*, 289-97. Washington, DC: United States Bureau of the Census.

・Milanovic, B. 2016a. "All the Ginis (ALG) Dataset." https://datacatalog.worldbank.org/dataset/all-ginis-dataset, Version October 2016.

・Milanovic, B. 2016b. Global Inequality: *A New Approach for the Age of Globalization*. Cambridge, MA: Harvard University Press（邦訳は、ブランコ・ミラノヴィッチ『大不平等　エレファントカーブが予測する未来』立木勝訳、みすず書房）

・Milanovic, B., P. H. Lindert, and J. G. Williamson. 2010. "Pre-Industrial Inequality." Economic Journal 121 (551): 255-72.

・Millet, D. J. 1972. "Town Development in Southwest Louisiana, 1865-1900." *Louisiana History*, 13 (2): 139-68.

・Mills, F. C. 1934. Introduction to "Mechanization in Industry," by H. Jerome. Cambridge, MA: National Bureau of Economic Research.

・Mitch, D. F. 1992. *The Rise of Popular Literacy in Victorian England: The Influence of Private Choice and Public Policy.* Philadelphia: University of Pennsylvania Press.

・Mitch, D. F. 1993. "The Role of Human Capital in the First Industrial Revolution." In The British Industrial Revolution: *An Economic Perspective*, edited by J. Mokyr, 241-80. Boulder, CO: Westview Press.

・Mitchell, B. 1975. *European Historical Statistics, 1750-1970.* London: Macmillan. Mitchell, B. 1988. British Historical Statistics. Cambridge: Cambridge University Press.

Journal of Economic History 65 (1): 1-35.
・Lordan, G., and D. Neumark. 2018. "People versus Machines: The Impact of Minimum Wages on Automatable Jobs." *Labour Economics* 52 (June): 40-53.
・Lubin, I. 1929. *The Absorption of the Unemployed by American Industry*. Washington, DC: Brookings Institution.
・Luttmer, E. F. 2005. "Neighbors as Negatives: Relative Earnings and Well-Being." *Quarterly Journal of Economics* 120 (3): 963-1002.
・Lyman, P., and H. R. Varian. 2003. "How Much Information?" berkeley. edu/research/projects/how-much-info-2003.
・Machlup, F. 1962. *The Production and Distribution of Knowledge in the United States*. Princeton, NJ: Princeton University Press.
・MacLeod, C. 1998. *Inventing the Industrial Revolution: The English Patent System, 1660-1800*. Cambridge: Cambridge University Press.
・Maddison, A. 2002. *The World Economy: A Millennial Perspective*. Paris: Organisation for Economic Co-operation and Development.（邦訳は、アンガス・マディソン『経済統計で見る世界経済 2000 年史』政治経済研究所訳、柏書房）
・Maddison, A. 2005. *Growth and Interaction in the World Economy: The Roots of Modernity*. Washington, DC: AEI Press.
・Maehl, W. H. 1967. *The Reform Bill of 1832: Why Not Revolution?* New York: Holt, Rinehart and Winston.
・Malthus, T. [1798] 2013. *An Essay on the Principle of Population*. Digireads.com. Kindle.（邦訳は、マルサス『人口論』斉藤悦則訳、光文社古典新訳文庫）
・Mandel, M., and B. Swanson. 2017. "The Coming Productivity Boom--Transforming the Physical Economy with Information." Washington, DC: Technology CEO Council.
・Mann, F. C., and L. K. Williams. 1960. "Observations on the Dynamics of a Change to Electronic Data-Processing Equipment." *Administrative Science Quarterly* 5 (2): 217-56.
・Manson, S., Schroeder, J., Van Riper, D., and Ruggles, S. (2018). IPUMS National Historical Geographic Information System: Version 13.0 [Database]. Minneapolis: University of Minnesota. http://doi.org/10.18128/D050.V13.0
・Mantoux, P. 1961. *The Industrial Revolution in the Eighteenth Century: An Outline of the Beginnings of the Modern Factory System in England*. Translated by M. Vernon. London: Routledge.
・Manuelli, R. E., and A. Seshadri. 2014. "Frictionless Technology Difusion: The Case of Tractors." *American Economic Review* 104 (4): 1368-91.
・Martin, T. C. 1905. "Electrical Machinery, Apparatus, and Supplies." In *Census of Manufactures, 1905*. Washington, DC: United States Bureau of the Census.
・Marx, K. [1867] 1999. *Das Kapital*. Translated by S. Moore and E. Aveling. New York: Gateway edition. Kindle.（邦訳は、カール・マルクス『資本論　経済学批判　第 1 巻』全 4 巻、中山

- Leighton, A. C. 1972. *Transport and Communication in Early Medieval Europe AD 500-1100*. London: David and Charles Publishers.
- Lenoir, T. 1998. "Revolution from Above: The Role of the State in Creating the German Research System, 1810-1910." *American Economic Review* 88 (2): 22-27.
- Leunig, T. 2006. "Time Is Money: A Re-Assessment of the Passenger Social Savings from Victorian British Railways." *Journal of Economic History* 66 (3): 635-73.
- Levy, F. 2018. "Computers and Populism: Artificial Intelligence, Jobs, and Politics in the Near Term." *Oxford Review of Economic Policy* 34 (3): 393-417.
- Levy, F., and R. J. Murnane. 2004. *The New Division of Labor: How Computers Are Creating the Next Job Market*. Princeton, NJ: Princeton University Press.
- Lewis, D. L. 1986. "The Automobile in America: The Industry." *Wilson Quarterly*, 10 (5): 47-63.
- Lewis, H. G. 1963. *Unionism and Relative Wages in the U.S.: An Empirical Inquiry*. Chicago: Chicago University Press.
- Lilley, S. 1966. *Men, Machines and History: The Story of Tools and Machines in Relation to Social Progress*. Paris: International Publishers.
- Lin, J. 2011. "Technological Adaptation, Cities, and New Work." *Review of Economics and Statistics* 93 (2): 554-74.
- Lindert, P. H., 1986. Unequal English wealth since 1670. *Journal of Political Economy*, 94(6): 1127-62.
- Lindert, P. H. 2000a. "Three Centuries of Inequality in Britain and America." In *Handbook of Income Distribution*, edited by A. B. Atkinson and F. Bourguignon, vol. 1, 167?216. Amsterdam: Elsevier.
- Lindert, P. H. 2000b. "When Did Inequality Rise in Britain and America?" *Journal of Income Distribution* 9 (1): 11-25.
- Lindert, P. H. 2004. Growing Public, vol. 1: *The Story: Social Spending and Economic Growth Since the Eighteenth Century*. Cambridge: Cambridge University Press.
- Lindert, P. H., and J. G. Williamson. 1982. "Revising England's Social Tables 1688-1812." *Explorations in Economic History* 19 (4): 385-408.
- Lindert, P. H., and J. G. Williamson. 1983. "Reinterpreting Britain's Social Tables, 1688-1913."
- *Explorations in Economic History* 20 (1): 94-109.
- Lindert, P. H., and J. G. Williamson. 2012. "American Incomes 1774-1860." Working Paper 18396, National Bureau of Economic Research, Cambridge, MA.
- Lindert, P. H., and J. G. Williamson. 2016. *Unequal Gains: American Growth and Inequality Since 1700*. Princeton, NJ: Princeton University Press.
- Liu, S. 2015. "Spillovers from Universities: Evidence from the Land-Grant Program." *Journal of Urban Economics* 87 (May): 25-41.
- Long, J. 2005. "Rural-Urban Migration and Socioeconomic Mobility in Victorian Britain."

Distribution and Unemployment." Working Paper 24174, National Bureau of Economic Research, Cambridge, MA.

- Kremen, G. R. 1974. "MDTA: The Origins of the Manpower Development and Training Act of 1962." Washington, DC: Department of Labor. https://www.dol.gov/general/aboutdol/history/mono-mdtate
- Kremer, M. 1993. "The O-Ring Theory of Economic Development." Quarterly *Journal of Economics* 108 (3): 551-75.
- Krugman, P. R. 1995. *Peddling Prosperity: Economic Sense and Nonsense in the Age of Diminished Expectations.* New York: Norton.（邦訳は、ポール・クルーグマン『経済政策を売り歩く人々 エコノミストのセンスとナンセンス』伊藤隆敏監訳、ちくま学芸文庫）
- Kuznets, S. 1955. "Economic Growth and Income Inequality." *American Economic Review* 45(1): 1-28.
- LaLonde, R. J. 2007. *The Case for Wage Insurance*. New York: Council on Foreign Relations Press.
- Lamont, M. 2009. *The Dignity of Working Men: Morality and the Boundaries of Race, Class, and Immigration.* Cambridge, MA: Harvard University Press.
- Landels, J. G. 2000. *Engineering in the Ancient World.* Berkeley: University of California Press.
- Landes, D. S. 1969. *The Unbound Prometheus: Technological Change and Development in Western Europe from 1750 to the Present.* Cambridge: Cambridge University Press.
- Langdon, J. 1982. "The Economics of Horses and Oxen in Medieval England." *Agricultural History Review* 30 (1): 31-40.
- Langton, J., and R. J. Morris. 2002. *Atlas of Industrializing Britain, 1780-1914*. London: Routledge.
- Larsen, C. S. 1995. "Biological Changes in Human Populations with Agriculture." *Annual Review of Anthropology* 24 (1): 185-213.
- Lebergott, S. 1993. *Pursuing Happiness: American Consumers in the Twentieth Century.* Princeton, NJ: Princeton University Press.
- Lee, D. 1973. "Science, Philosophy, and Technology in the Greco-Roman World: I." Greece and Rome 20 (1): 65-78.
- Lee, J. 2014. "Measuring Agglomeration: Products, People, and Ideas in U.S. Manufacturing, 1880?1990." Working paper, Harvard University.
- Lee, R., and M. Anderson. 2002. "Malthus in State Space: Macroeconomic-Demographic Relations in English History, 1540 to 1870." *Journal of Population Economics* 15 (2): 195-220.
- Lee, T. B. 2016. "This Expert Thinks Robots Aren't Going to Destroy Many Jobs. And That's a Problem." Vox.https:// www.vox.com/a/new-economy-future/robert-gordon-interview.
- Le Gof, J. 1982. *Time, Work, and Culture in the Middle Ages*. Chicago: University of Chicago Press.（邦訳は、ジャック・ル・ゴフ『もうひとつの中世のために　西洋における時間、労働、文化』加納修訳、白水社）

University of California Press.
・Kelly, M., C. Ö Grāda. 2016. "Adam Smith, Watch Prices, and the Industrial Revolution." *Quarterly Journal of Economics* 131 (4): 1727-52.
・Kendrick, J. W. 1961. *Productivity Trends in the United States*. Princeton, NJ: Princeton University Press.
・Kendrick, J. W. 1973. *Postwar Productivity Trends in the United States, 1948-1969*. Cambridge, MA: National Bureau of Economic Research.
・Kennedy, J. F. 1960. "Papers of John F. Kennedy. Pre-Presidential Papers. Presidential Campaign Files, 1960. Speeches and the Press. Speeches, Statements, and Sections, 1958-1960. Labor: Meeting the Problems of Automation." https://www.jfklibrary.org/asset-viewer/archives/JFKCAMP1960/1030/JFKCAMP1960-1030-036.
・Kennedy, J. F. 1962. "News Conference 24." https://www.jfklibrary.org/archives/other-resources/john-f-kennedy-press-conferences/news-conference-24.
・Kenworthy, L. 2012. "It's Hard to Make It in America: How the United States Stopped Being the Land of Opportunity." Foreign Affairs 91 (November/December): 97-109.
・Kerry, C. F., and J. Karsten. 2017. "Gauging Investment in Self-Driving Cars." Brookings Institution, October 16. https://www.brookings.edu/research/gauging-investment-in-self-driving-cars/.
・Keynes, J. M. [1930] 2010. "Economic Possibilities for Our Grandchildren." In *Essays in Persuasion*, 321-32. London: Palgrave Macmillan.（邦訳は、J・M・ケインズ「孫の世代の経済的可能性」『ケインズ説得論集』所収、山岡洋一訳、日本経済新聞社）
・Klein, M. 2007. The Genesis of Industrial America, 1870-1920. Cambridge: Cambridge University Press.
・Kleiner, M. M. 2011. "Occupational Licensing: Protecting the Public Interest or Protectionism?" Policy Paper 2011-009, Upjohn Institute, Kalamazoo, MI.
・Klemm, F. 1964. *A History of Western Technology*. Cambridge, MA: MIT Press.
・Klepper, S. 2010. "The Origin and Growth of Industry Clusters: The Making of Silicon Valley and Detroit." *Journal of Urban Economics* 67 (1): 15-32.
・Kline, P., and E. Moretti. 2013. "Local Economic Development, Agglomeration Economies, and the Big Push: 100 Years of Evidence from the Tennessee Valley Authority." *Quarterly Journal of Economics* 129 (1): 275-331.
・Koch, C. 2016. "How the Computer Beat the Go Master." *Scientific American* 27 (4): 20-23.
Komlos, J. 1998. "Shrinking in a Growing Economy? The Mystery of Physical Stature during the Industrial Revolution." *Journal of Economic History* 58 (3): 779-802.
・Komlos, J., and B. A'Hearn. 2017. "Hidden Negative Aspects of Industrialization at the Onset of Modern Economic Growth in the US." *Structural Change and Economic Dynamics* 41 (June): 43-52.
・Korinek, A., and J. E. Stiglitz. 2017. "Artificial Intelligence and Its Implications for Income

- International Chamber of Commerce. 1925. "Report of the American Committee on Highway Transport, June, 1925." Washington, DC: American Section, International Chamber of Commerce.
- International Federation of Robotics. 2016. "World Robotics: Industrial Robots [dataset]." https://ifr.org/worldrobotics/.
- Jackson, R. 1806. *The Speech of R. Jackson Addressed to the Committee of the House of Commons Appointed to Consider of the State of the Woollen Manufacture of England, on Behalf of the Cloth-Workers and Sheermen of Yorkshire, Lancashire, Wiltshire, Somersetshire and Gloucestershire.* London: C. Stower.
- Jacobson, L. S., R. J. LaLonde, and D. G. Sullivan. 1993. "Earnings Losses of Displaced Workers."*American Economic Review* 83 (4): 685-709.
- Jaimovich, N., and H. E. Siu. 2012. "Job Polarization and Jobless Recoveries." Working Paper 18334, National Bureau of Economic Research, Cambridge, MA.
- Jakubauskas, E. B. 1960. "Adjustment to an Automatic Airline Reservation System." In *Impact of Automation: A Collection of 20 Articles about Technological Change,* from the Monthly Labor Review, 93-96. Washington, DC: Bureau of Labor Statistics.
- Jerome, H. 1934. "Mechanization in Industry." Working Paper 27. National Bureau of Economic Research, Cambridge, MA.
- Johnson, G. E. 1975. "Economic Analysis of Trade Unionism." *American Economic Review* 65 (2): 23-28.
- Johnson, L. B. 1964. "Remarks upon Signing Bill Creating the National Commission on Technology, Automation, and Economic Progress." August 19. http://archive.li/F9iX8.
- Johnston, L., and S. H. Williamson. 2018. "What Was the U.S. GDP Then?" MeasuringWorth.com. http://www.measuringworth.org/usgdp/.
- Kaitz, K. 1998. "American Roads, Roadside America." *Geographical Review* 88 (3): 363-87.
- Kaldor, N. 1957. "A Model of Economic Growth." Economic Journal 67 (268): 591?624. Kanefsky, J., and J. Robey. 1980. "Steam Engines in 18th-Century Britain: A Quantitative Assessment." *Technology and Culture* 21 (2): 161-86.
- Karabarbounis, L., and B. Neiman. 2013. "The Global Decline of the Labor Share." *Quarterly Journal of Economics* 129 (1): 61-103.
- Katz, L. F., and R. A. Margo. 2013. "Technical Change and the Relative Demand for Skilled Labor: The United States in Historical Perspective." Working Paper 18752, National Bureau of Economic Research, Cambridge, MA.
- Kaufman, B. E. 1982. "The Determinants of Strikes in the United States, 1900-1977." *ILR Review*35 (4): 473-90.
- Kay-Shuttleworth, J.P.K. 1832. *The Moral and Physical Condition of the Working Classes Employed in the Cotton Manufacture in Manchester*. Manchester: Harrisons and Crosfield.
- Kealey, E. J. 1987. *Harvesting the Air: Windmill Pioneers in Twelfth-Century England.* Berkeley:

・Hobbes, T. 1651. *Leviathan*, chapter 13, https://ebooks.adelaide.edu.au/h/hobbes/thomas/h68l/chapter13.html.(邦訳は、ホッブス『レヴァイアサン』上下、角田安正訳、光文社古典新訳文庫)
・Hobsbawm, E. 1962. *The Age of Revolution: Europe 1789-1848*. London: Weidenfeld and Nicolson. Kindle.（邦訳は、エリック・ホブズボーム『市民革命と産業革命　二重革命の時代』（安川悦子他訳、岩波書店）
・Hobsbawm, E. 1968. *Industry and Empire: From 1750 to the Present Day*. New York: New Press. Kindle.（邦訳は、エリック・ホブズボーム『産業と帝国』浜林正夫他訳、未来社）
・Hobsbawm, E., and G. Rudé. 2014. *Captain Swing*. New York: Verso.
・Hodgen, M. T. 1939. "Domesday Water Mills." *Antiquity* 13 (51): 261-79.
・Hodges, H. 1970. *Technology in the Ancient World*. New York: Barnes & Noble.
・Holzer, H. J., D. Whitmore Schanzenbach, G. J. Duncan, and J. Ludwig. 2008. "The Economic Costs of Childhood Poverty in the United States." *Journal of Children and Poverty* 14 (1): 41-61.
・Hoppit, J. 2008. "Political Power and British Economic Life, 1650?1870." In *The Cambridge Economic History of Modern Britain*, vol. 1, Industrialisation, 1700?1870, edited by R. Floud, J. Humphries, and P. Johnson, 370-71. Cambridge: Cambridge University Press.
・Horn, J. 2008. *The Path Not Taken: French Industrialization in the Age of Revolution, 1750-1830*. Cambridge, MA: MIT Press. Kindle.
・Hornbeck, R. 2012. "The Enduring Impact of the American Dust Bowl: Short- and Long-Run Adjustments to Environmental Catastrophe." *American Economic Review* 102 (4): 1477-507. Hornbeck, R., and S. Naidu. 2014. "When the Levee Breaks: Black Migration and Economic Development in the American South." *American Economic Review* 104 (3): 963-90.
・Horrell, S. 1996. "Home Demand and British Industrialisation." *Journal of Economic History* 56 (September): 561-604.
・Hounshell, D. 1985. *From the American System to Mass Production, 1800-1932: The Development of Manufacturing Technology in the United States*. Baltimore, MD: Johns Hopkins University Press. Hsieh, C. T., and E. Moretti. Forthcoming. "Housing Constraints and Spatial Misallocation."*American Economic Journal: Macroeconomics*.
・Humphries, J. 2010. *Childhood and Child Labour in the British Industrial Revolution*. Cambridge: Cambridge University Press.
・Humphries, J. 2013. "The Lure of Aggregates and the Pitfalls of the Patriarchal Perspective: A Critique of the High Wage Economy Interpretation of the British Industrial Revolution." *Economic History Review* 66 (3): 693-71
・Humphries, J., and T. Leunig. 2009. "Was Dick Whittington Taller Than Those He Left Behind? Anthropometric Measures, Migration and the Quality of Life in Early Nineteenth Century London." *Explorations in Economic History* 46 (1): 120-31.
・Humphries, J., and B. Schneider. Forthcoming. "Spinning the Industrial Revolution." *Economic History Review*.

- Greenwood, J., A. Seshadri, and M. Yorukoglu. 2005. "Engines of Liberation." *Review of Economic Studies* 72 (1): 109-33.
- Greif, A., and M. Iyigun. 2012."Social Institutions, Violence and Innovations: Did the Old Poor Law Matter?" Working paper, Stanford University, Stanford, CA.Greif, A., and M. Iyigun. 2013. "Social Organizations, Violence, and Modern Growth." *American Economic Review* 103 (3): 534-38.
- Grier, D. A. 2005. When Humans Were Computers. Princeton, NJ: Princeton University Press.
- Gross, D. P. 2018. "Scale Versus Scope in the Diffusion of New Technology: Evidence from the Farm Tractor." RAND *Journal of Economics* 49 (2): 427-52.
- Habakkuk, H. J. 1962. *American and British Technology in the Nineteenth Century: The Search for Labour Saving Inventions*. Cambridge: Cambridge University Press.（邦訳は、アレクサンダー・ガーシェンクロン『経済後進性の史的展望』池田美智子訳、日本経済評論社）
- Hacker, J. S., and P. Pierson. 2010. *Winner-Take-All Politics: How Washington Made the Rich Richer—and Turned Its Back on the Middle Class*. New York: Simon & Schuster.
- Hammer, M. 1990. "Reengineering Work: Don't Automate, Obliterate." *Harvard Business Review* 68 (4): 104-12.
- Hansard, T. C. 1834. *General Index to the First and Second Series of Hansard's Parliamentary Debates: Forming a Digest of the Recorded Proceedings of Parliamet, from 1803 to 1820*. London: Kraus Reprint Co.
- Hansen, A. H. 1939. "Economic Progress and Declining Population Growth." *American Economic Review* 29 (1): 1-15.
- Harper, K. 2017. *The Fate of Rome: Climate, Disease, and the End of an Empire*. Princeton, NJ: Princeton University Press.
- Hartz, L. 1955. *The Liberal Tradition in America: An Interpretation of American Political Thought Since the Revolution*. Boston: Houghton Mifflin Harcourt.
- Hawke, G. R. 1970. *Railways and Economic Growth in England and Wales, 1840-1870*. Oxford: Clarendon Press of Oxford University
- Headrick, D. R. 2009. Technology: A World History. New York: Oxford University Press. Heaton, H. 1936. *Economic History of Europe*. New York:Harper and Brothers.
- Heckman, J. J., S. H. Moon, R. Pinto, P. A. Savelyev, and A. Yavitz. 2010. "The Rate of Return to the HighScope Perry Preschool Program." *Journal of Public Economics* 94 (1-2): 114-28.
- Heilbroner, R. L. 1966. "Where Do We Go From Here?" *New York Review of Books*, March 17. https://www.nybooks.com/articles/1966/03/17/where-do-we-go-from-here/.
- Henderson, R. 2017. Comment on "'Artificial Intelligence and the Modern Productivity Paradox: A Clash of Expectations and Statistics,' by E. Brynjolfsson, D. Rock and C. Syverson," National Bureau of Economic Research. http://www.nber.org/chapters/c14020.pdf.
- Hibbert, F. A. 1891. *The Influence and Development of English Guilds*. New York: Sentry.
- Himmelfarb, G. 1968. *Victorian Minds*. New York: Knopf.

Spatial Equilibrium in the United States." *Journal of Economic Literature* 47 (4): 983-1028.
- Glaeser, E. L., and J. Gyourko. 2002. "The Impact of Zoning on Housing Affordability." Working Paper 8835, National Bureau of Economic Research, Cambridge, MA.Goldin, C., and L. Katz. 2008. *The Race between Technology and Education*. Cambridge, MA: Harvard University Press.
- Goldin, C., and R. A. Margo. 1992. "The Great Compression: The Wage Structure in the United States at Mid-Century." *Quarterly Journal of Economics* 107 (1): 1-34.
- Goldin, C., and K. Sokoloff. 1982. "Women, Children, and Industrialization in the Early Republic: Evidence from the Manufacturing Censuses." *Journal of Economic History* 42 (4): 741-74.
- Goldsmith, S., G. Jaszi, H. Kaitz, and M. Liebenberg. 1954. "Size Distribution of Income Since the Mid-Thirties." *Review of Economics and Statistics* 36 (1): 1-32.
- Goldstein, A. 2018. *Janesville: An American Story.* New York: Simon & Schuster.
- Goolsbee, A. 2018. "Public Policy in an AI Economy." Working Paper 24653, National Bureau of Economic Research, Cambridge, MA.
- Goolsbee, A., and P. Klenow. 2006. "Valuing Consumer Products by the Time Spent Using Them: An Application to the Internet." *American Economic Review* 96 (2): 108-13.
- Goos, M. A., and A. Manning. 2007. "Lousy and Lovely Jobs: The Rising Polarization of Work in Britain." *Review of Economics and Statistics* 89 (1): 118-33.
- Goos, M., A. Manning, and A. Salomons. 2009. "Job Polarization in Europe." *American Economic Review* 99 (2): 58-63.
- Goos, M., A. Manning, and A. Salomons. 2014. "Explaining Job Polarization: Routine-Biased Technological Change and Offshoring." *American Economic Review* 104 (8): 2509-26.
- Gordon, R. J. 2005. "The 1920s and the 1990s in Mutual Reflection." Working Paper 11778, National Bureau of Economic Research, Cambridge, MA.
- Gordon, R. J. 2014. "The Demise of U.S. Economic Growth: Restatement, Rebuttal, and Reflections." Working Paper 19895, National Bureau of Economic Research, Cambridge, MA.
- Gordon, R. J. 2016. *The Rise and Fall of American Growth: The U.S. Standard of Living Since the Civil War.* Princeton, NJ: Princeton University Press.（邦訳は、ロバート・J・ゴードン『アメリカ経済　成長の終焉』上下、廣瀬裕子、山岡由美訳、日経 BP)
- Gould, E. D., B. A. Weinberg, and D. B. Mustard. 2002. "Crime Rates and Local Labor Market Opportunities in the United States: 1979?1997." *Review of Economics and Statistics* 84 (1): 45-61.
- Graeber, D. 2018. *Bullshit Jobs: A Theory.* New York: Simon & Schuster.(邦訳は、デヴィッド・グレイバー『ブルシット・ジョブ　クソどうでもいい仕事の理論』酒井隆史他訳、岩波書店）
- Graetz, G., and G. Michaels. Forthcoming. "Robots at Work." *Review of Economics and Statistics.*
- Gramlich, J. 2017. "Most Americans Would Favor Policies to Limit Job and Wage Losses Caused by Automation." Pew Research Center. http://www.pewresearch.org/fact-tank/2017/10/09/most-americans-would-favor-policies-to-limit-job-and-wage-losses-caused-by-automation/.

- Friedrich, O. 1983. "The Computer Moves In (Machine of the Year)." *Time*, January 3, 14-24.
- Fukuyama, F. 2014. *Political Order and Political Decay: From the Industrial Revolution to the Globalization of Democracy.* New York: Farrar, Straus and Giroux.（邦訳は、フランシス・フクヤマ著『政治の衰退　フランス革命から民主主義の未来へ』上下、会田弘継訳、講談社）
- Furman, J. Forthcoming. "Should We Be Reassured If Automation in the Future Looks Like Automation in the Past?" In *Economics of Artificial Intelligence*, edited by A. K. Agrawal,J. Gans, and A. Goldfarb, Chicago: University of Chicago Press.
- Füssel, S. 2005. *Gutenberg and the Impact of Printing.* Aldershot, UK: Ashgate.
- Gadd, I. A., and P. Wallis. 2002. *Guilds, Society, and Economy in London 1450-1800.* London: Centre for Metropolitan History.
- Galor, O. 2011. "Inequality, Human Capital Formation, and the Process of Development." In *Handbook of the Economics of Education*, edited by E. A. Hanushek, S. J. Machin, and L. Woessmann, vol. 4, 441-93. Amsterdam: Elsevier.
- Galor, O., and D. N. Weil. 2000. "Population, Technology, and Growth: From Malthusian Stagnation to the Demographic Transition and Beyond." *American Economic Review* 90 (4): 806-28
- Ganong, P., and D. Shoag. 2017. "Why Has Regional Income Convergence in the U.S. Declined?" *Journal of Urban Economics* 102 (November):76-90.
- Gaskell, E. C. 1884. *Mary Barton.* London: Chapman and Hall.
- Gaskell, P. 1833. *The Manufacturing Population of England: Its Moral, Social, and Physical Conditions.* London: Baldwin and Cradock.
- Gerschenkron, A. 1962. *Economic Backwardness in Historical Perspective: A Book of Essays.* Cambridge, MA: Belknap Press of Harvard University Press.（邦訳は、アレクサンダー・ガーェンクロン『経済行進性の史的展望』池田美智子訳、日本経済評論社）
- Gille, B. 1969. "The Fifteenth and Sixteenth Centuries in the Western World." In *A History of Technology and Invention: Progress through the Ages*, edited by M. Daumas and translated by E. B. Hennessy, 2:16-148. New York: Crown.
- Gille, B. 1986. *History of Techniques.* Vol. 2, Techniques and Sciences. New York: Gordon and Breach Science Publishers.
- Gilson, R. J. 1999. "The Legal Infrastructure of High Technology Industrial Districts: Silicon Valley, Route 128, and Covenants Not to Compete." *New York University Law Review* 74 (August): 575.
- Giuliano, V. E. 1982. "The Mechanization of Office Work." *Scientific American* 247 (3): 148-65.
- Glaeser, E. L. 1998. "Are Cities Dying?" *Journal of Economic Perspectives* 12 (2): 139-60.
- Glaeser, E. L. 2013. Review of The New Geography of Jobs, by Enrico Moretti. *Journal of Economic Literature* 51 (3): 825-37.
- Glaeser, E. L. 2017. "Reforming Land Use Regulations." Report in the Series on Market and Government Failures, Brookings Center on Regulation and Markets, Washington.
- Glaeser, E. L., and J. D. Gottlieb. 2009. "The Wealth of Cities: Agglomeration Economies and

Income Effect." *Journal of Public Economics* 89 (5-6): 997-1019.
- Field, A. J. 2007. "The Origins of US Total Factor Productivity Growth in the Golden Age."*Cliometrica* 1 (1): 63-90.
- Field, A. J. 2011. *A Great Leap Forward: 1930s Depression and U.S. Economic Growth*. New Haven, CT: Yale University Press.
- Fielden, J. 2013. *Curse of the Factory System*. London: Routledge.
- Finley, M. I. 1965. "Technical Innovation and Economic Progress in the Ancient World." *Economic History Review* 18 (1):
- Finley, M. I. 1973. The Ancient Economy. Berkeley: University of California Press.
- Fisher, I. 1919. "Economists in Public Service: Annual Address of the President." *American Economic Review* 9 (1): 5-21.
- Flamm, K. 1988. "The Changing Pattern of Industrial Robot Use." In *The Impact of Technological Change on Employment and Economic Growth*, edited by R. M. Cyert and D. C. Mowery, 267-328. Cambridge, MA: Ballinger Publishing.
- Flink, J. J. 1988. *The Automobile Age*. Cambridge, MA: MIT Press.
- Flinn, M. W. 1962. *Men of Iron: The Crowleys in the Early Iron Industry*. Edinburgh: Edinburgh University Press.
- Flinn, M. W. 1966. *The Origins of the Industrial Revolution*. London: Longmans.
- Floud, R. C., K. Wachter, and A. Gregory. 1990. *Height, Health, and History: Nutritional Status in the United Kingdom, 1750-1980*. Cambridge: Cambridge University Press.
- Fogel, R. W. 1983. "Scientific History and Traditional History." In *Which Road to the Past?*, edited by R. W. Fogel and G. R. Elton, 5?70. New Haven, CT: Yale University Press.
- Forbes, R. J. 1958. *Man: The Maker*. New York: Abelard-Schuman.
- Ford, M. 2015. *Rise of the Robots: Technology and the Threat of a Jobless Future*. New York: Basic Books. Kindle.（邦訳は、マーティン・フォード『ロボットの脅威　人の仕事がなくなる日』松本剛志訳、日経ビジネス人文庫）
- Fortunato, M., M. G. Azar, B. Piot, J. Menick, I. Osband, A. Graves, V. Mnih, et al. 2017. "Noisy Networks for Exploration." Preprint, submitted. https://arxiv.org/abs/1706.10295.
- Frey, B. S. 2008. *Happiness:A Revolution in Economics*. Cambridge, MA: MIT Press.Frey, C. B., T. Berger, and C. Chen. 2018. "Political Machinery: Did Robots Swing the 2016 U.S. Presidential Election?" *Oxford Review of Economic Policy* 34 (3): 418-42.
- Frey, C. B., and M. Osborne. 2018. "Automation and the Future of Work — Understanding the Numbers." Oxford Martin School. https://www.oxfordmartin.ox.ac.uk/opinion/view/404.
- Frey, C. B., and M. A. Osborne, 2017. "The Future of Employment: How Susceptible Are Jobs to Computerisation?" *Technological Forecasting and Social Change* 114 (January): 254-80.
- Friedman, T. L. 2006. *The World Is Flat: The Globalized World in the Twenty-First Century*. London: Penguin.（邦訳は、トマス・フリードマン『フラット化する世界　経済の大転換と人間の未来　増補改訂版』上下、伏見威蕃訳、日本経済新聞出版）

Investigation." Journal of Political Economy 81 (3): 521-65.
- Ehrlich, I. 1996. "Crime, Punishment, and the Market for Offenses." *Journal of Economic Perspectives* 10 (1): 43-67.
- Elsby, M. W., B. Hobijn, and A. Şahin. 2013. "The Decline of the US Labor Share." *Brookings Papers on Economic Activity* 2013 (2): 1-63.
- Endrei, W., and W. v. Stromer. 1974. "Textiltechnische und hydraulische Erfindungen und ihre Innovatoren in Mitteleuropa im 14. / 15. Jahrhundert." Technikgeschichte 41:89-117.
- Engels, F., [1844] 1943. *The Condition of the Working-Class in England in 1844*. Reprint, London: Allen & Unwin.（邦訳は、フリードリヒ・エンゲルス『イギリスにおける労働者階級の状態　19世紀のロンドンとマンチェスター』上下、一條和生他訳、岩波文庫）
- Epstein, R. C. 1928. *The Automobile Industry.* Chicago: Shaw.
- Epstein, S. R. 1998. "Craft Guilds, Apprenticeship and Technological Change in Preindustrial Europe." *Journal of Economic History* 58 (3): 684-713.
- Esteva, A., B. Kuprel, R. A. Novoa, J. Ko, S. M. Swetter, H. M. Blau, and S. Thrun. 2017. "Dermatologist-Level Classification of Skin Cancer with Deep Neural Networks." *Nature* 542 (7639): 115-18.
- Eveleth, P., and J. M. Tanner. 1976. *Worldwide Variation in Human Growth*. Cambridge: Cambridge University Press.
- Fallick, B., C. A. Fleischman, and J. B. Rebitzer. 2006. "Job-Hopping in Silicon Valley: Some Evidence Concerning the Microfoundations of a High-Technology Cluster." *Review of Economics and Statistics* 88 (3): 472-81.
- Farber, H. S., D. Herbst, I. Kuziemko, and S. Naidu. 2018. "Unions and Inequality over the Twentieth Century: New Evidence from Survey Data." Working Paper 24587, National Bureau of Economic Research, Cambridge, MA.
- Faunce, W. A. 1958a. "Automation and the Automobile Worker." *Social Problems* 6 (1): 68-78. Faunce, W. A. 1958b. "Automation in the Automobile Industry: Some Consequences for In-Plant Social Structure." *American Sociological Review* 23 (4): 401-7.
- Faunce, W. A., E. Hardin, and E. H. Jacobson. 1962. "Automation and the Employee." *Annals of the American Academy of Political and Social Science* 340 (1): 60-68.
- Feinstein, C. H. 1990. "New Estimates of Average Earnings in the United Kingdom." *Economic History Review* 43 (4): 592-633.
- Feinstein, C. H. 1991. "A New Look at the Cost of Living." In *New Perspectives on the Late Victorian Economy*, edited by J. Foreman-Peck, 151-79. Cambridge: Cambridge University Press.
- Feinstein, C. H. 1998. "Pessimism Perpetuated: Real Wages and the Standard of Living in Britain during and after the Industrial Revolution." *Journal of Economic History* 58 (3): 625-58.
- Ferguson, N. 2012. *Civilization: The West and the Rest*. New York: Penguin.（邦訳は、ニーアル・ファーガソン『文明　西洋が覇権をとれた6つの真因』仙名紀訳、勁草書房）
- Ferrer-i-Carbonell, A. 2005. "Income and Well-Being: An Empirical Analysis of the Comparison

- Day, R. H. 1967. "The Economics of Technological Change and the Demise of the Sharecropper." *American Economic Review* 57 (3): 427-49.
- Deaton, A. 2013. *The Great Escape: Health, Wealth, and the Origins of Inequality*. Princeton, NJ: Princeton University Press.(邦訳は、アンガス・ディートン『大脱出　健康、お金、格差の起源』松本裕訳、みすず書房)
- Defoe, D. [1724] 1971. *A Tour through the Whole Island of Great Britain*. London: Penguin. DeLong, B. 1998. "Estimating World GDP: One Million BC-Present." Working paper, University of California, Berkeley.
- Dent, C. 2006. "Patent Policy in Early Modern England: Jobs, Trade and Regulation." *Legal History* 10 (1): 71-95.
- Desmet, K., A. Greif, and S. Parente. 2018. "Spatial Competition, Innovation and Institutions: The Industrial Revolution and the Great Divergence." Working Paper 24727, National Bureau of Economic Research, Cambridge, MA.
- Devine, W. D., Jr. 1983. "From Shafts to Wires: Historical Perspective on Electrification." *Journal of Economic History* 43 (2): 347-72.
- De Vries, J. 2008. *The Industrious Revolution: Consumer Behavior and the Household Economy, 1650 to the Present*. Cambridge: Cambridge University Press.
- Diamond, J. 1987. "The Worst Mistake in the History of the Human Race." Discover, May 1, 64-66. Diamond, J. 1993. "Ten Thousand Years of Solitude." *Discover,* March 1, 48-57.
- Diamond, J. 1998. *Guns, Germs and Steel: A Short History of Everybody for the Last 13,000 Years*. New York: Random House.（邦訳は、ジャレド・ダイアモンド『銃・病原菌・鉄　一万三〇〇〇年にわたる人類史の謎』上下、倉骨彰訳、草思社）
- Dickens, C. [1854] 2017. *Hard Times*. Amazon Classics. Kindle. Disraeli, B. 1844. *Coningsby*. A Public Domain Book. Kindle Edition.
- Dittmar, J. E. 2011. "Information Technology and Economic Change: The Impact of the Printing Press." *Quarterly Journal of Economics* 126 (3): 1133-72.
- Doepke, M., and F. Zilibotti. 2008. "Occupational Choice and the Spirit of Capitalism." Quarterly Journal of Economics 123 (2): 747-93.
- Duncan, G. J., and R. J. Murnane, eds. 2011. *Whither Opportunity? Rising Inequality, Schools, and Children's Life Chances*. New York: Russell Sage Foundation.
- Dur, R., and M. van Lent. 2018. "Socially Useless Jobs." Discussion Paper 18034/VII, Tinbergen Institute, Amsterdam.
- Duranton, G., and D. Puga. 2001. "Nursery Cities: Urban Diversity, Process Innovation, and the Life Cycle of Products." *American Economic Review* 91 (5): 1454-77.
- Eberstadt, N. 2016. *Men without Work: America's Invisible Crisis*. Conshohocken, PA: Templeton. Eden, F. M. 1797. *The State of the Poor; or, An History of the Labouring Classes in England*. 3 vols.London: B. and J. White.
- Ehrlich, I. 1973. "Participation in Illegitimate Activities: A Theoretical and Empirical

- Council of Economic Advisers. 2016. "2016 Economic Report of the President," chapter 5. https:// obamawhitehouse.archives.gov/sites/default/files/docs/ERP_2016_Chapter_5.pdf.
- Cowan, R. S. 1983. *More Work for Mother: The Ironies of Household Technology from the Open Hearth to the Microwave*. New York: Basic.
- Cowie, J. 2016. *The Great Exception: The New Deal and the Limits of American Politics*. Princeton, NJ: Princeton University Press.
- Cox, G. W. 2012. "Was the Glorious Revolution a Constitutional Watershed?" *Journal of Economic History* 72 (3): 567-600.
- Crafts, N. F. 1985. *British Economic Growth during the Industrial Revolution*. Oxford: Oxford University Press.
- Crafts, N. F. 1987. "British Economic Growth, 1700-1850: Some Difficulties of Interpretation."*Explorations in Economic History* 20 (4): 245-68.
- Crafts, N. F. 2004. "Steam as a General Purpose Technology: A Growth Accounting Perspective." *Economic Journal* 114 (495): 338-51.
- Crafts, N. F., and C. K. Harley. 1992. "Output Growth and the British Industrial Revolution: A Restatement of the Crafts-Harley View." *Economic History Review* 45 (4): 703-30.
- Crafts, N. F., and T. C. Mills. 2017. "Trend TFP Growth in the United States: Forecasts versus Outcomes." Centre for Economic Policy Research Discussion Paper 12029, London.
- Crouzet, F. 1985. *The First Industrialists: The Problems of Origins*. Cambridge: Cambridge University Press.
- Dahl, R. A. 1961. *Who Governs? Democracy and Power in an American City*. New Haven, CT: Yale University Press.（邦訳は、ロバート・A・ダール『統治するのはだれか　アメリカの一都市における民主主義と権力』河井望訳、行人社）
- Dahl, R. A. 1998. *On Democracy*. New Haven, CT: Yale University Press.（邦訳は、ロバート・A・ダール『デモクラシーとは何か』中村孝文訳、岩波書店）
- Dao, M. C., M. M. Das, Z. Koczan, and W. Lian. 2017. "Why Is Labor Receiving a Smaller Share of Global Income? Theory and Empirical Evidence." Working Paper No. 17/169, International Monetary Fund, Washington, DC.
- Dauth, W., S. Findeisen, J. Südekum, and N. Woessner. 2017. "German Robots: The Impact of Industrial Robots on Workers." Discussion Paper DP12306, Center for Economic and Policy Research, London.
- David, P. A. 1990. "The Dynamo and the Computer: An Historical Perspective on the Modern Productivity Paradox." *American Economic Review* 80 (2): 355-61.
- David, P. A., and G. Wright. 1999. *Early Twentieth Century Productivity Growth Dynamics: An Inquiry into the Economic History of Our Ignorance*. Oxford: Oxford University Press.
- Davis, J. J. 1927. "The Problem of the Worker Displaced by Machinery." *Monthly Labor Review* 25 (3): 32-34.
- Davis, R. 1973. *English Overseas Trade 1500-1700*. London: Macmillan.

Satisfaction: A Test of the Baseline Hypothesis." *Economic Journal* 118 (529): 222-43.
・Clark, A. E., and A. J. Oswald. 1994. "Unhappiness and Unemployment." *Economic Journal* 104 (424): 648-59.
・Clark, A. E., and A. J. Oswald. 1996. "Satisfaction and Comparison Income." *Journal of Public Economics* 61 (3): 359-81.
・Clark, G. 2001. "The Secret History of the Industrial Revolution." Working paper, University of California, Davis.
・Clark, G. 2005. "The Condition of the Working Class in England, 1209?2004." *Journal of Political Economy* 113 (6): 1307-40.
・Clark, G. 2008. *A Farewell to Alms: A Brief Economic History of the World.* Princeton, NJ: Princeton University Press.（邦訳は、グレゴリー・クラーク『10万年の世界経済史』上下、久保恵美子訳、日経BP社）
・Clark, G., and G. Hamilton. 2006. "Survival of the Richest: The Malthusian Mechanism in Pre-Industrial England." *Journal of Economic History* 66 (3): 707-36.
・Clark, G., M. Huberman, and P. H. Lindert. 1995. "A British Food Puzzle, 1770-1850." *Economic History Review* 48 (2): 215-37.
・Cockburn, I. M., R. Henderson, and S. Stern. 2018. "The Impact of Artificial Intelligence on Innovation." Working Paper 24449, National Bureau of Economic Research, Cambridge, MA.
・Collins, W. J., and W. H. Wanamaker. 2015. "The Great Migration in Black and White: New Evidence on the Selection and Sorting of Southern Migrants." *Journal of Economic History* 75 (4): 947-92.
・Colquhoun, P. [1814] 1815. A Treatise on the Wealth, Power, and Resources of the British Empire.Reprint, London: Johnson Reprint Corporation.
・Comin, D., and M. Mestieri, 2018. "If Technology Has Arrived Everywhere, Why Has Income Diverged?" *American Economic Journal: Macroeconomics* 10 (3): 137-78.
・Cooper, M. R., G. T. Barton, and A. P. Brodell. 1947. "Progress of Farm Mechanization." USDA Miscellaneous Publication 630 (October).
・Cortes, G. M., N. Jaimovich, C. J. Nekarda, and H. E. Siu. 2014. "The Micro and Macro of Disappearing Routine Jobs: A Flows Approach." Working Paper 20307 National Bureau of Economic Research, Cambridge, MA.
・Cortes, G. M., N. Jaimovich, and H. E. Siu. 2017. "Disappearing Routine Jobs: Who, How, and Why?" *Journal of Monetary Economics.* 91 (September): 69?87.
・Cortes, G. M., N. Jaimovich, and H. E. Siu. 2018. "The 'End of Men' and Rise of Women in the High-Skilled Labor Market." Working Paper 24274, National Bureau of Economic Research, Cambridge, MA.
・Coudray, N., P. S. Ocampo, T. Sakellaropoulos, N. Narula, M. Snuderl, D. Fenyö , A. L. Moreira, et al. 2018. "Classification and Mutation Prediction from Non-Small Cell Lung Cancer Histopathology Images Using Deep Learning." *Nature Medicine* 24 (10): 1559-67.

and Unrest in England, 1830-32." Working paper, University of Zurich.

- Cardwell, D. 1972. *Turning Points in Western Technology: A Study of Technology, Science and History*. New York: Science History Publications.
- Cardwell, D. 2001. *Wheels, Clocks, and Rockets: A History of Technology*. New York: W. W. Norton.
- Case, A., and A. Deaton. 2015. "Rising Morbidity and Mortality in Midlife among White Non-Hispanic Americans in the 21st Century." *Proceedings of the National Academy of Sciences* 112 (49): 15078-83.
- Case, A., and A. Deaton. 2017. "Mortality and Morbidity in the 21st Century." *Brookings Papers on Economic Activity* 1: 397-476.
- Chapman, S. D. 1967. *The Early Factory Masters: The Transition to the Factory System in the Midlands Textile Industry*. Exeter: David and Charles.
- Charles, K. K., E. Hurst, and M. J. Notowidigdo. 2016. "The Masking of the Decline in Manufacturing Employment by the Housing Bubble." *Journal of Economic Perspectives* 30 (2): 179-200.
- Cherlin, A. J. 2013. *Labor's Love Lost: The Rise and Fall of the Working-Class Family in America*. New York: Russell Sage Foundation.
- Chetty, R., D. Grusky, M. Hell, N, Hendren, R. Manduca, and J. Narang. 2017. "The Fading American Dream: Trends in Absolute Income Mobility Since 1940." *Science* 356 (6336): 398-406.
- Chetty, R., and N. Hendren. 2018. "The Impacts of Neighborhoods on Intergenerational Mobility II: County-Level Estimates." *Quarterly Journal of Economics* 133 (3): 1163-2
- Chetty, R., N. Hendren, and L. F. Katz. 2016. "The Effects of Exposure to Better Neighborhoods on Children: New Evidence from the Moving to Opportunity Experiment." *American Economic Review* 106 (4): 855-902.
- Chetty, R., N. Hendren, P. Kline, and E. Saez. 2014. "Where Is the Land of Opportunity? The Geography of Intergenerational Mobility in the United States." *Quarterly Journal of Economics* 129 (4): 1553-623.
- Cipolla, C. M. 1972. Introduction to *The Fontana Economic History of Europe*, edited by C. M. Cipolla. 1:7-21. Collins.
- Cisco. 2018. "Cisco Visual Networking Index: Forecast and Trends, 2017-2022." San Jose, CA: Cisco. https://www.cisco.com/c/en/us/solutions/collateral/service-provider/visual-net working-index-vni/complete-white-paper-c11-481360.html.
- Clague, E. 1960. "Adjustments to the Introduction of Office Automation." *Bureau of Labor Statistics Bulletin,* no. 1276.
- Clague, E., and W. J. Couper, 1931. "The Readjustment of Workers Displaced by Plant Shut-downs." *Quarterly Journal of Economics* 45 (2): 309-46.
- Clark, A. E., E. Diener, Y. Georgellis, and R. E. Lucas. 2008. "Lags and Leads in Life

Doherty.
・Brynjolfsson, E., and L. M. Hitt. 2000. "Beyond Computation: Information Technology, Organizational Transformation and Business Performance." *Journal of Economic Perspectives* 14 (4): 23-48.
・Brynjolfsson, E., L. M. Hitt, and S. Yang. 2002. "Intangible Assets: Computers and Organizational Capital." *Brookings Papers on Economic Activity* 2002 (1): 137-81.
・Brynjolfsson, E., and A. McAfee. 2014. *The Second Machine Age: Work, Progress, and Prosperity in a Time of Brilliant Technologies.* New York: W. W. Norton.（邦訳は、エリック・ブリニョルフソン、アンドリュー・マカフィー『ザ・セカンド・マシン・エイジ』村井章子訳、日経 BP)
・Brynjolfsson, E., and A. McAfee. 2017. *Machine, Platform, Crowd: Harnessing Our Digital Future.*New York: W. W. Norton.（翻訳は、エリック・ブリニョルフソン、アンドリュー・マカフィー『プラットフォームの経済学　機械は人と企業の未来をどう変えるか』村井章子訳、日経 BP）
・Brynjolfsson, E., D. Rock, and C. Syverson. Forthcoming. "Artificial Intelligence and the Modern Productivity Paradox: A Clash of Expectations and Statistics." In *The Economics of Artificial Intelligence: An Agenda*, edited by A. K. Agrawal, J. Gans, and A. Goldfarb, Chicago: Univer- sity of Chicago Press.
・Bryson, B. 2010. *At Home: A Short History of Private Life.* Toronto: Doubleday Canada. Bughin, J., E. Hazan, S. Ramaswamy, M. Chui, T. Allas, P. Dahlstr?m, N. Henke, et al. 2017. "How Artificial Intelligence Can Deliver Real Value to Companies." McKinsey Global Institute. https://www.mckinsey.com/business-functions/mckinsey-analytics/our-insights/how-artificial-intelligence-can-deliver-real-value-to-companies.
・Busso, M., J. Gregory, and P. Kline. 2013. "Assessing the Incidence and Efficiency of a Prominent Place-Based Policy." *American Economic Review* 103 (2): 897?947.
・Byrn, E. W. 1900. *The Progress of Invention in the Nineteenth Century.* New York: Munn and Company.
・Byrne, D. M., J. G. Fernald, and M. B. Reinsdorf. 2016. "Does the United States Have a Productivity Slowdown or a Measurement Problem?" *Brookings Papers on Economic Activity* 2016 (1): 109-82.
・Bythell, D. 1969. *The Handloom Weavers: A Study in the English Cotton Industry during the Industrial Revolution.* Cambridge: Cambridge University Press.
・Cairncross, F. 2001. *The Death of Distance: 2.0: How the Communications Revolution Will Change Our Lives.* New York: Texere Publishing.
・Cameron, R. 1993. *A Concise Economic History of the World from Paleolithic Times to the Present.*2nd ed. New York: Oxford University Press.
・Cannadine, D. 1977. "The Landowner as Millionaire: The Finances of the Dukes of Devonshire,c.1800-c.1926." *Agricultural History Review* 25 (2): 77-97.
・Caprettini, B., and H. J. Voth. 2017. "Rage against the Machines: Labour-Saving Technology

- Berger, T., and C. B. Frey. 2017b. "Regional Technological Dynamism and Noncompete Clauses: Evidence from a Natural Experiment." *Journal of Regional Science* 57 (4): 655-68.
- Bernal, J. D. 1971. *Science in History*. Vol. 1: *The Emergence of Science*. Cambridge, MA: MIT Press.
- Bernhofen, D. M., Z. El-Sahli, and R. Kneller. 2016. "Estimating the Efects of the Container Revolution on World Trade." *Journal of International Economics* 98 (January): 36-50.
- Bessen, J. 2015. Learning by Doing: *The Real Connection between Innovation, Wages, and Wealth*. New Haven, CT: Yale University Press.
- Bessen, J. 2018. "Automation and Jobs: When Technology Boosts Employment." Law and Economics Paper 17-09, Boston University School of Law.
- Bivens, J., E. Gould, E. Mishel, and H. Shierholz. 2014. "Raising America's Pay." Briefing Paper 378, Economic Policy Institute, New York.
- Blake, W. 1810. "Jerusalem." https://www.poetryfoundation.org/poems/54684/jerusalem-and-did-those-feet-in-ancient-time.
- Boerner, L., and B. Severgnini. 2015. "Time for Growth." Economic History Working Paper 222/2015, London School of Economics and Political Science.
- Boerner, L., and B. Severgnini. 2016. "The Impact of Public Mechanical Clocks on Economic Growth." Vox, October 10. https://voxeu.org/article/time-growth.
- Bogart, D. 2005. "Turnpike Trusts and the Transportation Revolution in 18th Century England."*Explorations in Economic History* 42 (4): 479-508.
- Boix, C., and F. Rosenbluth. 2014. "Bones of Contention: The Political Economy of Height Inequality." *American Political Science Review* 108 (1): 1?22.
- Bolt, J., R. Inklaar, H. de Jong, and J. L. Van Zanden. 2018. "Rebasing 'Maddison': New Income Comparisons and the Shape of Long-Run Economic Development." Maddison Project Working Paper 10, Maddison Project Database, version 2018.
- Bolt, J., and J. L. Van Zanden. 2014. "The Maddison Project: Collaborative Research on Historical National Accounts." *Economic History Review* 67 (3): 627-51.
- Boserup, E. 1965. *The Condition of Agricultural Growth: The Economics of Agrarian Change under Population Pressure*. London: Allen and Unwin.
- Bowen, H. R. 1966. *Report of the National Commission on Technology, Automation, and Economic Progress*. Vol. 1. Washington, DC: Government Printing Office.
- Braverman, H. 1998. *Labor and Monopoly Capital: The Degradation of Work in the Twentieth Century*. 25th anniversary ed. New York: New York University Press.
- Bresnahan, T. F., E. Brynjolfsson, and L. M. Hitt. 2002. "Information Technology, Workplace Organization, and the Demand for Skilled Labor: Firm-Level Evidence." *Quarterly Journal of Economics* 117 (1): 339-76.
- Brown, J. 1832. *A Memoir of Robert Blincoe: An Orphan Boy; Sent From the Workhouse of St. Pancras, London at Seven Years of Age, to Endure the Horrors of a Cotton-Mill*. London: J.

Bacci, M. L. 2017. *A Concise History of World Population*. Oxford: John Wiley and Sons.

- Baines, E. 1835. *History of the Cotton Manufacture in Great Britain*. London: H. Fisher, R. Fisher, and P. Jackso
- Bairoch, P. 1991. *Cities and Economic Development: From the Dawn of History to the Present*. Chicago: University of Chicago Press.
- Baldwin, G. B., and G. P. Schultz. 1960. "The Effects of Automation on Industrial Relations." In *Impact of Automation: A Collection of 20 Articles about Technological Change*, from the Monthly Labor Review. Washington, DC: Bureau of Labor Statistics, 47-49.
- Balke, N. S., and R. J. Gordon. 1989. "The Estimation of Prewar Gross National Product: Meth- odology and New Evidence." *Journal of Political Economy* 97 (1): 38-92.
- Barnow, B. S., and J. Smith. 2015. "Employment and Training Programs." Working Paper 21659, National Bureau of Economic Research, Cambridge, MA.
- Barro, R. J., and X. Sala-i-Martin. 1992. "Convergence." *Journal of Political Economy* 100 (2): 223-51.
- Bartels, L. M. 2016. Unequal Democracy: *The Political Economy of the New Gilded Age*. Princeton, NJ: Princeton University Press.
- Bartelsman, E. J. 2013. "ICT, Reallocation and Productivity." Brussels: European Commission, Directorate-General for Economic and Financial Afairs.
- Bastiat, F. 1850. "That Which Is Seen, and That Which Is Not Seen." Mises Institute. https://mises.org/library/which-seen-and-which-not-seen.
- Becker, G. 1968 "Crime and Punishment: An Economic Approach." *Journal of Political Economy* 76 (2): 169-217.
- Becker, S. O., E. Hornung, and L. Woessmann. 2011. "Education and Catch-Up in the Industrial Revolution." *American Economic Journal: Macroeconomics* 3 (3): 92-126.
- Bell, A. M., R. Chetty, X. Jaravel, N. Petkova, and J. Van Reenen. 2017. "Who Becomes an Inventor in America? The Importance of Exposure to Innovation." Working Paper 24062, National Bureau of Economic Research, Cambridge, MA.
- Bell, A. M., R. Chetty, X. Jaravel, N. Petkova, and J. Van Reenen. 2018. "Lost Einsteins: Who Becomes an Inventor in America?" CentrePiece, Spring, http://cep.lse.ac.uk/pubs/download/cp522.pdf.
- Berg, M. 1976. "The Machinery Question." PhD diss., University of Oxford.
- Berg, M. 2005. *The Age of Manufactures, 1700-1820: Industry, Innovation and Work in Britain*. London: Routledge.
- Berger, T., and C. B. Frey. 2016. "Did the Computer Revolution Shift the Fortunes of U.S. Cities? Technology Shocks and the Geography of New Jobs." *Regional Science and Urban Economics* 57 (March): 38-45.
- Berger, T., and C. B. Frey. 2017a. "Industrial Renewal in the 21st Century: Evidence from US Cities." *Regional Studies* 51 (3): 404-13.

ing and Voting Behavior in Western Europe." Working paper, Bocconi University,

- *Annual Registrar or a View of the History, Politics, and Literature for the Year 1811.* 1811. London: printed for Baldwin, Cradock, and Joy.
- Armelagos, G. J., and M. N. Cohen. 1984. *Paleopathology at the Origins of Agriculture,* edited by G. J. Armelagos and M. N. Cohen, 235-69. Orlando, FL: Academic Press.
- Arntz, M., T. Gregory, and U. Zierahn. 2016. "The Risk of Automation for Jobs in OECD Countries." OECD Social, Employment and Migration Working Paper 189, Organisation of Economic Co-operation and Development, Paris.
- Ashenfelter, O. 1978. "Estimating the Efect of Training Programs on Earnings." *Review of Economics and Statistics* 60 (1): 47-57.
- Ashraf, Q., and O. Galor. 2011. "Dynamics and Stagnation in the Malthusian Epoch." *American Economic Review* 101 (5): 2003-41.
- Ashton, T. S. 1948. *An Economic History of England: The Eighteenth Century.* London: Routledge.
- Austin, B., E. L. Glaeser, and L. Summers. Forthcoming. "Saving the Heartland: Place-Based Policies in 21st Century America." *Brookings Papers on Economic Activity.*
- Autor, D. H. 2014. "Skills, Education, and the Rise of Earnings Inequality among the 'Other 99 Percent.'" *Science* 344 (6186): 843-51.
- Autor, D. H. 2015. "Polanyi's Paradox and the Shape of Employment Growth." In *Re-evaluating Labor Market Dynamics,* 129-77. Kansas City: Federal Reserve Bank of Kansas City.
- Autor, D. H. 2015. "Why Are There Still So Many Jobs? The History and Future of Workplace Automation." *Journal of Economic Perspectives* 29 (3): 3-30.
- Autor, D. H., and A. Salomons. Forthcoming. "Is Automation Labor-Displacing? Productivity Growth, Employment, and the Labor Share." *Brookings Papers on Economic Activity.*
- Autor, D. H., and D. Dorn. 2013. "The Growth of Low-Skill Service Jobs and the Polarization of the US Labor Market."*American Economic Review* 103 (5): 1553-97.Autor, D. H., D. Dorn, and G. Hanson. Forthcoming. "When Work Disappears: Manufacturing Decline and the Falling Marriage-Market Value of Men." *American Economic Review*: Insights.
- Autor, D. H., D. Dorn, G., Hanson, and K. Majlesi. 2016a. "Importing Political Polarization? The Electoral Consequences of Rising Trade Exposure." Working Paper 22637, National Bureau of Economic Research, Cambridge, MA.
- Autor, D. H., D. Dorn, G. Hanson, and K. Majlesi. 2016b. "A Note on the Efect of Rising Trade Exposure on the 2016 Presidential Election." Appendix to "Importing Political Polarization? The Electoral Consequences of Rising Trade Exposure." Working Paper 22637, National Bureau of Economic Research, Cambridge, MA.
- Autor, D. H., F. Levy, and R. J. Murnane. 2003. "The Skill Content of Recent Technological Change: An Empirical Exploration." *Quarterly Journal of Economics* 118 (4): 1279-333.
- Babbage, C. 1832. *On the Economy of Machinery and Manufactures.* London: Charles Knight.

theres-much-learn-from-past-anxiety-over-automation/.
・Aldcroft, D. H., and Oliver, M. J. 2000. *Trade Unions and the Economy: 1870-2000.* Aldershot, UK: Ashgate.
・Alexopoulos, M., and J. Cohen. 2011. "Volumes of Evidence: Examining Technical Change in the Last Century through a New Lens." Canadian *Journal of Economics/Revue Canadienne d'économique* 44 (2): 413-50.
・Alexopoulos, M., and J. Cohen. 2016. "The Medium Is the Measure: Technical Change and Employment, 1909-1949." *Review of Economics and Statistics* 98 (4): 792-810.
・Allen, R. C. 2001. "The Great Divergence in European Wages and Prices from the Middle Ages to the First World War." *Explorations in Economic History* 38 (4): 411-47.
・Allen, R. C. 2007. "Pessimism Preserved: Real Wages in the British Industrial Revolution." Working Paper 314, Department of Economics, Oxford University.
・Allen, R. C. 2009a. *The British Industrial Revolution in Global Perspective*. Cambridge: Cambridge University Press. Kindle.（邦訳は、A.C. アレン『世界史のなかの産業革命　資源・人的資本・グローバル経済』眞嶋史叙他訳、名古屋大学出版会）
・Allen, R. C. 2009b. "Engels' Pause: Technical Change, Capital Accumulation, and Inequality in the British Industrial Revolution." *Explorations in Economic History* 46 (4): 418-35.
・Allen, R. C. 2009c. "How Prosperous Were the Romans? Evidence from Diocletian's Price Edict (AD 301)." In *Quantifying the Roman Economic: Methods and Problems*, edited by Alan Bowman and Andrew Wilson, 327-45. Oxford: Oxford University Press.
・Allen, R. C. 2009d. "The Industrial Revolution in Miniature: The Spinning Jenny in Britain, France, and India." *Journal of Economic History* 69 (4): 901-27.
・Allen, R. C. 2017. "Lessons from History for the Future of Work." *Nature News* 550 (7676): 321-24.
・Allen, R. C. Forthcoming. "The Hand-Loom Weaver and the Power Loom: A Schumpeterian Perspective." *European Review of Economic History*.
・Allen, R. C., J. P. Bassino, D. Ma, C. Moll-Murata, and J. L. Van Zanden. 2011. "Wages, Prices, and Living Standards in China, 1738-1925: In Comparison with Europe, Japan, and India." *Economic History Review* 64 (January): 8-38.
・Allison, G. 2017. *Destined for War: Can America and China Escape Thucydides's Trap?* Boston: Houghton Mifflin Harcourt. Kindle.（邦訳は、グレアム・アリソン『米中戦争前夜　新旧大国を衝突させる歴史の法則と回避のシナリオ』藤原朝子訳、ダイヤモンド社）
・Alston, L. J., and T. J. Hatton. 1991. "The Earnings Gap between Agricultural and Manufacturing Laborers, 1925-1941." *Journal of Economic History* 51 (1): 83-99.
・Anderson, M. 1990. "The Social Implications of Demographic Change." In *The Cambridge Social History of Britain, 1750-1950*, vol. 2: People and Their Environment, edited by F.M.L. Thompson, 1-70. Cambridge: Cambridge University Press.
・Anelli, M., I. Colantone, and P.Stanig. 2018. "We Were the Robots: Automation in Manufactur-

参考文献 Bibliography

- Abowd, J. M., P. Lengermann, and K. L. McKinney. 2003. "The Measurement of Human Capital in the US Economy." LEHD Program technical paper TP-2002-09, Census Bureau, Washington.
- Abraham, K. G., and M. S. Kearney. 2018. "Explaining the Decline in the US Employment-to-Population Ratio: A Review of the Evidence." Working Paper 24333, National Bureau of Economic Research, Cambridge, MA.
- Acemoglu, D., and D. H. Autor. 2011. "Skills, Tasks and Technologies: Implications for Employment and Earnings." In *Handbook of Labor Economics*, edited by David Card and Orley Ashenfelter, 4:1043-171. Amsterdam: Elsevier.
- Acemoglu, D., S. Johnson, and J. Robinson. 2005. "The Rise of Europe: Atlantic Trade, Institutional Change, and Economic Growth." *American Economic Review* 95 (3): 546-79.
- Acemoglu, D., and P. Restrepo. 2018a."Artificial Intelligence, Automation and Work." Working Paper 24196, National Bureau of Economic Research, Cambridge, MA.Acemoglu, D., and P. Restrepo. 2018b. "The Race between Man and Machine: Implications of Technology for Growth, Factor Shares, and Employment." *American Economic Review* 108 (6): 1488-542.
- Acemoglu, D., and P. Restrepo. 2018c. "Robots and Jobs: Evidence from US Labor Markets." Working paper, Massachusetts Institute of Technology, Cambridge, MA.
- Acemoglu, D., and P. Restrepo. Forthcoming. "Automation and New Tasks: The Implications of the Task Content of Production for Labor Demand." *Journal of Economic Perspectives.*
- Acemoglu, D., and J. A. Robinson. 2006. "Economic Backwardness in Political Perspective."American Political Science Review 100 (1): 115-31.
- Acemoglu, D., and J. A. Robinson. 2012. *Why Nations Fail: The Origins of Power, Prosperity and Poverty.* New York: Crown Business.（邦訳は、ダロン・アセモグル、ジェイムズ・A・ロビンソン『国家はなぜ衰退するのか　権力・繁栄・貧困の起源』上下、鬼澤忍訳、早川書房）
- Agrawal, A., J. Gans, and A. Goldfarb. 2016. "The Simple Economics of Machine Intelligence."*Harvard Business Review*, November 17. https://hbr.org/2016/11/the-simple-economics-of-machine-intelligence.
- Aguiar, M., and E. Hurst. 2007. "Measuring Trends in Leisure: The Allocation of Time over Five Decades." *Quarterly Journal of Economics* 122 (3): 969-1006.
- Aidt, T., G. Leon, and M. Satchell. 2017. "The Social Dynamics of Riots: Evidence from the Captain Swing Riots, 1830-31." Working paper,
- Aidt, T., and R. Franck. 2015. "Democratization under the Threat of Revolution: Evidence from the Great Reform Act of 1832." *Econometrica* 83 (2): 505-47.
- Akst, D. 2013. "What Can We Learn from Past Anxiety over Automation?" *Wilson Quarterly,* Summer. https://wilsonquarterly.com/quarterly/summer-2014-where-have-all-the-jobs-gone/

Prominent Place-Based Policy," *American Economic Review* 103 (2): 897-947.

58 TVAの詳細については以下を参照。P. Kline and E. Moretti, 2013, "Local Economic Development, Agglomeration Economies, and the Big Push: 100 Years of Evidence from the Tennessee Valley Authority," *Quarterly Journal of Economics* 129 (1): 275-331.

59 E. Moretti, 2004, "Estimating the Social Return to Higher Education: Evidence from Longitudinal and Repeated Cross-Sectional Data," *Journal of Econometrics* 121 (1-2): 175-212.

60 S. Liu, 2015, "Spillovers from Universities: Evidence from the Land-Grant Program," *Journal of Urban Economics* 87 (May): 25-41.

61 K. K. Charles, E. Hurst, and M. J. Notowidigdo, 2016, "The Masking of the Decline in Manufacturing Employment by the Housing Bubble," *Journal of Economic Perspectives* 30 (2): 179-200.

the Land of Opportunity," *Foreign Affairs* 91(November/December): 97.

43 M. M. Kleiner, 2011, "Occupational Licensing: Protecting the Public Interest or Protectionism?" (Policy Paper 2011-009, Upjohn Institute, Kalamazoo, MI).

44 職業免許と働き盛りの男性の失業については以下を参照。B. Austin, E. L. Glaeser, and L. Summers, forthcoming, "Saving the Heartland: Place-Based Policies in 21st Century America," *Brookings Papers on Economic Activity.*

45 B. Fallick, C. A. Fleischman, and J. B. Rebitzer, 2006, "Job-Hopping in Silicon Valley: Some Evidence Concerning the Microfoundations of a High-Technology Cluster," *Review of Economics and Statistics* 88 (3): 472-81.

46 R. J. Gilson, 1999, "The Legal Infrastructure of High Technology Industrial Districts: Silicon Valley, Route 128, and Covenants Not to Compete," *New York University Law Review* 74 (August): 575.

47 S. Klepper, 2010, "The Origin and Growth of Industry Clusters: The Making of Silicon Valley and Detroit," *Journal of Urban Economics* 67 (1): 15-32.

48 T. Berger and C. B. Frey, 2017b, "Regional Technological Dynamism and Noncompete Clauses: Evidence from a Natural Experiment," *Journal of Regional Science* 57 (4): 655-68.

49 E. Moretti, 2012, The New Geography of Jobs (Boston: Houghton Mifflin Harcourt), 158-65. (エンリコ・モレッティ『年収は住むところで決まる　雇用とイノベーションの都市経済学』安田洋祐解説、池村千秋訳、プレジデント社)

50 C. T. Hsieh and E. Moretti, forthcoming, "Housing Constraints and Spatial Misallocation," *American Economic Journal: Macroeconomics.*

51 M. Rognlie, 2014, "A Note on Piketty and Diminishing Returns to Capital," unpublished manuscript, http://mattrognlie.com/piketty_diminishing_returns.pdf.

52 たとえば以下を参照。E. L. Glaeser and J. Gyourko, 2002, "The Impact of Zoning on Housing Afordability (Working Paper 8835, National Bureau of Economic Research, Cambridge, MA); E. L. Glaeser, 2017, "Reforming Land Use Regulations" (Report in the Series on Market and Government Failures, Brookings Center on Regulation and Markets, Washington).

53 R. Chetty, N. Hendren, and L. F. Katz, 2016, "The Effects of Exposure to Better Neighborhoods on Children: New Evidence from the Moving to Opportunity Experiment," *American Economic Review* 106 (4): 855-902.

54 発明家になる確率と場所については以下を参照。 Bell et al., 2017, "Who Becomes an Inventor in America?," and 2018, "Lost Einsteins."

55 C. T. Hsieh and E. Moretti, 2017, "How Local Housing Regulations Smother the U.S. Economy, *New York Times*, September 6.

56 D. Etherington, 2018, "Hyperloop Transportation Technologies Signs First Cross-State Deal in the U.S.," TechCruch, https://techcrunch.com/2018/02/15/hyperloop-transportation-technologies-signs-first-cross-state-deal-in-the-u-s/?guccounter8=1.

57 M. Busso, J. Gregory, and P. Kline, 2013, "Assessing the Incidence and Efficiency of a

Voice and the Broken Promise of American Democracy (Princeton, NJ: Princeton University Press).

28 R. A. Dahl, 1998, *On Democracy* (New Haven, CT: Yale University Press), 76（ロバート・A・ダール『デモクラシーとは何か』中村孝文訳、岩波書店）

29 Quoted in G. R. Kremen, 1974, "MDTA: The Origins of the Manpower Development and Training Act of 1962," U.S. Department of Labor, https://www.dol.gov/general/aboutdol/history/mono-mdtatext.

30 O. Ashenfelter, 1978, "Estimating the Effect of Training Programs on Earnings," *Review of Economics and Statistics* 60 (1): 47-57.

31 さらに事態を複雑にしているのは、労働市場の多岐にわたるグループを対象にした制度では比較ができないことだ。不利な家庭環境で正式な教育をあまり受けていない労働者は当然、相対的に多くの訓練・リソースが必要になる。また訓練の成果も、訓練内容、地元の労働市場の特性、経済全般の情勢に大きく左右される。

32 B. S. Barnow and J. Smith, 2015, "Employment and Training Programs" (Working Paper 21659, National Bureau of Economic Research, Cambridge, MA).

33 R. J. LaLonde, 2007, The Case for Wage Insurance (New York: Council on Foreign Relations Press), 19.

34 UBIと福祉国家については以下を参照。A. Goolsbee, 2018, "Public Policy in an AI Economy" (Working Paper 24653, National Bureau of Economic Research, Cambridge, MA).

35 テレビと幸福度については以下を参照。B. S. Frey, 2008, Happiness: A Revolution in Economics (Cambridge, MA: MIT Press), chapter 9.

36 D. Graeber, 2018, *Bullshit Jobs: A Theory* (New York: Simon & Schuster)（デヴィッド・グレーバー『ブルシット・ジョブ　クソどうでもいい仕事の理論』酒井隆史他訳、岩波書店）. 人々が自分の仕事に意義を感じていることを示す調査については以下を参照。 R. Dur and M. van Lent, 2018, "Socially Useless Jobs" (Discussion Paper 18-034/VII, Amsterdam: Tinbergen Institute).

37 幸福度と失業については以下を参照。B. S. Frey, 2008, Happiness, chapter 4.

38 I. Goldin, 2018, "Five Reasons Why Universal Basic Income Is a Bad Idea," *Financial Times,* February 11.

39 G. Hubbard, 2014, "Tax Reform Is the Best Way to Tackle Income Inequality," *Washington Post,* January 10.

40 EITC制度の効果に関する概論は以下を参照。A. Nichols and J. Rothstein, 2015, "The Earned Income Tax Credit (EITC)" (Working Paper 21211, National Bureau of Economic Research, Cambridge, MA).

41 R. Chetty, N. Hendren, P, Kline, and E. Saez, 2014, "Where Is the Land of Opportunity? The Geography of Intergenerational Mobility in the United States," *Quarterly Journal of Economics* 129 (4): 1553-623.

42 L. Kenworthy, 2012, "It's Hard to Make It in America: How the United States Stopped Being

*spectives.*2 人が保有しているデータでは 1850 年までしか遡れないが、（第 5 章で指摘したように）イギリスでも 19 世紀初期に似たようなパターンが見られ、紡績機械が大量の職人の職を奪った。

12 N. Eberstadt, 2016, *Men without Work: America's Invisible Crisis* (Conshohocken, PA: Templeton Press).

13 C. B. Frey and M. A. Osborne, 2017, "The Future of Employment: How Susceptible Are Jobs to Computerisation ?," *Technological Forecasting and Social Change* 114:254-80.

14 R. Bowley, 2017, "The Fastest-Growing Jobs in the U.S. Based on LinkedIn Data," LinkedIn Official Blog, December 7, https://blog.linkedin.com/2017/december/7/the-fastest-growing-jobs-in-the-u-s-based-on-linkedin-data.

15 S. Murthy, 2014, "Top 10 Job Titles That Didn't Exist 5 Years Ago (Infographic)," LinkedIn Talent Blog, January 6, https://business.linkedin.com/talent-solutions/blog/2014/01/top-10-job-titles-that-didnt-exist-5-years-ago-infographic.

16 M. Berg, 1976, "The Machinery Question," PhD diss., University of Oxford, 2.

17 L. Summers, 2017, "Robots Are Wealth Creators and Taxing Them Is Illogical," *Financial Times*, March 5.

18 C. Goldin and L. Katz, 2008, *The Race between Technology and Education* (Cambridge, MA: Harvard University Press), 1-2.

19 G. J. Duncan and R. J. Murnane, eds., 2011. *Whither Opportunity? Rising Inequality, Schools, and Children's Life Chances* (New York: Russell Sage Foundation).

20 J. D. Sachs, S. G. Benzell, and G. LaGarda, 2015, "Robots: Curse or Blessing? A Basic Framework" (Working Paper 21091, National Bureau of Economic Research, Cambridge, MA).

21 J. J. Heckman et al., 2010, "The Rate of Return to the HighScope Perry Preschool Program," *Journal of Public Economics* 94 (1-2), 114-28.

22 A. J. Reynolds et al., 2011, "School-Based Early Childhood Education and Age-28 Well- Being: Effects by Timing, Dosage, and Subgroups," *Science* 333 (6040): 360-64.

23 H. J. Holzer, D. Whitmore Schanzenbach, G. J. Duncan, and J. Ludwig, 2008, "The Economic Costs of Childhood Poverty in the United States," *Journal of Children and Poverty* 14 (1): 41-61.

24 A. M. Bell et al., 2017, "Who Becomes an Inventor in America? The Importance of Exposure to Innovation (Working Paper 24062, National Bureau of Economic Research, Cambridge, MA).

25 A. M. Bell et al., 2018, "Lost Einsteins: Who Becomes an Inventor in America?," CentrePiece, Spring, http://cep.lse.ac.uk/pubs/download/cp522.pdf, 11.

26. R. D. Putnam, 2016, *Our Kids: The American Dream in Crisis* (New York: Simon & Schuster), chapter（パットナム前掲書）

27 K. L. Schlozman, S. Verba, and H. E. Brady, 2012, *The Unheavenly Chorus: Unequal Political*

5 F. Fukuyama, 2014, *Political Order and Political Decay: From the Industrial Revolution to the Globalization of Democracy* (New York: Farrar, Straus and Giroux), 450（フクヤマ前掲書）

6 労働置換技術に対する労働者の反発が合理的であることについては以下を参照。A. Korinek and J. E. Stiglitz, 2017, "Artificial Intelligence and Its Implications for Income Distribution and Unemployment" (Working Paper 24174, National Bureau of Economic Research, Cambridge, MA).

7 A. Greif and M. Iyigun, 2013, "Social Organizations, Violence, and Modern Growth,"*American Economic Review* 103 (3): 534-38.

8 Quoted in A. Greif and M.Iyigun, 2012, "Social Institutions, Violence and Innovations: Did theOld Poor Law Matter?" (Working paper, Stanford University, Stanford, CA), 4.

9 マルサスはこう書いている。「庶民がしばしばおちいる困窮から彼らを救済するために、イングランドでは救貧法が制定された。たしかにそれは個人の不幸を多少は緩和したかもしれない。しかし、それは一般的な弊害をさらに広くばらまいてしまった。まさに憂うべきことである。・・・イングランドの救貧法は、つぎの二つの傾向を生んで、貧乏人の全体的な生活環境を悪化させるものである。第一の明らかな傾向は、人口をささえる食糧を増加させないまま人口を増やしてしまうことである。・・・第二に、ワークハウス［強制労働所］は社会の有益な構成部分とは一般に考えられない者たちを収容する施設だが、そこにおいて消費される食糧の量は、もっと勤勉で、もっと価値のあるひとびとに渡るべき割り前を、その分だけ減らしてしまう。その結果、同様にして、ますます多くのひとびとから独立心が失われていく」([1798] 2013, *An Essay on the Principle of Population*, 55 and 62-63, Digireads.com, Kindle、マルサス前掲書)。同様にリカードもこう指摘している。「救貧法の明白なかつ直接的な傾向は、かかる明白な諸原理に全く反するものである。それは、立法者が慈悲深くも意図したが如くに、貧民の境遇を改善すべきものではなくして、富者と貧者との双方の境遇を悪化せしむべきものである。……かかる法律の有害なる傾向は、マルサス氏の有為な手によって十分に展開されているから、もはや神秘ではない。そしてあらゆる貧民の友は熱心にその廃止を希望しなければならない」([1817] 1911, *The Principles of Political Economy and Taxation*. Reprint. London: Dent, 33、（リカード前掲書）

10 素晴らしい技術と平凡な技術については以下を参照。D. Acemoglu and P. Restrepo, 2018a, "Artificial Intelligence, Automation and Work" (Working Paper 24196, National Bureau of Economic Research, Cambridge, MA).

11 ダロン・アセモグルとパスカル・レストレポは、労働需要を支えている複数の要因を分解した上で、賃金と生産性の乖離の大部分は製造業の労働者が機械に取って代わられたことで説明できると指摘した。このプロセスは 1980 年代に始まり、世紀の変わり目に加速した。同時に、過去にも同じようなことが起きていたことを思い起こす必要がある。今日と酷似しているが、19 世紀半ばのアメリカでは、新たな技術が労働者に新しい仕事を生み出すよりも速いペースで、機械が既存の業務を労働者から奪っていた。近く発表される以下の論文を参照。D. Acemoglu and P. Restrepo, forthcoming, "Automation and New Tasks: The Implications of the Task Content of Production for Labor Demand," *Journal of Economic Per-*

97 Keynes, [1930] 2010,"Economic Possibilities for Our Grandchildren," 322.（ケインズ前掲書）

98 R. L. Heilbroner, 1966, "Where Do We Go from Here?," *New York Review of Books*, March 17, https://www.nybooks.com/articles/1966/03/17/where-do-we-go-from-here/.

99 D. H. Autor, 2015, "Why Are There Still So Many Jobs? The History and Future of Workplace Automation," *Journal of Economic Perspectives* 29 (3): 8.

100 Heilbroner, 1966, "Where Do We Go from Here?"

101 B. Stevenson and J. Wolfers, 2013, "Subjective Well-Being and Income: Is There Any Evidence of Satiation?," *American Economic Review* 103 (3): 598-604.

102 H. Simon, 1966, "Automation," New York Review of Books, March 26, https://www.nybooks.com/articles/1966/05/26/automation-3/.

103 C. Stewart, 1960, "Social Implications of Technological Progress," in *Impact of Automation: A Collection of 20 Articles about Technological Change,* from the Monthly Labor Review (Washington, DC: Bureau of Labor Statistics), 12.

104 H. Voth, 2000, *Time and Work in England 1750-1830* (Oxford: Clarendon Press of Oxford University Press).

105 Aguiar and Hurst, 2007, "Measuring Trends in Leisure Measuring Trends in Leisure."

106 Quoted in C. Curtis, 1983, "Machines vs. Workers." *New York Times*, February 8.

107 F. Bastiat, 1850, "That Which Is Seen, and That Which Is Not Seen," https://mises.org/library/which-seen-and-which-not-seen.

108 D. Acemoglu and P. Restrepo, 2018b, "The Race between Man and Machine: Implications of Technology for Growth, Factor Shares, and Employment," *American Economic Review* 108 (6): 1488-542.

109 T. Berger and C. B. Frey, 2017a, "Industrial Renewal in the 21st Century: Evidence from US Cities," *Regional Studies* 51 (3): 404-13.

110 Bryniolfsson and McAfee, 2014, *The Second Machine Age*, 11.（ブリニョルフソン、マカフィー前掲書）

111 A. Goolsbee, 2018, "Public Policy in an AI Economy" (Working Paper 24653, National Bureau of Economic Research, Cambridge, MA).

第13章

1 以下を参照。 D. S. Landes, 1969, *The Unbound Prometheus: Technological Change and Development in Western Europe from 1750 to the Present* (Cambridge: Cambridge University Press), 4（ランデス前掲書）

2 A. H. Hansen, 1939, "Economic Progress and Declining Population Growth," *American Economic Review* 29 (1): 10-11.

3 R. J. Gordon, 2016, *The Rise and Fall of American Growth: The U.S. Standard of Living Since the Civil War* (Princeton, NJ: Princeton University Press)(ゴードン前掲書)

4 Landes, 1969, *The Unbound Prometheus*, 4.（ランデス前掲書）

Economic Research, New York), 19.

83 H. R. Varian, forthcoming, "Artificial Intelligence, Economics, and Industrial Organization," in *The Economics of Artificial Intelligence:* An Agenda, ed. Ajay K. Agrawal, Joshua Gans, and Avi Goldfarb (Chicago: University of Chicago Press), 1.

84 Ibid., 15.

85 Brynjolfsson, Rock, and Syverson, forthcoming, "Artificial Intelligence and the Modern Productivity Paradox."

86 N. F. Crafts, 2004, "Steam as a General Purpose Technology: A Growth Accounting Perspective," *Economic Journa*l 114 (495): 338-51.

87 Quoted in J. L. Simon, 2000, *The Great Breakthrough and Its Cause* (Ann Arbor: University of Michigan Press), 108.

88 P. Colquhoun, 1815, *A Treatise on the Wealth, Power, and Resources of the British Empire,* Johnson Reprint Corporation), 68-69. 以下も参照。J. Mokyr, 2011, *The Enlightened Economy; Britain and the Industrial Revolution,* 1700-1850 (London: Penguin), chapter 5, Kindle. I am indebted to Joel Mokyr for pointing me to this reference.

89 Malthus, [1798] 2013, *An Essay on the Principle of Population*, 179.（マルサス前掲書）

90 R. Henderson, 2017, comment on "Artificial Intelligence and the Modern Productivity Paradox: A Clash of Expectations and Statistics, by E. Brynjolfsson, D. Rock and C. Syverson," National Bureau of Economic Research, http://www.nber.org/chapters/c14020.pdf.

91 J. M. Keynes, [1930] 2010, "Economic Possibilities for Our Grandchildren," in Essays in Persuasion (London: Palgrave Macmillan), 321-32（J・M・ケインズ「孫の世代の経済的可能性」、山岡洋一訳『ケインズ説得論集』所収、日本経済新聞出版）

92 V. A. Ramey and N. Francis, 2009, "A Century of Work and Leisure," *American Economic Journal: Macroeconomics* 1 (2): 189-224.

93 W. A. Sundstrom, 2006, "Hours and Working Conditions," in *Historical Statistics of the United States, Earliest Times to the Present: Millennial Edition Online*, ed. S. B. Carter et al. (New York: Cambridge University Press).

94 Ramey and Francis, 2009, "A Century of Work and Leisure."

95 この推計では、各年齢に特有の娯楽や生存確率も考慮している。前掲書参照。

96 これはマーク・アギーアとエリック・ハーストの推計値と多少異なる。2人は1965年以降、余暇の時間はもっと増えていると指摘している。最大の理由は2人が育児を家事ではなく余暇に分類していることだ。M. Aguiar and E. Hurst, 2007, "Measuring Trends in Leisure: The Allocation of Time Over Five Decades," *Quarterly Journal of Economics* 122 (3): 969-1006. ラミーとフランシスも、子供と話す時間や遊ぶ時間を余暇に分類しているが、他の育児は家事に分類している。育児は決して娯楽と呼べるほど楽しいものではないという人々の声を踏まえれば、そうした分類は妥当だと思える。(Philadelphia: Penn State University Press.)

年にインターネット関連で得た余剰利益は1人当たり約3900ドルになるという(2017, "Challenges to Mismeasurement Explanations for the US Productivity Slowdown," *Journal of Economic Perspectives* 31 [2]: 165-86). ただ、コンピュータの時代になって計測ミスが増えたとは断言できない。たしかに、アメリカ上院が1995年に設置したボスキン委員会は、大幅な品質向上が計測されていないことを示した。最近の生産性の伸び悩みが計測ミスによる統計上の産物なのかという問題は、計測ミスがあるかどうかではなく、近年になって計測ミスが増えたかどうかという問題になる。経済学者が出した答えはノーだ。計測ミスがあることは事実だが、計測ミスは増えているのではなく、減っているようだ。コンピュータのハードウェアと関連サービス、また無形資産（特許、商標、広告費など）の価格に関連した計測ミスは、生産性の低迷をさらに悪化させる要因にしかならない。1995-2004年以降、コンピュータ関連製品・サービスの国内生産は減少しており、計測ミスの問題は当時のほうがいまよりも大きかった（一部のデジタル技術については計測ミスが悪化したが)。総合すると、こうした調整で1995-2004年の労働生産性は公表値から0・5%ポイント押し上げられるが、2004-14年は0・2%ポイントしか押し上げられない。(以下を参照。 D. M. Byrne, J. G. Fernald, and M. B. Reinsdorf, 2016, "Does the United States Have a Productivity Slowdown or a Measurement Problem?," *Brookings Papers on Economic Activity*, 2016 [1]: 109-82). ウィキペディア、グーグル、フェイスブックなどの無料サービスから消費者が得た利益を推定レンジの上限と見積もっても、生産性の鈍化分の約3割しか説明できない。シバーソンの試算によると、生産性の伸びが鈍化していなければ､2015年の統計上のGDPは16%増額され、アメリカの経済規模は2兆9000億ドル増えていた。これは国民1人当たり9100ドル、1世帯当たり2万3400ドルに相当する(2017, "Challenges to Mismeasurement Explanations for the US Productivity Slowdown") 結論としては、計測ミスは大きいかもしれないが、生産性の鈍化を説明できるほど大きくはない。生産性の減速は構造的なもので、事実だとみられる。

78 Brynjolfsson, Rock, and Syverson, forthcoming, "Artificial Intelligence and the Modern Productivity Paradox," 25.

79 C. F. Kerry and J. Karsten, 2017, "Gauging Investment in Self-Driving Cars," Brookings Institution, October 16. https://www.brookings.edu/research/gauging-investment-in-self-driving-cars/.

80 Brynjolfsson, Rock, and Syverson, forthcoming, "Artificial Intelligence and the Modern Productivity Paradox," 25.

81 N. F. Crafts and T. C. Mills, 2017, "Trend TFP Growth in the United States: Forecasts versus Outcomes" (Discussion Paper 12029, Centre for Economic Policy Research, London). 2人の指摘は、エリック・バーテルスマンの見方とも一致している。バーテルスマンによると、生産性の予測は「精度がおそろしく悪い。予想される標準誤差は政策目的で利用できる範囲を超えている」。(2013, "ICT, Reallocation and Productivity" [Brussels: European Commission, Directorate-General for Economic and Financial Afairs]).

82 H. Jerome, 1934, "Mechanization in Industry" (Working Paper 27, National Bureau of

67 Quoted in ibid.

68 たとえば以下を参照。T. F. Bresnahan, E. Brynjolfsson, and L. M. Hitt, 2002, "Information Technology, Workplace Organization, and the Demand for Skilled Labor: Firm-Level Evidence," *Quarterly Journal of Economics* 117 (1): 339-76; E. Brynjolfsson, L. M. Hitt, and S. Yang, 2002, "Intangible Assets: Computers and Organizational Capital," *Brookings Papers on Economic Activity* 2002 (1): 137-81; E. Brynjolfsson and L. M. Hitt, 2000, "Beyond Computation: Informa-tion Technology, Organizational Transformation and Business Performance," *Journal of Economic Perspectives* 14 (4): 23-48.

69 M. Hammer, 1990, "Reengineering Work: Don't Automate, Obliterate," *Harvard Business Review* 68 (4): 104-12.

70 企業のリエンジニアリング計画については以下を参照。J. Rifkin, 1995, *The End of Work: The Decline of the Global Labor Force and the Dawn of the Post-market Era* (New York: G. P. Putnam's Sons).

71 P. A. David, 1990, "The Dynamo and the Computer: An Historical Perspective on the Modern Productivity Paradox," *American Economic Review* 80 (2): 355?61.　72. 詳細は以下を参照。R. J. Gordon, 2005, "The 1920s and the 1990s in Mutual Reflection" (Working Paper 11778, National Bureau of Economic Research, Cambridge, MA).

73 S. D. Oliner and D. E. Sichel, 2000, "The Resurgence of Growth in the Late 1990s: Is Information Technology the Story?," *Journal of Economic Perspectives* 14 (4): 3-22.

74 W. D. Nordhaus, 2005, "The Sources of the Productivity Rebound and the Manufacturing Employment Puzzle" (Working Paper 11354, National Bureau of Economic Research, Cambridge, MA).

75 ロボットは1993-2007年の17カ国の国内総生産（GDP）伸び率全体の1割強に寄与したと推定されている。以下を参照。G. Graetz and G. Michaels, forthcoming, "Robots at Work," *Review of Economics and Statistics*.

76 J. Bughin et al., 2017, "How Artificial Intelligence Can Deliver Real Value to Companies," McKinsey Global Institute, https://www.mckinsey.com/business-functions/mckinsey-analytics/our-insights/how-artificial-intelligence-can-deliver-real-value-to-companies.

77 テクノロジーがもたらすメリットの多くが計測されていないことは事実で、理論的には生産性の伸び悩みの一部を計測ミスで説明できる。経済学者のオースタン・グールズビーとピーター・クレノーは最近の研究で、人々がインターネットに費やす時間を調べて、インターネットをベースにする技術の価値を計測するという斬新なアプローチを採用した。二人は消費には所得と時間の双方の費消が伴うという直感に基づいて、消費者が得たインターネット関連の余剰利益を最大3%（中央値の人で年間3000ドル）と推計した。以下を参照。A. Goolsbee and P. Klenow, 2006, "Valuing Consumer Products by the Time Spent Using Them: An Application to the Internet," *American Economic Review* 96 (2): 108-13. チャド・シバーソンは最近、「アメリカの生活時間調査」と個人の可処分所得のデータを利用して、2人の時間価値分析を発展させた。3%という2人の推計値を採用すると、消費者が2015

結果との差を説明する上では他の点が重要になる可能性が高い。実際、同じトラック運転手（もしくは他の職業）でも、人によってこなしているタスクが大きく異なるとは考えにくい。結局のところ、OECDのモデルと私たちのモデルのどちらが望ましいかを判断する合理的な方法は、訓練用のデータセットをどこまで巧みに活用しているかを検証する以外にない（OECDの研究では私たちの訓練用データセットを使っている）。この点を評価する上で多用されている測定基準が曲線下面積（AUC）だが、これによると、私たちのノンリニアモデルのほうが、OECDのリニアモデルよりも精度がはるかに高い。二つの研究がどこまで異なり、なぜ異なるのかについては以下で詳述した。 C. B. Frey and M. Osborne, 2018, “Automation and the Future of Work—Understanding the Numbers,” Oxford Martin School, https://www.oxfordmartin.ox.ac.uk/opinion/view/404.

55 たとえば以下を参照。 Arntz, Gregory, and Zierahn, 2016, “The Risk of Automation for Jobs in OECD Countries,” table 5.

56 Council of Economic Advisers, 2016, “2016 Economic Report of the President,” chapter 5, https://obamawhitehouse.archives.gov/sites/default/files/docs/ERP_2016_Chapter_5.pdf.

57 J. Furman, forthcoming, “Should We Be Reassured If Automation in the Future Looks Like Automation in the Past?,” in *Economics of Artificial Intelligence*, ed. Ajay K. Agrawal, Joshua Gans, and Avi Goldfarb (Chicago: University of Chicago Press), 8.

58 M. Ford, 2015. *Rise of the Robots: Technology and the Threat of a Jobless Future* (New York: Basic Books), introduction, Kindle（マーティン・フォード『ロボットの脅威　人の仕事がなくなる日』松本剛史訳、日本経済新聞出版）

59 D. Remus and F. Levy, 2017, “Can Robots Be Lawyers? Computers, Lawyers, and the Practice of Law,” *Georgetown Journal Legal Ethics* 30 (3): 526.

60 私たちは以下のように明言している。「技術的に可能かどうかという見地から、時期は不明だが何年か後にコンピュータ資本で代替できる可能性がある雇用の比率を推定することに専念した。実際にどの程度の仕事が自動化されるかについては推定していない。コンピュータ化の実際の規模とペースは、複数の追加の要因に左右される。そうした要因は考慮に入れていない」。(C. B. Frey and Osborne, 2017, “The Future of Employment,” 268).

61 以下も参照。D. H. Autor, 2014, “Skills, Education, and the Rise of Earnings Inequality among the ‘Other 99 Percent,’” *Science* 344 (6186): 843?51.

62 W. K. Blodgett, 1918, “Doing Farm Work by Motor Tractor,” *New York Times*, January 6.

63 D. P. Gross, 2018, “Scale Versus Scope in the Difusion of New Technology: Evidence from the Farm Tractor,” *RAND Journal of Economics* 49 (2): 449.

64 “17,000,000 Horses on Farms,” 1921, *New York Times*, December 30.

65 T. Sorensen, P. Fishback, S. Kantor, and P. Rhode, 2008, “The New Deal and the Diffusion of Tractors in the 1930s” (Working paper, University of Arizona, Tucson).

66 R. Solow, 1987, “We'd Better Watch Out,” *New York Times Book Review*, July 12; H. Gilman, 1987, “The Age of Caution: Companies Slow the Move to Automation,” *Wall Street Journal*, June 12.

48 T. Malthus, [1798] 2013, *An Essay on the Principle of Population*, Digireads.com, Kindle, 179.（マルサス前掲書）

49 C. B. Frey and Osborne, 2017, "The Future of Employment," 262.

50 アメリカ労働省が運営する職業に関するデータベース「O*NET」では、アメリカ国内の各職業に統一したキーワードをつけている。キーワードは数百にのぼるが、「独創性」というキーワードのついた職業のリストは以下を参照。O*NET OnLine, 2018, "Find Occupations: Abilities–Originality," https://www.onetonline.org/find/descriptor/result/1.A.1.b.2.

51 C. B. Frey and Osborne, 2017, "The Future of Employment," 262.

52 この業務内容は「どのような業務にどの程度従事しているか」を労働者に質問した複数の大規模なアメリカ労働力調査を基にしている。労働者の回答は職業に関するデータベース「O*NET オンライン」の構成データとなっている。

53 L. Nedelkoska and G. Quintini, 2018, "Automation, Skills Use and Training" (OECD Social, Employment and Migration Working Paper 202, Organisation of Economic Co- operation and Development, Paris).

54 マンハイム大学の研究者チームによると、自動化の対象になる仕事はわずか9%だ。以下を参照。M. Arntz, T. Gregory, and U. Zierahn, 2016, "The Risk of Automation for Jobs in OECD Countries" (OECD Social, Employment and Migration Working Paper 189, Organisation of Economic Co-operation and Development, Paris). さらに最近行われたOECDの調査では、消滅するリスクがある仕事は14%となっている。以下を参照。L. Nedelkoska and G. Quintini, 2018, "Automation, Skills Use and Training" (OECD Social, Employment and Migration Working Paper 202, Organisation of Economic Co-operation and Development, Paris). 私たちの研究も含め、こうした研究は、各職業に必要な業務（タスク）を分析すれば自動化できるかどうかを推測できるという直感をもとにしたものだ。だが、マンハイム大学の研究は、主としてタスクに注目するのではなく、性別、教育水準、年齢、所得など人口統計的な変数も組み込んでいる。たとえば、女性や大卒者は自動化の対象になりにくい仕事で働く傾向があるため、マンハイム大学のアプローチでは、博士号を取得した女性のタクシー運転手が自動運転車に仕事を奪われるリスクは、長年タクシードライバーをしている男性が仕事を奪われるリスクよりも低いことになる。だが、これは現実には当てはまりそうにない。OECDの研究は、この点を意識して、私たちのアプローチに従い、働き手の特性ではなく、タスクを重視している。だがOECDの研究は、マンハイム大学の研究同様、個人レベルのデータを職業の平均ではなく、国際成人力調査（PIAAC）からとっている。これにより、同じ職業でも若干異なるタスクをこなす可能性がある個人を区別できる。欠点は、幅広い職業分類に頼らざるを得ず、多くの異なる職業を一括して扱わなければならないことだ。これは貴重なデータが失われることを意味する。OECDの研究でもその点を正しく指摘している。(Nedelkoska and Quintini, 2018, "Automation, Skills Use and Training"). さらに、OECDの研究では、残念なことに一つの職業内にバリエーションがあるかどうか詳細には触れていない。このため、私たちの研究

Future (San Francisco: Berrett-Koehler).

30 World Health Organization, 2015, "Road Traffic Deaths," http://www.who.int/gho/road_safety/mortality/en.

31 J. McCurry, 2018, "Driverless Taxi Debuts in Tokyo in 'World First' Trial ahead of Olympics," *Guardian*, August 28.

32 Quoted in F. Levy, 2018, "Computers and Populism: Artificial Intelligence, Jobs, and Politics in the Near Term," *Oxford Review of Economic Policy* 34 (3): 405.

33 Quoted in T. B. Lee, 2016, "This Expert Thinks Robots Aren't Going to Destroy Many Jobs. And That's a Problem," Vox, https://www.vox.com/a/new-economy-future/robert-gordon-interview.

34 この業務の自動化の別のアプローチとして中心的な存在になっているのが3Dプリンターだ。シンガポールの南洋理工大学のロボット工学者は3Dプリンターのロボットスワーム（多数のロボットで構成された群）を建設に利用できるのではないかと想像している。遠い未来の話に思えるかもしれないが、エンジニアは2台のモバイルロボットを同時に動かしてコンクリートの構造物を一つ作ることに成功した。以下を参照。 X. Zhang et al., 2018, "Large-Scale 3D Printing by a Team of Mobile Robots," Automation in Construction 95 (November): 98-106.

35 C. B. Frey and Osborne, 2017, "The Future of Employment," 261.

36 M. Mandel and B. Swanson, 2017, "The Coming Productivity Boom—Transforming the Physical Economy with Information" (Washington, DC: Technology CEO Council), 14.

37 H. Shaban, 2018, "Amazon Is Issued Patent for Delivery Drones That Can React to Screaming Voices, Flailing Arms," *Washington Post*, March 22.

38 D. Paquette, 2018, "He's One of the Only Humans at Work—and He Loves It," *Washington Post*, September 10.

39 Ibid.

40 M. Ryan, C. Metz, and M. Taylor, 2018, "How Robot Hands Are Evolving to Do What Ours Can," *New York Times,* July 30.

41 Ibid.

42 Ibid.

43 Quoted in M. Klein, 2007, The Genesis of Industrial America, 1870-1920 (Cambridge: Cambridge University Press), 78.

44 Quoted in D. J. Millet, 1972, "Town Development in Southwest Louisiana, 1865-1900," *Louisiana History* 13 (2): 144.

45 "Music over the Wires," 1890, *New York Times*, October 9.

46 E. Clague, 1960, "Adjustments to the Introduction of Office Automation," *Bureau of Labor Statistics Bulletin,* no. 1276, 2.

47 H. Simon, [1960] 1985, "The Corporation: Will It Be Managed by Machines?," in *Management and the Corporation*, ed. M. L. Anshen and G. L. Bach (New York: McGraw-Hill), 17-55.

University of Chicago Press), figure 1.

14 "Germany Starts Facial Recognition Tests at Rail Station," 2017, *New York Post*, December 17.

15 N. Coudray et al., 2018, "Classification and Mutation Prediction from Non–Small Cell Lung Cancer Histopathology Images Using Deep Learning," *Nature Medicine* 24 (10): 1559-1567.

16 A. Esteva et al., 2017, "Dermatologist-Level Classification of Skin Cancer with Deep Neural Networks," *Nature* 542 (7639): 115.

17 W. Xiong et al., 2017, "The Microsoft 2017 Conversational Speech Recognition System," Microsoft AI and Research Technical Report MSR-TR-2017-39, August, https://www.microsoft.com/en-us/research/wp-content/uploads/2017/08/ms_swbd17-2.pdf.

18 M. Burns, 2018, "Clinc Is Building a Voice AI System to Replace Humans in Drive- Through Restaurants," TechCrunch, https://techcrunch.com/video/clinc-is-building-a-voice-ai-system-to-replace-humans-in-drive-through-restaurants/.

19 D. Gershgorn, 2018, "Google Is Building 'Virtual Agents' to Handle Call Centers' Grunt Work," Quartz, July 24, https://qz.com/1335348/google-is-building-virtual-agents-to-handle-call-centers-grunt-work/.

20 Brynjolfsson, Rock, and Syverson, forthcoming, "Artificial Intelligence and the Modern Productivity Paradox."

21 以下を参照。C. B. Frey and M. A. Osborne, 2017, "The Future of Employment: How Susceptible Are Jobs to Computerisation?," *Technological Forecasting and Social Change* 114 (C): 254-80.

22 B. Mathibela, M. A. Osborne, I. Posner, and P. Newman, 2012, "Can Priors Be Trusted? Learning to Anticipate Roadworks," in IEEE Conference on Intelligent Transportation Systems, 927-32.

23 B. Mathibela, P. Newman, and I. Posner, 2015, "Reading the Road: Road Marking Classification and Interpretation," IEEE Transactions on Intelligent Transportation Systems 16 (4): 2080.

24 以下を参照。C. B. Frey and Osborne, 2017, "The Future of Employment."

25 Rio Tinto, 2017, "Rio Tinto to Expand Autonomous Fleet as Part of $5 Billion Productivity Drive," December 18, http://www.riotinto.com/media/media-releases-237_23802.aspx.

26 A. Agrawal, J. Gans, and A. Goldfarb, 2016, "The Simple Economics of Machine Intelligence," Harvard Business Review, November 17, https://hbr.org/2016/11/the-simple-economics-of-machine-intelligence.

27 "A More Realistic Route to Autonomous Driving," 2018, *Economist*, August 2, https:// www.economist.com/business/2018/08/02/a-more-realistic-route-to-autonomous-driving.

28 "Tractor Crushes Boy to Death," 1931, *New York Times*, October 12.

29 J. R. Treat et al., 1979, *Tri-Level Study of the Causes of Traffic Accidents: Final Report*, vol. 2: Special Analyses (Bloomington, IN: Institute for Research in Public Safety). 以下も参照。V. Wadhwa, 2017, *The Driver in the Driverless Car: How Our Technology Choices Will Create the*

第5部

1 G. B. Baldwin, and G. P. Schultz, 1960, "The Effects of Automation on Industrial Relations," in *Impact of Automation: A Collection of 20 Articles about Technological Change,* from the Monthly Labor Review (Washington, DC: Bureau of Labor Statistics), 51.

第12章

1 E. Brynjolfsson and A. McAfee, 2017, *Machine, Platform, Crowd: Harnessing Our Digital Future* (New York: Norton), 71-73.（エリック・ブリニョルフソン、アンドリュー・マカフィー『プラットフォームの経済学　機械は人と企業の未来をどう変える？』村井章子訳、日経 BP)

2 C. E. Shannon, 1950, "Programming a Computer for Playing Chess," *Philosophical Magazine* 41 (314): 256-75.

3 C. Koch, 2016, "How the Computer Beat the Go Master," *Scientific American* 27 (4): 20.

4 F. Levy and R. J. Murnane, 2004, *The New Division of Labor: How Computers Are Creating the Next Job Market* (Princeton, NJ: Princeton University Press).

5 E. Brynjolfsson and A. McAfee, 2014, *The Second Machine Age: Work, Progress, and Prosperity in a Time of Brilliant Technologies* (New York: W. W. Norton), chapter 3, Kindle（エリック・ブリニョルフソン、アンドリュー・マカフィー『ザ・セカンド・マシン・エイジ』村井章子訳、日経 BP)

6 Koch, 2016, "How the Computer Beat the Go Master," 20.

7 M. Fortunato et al. 2017, "Noisy Networks for Exploration," preprint, submitted, https:// arxiv.org/abs/1706.10295.

8 Cisco, 2018, "Cisco Visual Networking Index: Forecast and Trends, 2017?2022," (San Jose, CA: Cisco), https://www.cisco.com/c/en/us/solutions/collateral/service-provider/visual-networking-index-vni/complete-white-paper-c11-481360.html.

9 P. Lyman and H. R. Varian, 2003, "How Much Information?," berkeley. edu/research/ projects/ how-much-info-2003.

10 A. Tanner, 2007. "Google Seeks World of Instant Translations," *Reuters,* March 27.

11 Y. Wu et al., 2016, "Google's Neural Machine Translation System: Bridging the Gap between Human and Machine Translation," preprint, submitted October 8, https://arxiv.org/pdf/1609.08144.pdf.

12 I. M. Cockburn, R. Henderson, and S. Stern, 2018, "The Impact of Artificial Intelligence on Innovation (Working Paper 24449, National Bureau of Economic Research, Cambridge, MA).

13 E. Brynjolfsson, D. Rock, and C. Syverson, forthcoming, "Artificial Intelligence and the Modern Productivity Paradox: A Clash of Expectations and Statistics," in *The Economics of Artificial Intelligence: An Agenda*, ed. Ajay K. Agrawal, Joshua Gans, and Avi Goldfarb (Chicago:

Princeton University Press), 116（ダニ・ロドリック『貿易戦争の政治経済学　資本主義を再構築する』岩本正明訳、白水社）

60 Ibid., 122.

61 Ibid.

62 Ibid., 260.

63 Quoted in A. Oppenheimer, 2018, "Las Vegas Hotel Workers vs. Robots Is a Sign of Looming Labor Challenges," *Miami Herald*, June 1.

64 J. Gramlich, 2017, "Most Americans Would Favor Policies to Limit Job and Wage Losses Caused by Automation," Pew Research Center, http://www.pewresearch.org/fact-tank/2017/10/09/most-americans-would-favor-policies-to-limit-job-and-wage-losses-caused-by-automation/.

65 Acemoglu and Robinson, 2006, "Economic Backwardness in Political Perspective."

66 Ibid., 117.

67 M. Berg, 1976, "The Machinery Question," PhD diss., University of Oxford, 76.

68 Quoted in W. Broad, 1984, "U.S. Factories Reach into the Future," *New York Times*, March 13.

69 Quoted in G. Allison, 2017, *Destined for War: Can America and China Escape Thucydides's Trap?* (Boston: Houghton Mifflin Harcourt), chapter 1, Kindle（アリソン前掲書）

70 P. Druckerman, 2014, "The French Do Buy Books. Real Books," *New York Times*, July 9.

71 G. Rayner, 2017, "Jeremy Corbyn Plans to 'Tax Robots' Because Automation Is a 'Threat' to Workers," *Daily Telegraph*, September 26.

72 Y. Sungwon, 2017, "Korea Takes First Step to Introduce 'Robot Tax,'" *Korea Times*, August 7.

73 B. Merchant, 2018, "The Presidential Candidate Bent on Beating the Robot Apocalypse Will Give Two Americans a $1,000-per-month Basic Income," Motherboard, April 19.

74 Quoted in S. Cronwell, 2018, "Rust-Belt Democrats Praise Trump's Threatened Metals Tariffs," Reuters, March 2.

75 D. Grossman, 2017, "Highly-Automated Austrian Steel Mill Only Needs 14 People," Popular Mechanics, June 22, https://www.popularmechanics.com/technology/infrastructure/a27043/steel-mill-austria-automated/.

76 M. Spence and S. Hlatshwayo, 2012, "The Evolving Structure of the American Economy and the Employment Challenge," *Comparative Economic Studies* 54 (4): 703-38.

77 Quoted in C. Cain Miller, 2017, "A Darker Theme in Obama's Farewell: Automation Can Divide Us," *New York Times*, January 12.

78 R. Rector and R. Sheffield, 2011, "Air Conditioning, Cable TV, and an Xbox: What Is Poverty in the United States Today?" (Washington, DC: Heritage Foundation), 2.

79 J. Mokyr, 2011, *The Enlightened Economy: Britain and the Industrial Revolution, 1700-1850* (London: Penguin), chapter 1, Kindle.

80 J. A. Schumpeter, [1942] 1976, *Capitalism, Socialism and Democracy*, 3d ed. (New York: Harper Torchbooks), 76.（シュンペーター前掲書）

Immigration on Productivity: Evidence from US States," *Review of Economics and Statistics* 94 (1): 348-58.

45 R. Chetty, N. Hendren, P. Kline, and E. Saez, 2014, "Where Is the Land of Opportunity? The Geography of Intergenerational Mobility in the United States," *Quarterly Journal of Economics* 129 (4): 1553-623.

46 穏健派の共和・民主党議員はともに議席を失っている。両党の穏健派議員の合計数は2002-10年に全体の57%から37%に低下している。以下を参照。D. H. Autor, D. Dorn, G. Hanson, and K. Majlesi, 2016a, "Importing Political Polarization? The Electoral Consequences of Rising Trade Exposure" (Working Paper 22637, National Bureau of Economic Research, Cambridge, MA).

47 D. H. Autor, D. Dorn, G. Hanson, and K. Majlesi, 2016b, "A Note on the Effect of Rising Trade Exposure on the 2016 Presidential Election," appendix to "Importing Political Polarization? The Electoral Consequences of Rising Trade Exposure" (Working Paper 22637, National Bureau of Economic Research, Cambridge, MA).

48 D. Rodrik, 2016, "Premature Deindustrialization," *Journal of Economic Growth* 21 (1): 1-33; World Bank Group, 2016, *World Development Report* 2016: Digital Dividends (Washington, DC: World Bank Publications).

49 技術変化の影響が、補助を受けた与信で相殺されたことについては以下を参照。 R. G. Rajan, 2011, *Fault Lines: How Hidden Fractures Still Threaten the World Economy* (Princeton, NJ: Princeton University Press)（ラグラム・ラジャン『フォールト・ラインズ 「大断層」が経済危機を再び招く』伏見威蕃他訳、新潮社）

50 K. K. Charles, E. Hurst, and M. J. Notowidigdo, 2016, "The Masking of the Decline in Manufacturing Employment by the Housing Bubble," *Journal of Economic Perspectives* 30 (2): 179-200.

51 Goldstein, 2018, *Janesville*, 290.

52 T. Gibbons-Nef, 2017, "Feeling Forgotten by Obama, People in This Ohio Town Look to Trump with Cautious Hope," *Washington Post*, January 22.

53 Quoted in "Want to Understand Why Trump Has Rural America Feeling Hopeful? Listen to This Ohio Town," 2017, *Washington Post*, May 11.

54 Ibid.

55 C. B. Frey, T. Berger, and C. Chen, 2018, "Political Machinery: Did Robots Swing the 2016 U.S. Presidential Election?, " *Oxford Review of Economic Policy* 34 (3): 418-42.

56 T. Aidt, G. Leon, and M. Satchell, 2017, "The Social Dynamics of Riots: Evidence from the Captain Swing Riots, 1830-31" (Working paper, Cambridge University), 4.

57 Ibid.

58 D. Rodrik, 2017a, "Populism and the Economics of Globalization" (Working Paper 23559, National Bureau of Economic Research, Cambridge, MA), 21.

59 D. Rodrik, 2017b, *Straight Talk on Trade: Ideas for a Sane World Economy* (Princeton, NJ:

29 Bartels, 2016, *Unequal Democracy*, chapter 7.

30 G. Lordan and D. Neumark, 2018, "People versus Machines: The Impact of Minimum Wages on Automatable Jobs," Labour Economics 52 (June): 40-53.

31 A. J. Cherlin, 2013, *Labor's Love Lost: The Rise and Fall of the Working-Class Family in America* (New York: Russell Sage Foundation), 93 and 143.

32 R. D. Putnam, 2004, in *Democracies in Flux: The Evolution of Social Capital in Contemporary Society*, ed. R. D. Putnam (New York: Oxford University Press)（邦訳は、ロバート・パットナム『流動化する民主主義　先進８カ国におけるソーシャルキャピタル』猪口孝訳、ミネルヴァ書房）

33 H. S. Farber, D. Herbst, I. Kuziemko, and S. Naidu, 2018, "Unions and Inequality over the Twentieth Century: New Evidence from Survey Data (Working Paper 24587, National Bureau of Economic Research, Cambridge, MA).

34 T. Piketty, 2018, "Brahmin Left vs. Merchant Right: Rising Inequality and the Changing Structure of Political Conflict," (working paper, Paris School of Economics).

35 地域によって政治が二極化していることについては以下を参照。D. S. Massey, J. Rothwell, and T. Domina, 2009, "The Changing Bases of Segregation in the United States," *Annals of the American Academy of Political and Social Science* 626 (1): 74-90.

36 A. Goldstein, 2018, *Janesville: An American Story* (New York: Simon & Schuster), 26-27.

37 Ibid.

38 D. C. Mutz, 2018, "Status Threat, Not Economic Hardship, Explains the 2016 Presidential Vote," *Proceedings of the National Academy of Sciences* 115 (19): 4338.

39 M. Lamont, 2009, *The Dignity of Working Men: Morality and the Boundaries of Race, Class, and Immigration* (Cambridge, MA: Harvard University Press).

40 Cherlin, 2013, *Labor's Love Lost*, 53.

41 A. E. Clark and A. J. Oswald, 1996, "Satisfaction and Comparison Income," Journal of Public Economics 61 (3): 359?81; A. Ferrer-i-Carbonell, 2005, "Income and Well-Being: An Empirical Analysis of the Comparison Income Efect," *Journal of Public Economics* 89 (5-6): 997-1019; E. F. Luttmer, 2005, "Neighbors as Negatives: Relative Earnings and Well-Being," *Quarterly Journal of Economics* 120 (3): 963-1002.

42 Cherlin, 2013, *Labor's Love Lost*, 170.

43 Ibid., 169 and 172.

44 過去40年のデータを見ると、移民は低スキル労働者の賃金低迷・低下の原因とはなっていない。これは全国で見ても地域別に見てもそうだ。むしろ、移民が高卒以下労働者の賃金の一段の低下を防ぐ一因になっている可能性を示すデータもある。以下を参照。G. Peri, 2018, "Did Immigration Contribute to Wage Stagnation of Unskilled Workers?," *Research in Economics* 72 (2): 356-65. 複数の研究によると、移民は地元の労働者を押しのけている（クラウディングアウト）のではなく、雇用を増やし、生産性を上げているだけだ。国内の低スキル労働者の賃金への影響はゼロに近い。以下を参照。G. Peri, 2012, "The Effect of

8. D. Acemoglu and J. A. Robinson, 2006, "Economic Backwardness in Political Perspective,"*American Political Science Review* 100 (1): 115-31.

9 G. Himmelfarb, 1968, *Victorian Minds* (New York: Knopf).

10 リンダートによると、1930年以降はこうした関係があまり目立たなくなった。これは、現在の大半の先進国では参政権の差があまりないという単純な理由による。(P. H. Lindert, 2004, Growing Public, vol. 1, The Story: Social Spending and Economic Growth Since the Eighteenth Century [Cambridge: Cambridge University Press]).

11 A. de Tocqueville, 1840, *Democracy in America*, trans. H. Reeve (New York: Alfred A. Knopf), 2:237（トクヴィル前掲書）

12 J. S. Hacker and P. Pierson, 2010, *Winner-Take-All Politics: How Washington Made the Rich Richer? and Turned Its Back on the Middle* Class (New York: Simon & Schuster), 77-78.

13 Ibid.

14 Quoted in Lindert, 2004, Growing Public, 64.

15 縁故主義については以下を参照。Fukuyama, 2014, *Political Order and Political Decay*, chapter 9.(フクヤマ前掲書)

16 R. Oestreicher, 1988, "Urban Working-Class Political Behavior and Theories of American Electoral Politics, 1870-1940," *Journal of American History* 74 (4): 1257-86.

17 Lindert, 2004, Growing Public, 187.

18 R. D. Putnam, 2016, *Our Kids: The American Dream in Crisis* (New York: Simon & Schuster), 7（パットナム前掲書）

19 R. J. Gordon, 2016, *The Rise and Fall of American Growth: The U.S. Standard of Living Since the Civil War* (Princeton, NJ: Princeton University Press), 503. 20.（ゴードン前掲書）R. A. Dahl, 1961, *Who Governs? Democracy and Power in an American City* (New Haven, CT: Yale University Press), 1.（ロバート・A・ダール『統治するのはだれか　アメリカの一都市における民主主義と権力』河村望他訳、行人社）

21 N. McCarty, K. T. Poole, and H. Rosenthal, 2016, *Polarized America: The Dance of Ideology and Unequal Riches* (Cambridge, MA: MIT Press), 2.

22 L. M. Bartels, 2016, Unequal Democracy: *The Political Economy of the New Gilded Age* (Princeton, NJ: Princeton University Press), 1.

23 Organisation for Economic Co-operation and Development, "Social Expenditure–Aggregated Data," accessed December 22, 2018, https://stats.oecd.org/Index.aspx? DataSetCode=SOCX_AGG.

24 McCarty, Poole, and Rosenthal, 2016, *Polarized America*, 4.

25 Ibid.

26 Bartels, 2016, *Unequal Democracy*, 2.

27 Ibid., 209.

28 M. Geewax, 2005, "Minimum Wage Odyssey: A Yearlong View from Capitol Hill and a Small Ohio Town," *Trenton Times*, November 27.

of Cities: Agglomeration Economies and Spatial Equilibrium in the United States," *Journal of Economic Literature* 47 (4): 983-1028.

29 E. L. Glaeser, 2013, review of *The New Geography of Jobs,* by Enrico Moretti, Journal of Economic Literature 51 (3): 832.

30 E. Moretti, 2012, The New Geography of Jobs (Boston: Houghton Mifflin Harcourt), 1-2.

31 Ibid., 3-4.

32 T. Berger and C. B. Frey, 2016, "Did the Computer Revolution Shift the Fortunes of U.S. Cities? Technology Shocks and the Geography of New Jobs," *Regional Science and Urban Economics* 57:38-45.

33 T. Berger and C. B. Frey, 2017a, "Industrial Renewal in the 21st Century: Evidence from US Cities," *Regional Studies* 51 (3): 404-13.

34 E. L. Glaeser, 1998, "Are Cities Dying?," 149-50.

35 R. J. Barro and X. Sala-i-Martin, 1992, "Convergence," *Journal of Political Economy* 100 (2): 223-51.

36 P. Ganong and D. Shoag, 2017, "Why Has Regional Income Convergence in the U.S. Declined?," *Journal of Urban Economics* 102 (November): 76-90.

37 G. Duranton and D. Puga, 2001, "Nursery Cities: Urban Diversity, Process Innovation, and the Life Cycle of Products," *American Economic Review* 91 (5): 1454-77.

38 B. Austin, E. L. Glaeser, and L. Summers, forthcoming, "Saving the Heartland: Place- Based Policies in 21st Century America," *Brookings Papers on Economic Activity.*

39 bid.

40 E. Moretti, 2010, "Local Multipliers," *American Economic Review* 100 (2): 373-77.

41 E. L. Glaeser, 2013, review of *The New Geography of Jobs*, 831.

第11章

1 Moore Jr., 1993, *Social Origins of Dictatorship and Democracy: Lord and Peasant in the Making of the Modern World* (Boston: Beacon Press), 418.（バリントン・ムーア『独裁と民主政治の社会的起源　近代社会形成過程における領主と農民』上下、宮崎隆次他訳、岩波文庫）

2 F. Fukuyama, 2014, *Political Order and Political Decay: From the Industrial Revolution to the Globalization of Democracy* (New York: Farrar, Straus and Giroux)（フランシス・フクヤマ『政治の衰退　フランス革命から民主主義の未来へ』上下、会田弘継訳、講談社）

3 この点でアメリカは、封建制度が存在した時期がなく、特殊なケースといえる。

4 Fukuyama, 2014, *Political Order and Political Decay*, 407-8.（フクヤマ前掲書）

5 Ibid., 405.

6 W. H. Maehl, 1967, *The Reform Bill of 1832: Why Not Revolution?* (New York: Holt, Rinehart and Winston), 1.

7 T. Aidt and R. Franck, 2015, "Democratization under the Threat of Revolution: Evidence from the Great Reform Act of 1832," *Econometrica* 83 (2): 505-47.

13 E. D. Gould, B. A. Weinberg, and D. B. Mustard, 2002, "Crime Rates and Local Labor Market Opportunities in the United States: 1979-1997," *Review of Economics and Statistics* 84 (1): 45-61.

14 A. J. Cherlin, 2013, *Labor's Love Lost: The Rise and Fall of the Working-Class Family in America* (New York: Russell Sage Foundation), figure 1.2.

15 D. H. Autor, D. Dorn, and G. Hanson, forthcoming, "When Work Disappears: Manufacturing Decline and the Falling Marriage-Market Value of Men" *American Economic Review*: Insights.

16 L. S. Jacobson, R. J. LaLonde, and D. G. Sullivan, 1993, "Earnings Losses of Displaced Workers," *American Economic Review* 83 (4): 685-709.

17 D. Sullivan and T. Von Wachter, 2009, "Job Displacement and Mortality: An Analysis Using Administrative Data," *Quarterly Journal of Economics* 124 (3): 1265-1306.

18 A. Case and A. Deaton, 2015, "Rising Morbidity and Mortality in Midlife among White Non-Hispanic Americans in the 21st Century," *Proceedings of the National Academy of Sciences* 112 (49): 15078-83.

19 テクノロジーと貿易が死亡率上昇の原因になっている可能性については以下を参照。A. Case and A. Deaton, 2017, "Mortality and Morbidity in the 21st Century," *Brookings Papers on Economic Activity* 1: 397. ただケースとディートンが実証研究を行った死亡率をめぐる謎はまだアメリカの現象にとどまっている。2人が指摘するように、貿易とテクノロジーは他の労働市場にも悪影響をおよぼしているが、たとえばヨーロッパではあらゆる層で死亡率の低下が続いている。最近の死亡率上昇の背景に自動化とグローバル化があるとすれば、ヨーロッパの制度が悪影響の緩和で相対的に大きな効果を発揮しているとみられる。

20 失業と幸福度の関係については、たとえば以下を参照。 R. D. Tella, R. J. MacCulloch, and A. J. Oswald, 2003, "The Macroeconomics of Happiness," *Review of Economics and Statistics* 85 (4): 809-27.

21 A. E. Clark, E. Diener, Y. Georgellis, and R. E. Lucas, 2008, "Lags and Leads in Life Satisfaction: A Test of the Baseline Hypothesis," *Economic Journal* 118 (529): 222-43.

22 A. E. Clark and A. J. Oswald, 1994, "Unhappiness and Unemployment," *Economic Journal*104 (424): 655.

23 D. S. Massey, J. Rothwell, and T. Domina, 2009, "The Changing Bases of Segregation in the United States," *Annals of the American Academy of Political and Social Science* 626 (1): 74-90.

24 たとえば、以下を参照。 F. Cairncross, 2001, *The Death of Distance: 2.0: How the Communications Revolution Will Change Our Lives* (New York: Texere Publishing).

25 A. Toffler, 1980, The Third Wave (New York: Bantam Books).

26 T. L. Friedman, 2006, *The World is Flat: The Globalized World in the Twenty-first Century* (London: Penguin).（トマス・フリードマン『フラット化する世界　経済の大転換と人間の未来』上下、伏見威蕃訳、日本経済新聞出版）

27 E. L. Glaeser, 1998, "Are Cities Dying?," Journal of Economic Perspectives 12 (2): 139-60.

28 集積の原因に関する概論は以下を参照。E. L. Glaeser and J. D. Gottlieb, 2009, "The Wealth

(Cambridge, MA: Harvard University Press), 54（ミラノヴィッチ前掲書）

42 L. F. Katz and R. A. Margo, 2013, "Technical Change and the Relative Demand for Skilled Labor: The United States in Historical Perspective (Working Paper 18752, National Bureau of Economic Research, Cambridge, MA).

43 Autor and Salomons, forthcoming, "Is Automation Labor-Displacing?"

44 E. Weinberg, 1960, "Experiences with the Introduction of Office Automation," *Monthly Labor Review* 83 (4): 376-80.

45 Ibid.

46 J. Bessen, 2015, *Learning by Doing: The Real Connection between Innovation, Wages, and Wealth* (New Haven, CT: Yale University Press), 111.

47 Ibid.

第10章

1 P. Gaskell, 1833, *The Manufacturing Population of England, its Moral, Social, and Physical Conditions* (London: Baldwin and Cradock), 6.

2 Ibid., 9.

3 W. J. Wilson, 1996, "When Work Disappears," *Political Science Quarterly* 111 (4): 567.

4 R. D. Putnam, 2016, *Our Kids: The American Dream in Crisis* (New York: Simon & Schuster), 7（パットナム前掲書）

5 Ibid.

6 Ibid., 20.

7 C. Murray, 2013, *Coming Apart: The State of White America*, 1960-2010 (New York: Random House Digital, Inc.), 47.

8 Ibid., 193.

9 W. J. Wilson, 2012, *The Truly Disadvantaged: The Inner City, the Underclass, and Public Policy* (Chicago: University of Chicago Press).

10 R. Chetty, N. Hendren, P. Kline, and E. Saez, 2014, "Where Is the Land of Opportunity? The Geography of Intergenerational Mobility in the United States," *Quarterly Journal of Economics* 129 (4): 1553?623; R. Chetty and N. Hendren, 2018, "The Impacts of Neighborhoods on Intergenerational Mobility II: County-Level Estimates," *Quarterly Journal of Economics* 133 (3): 1163-228.

11 たとえば以下を参照。 G. Becker, 1968, "Crime and Punishment: An Economic Approach," Journal of Political Economy 76 (2): 169-217; I. Ehrlich, 1996, "Crime, Punishment, and the Market for Offenses," *Journal of Economic Perspectives* 10 (1): 43-67, and 1973, "Participation in Illegitimate Activities: A Theoretical and Empirical Investigation," *Journal of Political Economy* 81 (3): 521-65.

12 C. Vickers and N. L. Ziebarth, 2016, "Economic Development and the Demographics of Criminals in Victorian England," *Journal of Law and Economics* 59 (1): 191-223.

Others," *Wall Street Journal*, September 16.

31 G. M. Cortes, N. Jaimovich, and H. E. Siu, 2017, "Disappearing Routine Jobs: Who, How, and Why?," *Journal of Monetary Economics*, 91:69-87.

32 K. G. Abraham and M. S. Kearney, 2018, "Explaining the Decline in the US Employment- to-Population Ratio: A Review of the Evidence" (Working Paper 24333, National Bureau of Economic Research, Cambridge, MA).

33 G. M. Cortes, N. Jaimovich, and H. E. Siu, 2018, "The 'End of Men' and Rise of Women in the High-Skilled Labor Market" (Working Paper 24274, National Bureau of Economic Research., Cambridge, MA).

34 B. A. Weinberg, 2000, "Computer Use and the Demand for Female Workers," *ILR Review* 53 (2): 290-308.

35 D. Acemoglu and P. Restrepo, 2018c, "Robots and Jobs: Evidence from US Labor Markets" (Working paper, Massachusetts Institute of Technology, Cambridge, MA) 経済学者は、イギリスの労働市場にもロボットが同じような影響をおよぼしていると分析している (A. Prashar, 2018, "Evaluating the Impact of Automation on Labour Markets in England and Wales" [working paper, Oxford University])。ドイツではロボットが1台増えると、2人分の工場職が失われるが、失われた雇用は他の分野の雇用創出で相殺されている (W. Dauth, S. Findeisen, J. Südekum, and N. Woessner, 2017, "German Robots: The Impact of Industrial Robots on Workers" [Discussion Paper DP12306, Center for Economic and Policy Research, London])。これはまったく意外な話ではない。著者が指摘しているように、技術変化は様々な国の様々な労働市場制度と不可避的に相互作用を起こす。ドイツは相対的に労働組合の力が強く、これがこうしたちがいを生み出す大きな要因になっている。先進国の一般的なパターンとしては、ロボットは雇用全体を大きく減らす要因とはなっておらず、低スキル労働者の雇用のみが減っているようだ。つまり、自動化は高卒以下の就労機会の消滅につながっている。(G. Graetz and G. Michaels, forthcoming, "Robots at Work," Review of *Economics and Statistics*).

36 D. H. Autor and A. Salomons, forthcoming, "Is Automation Labor-Displacing? Productivity Growth, Employment, and the Labor Share," *Brookings Papers on Economic Activity.*

37 J. Bivens, E. Gould, E. Mishel, and H. Shierholz, 2014, "Raising America's Pay" (Briefing Paper 378, Economic Policy Institute, New York), figure A.

38 以下を参照。 M. W. Elsby, B. Hobijn, and A. Şahin, 2013, "The Decline of the US Labor Share,"*Brookings Papers on Economic Activity* 2013 (2): 1-63.

39 L. Karabarbounis and B. Neiman, 2013, "The Global Decline of the Labor Share," *Quarterly Journal of Economics* 129 (1): 61-103

40 M. C. Dao, M. M. Das, Z. Koczan, and W. Lian, 2017, "Why Is Labor Receiving a Smaller Share of Global Income? Theory and Empirical Evidence" (Working Paper No. 17/169, International Monetary Fund, Washington, DC), 11.

41 B. Milanovic, 2016b, *Global Inequality: A New Approach for the Age of Globalization*

15 以下で引用された。 Levy and Murnane, 2004, *The New Division of Labor*, 4.

16 前掲書で引用。

17 D. H. Autor, 2015, "Polanyi's Paradox and the Shape of Employment Growth," in Re-evaluating Labor Market Dynamics (Kansas City: Federal Reserve Bank of Kansas City), 129-177.

18 M. Polanyi, 1966, *The Tacit Dimension* (New York: Doubleday), 4.

19 マイケル・クレーマーのOリング生産関数によると、何かの生産で、あるタスクが改善すれば、他のタスクの価値が高まる (1993, "The O-Ring Theory of Economic Development," *Quarterly Journal of Economics* 108 [3]: 551-75).

20 Levy and Murnane, 2004, *The New Division of Labor*, 13-14.

21 R. Reich, 1991, *The Work of Nations: Preparing Ourselves for Twenty-First Century Capitalism* (New York: Knopf)（ロバート・ライシュ『ザ・ワーク・オブ・ネーションズ　21世紀資本主義のイメージ』中谷巌訳、東洋経済新報社）

22 E. L. Glaeser, 2013, review of *The New Geography of Jobs*, by Enrico Moretti, Journal of Economic Literature 51 (3): 827.

23 H. Moravec, 1988, *Mind Children: The Future of Robot and Human Intelligence* (Cambridge, MA: Harvard University Press), 15.

24 労働時間で見たサービス業の比率は1980-2005年に30%増えている。対照的に、1980年代のコンピュータ革命に先立つ30年間は、同比率が横ばい、もしくは低下していた。(D. H. Autor and Dorn, 2013, "The Growth of Low-Skill Service Jobs and the Polarization of the US Labor Market").

25 Levy and Murnane, 2004, The New Division of Labor, 3. 以下も参照。D. H. Autor, F. Levy, and R. J. Murnane, 2003, "The Skill Content of Recent Technological Change: An Empirical Exploration," *Quarterly Journal of Economics* 118 (4): 1279-333.

26 A. J. Cherlin, 2014, *Labor's Love Lost: The Rise and Fall of the Working-Class Family in America* (New York: Russell Sage Foundation), 128.

27 Ibid.

28 ダグラス・マッセイは知識の重要性が高まっていく私たちの経済では教育が最も重要なリソースになるとし、教育水準で社会階級を定義している。(2007, *Categorically Unequal: The American Stratification System* [New York: Russell Sage Foundation]). アンドリュー・チャーリンも1980年以降は教育が社会階級を示す最良の指標になると指摘する (2014, Labor's Love Lost). ロバート・パットナムも同様の主張を展開している。(2016, *Our Kids: The American Dream in Crisis* [New York: Simon & Schuster])（邦訳は、ロバート・パットナム『われらの子ども　米国における機会格差の拡大』柴内康文訳、創元社）

29 G. M. Cortes, N. Jaimovich, C. J. Nekarda, and H. E. Siu, 2014, "The Micro and Macro of Disappearing Routine Jobs: A Flows Approach" (Working Paper 20307, National Bureau of Economic Research, Cambridge, MA).

30 D. D. Buss, 1985, "On the Factory Floor, Technology Brings Challenge for Some, Drudgery for

第4部

1 D. Acemoglu and D. H. Autor, 2011, "Skills, Tasks and Technologies: Implications for Employment and Earnings," in *Handbook of Labor Economics,* ed. David Card and Orley Ashenfelter (Amsterdam: Elsevier), 4:1043-171.

第9章

1 P. F. Drucker, 1965, "Automation Is Not the Villain," *New York Times,* January 10.

2 D. A. Grier, 2005, *When Humans Were Computers (Princeton,* NJ: Princeton University Press).

3 On mortgage underwriters, see F. Levy and R. J. Murnane, 2004, T*he New Division of Labor: How Computers Are Creating the Next Job Market* (Princeton, NJ: Princeton University Press), 17-19.

4 H. Braverman, 1998, *Labor and Monopoly Capital: The Degradation of Work in the Twentieth Century,* 25th anniversary ed. (New York: New York University Press), 49.

5 N. Wiener, 1988, *The Human Use of Human Beings: Cybernetics and Society* (New York: Perseus Books Group).

6 D. H. Autor and D. Dorn, 2013, "The Growth of Low-Skill Service Jobs and the Polarization of the US Labor Market," *American Economic Review* 103 (5): 1553-97; M. Goos, A.Manning, and A. Salomons, 2014, "Explaining Job Polarization: Routine-Biased Technological Change and Offshoring," *American Economic Review* 104 (8): 2509-26, and 2009, "Job Polarization in Europe," *American Economic Review* 99 (2): 58-63; M. A. Goos and A. Manning, 2007, "Lousy and Lovely Jobs: The Rising Polarization of Work in Britain," *Review of Economics and Statistics* 89 (1): 118-33.

7 Levy and Murnane, 2004, *The New Division of Labor,* 3.

8 W. D. Nordhaus, 2007, "Two Centuries of Productivity Growth in Computing," *Journal of Economic History* 67 (1): 128-59.

9 J. S. Tompkins, 1958, "Cost of Automation Discourages Stores," *New York Times,* January 26.

10 初のマイクロプロセッサーは1971年に発明されたが、IBMのパソコンが登場したのは1981年だ。ノードハウスの計算によると、演算コストが最も大きく下がったのはパソコンの登場後である。

11 O. Friedrich, 1983, "The Computer Moves In (Machine of the Year)," *Time,* January 3, 15.

12 K. Flamm, 1988, "The Changing Pattern of Industrial Robot Use," in *The Impact of Tech- nological Change on Employment and Economic Growth,* ed. R. M. Cyert and D. C. Mowery (Cambridge, MA: Ballinger Publishing Company), tables 7-1 and 7-6.

13 E. B. Jakubauskas, 1960, "Adjustment to an Automatic Airline Reservation System," in *Impact of Automation: A Collection of 20 Articles about Technological Change,* from the Monthly Labor Review (Washington: Bureau of Labor Statistics), 94.

14 Ibid.

ル『暴力と不平等の人類史 戦争・革命・崩壊・疫病』鬼澤忍他訳、東洋経済新報社)

68 金融サービス業の従事者については以下を参照されたい。Lindert and Williamson, 2016, *Unequal Gains*, figure 8-3.

69 Piketty, 2014, *Capital in the Twenty-First Century*, 506–7.(ピケティ前掲書)

70 C. Goldin and R. A. Margo, 1992, "The Great Compression: The Wage Structure in the United States at Mid-Century," *Quarterly Journal of Economics* 107 (1): 1–34.

71 H. S. Farber, D. Herbst, I. Kuziemko, and S. Naidu, 2018, "Unions and Inequality over the Twentieth Century: New Evidence from Survey Data" (Working Paper 24587, National Bureau of Economic Research, Cambridge, MA).

72 J. M. Abowd, P. Lengermann, and K. L. McKinney, 2003, "The Measurement of Human Capital in the US Economy" (LEHD Program technical paper TP-2002-09, Census Bureau, Washington).

73 J. Tinbergen, 1975, *Income Distribution: Analysis and Policies (*Amsterdam: North Holland).

74 C. Goldin and L. Katz, 2008, *The Race between Technology and Education* (Cambridge, MA: Harvard University Press).

75 C. Goldin and Margo, 1992, "The Great Compression."

76 Goldin and Katz, 2008. *The Race between Technology and Education*, 303. 77. Ibid., 208–17.

78 前掲書で引用、177。

79 Rothberg, 1960, "Adjustment to Automation in Two Firms," 89.

80 E. Weinberg, 1960, "A Review of Automation Technology," *Monthly Labor Review* 83 (4): 376–80.

81 T. Piketty and E. Saez, 2003, "Income Inequality in the United States, 1913–1998," *Quarterly Journal of Economics* 118 (1): 2 and 24.

82 B. Milanovic, 2016b, *Global Inequality: A New Approach for the Age of Globalization* (Cambridge, MA: Harvard University Press).(ブランコ・ミラノヴィッチ『大不平等 エレファント・カーブが予測する未来』立木勝訳、みすず書房)

83 Katz and Margo, 2013, "Technical Change and the Relative Demand for Skilled Labor."

84 Gordon, 2016, *The Rise and Fall of American Growth*, 47.(ゴードン前掲書)

85 Katz and Margo, 2013, "Technical Change and the Relative Demand for Skilled Labor," 4.

86 S. Thernstrom, 1964, *Poverty and Progress: Social Mobility in a Nineteenth Century City* (Cambridge, MA: Harvard University Press).

87 Gordon, 2016, *The Rise and Fall of American Growth*, 126.(ゴードン前掲書)

88 IBid., 379.

89 A. J. Cherlin, 2013, *Labor's Love Lost: The Rise and Fall of the Working-Class Family in America* (New York: Russell Sage Foundation), 115.

90 ワイオミング州シャイアンにおける演説、1960年9月23日。https://www.jfklibrary.org/archives/other-resources/john-f-kennedy-speeches/cheyenne-wy-19600923.

nomic History 46 (1): 199–216.

46 R. Hornbeck and S. Naidu, 2014, "When the Levee Breaks: Black Migration and Economic Development in the American South," *American Economic Review* 104 (3): 963–90.

47 Rasmussen, 1982, "The Mechanization of Agriculture," 83.

48 Ibid., 84。

49 ミシシッピ大洪水については以下を参照されたい。Hornbeck and Naidu, 2014, "When the Levee Breaks."

50 大移住については以下を参照されたい。W. J. Collins and M. H. Wanamaker, 2015, "The Great Migration in Black and White: New Evidence on the Selection and Sorting of Southern Migrants," *Journal of Economic History* 75 (4): 947–92.

51 "Motors on the Farms Replace Hired Labor," 1919, *New York Times*, October 26.

52 N. Kaldor, 1957, "A Model of Economic Growth," *Economic Journal* 67 (268): 591–624. 53. P. H. Lindert and J. G. Williamson, 2016, *Unequal Gains: American Growth and Inequality Since 1700* (Princeton, NJ: Princeton University Press), 194.

54 R. M. Solow, 1956, "A Contribution to the Theory of Economic Growth," *Quarterly Journal of Economics* 70 (1): 65–94; S. Kuznets, 1955, "Economic Growth and Income Inequality," *American Economic Review* 45 (1): 1–28; Kaldor, 1957, "A Model of Economic Growth."

55 Kuznets, 1955, "Economic Growth and Income Inequality."

56 Lindert and Williamson, 2016, *Unequal Gains*.

57 A. de Tocqueville, 1840, *Democracy in America*, trans. H. Reeve (New York: Alfred A. Knopf), 2:646.

58 以下で引用された。Lindert and Williamson, 2016, *Unequal Gains*, 117.

59 M. Twain and C. D. Warner, [1873] 2001, *The Gilded Age: A Tale of Today* (New York: Penguin).

60 H. J. Raymond, 1859, "Your Money or Your Line," *New York Times*, February 9.

61 M. Klein, 2007, *The Genesis of Industrial America, 1870–1920* (Cambridge: Cambridge University Press), 133–34.

62 Lindert and Williamson, 2016, *Unequal Gains*, tables 5-8 and 5-9.

63 L. F. Katz and R. A. Margo, 2013, "Technical Change and the Relative Demand for Skilled Labor: The United States in Historical Perspective" (Working Paper 18752, National Bureau of Economic Research, Cambridge, MA).

64 Lindert and Williamson, 2016, *Unequal Gains*, table 7-2.

65 I. Fisher, 1919, "Economists in Public Service: Annual Address of the President," *American Economic Review* 9 (1): 10 and 16.

66 T. Piketty, 2014, *Capital in the Twenty-First Century* (Cambridge, MA: Harvard University Press).（ピケティ前掲書）

67 W. Scheidel, 2018, *The Great Leveler: Violence and the History of Inequality from the Stone Age to the Twenty-First Century* (Princeton, NJ: Princeton University Press).（ウォルター・シャイデ

ton, NJ: Princeton University Press).

35 H. G. Lewis の先駆的な研究によると、組合員に対する上乗せはニューディール施行中の38% と第二次世界大戦直後のゼロとの間で変動した。上乗せは 1950 年代に復活したが、労災補償の 15% 程度だった（以下を参照されたい。H. G. Lewis, 1963, *Unionism and Relative Wages in the U.S.: An Empirical Inquiry* [Chicago: Chicago University Press]）。他の研究でも組合員であることの優位性は時代だけでなく職業や産業によっても大きく変動したことが確認されている（以下を参照されたい。C. J. Parsley, 1980, "Labor Union Effects on Wage Gains: A Survey of Recent Literature," *Journal of Economic Literature* 18[1]: 1–31; G. E. Johnson, 1975, "Economic Analysis of Trade Unionism," *The American Economic Review* 65 [2]: 23–28）。

36 W. K. Stevens, 1968, "Automation Keeps Struck Phone System," *New York Times*, April 20.

37 James Bessen はこう指摘する。「繊維産業の労働者の賃金は、組合の規模が小さく交渉力も持ち合わせていないにもかかわらず、19 世紀後半に上がり始めた。ベッセマー式製鉄所の労働者は、手作業の鉄工所の労働者より高い賃金をもらっていた。しかも彼らは 8 時間労働制だった。ベッセマー製鋼法の導入をめぐる労使対決で組合が負け続けだったにもかかわらず労働条件は改善されたのである」（2015, *Learning by Doing: The Real Connection between Innovation, Wages, and Wealth* [New Haven, CT: Yale University Press], 86）。

38 Gordon, 2016, *The Rise and Fall of American Growth*, 282.（ゴードン前掲書）

39 M. Alexopoulos and J. Cohen, 2016, "The Medium Is the Measure: Technical Change and Employment, 1909–1949," *Review of Economics and Statistics* 98(4): 793.

40 電機産業については以下を参照されたい。T. C. Martin, 1905, "Electrical Machinery, Apparatus, and Supplies," in *Census of Manufactures, 1905* (Washington, DC: United States Bureau of the Census), 157–225.

41 製造業の雇用のピークについては以下を参照されたい。J. Bessen, 2018, "Automation and Jobs: When Technology Boosts Employment" (Law and Economics Paper 17-09, Boston University School of Law).

42 大手ラジオ、テレビ・メーカーでは、テレビ受信機の製造ラインに新しい機械を導入するにあたり、賃金を高めに設定した。新しい仕事では「労働条件がいくらか異なり責任が増えるため、未熟練工の標準就業時間の基本給が 5-15% 高くなる」。またある電気機械メーカーでは、省力化技術の導入に伴って創出された新規ポストではやはり賃金が高めだったという。以下を参照されたい。Rothberg, 1960, "Adjustment to Automation in Two Firms," 80.

43 R. H. Day, 1967, "The Economics of Technological Change and the Demise of the Sharecropper," *American Economic Review* 57 (3): 427–49.

44 以下で引用された。W. D. Rasmussen, 1982, "The Mechanization of Agriculture," *Scientific American* 247 (3): 87.

45 都市部での賃金上昇と離農については以下を参照されたい。W. Peterson and Y. Kislev, 1986, "The Cotton Harvester in Retrospect: Labor Displacement or Replacement?," *Journal of Eco-*

15 "The Calamity," 1911, *New York Times*, March 26.

16 D. E. Nye, 1990, *Electrifying America: Social Meanings of a New Technology, 1880–1940* (Cambridge, MA: MIT Press), 210.

17 U.S. Bureau of the Census, 1960, D785, "Work-injury Frequency Rates in Manufacturing, 1926–1956," and D.786–790, "Work-injury Frequency Rates in Mining, 1924–1956," *Historical Statistics of the United States, Colonial Times to 1957* (Washington, DC: Government Printing Office), https://www.census.gov/library/publications/1960/compendia/hist_stats_colonial-1957.html.

18 以下で引用された。A. H. Raskin, 1955, "Pattern for Tomorrow's Industry?," *New York Times*, December 18.

19 自動化と健康については以下を参照されたい。O. R. Walmer, 1956, "Workers' Health in an Era of Automation," *Monthly Labor Review* 79 (7): 819–23.

20 前掲書で引用、821。

21 U.S. Department of Agriculture, 1963, *1962 Agricultural Statistics* (Washington, DC: Government Printing Office).

22 自動車と時間の短縮については以下を参照されたい。A. L. Olmstead and P. W. Rhode, 2001, "Reshaping the Landscape: The Impact and Diffusion of the Tractor in American Agriculture, 1910–1960," *Journal of Economic History* 61 (3): 663–98. See also M. R. Cooper, G. T. Barton, and A. P. Brodell, 1947, "Progress of Farm Mechanization," USDA Miscellaneous Publication 630 (October).

23 Nye, 1990, *Electrifying America*, 15.

24 Jerome, 1934, "Mechanization in Industry," 131.

25 Ibid., 134。

26 1940–80年に2450万のホワイトカラー職の雇用が創出され、労働人口に占めるホワイトカラーの比率は10.8ポイント上昇した。そのほぼ全部が事務職だった。さらに1990万の専門職と管理職の雇用が創出され、1980年までにホワイトカラー全体で労働人口の27.8%を占めるようになる。

27 Jerome, 1934, "Mechanization in Industry," 173.

28 Gordon, 2016, *The Rise and Fall of American Growth*, table 8-1.（ゴードン前掲書）

29 Ibid., 257。

30 以下に引用された。D. L. Lewis, 1986, "The Automobile in America: The Industry," *Wilson Quarterly* 10 (5): 53.

31 企業の福利厚生プログラムについては以下を参照されたい。Nye, 1990, *Electrifying America*, 215.

32 Gordon, 2016, *The Rise and Fall of American Growth*, 279.（ゴードン前掲書）

33 L. Hartz, 1955, *The Liberal Tradition in America: An Interpretation of American Political Thought Since the Revolution* (Boston: Houghton Mifflin Harcourt).

34 J. Cowie, 2016, *The Great Exception: The New Deal and the Limits of American Politics* (Prince-

and 1958b, "Automation in the Automobile Industry: Some Consequences for In-Plant Social Structure," *American Sociological Review* 23 (4): 401–7.

42 C. R. Walker, 1957, *Toward the Automatic Factory: A Case Study of Men and Machines* (New Haven, CT: Yale University Press), 192.

43 Faunce, Hardin, and Jacobson, 1962, "Automation and the Employee," 60.

第8章

1 "Burning Farming Machinery," 1879, *New York Times*, August 12.

2 D. Nelson, 1995, *Farm and Factory: Workers in the Midwest, 1880–1990* (Bloomington: Indiana University Press), 18–19.

3 P. Taft and P. Ross, 1969, "American Labor Violence: Its Causes, Character, and Outcome," in *Violence in America: Historical and Comparative Perspectives*, ed. H. D. Graham and T. R. Gurr (London: Corgi), 1:221–301.

4 B. E. Kaufman, 1982, "The Determinants of Strikes in the United States, 1900–1977," *ILR Review* 35 (4): 473–90.

5 P. Wallis, 2014, "Labour Markets and Training," in *The Cambridge Economic History of Modern Britain*, vol. 1: *Industrialisation, 1700–1870*, ed. R. Floud, J. Humphries, and P. Johnson (Cambridge: Cambridge University Press), 186.

6 以下で引用された。D. Stetson, 1970, "Walter Reuther: Union Pioneer with Broad Influence Far beyond the Field of Labor," *New York Times*, May 11.

7 H. J. Rothberg, 1960, "Adjustment to Automation in Two Firms," in *Impact of Automation: A Collection of 20 Articles about Technological Change, from the* Monthly Labor Review (Washington, DC: Bureau of Labor Statistics), 86.

8 G. B. Baldwin and G. P. Schultz, 1960, "The Effects of Automation on Industrial Relations," in *Impact of Automation: A Collection of 20 Articles about Technological Change, from the* Monthly Labor Review (Washington, DC: Bureau of Labor Statistics), 47–49; J. W. Childs and R. H. Bergman, 1960, "Wage-Rate Determination in an Automated Rubber Plant," in ibid, 56–58; H. J. Rothberg, 1960, "Adjustment to Automation in Two Firms," in ibid, 88–93.

9 U.S. Congress, 1984, "Computerized Manufacturing Automation: Employment, Education, and the Workplace," No. 235 (Washington, DC: Office of Technology Assessment).

10 労働条件の改善については以下を参照されたい。R. J. Gordon, 2016, *The Rise and Fall of American Growth: The U.S. Standard of Living Since the Civil War* (Princeton, NJ: Princeton University Press), chapter 8.（ゴードン前掲書）

11 R. Hornbeck, 2012, "The Enduring Impact of the American Dust Bowl: Short- and Long-Run Adjustments to Environmental Catastrophe," *American Economic Review* 102 (4): 1477–507.

12 Ibid.

13 Gordon, 2016, *The Rise and Fall of American Growth*, 270.（ゴードン前掲書）

14 "Shocking Death in Machinery," 1895, *New York Times*, May 23.

79th Cong. (Washington, DC: Government Printing Office).

21 以下で引用された。E. Weinberg, 1956, "An Inquiry into the Efects of Automation," *Monthly Labor Review* 79 (1): 7.

22 前掲書で引用された。

23 D. Morse, 1957, "Promise and Peril of Automation," *New York Times*, June 9.

24 Ibid.

25 "Elevator Operator Killed," 1940, *New York Times*, February 10.

26 "Elevator Units Fight Automatic Lift Ban," 1952, *New York Times*, October 7.

27 "New Devices Gain on Elevator Men: Operators May Be Riding to Oblivion," 1956, *New York Times*, May 27.

28 G. Talese, 1963, "Elevator Men Dwindle in City," *New York Times*, November 30.

29 A. H. Raskin, 1961, "Fears about Automation Overshadowing Its Boons," *New York Times*, April 7.

30 政府への就職についての不安は、以下を参照されたい。C. P. Trussell, 1960, "Government Automation Posing Threat to the Patronage System," *New York Times*, September 14.

31 J. F. Kennedy, 1960, "Papers of John F. Kennedy. Pre-Presidential Papers. Presidential Campaign Files, 1960. Speeches and the Press. Speeches, Statements, and Sections, 1958–1960. Labor: Meeting the Problems of Automation," https://www.jfklibrary.org/asset-viewer/archives/JFK-CAMP1960/1030/JFKCAMP1960-1030-036.

32 President's Advisory Committee on Labor-Management Policy, 1962, *The Benefits and Problems Incident to Automation and Other Technological Advances* (Washington, DC: Government Printing Office), 2.

33 J. F. Kennedy, 1962, "News Conference 24," https://www.jfklibrary.org/archives/other -resources/john-f-kennedy-press-conferences/news-conference-24.

34 L. B. Johnson, 1964," Remarks Upon Signing Bill Creating the National Commission on Technology, Automation, and Economic Progress," August 19, http://archive.li/F9iX8.

35 H. R. Bowen, 1966, *Report of the National Commission on Technology, Automation, and Economic Progress* (Washington, DC: Government Printing Office), xii.

36 Ibid., 9.

37 G. R. Woirol, 1980, "Economics as an Empirical Science: A Case Study" (working paper, University of California, Berkeley), 188.

38 G. R. Woirol, 2012, "Plans to End the Great Depression from the American Public," *Labor History* 53 (4): 571–77.

39 W. A. Faunce, E. Hardin, and E. H. Jacobson, 1962, "Automation and the Employee," *Annals of the American Academy of Political and Social Science* 340 (1): 62.

40 F. C. Mann, L. K. Williams, 1960, "Observations on the Dynamics of a Change to Electronic Data-Processing Equipment," *Administrative Science Quarterly* 5 (2): 255.

41 W. A. Faunce, 1958a, "Automation and the Automobile Worker," *Social Problems* 6 (1): 68–78,

第7章

1 W. Green, 1930, "Labor Versus Machines: An Employment Puzzle," *New York Times*, June 1.

2 F. Engels, [1844] 1943, *The Condition of the Working-Class in England in 1844*. Reprint, London: Allen & Unwin, 100.

3 ニューヨーク・タイムズ紙のアーカイブに「技術的失業」で検索をかけると、1920年代は13件、1930年代は356件ヒットする。このことから、この言葉が次第に広まっていることがわかる。

4 G. R. Woirol, 2006, "New Data, New Issues: The Origins of the Technological Unemployment Debates," *History of Political Economy* 38 (3): 480.

5 J. J. Davis, 1927, "The Problem of the Worker Displaced by Machinery," *Monthly Labor Review* 25 (3): 32.

6 Ibid.

7 以下で引用された。Woirol, 2006, "New Data, New Issues," 481.

8 I. Lubin, 1929, *The Absorption of the Unemployed by American Industry* (Washington, DC: Brookings Institution), 6.

9 R. J. Myers, 1929, "Occupational Readjustment of Displaced Skilled Workmen," *Journal of Political Economy* 37 (4): 473–89.

10 コネチカット州ニューヘブンとハートフォードのゴム工場の閉鎖（それぞれ1929年と30年に閉鎖）について調べたEwan Clague and W. J. Couperの別の研究によると、解雇された労働者の大半は再就職によって生活が苦しくなったという（1931, "The Readjustment of Workers Displaced by Plant Shutdowns," *Quarterly Journal of Economics* 45 [2]: 309–46）。

11 音楽の機械化については以下を参照されたい。H. Jerome, 1934, "Mechanization in Industry" (Working Paper 27, National Bureau of Economic Research, Cambridge, MA), chapter 4.

12 以下を参照されたい。Woirol, 2006, "New Data, New Issues."

13 L. Wolman, 1933, "Machinery and Unemployment," *Nation*, February 22, 202–4.

14 以下に引用された。"Technological Unemployment," 1930, *New York Times*, August 12.

15 "Durable Goods Industries," 1934, *New York Times*, July 16.

16 M. Alexopoulos and J. Cohen, 2016, "The Medium Is the Measure: Technical Change and Employment, 1909–1949," *Review of Economics and Statistics* 98 (4): 793.

17 F. D. Roosevelt, 1940, "Annual Message to the Congress," January 3, by G. Peters and J. T. Woolley, The American Presidency Project, https://www.presidency.ucsb.edu/documents /annual-message-the-congress.

18 R. M. Solow, 1965, "Technology and Unemployment," *Public Interest* 1 (Fall): 17.

19 ニューヨーク・タイムズ紙のアーカイブに「自動化」で検索をかけると、1940年代には1件もヒットしない。しかし1950年代になるとニュース記事だけで1252件もヒットした。

20 以下を参照されたい。U.S. Congress, 1955, "Automation and Technological Change," Hearings Before the Subcommittee on Economic Stabilization of the Congressional Joint Committee on the Economic Report (84th Cong., 1st sess.), pursuant to sec. 5(a) of Public Law 304,

letin No. 931, February 25.

69 Field, 2011, *A Great Leap Forward*, table 2.5 and table 2.6.

70 第二次世界大戦中の軍事研究開発は戦中戦後の生産性向上に多大なプラスの影響をもたらしたという見方にはいまなお異論が多い。技術進歩を表すさまざまな指標とも一致しない。技術に関する新刊本の数が1941年の水準を突破するのは1950年代に後半になってからである（M. Alexopoulos and J. Cohen, 2011, "Volumes of Evidence: Examining Technical Change in the Last Century through a New Lens," *Canadian Journal of Economics/Revue Canadienne d'e ́conomique* 44 [2]: 413–50）。軍備増強は1941年12月の真珠湾攻撃後に始まり、これに伴って生産資源の大半が戦争遂行に回されたため、イノベーションは停滞した。

71 20世紀前半のトラック輸送など輸送技術の進歩についての概要は以下を参照されたい。W. Owen, 1962, "Transportation and Technology," *American Economic Review* 52 (2): 405–13.

72 以下で引用された。R. F. Weingrof, 2005, *Designating the Urban Interstates*, Federal Highway Administration Highway History, https://www.fhwa.dot.gov/infrastructure/fairbank.cfm.

73 M. I. Nadiri and T. P. Mamuneas, 1994, "Infrastructure and Public R&D Investments, and the Growth of Factor Productivity in U.S. Manufacturing Industries" (Working Paper 4845, National Bureau of Economic Research, Cambridge, MA).

74 D. M. Bernhofen, Z. El-Sahli, and R. Kneller, 2016, "Estimating the Effects of the Container Revolution on World Trade," *Journal of International Economics* 98: 36–50. 以下も参照されたい。Marc Levinson, *The Box* (Princeton University Press, 2016)（マルク・レビンソン『コンテナ物語』村井章子訳、日経BP）

75 G. Horne, 1968, "Container Revolution Hailed by Many, Feared by Others," *New York Times*, September 22.

76 Ibid.

77 "The Humble Hero: Containers Have Been More Important for Globalisation Than Freer Trade," 2013, *Economist*, May 18, https://www.economist.com/finance-and-economics/2013/05/18/the-humble-hero.

78 R. H. Richter, 1958, "Dockers Demand Container Curbs," *New York Times*, November 27.

79 Ibid.

80 連邦裁判所による棄却判決については以下を参照されたい。D. F. White, 1976, "High Court Review Sought in Case Involving Jobs for Longshoremen," *New York Times*, October 17.

81 Jerome, 1934, "Changes in Mechanization," 152.

82 J. Lee, 2014, "Measuring Agglomeration: Products, People, and Ideas in U.S. Manufacturing, 1880–1990" (working paper, Harvard University).

83 Ibid.

84 Alexopoulos and Cohen, 2016, "The Medium Is the Measure."

85 D. L. Lewis, 1986, "The Automobile in America: The Industry," *Wilson Quarterly* 10 (5): 50.

50 G. Norclife, 2001, *The Ride to Modernity: The Bicycle in Canada, 1869–1900* (Toronto: University of Toronto Press).

51 M. Twain, 1835, "Taming the Bicycle," The University of Adelaide Library, last updated March 27, 2016, https://ebooks.adelaide.edu.au/t/twain/mark/what_is_man/chapter15.html.

52 R. H. Merriam, 1905, "Bicycles and Tricycles," in *Census of Manufactures, 1905* (Washington, DC: United States Bureau of the Census), 289.

53 たとえばダイムラーは自作の小型の空冷式モーターを自転車に取り付けた。

54 以下で引用された。Hounshell, 1985, *From the American System to Mass Production*, 214.

55 Martin, 1905, "Electrical Machinery, Apparatus, and Supplies," 20.

56 以下で引用された。Hounshell, 1985, *From the American System to Mass Production*, 214.

57 K. Kaitz, 1998, "American Roads, Roadside America," *Geographical Review* 88 (3): 372.

58 アメリカにおける自動車の普及とインフラについては以下を参照されたい。Gordon, 2016, *The Rise and Fall of American Growth*, 156–59.（ゴードン前掲書）

59 前掲書で引用、167。

60 Ralph Epstein はこう書いている。「自動車が普及したから立派な道路が建設されたと言われることもあれば、立派な道路ができたから自動車産業が栄えたのだと言われることもある。どちらも正しい。経済に関する現象ではよくあることだが、この場合も原因と結果が絶えず相互に作用している」（1928, *The Automobile Industry* [Chicago: Shaw], 17）。

61 J. J. Flink, 1988, *The Automobile Age* (Cambridge, MA: MIT Press), 33.

62 T 型フォードの経済性とその普及については以下を参照されたい。Gordon, 2016, *The Rise and Fall of American Growth*, 165.（ゴードン前掲書）

63 Epstein, 1928, *The Automobile Industry*, 16.

64 Wayne Rasmussen によると「蒸気機関が最も有用だったのは脱穀だった。蒸気機関は重すぎかさばるため、他の農作業には適していない。農業用の蒸気機関が最も多く作られたのは 1913 年で、約 1 万台が製造された」という（1982, "The Mechanization of Agriculture," *Scientific American* 247 [3]: 82）。

65 トラクターの普及については以下を参照されたい。R. E. Manuelli and A. Seshadri, 2014, "Frictionless Technology Diffusion: The Case of Tractors," *American Economic Review* 104 (4): 1368–91.

66 W. J. White, 2001, "An Unsung Hero: The Farm Tractor's Contribution to Twentieth-Century United States Economic Growth" (PhD diss., Ohio State University).

67 農家にとって自動車の登場がもたらした最も重要な変化の一つは、一般運送事業者が高速道路を使った輸送の提供を始めたことだ。おかげで、100 キロ先の都会まで牛乳の大半を送れるようになった（以下を参照されたい。International Chamber of Commerce, 1925, "Report of the American Committee on Highway Transport, June, 1925" [Washington, D.C.: American Section, International Chamber of Commerce], 5）。

68 市場の拡大については以下を参照されたい。H. R. Tolley and L. M. Church, 1921, "Corn-Belt Farmers' Experience with Motor Trucks," United States Department of Agriculture, Bul-

27 Gordon, 2016, *The Rise and Fall of American Growth*), 123.（ゴードン前掲書）
28 以下で引用された。"Farm Woman Works Eleven Hours a Day," 1920, *New York Times*, July 6.
29 以下で引用された。Nye, 1990, *Electrifying America*, 270.
30 J. Greenwood, A. Seshadri, and M. Yorukoglu, 2005, "Engines of Liberation," *Review of Economic Studies* 72 (1): 109–33.
31 計算はインディアナ州マンシーの世帯所得水準中央値に基づいて行った（以下を参照されたい。Gordon, 2016, *The Rise and Fall of American Growth*, 121）。（ゴードン前掲書）
32 "The Electric Home: Marvel of Science," 1921, *New York Times*, April 10.
33 S. Lebergott, 1993, *Pursuing Happiness: American Consumers in the Twentieth Century* (Princeton, NJ: Princeton University Press).
34 V. A. Ramey, 2009, "Time Spent in Home Production in the Twentieth-Century United States: New Estimates from Old Data," *Journal of Economic History* 69 (1): 1–47.
35 R. S. Cowan, 1983, *More Work for Mother: The Ironies of Household Technology from the Open Hearth to the Microwave* (New York: Basic).
36 "French's Conical Washing Machine and Young Women at Service," 1860, *New York Times*, August 29.
37 "New Rules for Servants: Pittsburgh Housekeepers Insist on a Full Day's Work," 1921, *New York Times*, January 16.
38 J. Mokyr, 2000, "Why 'More Work for Mother?' Knowledge and Household Behavior, 1870–1945," *Journal of Economic History* 60 (1): 1–41.
39 Nye, 1990, *Electrifying America*, 18.
40 Gordon, 2016, *The Rise and Fall of American Growth*, 227.（ゴードン前掲書）
41 Greenwood, Seshadri, and Yorukoglu, 2005, "Engines of Liberation."
42 V. E. Giuliano, 1982, "The Mechanization of Office Work," *Scientific American* 247 (3): 148–65.
43 「ピンクカラー」という表現については以下を参照されたい。A. J. Cherlin, 2013, *Labor's Love Lost: The Rise and Fall of the Working-Class Family in America* (New York: Russell Sage Foundation), 119.
44 A. J. Field, 2007, "The Origins of US Total Factor Productivity Growth in the Golden Age," *Cliometrica* 1 (1): 89. See also A. J. Field, 2011, *A Great Leap Forward: 1930s Depression and U.S. Economic Growth* (New Haven, CT: Yale University Press).
45 G. P. Mom and D. A. Kirsch, 2001, "Technologies in Tension: Horses, Electric Trucks, and the Motorization of American Cities, 1900–1925," *Technology and Culture* 42 (3): 489–518.
46 Gordon, 2016, *The Rise and Fall of American Growth*, 227.（ゴードン前掲書）
47 1850–80 年にはフィラデルフィアの住民の 80 % が歩いて仕事に通っていた。
48 Gordon, 2016, *The Rise and Fall of American Growth*, 56–57.（ゴードン前掲書）
49 創刊号が世に出た当時は、自動車産業は産業調査で独立項目として扱われないほど規模が小さかった。

Company), 1.

4 R. J. Gordon, 2016, *The Rise and Fall of American Growth: The U.S. Standard of Living Since the Civil War* (Princeton, NJ: Princeton University Press), 150.（ゴードン前掲書）

5 D. Hounshell, 1985, *From the American System to Mass Production, 1800–1932: The Development of Manufacturing Technology in the United States* (Baltimore, MD: Johns Hopkins University Press), 307.

6 Ibid.

7 以下に引用された。B. Bryson, 2010, *At Home: A Short History of Private Life* (Toronto: Doubleday Canada), 29.

8 N. Rosenberg, 1963, "Technological Change in the Machine Tool Industry, 1840–1910," *Journal of Economic History* 23 (4): 414–43.

9 以下に引用された。D. Hounshell, 1985, *From the American System to Mass Production*, 19.

10 Ibid., 17–19.

11 前掲書で引用、233。

12 電気と労働条件については以下を参照されたい。D. E. Nye, 1990, *Electrifying America: Social Meanings of a New Technology, 1880–1940* (Cambridge, MA: MIT Press), 232.

13 以下で引用された。T. C. Martin, 1905, "Electrical Machinery, Apparatus, and Supplies," in *Census of Manufactures, 1905* (Washington, DC: United States Bureau of the Census), 170.

14 P.A. David and G. Wright, 1999, *Early Twentieth Century Productivity Growth Dynamics: An Inquiry into the Economic History of Our Ignorance* (Oxford: Oxford University Press).

15 E. Clark, 1925, "Giant Power Transforming America's Life," *New York Times*, February 22.

16 Ibid.

17 V. Smil, 2005, *Creating the Twentieth Century: Technical Innovations of 1867–1914 and Their Lasting Impact* (New York: Oxford University Press), 53.

18 Nye, 1990, *Electrifying America*, 232.

19 P. A. David, 1990, "The Dynamo and the Computer: An Historical Perspective on the Modern Productivity Paradox," *American Economic Review* 80 (2): 355–61.

20 W. D. Devine Jr., 1983, "From Shafts to Wires: Historical Perspective on Electrification," *Journal of Economic History* 43 (2): 347–72.

21 H. Jerome, 1934, "Mechanization in Industry" (Working Paper 27, National Bureau of Economic Research, Cambridge, MA), 48.

22 D. E. Nye, 2013, *America's Assembly Line* (Cambridge, MA: MIT Press), 23.

23 F. C. Mills, 1934, introduction to "Mechanization in Industry," by H. Jerome (Cambridge, MA: National Bureau of Economic Research), xxi.

24 Jerome, 1934, "Mechanization in Industry," 104–5.

25 以下で引用された。J. Greenwood, A. Seshadri, and M. Yorukoglu, 2005, "Engines of Liberation," *Review of Economic Studies* 72 (1): 109.

26 Strasser, S. (1982). *Never Done: A History of American Housework*. (New York: Pantheon), 57.

86 J. Bessen, 2015, *Learning by Doing: The Real Connection between Innovation, Wages, and Wealth* (New Haven, CT: Yale University Press), chapter 6.

87 Mokyr, 2011, *The Enlightened Economy*, chapter 15.

88. 以下を参照されたい。D. H. Aldcroft and M. J. Oliver, 2000, *Trade Unions and the Economy: 1870–2000*, (Aldershot, UK: Ashgate Publishing).

第3部

2番目の引用句は以下に拠った。P. Zachary, 1996, "Does Technology Create Jobs, Destroy Jobs, or Some of Both?," *Wall Street Journal*, June 17.

1 J. Horn, 2008, *The Path Not Taken: French Industrialization in the Age of Revolution, 1750–1830* (Cambridge, MA: MIT Press).

2 ドイツにおけるギルドによる制約については以下を参照されたい。T. Lenoir, 1998, "Revolution from Above: The Role of the State in Creating the German Research System, 1810–1910," *American Economic Review* 88 (2): 22–27.

3 ドイツの教育と工業化については以下を参照されたい。S. O. Becker, E. Hornung, and L. Woessmann, 2011, "Education and Catch-Up in the Industrial Revolution," *American Economic Journal: Macroeconomics* 3 (3): 92–126.

4 キャッチアップ型成長については以下を参照されたい。A. Gerschenkron, 1962, *Economic Backwardness in Historical Perspective: A Book of Essays* (Cambridge, MA: Belknap Press of Harvard University Press).（アレクザンダー・ガーシェンクロン『経済後進性の史的展望』池田美智子訳、日本経済評論社）

5 P. H. Lindert, 2004, *Growing Public*), vol. 1, *The Story: Social Spending and Economic Growth Since the Eighteenth Century* (Cambridge: Cambridge University Press), table 1.2.

6 M. Alexopoulos and J. Cohen, 2016, "The Medium Is the Measure: Technical Change and Employment, 1909–1949," *Review of Economics and Statistics* 98 (4): 792–810.

7 D. Acemoglu and P. Restrepo, 2018b, "The Race between Man and Machine: Implications of Technology for Growth, Factor Shares, and Employment," *American Economic Review* 108 (6): 1489

第6章

1 以下に引用された。G. Tucker, 1837, *The Life of Thomas Jefferson, Third President of the United States: With Parts of His Correspondence Never Before Published, and Notices of His Opinions on Questions of Civil Government, National Policy, and Constitutional Law* (Philadelphia: Carey, Lea and Blanchard), 2:226.

2 A. de Tocqueville, 1840, *Democracy in America*, trans. H. Reeve (New York: Alfred A. Knopf), 2:191.（トクヴィル『アメリカのデモクラシー』全4巻、松本礼二訳、岩波書店）

3 E. W. Byrn, 1900, *The Progress of Invention in the Nineteenth Century* (New York: Munn and

69 Caprettini and Voth, 2017, "Rage against the Machines."

70 D. Acemoglu and P Restrepo, 2018a, "Artificial Intelligence, Automation and Work" (Working Paper 24196, National Bureau of Economic Research, Cambridge, MA).

71 Allen, 2009b, "Engels' Pause."

72 E. S. Phelps, 2015, *Mass Flourishing: How Grassroots Innovation Created Jobs, Challenge, and Change* (Princeton, NJ: Princeton University Press), 47.（エドマンド・フェルプス『なぜ近代は繁栄したのか　草の根が生み出すイノベーション』小坂恵理訳、みすず書房）

73 Ibid. で引用、46。

74 O. Galor, 2011, "Inequality, Human Capital Formation, and the Process of Development," in *Handbook of the Economics of Education*, ed. Hanushek, E.A., Machin, S.J. and Woessmann, L. Amsterdam: Elsevier), 4:441–93.

75 人的資本の概要については以下を参照されたい。Wallis, 2014, "Labour Markets and Training," 203.

76 M. Sanderson, 1995, *Education, Economic Change and Society in England 1780–1870* (Cambridge; Cambridge University Press); D. F. Mitch, 1992, *The Rise of Popular Literacy in Victorian England: The Influence of Private Choice and Public Policy* (Philadelphia: University of Pennsylvania Press).

77 N. F. Crafts, 1985, *British Economic Growth during the Industrial Revolution* (Oxford: Oxford University Press), 73.

78 Landes, 1969, *The Unbound Prometheus*, 340.（ランデス前掲書）David Mitch も産業革命初期の仕事にはさほど教育は必要ない、字が読めなくても問題がなかったと指摘する（1992, *The Rise of Popular Literacy in Victorian England*）。だが 19 世紀後半の求人広告を読むと、字が読めることが次第に必要とされるようになったことがわかる。(D. F. Mitch, 1993, "The Role of Human Capital in the First Industrial Revolution," in *The British Industrial Revolution: An Economic Perspective*, ed. J. Mokyr [Boulder, CO: Westview Press, 241–80.])。

79 Tuttle, 1999, *Hard at Work in Factories and Mines*, 96 and 142; Wallis, 2014, "Labour Markets and Training," 193.

80 C. Goldin and K. Sokolof, 1982, "Women, Children, and Industrialization in the Early Republic: Evidence from the Manufacturing Censuses," *Journal of Economic History* 42 (4): 741–74.

81 L. F. Katz and R. A. Margo, 2013, "Technical Change and the Relative Demand for Skilled Labor: The United States in Historical Perspective" (Working Paper 18752, National Bureau of Economic Research, Cambridge, MA), 3.

82 P. Gaskell, 1833, *The Manufacturing Population of England*, 182.

83 以下を参照されたい。G. Clark, 2005, "The Condition of the Working Class in England."

84 スキル・プレミアムの存在自体がスキルの需要があったことを示すわけではない。需要は当然ながら供給要因に左右される。スキル・プレミアムは需要が供給を上回った場合のみ発生するが、供給は一世紀にわたって増え続けていた。

85 G. Clark, 2005. "The Condition of the Working Class in England."

48 C. Tuttle, 1999, *Hard at Work in Factories and Mines: The Economics of Child Labor during the British Industrial Revolution* (Boulder, CO: Westview Press), 110.

49 Ure, 1835, *The Philosophy of Manufactures*, 144.

50 児童労働の急増については以下を参照されたい。Tuttle, 1999, *Hard at Work in Factories and Mines*, 96 and 142. See also Wallis, 2014, "Labour Markets and Training," 193.

51 P. Mantoux, 1961, *The Industrial Revolution in the Eighteenth Century: An Outline of the Beginnings of the Modern Factory System in England*, trans. M. Vernon (London: Routledge), 410.

52 以下に引用された。S. Smiles, 1865, *Lives of Boulton and Watt* (Philadelphia: J. B. Lippincott), 227. 以下も参照されたい。Mokyr, 2011, *The Enlightened Economy*, chapter 15.

53 Baines, 1835, *History of the Cotton Manufacture in Great Britain*, 452.

54 L. Shaw-Taylor and A. Jones, 2010, "The Male Occupational Structure of Northamptonshire 1777–1881: A Case of Partial De-Industrialization?" (working paper, Cambridge University).

55 M. Berg, 1976, "The Machinery Question," PhD diss., University of Oxford, 2.

56 Mantoux, 1961, *The Industrial Revolution in the Eighteenth Century*, 408.

57 Old Bailey Proceedings, 6th July 1768, Old Bailey Proceedings Online, version 8.0, 01 January 2019, www.oldbaileyonline.org.

58 ライムハウス暴動については以下を参照されたい。Mantoux, 1961, *The Industrial Revolution in the Eighteenth Century*, 401–8.

59 Ibid.

60 T. C. Hansard, 1834, *General Index to the First and Second Series of Hansard's Parliamentary Debates: Forming a Digest of the Recorded Proceedings of Parliament, from 1803 to 1820* (New York: Kraus Reprint Co.).

61 R. Jackson, 1806, *The Speech of R. Jackson Addressed to the Committee of the House of Com mons Appointed to Consider of the State of the Woollen Manufacture of England, on Behalf of the Cloth-Workers and Sheermen of Yorkshire, Lancashire, Wiltshire, Somersetshire and Gloucestershire* (London: C. Stower), 11.

62 以下で引用された。Mantoux, 1961, *The Industrial Revolution in the Eighteenth Century*, 408.

63 J. Horn, 2008, *The Path Not Taken: French Industrialization in the Age of Revolution, 1750–1830* (Cambridge, MA: MIT Press), chapter 4, Kindle.

64 *Annual Registrar or a View of the History, Politics, and Literature for the Year 1811*, 1811 (London: printed for Baldwin, Cradock, and Joy), 292.

65 ケニオンとリバプールについては以下を参照されたい。Berg, 1976, "The Machinery Question," 76.

66 Horn, 2008, *The Path Not Taken*, chapter 4.

67 破壊された機械については以下を参照されたい。B. Caprettini and H. Voth, 2017, "Rage against the Machines: Labour-Saving Technology and Unrest in England, 1830–32" (working paper, University of Zurich).

68 E. Hobsbawm and G. Rudé, 2014, *Captain Swing* (New York: Verso), 265–79.

30 C. Babbage, 1832, *On the Economy of Machinery and Manufactures* (London: Charles Knight), 266–67.

31 A. Ure, 1835, *The Philosophy of Manufactures* (London: Charles Knight), 220.

32 E. Baines, 1835, *History of the Cotton Manufacture in Great Britain* (London: H. Fisher, R. Fisher, and P. Jackson), 452. 33. Ibid., 460.

34 Ibid., 435.

35 J. Humphries and B. Schneider, forthcoming, "Spinning the Industrial Revolution," *Economic History Review*.

36 J. Humphries, 2010, *Childhood and Child Labour in the British Industrial Revolution* (Cambridge: Cambridge University Press), 342.

37 R. C. Allen, forthcoming, "The Hand-Loom Weaver and the Power Loom: A Schumpeterian Perspective," *European Review of Economic History*.

38 Humphries, 2010, *Childhood and Child Labour*.

39 Allen, forthcoming, "The Hand-Loom Weaver and the Power Loom."

40 D. Bythell, 1969, *The Handloom Weavers: A Study in the English Cotton Industry during the Industrial Revolution* (Cambridge: Cambridge University Press), 139.

41 C. Nardinelli, 1986, "Technology and Unemployment: The Case of the Handloom Weavers," *Southern Economic Journal* 53 (1): 87–94.

42 テクノロジーと循環的な失業については前掲書を参照されたい。

43 J. Fielden, 2013, *Curse of the Factory System* (London: Routledge).

44 都市部への移住については以下を参照されたい。 J. Humphries and T. Leunig, 2009, "Was Dick Whittington Taller Than Those He Left Behind? Anthropometric Measures, Migration and the Quality of Life in Early Nineteenth-Century London," *Explorations in Economic History* 46 (1): 120–31; J. Long, 2005, "Rural-Urban Migration and Socioeconomic Mobility in Victorian Britain," *Journal of Economic History* 65 (1): 1–35; M. Anderson, 1990, "The Social Implications of Demographic Change," in *The Cambridge Social History of Britain, 1750–1950*, vol. 2: *People and Their Environment*, ed. F.M.L. Thompson (Cambridge: Cambridge University Press), 1–70; H. R. Southall, 1991, "The Tramping Artisan Revisits: Labour Mobility and Economic Distress in Early Victorian England," *Economic History Review* 44 (2): 272–96. 産業革命期の都市部への移住の概要については以下を参照されたい。P. Wallis, 2014, "Labour Markets and Training," in *The Cambridge Economic History of Modern Britain*, vol. 1, *Industrialisation, 1700–1870*, ed. R. Floud, J. Humphries, and P. Johnson (Cambridge: Cambridge University Press), 178–210.

45 A. Ure, 1835, *The Philosophy of Manufactures* (London: Charles Knight), 20.

46 以下で引用された。P. Gaskell, 1833, *The Manufacturing Population of England*, 174.

47 初期のジェニーは大人には「おぞましい」代物だったが、9-12歳の子供には「器用に」扱うことができた（M. Berg, 2005, *The Age of Manufactures, 1700–1820: Industry, Innovation and Work in Britain* [London: Routledge], 146）。

al History," in *Which Road to the Past?*, ed. R. W. Fogel and G. R. Elton (New Haven, CT: Yale University Press), 5–70.)。

15 R. C. Floud, K. Wachter, and A. Gregory, 1990, *Height, Health, and History: Nutritional Status in the United Kingdom, 1750–1980* (Cambridge: Cambridge University Press), chapter 4; J. Komlos, 1998, "Shrinking in a Growing Economy? The Mystery of Physical Stature during the Industrial Revolution," *Journal of Economic History* 58 (3): 779–802.

16 環境と貧困については以下を参照されたい。J. Mokyr, 2011, *The Enlightened Economy: Britain and the Industrial Revolution, 1700–1850* (London: Penguin), chapter 10, Kindle.

17 たとえば以下を参照されたい。J. G. Williamson, 2002, *Coping with City Growth during the British Industrial Revolution* (Cambridge: Cambridge University Press).

18 S. Szreter and G. Mooney, 1998, "Urbanization, Mortality, and the Standard of Living Debate: New Estimates of the Expectation of Life at Birth in Nineteenth-Century British Cities," *Economic History Review* 51 (1): 84–112.

19 J. Komlos and B. A'Hearn, 2017, "Hidden Negative Aspects of Industrialization at the Onset of Modern Economic Growth in the US," *Structural Change and Economic Dynamics* 41 (June): 43. 20. F. M. Eden, 1797, *The State of the Poor; or, An History of the Labouring Classes in England* (London: B. and J. White), 3:848.

21 D. Ricardo, [1817] 1911, *The Principles of Political Economy and Taxation* (Repr., London: Dent).（リカード『経済学および課税の原理』上下、羽鳥卓也他訳、岩波文庫）

22 たとえばジャン＝バティスト・セイは、省力化技術によるコスト削減は価格を押し下げ、需要を押し上げると述べて、失業した労働者が再就労の機会を見つけるのは時間の問題だと示唆した。リカードはのちに自分のモデルを修正したものの、工業化によって長期的に実質賃金が上昇するとは考えていなかった。この点はマルサス、マルクスと同じである。

23 E. C. Gaskell, 1884, *Mary Barton* (London: Chapman and Hall), 104.

24 以下を参照されたい。K. Marx, [1867] 1999, *Das Kapital*, trans. S. Moore and E. Aveling (New York: Gateway), chapter 15, section 4, Kindle（マルクス前掲書）C. Dickens, [1854] 2017, *Hard Times* (Amazon Classics), chapter 5, Kindle.

25 ケイ＝シャトルワースは「機械が動いている間は働かねばならない。よって男も女も子供も鉄と蒸気の一部なのだ……人間は辛抱強い労働でもって、機械の数学的な精度や絶え間ない動作や無限の力と張り合わなければならない」と書いている（1832, *The Moral and Physical Condition of the Working Classes Employed in the Cotton Manufacture in Manchester* Manchester: Harrisons & Crosfield)。

26 工場に対する不満については以下を参照されたい。P. Gaskell, 1833, *The Manufacturing Population of England, Its Moral, Social, and Physical Conditions* (London: Baldwin and Cradock), 16.

27 Landes, 1969, *The Unbound Prometheus*, 2.（ランデス前掲書）

28 P. Gaskell, 1833, *The Manufacturing Population of England*, 12 and 341.

29 Marx, [1867] 1999, *Das Kapital*, chapter 15, section 5.（マルクス前掲書）

階級の状態　19世紀のロンドンとマンチェスター』一條和生他訳、岩波文庫）

3 以下を参照されたい。D. Defoe, [1724] 1971, *A Tour through the Whole Island of Great Britain* (London: Penguin), 432.

4 D. S. Landes, 1969, *The Unbound Prometheus: Technological Change and Development in Western Europe from 1750 to the Present* (Cambridge: Cambridge University Press), 128.（ランデス前掲書）

5 "The Present Condition of British Workmen," 1834, accessed December 15, 2018, https://deriv.nls.uk/dcn9/7489/74895330.9.htm.

6 都市部の賃金の上乗せについては以下を参照されたい。J. G. Williamson, 1987, "Did English Factor Markets Fail during the Industrial Revolution?," *Oxford Economic Papers* 39 (4): 641–78.

7 生産高の動向については以下を参照されたい。N. F. Crafts and C. K. Harley, 1992, "Output Growth and the British Industrial Revolution: A Restatement of the Crafts-Harley View," *Economic History Review* 45 (4): 703–30.

8 C. H. Feinstein, 1998, "Pessimism Perpetuated: Real Wages and the Standard of Living in Britain during and after the Industrial Revolution," *Journal of Economic History* 58 (3): 625–58; R. C. Allen, 2009b, "Engels' Pause: Technical Change, Capital Accumulation, and Inequality in the British Industrial Revolution," *Explorations in Economic History* 46 (4): 418–35. グレゴリー・クラークによる実質賃金系列は、賃金水準が18世紀半ばの水準を上回るのは1820年代になってからであることを示している（2005, "The Condition of the Working Class in England, 1209–2004," *Journal of Political Economy*, 113 [6] 1307–40）。クラークによると、1820年代以降は、賃金はアレンやファインスタインの予想を上回るペースで上昇した。ただし、消費や身長ほどではない。

9 労働時間については以下を参照されたい。H. Voth, 2000, *Time and Work in England 1750–1830* (Oxford: Clarendon Press of Oxford University Press).

10 利益率については以下を参照されたい。Allen, 2009b, "Engels' Pause."

11 最上位5%が所得に占める比率については以下を参照されたい。P. H. Lindert, 2000b, "When Did Inequality Rise in Britain and America?," *Journal of Income Distribution* 9 (1): 11–25.

12 G. Clark, M. Huberman, and P. H. Lindert, 1995, "A British Food Puzzle, 1770–1850," *Economic History Review* 48 (2): 215–37. ただしすでに指摘したように、実質賃金が上がらず、下位の職階では減っていることからすれば、何のふしぎもないことが最近の研究で確認されている。

13 S. Horrell, 1996, "Home Demand and British Industrialisation," *Journal of Economic History* 56 (September): 561–604.

14 R. H. Steckel, 2008, "Biological Measures of the Standard of Living," *Journal of Economic Perspectives* 22 (1): 129–52. 身長に関するデータから生活水準を推定できるというアイデアを最初に提案したのはロバート・フォーゲルである（1983, "Scientific History and Tradition-

sessment," *Technology and Culture* 21 (2): 161–86.

24 N. F. Crafts, 2004, "Steam as a General Purpose Technology: A Growth Accounting Perspective," *Economic Journal* 114 (495): 338–51.

25 J. Hoppit, 2008, "Political Power and British Economic Life, 1650–1870," in *The Cambridge Economic History of Modern Britain*, vol. 1, *Industrialisation, 1700–1870*, ed. R. Floud, J. Humphries, and P. Johnson (Cambridge: Cambridge University Press), 370–71.

26 J. Mokyr, 2011, *The Enlightened Economy: Britain and the Industrial Revolution, 1700–1850* (London: Penguin), chapter 10, Kindle.

27 T. Leunig, 2006, "Time Is Money: A Re-Assessment of the Passenger Social Savings from Victorian British Railways," *Journal of Economic History* 66 (3): 635–73.

28 ダービー一族とコールブルックデール製鉄所の歴史については以下を参照されたい。Allen, 2009a, *The British Industrial Revolution*, chapter 9.（アレン前掲書）

29 Ibid.

30 以下に引用された。J. Langton and R. J. Morris, 2002, *Atlas of Industrializing Britain, 1780–1914* (London: Routledge), 88.

31 G. R. Hawke, 1970, *Railways and Economic Growth in England and Wales, 1840–1870* (Oxford: Clarendon Press of Oxford University Press).

32 Leunig, 2006, "Time Is Money."

33 On the social savings of the turnpikes, see C. Bogart, 2005, "Turnpike Trusts and the Transportation Revolution in 18th Century England," *Explorations in Economic History* 42 (4): 479–508.

34 言うまでもなく、これらの推定はどれも蒸気機関による輸送のメリットを完全には把握し切れていない。というのも蒸気機関は水上輸送にも変革をもたらしたからだ。1821年の時点ですでにイギリスでは蒸気船が188隻就航していた。これらの船がなかったら、物資の輸送に支障をきたしていただろう。ただし短距離のルートでは沿岸航海よりも運河を使うほうが便利だった。さらに最初の鉄道が開業してからほどなく、蒸気機関は外洋航海にも革命をもたらす。技術者イザムバード・キングダム・ブルネルの手になるグレート・ウェスタン号が蒸気船として世界で初めて大西洋を横断したことはロケット号と並ぶ画期的な出来事である。ただし長距離航路では大量の石炭を積み込まなければならず、帆船を駆逐するまでには半世紀を要した。19世紀末になってようやく石炭の必要量が減り、中国とイギリスの間に蒸気船が投入されるようになる。

35 E. Baines, 1835, *History of the Cotton Manufacture in Great Britain* (London: H. Fisher, R. Fisher, and P. Jackson), 5.

第5章

1 B. Disraeli, 1844, *Coningsby* (a Public Domain Book), 187, Kindle.

2 F. Engels, [1844] 1943, *The Condition of the Working-Class in England in 1844*. Reprint, London: Allen & Unwin, 100; 25–26.（フリードリヒ・エンゲルス『イギリスにおける労働者

University Press), 252.

7 綿糸の製造については以下を参照されたい。R. C. Allen, 2009a, *The British Industrial Revolution in Global Perspective* (Cambridge: Cambridge University Press), chapter 8, Kindle.（アレン前掲書）

8 Mantoux, 1961, *The Industrial Revolution in the Eighteenth Century*, 234.

9 アダム・スミスが『国富論』を出版した年とイギリスをやがて富裕国へとテイクオフさせる産業が本格的に始まったのは同じ年だった。

10 以下に引用された。Mantoux, 1961, *The Industrial Revolution in the Eighteenth Century*, 213.

11 Ibid., 14.

12 アークライトの発明の省力化効果については以下を参照されたい。Allen, 2009a, *The British Industrial Revolution*, chapter 8.（アレン前掲書）

13 R. C. Allen, 2009d, "The Industrial Revolution in Miniature: The Spinning Jenny in Britain, France, and India," *Journal of Economic History* 69 (4): 901–27.

14 J. Humphries, 2013, "The Lure of Aggregates and the Pitfalls of the Patriarchal Perspective: A Critique of the High Wage Economy Interpretation of the British Industrial Revolution," *Economic History Review* 66 (3): 709.

15 Ure, 1835, *The Philosophy of Manufactures*, 23.

16 貧しい子供たちの見習い制度については以下を参照されたい。J. Humphries, 2010, *Childhood and Child Labour in the British Industrial Revolution* (Cambridge: Cambridge University Press), 246.

17 Humphries, 2013, "The Lure of Aggregates and the Pitfalls of the Patriarchal Perspective," 710.

18 Mantoux, 1961, *The Industrial Revolution in the Eighteenth Century*, 241–44.

19 J. Bessen, 2015, *Learning by Doing: The Real Connection between Innovation, Wages, and Wealth* (New Haven, CT: Yale University Press), 75. Though Bessen's calculations are for American factories, the power loom likely had similar labor-saving effects in Britain.

20 K. Marx, [1867] 1999, *Das Kapital*, trans. S. Moore and E. Aveling (New York: Gateway), chapter 15, section 1, Kindle.（マルクス前掲書）

21 セイヴァリと同じくワットも、自分の蒸気機関にさまざまな用途を想定していた。彼が1784年に取得した特許は、用途が特定目的に限定されないことが明記されている。マルクスの言葉を借りるなら、「機械産業全体に応用できる汎用的な手段」をめざしていた（マルクス前掲書）。彼が特許出願の際に列挙した多くの応用例が実現するまでには時間を要したが、最終的には実用化されている。たとえば蒸気ハンマーは半世紀後に実用化された。後世の応用例の中にはワットが思いつかなかったものもあった。蒸気を動力源とする船には懐疑論もあったが、ボルトン & ワット商会は1851年のロンドン万博で外洋航行用の蒸気船を披露している。ワットの死後30年のことだった。

22 G. N. Von Tunzelmann, 1978, *Steam Power and British Industrialization to 1860* (Oxford: Oxford University Press).

23 J. Kanefsky and J. Robey, 1980, "Steam Engines in 18th-Century Britain: A Quantitative As-

57 Ibid., 8.

58 F. Machlup, 1962, *The Production and Distribution of Knowledge in the United States* (Princeton, NJ: Princeton University Press), 166.

59 Desmet, Greif, and Parente, 2018, "Spatial Competition, Innovation and Institutions," 15–16.

第2部

1 マルクス『資本論』の「分業とマニュファクチュア」と題する章では、既存労働者の分業を極端に押し進めた状況がよく捉えられている。この次に「機械類と大工業」と題する章がくる（[1867] 1999, *Das Kapital*, trans. S. Moore and E. Aveling [New York: Gateway], chapter 15, Kindle)。(カール・マルクス『資本論　経済学批判 第1巻』全4冊、中山元訳、日経BPクラシックスの第II巻「第12章分業とマニュファクチュア」、第III巻「第13章機械類と大工業」)

2 W. W. Rostow, 1960, *The Stages of Growth: A Non-Communist Manifesto* (Cambridge: Cambridge University Press).

3 D. Phyllis and W. A. Cole, 1962, *British Economic Growth, 1688–1959: Trends and Structure* (Cambridge: Cambridge University Press); N. F. Crafts, 1985, *British Economic Growth during the Industrial Revolution* (New York: Oxford University Press); N. F. Crafts and C. K. Harley, 1992, "Output Growth and the British Industrial Revolution: A Restatement of the Crafts-Harley View," *Economic History Review* 45 (4): 703–30.

4 B. Mitchell, 1975, *European Historical Statistics, 1750–1970* (London: Macmillan), 438.

5 T. S. Ashton, 1948, *An Economic History of England: The Eighteenth Century* (London: Routledge), 58.

6 M. W. Flinn, 1966, *The Origins of the Industrial Revolution* (London: Longmans), 15.

第4章

1 D. Cardwell, 1972, *Turning Points in Western Technology: A Study of Technology, Science and History* (New York: Science History Publications).

2 A. Ure, 1835, *The Philosophy of Manufactures* (London: Charles Knight), 14.

3 以下で引用された。P. Mantoux, 1961, *The Industrial Revolution in the Eighteenth Century: An Outline of the Beginnings of the Modern Factory System in England*, trans. M. Vernon (London: Routledge [first published in 1928]), 39.

4 家内工業制については前掲書 54–61 を参照されたい。

5 工場の台頭が技術的な出来事であることについての詳細な説明は以下を参照されたい。J. Mokyr, 2001, "The Rise and Fall of the Factory System: Technology, Firms, and Households since the Industrial Revolution," *Carnegie-Rochester Conference Series on Public Policy*, 55(1): 1–45.

6 M. W. Flinn, 1962, *Men of Iron: The Crowleys in the Early Iron Industry* (Edinburgh: Edinburgh

34 政治指導者たちが政権転覆を恐れて技術の進歩を阻止したことについても前掲書を参照されたい。

35 以下で引用された。Mokyr, 2011, *The Enlightened Economy*, chap. 3.

36 Ibid. で引用された。

37 以下で引用された。P. Mantoux, 1961, *The Industrial Revolution in the Eighteenth Century: An Outline of the Beginnings of the Modern Factory System in England*, trans. M. Vernon (London: Routledge), 135.

38 Ibid. で引用、134。

39 Ibid., 30–31.

40 以下で引用された。D. Acemoglu and J. A. Robinson, 2012, *Why Nations Fail: The Origins of Power, Prosperity and Poverty* (New York: Crown Business), 219.（アセモグル、ロビンソン前掲書）

41 Ibid., 221.

42 "Machinery Causes a Riot," 1895, *New York Times*, November 25.

43 Acemoglu and Robinson, *Why Nations Fail*, 197.（アセモグル、ロビンソン前掲書）

44 A. Randall, 1991, *Before the Luddites: Custom, Community and Machinery in the English Woollen Industry, 1776–1809* (Cambridge: Cambridge University Press).

45 Francis Aiden Hibbert によると、新たに誕生した産業は職人法の下での徒弟訓練法を適用されなかったという。したがって、ギルドに邪魔されることもなかった（1891, *The Influence and Development of English Guilds* [New York: Sentry], 129）。

46 K. Desmet, A. Greif, and S. Parente, 2018, "Spatial Competition, Innovation and Institutions: The Industrial Revolution and the Great Divergence" (Working Paper 24727, National Bureau of Economic Research, Cambridge, MA).

47 C. MacLeod, 1998. *Inventing the Industrial Revolution: The English Patent System, 1660– 1800* (Cambridge: Cambridge University Press), 160.

48 H. B. Morse, 1909, *The Guilds of China* (London: Longmans, Green and Co.), 1.

49 以下で引用された。Desmet, Greif, and Parente, "Spatial Competition, Innovation and Institutions," 37–38.

50 Ibid. で引用、38。

51 Ibid., 39.

52 Mokyr, 1992a, *The Lever of Riches*, 257.

53 以下で引用された。Mantoux, 1961, *The Industrial Revolution in the Eighteenth Century*, 403.

54 J. Horn, 2008, *The Path Not Taken: French Industrialization in the Age of Revolution, 1750–1839* (Cambridge, MA: MIT Press) chapter 4, Kindle.

55 See E. P. Thompson, 1963, *The Making Of The English Working Class* (London: Gollancz, Vintage Books).

56 フランスにおける機械に対する暴動については以下を参照されたい。J. Horn, 2008, *The Path Not Taken*, chap. 4.

18 B. Russell, 1946, *History of Western Philosophy and Its Connection with Political and Social Circumstances: From the Earliest Times to the Present Day* (New York: Simon & Schuster), 110.（ラッセル前掲書）

19 Mokyr, 1992a, *The Lever of Riches*, 196.

20 L. White, 1967, "The Historical Roots of Our Ecologic Crisis," *Science* 155 (3767): 1205. 21. Mokyr, 1992a, *The Lever of Riches*, 203.

22 Mokyr, 2011, *The Enlightened Economy*, introduction.

23 たとえば以下を参照されたい。D. C. North and B. R. Weingast, 1989, "Constitutions and Commitment: The Evolution of Institutions Governing Public Choice in Seventeenth-Century England," *Journal of Economic History* 49 (4): 803–32; D. C. North, 1991, "Institutions," *Journal of Economic Perspectives* 5 (1): 97–112.

24 D. Acemoglu, S. Johnson, and J. Robinson, 2005, "The Rise of Europe: Atlantic Trade, Institutional Change, and Economic Growth," *American Economic Review* 95 (3): 546–79.

25 共同出資会社について、また王家による独占の禁止については以下を参照されたい。R. Davis, 1973, *English Overseas Trade 1500–1700* (London: Macmillan), 41; R. Cameron, 1993, *A Concise Economic History of the World from Paleolithic Times to the Present*, 2nd ed. (New York: Oxford University Press), 127; Acemoglu, Johnson, and Robinson, 2005, "The Rise of Europe," 568.

26 たとえば以下を参照されたい。W. C. Scoville, 1960, *The Persecution of Huguenots and French Economic Development, 1680–1720* (Berkeley: University of California Press).

27 言うまでもなく、議会はイギリスとオランダにだけ存在していたわけではない。12世紀初頭にスペインに出現した議会は、次第に西ヨーロッパ各国に広まった。中世の議会は独立機関として三つの階級（たとえば貴族、聖職者、小作農）を代表し、租税を承認する権限によって国王に対するチェック機能を果たす。また立法プロセスで積極的な役割を担う。だが、発足当初と中世後期にまずまずの成功を収めたものの、国王はたびたび議会の招集を拒み、あの手この手で議会の力を抑えようとした。

28 J. L. Van Zanden, E. Buringh, and M. Bosker, 2012, "The Rise and Decline of European Parliaments, 1188–1789," *Economic History Review* 65 (3): 835–61.

29 Acemoglu, Johnson, and Robinson, 2005, "The Rise of Europe," 546–79.

30 権利章典については以下を参照されたい。G. W. Cox, 2012, "Was the Glorious Revolution a Constitutional Watershed?," *Journal of Economic History* 72 (3): 567–600.

31 連立政権については以下を参照されたい。D. Stasavage, 2003, *Public Debt and the Birth of the Democratic State: France and Great Britain 1688–1789* (Cambridge: Cambridge University Press).

32 Mokyr, 1992a, *The Lever of Riches*, 243.

33 富の多様化については以下を参照されたい。D. Acemoglu and J. A. Robinson, 2006, "Economic Backwardness in Political Perspective," *American Political Science Review* 100 (1): 115–31.

3 T. Malthus, [1798] 2013, *An Essay on the Principle of Population*, Digireads.com, 279, Kindle.（マルサス『人口論』齋藤悦則訳、光文社古典新訳文庫）

4 H. J. Habakkuk, 1962, *American and British Technology in the Nineteenth Century: The Search for Labour Saving Inventions* (Cambridge: Cambridge University Press), 22.

5 S. Lilley, 1966, *Men, Machines and History: The Story of Tools and Machines in Relation to Social Progress* (Paris: International Publishers).

6 チェコ語では、*robota*は農奴が領主の土地で行わなければならない強制労働を意味した。語源は奴隷を意味する *rab* である。

7 A. Young, 1772, *Political Essays Concerning the Present State of the British Empire* (London: printed for W. Strahan and T. Cadell).

8 安い人件費と機械化については以下を参照されたい。R. Hornbeck and S. Naidu, 2014, "When the Levee Breaks: Black Migration and Economic Development in the American South," *American Economic Review* 104 (3): 963–90.

9 R. C. Allen, 2009a, *The British Industrial Revolution in Global Perspective* (Cambridge: Cambridge University Press).（アレン前掲書）

10 ロバート・アレンは経済学者 Sir John Habakkuk の研究を踏襲している。Habakkuk は、南北戦争前のアメリカでは労働者が希少で土地が豊富だったため、高賃金が払われ、それが機械の代わりに労働者を使うという方向に繋がったと指摘した（1962, *American and British Technology in the Nineteenth Century*）。

11 Edward Anthony Wrigley も、産業革命期には石炭が豊富だったために生産性が大幅に向上したと指摘する。彼は、有機物に依存する経済から潤沢なエネルギー依存型への転換が産業革命の最重要ポイントだと主張した（2010, *Energy and the English Industrial Revolution* [Cambridge: Cambridge University Press]）。

12 糸紡ぎ職人の賃金については以下を参照されたい。J. Humphries and B. Schneider, forthcoming, "Spinning the Industrial Revolution," *Economic History Review*. 1650 〜 1800 年のイギリスの実質賃金が従来考えられていたより低いことを示すデータについては、以下を参照されたい。J. Z. Stephenson, 2018, "'Real' Wages? Contractors, Workers, and Pay in London Building Trades, 1650–1800," *Economic History Review* 71 (1): 106–32.

13 Mokyr, 1992a, *The Lever of Riches*, 151.

14 J. Diamond, 1998, *Guns, Germs and Steel: A Short History of Everybody for the Last 13,000 Years* (New York: Random House), chapter 13.（ジャレド・ダイアモンド『銃・病原菌・鉄 一万三〇〇〇年にわたる人類史の謎』倉骨彰訳、草思社）

15 供給サイドにおけるイノベーションの阻害要因についてくわしくは以下を参照されたい。Mokyr, 1992a, *The Lever of Riches*, chapter 7.

16 J. Mokyr, 2011, *The Enlightened Economy: Britain and the Industrial Revolution, 1700–1850* (London: Penguin), Kindle.

17 M. Weber, 1927, *General Economic History* (New Brunswick, NJ: Transaction Books).（マックス・ウェーバー『一般社会経済史要論』上下、黒正巌訳、岩波書店）

Snooks [London: Routledge], 1–26.)。

35 D. Defoe, [1724] 1971, *A Tour through the Whole Island of Great Britain* (London: Penguin), 432.

36 A. Smith, [1776] 1976, *An Inquiry into the Nature and Causes of the Wealth of Nations* (Chicago: University of Chicago Press), 365–66.（アダム・スミス『国富論　国の豊かさの本質と原因についての研究』山岡洋一訳、日本経済新聞出版社）

37 すでに述べたように、この富の大半は一握りの人間が手にした。だが、人々が成長の分前を平等にもらえなかったものの、ほとんどの労働者は最低水準を大きく上回る生活水準を享受している。アレンはキングの1688年のイギリスの社会表に基づき、最貧層（日雇い農夫、貧民、路上生活者）は必要最小限の品物を買うのにぎりぎりの所得を得ていたと推定した。この最貧層は数千年前の狩猟採集生活と同然だったと言えるが、この層が占めるのはイギリスの人口の5分の1未満だった。工場労働者、農場労働者、建設労働者、鉱山労働者、水夫、家事使用人（人口の35%）ははるかにましで、必要最低限所得の3倍の所得があった。商店主、事務員、農家は5倍である。そして最富裕層（地主、ブルジョワ）は20倍に達した（R. C. Allen, 2009a, *The British Industrial Revolution in Global Perspective* [Cambridge: Cambridge University Press], table 2.5)。

38 Defoe, [1724] 1971, *A Tour through the Whole Island of Great Britain*, 338.

39 社会階層の移動については以下を参照されたい。G. Clark and G. Hamilton, 2006, "Survival of the Richest: The Malthusian Mechanism in Pre-Industrial England," *Journal of Economic History* 66 (3): 707–36.

40 Smith, [1776] 1976, *An Inquiry into the Nature and Causes of the Wealth of Nations*, 432.

41 M. Doepke and F. Zilibotti, 2008, "Occupational Choice and the Spirit of Capitalism, *Quarterly Journal of Economics* 123 (2): 747–93.

42 D. N. McCloskey, 2010, *The Bourgeois Virtues: Ethics for an Age of Commerce* (Chicago: University of Chicago Press).

43 Marx and Engels, [1848] 1967, *The Communist Manifesto*, 35.

44 F. Crouzet, 1985, *The First Industrialists: The Problems of Origins* (Cambridge: Cambridge University Press).

45 Defoe, [1724] 1971, *A Tour through the Whole Island of Great Britain*. 46. Crouzet, 1985, *The First Industrialists*, 4.

第3章

1 産業革命前のシュンペーター的成長とスミス的成長については、以下を参照されたい。J. Mokyr, 1992a, *The Lever of Riches: Technological Creativity and Economic Progress* (New York: Oxford University Press).

2 J. A. Schumpeter, 1939, *Business Cycles* (New York: McGraw-Hill), 1:161–74.（シュンペーター『景気循環論　資本主義的過程の理論的・歴史的・統計的分析』全5巻、金融経済研究所訳、有斐閣）

賃金のパターンで説明できるとした(2002, "Malthus in State Space: Macroeconomic-Demographic Relations in English History, 1540 to 1870," *Journal of Population Economics* 15 [2]: 195–220)。Esteban Nicolini も、1650 年以降は出生率の影響は非常に弱まったと指摘する(2007, "Was Malthus Right? A VAR Analysis of Economic and Demographic Interactions in Pre-Industrial England," *European Review of Economic History* 11 [1]: 99–121)。

24 Alessandro Nuvolari と Mattia Ricci は、イギリスの 1 人当たり GDP を使って、1250–1580 年はまだマルサス局面にあり成長がほとんど見られないが、1580–1780 年になるとマルサスの呪縛は弱まり、成長が認められるとした(Nuvolari and Ricci, 2013, "Economic Growth in England, 1250–1850: Some New Estimates Using a Demand Side Approach," *Rivista di Storia Economica* 29 [1]: 31–54.)。

25 R. C. Allen, 2009, "How Prosperous Were the Romans? Evidence from Diocletian's Price Edict (AD 301)," in *Quantifying the Roman Economic: Methods and Problems*, ed. Alan Bowman and Andrew Wilson (Oxford: Oxford University Press), 327–45.

26 J. Bolt and J. L. Van Zanden, 2014, "The Maddison Project: Collaborative Research on Historical National Accounts," *Economic History Review* 67 (3): 627–51.

27 北海沿岸諸国以外での成長の停滞の顕著な例外は、北イタリアである。北イタリアの 1 人当たり GDP は、1 〜 1300 年にほぼ 2 倍になったと推定される。だが、この数字は過大評価だと考えるべき理由があると複数の研究者が指摘している(Bolt and Van Zanden, 2014, "The Maddison Project"; W. Scheidel, and S. J. Friesen, 2009, "The Size of the Economy and the Distribution of Income in the Roman Empire," *Journal of Roman Studies* 99 (March): 61–91)。それによると 1300–1800 年には、北イタリアの 1 人当たり GDP はむしろ減っていたという。

28 A. Maddison, 2005, *Growth and Interaction in the World Economy: The Roots of Modernity* (Washington: AEI Press), 21.

29 以下を参照されたい。J. De Vries, 2008, *The Industrious Revolution: Consumer Behavior and the Household Economy, 1650 to the Present* (Cambridge: Cambridge University Press).

30 以下を参照されたい。S. D. Chapman, 1967, *The Early Factory Masters: The Transition to the Factory System in the Midlands Textile Industry* (Exeter, UK: David and Charles).

31 F. F. Mendels, 1972, "Proto-industrialization: The First Phase of the Industrialization Process," *Journal of Economic History* 32 (1): 241–61.

32 P. H. Lindert and J. G. Williamson, 1982, "Revising England's Social Tables 1688–1812," *Explorations in Economic History* 19 (4): 385–408.

33 A. Maddison, 2002, *The World Economy: A Millennial Perspective* (Paris: Organisation for Economic Co-operation and Development).(アンガス・マディソン『経済統計で見る世界経済 2000 年史』政治経済研究所訳、柏書房)

34 Graeme Snooks は 1086 年版土地台帳および 1688 年にグレゴリー・キングが発表した数値に基づき、イギリス経済の年間成長率は 0.29 % だったと述べている(1994, "New Perspectives on the Industrial Revolution," in *Was the Industrial Revolution Necessary?*, ed. G. D.

Press), figure 3.1.（トマ・ピケティ『21世紀の資本』山形浩生他訳、みすず書房）

8 たとえば以下を参照されたい。C. Boix, and F. Rosenbluth, 2014, "Bones of Contention: The Political Economy of Height Inequality," *American Political Science Review* 108 (1): 1–22.

9 J. Diamond, 1987, "The Worst Mistake in the History of the Human Race," *Discover*, May 1, 64–66.

10 以下を参照されたい。J. J. Rousseau, [1755] 1999, *Discourse on the Origin of Inequality* (New York: Oxford University Press).（ジャン＝ジャック・ルソー『人間不平等起源論』中山元訳、光文社）

11 たとえば以下を参照されたい。P. Eveleth and J. M. Tanner, 1976, *Worldwide Variation in Human Growth*, Cambridge Studies in Biological & Evolutionary Anthropology (Cambridge: Cambridge University Press).

12 G. J. Armelagos and M. N. Cohen, *Paleopathology at the Origins of Agriculture* (Orlando, FL: Academic Press).

13 C. S. Larsen, 1995, "Biological Changes in Human Populations with Agriculture," *Annual Review of Anthropology* 24 (1): 185–213.

14 A. Mummert, E. Esche, J. Robinson, and G. J. Armelagos, 2011. "Stature and Robusticity During the Agricultural Transition: Evidence from the Bioarchaeological Record," *Economics and Human Biology* 9 (3): 284–301.

15 Larsen, 1995, "Biological Changes in Human Populations with Agriculture."

16 K. Marx and F. Engels, [1848] 1967, *The Communist Manifesto*, trans. Samuel Moore (London: Penguin), 55.（マルクス、エンゲルス『共産党宣言』大内兵衛訳、岩波文庫）

17 人口圧力については以下を参照されたい。 E. Boserup, 1965. *The Condition of Agricultural Growth: The Economics of Agrarian Change under Population Pressure* (London: Allen and Unwin).

18 J. Diamond, 1987, "The Worst Mistake in the History of the Human Race."

19 M. L. Bacci, 2017, *A Concise History of World Population* (London: John Wiley and Sons).

20 1～1500年の間は、土地の生産性の向上が人口密度に大きな影響をおよぼしたが、生活水準への影響はなかった。以下を参照されたい。Q. Ashraf and O. Galor, 2011, "Dynamics and Stagnation in the Malthusian Epoch," *American Economic Review* 101 (5): 2003–41.

21 概要説明は以下を参照されたい。J. Mokyr and H. J. Voth, 2010, "Understanding Growth in Europe, 1700–1870: Theory and Evidence," in *The Cambridge Economic History of Modern Europe*, ed. S. Broadberry and K. O'Rourke (Cambridge: Cambridge University Press), 1:7–42.

22 O. Galor and D. N. Weil, 2000, "Population, Technology, and Growth: From Malthusian Stagnation to the Demographic Transition and Beyond," *American Economic Review* 90 (4): 806–28; G. Clark, 2008, *A Farewell to Alms*.

23 たとえばRonald LeeとMichael Andersonは、1500年以後もなおマルサスの罠に囚われていたという説に疑義を呈し、出生率と死亡率に長期的な変動がほとんど見られないことは

81 S. Ogilvie, 2019, *The European Guilds*, 5.

82 K. Desmet, A. Greif, and S. Parente, 2018, "Spatial Competition, Innovation and Institutions: The Industrial Revolution and the Great Divergence" (Working Paper. 24727, National Bureau of Economic Research, Cambridge, MA); J. Mokyr, 1998, "The Political Economy of Technological Change," in *Technological Revolutions in Europe: Historical Perspectives*, ed. K. Bruland and M. Berg (Cheltenham, UK: Edward Elgar), 39–64.

83 S. R. Epstein, 1998, "Craft Guilds, Apprenticeship and Technological Change in Pre-industrial Europe," *Journal of Economic History* 58 (3): 684–713.

84 Ibid., 696.

85 Ogilvie, 2019, *The European Guilds*, 415

86 Ibid., 410.

87 C. Dent, 2006, "Patent Policy in Early Modern England: Jobs, Trade and Regulation," *Legal History* 10 (1): 79–80.

88 とくに三十年戦争では、絶えず軍隊の近代化を図る必要があった。

89 Q. Wright, 1942, *A Study of War* (Chicago: University of Chicago Press), 1:215.

90 C. Tilly, 1975, *The Formation of National States in Western Europe* (Princeton, NJ: Princeton University Press), 42.

91 N. Ferguson, 2012, *Civilization: The West and the Rest* (New York: Penguin), 37.（ニーアル・ファーガソン『文明 西洋が覇権をとれた6つの真因』仙名紀訳、勁草書房）

92 N. Rosenberg and L. E. Birdzell, 1986, *How the West Grew Rich: The Economic Transformation of the Western World* (London: Basic), 138.

93 道具の時代については以下を参照されたい。Mokyr, 1992, *The Lever of Riches*, chapter 4.

94 Cardwell, 2001, *Wheels, Clocks, and Rockets*, 107.

第2章

1 G. Clark, 2008. *A Farewell to Alms: A Brief Economic History of the World* (Princeton, NJ: Princeton University Press), 39.（グレゴリー・クラーク『10万年の世界経済紙』上下、久保恵美子、日経BP社）

2 前掲書で引用された。

3 D. Cannadine, 1977, "The Landowner as Millionaire: The Finances of the Dukes of Devonshire, c. 1800–c. 1926," *Agricultural History Review* 25 (2): 77–97.

4 P. H. Lindert, 2000b, "When Did Inequality Rise in Britain and America?," *Journal of Income Distribution* 9 (1): 11–25.

5 H. A. Taine, 1958, *Notes on England, 1860–70*, trans. E. Hyams (London: Strahan), 181. 以下も参照されたい。Cannadine, 1977, "The Landowner as Millionaire."

6 以下を参照されたい。P. H. Lindert, 1986, "Unequal English Wealth since 1670," *Journal of Political Economy* 94 (6): 1127–62.

7 T. Piketty, 2014, *Capital in the Twenty-First Century* (Cambridge, MA: Harvard University

62 U. Neddermeyer, 1997, "Why Were There No Riots of the Scribes?," *Gazette du Livre Me´die´val* 31 (1): 1–8.

63 Ibid. で引用、7。

64 Ibid., 8.

65 Mokyr, 1992a, *The Lever of Riches*, 57.

66 以下で引用された。B. Gille, 1969, "The Fifteenth and Sixteenth Centuries in the Western World," in *A History of Technology and Invention: Progress through the Ages*, ed. M. Daumas and trans. E. B. Hennessy (New York: Crown), 2:135–36.

67 Bauer, Zonca, Drebbel については以下を参照されたい。Mokyr, 1992a, *The Lever of Riches*, chapter 4.

68 Ibid., 58.

69 蒸気機関については以下を参照されたい。 R. C. Allen, 2009a, *The British Industrial Revolution in Global Perspective* (Cambridge: Cambridge University Press), chapter 7.（A.C. アレン『世界史のなかの産業革命　資源・人的資本・グローバル経済』眞嶋史叙他訳、名古屋大学出版会）

70 F. Reuleaux, 1876, *Kinematics of Machinery: Outlines of a Theory of Machines*, trans. A.B.W. Kennedy (London: Macmillan), 9.

71 ガリレオの力学理論については以下を参照されたい。D. Cardwell, 1972, *Turning Points in Western Technology: A Study of Technology, Science and History* (New York: Science History Publications).

72 Cardwell, 2001, *Wheels, Clocks, and Rockets*, 44.

73 地下坑道の運搬に馬が用いられた例もある。

74 鉱業、畜産、播種の進歩については以下を参照されたい。Mokyr, 1992a, *The Lever of Riches*, chapter 4.

75 起毛機の労働置換効果については以下を参照されたい。A. Randall, 1991, *Before the Luddites: Custom, Community and Machinery in the English Woollen Industry, 1776–1809* (Cambridge: Cambridge University Press), 120.

76 以下で引用された。Acemoglu and Robinson, 2012, *Why Nations Fail*, 176.（アセモグル、ロビンソン前掲書）

77 労働置換技術に対する抵抗の例は、以下を参照されたい。L. A. White, 2016, *Modern Capitalist Culture* (New York: Routledge), 77.

78 ライデンの暴動についてくわしくは以下を参照されたい。R. Patterson, 1957, "Spinning and Weaving," in *A History of Technology*, vol. 3, *From the Renaissance to the Industrial Revolution, c. 1500–c. 1750*, ed. C. Singer, E. J. Holmyard, A. R. Hall, and T. I. Williams (New York: Oxford University Press), 167.

79 Acemoglu and Robinson, 2012, *Why Nations Fail*, 197.（アセモグル、ロビンソン前掲書）

80 I. A. Gadd and P. Wallis, 2002, *Guilds, Society, and Economy in London 1450–1800* (London: Centre for Metropolitan History).

42 土地台帳については以下を参照されたい。M. T. Hodgen, 1939, "Domesday Water Mills," *Antiquity* 13 (51): 261–79.

43 Cardwell, 2001, *Wheels, Clocks, and Rockets*, 49.

44 L. White, 1962, *Medieval Technology and Social Change*, 89.

45 バーチャードとケレスティヌス三世については、以下を参照されたい。E. J. Kealey, 1987, *Harvesting the Air: Windmill Pioneers in Twelfth-Century England* (Berkeley: University of California Press), 180.

46 Usher, 1954, *A History of Mechanical Innovations*, 209.

47 L. Boerner and B. Severgnini, 2015, "Time for Growth" (Economic History Working Paper 222/2015, London School of Economics and Political Science).

48 L. Boerner and B. Severgnini, 2016, "The Impact of Public Mechanical Clocks on Economic Growth," *Vox*, October 10, https://voxeu.org/article/time-growth.

49 J. Le Gof, 1982, *Time, Work, and Culture in the Middle Ages* (Chicago: University of Chicago Press).

50 L. Mumford, 1934, *Technics and Civilization* (New York: Harcourt, Brace and World), 14.（ルイス・マンフォード『技術と文明』生田勉訳、美術出版社）

51 市場と時計については以下を参照されたい。Boerner and Severgnini, 2015, "Time for Growth."

52 17世紀以降、時計製造の生産性は大幅に向上した。だが時計製造業はごく小さな産業にとどまった。以下を参照されたい。M. Kelly and C. Ó Gráda, 2016, "Adam Smith, Watch Prices, and the Industrial Revolution," *Quarterly Journal of Economics* 131 (4): 1727–52.

53 本の値段については以下を参照されたい。 J. Van Zanden, 2004, "Common Workmen, Philosophers and the Birth of the European Knowledge Economy" (paper for Global Economic History Network Conference, Leiden, September 16–18).

54 Cardwell, 2001, *Wheels, Clocks, and Rockets*, 55.

55 出版された本の数については前掲書 49 を参照されたい。

56 G. Clark, 2001. "The Secret History of the Industrial Revolution" (Working paper, University of California, Davis), 60.

57 J. E. Dittmar, 2011, "Information Technology and Economic Change: The Impact of the Printing Press," *Quarterly Journal of Economics* 126 (3): 1133–72.

58 以下で引用された。F. J. Swetz, 1987, *Capitalism and Arithmetic: The New Math of the 15th Century* (La Salle, IL: Open Court), 20.

59 Dittmar, 2011, "Information Technology and Economic Change," 1140.

60 以下で引用された。W. Endrei and W. v. Stromer, 1974,"Textiltechnische und hydraulische Erfindungen und ihre Innovatoren in Mitteleuropa im 14. / 15. Jahrhundert," *Technikgeschichte* 41:90. 以下も参照されたい。S. Ogilvie, 2019, *The European Guilds: An Economic Analysis* (Princeton, NJ: Princeton University Press), 390.

61 S. Füssel, 2005, *Gutenberg and the Impact of Printing* (Aldershot, UK: Ashgate).

れたい。Cardwell, 2001, *Wheels, Clocks, and Rockets*, 83.

21 J. G. Landels, 2000, *Engineering in the Ancient World* (Berkeley: University of California Press), 201.

22 Price, D. de S., 1975, *Science Since Babylon* (New Haven, CT: Yale University Press), 48.

23 B. Gille, 1986, *History of Techniques*, vol. 2: *Techniques and Sciences* (New York: Gordon and Breach Science Publishers). 以下も参照されたい。Mokyr, 1992a, *The Lever of Riches*, 194.

24 J. D. Bernal, 1971, *Science in History*, vol. 1: *The Emergence of Science* (Cambridge, MA: MIT Press), 222.

25 以下で引用された。D. Acemoglu and J. A. Robinson, 2012, *Why Nations Fail: The Origins of Power, Prosperity and Poverty* (New York: Crown Business), 165.（アセモグル、ロビンソン前掲書）

26 ローマの支配者が労働置換技術を阻止した他の例については、前掲書 164–66 を参照されたい。

27 A. P. Usher, 1954, *A History of Mechanical Innovations* (Cambridge, MA: Harvard University Press), 101.

28 P. Temin, 2006, "The Economy of the Early Roman Empire," *Journal of Economic Perspectives* 20 (1): 133–51, and 2012, *The Roman Market Economy* (Princeton, NJ: Princeton University Press).

29 Mokyr, 1992a, *The Lever of Riches*, 29.

30 Ibid., 31.

31 ローマの道路については以下を参照されたい。Cardwell, 2001, *Wheels, Clocks, and Rockets*, 33.

32 Mokyr, 1992a, *The Lever of Riches*, 31.

33 Cardwell, 2001. *Wheels, Clocks, and Rockets*, 48.

34 三圃農法については以下を参照されたい。Mokyr, 1992a, *The Lever of Riches*, 31.

35 L. White, 1962, *Medieval Technology and Social Change* (New York: Oxford University Press), 43.

36 ローマ人の鋤には車輪がついていたものの、大型の完全な鋤が登場したのは 6 世紀になってからである。

37 L. White, 1962, *Medieval Technology and Social Change.*

38 Ibid.

39 肩ではなく胴にかかっていると、強く締め付けることになってほとんど窒息してしまう。ノエットと馬の操作術の歴史については、以下を参照されたい。Mokyr, 1992a, *The Lever of Riches*, 36–38.

40 牛と馬の経済的生産性の比較については、以下を参照されたい。J. Langdon, 1982, "The Economics of Horses and Oxen in Medieval England," *Agricultural History Review* 30 (1): 31–40.

41 以下を参照されたい。Mokyr, 1992a, *The Lever of Riches*, 36–38.

における哲学史』全3巻、市井三郎訳、みすず書房）

2 P. Bairoch, 1991, *Cities and Economic Development: From the Dawn of History to the Present* (Chicago: University of Chicago Press) 17–18.

3. D. R. Headrick, 2009, *Technology: A World History* (New York: Oxford University Press), 32–33.

4 D. Cardwell, 2001, *Wheels, Clocks, and Rockets: A History of Technology* (New York: Norton), 16–17.

5 P. Mantoux, 1961, *The Industrial Revolution in the Eighteenth Century: An Outline of the Beginnings of the Modern Factory System in England*, trans. M. Vernon (London: Routledge), 189.

6 以下で引用された。F. Klemm, 1964, *A History of Western Technology* (Cambridge, MA: MIT Press), 51.

7 初期の文献では、古代文明においては技術の進歩はほとんど見られなかったとされている。たとえば以下を参照されたい。M. I. Finley, 1965, "Technical Innovation and Economic Progress in the Ancient World," *Economic History Review* 18 (1): 29–45, and 1973, *The Ancient Economy* (Berkeley: University of California Press); H. Hodges, 1970, *Technology in the Ancient World* (New York: Barnes & Noble); D. Lee, 1973, "Science, Philosophy, and Technology in the Greco-Roman World: I," *Greece and Rome* 20 (1): 65–78. だが最近になって、これらの文献では技術の成果が過小評価されているとの見方が出て来た。以下を参照されたい。 K. D. White, 1984, *Greek and Roman Technology* (Ithaca, NY: Cornell University Press); J. Mokyr, 1992a, *The Lever of Riches: Technological Creativity and Economic Progress* (New York: Oxford University Press); Cardwell, 2001, *Wheels, Clocks, and Rockets*; K. Harper, 2017, *The Fate of Rome: Climate, Disease, and the End of an Empire* (Princeton, NJ: Princeton University Press).

8 Finley, 1973, *The Ancient Economy.*

9 Mokyr, 1992a, *The Lever of Riches*, 20.

10 Harper, 2017, *The Fate of Rome*, 1.

11 だがこれらのテクノロジーの多くは、メソポタミア文明やエジプト文明など古代文明から借りてきたものである。

12 Mokyr, 1992a, *The Lever of Riches*, 20.

13 サモス島の導水管はこの種のものでは世界初で、紀元前600年ごろにギリシャの技師メガラのユーパリノスの手で建設された。

14 Mokyr, 1992a. *The Lever of Riches*, 20.

15 R. J. Forbes, 1958, *Man: The Maker* (New York: Abelard-Schuman), 73.

16 H. Heaton, 1936, *Economic History of Europe* (New York: Harper and Brothers), 58.

17 K. D. White, 1984, *Greek and Roman Technology.*

18 Mokyr, 1992a, *The Lever of Riches*, 27.

19 A. C. Leighton, 1972, *Transport and Communication in Early Medieval Europe AD 500–1100* (Newton Abbot: David and Charles Publishers).

20 アルキメデスがガレリオの研究にとってどれほど重要だったかについては、以下を参照さ

40 Ibsen. H., 1919, *Pillars of Society* (Boston: Walter H. Baker & Co.), https://archive.org/details / pillarsofsociety00ibse/page/36.（イプセン『イプセン戯曲全集　3』所収「社会の柱」、原千代海訳、未来社）

41 オスマン帝国に印刷機が導入されるのは1727年になってからである。19世紀後半になっても、オスマン帝国の本は主に写字生が制作している。識字率の地域格差を調べた際に、印刷機の長い不在の影響があきらかになった。1800年におけるオスマン帝国の識字率は2-3%だったが、同時期のイギリスの識字率は成人男性が60%、成人女性が40%だった（D. Acemoglu and J. A. Robinson, 2012, *Why Nations Fail: The Origins of Power, Prosperity and Poverty* [New York: Crown Business], 207–8)。（ダロン・アセモグル、ジェイムズ・A・ロビンソン『国家はなぜ衰退するのか 権力・繁栄・貧困の起源』鬼澤忍訳、早川書房）

42 Ibid., 80.

43 支配階級が労働置換技術を排除しようとした例については第1章、第3章を参照されたい。

44 J. Mokyr, 2002, *The Gifts of Athena: Historical Origins of the Knowledge Economy* (Princeton, NJ: Princeton University Press), 232.（ジョエル・モキイア『知識経済の形成　産業革命から情報化社会まで』長尾伸一他訳、名古屋大学出版会）

45 J. Mokyr, 1992b, “Technological Inertia in Economic History,” *Journal of Economic History* 52 (2): 331–32.

46 D. S. Landes, 1969, *The Unbound Prometheus: Technological Change and Development in Western Europe from 1750 to the Present* (Cambridge: Cambridge University Press), 8.（ランデス前掲書）

47 以下で引用された。C. Curtis, 1983, “Machines vs. Workers,” *New York Times*, February 8.

48 P. H. Lindert and J. G. Williamson, 2016, *Unequal Gains: American Growth and Inequality Since 1700* (Princeton, NJ: Princeton University Press), 194.

第1部

最初の引用句はトルンの街で起きた紛争を解決するために国王が述べたもので、以下に引用された。S. Ogilvie, 2019, *The European Guilds: An Economic Analysis* (Princeton, NJ: Princeton University Press), 390.

1 J. Diamond, 1993, “Ten Thousand Years of Solitude,” *Discover*, March 1, 48–57.

2 D. Cardwell, 2001, *Wheels, Clocks, and Rockets: A History of Technology* (New York: Norton), 186.

第1章

1 B. Russell, 1946, *History of Western Philosophy and Its Connection with Political and Social Circumstances: From the Earliest Times to the Present Day* (New York: Simon & Schuster), 25.（バートランド・ラッセル『西洋哲学史　古代より現代に至る政治的・社会的諸条件との関連

22 以下で引用された。E. Brynjolfsson, 2012, *Race Against the Machine* (MIT lecture), slide 2, http://ilp.mit.edu/images/conferences/2012/IT/Brynjolfsson.pdf.（エリック・ブリニョルフソン、アンドリュー・マカフィー『機械との競争』村井章子訳、日経 BP）

23 Bruce Stokes, 2017, "Public Divided on Prospects for Next Generation," Pew Research Center Spring 2017 Global Attitudes Survey, June 5, http://www.pewglobal.org/2017/06/05/2 -public-divided-on-prospects-for-the-next-generation/.

24 R. Chetty et al., 2017, "The Fading American Dream: Trends in Absolute Income Mobility Since 1940," *Science* 356 (6336): 398–406.

25 中所得の仕事が失われたことについてくわしくは第 9 章を参照されたい。

26 仕事のなくなった共同体についてくわしくは第 10 章を参照されたい。

27 C. B. Frey, T. Berger, and C. Chen, 2018, "Political Machinery: Did Robots Swing the 2016 U.S. Presidential Election?," *Oxford Review of Economic Policy* 34 (3): 418–42. 自動化がヨーロッパで国粋主義あるいは極右政党への支持を増やす結果になったことについては、以下を参照されたい。M. Anelli, I. Colantone, and P. Stanig, 2018, "We Were the Robots: Automation in Manufacturing and Voting Behavior in Western Europe" (working paper, Bocconi University, Milan, Italy).

28 E. Hofer, 1965, "Automation Is Here to Liberate Us," *New York Times*, October 24.

29 "Danzig Bars New Machinery Except on Official Permit," 1933, *New York Times*, March 14. 30. Quoted in "Nazis to Curb Machines as Substitutes for Men," 1933, *New York Times*, August 6.

31 P. R. Krugman, 1995, *Peddling Prosperity: Economic Sense and Nonsense in the Age of Diminished Expectations* (New York: Norton), 56.

32 労働補完技術と労働置換技術のちがいについては、以下を参照されたい。H. Jerome, 1934, "Mechanization in Industry" (Working Paper 27, National Bureau of Economic Research, Cambridge, MA), 27–31.

33 Ibid., 65.

34 D. Acemoglu and P. Restrepo, 2018a, "Artificial Intelligence, Automation and Work" (Working Paper 24196, National Bureau of Economic Research, Cambridge, MA).

35 Ibid.

36 J. Bessen, 2015, *Learning by Doing: The Real Connection between Innovation, Wages, and Wealth* (New Haven, CT: Yale University Press), chapter 6.

37 Schumpeter, [1942] 1976, *Capitalism, Socialism and Democracy*, 85.（シュンペーター前掲書）

38 以下で引用された。D. Akst, 2013, "What Can We Learn from Past Anxiety over Automation?," *Wilson Quarterly*, Summer, https://wilsonquarterly.com/quarterly/summer-2014-where-have -all-the-jobs-gone/theres-much-learn-from-past-anxiety-over-automation/.

39 以下で引用された。J. Mokyr, 2001, "The Rise and Fall of the Factory System: Technology, firms, and households since the Industrial Revolution," in Carnegie-Rochester Conference Series on Public Policy 55 (1): 20.

5 Lamplighters and Electricity," 1906, *Washington Post*, July 1.

6 J. A. Schumpeter, [1942] 1976, *Capitalism, Socialism and Democracy*, 3d ed. (New York: Harper Torchbooks), 76.（シュンペーター『資本主義、社会主義、民主主義』大野一訳、日経BPクラシックス）

7 以下に引用された。R. J. Gordon, 2014, "The Demise of U.S. Economic Growth: Restatement, Rebuttal, and Reflections" (Working Paper 19895, National Bureau of Economic Research, Cambridge, MA), 23.

8 D. Comin and M. Mestieri, 2018, "If Technology Has Arrived Everywhere, Why Has Income Diverged?," *American Economic Journal: Macroeconomics* 10 (3): 137–78.

9 以下に引用された。Nye, 1990, *Electrifying America*, 150.

10 ロバート・ゴードンは 1870–1970 年をアメリカの歴史における「特別な世紀」と呼んだ（2016, *The Rise and Fall of American Growth: The U.S. Standard of Living Since the Civil War* [Princeton, NJ: Princeton University Press]）。（ローバート・J・ゴードン『アメリカ経済成長の終焉』上下、高遠裕子、山岡由美訳、日経 BP)

11 S. Landsberg, 2007, "A Brief History of Economic Time," *Wall Street Journal*, June 9.

12 E. Hobsbawm, 1968, *Industry and Empire: From 1750 to the Present Day* (New York: New Press), chap. 3, Kindle.

13 Hobsbawm は 1789–1848 年を「二重の革命」と呼ぶ（1962, *The Age of Revolution: Europe 1789–1848* [London: Weidenfeld and Nicolson], preface, Kindle）（エリック・ホブズボーム『市民革命と産業革命　二重革命の時代』（安川悦子他訳、岩波書店））。この言葉は、フランス革命の政治改革が産業革命の技術革新と融合したことを意味する。

14 T. Hobbes, 1651, *Leviathan*, chapter 13, https://ebooks.adelaide.edu.au/h/hobbes/thomas/h68l/chapter13.html.（ホッブス『レヴァイアサン』上下、角田安正訳、光文社古典新訳文庫）

15 A. Deaton, 2013, *The Great Escape: Health, Wealth, and the Origins of Inequality* (Princeton, NJ: Princeton University Press).

16 W. Blake, 1810, "Jerusalem," https://www.poetryfoundation.org/poems/54684/jerusalem -and-did-those-feet-in-ancient-time.

17 産業革命期の生活水準について、くわしくは第 5 章を参照されたい。

18 生活水準危機の原因について、くわしくは第 5 章を参照されたい。

19 J. Brown, 1832, *A Memoir of Robert Blincoe: An Orphan Boy; Sent From the Workhouse of St. Pancras, London at Seven Years of Age, to Endure the Horrors of a Cotton-Mill* (London: J. Doherty).

20 D. S. Landes, 1969, *The Unbound Prometheus: Technological Change and Development in Western Europe from 1750 to the Present* (Cambridge: Cambridge University Press), 7.（ランデス前掲書）

21 産業革命前の抵抗の例は第 1 章を参照されたい。イギリス政府が発明家の味方に回った原因については第 3 章を参照されたい。

原 注 Notes

はじめに

1 J. Gramlich, 2017, "Most Americans Would Favor Policies to Limit Job and Wage Losses Caused by Automation," Pew Research Center, http://www.pewresearch.org/fact-tank/2017/10/09/most-americans-would-favor-policies-to-limit-job-and-wage-losses-caused-by -automation/.

2 K. Roose, 2018, "His 2020 Campaign Message: The Robots Are Coming," *New York Times*, February 18.

3. C. B. Frey and M. A. Osborne, 2017, "The Future of Employment: How Susceptible Are Jobs to Computerisation?," *Technological Forecasting and Social Change* 114 (January): 254–80. 4. B. DeLong, 1998, "Estimating World GDP: One Million BC–Present" (Working paper, University of California, Berkeley).

5 D. Acemoglu and P. Restrepo, 2018a, "Artificial Intelligence, Automation and Work" (Working Paper 24196, National Bureau of Economic Research, Cambridge, MA).

6 以下に引用された。G. Allison, 2017, *Destined for War: Can America and China Escape Thucydides's Trap?*, Boston: Houghton Mifflin Harcourt, chapter 2, Kindle.（グレアム・アリソン『米中戦争前夜　新旧大国を衝突させる歴史の法則と回避のシナリオ』藤原朝子訳、ダイヤモンド社）

7 D. S. Landes, 1969, *The Unbound Prometheus: Technological Change and Development in Western Europe from 1750 to the Present* (Cambridge: Cambridge University Press), introduction. D.S. ランデス『西ヨーロッパ工業史　産業革命とその後 1750-1968　1・2』石坂昭雄他訳、みすず書房）

8 以下に引用された。Roose, 2018, "His 2020 Campaign Message."

9 R. Foorohar, 2018, "Why Workers Need a 'Digital New Deal' to Protect against AI," *Financial Times*, February 18.

序章

1 "Lamplighters Quit; City Dark in Spots," 1907, *New York Times*, April 25.

2 B. Reinitz, 1924, "The Descent of Lamp-Lighting: An Ancient and Honorable Profession Fallen into the Hands of Schoolboys," *New York Times*, May 4.

3 B. Reinitz, 1929, "New York Lights Now Robotized," *New York Times*, April 28.

4 W. D. Nordhaus, 1996, "Do Real-Output and Real-Wage Measures Capture Reality? The History of Lighting Suggests Not," in *The Economics of New Goods*, ed. T. F. Bresnahan and R. J. Gordon (Chicago: University of Chicago Press), 27–70. 電気照明の初期の活用例については以下を参照されたい。D. E. Nye, 1990, *Electrifying America: Social Meanings of a New Technology, 1880–1940* (Cambridge, MA: MIT Press), chapter 1.

(1): 94–109, table 2; for 1938–59 from

P. H. Lindert, 2000a, "Three Centuries of Inequality in Britain and America," in *Handbook of Income Distribution*, ed. A.B. Atkinson and F. Bourguignon, table 1; and for 1961–2014 from Milanovic 2016a.

各指標の出典は以下のとおり：

アメリカの実質GDP（1929-2016年）、生産労働者の時給（名目ドル）（1870-2016年）、GDPデフレーター（1870-1928年）:L. Johnston and S. H. Williamson, 2018, "What Was the U.S. GDP Then?," http://www.measuring worth.org/usgdp//.

名目国民総生産（GNP）（1870-1929年）:N. S. Balke and R. J. Gordon, 1989, "The Estimation of Prewar Gross National Product: Methodology and New Evidence," *Journal of Political Economy* 97 (1): 38–92, table 10.

民間部門合計マンアワー（1870-1947年）:J. W. Kendrick, 1961, *Productivity Trends in the United States* (Princeton, NJ: Princeton University Press), table A-X.

民間部門合計マンアワー（1948-1966年）:J. W. Kendrick, 1973, *Postwar Productivity Trends in the United States, 1948–1969* (Cambridge, MA: National Bureau of Economic Research [NBER] Books), table A-10.

民間部門生産労働者（非管理職）平均週給（1967–75年）:Bureau of Labor Statistics, 2015. "Employment, Hours, and Earnings from the Current Employment Statistics Survey" (Washington, DC: U.S. Department of Labor).

全産業および非農業部門の平均週給（1976-2016年）:Bureau of Labor Statistics, 2015, "Labor Force Statistics from the Current Population Survey" (Washington, DC: U.S. Department of Labor).

図14

以下の文献によって作成した。B. Milanovic, 2016b, *Global Inequality: A New Approach for the Age of Globalization* (Cambridge, MA: Harvard University Press), figure 2-1

各指標の出典は以下の通り：

アメリカのジニ係数（1774-1860年）:P. H. Lindert and J. G.William- son, 2012, "American Incomes 1774–1860" (Working Paper 18396, National Bureau of Economic Research, Cambridge, MA), tables 6 and 7; for 1935, 1941, and 1944 from S. Goldsmith, G. Jaszi, H. Kaitz, and M. Liebenberg, 1954, "Size Distribution of Income Since the Mid-Thirties," *Review of Economics and Statistics* 36 (1): 1–32; for 1947–49 from E. Smolensky and R. Plotnick, 1993, "Inequality and Poverty in the United States: 1900 to 1990" (Paper 998–93, University of Wisconsin Institute for Research on Poverty, Madison); and for 1950–2015 from B. Milanovic 2016a, "All the Ginis (ALG) Dataset," https://datacatalog.worldbank. org/dataset/all-ginis-dataset, Version October 2016."

イギリス/イングランドのジニ係数（1688-1759年、1801-1803年）：

B. Milanovic, P. H. Lindert, and J. G. Williamson, 2010, "Pre- Industrial Inequality," *Economic Journal* 121 (551): 255–72, table 2; for 1867, 1880, and 1913 from P. H. Lindert and J. G. Williamson, 1983, "Reinterpreting Britain's Social Tables, 1688–1913," *Explorations in Economic History* 20

付 録 Appendix

図5

以下に従って作成した :R. C. Allen, 2009b, "Engels' Pause: Technical Change, Capital Accumulation, and Inequality in the British Industrial Revolution," *Explorations in Economic History* 46 (4): 418–35, appendix I

各指標の出典は以下のとおり :

国内総生産（GDP）要素費用 :C. H. Feinstein, 1998, "Pessimism Perpetuated: Real Wages and the Standard of Living in Britain during and after the Industrial Revolution," *Journal of Economic History* 58 (3): 625–58; B. Mitchell, 1988, *British Historical Statistics* (Cambridge: Cambridge University Press), 837, for 1830–1900.

国民 1 人当たり実質生産高 :N. F. Crafts, 1987, "British Economic Growth, 1700–1850: Some Difficulties of Interpretation," *Explorations in Economic History* 20 (4): 245–68.

イギリスの完全雇用時の平均週給（1770-1882 年）:Feinstein 1998, appendix table 1, 652–53; 同（1883-1900 年）:Feinstein, 1990, "New Estimates of Average Earnings in the United Kingdom," *Economic History Review* 43 (4): 592–633.

生計費指数（1770-1869 年）:R. C. Allen, 2007, "Pessimism Preserved: Real Wages in the British Industrial Revolution" (Working Paper 314, Department of Economics, Oxford University), appendix 1.

イギリスの生計費指数（1870-1900 年）:C. H. Feinstein, 1991, "A New Look at the Cost of Living," in *New Perspectives on the Late Victorian Economy*, edited by J. Foreman-Peck (Cambridge: Cambridge University Press), 151–79.

1882 年以降の賃金指数 :Feinstein 1990, based on 1880–81, the benchmark year in C. H. Feinstein, 1998, "Pessimism Perpetuated: Real Wages and the Standard of Living in Britain during and after the Industrial Revolution," *Journal of Economic History* 58 (3): 625–58. 1770-1881 年の名目賃金 :Feinstein 1998 and for 1882–1900, it is derived from Feinstein 1990.

Allen 2009b に従い、国民 1 人当たり実質生産高の伸びは以下に拠った : N. F. Crafts 1987, table 1, to extrapolate backward to 1770.

GDP、賃金、人口データは以下に拠った :R. Thomas and N. Dimsdale, 2016, "Three Centuries of Data– Version 3.0" (London: Bank of England), https://www .bankofengland.co.uk/statistics/research-datasets.

図9

以下に従って作成した :R. J. Gordon, 2016, *The Rise and Fall of American Growth: The U.S. Standard of Living since the Civil War* (Princeton, NJ: Princeton University Press), figure 8-7 (ロバート・J・ゴードン『アメリカ経済　成長の終焉』上下、高遠裕子、山岡由美訳、日経 BP)

著者略歴

カール・B・フレイ
Carl B. Frey

オックスフォード大学フェロー。マックスプランク・イノベーション・競争研究所博士。専門は経済学。2013年、マイケル・オズボーンとの共同論文「雇用の未来—仕事はどこまでコンピュータ化の影響を受けるのか」が世界的なAI・自動化技術と雇用問題の議論の火付け役となった。

訳者略歴

村井章子
Akiko Murai

翻訳家。上智大学文学部卒業。主な訳書にハイエク『貨幣発行自由化論』、スミス『道徳感情論』(共訳)、フリードマン『資本主義と自由』(以上、日経BPクラシックス)、ファーガソン『キッシンジャー　1923―1968　Ⅰ・Ⅱ』、レビンソン『コンテナ物語』(以上、日経BP)、ティロール『良き社会のための経済学』(日本経済新聞出版社)他。

大野 一
Hajime Ohno

翻訳家。主な訳書にシュンペーター『資本主義、社会主義、民主主義　Ⅰ・Ⅱ』、ブキャナン、ワグナー『赤字の民主主義』、シャピロ、ヴァリアン『情報経済の鉄則』(以上、日経BPクラシックス)ほか

テクノロジーの世界経済史
――ビル・ゲイツのパラドックス

THE TECHNOLOGY TRAP
Capital, Labor, and Power in the Age of Automation

2020年9月23日　第1版第1刷

著者
カール・B・フレイ
訳者
村井章子　大野 一
発行者
村上広樹
発行
日経BP
発売
日経BPマーケティング
〒105-8308　東京都港区虎ノ門4-3-12
https://www.nikkeibp.co.jp/books
装丁
新井大輔
製作
アーティザン・カンパニー
印刷・製本
中央精版印刷

ISBN978-4-8222-8902-7

本書に関するお問い合わせ、ご質問は下記にて承ります。
https://nkbp.jp/booksQA